옥소산록
玉所散錄

권 섭(權燮) 지음
이창희·장정수 옮김

머리말

『옥소산록(玉所散錄)』은 옥소(玉所) 권섭(權燮)이 늘그막에 자신의 평생을 돌아보면서, 경험하고 관찰한 수많은 사건과 이에 대한 자기의 생각을 자유롭게 기록한 글이다. 하나의 주제 의식을 가지거나 논리를 따라 서술한 글이 아니라 잡다한 내용의 글을 모아놓은 것을 아울러 일컫는 산록(散錄)이라는 말처럼, 『옥소산록』에는 옥소 본인이 평생에 걸쳐 잘하고 잘못한 행위, 직접 경험하거나 보았던 당대 인물들과 관련된 자잘한 이야기들, 시문과 관련한 본인의 비평이나 독법, 당대 중요한 사건의 이면에 감춰진 모습들, 사대부들의 일상생활 속의 소소한 예법 등 역사서나 여타 문집에서는 찾아보기 힘든 내용이 가감 없이 기록되어 있다.

『옥소산록』은 옥소의 기록벽과 폭넓은 교유 관계, 풍부한 산수유람 경험, 예술 및 당대 문화와 풍속에 대한 관심, 인간에 대한 애정 등의 산물이라고 할 수 있다. 옥소 권섭은 1671년(현종 12)에 출생하여 1759년(영조 34)까지 89세를 살았던 조선 후기의 문인으로, 노론의 중심 세력에 속해 있으면서도 당색을 중시하는 당시 분위기를 비판하며 당파를 초월한 교유 관계를 맺었으며, 경화 사족에서 향촌 사족으로 몰락해 가는 파란만장한 개인사 속에서 내적 성찰을 통해 광명정대(光明正大)한 삶을 살고자 노력하였다. 또한 여행과 예술, 인간의 삶에 대한 관심과 애정이 옥소의 삶을 채웠으며, 이러한 것들이 모두 『옥소산록』의 내용을 다양하고 풍부하게 구성하는 요인이 되었다. 이 책에는 조선 후기의 미시사적인 내용들과 사대부들의 문화를 유추할 수 있는 다양한 예화들도 수록되어 있어 사료적 가치가 높다.

조선 후기 사회와 한 개인의 삶을 생생하게 엿볼 수 있는 『옥소산록』의 재미와 가치에 빠져 번역을 시작했지만 번역 작업은 만만치 않았다. 조선 시대에 간행된 후 오랜 세월 지나다 보니 보존 상태가 좋지 않아 판독이 어려운 부분도 많았으며, 행서나 초서로 쓰인 부분도 적지 않아 독해하기 어려운 부분을 문리로 추측해야 하는 경우가 많았다. 방증 자료를 통해 재구성하려고 노력하였지만 여전히 독해할 수 없는 부분은 판독을 포기하고 그대로 둘 수밖에 없었다.

이 책은 몇 년에 걸친 독해의 결과물이다. 35년에 가까운 세월 동안 함께 한문을 읽으면서 공부하는 것을 재미와 교유의 본질로 삼아 온 홍성훈, 김한기 두 벗과 함께 『옥소산록』을 읽기 시작하였다. 처음에는 번역하여 출간한다는 생각 없이 새로운 글을 공부하고 시대의 상황과 개인의 삶을 알아가는 재미에 심취되어 꾸준히 읽다가 자료의 가치를 깨닫고 다듬어 책으로 출간하기로 하였다. 한문을 번역하는 일과 일반인이 쉽게 읽고 이해할 수 있도록 다듬는 데는 별도의 작업이 필요했다. 이에 공동 역자인 장정수 선생과 다시 자료를 검토하면서 윤문과 수정 작업을 진행하였다. 이 과정을 통해 새로 발견된 오역이 많이 수정되었으며, 내용을 더 꼼꼼하게 읽고 생각하여 저자의 의도를 정확하게 전달할 수 있도록 표현을 다듬을 수 있었다.

　이 책이 나오기까지 많은 분의 도움이 있었다. 먼저 반평생 이상 함께 공부해 온 두 벗이 없었다면 이 책을 끝까지 읽지 못했을 것이고, 또 책으로 출간하지도 못했을 것이다. 이 책의 표지는 의조카 손민정이 디자인하였다. 힘들게 밀라노 공대에서 석사학위를 받고 코로나로 인해 거의 강제 귀국을 당한 디자인 전문가인데 큰아버지의 책을 보기 좋게 만들기 위해 흔쾌히 애써 주었다. 몇 년간 외국에서 공부한 결실을 내가 누리는 듯하여 미안함과 고마움이 교차한다. 끝으로 일반인의 관심을 받기 어려워 출판해도 이윤을 남기기 쉽지 않은 이런 책을 흔쾌히 출간해 주신 도서출판 다운샘 김영환 사장님께 깊이 고마운 마음을 표한다.

2022년 3월 10일
이 창 희

목 차

머리말 ··· 3

일러두기 ·· 6

해제 ·· 7

▶▶ 산록내편 1 ··· 29

▶▶ 산록내편 3 ·· 187

▶▶ 산록외편 1 ·· 227

▶▶ 산록외편 2 ·· 323

▶▶ [부록] ·· 441
    ✽ 항목 별 개요 ·· 443
    ✽ 인명록 ·· 471
    ✽ 주요 사건 ·· 520

일러두기

1. 옥소(玉所) 권섭(權燮)의 필사본 문집인 『옥소고(玉所稿)』 제천본에 수록되어 있는 「산록내편1(散錄內篇一)」, 「산록내편3(散錄內篇三)」, 「산록외편1(散錄外篇一)」, 「산록외편2(散錄外篇二)」를 현대어로 번역하고 주석을 달았다.

2. 『옥소고(玉所稿)』에는 원래 일련번호가 붙어 있지 않으나 여기서는 「산록내편」과 「산록외편」의 서문을 제외하고 편마다 일련번호를 붙여 기사를 쉽게 찾아볼 수 있도록 하였다.

3. 「산록내편1(散錄內篇一)」, 「산록내편3(散錄內篇三)」, 「산록외편1(散錄外篇一)」, 「산록외편2(散錄外篇二)」로 장을 나누어 편집하고 각 장마다 주석 번호를 따로 부여하였다. 같은 장 안에서는 중복되는 주석을 생략하였고, 장이 바뀌면 앞에 나온 주석을 다시 기록하였다.

4. 전체 기사의 내용을 간단히 정리한 〈항목별 개요〉를 부록에 수록하여 기사 검색에 도움을 주고자 하였다.

5. 내용 이해를 돕고자 「산록」에 등장하는 인물과 사건에 대한 정보를 정리하여 부록에 수록하였다.

6. 서적은 『　』, 편명은 「　」, 작품명은 〈　〉로 표시하였다.

7. 원문의 판독이 어려운 글자는 글자 수만큼 ■로 표시하였다.

해 제

『옥소산록(玉所散錄)』의 특성과 자료적 가치[*]

장 정 수

I. 머리말

 옥소(玉所) 권섭(權燮;1671~1759)은 박요순에 의해 그의 시조와 가사 작품이 학계에 소개되면서 국문학계의 주목을 받았으나 문집이 공개되지 않아 오랫동안 연구에 진척을 보이지 않다가 2007년 필사본 문집『옥소고(玉所稿)』전권이 영인 출간됨에 따라 본격적으로 연구가 이루어졌다.1) 『옥소고』출간으로 자료에 대한 접근이 용이해짐에 따라 국문시가 연구에서 벗어나 한문학, 회화, 복식, 풍수, 사상 등으로 연구 영역이 확대되었으며, 일부 자료의 번역이 이루어지기도 하였다. 그러나 총 63책에 달하는『옥소고』전체에 대한 번역과 내용 소개가 이루어지지 않아 연구 주제 및 연구 방법이 다양화되지 못하고 여전히 답보 상태에 머물러 있다고 할 수 있다. 이에 옥소의 삶과 옥소의 사상, 18세기 조선 사회에 대한 풍

---

* 이 글은 장정수,「『玉所散錄』의 특성과 자료적 가치」(『영남학』, 79호, 경북대학교 영남문화연구원, 2021, 12)를 요약 정리한 것임.
1)『옥소고』에 대한 소개와 자세한 서지 정보는 최호석,「옥소 문집의 서지적 고찰」, 신경숙 외 『18세기 예술·사회사와 옥소 권섭』, 다운샘, 2007, 13~44쪽 참조

부한 정보를 담고 있음에도 불구하고 지금껏 학계에 소개된 적 없는 『옥소산록』2)을 번역하여 학계에 소개하고, 그 내용 및 특성, 자료적 가치 등을 밝힘으로써 옥소(玉所) 연구의 진전을 꾀하고자 한다.

『옥소고』에 수록된 많은 글 중에서도 「산록」은 옥소가 직접 평생의 견문과 자신의 삶에 대한 성찰, 정치적·역사적 사건, 예술 활동 등을 꼼꼼히 기록한 것으로, 그의 생애와 사상을 이해하고 현전하는 작품을 제대로 해석하는 데 도움이 될 뿐 아니라 18세기 조선 사회의 다양한 국면을 파악하는 데도 많은 정보를 제공하는 중요한 자료이다.

또한 작가가 직접 자신의 삶을 세세하게 정리해 놓은 경우가 많지 않아 작가의 내면세계와 작품세계를 정확하게 연계하기 힘든 우리 문학사에서 『옥소산록』은 권섭이라는 한 문인의 삶과 문학을 실체에 가깝게 구현하는 데 중요한 역할을 할 것이라 기대한다. 이뿐만 아니라 『옥소산록』에는 18세기 조선의 정치, 사회, 역사, 인물, 예술, 민간 풍속 등에 관한 다양한 정보가 구체적으로 기록되어 있으므로 일반 역사서에서 확인하기 힘든 18세기 조선 사회의 이면을 엿볼 수 있는 미시사 자료로서의 가치도 크다고 할 수 있다.

II. 『옥소산록』의 저술 목적 및 내용

1. 저술 목적

옥소가 「산록」을 저술한 목적과 서술 태도는 「산록내편」과 「산록외편」의 서문에 명시되어 있는데, 옥소가 「산록」을 지은 목적은 다음 세 가지로 정리할 수 있다. 첫째, 시비득실(是非得失)을 숨기지 않고 자신의 삶을 있는 그대로 기록하여 다른 사람들의 가르침을 받고자 한다. 둘째, 집안

---

2) 본고에서는 『옥소고』의 편명을 가리킬 때는 「산록」이라고 칭하고, 옥소가 지은 '산록' 작품을 가리킬 때는 『옥소산록』이라는 명칭을 사용하여 여타 작가의 저술과 변별되는 고유성을 부여하고자 한다.

에서 보고 들은 가법(家法)을 전함으로써 자손들에게 가르침을 남기고자 한다. 셋째, 자신의 삶을 자손들에게 전하여 그들의 조상이 어떤 사람인가를 분명하게 알게 하고자 한다.

가) 사군자(士君子)의 정직한 행동과 밝은 마음을 가진 자로서 사람들에게 일컬어질 만한 사람으로는 옛날 사마(司馬) 선생을 들 수 있으며, 우리나라의 미암(眉巖) 유공(柳公)도 탄복할 만하다. 하찮은 나를 돌아보건대 독서를 많이 하지 않았고 공부도 독실하지 못해, 말과 행동이 모두 거칠고 노둔하여 다른 사람들과 마주할 때면 더욱 아쉬움이 많았다. 그래서 일마다 하나하나 기록하여 다른 사람들의 지적과 가르침을 기다린다.

아! 자로(子路)는 사람들이 그에게 과실이 있음을 말해 주면 기뻐하였기 때문에 과실이 없었고, 세상 사람들은 과실이 있는 것을 부끄러워하지 않고 과실을 고치는 것을 부끄러워하였기 때문에 과실이 점점 많아져서 악한 지경에 이르게 되니, 그렇게 된 뒤에 졸렬함을 숨겨 흠결을 감추거나 겉을 꾸며 사람들을 속인다고 한들 나에게 무슨 이익이 되겠는가. 정직함과 광명함은 내가 비록 사·마광에게 미치지 못하겠지만 시비득실을 사람들에게 숨기지 않는 것은 미암옹을 본받고자 한다. 이「산록」에는 때때로 집안에서 보고 들은 것들이 섞여 있어서 살펴보면 도움 되는 바가 있을 것이며, 이「산록」을 후손에게 전하여 보여 준다면 저 조상이 진실로 어떤 사람인지 분명히 알 수 있을 것이다.3)

나) …… 미암(眉岩) 유공(柳公)에게는 일과(日課)를 기톡한 글이 있는데 크고 작은 일 하나라도 빠트리지 않아서 심지어는 침실 안에서의 일까지 조금도 숨기거나 꺼리지 않았다. 나는 마음속으로 그분의 넓고 곧으며 사사로움 없는 태도를 좋아하여 늘 탄복해 마지않았다. 내가 지금「산록」을 만드는 것은 자손들에게 전하여, 그들의 조상이 어떤 사람인가를 분명히 알게 하려 함이다. 옛사람의 일을 본받는 것은 괜찮지만 업신여기는 것은 안 된다. 그래서 한 일이 있으면 기록하고, 의견이 있으면 기록하고, 본 것이 있으면 기록하고, 다른 사람들과 서로 다툰 일이 있으면 기록하였는데 그대로 기록하여 숨기지 않았다.

종제(從弟) 중휘(仲輝)가 이 글을 보고서 말하기를 "한 집안의 일을 지나칠 정

---

3) 士君子行事正直 心志光明 無不可對人言者 尙矣司馬先生 國朝眉巖柳公 亦可歎服 顧余渺生 讀書不多 用工不篤 凡言論事爲 率皆粗疎魯莽 其與人相接之際 則尤多悔吝 當一一隨事箚記 以待人人之指摘而砭焫 噫 子路喜聞過 故無過 世人不恥有過而恥改過 故過滋多而至于惡 乃護拙掩瑕而修容於外 而瞞於人 卽何益於我 正直光明 雖不及於司馬 是非淂失之不諱於人 則竊欲學於眉翁 有此錄間 附以家庭見聞 以觀省而資輔焉 此錄之傳示後來人 且可使明知其祖之爲眞是何狀. 「산록내편」서문.

도로 숨기거나 보호하지 않았으니 '정직함이 그 안에 있다.'는 도리가 아닙니다."라고 하였고, 종제 자장(子章)이 이르기를 "몽와(夢窩)는 충성을 다하다가 죽었으니 그의 나머지 일은 굳이 논할 필요가 없습니다."라고 하였고, 이성등(李聖登) 군은 말하기를 "일찍이 학문에 힘쓰시는 것을 뵌 적이 없는데도 성리(性理)에 대한 말씀을 하시니 어찌 된 일입니까?"라고 하였고, 집안 아우뻘인 여문(汝文)은 말하기를 "함께 어울리신 벗들 가운데 현달한 인물들의 기록이 너무 많고, 가정 안에서의 글들은 스스로 칭찬한 기록이 너무 많은 것이 흠입니다."라고 하였고, 서생 정제경(鄭濟卿)은 "가까운 벗들에 대해 논하신 글들은 전혀 살펴볼 만한 내용이 아니며, 젊은 시절부터 함께 어울리며 있었던 좋지 않은 일들을 기록하신 글들은 지나치게 혼잡하니 모두 빼는 것이 낫겠습니다."라고 하였다. 나는 웃으며 말하기를 "이것은 내 평생의 사실을 기록한 것인데 어찌 이것저것을 다 비교하고 따져 가면서 빼거나 넣거나 하겠는가."라고 하였다.4)

위의 서문을 살펴보면 『옥소산록』은 회고록 또는 일기의 성격을 띠는 글임을 알 수 있다. 「산록내편」의 서문에 의하면 옥소는 자신의 말과 행동이 거칠고 미련하여 사람들과의 관계에 어려움이 있었는데, 자신의 말과 행동을 하나하나 기록하여 다른 사람의 지적과 가르침을 기다린다고 하였다. 즉 우리가 자신의 삶을 성찰하고 내적 갈등을 극복하기 위해 일기를 쓰는 것처럼 옥소가 「산록」을 지은 것도 자신의 삶을 성찰하고자 하는 것이 가장 큰 이유였음을 알 수 있다. 그런 까닭에 일기의 가장 큰 미덕인 '솔직함'을 내세웠고 사마광(司馬光)의 광명정대(光明正大)함을 본받고, 미암(眉巖) 유희춘(柳希春)의 세밀함을 모범으로 삼아 「산록」을 저술한다고 하였다.

젊은 날엔 자신의 집안 배경과 재주를 믿고 기고만장한 면이 있었고, 노후에도 독선적인 성격 때문에 주변인들과 불화를 겪었던 옥소는 평생 주변 사람들의 비난에 시달리며 살아왔다. 따라서 외로운 노년을 보내면서 회한(悔恨)에 차서 자신의 삶을 돌이켜 보고 반성하는 마음에서 「산록」을 저술하였다고 할 수 있다.

---

4) …… 眉岩柳公有日課之書 細大不遺 至寢席間事 亦無少隱諱 余心喜其坦直而無私 常歎服之不已 今我散錄之爲 爲傳示子孫 使不昧昧於其祖爲人 古之人事 可法不可慢矣 故有事爲書之 有意見書之 有覩記書之 有與人相干書之 直書不諱 從弟仲輝見之云 一家之言 太不隱護 非直在其中之道也 從弟子章云 夢窩事 旣已忠死 餘不必論也 李君聖登云 曾不見喫緊問學之工 而能爲性理之語 何也 族弟汝文曰 朋遊之中 錄貴顯人 太多 家庭之語 記獎詡己者 太盛 有嫌也. 鄭生濟卿云 論去親朋事. 「산록외편」 서문.

옥소가 「산록」을 저술한 두 번째 목적은 가법(家法)을 전승하기 위한 지침을 전해 주려는 것이었다. "이 산록에는 때때로 집안에서 보고 들은 것들이 섞여 있어서 살펴보면 도움이 되는 바가 있을 것"이라는 서문의 기록과 "모두 40권이 넘는 내 글 가운데 「산록내편(散錄內編)」과 「잡의(雜儀)」와 「잡지(雜識)」만은 후손들에게 유익한 것이니 따로 분류해 두는 것이 좋다."5)는 기록 등을 통해 볼 때, 후손들이 가법을 이어 나가 집안의 품위를 지켜 주기를 바라는 마음을 담아서 「산록」을 저술했음을 알 수 있다.

『옥소산록』에는 관혼상제와 관련된 다양한 일화, 백부 선생의 모범적 삶과 禮에 대한 가르침, 당시 세태에 대한 비판과 자손들에게 전하는 훈계 등이 상당수 기록되어 있으며, 옥소가 후손들에게 유익한 것이라고 언급한 「잡의」와 「잡지」 또한 禮와 관련된 기록들임을 볼 때, 『옥소산록』은 가족 질서가 흐트러지고 禮가 무너지는 세태 변화 속에서 비록 자기 집안이 영달한 큰 가문으로 영속하지는 못하더라도 후손들이 올바른 인간성을 지니고 禮를 실천하며 살아갈 수 있기를 바라는 마음을 담아 작성한 것이라 할 수 있다. 노론의 문벌가에서 미미한 향촌의 사족으로 몰락해 간 현실 속에서 자신의 견문과 경험, 가법을 전달함으로써 가문을 지키고자 한 노력은 조선 후기 향촌 사대부들이 가문을 결속하고 가문을 지키기 위해 향약(鄕約)을 결성하고 교훈시가 등을 창작하여 향유한 현상과 궤를 같이하는 것이라 볼 수 있다.

옥소가 「산록」을 지은 또 하나의 목적은 후손들이 조상인 자신이 어떤 사람인지 정확하게 알아서 제대로 판단하게 하려는 것이었다. 이는 「산록외편」의 서문에서 "내가 지금 「산록」을 만드는 것은 자손들에게 전하여, 그들의 조상이 어떤 사람인가를 분명히 알게 하려 함이다. 옛사람의 일을 본받는 것은 괜찮지만 업신여기는 것은 안 된다."고 한 데서 분명히 드러난다. 옥소는 조상에 대한 무조건적인 미화나 막연한 칭송도 타당하지 않으며, 근거 없는 폄하나 무시도 타당하지 않다고 생각하였다. 자신을 한 사람의 인간으로서 객관적으로 판단할 수 있도록 공과(功過)를 숨기지 않고 솔직하게 기록하고자 하였다. 이러한 인식은 옥소가 당시의 행장이나 제문 등 죽은 이에 대한 글들이 실제와 다르게 지나치게 미화되거나 칭송

---

5) 吾之私稿 凡四十餘杏 唯散錄內編雜儀雜識 有益於後孫 可分類. 「산록내편3」.

일색인 것을 강하게 비판한 것과 관련되며, 개인의 삶 역시 역사와 마찬가지로 있는 그대로 기록되고 전해져야 한다는 의식을 보여 주는 것이라고 볼 수 있다. 한편 이러한 서술은 후손들이 자신의 삶을 인정하고 존숭해 주기를 바라는 마음을 은연중에 드러낸 것으로도 볼 수 있다.

「산록외편」 서론에서 "마음속으로 그분[미암]의 넓고 곧으며 사사로움 없는 태도를 좋아하여 늘 탄복해 마지않았다."고 기록한 것은 자신 또한 '넓고 곧으며 사사로움 없는' 사람임을 후손들이 알아주기를 바라는 마음을 표현한 것이라 볼 수 있다. 비록 자신 대에 이르러 신분이나 경제적으로는 퇴락하였지만, 자신은 세속적 가치에 매몰되지 않고 쇠퇴해 가는 유가의 道를 지키며 고상한 삶을 살아왔음을 자부하며, 자신에 대한 세상의 온갖 부정적 평가들이 자신의 이러한 태도와 가치관에서 비롯된 것임을 후손들이 알아주기를 바란 것이라 할 수 있다.

2. 체제 및 내용

옥소는 기록광이라고 할 정도로 많은 기록을 남겼다. 일생의 여행 경험을 기록하여 방대한 「유행록」을 남겼고, 禮와 관련된 견문과 생각을 「잡의」와 「잡지」에 기록하였으며, 집안의 산소에 관한 내용을 「묘산지(墓山誌)」로 정리하기도 하였다. 그 외에 어린 시절의 추억, 후회스럽거나 기억에 남는 일화, 자신과 인연을 맺었던 사람들에 대한 기억, 89년의 세월을 살아오면서 마주한 역사적 사건과 내적 고뇌, 그때그때의 단상(斷想), 어떤 사건에 대한 의견 등을 모아 「산록」을 엮었는데, 이 「산록」이 가장 사적인 성격이 강한 글이다. 일기 성격을 띠는 이 기록을 통해 우리는 옥소가 어떤 사람인지, 어떤 삶을 살아왔는지, 그의 고민은 무엇이었는지, 그가 지향한 삶은 어떤 것이었는지 등을 구체적으로 파악할 수 있다.

『옥소산록』의 저술 시기와 저술 과정은 정확하게 알 수 없다. 『옥소산록』에 수록되어 있는 기사는 대부분 연도와 날짜가 기록되지 않아 언제 작성된 것인지 파악하기 어렵다. 『옥소산록』에는 노년에 지난날을 회고하며 쓴 글과 당시에 기록해 두었던 글들이 섞여 있는 것으로 보인다. 예를 들어 이인좌(李麟佐)의 난 당시 청풍부의 상황 변화와 자신의 활약상을 생생하게 기록한 글은 당시에 기록한 것으로 보이며, 26세 때 중학(中學)의 장의(掌議) 자격으로 변무(辨誣) 상소를 올릴 때의 일화는 노년에 젊은 날을 회상하며 작성한 것으로 추정된다. 노후에 쓴 글들도 사건의 전개 과정과 인물들의 대화 내용 등이 구체적인 것으로 코아 예전의 메모 등을 토대로 작성했을 것으로 보인다. 한편, 88세 때 금강산 꿈을 기록한 글과 90세 가까운 나이에 손자의 장례를 치른 뒤의 심정을 기록한 글은 옥소가 죽을 때까지 일기처럼 계속 일상에 대한 기록을 남겼음을 말해 준다.

『옥소산록』은 『옥소고』 제천본에 수록되어 있는데, 현재 「散錄內篇 一」(167면 185항목), 「散錄內篇 三」(37면 54항목), 「散錄外篇 一」(114면 62항목), 「散錄外篇 二」(125면, 115항목)가 전하고 있으며, 여기에 총 416개 항목의 기사가 수록되어 있다.6) 「산록내편」 1권과 3권이 전하고 있고, 일부 기사에 '첩출(疊出)'이라는 표시가 있음에도 동일 기사가 발견되지 않는 경우가 있는 것으로 보아 최소한 「散錄內篇 二」가 더 있었을 것으로 추정된다.

「산록」은 1938년에 간행된 석인본 『옥소집(玉所集)』 3책과 4책에도 수록되어 있는데, 여기에는 총 271개 항목의 기사가 실려 있다. 이 중 106개 항목은 필사본 『옥소고』에서 찾아볼 수 없는데, 실전된 「산록내편2」에서 발췌하여 수록한 것으로 생각된다. 또한 『옥소고』 「산록내편3」의 기사 54편을 『옥소집』에 한 편도 싣지 않았으며, 『옥소고』 「산록외편1」과 「산록외편2」에 수록된 기사 177편 중 53편만 남기고 대거 생략한 것 등을 볼 때, 석인본 『옥소집』은 전통적인 문집 체제에 어울리는 글들을 뽑아 편집하면서 신변잡기에 가까운 내용이나 학술적, 교훈적 가치가 적은 것은 의도적으로 뺀 것으로 판단된다.

「산록내편」과 「산록외편」은 그 성격이 명확하게 구분되는 것은 아니지만 수록된 글의 내용이 다소 차이를 지니는 것으로 보아 옥소가 내외편의 목적을 달리하여 구성한 것으로 추정된다. 내편과 외편의 서문만 비교해 봐도 그 차이를 엿볼 수 있는데, 「산록내편」의 서문에서는 자기성찰과 교훈이 강조된 반면 「산록외편」에서는 '자손들에게 전하여 그들의 조상이 어떤 사람인가를 분명히 알게 하려 함'이 강조되어 있다.

---

6) 「산록내편」과 「산록외편」의 서문을 제외한 독립된 기사(記事)의 항목수를 말한다. 기사별 요지는 이 책의 뒷부분에 부록으로 수록해 두었다.

「산록내편」에는 주로 예의와 인정이 허물어져 가는 세태에 대한 비판, 관혼상제 등의 禮의 적용과 시행에 대한 자신의 판단 및 견해, 바람직한 삶의 태도에 대한 생각, 사회적·정치적 문제에 대한 견해, 예술과 문학에 대한 비평과 학술적 논의 등 객관적이고 분석적인 글들이 상당수 발견되며, 자손들에게 남기는 교훈과 자신의 삶에 대한 성찰이 진지하게 서술되어 있다. 이러한 것들을 통해 볼 때 「산록내편」은 서술 대상에 대한 단상과 후손들에게 가르침이 될 만한 교훈, 자신의 인격적 완성을 위한 성찰 등을 모아 편집한 '수상록(隨想錄)'의 성격이 강한 책이라고 할 수 있다.

반면 「산록외편」에는 백부 권상하(權尙夏)와 관련된 일화가 많이 기록되어 있으며, 친족과 친구, 당대 유명 문인들과의 교유, 지난날에 대한 추억·그리움·회한 등 개인적 경험과 감상이 주로 기록되어 있다. 「산록외편」은 다양한 일화를 서사적인 전개를 통해 보여주고 있어 내편에 비해 각 항목의 길이도 상대적으로 긴 편이며 이야기 문학의 재미도 선사한다. 「산록외편」에 수록된 다양한 일화들은 옥소가 어떤 인물인지를 입체적으로 파악할 수 있도록 해 주며, 우리가 알지 못했던 18세기 조선 사회의 깊숙한 부분에 대한 정보를 제공해 준다. 또한 「산록외편」에는 어린 시절의 추억, 평생 사람들의 입방아에 오르내렸던 자신의 삶에 대한 회한, 노년의 쓸쓸함 등이 진솔하게 기록되어 있어 '회고록(回顧錄)'의 성격이 두드러진다.

III. 『옥소산록』의 특성

1. 다양한 문체

옥소는 기록벽이 있다고 할 정도로 기록하기를 좋아하여 많은 기록을 남겼다. 옥소의 일기는 따로 전하고 있지 않지만 그의 기록 습관으로 보아 지속적으로 일상과 단상(斷想)을 기록했을 것으로 추정된다. 특별한 경험이나 사건, 그때그때 떠오르는 생각, 일상의 자질구레한 일들을 기록해

둔 메모들을 발전시켜 정보를 수집하고 체계적으로 정리하여 노후에 「산록」으로 편집한 것으로 보인다. 이러한 특성을 지니고 있는 까닭에 『옥소산록』의 글은 형식의 구애를 받지 않고, 주제의 한정도 없이 자신이 쓰고 싶은 모든 내용을 자유롭게 표현하였다.

『옥소산록』에는 다양한 문체가 발견되는데, 그중에서 가장 두드러지는 것이 서사체 문체와 논설류 문체이다. 서사체 산문은 역사 사건을 기록한 것이나 그 밖에 서사를 위주로 하는 일체의 산문을 가리키는데[7], 『옥소산록』에는 이인좌란의 전개 과정, 인현왕후 축출 시 유생들이 상소를 올린 사건의 전말, 유정기(兪正基)의 이혼 사건의 전고, 한산도 수군(水軍) 조련 참관 시의 화재 사건 등 역사적·개인적 사건이 구체적이고 생동감 있게 기록되어 있다.

> 내가 한산도에서 학창의를 입고 수군(水軍)을 조련하는 모습을 관람할 때, 통제사 김중원(金重元)이 말하기를 "내가 제갈량을 모시고 가니 오늘 전투는 걱정이 없구려."라고 하였다. 싸움에서 이기고 돌아왔을 때 내가 말하기를 "제갈량이 한마디 하겠소. 전투에 승리하고 뽐내며 돌아왔지만 반드시 남은 적들이 있을 것이니, 마땅히 뒤를 경계하면서 본진으로 돌아오거나 아군과 호응하는 절차가 있어야 합니다."라고 하니, 통제사가 웃으면서 말하기를 "오늘은 바람이 세차서 생략한 것입니다. 평소 같으면 마땅히 그대의 말처럼 해야 합니다."라고 하였다. 군사를 주둔시키고 별도의 호령을 내려서 불화살을 쏘게 하였는데, 남촌(南村) 별장(別將)의 뱃머리에서 불이 나서 군졸 6명이 사나운 불길에 데었다. 별장의 뱃머리가 바로 통제사가 탄 배의 꼬리와 서로 붙어 있어서 통제사가 황급하게 자리에서 내려와 어찌할 줄 몰랐다. 내가 말하기를 "군사들이 장군을 본다면 반드시 혼란스러울 것입니다. 마땅히 자리에 올라가 부대를 지휘하여 불을 끄고 통제사의 배를 별장의 뱃머리와 멀리 떨어지도록 해야 합니다."라고 하니 통제사가 웃으면서 이 말을 따랐다. 남촌 별장이 몸을 솟구쳐 바다로 뛰어들어 헤엄을 치면서 물위에 떠 있기에 작은 배로 가서 그를 구조하였다. 통제사가 '명을 어기고 도망친 군율'로 다스리고자 하기에, 내가 말하기를 "대장께서 자리에서 내려온 일은 무슨 군율을 적용하겠습니까?"라고 하니, 통제사가 웃으면서 그만두었다.[8]

---

7) 심경호, 『한문산문의 미학』, 고려대학교 출판부, 1998, 171쪽.
8) 余着鶴氅衣 觀水操于閑山島 統制使金重元曰 吾陪諸葛亮而去 今日之戰無虞矣 及其凱旋 余曰 諸葛亮欲一言矣 戰勝得意而歸 必有殘倭掩其後 似當有回陣接應之節矣 統制笑曰 今日風急 故略之 當如命 住軍而發別號令 火箭交發 南村別將船頭失火 六人入烈焰中爛傷 其船頭 正與上船船尾相接 統制下榻倉皇而失措 余曰 軍中見大將 事必擾亂 宜上坐而指揮撲滅 且可使上船離遠 統

옥소가 42세 때 경상도 관찰사인 외삼촌 이의현(李宜顯)의 임지를 찾았다가 한산도에서 수군의 조련 과정을 참관한 경험을 기록한 위의 글은, 수군 조련의 절차와 통제사와의 대화, 화재 사건의 전말과 화재 현장에 대한 생생한 묘사 등 서사물의 구성 요소를 두루 갖추어 한 편의 재미있는 이야기로 탄생하였다.

이외에도 『옥소산록』에는 어렸을 때의 추억이라든가 백부 권상하와의 일화 등 소소한 '이야기'가 상당수 수록되어 있는데, 사실을 조리 있게 서술하여 서사적 긴밀성을 획득하고 있으며, 구체적 묘사와 대사 등을 활용하여 생동감을 획득하고 있다. 그런 까닭에 『옥소산록』을 읽으면 제일 먼저 옛이야기를 읽는 재미를 느낄 수 있다.

서사체 문체와 더불어 많이 발견되는 것이 논설류 문체이다. 사리를 분석하고 시비를 변별하는 것을 위주로 하는 글을 논변문(論辨文), 의론문(議論文), 논설문(論說文) 등으로 부르는데, 내용에 따라 이론(理論), 정론(政論), 사론(史論), 문론(文論) 등으로 나뉜다.9) 『옥소산록』에는 이에 해당되는 글이 다 발견되는데, 禮와 성리에 관한 자신의 철학적 견해, 당대 국방과 인재 등용 및 사회제도 등에 관한 정치적 견해, 중국 고대사에 대한 자신의 해석, 문장과 문학 작품에 대한 평가, 운자학(韻字學) 등 특정 분야에 대한 정보와 견해를 서술한 글 등이 수록되어 있다.

> 왕희지가 말하기를 "석비(石牌)는 물에 들어가면 마르고 물에서 나오면 축축하며, 독활(獨活)은 바람이 없으면 흔들리다가 바람이 불면 가만히 있으니 이는 오직 성인만이 그 이치를 알 수 있을 뿐이다."라고 하였다. 나는 성인이 아니니 어찌 감히 그 이치를 억지로 구명할 수 있겠는가마는 망령되이 그 이치를 생각해 보니, 석비는 그 성질이 단단하기 때문에 물에 들어가더라도 금방 축축해지지 않고 오래 있다가 꺼내야만 그것이 축축해졌음을 알게 되는 것이며, 독활은 기운이 약하기 때문에 바람이 없으면 스스로 가만히 서 있지 못하다가 바람이 불면 그 힘을 빌려 비로소 그 몸을 바로 세울 수 있는 것이다. 왕희지가 나의 이 말을 듣는다면 뭐라고 할지 모르겠다.10)

制笑而從之 南村別將 躍身而投于海中 游足而浮在水面 小船來救之 統制將欲用逃命之律 余曰 大將經下榻 當用何律 統制笑而止.「산록외편2」

9) 심경호, 앞의 책, 264~270쪽.

10) 王羲之曰 石牌入水則乾 出水則濕 獨活無風則搖 有風則定 唯聖人可以窮理 余非聖人 何敢強究 試妄解之曰 石牌性堅 故入水未卽濕 濕之久而出水 始知其濕矣 獨活氣弱 故無風時 體不能自立

인용한 글은 광물질인 석비와 독활이라는 약초의 속성에 대해 설명한 것으로, 특이한 자연 현상을 자기 나름의 논리로 해석한 것이다. 『옥소산록』에는 이 글과 같이 사물의 이치에 대한 관심을 드러내거나 어떤 개념이나 사건에 대해 논리적 분석을 시도한 논설체 글들이 다수 발견된다.

『옥소산록』에는 그때그때 떠오르는 느낌이나 단상(斷想)을 간단하게 기록한 글들도 많이 실려 있다. 자신의 행동에 대한 반성, 사소한 일상적 사건을 통해 깨닫게 되는 것, 어떤 장소나 경치, 상황에 대한 느낌 등을 짧고 감각적으로 서술한 글들이 다수 발견되는데, 이런 글들은 조선 후기 소품문과 통하는 면이 있다.

> 내가 일찍이 물이 말라가는 도랑을 지나다가 물고기 여러 마리가 숨을 헐떡이며 죽어 가는 것을 보고, 말에서 내려와 앉아서 하인을 시켜 손으로 떠서 옆 개울로 옮겨 주게 하였다. 물고기가 처음에는 축 늘어져 살아날 기미가 없었는데, 잠시 뒤에 조금씩 입을 움직여 물을 한껏 마시고는 차례로 살아나서 어릿어릿 가다가 유유히 헤엄쳤다. 내가 이를 보고 즐거워하다가 스스로 생각하기를 '옛사람 중에 개미를 건네주고 복을 받은 자가 있었는데, 지금 내가 물고기를 살려 준 것은 그 공이 이보다 거의 억만 배는 되니 반드시 음덕이 있을 것이다.'라고 하였다. 돌이켜 또 생각하기를 '반드시 음덕이 없을 것이다. 지금처럼 보답을 바라는 마음을 갖는 것은 상서롭지 못한 것이다. 처음 말에서 내렸을 때는 그 마음이 진실로 남에게 비난을 듣기 싫은 데서 나온 것이 아니었는데, 뒤에 이해관계를 따짐이 이와 같았으니, 하늘이 어찌 이런 사람을 돕겠는가. 선한 일을 할 때는 그 의도를 조심하지 않을 수 없기에, 이를 기록하여 스스로를 경계한다.11)

길을 가다가 우연히 죽어 가는 물고기를 살려 준 사소한 에피소드를 소재로 삼은 이 기사는, 물고기를 살려 준 장면을 섬세하고 감각적으로 묘사하고, 자신의 심리 변화를 예리하게 포착하는 등 소품문의 특성을 잘 보여 주고 있다고 할 수 있다.

而得風力而始定其身矣 未知義之間我言而謂如何.「산록내편3」.

11) 余嘗行過早溝 見羣魚喁喁待盡 下馬而坐 使傔人手掬而縱之傍溪 初則頹然無生意 俄而稍稍動唇 飲水旣飽 次第而起 圉圉而逝 洋洋而游 余視而樂之 仍自念曰 古人有渡蟻而獲福者 今吾之活此魚 幾億萬命矣 其必有陰德矣 旋又念之曰 必無陰德矣 卽此責報之心不祥 其初下馬之時 則其心固不出於惡其聲也 而末後之計較利害 乃如此 天豈佑得此人也 一念善惡 不可不愼其機 書此而自警.「산록외편2」.

2. 정직성과 정확성 추구

『옥소산록』의 두 번째 특성으로는 전편을 관통하는, '정직성'과 '정확성'을 지향하는 서술태도를 들 수 있다. 서문에서 살펴본 바와 같이 옥소는 「산록」을 지은 첫 번째 목적으로 자기성찰을 내세웠다. 자기성찰의 출발은 '솔직함', '정직함'이라고 할 수 있다. 이에 은밀한 집안일과 현달한 벗들과의 교유, 가까운 벗들과 있었던 좋지 않았던 일들까지 숨김없이 속속들이 기록하여 집안사람들이나 주변 사람들로부터 비판을 받고 해당 내용을 삭제하라는 권유를 받기도 하였다. 또한 사건의 전개 과정을 상세하게 기록하고, 등장인물의 이름 및 관련 정보 등을 정확하고 구체적으로 기록하였는데, 이러한 서술 태도는 옥소가 사가(史家)의 태도로 자신의 삶과 시대를 기록하고자 했으며, 자신이 산문의 전범으로 든 사마천의『사기』의 문체를 본뜨고자 한 것과 관련이 있다고 할 수 있다.

3. 자기 치유의 글쓰기

「산록」의 여러 기사를 통해 옥소 스스로 밝힌 바와 같이 옥소는 파란만장한 삶을 살았다. 노론의 명문가에서 태어나 향촌 사족으로 몰락해 간 삶, 89세까지 장수하면서 가족과 친지를 앞세운 아픔, 세상과의 불화로 인한 심리적 고통 등이 「산록」 곳곳에 펼쳐져 있다. 이에『옥소산록』에는 '가탄(可歎)', '가소(可笑)' 등의 어구와 탄식적인 어조의 글이 많이 발견된다.

자탄적 표현은 당시 세태나 사람들의 행동에 비판을 가하거나 특별한 잘못 없이 사람들의 구설수에 오르내리거나 비난을 받는 자신의 상황을 토로할 때 주로 나타나는데, 이는 부정적이고 부당한 상황에 처해도 어떠한 적극적인 대응도 할 수 없는 자신의 심경과 처지를 토로한 것이라 볼 수 있다. 세상의 禮가 쇠퇴하고, 풍습이 변화하고, 정치가 피폐해지는데도 그를 바로잡을 수 있는 능력과 권력을 갖지 못한 자신의 처지에 대한 안타까움과 평생 사람들의 손가락질 속에서 고독하게 살아온 자신의 일생에 대한 씁쓸한 마음이 자탄으로 표출된 것이라고 할 수 있다.

권섭에 대해서는 주체성과 개방성 사이, 기호학과 영남학 사이, 세속과 초월 사이에서 방황하는 '중간자적 존재'라는 평가가 있는데,12) 이러한 위치에 처한 옥소가 자신의 삶을 타개해 나갈 수 있었던 방편이 여행과 글쓰기였다. 특히 자신의 내면을 솔직하게 토로한 「산록」의 글들은 부정당하고, 상처받고, 쇠퇴해 가는 자신을 위로하고 일으켜 세우는 자기 치유의 과정에서 나온 결과물이라고 할 수 있다.

Ⅳ. 『옥소산록』의 자료적 가치

1. 옥소의 삶에 대한 총체적 이해

『옥소산록』을 통해 우리가 얻을 수 있는 가장 큰 소득은 옥소의 삶을 실제에 가깝게 파악하고 그의 내면세계를 깊이 엿볼 수 있다는 것이다. 『옥소산록』에는 89세까지 장수하면서 아내와 자식, 손자 등과 사별해야 했던 인간적 고통과 명문가 자제에서 향촌의 보잘것없는 사대부로 전락해 경제적 어려움까지 겪어야 했던 옥소의 파란만장한 삶, 돌봐 줄 이 없는 외롭고 쓸쓸한 노후의 모습과 회한이 곳곳에 나타나 있다.

『옥소산록』을 통해 옥소의 파란만장한 생애뿐만 아니라 그의 내면도 깊이 있게 관찰할 수 있다. 우리에게 익히 알려진 옥소의 이미지는 스스로 관직을 포기하고 자연에서 노닐며 신선의 삶을 추구한 인물, 道와 禮를 중시하고 아첨을 싫어하여 세상과 불화를 겪었던 인물, 문학과 예술을 즐긴 풍류객 등이다.

『옥소산록』에는 익히 알려진 탈속적이며 고고하고 오만한 성품을 확인할 수 있는 일화들이 많이 발견되는 한편, 옥소의 '인간 존중', '생명 중시' 의식을 보여주는 일화들도 다수 발견되어 지금껏 우리가 포착하지 못한 옥소의 새로운 면모를 확인할 수 있다.

---

12) 정우락, 「옥소 권섭의 세계인식과 영남관」, 『영남학』, 80호, 경북대학교 영남문화연구원, 2022. 3.

소인이라고 해서 업신여기지 말아야 하니 소인도 대든다. 천한 자라고 해서 소홀히 대하지 말아야 하니 천한 자도 기롱할 줄 안다. 그러니 무릇 말을 하거나 일을 행할 때는 터럭만큼도 함부로 해서는 안 된다. 금수나 곤충 같은 미물도 모두 지각이 있는데, 어찌 사람이 바로 그 옆에서 전혀 거리낌 없이 행동할 수 있겠는가. 그 입은 비록 다물고 있지만 그 눈빛은 빛나고, 그 조잘대고 웅얼거리는 소리를 사람들은 조잘대고 웅얼거리는 소리로 듣지만 그들은 서로 생각을 전하면서 말을 하고 있는 것이다. 그들은 또 어느 한 측면에 뛰어난 것이 있으니 ……13)

금수나 곤충도 지각이 있고 저마다의 능력이 있어 함부로 대할 수 없거늘 지각이 있는 인간을 신분이 천하다고 하여 함부로 대해서는 안 된다고 주장한 이 글을 통해 한 생명체로서 인간의 가치를 인정하고, 주체적 인식을 가진 존재로 존중해야 함을 강조한 옥소의 사상을 파악할 수 있다.

옥소는 신분제 사회에서 자신의 신분을 누리고 살면서도 신분이나 배경에 따라 사람을 차별하지 않고 존중해야 한다는 주장을 직접적으로 펼쳤으며, 신분에 따라 상대를 대하는 태도가 달라지는 사람들을 비판하고, 서모(庶母), 서숙(庶叔), 서조카 등 집안에서 천대하는 친척들을 존중하고, 하인의 장례를 성대하게 치러주는 등 실제로 인간존중의 마음을 실천하였다.

신분이 인간보다 우위에 있지 않다는 인식을 갖고 있었던 옥소는 당시의 인재 선발이 문벌에서만 이루어짐을 비판하고 중인이나 평민층에도 각 분야의 뛰어난 인재가 있으므로 이들을 적극 등용해야 한다고 거듭 강조하였으며, 대인관계에 있어서도 권위나 이해관계로 사람을 대하는 것을 비판하고 '상대를 존중하고 마음을 다해야만 진정한 관계를 유지할 수 있다'는 생각을 피력하였다.

『옥소산록』의 기록들을 통해 볼 때 옥소는 집안과 학문적 배경에서 기인한 禮·의리·염치 등의 가치관을 추구하여 절제된 삶을 사는 한편 세속적 욕망에서 벗어나 자유로운 삶을 추구한 인물임을 알 수 있다. 또한 문벌가의 일원으로 상류층에 속해 있으면서도 신분적 특권에서 주어지는 부와 권력을 거부하고 인간 중심, 인간 평등의 인식을 추구하였다. 그리하여 교유 관계 또한 의리에 따라 맺고 끊는 단호한 모습을 보였으며, 세

---

13) 勿以小人而侮之 小人亦有對頭 勿以賤隸而易之 賤隸亦知譏議 則凡出言行事 不可一毫放過矣 禽獸昆虫之微 亦皆有知覺 人豈可全無忌憚於其旁側乎 其口雖噤 其目則炯然 其啁啾嚶吟 人雖聽之以啁啾嚶吟 渠則是自相傳說之者矣 且其有一處之通知……. 「산록내편1」

상과 타협하지 않고 자신의 고집대로 일생을 살았다. 옥소에 대한 당대인들의 평가가 상반되고 옥소가 평생 주변인들의 손가락질에 시달렸던 것도 이러한 옥소의 성품에서 기인한 것이라 볼 수 있다.

2. 18세기 미시사(微視史)의 중요 자료

1) 禮의 일상생활 적용 양상

『옥소산록』에 가장 빈번히 등장하는 내용은 '禮'와 관련되는 것이다. 17세기 말 이후 18세기는 예학이 중시된 시대로 '禮의 적용' 문제가 정치적 사건으로 비화하기도 하였다. 1659년 효종이 죽었을 때 자의대비의 복상 문제로 서인과 남인 사이에 예송(禮訟)이 일어나 우암(尤庵)이 실각한 후 사약을 받기도 하였다. 옥소는 많은 지면을 할애하여 당시 사대부들의 교과서였던 『주자가례』가 실생활에 적용되는 양상, 禮를 실생활에 적용하고 해석하는 데에 있어 사대부들 간에 어떤 갈등이 발생했는지 등에 대해 자세하게 기록하였다. 관례나 사당 제사, 기제사, 장례 절차 등 일상생활 속의 禮의 실천 양상을 자기 집안의 경우나 전해 듣거나 목격한 사건을 예로 들어 설명하고 있다. 이는 18세기에 들어와 널리 전파된 『주자가례』의 적용 양상, 특히 노론(老論) 집안의 사례는 어떠했는지를 파악하는 데 중요한 단서가 된다.

『옥소산록』에는 또한 변화하는 세태를 염려하는 기사들이 자주 발견된다. 禮의 근본인 상하질서 확립의 출발이 되는 호칭이 제대로 정립되지 못한 문제, 서얼·첩·평민 등이 자신의 신분에 맞지 않는 복장을 하거나 禮에서 벗어나는 행동을 하는 것에 대한 비판, 젊은이들의 버릇없는 태도에 대한 탄식이 곳곳에 서술되어 있다. 또한 허례허식이 성행하는 혼례 풍속과 사치의 상징인 가체(加髢) 비판, 사당 출입 시 실용적인 복장 착용 등이 서술되어 있는데, 이러한 사례는 당시의 시대적 분위기와 더불어 禮의 근본인 상하질서는 유지하되 허례허식을 지양하고 실용성을 추구하는 옥소의 禮에 대한 인식을 잘 보여 준다.

2) 사대부가의 일상

『옥소산록』에는 공식적인 역사 기록만으로는 알 수 없는 사대부가의 관혼상제와 연시(延諡) 풍속, 사대부가 여성들의 무속신앙, 사대부의 유람 풍속 등 당대 사대부의 삶과 사대부가의 일상을 엿볼 수 있는 소소한 일화들이 많이 기록되어 있다.

옥소는 평생 유람을 즐긴 사람으로 방대한 양의「유행록」을 따로 남길 정도로 여행을 많이 하였다. 『옥소산록』에도 여행 중의 에피소드와 견문들이 많이 발견되는데, 이를 통해 당대 사대부들의 유람 풍속을 확인할 수 있다. 유람 시 지방관의 숙소와 여행 경비 제공, 유람 중의 풍류, 승려들과의 갈등 등 당시 사대부 유람의 이면이 속속들이 묘사되어 있어 사대부의 유람 문화의 실상을 파악하는 데 도움이 된다.

『옥소산록』에서 발견되는 재미있는 기사로 사대부가의 무속 신앙을 들 수 있다. 물론 옥소는 무속에 대해 부정적인 인식을 바탕으로 미신을 타파해야 한다는 주장을 펼치고 있지만, 여기에 소개된 일화를 통해 조선 후기 사대부가의 무속 신앙의 실태를 엿볼 수 있다.

> 이모께서는 15세에 윤 씨 댁으로 시집을 갔는데, 그 집안은 해숭 옹주 때부터 장군신을 받들었기에 금포(錦袍)·강대(絳帶)·종립(鬃笠)·패영(貝纓)·궁검(弓劍)·정독(旌纛) 등이 뜰 앞의 4칸짜리 누각 위에 가득하였다. 이모께서 대문으로 들어가 누각에 이르러서는 바로 모두 꺼내어 불태우고 무비(巫婢)는 멀리 쫓아 버렸다. 이 일은 후세 사람들이 알아야 하기에 이에 기록한다.14)

위의 기록은 선조와 인빈 김 씨의 소생인 해숭 옹주 집안에서 오래 전부터 장군신을 받들며 무구(巫具)와 무비(巫婢)까지 갖추고서 굿을 했음을 말해 주며, 이를 통해 국가 차원에서는 불교와 무속을 금지했으나 민간뿐만 아니라 사대부 집안에서도 여전히 무속이 숭상되고 있었던 당시 상황을 파악할 수 있다. 이 외에도 옥소가 팔에 병이 나자 무당을 불러 도깨비에 홀려 병이 난 것인지를 묻는 일화가 실려 있는데, 사대부가에서도 병의 치료 등을 이유로 일상생활 속에서 여전히 무속을 가까이하고 있었음을 확인할 수 있다.

---

14) 從母十五歲 歸于尹氏 其家自海崇翁主時 奉將軍神 錦袍絳帶鬃笠貝纓弓劍旌纛等物件 盈滿於庭前四間樓上 從母入門而當室 卽出焚之 遠逐其巫婢 此事後人不可不知 玆書之.「산록내편1」

3) 향촌 사족의 역할과 지방관과의 관계

옥소는 한양 제생동(濟生洞)에서 태어나서 젊은 시절 한양을 중심으로 생활했지만 중년 이후 지방으로 터전을 옮겨 살게 된다. 평생 관직에 나가지 않고 중년 이후에는 향촌 사족의 신분으로 살게 되는데, 『옥소산록』에는 향촌 사회에서의 향촌 사족의 역할과 지방관과의 관계 등이 그려지고 있어, 조선 후기 향촌 사족의 삶을 살펴보는 데도 도움이 된다.

옥소는 화려한 문벌과 수암 권상하의 조카라는 태경에 힘입어 향촌 사회에서도 대접을 받고 지냈다. 향촌의 지도자 역할을 하면서 위기가 닥쳤을 때는 백성들을 이끌고 인도하는 역할을 수행했으며,15) 향촌 사회의 질서를 유지하고 禮를 지도하는 역할을 하기도 하였다.16) 또한 집안의 상사(喪事)에 지방관이 하인과 장례 물품을 제공해 주는 등의 혜택을 누리기도 했다. 그러나 옥소가 늙고 퇴락한 후에는 지방관에게 푸대접을 받는 상황이 자주 발생한다. 지방관으로 부임해 온 친구의 아들이나 손자조차도 인사하러 오지 않을 정도로 무시를 당할 뿐만 아니라 환곡 요청도 번번이 거절당하는 등의 모욕을 겪는 모습이 그려지기도 한다. 이와 같은 사례는 경향(京鄕) 사대부의 분화 현상이 심화되면서 향촌 사족의 지위가 열악해지고, 전 시대와 달리 향촌 사회에서 지방관의 세력이 강화되어 가던 시대상을 반영하는 것이라고 볼 수 있다.

4) 18세기 조선의 교육과 과거, 유생들의 생활

『옥소산록』에는 옥소의 수학(修學) 시절 일화가 많이 기록되어 있어, 조선 후기 교육제도와 과거 제도, 유생들의 삶에 대한 구체적인 정보를 얻을 수 있다. 옥소는 서울에서 중학(中學)과 서학(西學)을 다녔고, 진사시 합격 후에는 성균관에서 학업을 계속하였다. 이후 벅부를 따라 다니며 서원 출입도 많이 하였고, 27개 서원의 집강을 맡기도 하였다. 그 결과 『옥소산록』에는 중학, 성균관, 서원과 관련된 일화들이 다수 기록되어 있어

---

15) 이인좌의 난 때 옥소는 정세를 살피면서 마을 사람들을 지휘하여 백성들이 동요하지 않도록 하는 역할을 수행하였다.
16) 옥소는 국상이 났을 때 지방관과 함께 곡을 하는 절차에 대해 논의하고 지역의 질서 유지에 힘쓰는 등 지역 사회의 정신적 지도자 역할을 수행하였다. 특히 수옹의 조카로서 禮의 실천에 있어서 모범이 되어야 한다는 인식을 강하게 드러냈다.

당시 교육 기관인 서원과 성균관의 운영 방식 및 뒷이야기, 유생들의 학업과 생활 모습을 관찰할 수 있다.

『옥소산록』에는 성균관의 황감제 실시 장면, 임금이 성균관에 하사한 물품을 장의가 독차지하여 유생들과 갈등을 빚는 일화, 집안 배경 등으로 서원의 장의를 선발하는 문제, 서원 출입의 절차와 예절 등 성균관과 서원의 소소한 일상과 사건들이 그려지고 있다. 또한 병자년(1696) 변무(辨誣) 상소와 인현왕후 폐위 반대 상소 등 유생들의 정치 활동과 옥소가 직접 경험한 과거 부정 사례 등이 사실적으로 그려지고 있어, 교육제도·과거제도와 관련된 당시의 실상을 확인할 수 있다.

5) 역사적 사건의 이면

『옥소산록』에는 역사적 사건의 객관적 기록 이면의 현장에 있었던 이들의 목격담이라든가 해당 사건에 대한 당대의 여론, 사건 당시의 현장 등을 상세하게 기록한 글들이 다수 전하고 있어 흥미롭다. 『옥소산록』에 기록된 유명한 역사적 사건으로는 이인좌의 난과 우암(尤庵)이 사약을 받은 사건, 유정기(兪正基)의 이혼 사건, 인형왕후 폐위 사건 등이 있는데, 이에 관한 기록은 공식적 역사 기록을 통해서는 알 수 없는 '그날'의 현장을 생생하게 전해 주고 있어 거시사(巨視史)의 관점이 아니라 미시사(微視史)의 관점에서 18세기 조선 사회를 이해하는 데 도움을 준다.

이인좌의 난에 대해서는 사건의 추이, 당시 지역 상황과 백성들의 분위기, 지방관들의 대응, 중앙 관료의 처신, 옥소의 활약 등을 시간의 흐름에 따라 사실적으로 서술함으로써 실제로 이인좌의 난을 겪었던 백성들의 시선을 잘 보여 준다. 우암이 제주도로 유배되었다가 다시 서울로 압송되던 중에 정읍에서 사약을 받고 운명하던 순간과 장례 과정에 대한 설명은 우암의 삶을 총체적으로 재구할 수 있는 중요한 사료(史料)의 역할을 한다. 숙종 때 세상을 떠들썩하게 했던 유정기(兪正基)의 이혼 사건에 대한 기록은 사건의 전모를 자세히 소개하는 한편 이 사건에 대한 사대부들간의 의견 대립 등 사회적 분위기까지 전달하고 있어, 당시 사대부들의 가치관의 차이와 여론 형성의 과정 등을 엿볼 수 있다.

이외에도 『옥소산록』에는 기사환국 때 인현왕후의 폐위를 반대하여 상소를 올리던 날의 전모를 상세하게 기록하였는데, 당시의 사회적 분위기와 상소를 작성하여 올렸다가 거절당하기까지의 긴박한 과정을 서술하면서 박태원(朴泰遠)의 상소 탈취 사건, 유생 성규헌(戒揆憲)이 아내의 만류로 소청(疏廳)에 들어오지 못한 사건 등을 삽입함으로써 상소를 올리던 날을 살아 있는 역사적 시간으로 살려내었다. 이러한 기록은 공식적인 사료(史料)의 틈을 메워 줄 뿐만 아니라 정사(正史) 뒷면의 사람살이를 보여주는 역할을 한다고 할 수 있을 것이다.

6) 당대의 사회적·정치적 문제

『옥소산록』에는 18세기 정치사의 뒷면, 즉 일상에서 벌어지는 노소 갈등이 학문적 대립과 교유 관계 등 다양한 측면에서 그려지고 있다. 하지만 『옥소산록』에는 당파 간의 대립만 나타나지 않고, 당색을 떠나 노소 관계를 파악하려는 옥소의 유연한 태도가 포착되기도 한다. 옥소는 노론 문벌가에 속해 있었지만 당파로 인한 정치계의 분열을 비판하였으며, 당대의 많은 사회적·정치적 문제를 언급하고 나름대로 해결 방안을 제시하기도 하였는데, 인재 등용과 국방 문제를 가장 심각한 문제로 인식하였다.

사람을 그 자체로 판단하지 않고 당색으로 판단하고, 문벌가에서만 인재를 등용하는 것을 비판하였으며, 중인이나 평민층, 북관인(北關人) 등 문벌이나 지역을 떠나 뛰어난 인재라면 고루 등용해야 한다는 견해를 피력하였다. 국방의 문제점을 해결하기 위한 정책으로, 함경도에서는 내수사 노비를 이용해 적을 방비할 방법을 제시하고, 무주 적상산성(赤裳山城), 문경 주흘성(主屹城), 단양 독락성(獨樂城) 등에는 지형을 이용하여 성을 수축하여 위급한 상황에 대비할 것을 주장하였다.

또한 옥소는 영조가 붕당을 약화시키기 위해 단행한 서원 철폐도 반대하였으며, 세금, 공물, 왕족의 제수 비용 등 경제정책에 대해서도 비판하고 나름의 해결 방안을 제시하였다. 또한 송금(禁松), 소 도축, 추노, 담군(擔軍)17), 환곡에 대한 심한 제재 등 당대 사회제도의 여러 문제를 비판하고, 접대, 모임, 혼인 등과 관련된 폐단을 언급하여 당대 사대부 층의 허례의식 등을 비판하였다.

---

17) 담군(擔軍): 짐을 운반하는 군정인 담부군(擔部軍)의 준말로, 상여를 메거나 산소를 조성하는 일을 담당하기도 하였다.

3. 옥소와 18세기 조선의 학문적 관심

『옥소산록』은 대체로 자신이 보고 듣거나 경험한 일들을 기록하고 있으나 어떤 주제나 대상에 대한 자신의 견해를 학술적으로 논의한 것들도 있어 관심을 끈다. 한자음이 잘못 읽힌 채 정착되어 가는 과정을 비판한 운자학(韻字學)에 대한 글과 당시에 널리 통용되는 사물의 이칭(異稱)과 호칭을 기록한 글 등은 국어사 연구의 중요한 자료가 될 것이며, 한문 해석에 관한 이견(異見)을 설파한 글들은 문장론에서 다루어 볼 만한 자료이다.

『옥소산록』에는 또 자신과 교유한 많은 인물들과의 일화뿐만 아니라 당시 조선의 대표적인 문벌의 내력과 인물, 조부·백부·부·계부·자신의 친구 등 총 319명의 명단을 따로 정리한 자료가 실려 있는데 이는 18세기 사대부들의 인맥과 혼맥, 교유 관계 등 사대부들의 사회관계망을 연구하는 데 중요한 자료가 된다.

『옥소산록』에는 비록 깊이 있는 논의를 펼치지는 않았지만, 성리학의 주요 개념에 대한 견해나 역사에 대한 해석, 문학과 음악·미술에 대한 견해, 민간 풍속에 대한 설명, 사물의 이치, 풍수에 대한 지식 등 다양한 분야에 대해 옥소가 자신의 생각을 펼친 글들이 수록되어 전한다. 옥소는 자신의 견해를 서술하면서 당대의 주류적 견해와 차이가 있는 부분은 비교하여 서술하기도 하였는데, 이러한 것들을 통해 옥소의 사상이나 학문적 관심을 파악할 수 있을 뿐만 아니라, 18세기 조선 지식인들의 관심사와 학문적 경향, 당시의 논쟁적 주제 등을 추론할 수 있다.

V. 맺음말

옥소는 『옥소고』라는 60여 책에 달하는 방대한 필사본 문집을 남겼으며, 여기에는 「시」와 「유행록」, 「몽기」 등 재미있고 중요한 자료들이 많이 실려 있지만, 옥소를 가장 잘 이해할 수 있고, 조선 후기 사회를 직접

적으로 이해하는 데 가장 도움이 되는 자료는 『옥소산록』이라고 할 수 있다.

『옥소산록』은 일기의 역할을 하는 책으로, 교훈·자기성찰·학술적 견해 등 수상록(隨想錄)의 성격을 띠는 글과 어린 시절의 추억·지나간 삶에 대한 회한·노년의 외로움 등 회고록(回顧錄) 성격의 글이 섞여 있다. 『옥소산록』에는 주제와 문체에 구애받지 않고 자유롭게 써 내려간 416개 항목의 기사가 수록되어 있는데, 서사체와 논설체가 가장 두드러지며 소품의 성격을 띠는 글들도 발견된다.

『옥소산록』은 '정직성'과 '정확성'을 추구하는 서술태도를 보여 주었으며, 자탄적 표현과 어조를 지닌 글들이 빈번하게 출현한다. '정직성'과 '정확성'을 추구하는 서술태도는 옥소의 솔직한 성품과 관련이 있으며, 자탄적인 글들이 많은 것은 『옥소산록』이 파란만장한 삶을 살아온 옥소의 '자기 치유의 글쓰기'의 결과물이라는 데서 기인한다고 할 수 있다.

『옥소산록』의 가치는 옥소의 삶을 총체적으로 실제에 가깝게 구현할 수 있는 정보를 제공한다는 것, 조선 후기 미시사에 대한 이해를 넓힐 수 있다는 것, 당대 사람살이의 세세한 면을 엿볼 수 있는 재미를 누릴 수 있다는 점을 들 수 있다. 또한 『옥소산록』에 기록되어 있는 성리학·운자학·계보학·예술 등에 대한 학술적 견해는 옥소의 사상과 학문적 관심을 파악하는 데도 도움이 되지만 18세기 조선의 지식 사회를 총체적으로 이해하는 데도 기여하는 바가 있을 것으로 생각한다.

옥소에 관한 연구는 국문시가 연구에서 출발하여 한문학으로 확장되고 이후 사상사, 음악, 미술, 복식, 풍수 등에 대한 연구가 출현했지만 여전히 문학 연구가 주를 이루며 더 이상 연구 범위가 확장되지 못하고 정체된 감이 있다. 이는 근본적으로 연구 주제를 확장할 새로운 자료가 소개되지 않은 데서 기인한다. 다양한 분야의 다양한 주제를 포함하고 있는 『옥소산록』을 꼼꼼히 읽어내는 것만으로도 지금껏 논의되지 않았던 새로운 연구 주제를 끌어낼 수 있을 것이며, 옥소와 관련된 기왕의 논의를 심화시킬 수 있을 것이다. 그것만으로도 『옥소산록』의 가치는 크다고 할 것이다.

참고문헌

1. 자료
   권　섭, 『玉所稿1-17』(필사본 영인), 도서출판 다운샘, 2007.
   권　섭, 『玉所集』(석인본).
   권　섭, 『옥소산록』, 이창희·장정수 옮김, 도서출판 다운샘, 2022.
   조선왕조실록 sillok.history.go.kr

2. 저서
   신경숙 외, 『18세기 예술·사회사와 옥소 권섭』, 도서출판 다운샘, 2007.
   신경숙 외, 『옥소 권섭과 18세기 조선 문화』, 도서출판 다운샘, 2009.
   심경호, 『한문산문의 미학』, 고려대학교 출판부, 1998.

3. 논문
   김도련, 「사마천『사기』의 구성과 서술 기법에 대하여」, 『中國學論叢』 13, 국민대학교 중국문제연구소, 1997, 43~64쪽.
   김성환, 「司馬遷의『史記』硏究(2)-『史記』의 文體-」, 『論文集』 22, 全州大學校, 1993, 73~94쪽.
   박은정, 「조선 후기 지식 패러다임의 변화와 도곡 이의현-記錄癖과 기록 정신을 중심으로-」, 『溫知論叢』 30, 온지학회, 2012, 199~234쪽.
   송혁기, 「18세기 초 散文理論의 전개 양상 일고: 이의현, 신유한, 조구명의 대비를 중심으로」, 『한국한문학연구』 31, 한국한문학회, 2003, 203~236쪽.
   심경호, 「조선시대 문집 편찬의 역사적 특징과 문집 체제」, 『한국문화』 72, 서울대학교 규장각한국학연구원, 2015, 101~130쪽.
   유강하, 「치유적 관점에서 본 사마천(司馬遷)의 글쓰기 : 「태사공자서(太史公自序)」와 「보임안서(報任安書)」를 중심으로」, 『문학치료연구』 28, 한국문학치료학회, 2013, 103~129쪽.
   정우락, 「옥소 권섭의 세계인식과 영남관」, 『영남학』 80, 경북대학교 영남문화연구원, 2022, 3.
   조성산, 「옥소 권섭의 학풍과 현실관」, 신경숙 외, 『옥소 권섭과 18세기 조선문화』, 도서출판 다운샘, 2009, 13~47쪽.

산록내편 1 散錄內篇 —

산록내편 1 散錄內篇 一

　　사군자(士君子)의 정직한 행동과 밝은 마음을 가진 자로서 사람들에게 일컬어질 만한 사람으로는 옛날 사마(司馬)[1] 선생을 들 수 있으며, 우리나라의 미암(眉巖) 유공(柳公)[2]도 탄복할 만하다. 하찮은 나를 돌아보건대 독서를 많이 하지 않았고 공부도 독실하지 못해, 말과 행동이 모두 거칠고 노둔하여 다른 사람들과 마주할 때면 더욱 아쉬움이 많았다. 그래서 일마다 하나하나 기록하여 다른 사람들의 지적과 가르침을 기다린다.

　　아! 자로(子路)는 사람들이 그에게 과실이 있음을 말해 주면 기뻐하였기에[3] 허물이 없었고, 세상 사람들은 과실이 있는 것을 부끄러워하지 않고 과실을 고치는 것을 부끄러워하였기 때문에 과실이 점점 많아져서 악한 지경에 이르게 되니, 그렇게 된 뒤에 졸렬함을 숨겨 흠결을 감추거나 겉을 꾸며 사람들을 속인다고 한들 나에게 무슨 이익이 되겠는가. 정직함과 광명함은 내가 비록 사마광에게 미치지 못하겠지만 시비득실을 사람들에게 숨기지 않는 것은 미암 옹을 본받고자 한다.

　　이 산록에는 때때로 집안에서 보고 들은 것들이 섞여 있어서 살펴보면 도움 되는 바가 있을 것이며, 이 산록을 후손에게 전하여 보여준다면 제 조상이 진실로 어떤 사람인지 분명히 알 수 있을 것이다.

---

1) 사마(司馬): 북송(北宋) 때의 명재상이자 학자인 사마광(司馬光)을 가리킴. 그는 제자인 유안세가 평생 간직해야 할 한 글자가 무엇인지를 묻자 '성(誠)'이라고 답하면서 이에 대한 풀이로 '참과 정직'이라고 하였으며, 스스로에 대한 평가에서도 "남들보다 뛰어난 점은 없지만 일생 동안 행했던 내 모든 행위 가운데 남에게 알려지지 않은 것은 하나도 없다."라고 할 정도로 숨기거나 부끄러운 점이 없었다고 함.
2) 미암(眉巖) 유공(柳公): 조선 전기 문신인 유희춘(柳希春;1513~1577)으로, 그의 일기인 『미암일기(眉巖日記)』는 조선 시대 개인 일기 중 가장 방대함.
3) 자로(子路)는~기뻐하였기에: 원문의 '자로희문과(子路喜聞過)'는 『맹자』에 "자로(子路)는 사람들이 자기에게 허물이 있다는 말을 해주면 기뻐하였다[子路 人告之以有過則喜]."라고 한 데서 온 말임.

士君子行事正直 心志光明 無不可對人言者 尙矣司馬先生 國朝眉巖柳公 亦可歎
服 顧余渺生 讀書不多 用工不篤 凡言論事爲 率皆粗疎魯莽 其與人相接之際 則尤
多悔吝 當一一隨事箚記 以待人之指摘而砭炳 噫 子路喜聞過 故無過 世人不恥
有過而恥改過 故過滋多而至于惡 乃護拙掩瑕而修容於外 而瞞於人 卽何益於我 正
直光明 雖不及於司馬 是非得失之不諱於人 則竊欲學於眉翁 有此錄間 附以家庭見
聞 以觀省而資輔焉 此錄之傳示後來人 且可使明知其祖之爲眞是何狀

1 내가 어렸을 때부터 계부(季父)께서 백부(伯父) 곁에 계실 때의 모습을 보았는데, 종일토록 모시고 앉아 계시면서도 태만한 모습이 없었다. 백부께서 일어나면 따라 일어나고, 몸이 피곤하면 다른 곳에서 쉬었으며, 나이를 먹고 직위가 높아져도 여전히 그러하였다. 예산(禮山) 군수 한여해(韓如海) 씨가 이호(梨湖)에 이로정(二老亭)를 짓고 그의 아우 여두(如斗) 씨와 늙도록 함께 거처하였는데, 그의 막내아우는 종일토록 바르게 앉아 마치 엄한 아버지를 모시는 듯이 하였다. 백부가 선달(先達)4)인 친척 조부를 모실 때나 외조부께서 첨정(僉正)인 친척 조부를 모실 때에도 자제로서의 도리를 행함에 매우 공손하였다. 내가 이를 매우 기뻐하여 항상 참봉공에 대해서는 족숙부(族叔父)라고 일컬었고, 종형(從兄)인 선산공(善山公)을 모시고 앉아 있을 때 교만하지 않아, 선산공이 일어나면 나도 따라 일어났다. 이종형(姨從兄) 박 공은 이성(異姓)으로 한 살 많았지만 만나면 반드시 말에서 내렸고, 말할 때는 반드시 존대하고 편지를 보낼 때도 반드시 '상서(上書)'라고 썼다.

근래 다른 집안의 어린 동생들을 보면 그 나이가 어린 자식이나 어린 손자 정도인데도 모두 어른이나 형이 출입할 때 꼼짝 않고 앉은 채 일어나지 않으며, 형은 꼿꼿이 바르게 앉아 있는데도 저들은 비스듬히 눕거나 다리를 뻗고 앉아 거만하게 흘겨보며 꺼리는 바가 없다. 또한 크고 작은 일에 각각 자신의 소견을 고집하고 어른에게 묻지 않는 것은 말할 것도 없다.

근래 우리나라에서 가법이 엄한 것으로 민씨(閔氏) 집안만 한 곳이 없지만, 청계(聽溪) 이 공도 집안 어른의 도리를 훌륭히 행하고 있어서 박동(礴洞) 상공(相公)이 나이는 같지만 지위가 현격히 다르기 때문에 감히 말

---

4) 선달(先達): 무과에 급제하였으나 벼슬을 하지 않은 사람을 일컫는 말.

을 낮추거나 거역하지 않으니 숭상하고 공경할 만하다. 참판 김덕기(金德基)의 부친·판윤 윤헌주(尹憲柱)의 부친·수촌(睡村) 이 상공(李相公)의 형·낙동(駱洞) 조 상공(趙相公)의 형의 경우는 모두 현달한 자제들을 꾸짖고 회초리 치기를 어린아이를 훈계하듯이 하였다. 비록 칭찬과 꾸짖음이 적절하지 않아 다른 사람들에게 기롱을 당했지만, 그래도 엄한 부형 밑에서 자제들이 두려워하고 받들었기 때문에 다른 사람보다 어질다고 할 수 있다. 스스로를 돌아보면 나도 모르게 얼굴이 붉어지고 부끄러워져서 이를 기록하여 후생들을 경계하는 바이다. 나의 덕화(德化)가 비록 큰 가문에 미칠 정도는 아니나 나의 자손들은 내 말을 따라 행하면 좋겠다.

> 余自幼見季父於伯父之側 終日侍坐不慢 起必俱起 倦則休於他所 至其年高位尊而不替 韓禮山如海氏 作二老亭於梨湖 與弟如斗氏 白首同處 其季公終日正坐 如侍嚴父 伯父之待先達族祖父 外王考之待僉正戚祖 亦皆執子弟之禮甚恭 余甚悅之 常於參奉公 稱族叔父 而於從兄善山公前 侍坐不慢 起則俱起 至於外兄朴公 是異姓一年長 而逢必下馬 言必稱尊 書必曰 上書矣 近見人家幼弟輩 年同稚子稚孫者 皆於長兄出入時 堅坐不起 兄則兀然端坐 而渠輩則偃臥箕踞 傲眼睨視 無所顧憚 其於大小事 各執所見而不問於長者 又何暇論也 我國之近來家法之嚴 無如閔氏者 而聽溪李公 亦優行門長之道 磚洞相公 年則相若 位則相懸矣 不敢於言下違拒 尙矣 可敬矣 如金參判德基之父 尹判尹憲柱之父 睡村李相公之兄 駱洞趙相公之兄 皆於其貴顯之子與弟 亦且叱呵楚撻 無異於敎幼兒 雖其喜怒不中 取譏於人 猶可謂嚴父兄 而子弟之畏愼尊奉 其賢亦過人矣 自顧不覺赧然而愧 玆書此以戒後生輩 吾之德化雖不能及於一門 吾之子孫 則一從吾言而爲之可也

2 나는 진천(鎭川) 형님을 대할 때에 길을 갈 때는 말을 나란히 하지 않았고, 형님이 일어나면 반드시 따라 일어났으며, 편지를 보낼 때는 '상서(上書)'라고 하고, 말을 할 때는 매우 공손히 하였다. 백함(伯涵)[5]을 대할 때에도 다른 조카와 달리 서서 인사를 받으면서 몸을 조금 숙였고, 편지를 보낼 때는 반드시 자(字)를 일컬었고, 부를 때에도 '너'라고 하지 않았다. 종손(宗孫)을 대하는 도는 마땅히 이와 같아야 하니 아이들이 이를 알기를 바란다.

---

5) 백함(伯涵): 옥소의 조카인 권양성(權養性;1675~1746).

余於鎭川兄 路不等馬 起必俱起 書稱上書 言亦至敬 而待伯涵 亦異於他姪 立受
其拜而少屈其身 書必稱表德 呼之不爾汝 待宗孫之道 當如此矣 兒輩知之

3 덕성(德性)6) 부부는 마땅히 나를 백부(伯父)나 백구(伯舅)라고 불러야 하는데도, 그 아비가 이를 허락하지 않았기 때문에 나를 바로 아버지라고 일컫는다. '하늘에는 두 개의 해가 없고 집안에는 두 명의 어른이 없다'는 그 뜻이 바르고 그 일이 중대한데, 이렇게 문란해져서야 되겠는가. 백부도 아버지이다. 백부(伯父)·중부(仲父)·숙부(叔父)·계부(季父)로 구분하여 부르지만 다 아버지라는 뜻이니 무슨 문제가 되겠는가. 더구나 백부는 한 집안의 어른이라 집안일은 마땅히 어른께 맡겨야 하는데, 어찌 굳이 여러 곳에서 영(令)이 나오게 하는가.

德性夫妻 當稱我以伯父伯舅 而其父不許 故於我直稱父 天無二日 家無二尊 其
義正 其事大 何可容易紊亂 伯父亦父也 別其伯仲叔季而稱父 有何害也 況伯父是家
之長也 家事當任長 又何必令出多門也

4 나는 벗에 대해 7,8세~10세 차이가 나면 노형(老兄)·소제(少弟)라고 일컫고, 11세 이상이면 형이라고 일컫지 않고 외삼촌이나 아버지뻘로 대하며, 함께 편안히 앉아 부채질하거나 담배를 피지 않고 부형처럼 공경히 대한다. 그런데 후배들의 경우는 가까운 벗처럼 버릇없이 대할 뿐만 아니라, 곁에 아무도 없는 것처럼 다리를 꼬고 앉기도 하고, 많은 사람들이 있는 데서 아이를 부르는 것처럼 자(字)를 부르기도 한다. 심지어 다른 집안의 자제들이 부형 앞에서 버선을 벗고, 머리를 풀어헤치고, 갓끈을 늘어뜨리고, 옷깃을 풀어헤치고, 다리를 뻗고 앉아 부자지간의 분별이 없는 경우가 많으니, 그 밖의 것들은 어찌 다 말할 수 있겠는가.

余於朋友 自七八年至十年 稱老兄少弟 十一年以上 則不稱兄 見外舅及父執 一
不平坐揮箑吸煙 敬恭如父兄矣 後輩則不但視之如狎交而已 加足於膝上 旁若無人

---

6) 덕성(德性): 권섭의 둘째 아들로, 권섭의 동생인 권영의 양자가 되었음.

呼字於衆中 如呼小兒 甚至人家子弟 於其父兄之前 解襪被髮 垂纓披衣 箕踞而坐 不分其父子者多 其餘何足言也

5 종제(從弟)들이 "평생 속이는 말을 한 적이 없었습니까?"라고 묻기에 "없네."라고 대답하였더니 중온(仲蘊)7)이 눈이 휘둥그레지면서 자못 믿지 못하겠다는 표정을 지었다. 내 자신을 돌이켜보니 과연 이런 실수가 없지는 않았다.

從弟輩問 平生無欺詐之言否 答曰無 仲蘊瞠視 而頗有不信之意 自反而省之 果不無是失矣

6 내가 젊었을 때 너무 성급하고 날카로웠는데 수십 년을 수양해서 지금은 비록 급박하고 경황없는 일을 당하여도 반드시 차분하고 꼼꼼하게 대응하려고 한다. 또 얼굴이나 말에 드러내지 않고 항상 고요함으로써 행동을 다스리고, 간결함으로써 조급함을 제어하겠다는 생각을 가슴 속에 담아 두고 있다. 그러나 매번 급작스럽게 낯빛이 변하고 말투가 급박해져, 금방 후회하고 두려워하며 멈추니 진실로 마음을 다잡는 것이 어렵다.

余少日太躁暴太勇銳 數十年用工 今則雖遇急迫蒼黃之事 必欲應之安詳 又不動於色辭 常以靜以御動 簡以制煩之意 存於胸 然每每不免有遽色疾言發於倉卒 則卽悔懼而止 儘乎操心之難矣

7 나는 세상 사람들에게 평생 헐뜯음을 많이 당했다. 이를 물리치고자 했으나 피하기가 어려웠고, 줄이고자 했으나 더욱 많아졌다. 그러다가 헐뜯음이 원래 내 몸에 늘 붙어 있었던 것처럼 생각하니 내 마음이 편안해졌다. 내가 운제(雲梯)에 터를 잡아 사니 일마다 한가하여 좋았으나 굶주림으로 괴로웠고 뱀과 범 때문에 두려웠다. 또 지네·벼룩·모기·빈대·

---

7) 중온(仲蘊): 조선 후기 문신인 권영(權瑩;1678~1745)으로, 권섭의 친동생임.

바퀴 따위가 많아 더욱 견디기 어려웠다. 처음에는 이를 피해 다른 곳으로 옮기려 하다가 고쳐 생각하여 내 몸에 붙어 있는 것처럼 여기니 아무 일이 없었으며, 마침내 참고 사니 익숙해져서 편안해졌다.

> 余於世 一生多訛議 欲謝而難逃 欲寡而愈夥 遂以身付之人處之 若固有 則吾心便泰然矣 吾卜居雲梯 事事靜閑可喜 而飢餓以困之 蛇虎以懼之 又多蜈蚣蚤蚊彬大朴回之屬 亦倍難堪 初欲避而之他矣 更思之 以身付之則都無事 遂忍耐而居之 習以爲常 便覺安閑矣

8

내가 제천(堤川) 산소 아래에 두어 칸의 재사를 지었는데 화재를 만났다. 타고 남은 것들을 수습하여 청풍(淸風) 명월동(明月洞)에 7,8칸의 건물을 다시 지었는데 변고를 만나 떠나게 되자 집을 헐어 무주(茂朱) 상곡(上谷), 은진(恩津) 강경(江景)에 옮겨 지었다. 또 사고로 인하여 이를 팔고 다시 고산(高山)의 운제(雲梯)에 터를 잡아 다시 짓고, 궁핍한 삶을 의탁할 곳으로 삼았다. 지금 다시 팔고 고향 땅으로 돌아오게 되어 마음이 슬프기만 한데도 사람들은 모두 가는 곳마다 집 짓기를 좋아한다고 놀렸다.

식구 수에 맞는 집을 지으려면 마땅히 안채는 4채, 바깥채는 2채가 있어야 하며, 사당(祠堂)·영당(影堂)·청사(廳事)8)·누고(樓庫)9)·마구간과 방앗간·중랑(中廊)·외랑(外廊) 등 적어도 3,40칸이 되어야 충분히 수용할 수 있건만 사람들은 모두 너무 많다고 헐뜯었다. 가난해서 그 비용을 충당할 수 없어 일시에 공사를 마치지 못하고 오랜 기일을 두고 힘에 맞게 공사를 계속해 나갔건만, 사람들은 오래도록 공사를 끝내지 못하는 것을 병폐로 여겼다.

이는 그만둘 수 있는데도 그만두지 않는 일이 아닌데, 배불리 먹고 따뜻하게 입으며 편안히 즐겁게 지내는 사람들은 애달파하고 긍휼히 여기는 의리를 알지 못한 채 멋대로 입을 놀려 나를 옳지 못한 사람으로 만든다. 이런 사람들에게는 옳고 그름을 분명히 따질 필요조차 없지만, 슬픈 것은 남의 입이나 쳐다보는 사람들이 기이한 보화라도 얻은 듯 덩달아 시끄럽게 떠들며 나를 한담의 소일거리로 삼는 것이니 우습다.

---

8) 청사(廳事): 제사를 거행하는 장소인 집의 대청을 가리킴.
9) 누고(樓庫): 2층의 누마루로 된 다락집.

余於堤川墓下 作齋舍若干間 逢火災 收拾燼餘 更搆七八間作舍 淸風之明月洞
逢變故離散 而撤毁之 移搆於茂朱上谷恩津江景 又因事故而斥賣之 又卜築於高山
之雲梯 爲窮途庇身之所 今斥賣而還歸故土 其情戚矣 而人皆以到處喜作土木之役
爲譏也 計人口營舍 自當有內舍四坐 外舍二坐 祠堂影堂廳事樓庫廡碓中廊外廊 少
不下三四十間 可以容衆 而人皆訕之以多間架也 以貧無資糧 不能一時收殺 磨以歲
月 隨力添造 而人皆以長時不輟役爲病也 此非可已不已之事 而飽食煖衣 安居樂生
之人 不知哀矜之義 肆爲游口之談 殆令人轉動一身 不得舒矣 此輩無足辯矣 哀彼
仰人口吻之徒 從而譁然 如得奇貨 以我爲閑中消日之資 可笑也

9 친척 간이라도 환난을 당했을 때 말하기 어려운 것이 있다. 갑작스럽게 일을 당하여 의논할 사람 없이 홀로 그 상황에 처하여 헤매다 보면 일처리가 적절치 않은 경우가 있는데 이는 형세 상 어쩔 수 없는 것이다. 그런데 사람들은 그 일의 이치가 어떠한지를 살피지 않고 혼자만의 생각으로 이러니저러니 하며, 전혀 애달파하거나 불쌍하게 여기는 마음이 없다. 이는 곧 사람의 마음이 없는 자이니 어찌 책망하겠는가.

親懿之間 患難之際 人所難言 而當其蒼黃倉卒之時 無人與議 一身獨在當局而迷
處事之或不中 勢所不免矣 人多不揆本事事理之如何 各以私智 有所云云 全無哀矜
之意 此直是無人心者 何足責也

10 백부(伯父) 선생께서 동춘(同春)10) 선생과 우암(尤庵)11) 선생의 문하에 출입할 때에 동춘 선생은 백부 선생을 평교(平交)12) 이하로 대하셨는데, 우암 선생은 평교 이상의 예로 대하셨다. 말씀이 반드시 공경스럽고 조심스러우셨으며, 다른 사람에게 말씀하실 때도 이따금 '아무개 장자(長者)13)'라고 일컬으셨다.

---

10) 동춘(同春): 조선 후기 문신이자 학자인 송준길(宋浚吉;1606~1672)로, 자는 명보(明甫), 호는 동춘당(同春堂).
11) 우암(尤庵): 조선 후기 문신이자 학자인 송시열(宋時烈;1607~1689)로, 자는 영보(英甫), 호는 우암(尤菴)·우재(尤齋).
12) 평교(平交): 나이가 비슷하거나 서로 대등하게 대하는 사이.
13) 장자(長者): 보통 '어른'이라는 말로 쓰이는데 덕망 있는 점잖은 사람이라는 의미임.

伯父先生出入同春尤庵兩門 春翁待之以平交以下 尤翁則以平交以上之禮待之 言
辭必敬謹 與人言 或稱某長者

11　나의 선대 때부터 다른 사람들과 쟁송하기를 좋아하지 않아, 비록 천 이랑의 밭과 만 명의 노복에 관계되는 일이라도 개의치 않았다. 여러 번 큰 고을을 다스렸지만 벼슬을 그만두고 돌아온 뒤에는 방석과 병풍 하나도 벼슬하기 전과 달리하지 않았으니, 후대에 이르러서도 그러하였다.

自我先世 不喜與人爭訟 雖千田萬僕 不以爲意 屢經雄邑大州 而遞歸之後 雖鋪
茵屛障之設 與未赴官時無異 至於後代而然矣

12　갑오년(1714)에 재산을 분배할 때 나는 '이미 봉사조(奉祀條)14)와 묘전민(墓田民)15)을 갖게 되었는데도 다시 여러 자손들에게 제수품을 갹출하는 것은 매우 옳지 않다.'라고 생각했다. 부형께서 정해 놓은 규례에 따라 윤회봉사(輪回奉祀)16)를 하지 않아야만 비루하고 구차한 폐단을 없앨 수 있다. 또 오래전에 유실된 묘전민에 대한 문서는 모두 소각해야 못난 자손들이 소송을 일으키는 폐단을 없앨 수 있다. 시양가(侍養家)17)의 묘전민은 선대로부터 물려받은 것이므로 형제들이 균등하게 나누고, 시양조모(侍養祖母)의 묘전민은 조모님 댁에서 빌려온 것이므로 모두 돌려보낸 다음 나중에 따지지 말아야 한다. 무릇 나의 자손들은 이러한 뜻을 본받고 바꾸지 않는 것이 좋겠다.

甲午析産時 吾以爲旣有奉祀條及墓位田民 而又復責出祭需於諸子孫 大不可矣
遵父兄之定規 勿爲輪回 以絶陋野苟且之弊 久遠遺失田民文券 盡爲燒火 以絶不肖

---

14) 봉사조(奉祀條): 조상의 제사를 지내기 위한 목적으로 논밭이나 노비를 떼어 주는 것.
15) 묘전민(墓田民): 산소를 보살피는 데 충당되는 전답과 묘지기.
16) 윤회봉사(輪回奉祀): 조상의 제사를 지내는 자손들이 번갈아 가며 차례대로 제사를 지내는 것.
17) 시양가(侍養家): '시양'은 어른을 모실 사람을 집안에 들이는 것으로, 대를 이을 목적으로 들이는 양자와는 다르기 때문에 동성, 이성을 가리지 않음.

子孫爭訟之弊 侍養家田民 自是先代之遺業也 與兄弟均分之 侍養祖母田民 則因其
家之借丐 盡數還送 仍不推來 凡我子孫 克體此意 而勿替之 可也

13 내가 일찍이 물이 말라가는 도랑을 지나다가 물고기 여러 마리가 숨을 헐떡이며 죽어 가는 것을 보고, 말에서 내려와 앉아서 하인을 시켜 손으로 떠서 옆 개울로 옮겨 주게 하였다. 물고기가 처음에는 축 늘어져 살아날 기미가 없었는데, 잠시 뒤에 조금씩 입을 움직여 물을 한껏 마시고는 차례로 살아나서 어릿어릿 가다가 유유히 헤엄쳤다. 내가 이를 보고 즐거워하다가 스스로 생각하기를 "옛사람 중에 개미를 건네주고 복을 받은 자가 있었는데, 지금 내가 물고기를 살려 준 것은 그 공이 이보다 거의 억만 배는 되니 반드시 음덕이 있을 것이다."라고 하였다. 돌이켜 또 생각하기를 "반드시 음덕이 없을 것이다. 지금처럼 보답을 바라는 마음을 갖는 것은 상서롭지 못한 것이다. 처음 말에서 내렸을 때는 그 마음이 진실로 남에게 비난을 듣기 싫은18) 데서 나온 것이 아니었는데, 뒤에 이해관계를 따짐이 이와 같았으니, 하늘이 어찌 이런 사람을 돕겠는가."라고 하였다. 선한 일을 할 때는 그 의도를 조심하지 않을 수 없기에, 이를 기록하여 스스로를 경계한다.

余嘗行過旱溝 見羣魚喁喁待盡 下馬而坐 使傔人手掬而縱之傍溪 初則頹然無生
意 俄而稍稍動脣 飮水旣飽 次第而起 圍圍而逝 洋洋而游 余視而樂之 仍自念曰
古人有渡蟻而獲福者 今吾之活此魚 幾億萬命矣 其必有陰德矣 旋又念之曰 必無陰
德矣 卽此責報之心不祥 其初下馬之時 則其心固不出於惡其聲也 而末後之計較利
害 乃如此 天豈佑得此人也 一念善惡 不可不愼其機 書此而目警

14 근래 선비들의 풍습이 날로 비루해져 다른 사람의 서화(書畵)·간책(簡冊)·문방(文房)·잡구(雜具) 중에 조금이나마 자신의 마음에 드는 것을

---

18) 남에게~싫은: 원문의 '오기성(惡其聲)'은 『맹자』에 "지금 사람들이 어린아이가 우물로 들어가려는 것을 보면 모두 깜짝 놀라고 측은해하는 마음을 가지니, 이것은 어린아이의 부모와 교분을 맺으려고 해서도 아니며, 향당과 붕우들에게 명예를 구해서도 아니며, 잔인하다는 명성을 싫어해서 그러한 것도 아니다[今人 乍見孺子將入於井 皆有怵惕惻隱之心 非所以內交於孺子之父母也 非所以要譽於鄕黨朋友也 非惡其聲而然也]."라고 한 데서 온 말임.

보면 크고 작고를 가리지 않고 서로 다투어 빼앗는다. 그러한 폐단은 점차 만연하여 심지어 문벌이 좋은 음관(蔭官)이나 화려한 의관을 한 조정의 높은 관리조차 승진을 독점하려고 하면서도 뻔뻔하게 부끄러운 줄을 모르니, 이는 곧 몸을 바꾸면 도둑이 되고 처지를 바꾸면 장사꾼이 되는 것이다.

> 近世士習 日益卑陋 見人書畵簡冊文房雜具之稍有愜意者 則勿論大小 爭相攘奪 其流之弊 漸染蔓衍 甚至門閥蔭官貂玉朝士 圖占超陞 恬不知恥 幻身便成盜賊 易地自是商賈

15 옛날에 있었던 향공법(鄕貢法)19)이 중세로 내려오면서 행해지지 않고, 과거를 통해 선비를 뽑는 법이 시작되었다. 이로부터 대부분의 사람들이 자신의 재주를 헤아리지 않고 다투어 관직에 나아갔으므로, 일을 처리함이 어둡고 행하는 일도 어긋나서 결국 선조를 욕되게 하고 이름을 더럽히며, 가문과 나라까지 그릇되게 하니 슬프도다! 조금이라도 식견이 있는 자라면 스스로 제 몸을 잘 건사하여 관직을 떠나 은거하거나 도를 닦아 아름다운 절개를 보존해야 한다. 만약 집안이 가난하고 부모가 연로하여 어쩔 수 없이 자기의 뜻대로 할 수 없다면 다만 관례에 따라 과거에 응시하고 부지런히 직임을 받드는 것으로 부모 봉양의 밑천을 삼을 뿐이다.

> 古之時有鄕貢法 中世寢不行 而科擧取士之法作 自是人多不揣其才 犇競進取 遇事昏昧 做成顚錯 辱先壞名 誤人家國 惜哉 稍有知識者 自當奉身而去隱居 修道以保令節 若其家貧親老 不得自由其身者 只合循例應擧 黽勉供仕 以資其甘旨而已

16 사람들 중에는 독서에 뜻이 있으나 혼탁한 세상의 놀림을 듣기 싫어 독실하게 공부하지 않거나, 성실하게 학문하지 않으면서 덧없는 세상의 명예만을 취하기 위해 억지로 자신을 뽐내는 행동을 일삼는 자들이

---

19) 향공법(鄕貢法): 고을에서 인재를 천거하는 제도로, 학관(學館)에서 천거하는 자는 생도(生徒), 주현(州縣)에서 천거하는 자는 향공(鄕貢), 천자(天子)가 직접 부르는 자는 제거(制擧)라 하였음.

있다. 또 오만함과 거짓됨이 습성이 될 것을 걱정하여 편벽스러울 정도로 지나치게 자신을 구속하는 사람도 있고, 자신을 구속함이 괴이할 정도에 이를까 염려하여 방자하고 제멋대로라고 할 정도로 자유분방하게 행동하는 사람도 있다. 어짊과 어리석음을 분명하게 구별하려고 터럭을 불어 흠을 찾아[20] 포용력이 조금도 없는 사람도 있고, 깨끗함과 더러움을 지나치게 구별하는 실수에 빠지지 않으려고 아첨하는 자를 가까이하고 악한 자를 비호하여 친밀하게 지내는 사람도 있다. 다른 사람들을 거스르지 말아야겠다는 마음에 지나칠 정도로 아첨하고 순종적으로 어울리는 사람도 있고, 의리에 처하면 주저 없이 행하겠다는 마음에 번번이 경거망동하는 사람도 있다. 식견이 밝은 것을 믿고 일마다 호언장담하여 어리석기 짝이 없다는 책망을 받는 사람도 있고, 졸렬함이 드러날까 봐 두려워서 입을 다물고 말하지 않은 채 교활하다는 비난을 감수하는 사람도 있다. 문을 닫고 한가로이 지내면서 시비와 의리의 분별에는 관심을 두지 않는 사람도 있으며, 늘 이 사람 저 사람 만나고 다니면서 의른하기를 좋아하여 경박하고 어수선하다는 평판을 자초하는 사람도 있다. 이런 부류의 사람들은 모두 거론할 것이 없다.

> 人有有讀書之志而惡聞末俗之譏笑 不下篤實之工 無學問之誠而要取浮世之名譽 强爲皎厲之行 歎傲誕之成習而拘束太僻 慮拘束之近怪而放倒益肆 欲明辨賢愚而吹毛求疵 不少容接 欲無失淸濁而護俊庇凶 自至親密 以與物無忤爲心而專事阿徇苟從之態 以處義必快爲事而輒作輕遽妄率之擧 自信識見之旳透而隨事大言 以取愚濫之誚 畏怵醜拙之彰露而合口不語 甘爲巧詐之歸 杜門戶守閑靜而不問是非義利之辯 長出入好議論而自招浮薄淆雜之名 此等人 都不可言

17 무릇 묘도문자(墓道文字)[21]를 짓는 것은 후세에 미덕을 드리우기 위함이다. 만약 고인의 언행을 부풀려 찬양하는 데에만 힘을 써서 그 실상과 맞지 않는다면 격식은 갖추었으나 말이 지나친 것이 되어, 후인들도 의례적으로만 보고 실상을 기록한 것으로 여기지 않을 것이니, 어찌 터럭

---

20) 터럭을~찾아: 원문의 취모구자(吹毛求疵)는 터럭을 불어 흉터를 찾는다는 말로, 남의 사소한 허물까지 각박하게 캐내는 것을 비유한 말임.
21) 묘도문자(墓道文字): 묘갈·묘비·묘지·묘표 등에 새긴 글.

만큼이라도 도움이 되겠는가. 옛날 동춘(同春) 선생이 사계(沙溪)22) 선생의 행장을 지었는데, 사계의 아들 신독재(愼獨齋)23) 선생이 보고서 "행장의 글은 지나치게 꾸며 후인을 속일 수 없다."라고 말하고는 붓을 잡고 하나하나 지우셨으니, 이는 본받을 만하다. 제문 등을 지을 때도 마찬가지라서 찬미하는 말 가운데 한 글자라도 적합하지 않다면 도리어 그 고인을 거짓된 사람으로 만드는 것이니 고인의 혼령이 있다면 반드시 흠향하지 않을 것이다.

> 凡作文字以表墓道者 爲其垂美於後世也 若增衍其言行 務爲稱揚 不中其實 則適足爲備禮說過 而後之人 亦循例視之 不以爲實錄 亦何有一毫之益哉 昔同春先生 撰沙溪先生行狀 溪翁之胤愼獨齋先生見之 以爲狀德之文 不可溢辭以瞞後人 操筆點削之 此可以爲法矣 至如祭文等作亦然 贊美之語 若一字不中 則便非其人 其人有靈 必不享矣

18 말세의 풍속이 고풍스럽지 못해 동서(同壻)24) 간에 서로 높여 부르면서도 괴이하게 여기지 않으니 매우 천박하고 도리에 어긋난다. 혹은 이와 반대로 말이 너무 친밀하여 위아래를 구분할 수 없으니 또한 매우 무례하고 공손하지 못하다. 부부지간에도 서로 공손히 읍하는 예를 폐하여 공경하고 삼가는 도를 알지 못하니 무례함이 심하다. 투기(妬忌)는 여항의 비루한 습속인데, 사족(士族)의 부녀들이 대부분 쉽게 이를 범하면서도 편안하게 여겨 부끄러운 줄을 모르니, 이를 입에 올린다면 말이 추잡해질25) 뿐이다. 내가 매우 걱정되어 이를 기록해서 후인들에게 보여줄 가르침으로 삼는다.

---

22) 사계(沙溪): 조선 시대 문신이자 예학의 태두인 김장생(金長生;1548~1631)으로, 자는 희원(希元), 호는 사계(沙溪).
23) 신독재(愼獨齋): 조선 중기 문신이자 학자인 김집(金集;1574~1656)으로, 자는 사강(士剛), 호는 신독재(愼獨齋).
24) 동서(同壻): 본문의 '제사(娣姒)'는 형제의 아내 중 손아랫동서와 손윗동서를 말하고, '축리(妯娌)'는 형제의 아내들이 서로 일컫는 말임.
25) 입에~추잡해질: 『시경』에 "규중의 말은 입에 올릴 수 없네 입에 올린다면 말이 추잡하네[中冓之言 不可道也 所可道也 言之醜也]."라고 한 데서 온 말임.

末俗不古 娣姒妯娌 互相尊稱 不以爲怪 薄惡大矣 乖悖多矣 或反此而言辭狎昵 不分少長 亦甚無禮不恭 夫婦之間 全廢拜揖之節 不知敬謹之道 褻慢莫甚 妬忌是閭 巷淫鄙之習 而士族婦女 率多容易犯之 恬不知恥 所可道也 言之醜也 余甚憫焉 書以爲示後之訓

19 남들이 선사하는 것이 그 사람의 진실한 마음에서 나온 것이라면 기쁘지만, 만약 누군가에게 이끌려 억지로 응한 것이라면 받는 사람 또한 무슨 감동이 있겠는가. 더구나 나는 반평생 독서한 사람으로 어리석은 백성과는 다른데, 재물과 이익으로 마음대로 나를 부리려고 한다면 또한 곤혹스럽지 않겠는가. 그러나 반드시 스스로 업신여긴 뒤에 남에게 업신여김을 당하기에 스스로 돌이켜보며 원망하지 않는다. 나이 70에 가까워지도록 가정의 교훈을 본받지 못하여 기대하는 바를 영원히 저버렸으니 내가 무슨 사람이란 말인가.

人有所遺 出於誠心可喜 若牽挽不得已而應之 則亦何感也 況余是半生讀書之人 有異於蚩蚩者氓 以財利操縱 則不亦困乎 然必自侮而後 取其侮余 故自反而不怨 年迫七十 不能體家庭之敎訓 以永負期待之望 此何人哉

20 형제나 숙질 사이에서 어떤 일을 의논할 때, 확실하게 충분히 의논하여 바른 쪽으로 귀결시키는 것이 좋다. 만약 장자(長者)가 받아들이지 않는다면 마땅히 자신의 뜻을 굽혀 따라야 하며, 의견이 다르다고 하여 논란을 일으켜 사람들의 이목을 놀라게 하는 데까지는 이르지 말아야 한다. 비록 그 판단이 충분히 명백하고 처리가 충분히 정당하더라도 상황과 도리의 측면에서는 옳지 않을 수 있다.

兄弟叔姪之間 凡言論事 爲瀾漫商確 而歸正善矣 若長者不聽 則只當屈意從之 毋至異同以駭人之耳目 雖其剖判得十分明白 處置得十分正當 於事體道理 則十分不是耳

21　형제나 다른 사람을 대신하여 지은 글에 대해서, 어떤 사람은 "자신의 문집에 싣지 말아야 한다."라고 하는데, 어떤지 모르겠다. 『율곡집』의 경우는 실었고, 『우암집』의 경우는 싣기도 하고 싣지 않기도 하였으며, 백부의 문집에는 지금 싣지 않으려고 한다. 싣고 싣지 않는 데에는 모두 나름의 이유가 있지만, 내 생각으로는 싣지 않는 것은 성실의 도가 아닌 듯하니, 양쪽에 다 싣는 것이 좋겠다.

　　爲兄弟及他人 代述文字 或云 不當載於自家稿 未知如何 栗谷集則載之 尤庵集則載之或不載 伯父稿則今欲不載 載與不載 皆有其說 吾意不載 似非誠實之道 兩載之爲可

22　나의 성격은 비뚤거나 더러운 것을 참지 못하고, 또 사치하거나 화려한 것을 좋아하지 않는다. 집을 지을 때 아로새기거나 다듬지 못하게 하고 반드시 질서 정연하고 반듯하게 하였으며, 담장과 뜰의 길고 짧음과 넓고 좁음을 또한 규격에 맞게 하였다. 서책 중에 오물이 묻어 있으면 반드시 손톱으로 긁어 모두 제거해야만 마음이 흡족하였다. 그래서 시렁 위의 책들 중에 완전한 책이 한 권도 없었으며, 차라리 글자가 훼손되어 읽기 어렵더라도 티끌 하나라도 청명함을 더럽히지 않게끔 하였다. 내 아이들은 한 명도 나를 닮지 않았다.

　　余性不耐攲斜滓穢 又不喜侈靡眩耀 爲室廬不令雕鏟 而必井井方整 藩籬堦庭之長短廣狹 亦皆循矩 書冊中有疵芥 必爪刮之 盡去乃快 架上之書 無一完板 寧字缺難讀 而不欲使一物干淸明 乃兒輩無一人同我者

23　자손들은 자기 선조에 대해서도 형세를 살핀다. 청음(淸陰)[26] 선생이 양조부이고 장단부군(長湍府君)[27]이 친조부인데 말할 때면 반드시

---

26) 청음(淸陰): 조선 중기 문신인 김상헌(金尙憲;1570~1652)으로, 자는 숙도(叔度), 호는 청음(淸陰)·석실산인(石室山人)·서간노인(西磵老人). 병자호란 때 끝까지 주전론(主戰論)을 굽히지 않았음.
27) 장단부군(長湍府君): 장단 부사를 지낸 김상관(金尙寬)으로, 둘째 아들인 김광찬(金光燦)을 김상헌의 양자로 보냈음.

청음 선조라 하고, 구완(九畹)28) 선생이 친조부이고 서윤부군(庶尹府君)29)이 양조부인데 말할 때면 반드시 구완 선조라 한다. 그 나머지는 더 말할 것도 없으니, 이로 보아 지위와 명망이 없으면 진실로 부형이 되기 어렵다는 것을 알 수 있다.

> 子孫之於祖先 亦觀形勢矣 淸陰先生是養祖 長湍府君是生祖而言必稱淸陰先祖 九畹先生是生祖 庶尹府君是養祖而言必稱九畹先祖 其餘又何言 是知其非有名位與地望 則誠亦難乎爲父兄矣

24

계부(季父) 만포공(晩圃公)30)께서 송도(松都) 유수(留守)가 되었을 때 성균관 성전(聖殿)을 배알하였는데, 나도 두건과 복식을 갖추어 공의 뒤를 따라 배알하였다. 공께서 명륜당에 가져다 놓은 교의(交椅)에 앉아 여러 유생들이 뜰에서 올리는 읍례(揖禮)를 받았는데, 나는 그때 자리를 피해 명륜당 뒤에 서 있었다. 여러 유생이 동서로 나누어 설 때 나는 아래로 내려가 나이에 따라 차례대로 서서 함께 읍례를 행하였다. 예를 마치고 유생들이 명륜당으로 올라가 차례대로 강학(講學)할 때, 나도 자리에 나가 앉아 함께 강학하였다. 강학이 끝난 뒤 계부께서 나오실 때, 유생들이 동서로 나누어 서서 길게 읍하고 공손히 전송하자 공께서 손을 들어 답하셨다. 나는 뒤를 따르다가 대문에 이르렀을 때 돌아서서 유생들과 서로 읍하고 나왔다. 내가 공을 모시면서 예의를 잃지 않았기에 이를 기록하여 아이들에게 보인다.

> 季父晩圃公 爲松都留守 謁聖於成均館 余亦具巾服 隨後展拜 公設交椅 坐於明倫堂 受諸生庭揖 余避立于後堂 及諸生分東西立 余乃趨下 序齒而立 同行相揖 禮畢諸生上堂 以次講學 余亦出坐同講 罷出時 諸生分東西立 長揖祗送 公擧手報之 余從後行 臨門回立 與諸生相揖而出 余幸其偶不失儀 書示兒輩

---

28) 구완(九畹): 조선 후기 문신인 이춘원(李春元;1571~1634)으로, 자는 원길(元吉), 호는 구완(九畹).
29) 서윤부군(庶尹府君): 달서 부윤(達庶府尹)을 지낸 이경원(李敬元)으로, 구완 이춘원의 둘째 아들인 이초로(李楚老)를 양자로 삼았음.
30) 만포공(晩圃公): 조선 후기 문신이자 학자인 권상유(權尙游;1656~1724)로, 자는 계문(季文)·유도(有道), 호는 구계(癯溪).

25 외삼촌 의정공(議政公)31)께서 경상도 관찰사에서 벼슬이 갈려 돌아오실 때 내가 남관왕묘(南關王廟)32)까지 나아가 맞이하였다. 내가 말하기를 "관왕은 만고의 충절지신으로 배례할 만한데, 사람들이 그렇게 하지 않는 것은 잡신을 모신 사당으로 보기 때문이다."라고 하고, 마침내 김상훈(金相勛) 공, 조상건(趙尙健) 공과 함께 배례하였다. 김상리(金相履) 공도 뒤이어 와서 배례하였으나 나머지 사람들은 모두 배례하지 않았다. 옳다거니 그르다거니 사람들의 논쟁이 있기에 백부님께 고하니, 말씀하시기를 "국법에 사사로이 배알하는 것을 금하지 않으니 배례하는 것도 괜찮다. 또 영안(永安) 홍(洪) 공도 배례하였다고 들었다."라고 하셨다.

內舅議政公 嶺伯遞來時 余出迎于南關王廟 余曰 關王之萬古忠節可拜 不拜視與叢祠等 遂與金公相勛趙公尙健拜 金公相履追至亦拜 餘皆不拜 是之非之 各有人言 告于伯父 則曰 國無私謁之禁 則拜之可也 又聞永安洪公 亦拜云矣

26 나는 정려(旌閭)를 지날 때면 귀천을 따지지 않고 반드시 용모를 단정히 하고 몸을 숙였다. 선산(善山) 강가를 지날 때 충신·효자·열녀의 세 정려비가 길가에 서 있었는데 나도 모르게 말에서 내려 절하였다. 뒤에 양근강(楊根江)33)을 지날 때 충신·효자·절부(節婦)·충노(忠奴)의 네 정려비가 한 비각에 나란히 모셔져 있었는데, 또 말에서 내려 절하였다. 선현의 묘소를 지날 때도 반드시 절하였는데, 사람들이 "내외분이 합장된 곳에 절하는 것은 온당치 않다."라고 하여 나 또한 의구심을 떨칠 수 없었다. 벗 송요경(宋堯卿)34)이 충주 목사로 재직할 때 백부 선생을 모시고 그곳에 들렀는데, 선생께서 동춘 선생의 사당에 나아가 절을 하시면서 우리들에게도 함께 절하도록 하셨다. 이때 비로소 사람들의 말이 반드시 맞는 것은 아니라는 것을 알았다.

---

31) 의정공(議政公): 조선 후기 문신인 이의현(李宜顯;1669~1745)으로, 자는 덕재(德哉), 호는 도곡(陶谷).
32) 남관왕묘(南關王廟): 관왕묘는 중국 삼국시대 촉한(蜀漢)의 무장 관우를 모시기 위해 세운 사당으로, 관제묘(關帝廟)라고도 함. 선조 31년에 경상도 성주와 안동에 처음 세웠고, 이어 한양의 동대문 밖에 동묘(東廟)를, 남대문 밖에 남묘(南廟)를 세웠음.
33) 양근강(楊根江): 남한강의 지류로, 양근은 경기도 양평의 옛 이름임.
34) 송요경(宋堯卿;1668~1748): 조선 후기 문신으로, 송준길(宋浚吉)의 증손.

過旌閭 勿論貴賤 必改容而俯身 過善山江上 見有忠臣孝子烈女三閭 列立路周
不覺下拜 後過楊根江 有忠臣孝子節婦忠奴四旌 並于一閭 又下拜 先賢之墓 亦過
則必拜 而人以內外同葬之所 拜之未安爲言 余且不免然疑 宋友堯卿爲忠州時 倍伯
父先生而過之 先生入拜于同春先生祠堂 仍命小子輩同拜 始知人言之不必然矣

27　묵양(墨纕)35) 제도를 비록 다시 회복할 수 없다 하더라도 초상 치를 때의 옷을 입고서 사당에 들어갈 수는 없다. 그러므로 나는 전후의 상중에 백부의 명에 따라 소포대(小布帶)36) 패랭이 차림으로 가묘를 출입하였다. 그러나 종제(從弟)들은 '양성(養性)과 정성(定性)37) 등이 행했던 전례'를 거론하며 마효(麻絞)38) 차림으로 가묘를 출입하였다. 또 국상 중에는 담제(禫祭)39)와 길제(吉祭)40)를 지낼 수 없음은 백부의 정론(定論)에 명백하게 적혀 있어 문인들이 모두 감히 어기지 못하였는데도 불구하고 종제들은 형수의 제사를 지낼 것을 주장하며, "형수의 경우는 비록 국상 중이라도 담제를 폐할 수 없다."라고 했다. 백부께서도 일찍이 국상 중의 시제(時祭)인 줄로 잘못 아시고 행하신 경우가 있으셨기 때문에, (저들이) 길제와 시제를 동일한 것으로 여겨서 담제와 길제를 평소처럼 행하려고 하였다. 내가 말하기를 "양성 등의 경우는 아뢰지 않고 이미 멋대로 행하였기 때문에 백부께서 아마도 자세히 살펴보지 않으셨을 것이다. 담제는 산 사람이 상복을 벗기 위해 행하는 것인데, 형수의 경우는 상복을 벗는 일이 없으므로 반드시 담제를 행할 이유가 없다. 길제는 상정일(上丁日)에 제사를 지내고 개제(改題)41)의 예를 행하는 것이 마땅하다."라고 거듭 이

---

35) 묵양(墨纕): 거상(居喪) 중인 사람이 특별한 출입이 있을 때 입는 검은 상복. 아버지가 살아 있을 때 돌아가신 어머니의 담제(禫祭)가 끝난 뒤와 생가 부모의 소상(小祥)이 끝난 뒤에 베 직령(直領)에 검은 삿갓과 검은 허리띠를 갖추어 입었음.
36) 소포대(小布帶): 작은 포대. 상복제도에서 포대와 교대는 혁대를 돋운 것을 말하는데, 자최 이하에서는 포대를 사용하고 참최에서는 교대를 사용함. 교대는 저마(苴麻 암삼)를 꼬아서 만들고 포대는 7승포로 만듦.
37) 양성(養性)과 정성(定性): 권상하의 손자들로, 권상하의 큰아들 권욱의 큰아들과 둘째 아들.
38) 마효(麻絞): 상복 제도에서, 참최복을 입는 자가 띠는 허리띠로, 삼을 꼬아 만들었으며 마효대(麻絞帶)라고도 함.
39) 담제(禫祭): 대상(大祥)을 치른 다음다음 달 하순의 정일(丁日)이나 해일(亥日)에 지내는 제사.
40) 길제(吉祭): 담제(禫祭)를 지낸 다음 달에 행하는 제사로, 일반적으로 정일(丁日)이나 해일(亥日)에 지냄.

야기했는데도 끝내 부형의 정론을 따르지 않았다. 내 자제들이 예법을 어기니 진실로 다른 사람들에게 부끄럽다. 잘못된 의례로 제사를 지내면 귀신이 반드시 흠향하지 않을 것이니 이런 뜻을 알지 못하는 것이 애석하도다! 오직 나의 자손들은 이것을 거울삼아 경계하고, 절대로 자신의 견해를 고집하거나 자신의 뜻대로 행하려 하지 말라.

> 墨縗之制 雖不能復古 不敢以凶服入廟 故余於前後喪中 以伯父命 着小布帶平凉子 出入家廟 而從弟輩則謂有養定輩前例 以麻絞入廟 國恤中 不得行禫吉兩祭 明有伯父定論 門人諸生 皆不敢違越 而從弟輩則謂有其嫂主祀 其嫂則雖國恤中 不可廢禫 國恤中時祭誤記 伯父亦曾行之 則吉祭與時祭同也 行禫吉如常 余曰 養性輩事不稟而已自行之 故伯父盖未得照管也 禫是爲生人變制而設 則其嫂亦無可變之服 不見其必行之端 吉祭則設奠於上丁日 行改題之禮爲當 反復言之 而終不聽父兄定論 自子弟而犯之 誠有愧於他人 而非禮之祭 神必不享 則惜乎其又不知此義也 唯我子孫 監此爲戒 切勿以必立己見必行己志爲心也

28 고조부와 고조모의 신주는 마땅히 서숙(庶叔)들의 집으로 조천(祧遷)[42]해야 하지만, 궁핍하여 제사를 받들 수 없기 때문에 사계(沙溪) 선생의 '적자를 중시하고 서자를 가볍게 여긴다.'라는 설과 백부께서 이미 행한 규례에 의거하여 내 집으로 모셔 왔다. 이후 세 동생인 권영(權瑩)·권혁(權爀)·권위(權煒)[43]의 집으로 차례로 전하여 모시고[44], 세 동생이 죽은 후에는 서숙의 집으로 옮길 계획이다. 가례(家禮)의 제도를 본받아 사당 안에 네 개의 감실을 설치하고, 첫 번째 감실에는 고조의 신위를 봉안하고, 중간의 두 감실은 비워 두고 네 번째 감실에 부친의 신위를 봉안하였다. 계증조의 경우는 선친께서 시양손(侍養孫)[45]이라서 임시변통으로

---

41) 개제(改題): 봉사손(奉祀孫)이 죽었을 경우, 다음 봉사손의 대수(代數)에 맞추어 신주를 다시 쓰는 것.
42) 조천(祧遷): 사당에서 모신 신주가 봉사손(奉祀孫)의 대수가 다한 경우, 4대 이내의 자손 중 항렬이 가장 높고 연장자인 사람의 집으로 옮겨 그 제사를 받들게 하는 것을 말함.
43) 권영(權瑩)·권혁(權爀)·권위(權煒): 권영은 권섭의 친동생, 권혁과 권위는 권섭의 사촌 동생들로, 권섭의 계부인 권상유의 둘째와 셋째 아들.
44) 차례로 전하여 모시고: 고조부와 고조모의 제사를 먼저 권영이 모시고, 권영이 죽은 뒤에는 권혁이 이어받고. 그 뒤에는 권위가 이어받아 모셔야 한다는 의미임.
45) 시양손(侍養孫): 대를 이을 목적이 아닌 양손(養孫)으로 기르는 아이.

그 제사를 받들었으며, 내가 이미 계증조모의 제사를 모시고 있기에 이 일은 내가 죽을 때까지 맡아야 하는 일이지만 이는 예법에 없는 일이다.

  백부 선생께서 일찍이 우암 선생께 질문하였는데, 말씀하시기를 "구태여 다른 사람에게 물을 필요가 없네. 운운. 이미 엄격하게 지내야 할 제사가 아니니 편의에 따라 별도의 건물에 봉안하여 사사로운 정을 펴는 것도 좋네. 그러나 봉안할 별도의 건물이 없으면, 사당 안에 한 면을 막고 받드는 것도 구차한 일이니 부득이 두 개의 사당을 두는 혐의를 무릅쓰고 집안에 별도의 사당을 지어야 하네. 이렇게 하는 집도 있네."라고 하셨다. 그래서 백부 선생께서는 유언으로 고조의 동기간인 윤 씨 부인 내외분의 신주를 받들되 사당 곁에 별도로 사당을 건립하도록 명하시고 돌아가셨다.

> 高祖考妣神主 當祧遷于庶叔輩 而窮不能奉去 故據沙溪先生重嫡輕庶之說 依伯父已行之規 奉來于燮家 爲傳次于瑩㷡煒三弟 三弟盡沒然後 遷于庶叔家之計 廟中設四龕 奉安高祖位於第一龕 虛其中間二龕 奉安禰位於第四龕 以倣家禮之制 季曾祖考 則先考以侍養孫權奉其祀 而燮旣逮事于季曾祖枇 事當終燮之身 仍奉之矣 然卽是無於禮之禮也 伯父先生 嘗質問於尤庵先生則曰 不必問於人也云云 旣非嚴重之祀 則隨便奉安於別業中 以伸私情可也 而別業無可奉之所 則家廟中 隔障一邊而奉之 亦甚苟艱 不得不不避二廟之嫌 而立別廟於家中 又有家專已事矣 伯父先生 以遺命奉高祖考同氣尹氏婦內外神主 立別廟於祠宇之傍 終先生之身矣

29 공경(公卿)의 여인이나 상놈의 여인이나 똑같이 첩이라 한다. '첩'이란 말 속에는 예는 갖추지 않았지만 '혼인했다.'라는 의미가 들어있으니 어찌 귀천의 신분을 따져 대하리오. 근래 예를 갖추어 첩을 맞이하는 풍속이 크게 유행하는데, 신랑은 답배만 하지 않고 그 나머지는 처를 맞이하는 예와 같이 하고서 이를 양첩(良妾)이라 하여 자못 처와 대등하게 대하니 참으로 가소롭다. 백부 선생께서 여종을 가까이하셨는데, 부형을 모신 데다가 다시 첩이 되었기 때문에 그 신분을 따질 필요가 없어서 나는 말을 할 때 천대하지 않고 상대가 절을 하면 몸을 굽혀 답하였다. 그렇지 않으면 부형의 첩과 노복의 처를 어떻게 구별하겠는가. 노마(路馬)46)에 예를 갖추는 것이 어찌 말을 존경해서겠는가.

---

46) 노마(路馬): 황제나 제후들이 타는 수레를 끄는 말.

> 公卿之女常漢之女 同名爲妾 則奔在其中 貴賤何論 近來成禮之風大行 夫特不答
> 拜而已 其餘皆同於娶妻 謂之良妾 待之頗相埒於妻 誠可笑也 伯父先生之所畜婢也
> 侍御於父兄 而又復當室 則不必論其地 故余則言不賤待 拜亦屈身而答之 不然父兄
> 之妾奴僕之妻 何以擇也 路馬必式 豈是以馬爲尊也

30 세상 사람들은 대부(大父)⁴⁷⁾나 숙모(叔母)라는 호칭을 외가의 먼 친척의 경우에도 꺼리지 않고 사용한다. 동성의 부형이 진실로 숙부이지만 삼촌의 관계를 넘어서면 일컫기를 부끄러워한다. 나이가 자기보다 조금 적으면 친구들보다도 못하게 함부로 대하고, 부형도 윗사람으로 자처하지 않으니 우습고 개탄스럽다.

> 世之人稱呼大父叔母 則雖外家疎戚 亦不知嫌 同姓父兄 則眞是叔父 而三寸之外
> 羞稱之 如年之稍弱於己者 則狎侮之 反不如朋輩 父兄亦不敢以尊重自居 可笑可慨

31 대보단(大報壇)⁴⁸⁾을 축조할 때에 전동(磚洞)⁴⁹⁾ 이 상공(李相公)이 임금에게 상소를 올려 "이 일은 번잡해서는 안 됩니다. 저들에게 전하여 달구소리⁵⁰⁾를 금하는 것이 마땅합니다."라고 하였는데, 임금께서 답이 없으셨다. 다음날 옥교(玉轎)⁵¹⁾를 타고 후원에 납셨는데, 내가 그 일을 주관하는 관리인 김시택(金時澤)에게 이르기를 "무엇이 옳은 것인지를 모르는 듯하네. 이곳은 당연히 어좌(御坐)가 있을 곳이 아닐세."라고 하였다. 잠시 후에 한 액예(掖隸)⁵²⁾가 조종문(朝宗門)⁵³⁾에서 나와 달구소리를 잘한

---

47) 대부(大父): 할아버지와 항렬이 같은 유복친(有服親) 밖의 남자.
48) 대보단(大報壇): 명나라가 멸망한 뒤, 명나라의 은혜를 기린다는 의미로 숙종 30년(1704) 창덕궁 금원(禁苑) 옆에 세운 제단(祭壇).
49) 전동(磚洞): 지금의 종로구 수송동.
50) 달구소리: 달구로 집터나 땅을 단단히 다지는 일을 할 때 부르는 민요.
51) 옥교(玉轎): 위를 꾸미지 않은, 임금이 타는 가마.
52) 액예(掖隸): 조선 시대 왕명 전달 및 안내, 궁궐 관리 등을 맡아보던 액정서에 딸린 서리 또는 노비.
53) 조종문(朝宗門): 임진왜란 때 구원병을 보내준 명나라의 은혜에 크게 보답한다는 의미로 명나라 신종황제를 제사 지내기 위해 창덕궁 후원에 세운 대보단(大報壇)의 동쪽 문.

군정(軍丁)에게 상을 내렸다. 그러자 김시택은 부복하고 나는 급히 피했는데, 임금께서 액예를 시켜 하교하시기를 "부복하지 말고 평상시대로 공역을 행하고, 저 선비는 급히 피하지 않아도 된다."라고 하셨지만, 감히 방심할 수 없어 두 손을 모으고 걸어갔다.

> 大報壇築時 磚洞李相公啓于上曰 此事不可煩 傳於彼中 禁其杵築之聲爲當 上不答 翌日 玉轎出坐後苑 余謂主事官金時澤曰 若不知可也 此非當然御坐之地 俄而一掖隷 自朝宗門出 賞賜軍丁之善杵聲者 於是 金官俯伏 余則走避 上使掖隷下敎曰 勿爲俯伏 而董役如常 彼士子亦勿走避可也 然不敢放心 拱手而步

32 내 나이 19세에 기사년(1689)의 일54)이 있었을 때 수많은 선비가 대궐 아래에 모였다. 내가 "이 일에 무엇이 가장 중합니까?"라고 하니, 모두가 "서궁(西宮)의 일55)이 중하오."라고 하였다. 그래서 내가 "대신에게 죽음을 내린 일이 가장 중합니다."라고 하니, 사람들이 크게 놀라면서도 약간 괴이하게 여겼다. 내가 "신하의 입장에서 보면 아무런 이유 없이 국모(國母)가 폐출되었으니 너무나 슬프고 당황스럽지만, 임금의 입장에서 말하면 아내를 폐한 과실에 지나지 않습니다. 사림의 입장에서 보면 어진 선비들이 아무런 잘못 없이 화를 당하였으니 원통하고 놀랍지만, 임금의 입장에서 말하면 네 왕조의 빈사(賓師)56)인 대로(大老)를 가벼이 죽인 변고가 됩니다."라고 하니, 사람들이 모두 그렇다고 하였다. 돌아와 백부 선생에게 고하니, "너의 말이 옳다."라고 하셨다.

> 余年十九 己巳時 與千百多士 聚會闕下 余曰 此事何事爲重 皆曰 西宮事重 余曰 賜死事重 人皆大驚小怪 余曰 自臣民視之 國母無故廢黜 爲哀遑罔措 而自上言之 則不過廢妻之過失 自士林視之 儒賢非辜被禍 爲寃號驚痛 而自上言之 則是爲輕殺四朝賓師大老之變故 衆皆然之 歸告于伯父先生 則曰 爾言然矣

---

54) 기사년(1689)의 일: 숙종 15년에 일어난 옥사로, 소의 장씨가 희빈으로 승격하자 이에 반대했던 노론 세력이 몰락함에 따라 송시열은 제주도에 위리안치되었다가 다시 소환되어 정읍에서 사사되고, 서인 세력이 추존하는 율곡 이이는 문묘에서 출향되었음.
55) 서궁(西宮)의 일: 숙종의 비인 인현왕후가 폐위되어 친정집으로 쫓겨났던 일. 서궁은 숙종의 계비인 인현왕후를 가리키는 말인데, 인현왕후가 폐위되기 직전 서궁어 물러나 있었음.
56) 빈사(賓師): 덕망이 높아서 임금이 감히 신하로 대접하지 못하고 손님이나 스승으로 대접하는 큰 인물.

33 증조부 찬성공(贊成公)57)께서 호조정랑(戶曹正郎)으로 있을 때, 집리(執吏)58) 김례룡(金禮龍)이 은자 수백 량을 훔쳐 간 것을 알고 그 장부를 챙겨 집으로 왔다. 밤이 되어서야 그 집리를 부르고 주위 사람들을 물리친 뒤에 장부를 보였더니 집리가 감격하여 눈물을 흘리고 바로 은자를 채워 넣었다. 증조부께서는 상관에게 고하지 않아 집리가 사형을 받는 지경에는 이르지 않게 하셨다. 조부 의정공(議政公)59)께서 선조의 묘를 옮기려고 조량(趙湸)60)과 함께 장단(長湍)으로 산을 구하러 가서 용의 기운이 왕성한 곳을 얻게 되었다. 조량이 매우 기뻐하며 "이 아래에 반드시 명당자리가 있을 것입니다."라고 하여, 달려 내려가니 무덤 하나가 혈 자리 가운데에 있었다. 이에 혀를 차며 애석해하고 무덤의 주인을 물으니, 바로 우리 집 하인의 무덤이었다. 조량이 말하기를 "무덤을 이장하고 쓰셔도 별 문제가 없을 것입니다."라고 하고, 축하해 마지않았다. 공께서 말씀하시기를 "비록 하인의 무덤이나 어찌 차마 시신을 파내고 쓸 수 있겠는가. 반드시 하늘의 재앙이 있을 것이다."라고 하고, 마침내 버려두고 돌아오셨다. 우리 집안의 선산은 길하고 자손들은 현달하게 되었으니, '남모르게 행한 덕행에 하늘이 보답한다.'라는 이치가 또한 밝다고 하겠다.

曾王考贊成公爲戶曹正郎時 知數百銀子 爲執吏金禮龍偸去 收其文簿而還家 乘夕招其吏 屏人示之 其吏感泣 卽爲充備 則仍爲不告上官 得毋至於死律 王考議政公 爲遷先葬 與趙湸求山於長湍地 得一旺龍 趙喜躍而日 此下必有名穴 奔走而下 有一塚正在穴處 乃咄惜不已 問之 是我家奴塚也 趙日 堀移而用之 不難矣 賀不容口 公日 雖是奴葬 豈忍掘人屍柩而用之 必有天殃 遂棄而來 吾家先山之佳吉 子孫之貴顯 其陰德顯報 理亦昭昭矣

34 서얼도 관례를 행해야 하는지를 백부 선생께 물으니, 선생께서 웃으며 말씀하시기를 "관례는 성인으로서의 막중한 책임을 지우는 것인데, 근래 대부분 행하지 않으니 개탄스럽다. 그렇다고 해서 빈객을 많이 초대

---

57) 찬성공(贊成公): 권성원(權聖源;1602~1663)으로, 자는 호연(浩然).
58) 집리(執吏): 육조(六曹)·의정부(議政府)·선혜청(宣惠廳) 등의 사무를 분담하는 주임 서리.
59) 의정공(議政公): 권격(權格;1620~1671).
60) 조량(趙湸;?~?): 조선 후기의 지관(地官).

하고 음식을 푸짐하게 준비할 필요는 없다. 우암 선생께서는 고을의 모든 사람에게 관례를 행하게 하여, 지금 풍헌(風憲)61)과 약정(約正)62)의 집에서는 모두 개 한 마리를 잡고 몇 길의 종이를 묶어 폐백을 삼아 행하고 있다. 서얼이 비록 미천하지만 삼가(三加)63)의 예를 어찌 달리하겠는가. 고을에서나 행세하는 풍헌과 약정이 반드시 서얼보다 낫다고 할 수 없다."라고 하셨다.

> 以庶孼冠禮當否 問於伯父先生 先生笑而曰 冠禮責成人之重也 近來多不行爲慨然 不必廣延賓客 侈設酒饌 尤庵先生 使鄕中人人而行之 至今風憲約正輩之家 皆宰一狗爲饌 束數丈紙爲幣而行之矣 庶孼雖賤 三加之儀 寧有異同 懷鄕風約 非必勝於庶孼也

35 백부께서 일찍이 지관들이 풍수를 보는 폐단을 논하면서 "정오행(正五行)64)은 천지의 정당한 이치이고, 쌍산65)은 후인들이 만든 것이다. 하지만 쌍산의 삼합(三合)은 진실로 기묘한 조화이기 때문에 정오행을 버려두고 쌍산법을 사용하는데, 고금의 명당 중에 이 법에 합치되는 것이 많다. 그래서 세속의 풍수가들은 정오행과 쌍산법을 합하여 동궁삼합(同宮三合)이라 하여 사용하는데, 쌍산에 위배될 뿐만 아니라 정오행에도

---

61) 풍헌(風憲): 조선 시대, 면이나 리의 일을 맡아보던 지방의 낮은 직급으로, 도덕이나 규범 따위를 문란하게 하는 사람을 단속하였음.
62) 약정(約正): 조선 시대, 향약(鄕約)의 임원으로 고을의 자치를 담당하였으며, 도약정(都約正)과 부약정(副約正)이 있었음. 유향소(留鄕所) 조직에서는 향청의 우두머리인 좌수 아래, 면 단위로 기강을 담당한 풍헌 아래에서 실무를 담당하는 면임을 약정이라고도 함.
63) 삼가(三加): 관례(冠禮)를 이르는 말로, 관례를 행할 때 처음에는 치포관(緇布冠)을 씌우고, 두 번째는 피변(皮弁)을 씌우고, 세 번째는 작변(爵弁)을 씌우기 때문에 일컫는 말임.
64) 정오행(正五行): 목화토금수(木火土金水) 오행을 팔괘와 연관시켜 진(震)과 손(巽)은 목(木), 이(離)는 화(火), 곤(坤)과 간(艮)은 토(土), 태(兌)와 건(乾)은 금(金), 감(坎)은 수(水)에 배속시켜 음과 양의 상합상생(相合相生) 원리를 강조하는 것을 말함.
65) 쌍산(雙山): 쌍산삼합오행(雙山三合五行)의 준말로, 풍수법에서 묘자리를 정할 때 사용하는 이론. 쌍산은 동궁(同宮)이라고도 일컫는데 모든 산맥을 양분한다는 의미이고, 삼합은 생궁(生宮), 왕궁(旺宮), 묘궁(墓宮)을 가리키고, 5행은 토를 제외한 목화금수 4개를 의미하는데, 묘자리를 정할 때 산세의 흐름인 내룡의 존재 유무와 내룡의 방향을 살펴서 먼저 목화금수 4개의 국면 중 어디에 해당하는지를 판단하고, 다음에 12지에 따른 12방위를 살피고, 마지막으로 12방위에 따른 '생왕묘'라는 3가지 궁을 충족시켜야 한다는 이론. 화국(火局)을 예로 들면 내룡이 오방(午方)에서 오고 물이 술방(戌方)으로 빠지면 묘자리의 방향은 인방(寅方)으로 한다는 식임.

어긋난다. 어리석은 자들은 이를 좇아 모두 옳다고 하니 우습다."라고 하셨다.

또 말씀하시기를 "하늘은 서북쪽으로 기울고 땅은 동남쪽이 낮고, 낙양(洛陽)은 천하의 중심이 되기 때문에 여기에 말뚝을 세워 그림자를 재니 이를 정침66)이라 한다. 조그마한 패철67)은 태양을 가리킬 수 없고 그 뾰족한 침이 가리키는 곳은 오방(午旁)의 병(丙) 부분인데 이를 봉침68)이라고 한다. 이 두 가지는 모두 이치가 그럴 듯하지만 아직 고금에 확정되지 않은 이론이다. 그런데도 세속의 풍수가들은 혹 정침으로 내룡을 살피고 봉침으로 혈 자리를 살피며, 혹 정침으로 집터를 살피고 봉침으로 못자리를 살피니 우습다."라고 하셨다.

또 말씀하시기를 "내룡은 좌측에서 오는 것은 우측으로 선회하고 우측에서 오는 것은 좌측으로 선회하는데, 세속의 풍수가는 좌측으로 선회하는 경우는 좌측에서 오고, 우측으로 선회하는 경우는 우측에서 온다고 한다. 이로써 좌우를 따져 혈 자리를 정한다면 어찌 생기(生氣)의 터를 얻을 수 있겠는가. 우리 선산 유좌 묘향69)의 혈을 보면 징험할 수 있을 것이다."라고 하셨다.

> 伯父嘗論時師地術之弊曰 正五行是天地正當之理 雙山是後人所製 然雙山之三合 實造化之妙 故舍正五行而用之 古今名墓 亦多合於此法者 俗師輩則以其傍位 謂之 同宮三合而用之 旣違雙山 又違正五行 昧者從之 滔滔皆是 可笑 又曰 天傾西北 地不滿東南 洛陽是天下之中 故於此立臬而景 是爲正針 寸鐵不敢指太陽 其針尖之 所指 卽午旁之丙 是爲縫針 此兩言 皆其理然矣 此爲今古未決公事 而俗師輩 或以 正針看龍 縫針看穴 或以正針看陽基 縫針看陰宅 可笑 又曰 龍從左來者爲右旋 龍 從右來者爲左旋也 俗師以左旋爲左來 右旋爲右來 以此定其捱左捱右而扦穴 穴安 得乘生氣也 於我先山酉坐卯向穴 可驗也

---

66) 정침(正針): 늘 남쪽을 가리키는 지남침(指南針). 또는 풍수가들이 몸에 지니고 다니던 패철에서, 24개의 방위를 표시하는 4번째 층을 일컫는 말로, 풍수가들은 이곳의 방위 표시로 방향을 확인함.
67) 패철(佩鐵): 풍수가들이 몸에 지니고 다니던 지남철.
68) 봉침(縫針): 패철은 중앙으로부터 가장자리까지 13개의 층으로 구획되어 있는데 봉침은 8번째 층에 해당하며, 풍수가들은 이 봉침으로 양기가 들어오는 방향과 나가는 방향을 판별하였음.
69) 유좌묘향(酉坐卯向): 서쪽을 등지고 동쪽을 향하여 앉은 자리.

36 삼연(三淵)70) 김공이 나의 강경(江景) 집으로 찾아와 머무셨기에 여러 날 모시고 이야기를 나누었다. 김공이 "사마천의 글을 읽었으니 그 맛을 알겠는가?"라고 하기에, 내가 "내용이 방대하여 후세인이 미칠 바가 아닙니다. 특히 문장의 엄중한 체제에 대해서 알 수 없었는데 태사공(太史公)71)의 자서(自序)와 〈화식전(貨殖傳)〉을 읽고 나서는 이러한 엄중한 체제를 갖는 다른 글이 없기에 멍하니 정신이 나간 듯하였습니다."라고 하였다. 김공이 말하기를 "〈화식전〉에는 의문 가는 데가 없었나? 나는 이 〈전〉을 가장 열심히 읽었네."라고 하기에, 내가 말하기를 "천 번을 채우고 나니 그제야 저절로 환해져 막힘이 없어졌다고 생각합니다."라고 하였다. 김공이 "2,30번을 읽고 나니 입은 부드러워졌지만, 다른 사람이 따져 물으면 막히지 않은 적이 없었네."라고 하였다. 이에 책을 펼치고 강독을 하였는데, 나는 김공에게 한 번도 적절한 대답을 못 하였으니, 비로소 독서의 어려움을 알았다. 오직 거칠고 소활함이 이와 같아서 일체의 경서에 대해 깊이 연구하지 못하고 여기에서 마쳤으니 부끄럽기 그지없다.

농암(農巖)72) 선생께서 일찍이 말씀하시기를 "점필(佔畢)73)의 공부는 글을 짓는 것이 첫 번째이고, 두루 보는 것이 그 다음이고, 소리 내어 읽는 것이 또 그 다음이다."라고 하셔서, 내가 바로 체험하였더니 그 말이 과연 옳았다. 글을 짓게 되면 저절로 고인들이 운용한 구상을 알 수 있고, 글을 두루 읽게 되면 자연히 깊은 뜻을 찾을 수 있으며, 소리 내어 읽는 것은 입에는 익숙하지만 마음으로는 이해하지 못한다. 이로부터 나도 이런 방법으로 아이들을 가르쳤다.

> 三淵金公來留余江景舍 陪話數日 公曰 讀司馬文 知其味乎 余曰 浩汗博大 非後世可及 但不知其文章體要之嚴重矣 至讀太史公自序貨殖傳 文章無此體要 乃悅然而自失也 公曰 貨殖傳能無疑處乎 吾則最熟於此傳矣 余曰 獨滿千數 自以爲洞然無礙 公曰 二三十讀以後 口自滑 與人詰之則不無差窒矣 仍展書講讀 余與公共不能

---

70) 삼연(三淵): 조선 후기의 문신이자 학자인 김창흡(金昌翕;1653~1722)으로, 자는 자익(子益), 호는 삼연(三淵).
71) 태사공(太史公): 중국의 역사서 가운데 가장 중요한 것으로 꼽히는 『사기』의 저자인 사마천(司馬遷).
72) 농암(農巖): 조선 후기 문신이자 학자인 김창협(金昌協;1651~1708)으로, 자는 중화(仲和), 호는 농암(農巖)·삼주(三洲).
73) 점필(佔畢): 책을 엿본다는 뜻으로, 여기서는 학문의 깊이를 더해 가는 것을 의미함.

――善對 始知讀書之難矣 惟其矗疎如此 故於一切經書 未能沉潛講究 止於此 人
貌樣可愧 農岩先生嘗語日 佔畢之工 述作第一 看覽其次 誦讀又其次也 余卽體驗
之 其言果然矣 述作則自知古人運用意匠 看覽則自然循復玩繹 誦讀只是口滑而心
不相應矣 自後 吾亦以此敎兒輩

37 지관(地官)인 마경원(馬景援)이 누암서원(樓巖書院)74)에 참배하러 오자 백부 선생을 찾아와 말해 주는 유생이 있었는데, 백부 선생께서 "정성스런 마음이 있어 참배를 하러 온다면 비록 마경원보다 천하다고 한들 따질 필요가 있겠는가."라고 말씀하셨다. 우암 선생께서는 도봉서원의 규례를 만드시고, 서얼과 천민을 가리지 않고 학업에 뜻이 있는 자는 모두 들어오게 하셨다. 황강서원(黃江書院)75)이 완성되자 이퇴부(李退夫)와 채군범(蔡君範)76) 공이 재임(齋任)77)을 맡았는데, 본가의 자제 중에 비록 서얼이지만 둔감(屯監)78)이나 장교(將校)가 된 자는 모두 제향에 참석할 수 있다고 여겨 출입하도록 허락하였다. 나도 학문에 뜻을 둔 자뿐만 아니라 그 외에 누구든 재회(齋會)79)에 참석하는 일이 불가하다고 생각하지 않는다.

地師馬景援拜謁于樓巖書院 儒生輩有來告于伯父先生者 則日 渠有誠而來拜 則
雖賤於馬者 何擇 尤菴先生作爲道峯院規 勿論庶賤 有志學業者 皆許入 黃江書院初
成 沙川李公退夫九雲蔡公君範爲齋任 以爲本家子弟 雖庶孽之爲屯監將校者 皆當
參享事許令出入 吾亦不以爲非但志學人 外不可參於齋會也

---

74) 누암서원(樓巖書院): 조선 시대에, 충청북도 충주에 세운 서원으로, 1695년(숙종 21년)에 세운 것으로 송시열·민승중(閔昇重)·권상하·정호(鄭澔) 등을 배향하고 있음.
75) 황강서원(黃江書院): 1726년(영조 2)에 지방 유림의 공론으로 송시열(宋時烈)·권상하(權尙夏)·한원진(韓元震)·권욱(權煜)의 학문과 덕행을 추모하기 위해 충청북도 제천시 한수면에 창건된 서원.
76) 채군범(蔡君範): 조선 후기 학자인 채지홍(蔡之洪;1683~1741)으로, 자는 군범(君範), 호는 봉암(鳳巖)·삼환재(三患齋)·봉계·사장와(舍藏窩).
77) 재임(齋任): 조선 시대, 성균관이나 향교 따위에서 숙식하며 공부하는 유생으로서 그 안의 일을 맡아보던 임원.
78) 둔감(屯監): 조선 시대, 지방에 두었던 관직의 하나로, 둔토(屯土)를 감독하였음.
79) 재회(齋會): 성균관 유생들이 임원을 중심으로 자치적으로 조직한 회의.

38 백부 선생께서 일찍이 복제(服制)에 대해 말씀하시기를 "백부와 숙부는 부도(父道)가 있고, 백모와 숙모는 모도(母道)가 있고, 조카들은 자도(子道)가 있고, 조카며느리는 부도(婦道)가 있기 때문에 모두 복을 입는다. 형제는 동기간의 도가 있기 때문에 복을 입고, 형제의 처는 처도(妻道)가 있기 때문에 꺼려서 복을 입지 않는다. 고모는 부도(父道)가 있기 때문에 복을 입고 고모부는 모도(母道)가 있기 때문에 꺼려서 복을 입지 않는다. 자매는 동기간의 도가 있기 때문에 복을 입고, 자매부(姉妹夫)는 처도가 있기 때문에 꺼려서 복을 입지 않는다. 처부모(妻父母)는 부도(父道)가 있기 때문에 복을 입는다. 외삼촌과 이모는 모도(母道)가 있기 때문에 복을 입고 외숙모와 이모부는 부도(父道)가 있기 때문에 꺼려 복을 입지 않는다. 가마(加麻)80)의 경우 스승은 부도(父道)가 있고 벗은 동기간의 도가 있기 때문에 모두 복을 입는다. 예법의 엄정함이 이와 같은데 본래의 의미를 모르고 망령되게 행하는 자들이 세상에 넘쳐나니 탄식할 만하다."라고 하셨다.

또 말씀하시기를 "성복(成服)81)은 다만 조곡(朝哭)82)을 행하기 위한 것이므로 성복할 때 따로 제사를 지내는 것은 잘못이다. 지금 사람들은 반드시 성대하게 제사를 지낸 뒤에 성복을 하니 크게 잘못된 것이다."라고 하셨다. 또 말씀하시기를 "옛날에는 상중에 사당에 출입할 때 묵최(墨衰)83)를 입었는데, 지금은 그렇게 하지 않고 오로지 상복 차림으로 출입하니 옳지 않다. 상주는 삼베로 된 직령·삼베 띠·패랭이를 착용하고, 복인(服人)은 흰 도포와 흰 띠를 착용하되, 만약 종가의 상이 아니면 색깔 있는 띠를 착용해도 무방하다."라고 하셨다.

또 말씀하시기를 "제사에는 마땅히 날생선과 날고기를 써야 하나, 기제사에는 모두 평상시의 음식을 쓰며, 날생선과 날고기는 회로 대신해도 무방하다."라고 하셨다.

---

80) 가마(加麻): 스승이나 존경하는 이의 상(喪)에 심상(心喪)을 입는 표시로 겉옷에 삼베 헝겊을 붙이는 것.
81) 성복(成服): 상을 당한 뒤 초종(初終)·습(襲)·소렴(小斂)·대렴(大斂) 등을 마친 뒤 상복으로 갈아입는 일.
82) 조곡(朝哭): 소상 때까지 상제가 매일 이른 아침에 궤연(几筵) 앞에서 곡하는 것.
83) 묵최(墨縗): 거상(居喪) 중인 사람이 특별한 출입이 있을 때 입는 검은 상복. 아버지가 살아 있을 때 돌아가신 어머니의 담제(禫祭)가 끝난 뒤와 생가 부모의 소상(小祥)이 끝난 뒤에 베 직령(直領)에 검은 삿갓과 검은 허리띠를 갖추어 입었음.

또 나에게 말씀하시기를 "우리 집안의 장례는 이전에는 다만 회(灰)를 사용하여 관을 덮었는데, 너의 부친 장례 때부터 곽(槨)을 사용하였고 이후 그것이 관례가 되었다. 곽을 전혀 쓰지 않는 것은 미안한 일이므로 『상례비요(喪禮備要)』84)에 근거하여 2촌 두께의 널빤지를 사용하는 것도 좋다."라고 하셨다.

또 말씀하시기를 "산소에 심은 소나무는 너무 빽빽하지 않아야 하니, 전면을 가리는 것과 뒤쪽에 그늘지게 하는 것들은 계속하여 잘라 버려야 한다. 그러나 나뭇가지 하나라도 남에게 팔아 불초한 자손들의 생활비로 충당함으로써 끝없는 폐단을 만드는 계기가 되게 해서는 안 된다."라고 하셨다.

무릇 자손 중에 우리 선생께서 가르친 말씀과 행하신 일들이 자기의 마음에 들지 않으면 번번이 "이 일은 마땅히 감추어 드러나지 않게 해야 한다."라고 하는 자들이 있다. 혹은 억지를 부려 "이러이러한 선생의 말씀과 행하신 일은 이러한 것이지 저러한 것은 아니다."라고 하는 자도 많다. 그래서 후인들이 믿을 수 있도록 우선 이 몇 건을 기록하고, 기억이 날 때마다 계속 기록하려고 한다.

伯父先生 嘗論服制曰 伯叔父有父道 伯叔母有母道 從子有子道 從子婦有子婦道 故皆服 兄弟有己道 故服 兄弟妻有妻道 故嫌而無服 姑有父道 故服 姑夫有母道 故嫌而無服 姉妹有己道 故服 姉妹夫有妻道 故嫌而無服 妻父母有父母道 故服 舅與從母有母道 故服 舅妻與從母夫 有父道 故嫌而無服 至如加麻 亦師有父道 友有己道 故皆服之 制禮之嚴截如此 而不知本意 從心妄行者 世人滔滔可歎 又曰 成服 只可因朝哭爲之 別設奠非也 今人必設殷奠而後成服 尤非也 又曰 服中入廟服色 古則用墨衰 今雖不然 全以凶服出入未安 喪人着布直領布小帶平涼笠 服人着白袍白帶 若非本宗喪 則着色帶似可 又曰 祭祀當用生魚肉 而忌祭則皆用燕饌 生魚肉亦作膽用之無妨 又語燮曰 吾家之葬 自前只用灰隔矣 自汝翁葬時 始用外槨 仍以爲例矣 全然無槨未安 用薄板厚二寸者 如喪禮備要所載爲好 又曰 山所養松 不可太蒙密 面前之遮 塋後之蔭 不可不續續斫去 而不宜其一條賣於人 以資不肖子孫之籍口 以啓無窮之弊也 凡我先生所敎之言所行之事 子孫中 若有不合於自己心者 則輒曰 此事當諱而不顯 或勒謂之曰 先生之言先生之事 如此如此 而不如彼云者多 故姑先書此數件 以爲後人信 當隨記而續書之耳

---

84) 상례비요(喪禮備要): 조선 중기의 학자 신의경(申義慶)이 『주자가례(朱子家禮)』의 원문을 위주로 하고 고금의 여러 예설(禮說)을 참고하여 사용하기 편리하도록 서술한 책. 그 뒤에 김장생(金長生)이 교정하였고, 그 아들 김집(金集)이 다시 수정 증보하여 간행한 바 있음.

39 백부 선생께서 조용히 앉아 계실 때 말씀하시기를 "내가 젊었을 때 이계이(李啓以)85)와 함께 과거장에 들어갔다. 내가 시권(試券)을 잘못 쓰자 이계이가 자기의 여분 종이에 내 글을 써서 제출하여 가장 높은 점수를 받게 되었다. 감독관 장선징(張善澂)은 그것을 이계이의 시권이라 여기고는, 이계이의 부친인 이합(李柙)86) 씨가 그때 마침 도승지로 참시관(參試官)이었기 때문에 애써 그 시권을 뺐다. 시권을 열어 내 이름이 적힌 것을 보고는 얼굴이 파래질 정도로 크게 놀라고 후회하였다. 이렇게 해서 나는 1등에서 떨어졌으나 예전 사람의 공변되고 사사로움이 없는 마음을 어찌 귀하게 여기지 않을 수 있겠는가."라고 하셨다.

또 말씀하시기를 "나와 김사긍(金士肯)87)이 하곡(霞谷) 윤 씨(尹氏)88) 어른을 모시고 앉았는데, 윤 어른께서 앞날을 미루어보고 말하기를 '자네의 모습은 풍만하지만 끝내 벼슬자리를 얻지 못할 것이고, 사긍의 얼굴은 메기와 같으나 반드시 장군이 될 것이네.'라고 하였는데, 지금 어긋남이 없이 꼭 들어맞았으니, 어찌 신묘하지 않겠는가."라고 하셨다.

또 말씀하시기를 "내가 성균관 재임(齋任) 때에 현묘(顯廟)89)에 '푸른 깃을 단 흰 도포[靑衿粉袍]'를 입도록 상소하였는데, 임금께서 기뻐하며 허락하셨다. 여양부원군(驪陽府院君) 민유중(閔維重)90)이 중국 사신이 되었을 때 난삼(襴衫)91) 세 벌을 가져와서 한 벌은 집에 두고, 한 벌은 우암

---

85) 이계이(李啓以): 조선 후기의 문신인 이광하(李光夏;1643~1701)로, 계이는 그의 자(字)임. 1700년(숙종26) 동지사의 정사로 연경(燕京)에 갔다가 사신들의 숙소였던 옥하관(玉河館)에서 죽었음.

86) 이합(李柙;1624~1680): 조선 후기 형조 참의, 호조 참의, 대사간 등을 역임한 문신으로 자는 윤적(允迪), 호는 대산(臺山), 이광하의 아버지. 윤선도의 오만함을 탄핵하기도 하였으며, 윤휴의 무리인 이유의 옥사를 형조가 관대하게 처리하는 것에 대해 논하였다. 1674년(숙종 즉위년)에는 송시열의 편에 서서 예론을 전개하기도 하였는데, 이때 임금의 뜻에 거슬려 외직 또는 산직에 임명되었고, 그 뒤로 조정에 올라오지 못하였음.

87) 김사긍(金士肯): 조선 후기 문신인 김구(金構;1649~1704)로, 자는 사긍, 호는 관복재(觀復齋). 황해도, 충청도, 전라도, 평안도의 4도 관찰사를 역임하였고, 노론과 소론의 격렬한 대립을 완화하기 위한 만언(萬言)에 가까운 시무소(時務疏)를 올려 일반의 찬탄을 받았음.

88) 하곡(霞谷) 윤 씨(尹氏): 조선 후기 문신인 윤계(尹堦;1622~1692)로, 자는 태승(泰升), 호는 하곡(霞谷)이며, 영의정 윤두수(尹斗壽)의 증손.

89) 현묘(顯廟): 조선 제18대 임금인 현종(顯宗;1659~1674 재위).

90) 민유중(閔維重;1630~1687): 조선 후기 문신으로, 자는 지숙(持叔), 호는 둔촌(屯村). 숙종의 계비인 인현왕후의 부친.

91) 난삼(襴衫): 1746(영조 22)년부터 생원시나 진사시에 합격한 자가 착용한 예복으로, 녹색이나

선생에게 드리고, 한 벌은 대전(大殿)에 올렸다. 임금께서 성균관에 내리면서 '이 옷을 모방하여 행하도록 하라.'라고 하셨는데, 내가 재임을 그만둔 뒤 시일을 끌다가 세 조정이 지나도록 행하지 못했다. 그 난삼을 재소(齋所)92)의 상자 안에 두었는데 지금도 그대로 있는지 모르겠다. 개탄스럽고 개탄스럽다."라고 하셨다. 이어 나에게 말씀하시기를 "네가 지금 도봉서원의 재임이 되었으니, 도봉서원에서 먼저 행하여 다른 서원에서도 따라 행하는 규례가 되면 매우 좋겠다."라고 하셨는데, 나 또한 미처 행하지 못하고 그만두었으니 한탄스럽다.

> 伯父先生宴坐時 言曰 吾少時 與李啓以同入試場 誤書試券 啓以手書我文於其餘紙而呈之 將置上考 考官張公善澂心知爲啓以券 而啓以尊公押氏 方以都承旨參試 故力爭而拔之 柝之見我名 大愕而悔 面爲之靑 我因落拓於一第 而古人之心公無私 豈不貴哉 又曰 吾與金士肯侍坐於霞谷尹丈 尹丈爲之推命曰 爾則兒相豊碩 而終未得一第 金某面如義魚 而終必將兵 到今符合而不差 豈不神哉 又曰 吾爲館齋任時 上疏於顯廟 請行粉袍靑衿 自上喜而許之 驪陽爲大行人時 得來襴衫三件 一置家中 一納尤菴 一上大內 自上封下于太學 使之倣此制而行之 吾遞齋任而仍爲擔閣 歷三朝而不行 其襴衫入齋櫃中矣 未知其至今無恙否 慨然慨然 仍語變曰 汝方爲道峯齋任 先行於道峯 爲諸書院通行之規則甚善 變又未及行而遞任 可歎

40 내가 약관 때 사림들과 어울렸다가 중간에 과분하게 명성을 얻게 되었는데, 백부께서는 기뻐하셨고 계부께서는 근심하셨다. 학임(學任)93)·원임(院任)94)·소두(疏頭)95)를 맡았을 때 백부께서는 나가도록 권하셨고 계부께서는 애써 막으셨다. 장암(丈岩)96) 댁의 관례에 외람되게 계빈(戒

검은색의 단령(團領)에 각기 같은 색의 선을 둘렀음.
92) 재소(齋所): 조선 시대, 성균관이나 향교 따위에서 숙식하며 공부하는 유생으로서 그 안의 일을 맡아보던 임원이 거처하던 곳.
93) 학임(學任): 학교의 책임자.
94) 원임(院任): 서원을 대표하고 운영하는 사람들을 통상적으로 일컫는 말로, 서원의 운영을 위해 자체적으로 선출하였는데 서원의 대표인 원장(院長)과 실무 책임을 맡은 유사(有司), 유사의 하위 직급인 개별 유사들이 기본 구성이며, 원임은 주로 지방의 유림이 담당하였음.
95) 소두(疏頭): 조선 시대, 연명하여 올리는 상소에서 주동이 되는 사람을 이르던 말로, 맨 먼저 이름을 적었음.
96) 장암(丈岩): 조선 후기 문신인 정호(鄭澔;1648~1736)로, 자는 중순(仲淳), 호는 장암(丈巖)이며, 정철(鄭澈)의 현손.

賓)97)을 부탁받았을 때, 계부께서는 만류하셨고 백부께서는 허락하셨다. 백부께서 기뻐하신 것은 고아로 자란 내가 스스로 일어서는 것을 바라신 것이고, 계부께서 근심하신 것은 학식도 없이 망령되게 세상에 나가는 것을 걱정하신 것이니, 이는 모두가 지극한 사랑에서 나온 것임을 알 수 있다. 지금은 집안이 텅 비어 의지하고 우러를 분이 없으니 매우 애통하다.

變自弱冠 厠跡於士林 中間浪竊聲名 伯父喜之 季父憖之 其爲學任院任與疏頭也 伯父勸出 季父力止 及丈岩宅冠禮時 猥承戒賓之命 季父則沮行 伯父則許赴 是知伯父之喜之 以其孤露兒之能自成立也 季父之憖之 以其無學識而妄出世路也 則皆出於至情之愛也 到今門庭虛閴 無處依仰 秖切痛泣

41 옛날 선비들은 비록 공경의 자제라고 해도 모두 걸어 다녔는데, 지금은 서얼로서 교생(校生)98)이 된 자들도 출타할 때 안장이 없는 말을 타면 부끄럽게 생각한다. 선비 집안의 부녀자들은 모두 너울을 덮어썼는데, 요즘에는 첩도 서모(庶母)가 되면 옥교(屋轎)99)를 타며, 서민과 천출(賤出)들도 모두 그렇게 한다. 중인 이하의 사람이 양반을 만나면 모두 말에서 내렸는데, 지금은 비록 사천(私賤)100)이라 하더라도 말을 타고 양반의 앞을 휙 지나가며, 또 서로 마주쳐도 길을 양보하지 않으니, 시대가 변했음을 알 수 있다. 세교(世敎)가 쇠퇴했음을 생각지 않고 망령되게 꾸짖으려고 했다가는 수고롭기만 하고 아무런 성과가 없는 데서 그치지 않고 스스로 근심을 불러들이게 될 것이다.

古之時士子 雖公卿子弟 皆步行 今則庶孼校生輩出行 非鞍馬則恥 士族婦女 皆蒙羅拂 今則妾亦於爲人庶母之後 則乘屋轎 庶賤亦然 中人以下 逢兩班 皆下馬 今則雖私賤 騎馬突過於兩班之前 又當頭而不讓路 此足以觀時變矣 人非秉世敎之責 而妄欲呵禁者 不但勞而無功 亦自速咎

---

97) 계빈(戒賓): 예법을 잘 아는 이를 빈(賓:주례)으로 모시는 것.
98) 교생(校生): 향교나 서원에 다니는 생도로, 원래 상민으로 향교에서 오래 공부하면 유생의 대우를 받았으며 우수한 자는 생원초시(生員初試)나 생원복시(生員覆試)에 응시할 자격을 얻었음.
99) 옥교(屋轎): 지붕 또는 덮개가 있는 가마.
100) 사천(私賤): 개인이 집에서 부리는 종이나, 백정(白丁)·무격(巫覡) 배우(俳優)·창녀(倡女) 등을 통칭하는 말임.

42 산송(山訟)도 송사라고, 삼사(三事)101)의 존귀한 몸으로도 직접 관아로 나아가 쟁송하기를 부끄러워하지 않으니 개탄스럽다. 자손들이 연이어 묘를 쓰는 것은 꺼리지 않으면서 다른 사람들이 묘를 쓰려고 하면, 조상 봉분에 해가 된다고 하니 어찌 이런 이치가 있겠는가. 이는 모두 사사로운 이해에 관계된 것인데 사사로운 이해 때문에 직접 관아로 나아간다면 매우 곤란하지 않겠는가. 선산에 남는 묘 터가 있다면 적손과 지손(支孫)을 따지지 말고 장사 지내게 하는 것이 옳다. 한 가문 간에 장사를 금하는 쟁송은 도리에 더욱 어긋나니, 다른 사람들에게 이런 소문이 들리게 해서는 안 된다. 내가 일찍이 참봉공 산소 아래에 서종조(庶從祖)를 장사 지내게 하자 뭇사람들이 괴이하게 여겼는데, 진실로 이러한 뜻을 몰라서 그런 것이다. 만약 불초한 자손들이 선산의 중요한 곳을 침범하여 산소를 만든다면 또 어찌 그대로 놓아둘 수 있겠는가.

> 山訟亦訟也 雖三事之尊 不恥身入官庭 可慨 子孫之附葬纍纍 而不以爲嫌 他人入葬 則謂之有害於祖墳 寧有是理 此其事都係於私利害矣 以私利害 而身入官庭 不亦重難乎 先山中有餘支 則勿論支嫡而族葬之 可也 一家間 禁葬爭訟 尤甚乖悖 不可使聞於人矣 吾曾許葬庶從祖於參奉公墓下 衆以爲怪 誠不知此義故也 若不肖子孫 侵葬於先山要害處 則又何可一任之也

43 동생과 누이가 가난했기 때문에 보성(寶城)의 매우 기름진 전답을 나눠 주려 하였는데, 동생과 누이가 굳이 사양하며 말하기를 "이는 여러 자손이 나눠 가질 수 있는 것이 아닙니다. 장차 종가에서는 무엇에 의지하려 하십니까?"라고 하였다. 억지로 주려고 했는데도 기어이 받지 않으므로, 부득이 봉사전(奉祀田)으로 떼어 놓았다. 뒤에 내가 이를 팔아 다른 곳에다 땅을 마련하려 하니, 계부께서 엄하게 막으면서 말하기를 "땅을 판 뒤에 그 돈을 탕진하지 않는 자가 드물다."라고 하셨다. 내가 강경(江景)에 있을 때 마침 좋은 기회가 있어 그 땅을 팔아 여산(礪山)에 다른 땅을 마련하였다. 새로 마련한 전답은 옛날 것보다 넓었고 소출도 세 배나 많았다. 계부께서 듣고 기뻐하며 말하기를 "좋기는 하나 땅을 파는 솜씨

---

101) 삼사(三事): 하늘을 섬기고, 땅을 섬기고, 사람을 다스리는 일을 하는 신하로, 삼공(三公)과 육경(六卿)을 말함.

가 능란하니 어떻게 이곳의 전답을 길이 보전할 수 있겠는가."라고 하셨는데, 그 뒤 변고를 만나 다시 모두 팔아 끼니에 충당하였다. 봉사전이 사라진 것을 근심하여 제천의 묘소 아래에 다시 마련했으나 끝내 기름진 보성의 땅에는 미치지 못하였으니, 비로소 먼 앞날을 염려하는 어른의 뜻에 감복하면서 당시에 가르침을 듣지 않은 것을 후회하였다.

> 寶城畓沃饒之甚 吾以弟妹之貧 分與之 弟妹固辭曰 此非諸子孫所可分者 宗家何賴焉 固與而固不取 不得已以奉祀條除出矣 後吾欲賣而移設 則季父切禁之日 賣土而不消化者尠矣 吾在江景時 適有好機會 竟斥賣而移設於礪山地 新設之畝過多於舊 而穀之所收 又是三倍 季父聞而喜之曰 善矣 然賣田手滑 安保其永保有此區也 其後禍變中 復盡賣而食之 慜其奉祀條之歸於烏有 卽爲代設於堤川墓下 而終不如寶城之沃饒矣 始服長者深遠之慮 而悔不聽當日之敎也

44 외가에서 재산을 분배할 때 아우 영(瑩)이 "우리 집 몫으로 춘천의 전장(田庄)을 나누어 주면 좋겠습니다."라고 하니, 외삼촌이 말하기를 "어찌 원하는 것이 이 정도뿐인가. 장연(長淵)의 옥토를 주려 하네."라고 하였다. 아우가 말하기를 "이모 홍 씨가 매우 가난하니 그쪽에 모두 드리는 것이 좋겠습니다. 춘천의 전장은 비록 척박하기는 해도 그 산수를 우리 형이 매우 사랑하고, 또 한적하게 지내기에 적당한 곳이니 우리 형이 반드시 좋아할 것입니다."라고 하면서, 고집하여 그곳을 취하였다. 우리 형제가 재산을 분배할 때 내가 또 춘천의 전장을 가지려 하니, 아우가 말하기를 "제가 고집하여 얻은 것이니 제가 가지겠습니다."라고 하였다. 내가 말하기를 "네가 '우리 형이 좋아할 것입니다.'라고 하였다가 지금 스스로 가지려고 하는 것은 무슨 까닭이냐?"라고 하고, 마침내 나의 소유로 하였다.

녹양(綠楊)의 전답 수십 묘를 황 씨 집안으로 시집간 누이에게 주고 절반 남짓은 아우에게 주었는데, 아우는 빈궁한 누이를 생각하여 자신의 몫까지 문서를 만들어 주었다. 아우는 또 내 손자들이 재앙과 난리를 겪는 중에 의지할 곳이 없음을 근심하여 수십 마지기나 되는 평택(平澤)의 전답을 나누어 주었다. 또 누이의 전답이 9촌 아재 참봉공의 묘소 곁에 있어서 내가 그 반을 나누어 주어 참봉공의 묘전(墓田)으로 삼게 하고 돌아와 누이에게 이 사실을 말하니, 누이가 기뻐하며 "잘했소, 잘했소."라고 하고 끝내 돈을 받을 뜻이 없었다. 이는 모두 다른 집안에서는 쉽게 볼 수 없기에 기록한다.

> 外家析產時 弟瑩以爲吾家則劃送春川庄爲可 舅氏日 豈容如是 欲以長淵沃疇分之 弟曰 洪從母貧甚 盡歸之可也 春庄雖薄 春之山水 吾兄甚愛之 且合爲藏身之所 吾兄必好之矣 固爭而取之 及吾兄弟之私分也 吾又以春庄自占 弟曰 吾之所固爭而得之者 吾欲取之 余曰 汝謂我所好 而今欲自取之何也 竟爲吾有 綠楊田數日耕 歸於黃氏妹 强牛則歸於弟 弟輊妹之貧窮 又以其所得者 成券而歸之 弟又愍我孫輩之禍變中無告 割其平澤畓數十斗所種而給之 又妹家之田在於九寸叔參奉公墓塋之外 吾割其牛而歸之 以爲養松之地 歸言于妹 妹喜之日 善矣善矣 終無受價之意 是皆不多見於人家者 玆書之

45 나의 증조부 찬성공께서 영천(榮川) 수령이 되었을 때, 당시 여덟 살이었던 백부가 따라갔었다. 일찍이 한밤중에 홀로 연당(蓮堂)에 있었는데, 흐느끼는 듯하기도 하고 웃는 듯하기도 한 여자의 소리가 멀리서부터 점점 가까워졌다. 도깨비 소리임을 깨닫고 단정히 앉아 독서를 그치지 않으니, 그 소리가 창밖에 이르러서는 멈추었다.

선친께서 젊어서 명례동(明禮洞) 집에 있을 때에, 캄캄한 밤에 활을 들고 홀로 동산에 올라가 여러 차례 활을 쏘아 도깨비를 거꾸러뜨리니 그 뒤로 아무 일도 없었다.

계부께서 송도 유수가 되어 부임하던 날, 장교들이 한 폭의 부적을 주며 거기에 수결을 하라고 하며 말하기를 "이는 귀신에게 비는 관례인데 이렇게 하지 않으면 재앙이 있습니다."라고 하였다. 계부께서 물리치며 말하기를 "재앙이 있게 되면 내가 먼저 당할 것이다."라고 하였는데, 끝내 재앙이 없었다.

나의 외가는 귀신을 믿지 않았는데, 유독 나의 어머니와 윤 씨 댁으로 시집간 이모가 더욱 믿지 않았다. 어머니께서 일찍이 청풍(淸風) 골짜기 마을에서 잠시 지낼 때 그 집의 신주단지가 세 번이나 바닥으로 떨어졌다. 주인 할미가 "귀신이 반드시 꺼리는 바가 있어 그렇습니다."라고 하자 바로 다른 곳으로 치워 버렸고, 뒤에 다른 마을에서 지낼 때도 그렇게 했다.

서숙모(庶叔母)께서 일찍이 요상한 병에 걸렸는데, 나의 어머니를 보더니 놀라 뛰쳐나가며 말하기를 "두렵고 두렵도다."라고 하였다. 외조모의 삼청동 친가는 본래 도깨비가 많았는데, 나의 어머니가 대문으로 들어서면 모두 사라져 아무런 흔적도 없다가 어머니께서 돌아오는 날에는 다시 예전처럼 요란스레 괴이한 짓을 했다. 이모께서는 15세에 윤 씨 댁으로 시집을 갔는데, 그 집안은 해숭 옹주(海崇翁主)102) 때부터 장군신(將軍神)을 받들었기에 금포(錦袍)·강대(絳帶)·종립(鬃笠)·패영(貝纓)·궁검(弓劍)·정독(旌纛)103) 등이 뜰 앞의 네 칸짜리 누각 위에 가득했다. 이모께서 대문으로 들어가 누각에 이르러서는 바로 모두 꺼내어 불태우고 무비(巫婢)는 멀리 쫓아 버렸다. 이 일은 후세 사람들이 알아야 하기에 기록한다.

일찍이 들으니 '영천 동헌 앞에 고목이 있었는데, 밤마다 허공에서 소리가 나므로 그때마다 굿을 하는 것이 관례가 되었다.'고 한다. 조부 의정공께서 어렸을 때 찬성공을 따라 관아에 갔다가 아이들을 불러 그물을 만들어 그 입구에 쳐 두었더니 다음 날 아침에 큰 새 한 마리가 그물에 걸렸다. 이후로 밤마다 허공에서 들리던 괴이한 소리가 없어졌고 굿도 폐하게 되었다.

내 장인 구천공(龜川公)104)께서 젊었을 때, 남산 아래 백사(白沙) 선생의 옛 집터에 세 칸짜리 서재를 짓고 홀로 누워 있었는데, 달 밝은 한밤중에 머리를 풀어헤친 한 사람이 허공에서 물구나무를 선 채 그림자를 흔들며 처마 창으로 들어오고, 창밖에는 모래를 파는 소리가 났다. 공께서 일어나 창문을 여니 빨아 놓은 바지가 수양 버드나무 가지에 거꾸로 걸려 있고, 개 두 마리가 모래 계단 위에서 장난을 치고 있었다.

내가 어릴 때 명동집 밖의 누각에 앉아 있다가 푸른 불빛 하나가 담장 위에서 깜박이는 것을 보았다. 서조모(庶祖母) 정 씨께서 놀라 갑자기 졸도하시기에, 내가 "어떤 도깨비불이 우리 서조모를 졸도하게 했나?"라고 하고 빨리 달려 올라가 잡아 와 보니, 담장 위에 붙어 있는 깨진 유리 조각 하나에 달빛이 비친 것이었다. 내가 손으로 치우고 소리쳐 말하기를 "도깨비불이 또 있나요?"라고 했더니, 누각 위에서 멀리 바라보며 웃으

---

102) 해숭 옹주(海崇翁主): 선조와 인빈 김 씨의 소생인 정혜 옹주(貞惠翁主). 부군이 해숭위(海崇尉) 윤신지(尹新之;1582~1657)이므로 해숭 옹주라 일컬음.
103) 금포(錦袍)~정독(旌纛): 무당이 굿을 할 때 입는 옷가지와 도구.
104) 구천공(龜川公): 조선 후기 문신이자 학자인 이세필(李世弼;1642~1718)로, 자는 군보(君輔), 호는 구천(龜川).

시며 말하기를 "없다, 없다."라고 하였다. 아! 세상 사람들에게 의심으로 인해 빌미가 되고, 빌미로 인해 재앙이 되는 경우가 많기에 또 이를 기록한다.

我曾王考贊成公爲榮川時 伯父八歲隨往 嘗夜深獨在蓮堂 有女子之聲 似哭似笑 自遠而近 明知其爲鬼魅 端坐讀書不已 其聲至窓外而止 先君子少時 在明禮洞舍 漆夜挾矢 獨上幽園 射倒魍魎無數 其後遂無事 季父爲松都留相 新莅之日 將校輩納一幅帖子 要着押日 此祀神例規 否則災矣 公却之日 有災則我先當之 後竟無災 我外氏之不信鬼 獨我慈氏及尹氏從母甚嚴 慈氏嘗寓淸風峽村 其家奉神之具 自墜於地者三 主媼言 神必畏憚而然 卽撤移之 後寓他村 亦然 庶叔母 嘗得邪崇之疾 見我慈氏 則驚懼跳出日 怖矣怖矣 外王母三淸洞親家 素多鬼魅 我慈氏之入處也 則寂然無形影 及其還出之日 撩亂作怪如舊 從母十五歲 歸于尹氏 其家自海崇翁主時 奉將軍神 錦袍絳帶鬚笠貝纓弓劍旌蠹等物件 盈滿於庭前四間樓上 從母入門而當室 卽出焚之 遠逐其巫婢 此事後人不可不知 玆書之 嘗聞榮川東軒之前 有古木 夜夜作聲于空竅中 輒祈禱而禳之 久成官規 王考議政公 少時 隨贊成公 往在衙中矣 使小童輩結網而張其口 明朝見一大鳥羅焉 自次 夜竅中無怪聲 祈禳之事廢 外舅龜川公 少時 就南山下白沙匡舊基 築三間書室 室中獨臥 深夜月白 見一被髮人 倒足浮空而搖颺影入於簷戶 戶外又有撥沙之聲 公起而拓戶 則新濯之袴 倒掛于垂柳之枝 二狗戲走于沙階之上 余兒時坐於明洞舍外軒 見園墻上一火靑熒明滅 庶祖母鄭氏不覺驚倒 余日 何物鬼火 乃驚倒我庶祖母 亟趍上而捉來見 破砂一片着在墻上 而映月光矣 余手去之呼日 更有鬼火乎 軒上望見而笑日 無矣無矣 噫世之人 因疑而爲崇 因崇而爲災者多矣 又書之

46 생일은 부모께서 수고로우셨던 날이므로 반드시 음식을 차려 대접해야 한다. 지금 부모가 돌아가신 사람이 이러한 뜻을 알지 못하고 반드시 성대하게 차려 즐기려고만 하고, 자손 된 자들도 이날을 그냥 보내는 것을 허전하게 여기니 우습도 하다. 자손의 생일날에 성대하게 차려 먹이는 것은 괜찮지만, 죽은 뒤에도 차마 그만두지 못하고 생일날에 제사를 지내 주니 나는 그 이유를 모르겠으며 더욱 우습다. 자신의 생일날에 돌아가신 부모에게 별도로 제사를 지낸다면 혹 어긋난 일은 아닐 것이다. 주자(朱子)는 자신의 생일날에 부모에게 제사를 지냈다. 3월 1일은 나의 생일이므로 반드시 제사를 지낸다.

生辰是爲父母呴勞之日也 必設饌而饗之 今永感之人 不知此意 必欲盛陳燕樂 爲子孫者 又必以虔過此日爲缺然 可笑 若於子孫之生日 則雖盛辦以餉之亦可 至於死後 亦不忍廢饋 奠於降生之日 吾不知其何謂 尤可笑也 子之生日 別薦于亡父母 則或不悖耶 朱子於其生日 行時祭 吾之生日 是三月初一日 故必作殷奠矣

47 종제(從弟) 혁(爀)이 일찍이 조용히 묻기를 "혹시 관직이 내려오면 형님께서는 어떻게 하시겠습니까?"라고 하였다. 그가 묻는 의도를 알고 내가 장난삼아 대답하기를 "만약 관직을 좋아했다면 어찌 일찍이 과거에 합격하여 비변사나 의정부의 높은 자리에 거만하게 앉아있지 않았겠는가. 또 어찌 일찍이 벼슬자리를 얻어 황해도와 관동 지역의 선화당(宣化堂)105)에서 풍악을 울리면서 깃발을 휘날리지 않고, 굳이 지금 늙은 몸으로 어린 아우 뒤에서 분주하게 다니며 스스로 무한한 고뇌를 초래하겠는가. 하늘이 나에게 알맞은 벼슬을 내려 주었으니, 나이 70세에는 시종신(侍從臣)106)의 부친으로 통정대부107)가 되었고, 80세에는 나이가 많다고 대우를 받아 가선대부108)에 올라 머리에는 금관자·옥관자가 빛나고 허리에는 붉은 관대를 둘렀으며, 말의 배에는 두 개의 푸른 장니(障泥)109)를 드리웠으니 고을 사람들이 영감이나 대감이라고 일컬어도 조금도 부끄럽지 않다. 그런데 늘그막에 가감역(假監役)110) 부참봉이 되어 구차하게 탐욕이나 부리며, 사람을 만나면 '아무개 한림(翰林)이 나의 아우다.'라고 자랑하고, 청탁으로 장예원 판결사·돈녕부 도정·한성부 좌윤·공조 참판에 올라 수레를 타고 큰길에서 소리를 지르는 것을 즐거움으로 삼는 사람이었다면 어찌 관직에 나아가라는 계부의 말씀을 듣지 않은 채 다섯 차례 이상 권면하시게 하였겠는가. 푸른 산속 무덤의 비갈(碑碣)에 크게 쓰기를 '처사 권공이 판결사·좌윤을 어찌 편히 여기고 영광스러워했으리.'라고

---

105) 선화당(宣化堂): 각 도의 관찰사나 목사들이 사무를 보는 정당(正堂).
106) 시종신(侍從臣): 홍문관의 옥당, 사헌부나 사간원의 대간, 예문관의 검열, 승정원의 주서 등 임금의 측근에서 근무하는 신하를 이르던 말.
107) 통정대부(通政大夫): 정3품 문관의 품계.
108) 가선대부(嘉善大夫): 종2품의 문무관 벼슬.
109) 장니(障泥): 말의 안장 양쪽에 드리워서 먼지와 흙을 막는 것.
110) 가감역(假監役): 선공감의 종9품 임시 관직.

하겠네."라고 하니, 아우가 "형님의 말씀이 옳습니다."라고 하고 웃고 말았다.

從弟爀 嘗從容問曰 或有倘來官名 則兄何以應之 余知其爲探試之意也 遂戲答之曰 若有喜於榮名 則何不早歲赴擧得志 高坐於備局政府高軒之上 何不早歲筮仕 鼓角旌纛於海西關東宣化之堂 必今白首奔走於小弱弟之後 自速其無限苦惱哉 吾有相當之爵 必自天錫之 年七十 以侍從臣父爲通政大夫 年八十 以優異高年 陞爲嘉善大夫 則煥金玉於頂後 橫茜帶於脇下 鼓靑靑雙障泥於馬腹 使村氓輩稱之曰 令監大監 少無所愧 乃老作假監役部參奉 而苟且乾沒 逢人卽詫之日 某翰林是吾弟也 夤緣陞資 爲掌隷院判決事 敦寧府都正 漢城府左尹 工曹參判 乘軒唱喝於大道之上 以爲之樂 則何苦不聽季父之言 臨政力免 至於五而不止耶 靑山影裏 大書塚前之碣曰 處士權公 其視判決左尹之題 孰榮孰寧 弟曰 兄言是矣 笑而止

48 갑신년(1704) 겨울에 내가 충렬서원(忠烈書院)111)의 유사(有司)112)가 되었는데, 당시 백부 선생께서는 부원장을 맡고 계셨다. 내가 원장인 수촌(睡村)113) 이 상공(李相公)에게 문서를 올려 친혐(親嫌)114)으로 체직을 청하니, 공이 이 일을 처리하여 쓰시기를 "사론(士論)을 주장한 지 십여 년이 되었는데도 서원에는 상피115)의 규약이 없다는 것을 아직도 모르는가?"라고 하셨기에, 돌아와 그 일에 대해 새 원장에게 아뢰었다. 백부 선생께서 이를 듣고 말씀하시기를 "치보(治甫)는 선배이니 옛 규약을 잘 알 것이다."라고 하셨고. 나는 체직되지 않았다.

甲申冬 余爲忠烈書院有司 時伯父先生爲貳院長矣 余呈單于一院長睡村李相公

---

111) 충렬서원(忠烈書院): 경기도 용인시 모현면 능원리에 있는, 고려 말기의 문신 정몽주(鄭夢周)를 배향한 서원.
112) 유사(有司): 단체 또는 자생적 모임에서 사무를 맡아보는 직책으로, 우두머리를 '도유사(都有司)'라 하고, 일마다 그 일을 맡아 하는 유사를 두었음.
113) 수촌(睡村): 조선 후기 문신인 이여(李畬;1645~1718)로, 자는 자삼(子三) 또는 치보(治甫), 호는 포음(浦陰)·수곡(睡谷).
114) 친혐(親嫌): 친척 관계로 인해 남의 혐의를 받는 것을 말하는데 여기서는 권섭 자신과 백부가 함께 서원의 일을 맡은 것을 말함.
115) 상피(相避): 친족 또는 기타 관계에 있는 사람들이 같은 곳에서 벼슬하는 일이나 송사, 시험관 따위의 일을 피하는 것.

以親嫌請遞 公題之日 主張士論十餘年 尚不知學宮無相避之規乎 歸稟于新院長前
先生聞之曰 治甫自是先輩人 故能知古規矣 余遂不遞

49 백부 선생께서 때때로 관건(冠巾)116) 차림으로 새벽에 가묘에 배알하시며 말하기를 "일찍이 스승을 모실 때에 관건으로 출입하는 것을 허락하시며 말씀하시기를 '패랭이는 우리나라의 제도이고 관건은 옛 제도이니 관건 차림으로 가묘에 출입해도 괜찮다.'라고 하셨다."라고 하셨다. 이는 백부에게서 본 것이다. 우옹(尤翁) 댁의 묘산은 한 군데가 아니므로, 사계절의 절사(節祀)를 지낼 때 그날 모두 다닐 수가 없어, 혹 다음 날이나 그다음 날까지 행하기도 한다. 이는 백부에게서 들은 것이다.

伯父先生 時時以常着冠巾 晨謁于家廟曰 嘗陪師門 許以冠巾出入 曰笠子是我國之制 冠巾古也 以此出入家廟亦可 此是見於伯父者矣 尤翁宅墓山非一所 四時節祀不能以當日遍行 或以其明日明明日追行 此是聞於伯父者矣

50 장모 숙인(淑人) 이 씨117)는 항상 미망인으로 자처하였고 성품 또한 조용하였다. 10년 동안 같은 자리에 앉아 자리를 바꾼 적이 없었고, 종일토록 말을 하지 않았어도 집안은 잘 다스려졌다. 동조(東朝)118)께서 그 집에서 태어나셨는데, 자라서도 그 곁을 떠나지 않았다. 간택을 받아 별궁에 머무르다 다음 날 대궐로 들어갈 때 외조모의 얼굴을 한번 뵙기를 울면서 간청하였으나, 끝내 가지 않으면서 말하기를 "별궁은 외부인이 들어갈 곳이 아니다."라고 하고 의연히 뜻을 지키며 흔들리지 않았다. 병이

---

116) 관건(冠巾): 쓰개의 총칭으로, 관습·제도에 따라 예복용·관리용·평상시용·평민용 등으로 분류함.
117) 숙인(淑人) 이 씨(李氏): 영평 현령을 지낸 조경창(趙景昌; 1634~1694)의 부인인 진사 이상빈(李尙賓)의 딸.
118) 동조(東朝): 태후 또는 대비를 일컫는 말로, 중국 한나라 때 황태후가 거처하던 장락궁(長樂宮)이 황제의 거처인 미앙궁(未央宮)의 동쪽에 있었던 데에서 비롯됨. 여기서는 조경창의 외손녀인 숙종의 세 번째 비 인원왕후(1687~1757)를 가리킴. 인원왕후 김 씨의 아버지는 경은부원군 김주신(金柱臣;1661~1721)이며, 어머니는 조경창의 딸인데, 인원왕후의 어머니는 옥소의 둘째 부인인 조 씨와 자매간임.

심해지자 조카를 불러 붓을 잡게 하고, 셋째 딸에게 약간의 토지와 하인을 나누어 주고, 나머지는 모두 어린 손자들에게 준다고 쓰도록 하였다. 그 대의(大義)는 일반 부인이 미칠 바가 아니며, 비록 대장부라 해도 부끄러워하며 자신도 모르게 탄복할 일이므로 이를 기록하여 자손들에게 보인다.

> 外姑李淑人 常以未亡人自處 性又沈靜 坐於坐處 十年不易所 終日無言 而家道井井 東朝誕降於其室 長而不離其側 及被德選而處別宮 明日將入大內矣 泣請一見外祖母面 而終不往日 別宮亦非外人所可入 毅然有守而不撓 逮疾革 呼其從子執筆 分與田民若干於三女家 餘悉付之於所後幼孫 其識大義 非婦人常情所可及 雖大夫亦有愧色 不覺其歎服 書以示子孫

51　우리 집안의 법도는 일정한 규례가 없었는데 나의 대에 이르러서는 더욱 나빠졌다. 그래서 고금을 참고하여 책 한 권을 만들어 법칙으로 삼았는데, 치우치지 않고 바르며 번다하지 않고 간결하였다. 제사 의례도 예법에 담긴 의미를 따르되 인정과 재력을 따져 더하고 덜어, 바꾸지 않고 오래도록 행할 수 있는 법식을 만들었다. 어떤 이가 말하기를 "우리 조부는 이름난 분이시고 우리 백부도 매우 어진 분인데도 일찍이 바꾼 적이 없건만, 지금 보잘것없는 학문으로 감히 당돌하게 집안의 의례를 세우니 옳은 것인가?"라고 하였다. 보잘것없는 내가 스스로 미련하다고 하여 바로잡지 않는다면 다른 사람들이 반드시 우리 집안을 가벼이 대할 것이니, 어찌 고쳐서 새롭게 하지 않을 수 있겠는가. 더구나 모든 것은 이미 백부께서 살아 계실 때 아뢰어 바로잡았지만 아직 행하지 못했던 것들일 뿐이다. 맏조카가 기꺼이 동의하지 않는다면 각자 예법을 정하여 내 자손에게 미치게 하는 것도 좋겠다.

> 吾家之法 無一定規度 至我代而尤魯莾矣 參考今古 得一書則爲證 正而不頗 簡而不煩 祭祀之禮 亦遵禮意 循人情量財力而隆殺之 爲久行不替之式 或有日 我祖考名公也 我白父大賢也 曾無變易之事 而今以蔑裂之學 乃敢唐突焉 可乎 惟余蔑裂 故益懼其魯莾 而不振矣 人必忽焉 安得不更張也 況皆稟正於伯父時 而未及行之者耳 宗姪不肯與之同 則各自爲禮 以及之於吾子孫 亦可也

52 귀신의 조화에 대해 『중용』에서 언급하였는데,119) 지금 여항에서 받드는 것은 음신(淫神)·여귀(癘鬼)일 뿐이다. 사대부 중에 귀신을 믿지 않는 자들은 모두 "귀신은 없다."라고 하지만 "없다."라고 하는 자들은 알지 못해서 그런 것이다. 장마와 가뭄이 고르지 않고 계절의 질서가 어긋남은 천지간의 사악한 기운과 원통한 귀신이 뭉쳐 펴지지 못하거나 떠돌며 정착하지 못해서 그런 것이다. 지전(紙錢)이 쌓인 곳에 음산한 바람이 스산하게 불고 괴이한 빛이 주위를 맴돌면서 질병의 빌미가 되었다가 기도하면 바로 응한다. 또 사람에게 붙으면 사람이 자기도 모르게 미혹되는데 기혈이 쇠약한 사람은 심하게 괴롭힘을 당하다가 고통스럽게 울부짖다 죽기도 한다. 그러나 이치에 밝은 군자는 청명함을 지니고 있어 일체의 요사한 기운이 침범할 수 없으니, 귀신의 유무를 어찌 논할 필요가 있겠는가. 이는 사람에게 달려 있기에 하늘은 천둥을 쳐서 귀신을 쫓아 버리고 성인은 귀신을 공경하면서도 멀리한다.

> 鬼神造化 中庸言之 今閭巷尊奉 是淫神癘鬼耳 士大夫之不信之者 皆曰無 曰無者 卽不知也 雨暘不時 節序乖和 天地間 淫癘之氣 冤結之鬼 鬱而不伸 游揚靡泊 紙錢聚處 陰風颯颯 光怪匝還 疾病之祟 禱則輒應 依付於人 人自迷惑 及其氣血之衰 被其侵困 叫呼而死 若燭理君子 淸明在躬 則一切妖邪 自不來犯 鬼之有無 有何足論 是在於人 故天雷霆而逐之 聖人敬而遠之

53 내가 제생동에 있을 때 달 밝은 깊은 밤에 홀로 누워 나지막이 읊조리노라니 말똥말똥 잠이 오지 않아 창을 열고 바라보았더니 정재문(鄭載文)120)이 건각(巾角)121)을 높이 쓰고 오래된 박달나무에 기대서서 머리를 들고 하늘을 쳐다보고 있었다. 마침내 나도 밖으로 나가 함께 조용히 토론하다가 새벽이 되어서야 헤어졌는데, 평생토록 이러한 기이한 일이 없었다.

---

119) 귀신의~언급하였는데: 『중용』에 "귀신의 덕이 그 지극함이여! 보아도 보이지 않으며 들어도 들리지 않으면서 사물의 본체가 되니 분리될 수 없다[鬼神之爲德 其盛矣乎 視之而弗見 聽之而弗聞 體物而不可遺]."라고 하였음.
120) 정재문(鄭載文): 정용하(鄭龍河;1671~1702). 송강 정철의 5대손으로, 장암(丈岩) 정호(鄭澔)의 조카인데 일찍 세상을 떠났음.
121) 건각(巾角): 현실 사회를 피하여 초야에 묻혀 사는 처사나 은자가 쓰는 두건.

천남장에 있을 때 비 오는 날 꽃을 감상하고 있었는데, 한 어린 종이 앞으로 다가와 절을 하였다. 그의 손에는 다른 물건은 없고 다만 〈보선시(報蟬詩)〉한 수만 들려 있었는데 당시 김화 수령으로 있던 일원(一源)[122]이 나무 사이에서 우는 매미 소리를 처음 듣고 홀연히 내가 생각나서 7일간이나 걸리는 거리를 생각지 않고 책상 앞에 있던 어린 종을 보낸 것이었다. 나도 그 시에 차운하여 보냈는데, 인간 세상에 이런 흥취는 없을 것이다.

수령 이계통(李季通)이 이천 부사로 있을 때, 내가 잠시 들려 교촌(校村)에서 묵었다. 계통의 5, 60 먹은 하인이 나를 데리러 왔으나 내가 굳이 계통에게 나오라고 하였다. 밤이 깊어지자 내가 문을 잠그고 코를 고는 척하면서 응하지 않으니, 계통이 문을 잡아당겨 열고 바로 들어와서는 나를 일으켜 앉히고 말하기를 "이처럼 좋은 달밤에 어찌하여 연기 자욱한 집안에서 주무시고 계시오?"라고 하고는 객사 문밖으로 데리고 나갔다. 달빛은 대낮처럼 밝고 모래 뜰은 씻은 듯 깨끗하여 자리도 펴지 않고 함께 앉았는데, 앞에는 대여섯 개의 국화 화분이 놓여 있었다. 달그림자 어리는 속에서 술 마시며 시를 짓다가 날이 환히 밝은 뒤에야 헤어졌다. 지금 와서 생각해 보면 계통의 풍류도 쉽게 볼 수 있는 것이 아니었다.

> 余在濟生洞 更深月白 獨臥低吟 耿耿無眠 拓戶視之 則載文巾角兀然 倚立於老檀樹 昂首而看天矣 逐出而相就 從容講書 待曙色而罷 平生無此奇事 在泉南庄 雨中看花 一小奚拜於前 手中無他物 只有報蟬一詩 時一源爲金化守 聽新蟬鳴樹間 忽然想起吾人 不知山川七日之隔 走送案前一小童 吾亦次其韻而遣之 人世無此興情 李令季通爲利川府使時 余過宿于校村 季通五六十伴而固要余入來 余則固要季通出來 以至夜深 余鎖門鼾睡而不應 季通乃掣門而徑入 拉余起坐曰 如此好月夜 何爲煙屋底宿 携出客舍門外 月色如畫 沙庭如洗 共不席而坐 列置菊盆五六於前 命酒賦詩於婆娑影中 鷄三鳴而散 到今思之 季通風致 亦自不易

54 사람들은 "한 가지 이익을 만들기보다 한 가지 해악을 제거하는 것이 낫다."라고들 하나, 나는 한 가지 해악을 제거하다 보면 다시 백 가

---

122) 일원(一源): 조선 후기 문신이자 시인인 이병연(李秉淵;1671~1751)으로, 자는 일원(一源). 호는 사천(槎川)·백악하(白嶽下).

지 해악이 더해지니 가만히 앉아 아무것도 하지 않는 것이 낫다고 생각한다. 오늘날의 형세는 마치 젖먹이 어린아이가 오랜 병으로 죽어가는 것과 같아서, 독한 약을 쓰게 되면 도리어 죽음을 재촉하게 되니 다만 젖을 입으로 흘려 넣어 차츰 소생하기를 바랄 뿐이다.

베틀과 북이 다 비었고123) 나라의 재정 상황도 대통하지만 죽은 자에게까지 징세하는 편법은 가장 먼저 고쳐야 할 급선무이다. 결포(結布)124)·호포(戶布)125)·구전(口錢)126)·유전(儒錢)127)에 대한 논의는 여러 번 제기되었으나 허사로 돌아가고 말았으니, 이는 사대부와 공경들에게 불편을 끼치기 때문이다. 또 공물(貢物)을 변통하는 것과 업유(業儒)128)를 군역에 충당하는 것에 대한 논의가 있었으나, 도성 밖 사람들의 소요로 여러 번 제기되었다가 번번이 허사가 되고 말았다. 나는 이 같은 변통이 비록 좋은 방책이기는 하나 시행되기 전에 사람들의 마음이 먼저 동요되었으니 나라의 패망을 재촉할 것이라고 생각한다.

이것 말고도 한 가지 일이 있으니, 왕족이 얼마나 많은지 알 수 없지만 그들이 봉록으로 부여받은 토지는 거의 민전의 3,4분의 1일이나 된다. 대대로 부원군(府院君)과 부부인(府夫人)129)이 아주 많은데 그들의 제수 비용으로 포(脯) 열 마리 값으로 쌀 30석을 내려 주니, 그것을 줄여서 10석으로 한다고 하더라도 부원군 한 사람의 제수 비용이 백여 석보다 적지는 않을 것이다.

---

123) 베틀과 북이 다 비었고: 백성들이 부역에 시달리느라 생업에 종사하지 못함을 말함. 『시경』 「대동(大東)」에 "동방의 크고 작은 나라가 북과 바디가 다 비었도다.〔大東小東 杼軸其空〕"라고 하여, 동쪽에 있는 크고 작은 제후국들이 주나라 왕실을 위한 부역에 시달리고 있음을 풍자한 내용에서 온 표현임.
124) 결포(結布): 조선 후기 양역변통책(良役變通策)의 하나로 제기되었던 토지 부과세로, 전결(田結)을 단위로 포(布)를 징수하는 세금의 하나이나 실제로 실시되지는 않았음. 수포대역제(收布代役制) 실시 이후 군역 대신 1년에 포 2필을 납부하는 양인의 부담을 덜어주고, 병자호란 이후 급증한 군비를 보충하기 위하여 호포(戶布)·구전(口錢)·유포(遊布) 등과 함께 거론되었음.
125) 호포(戶布): 전결(田結)을 단위로 포를 징수하는 세법.
126) 구전(口錢): 구전법(口錢法)을 말하는데, 조선 후기 16세에서 55세에 이르는 성인 남녀 모두에게 세금을 부과하고자 한 일종의 인두세(人頭稅)임.
127) 유전(儒錢): 향교의 운영과 보수를 위해 고을 선비들에게 갹출하는 돈.
128) 업유(業儒): 서자(庶子)로서 유학을 공부하는 사람을 이르던 말.
129) 부부인(府夫人): 조선 시대 외명부 가운데 하나로, 왕비의 어머니나 종친인 대군의 아내에게 주던 정일품의 작호.

관아의 건물을 보수하고 궁실의 담장을 개축할 때의 품삯은 일반적인 경우보다 몇 배나 많고, 각 관아의 말단 벼슬아치들에게 나누어 주는 물품도 매우 많다. 그리고 사인(舍人)130)의 독서당(讀書堂) 고풍(古風)131)이나 사간원에서 표피 값을 지나치게 많이 징수하던132) 풍습 등 이러한 폐습은 다 헤아릴 수 없다. 만약 이러한 것들을 모두 없앤다면 백성들은 동요되지 않고 나라의 재정도 넉넉할 것이며, 군역도 변통할 수 있을 것이다. 어느 누가 역량이 있어 이러한 일을 맡을 수 있겠는가. 부질없이 늙은 선비가 되어 집안에서 혀를 찰 뿐이다.

人言興一利不如除一害 吾意則除一害 更添百害 不如安坐而無所爲矣 今日形勢 如乳哺之赤子 久病而垂死 用峻劑則反促其死 只可以乳汁垂下而董董以冀其幸耳 杼軸已竭 國計哀痛 而白骨徵布之變通 最爲急先之務 結布戶布口錢儒錢之議 屢發而屢寢 盖以不便於卿士大夫之故也 又有貢物變通業儒充軍之議 而以京外人之騷擾 又屢發而屢寢 愚則曰 如此變通 雖好事 未就而人心先搖 只速國之亡矣 除是有一事 諸宮家之多 不知其幾 而其折受處 幾占民田三四分之一 世代府院君府夫人 幾許其多 而其祭用 只一片脯十條價 米三十石 而減亦爲十石 則一府院一祭之費用 不下百餘石米 公廨修治 宮墻改築時 雇價視常規 不翅倍徙 諸各司各色 分兒名目亦夥 舍人所讀書堂古風 司諫院豹皮價徵索無節 如此類 不可勝數 若能一併減省之 則不撓民心 國用自裕 軍役變通 亦可以綽綽然矣 何人能有此力量 而任此事 空作老措大 屋下咄咄

<u>55</u> 법으로 금한 도축을 하는 것은 사대부의 수치이지만, 제사에 고기를 올리는 것도 사대부의 본분이기에 나는 평생 제사 때에 소를 잡지 않고 그때그때 푸줏간에서 사서 올린다. 고기를 구하지 못한 경우 나물만을 올린다 해도 효심을 해치지 않으니, 자손들은 대대로 이러한 경계를 지키는 것이 좋겠다. 돈놀이하는 것과 옳지 않은 청탁 또한 이 늙은이가 하지 않는 것들이니 아울러 알았으면 좋겠다.

---

130) 사인(舍人): 의정부의 정4품 벼슬.
131) 독서당(讀書堂) 고풍(古風): 신하들이 봄(3월 3일), 가을(9월 9일)에 호수에서 연회를 열고 즐기던 것을 말함.
132) 사간원(司諫院)에서~징수하던: 사간원에서 표범 가죽을 여러 관아에 돌려가면서 빌려주고 이것으로 공용 경비를 마련했던 일을 말함.

屠牛犯禁 是士夫羞恥 至如祭祀 亦有以士以大夫之分 故吾則一生無祭時宰牛之
事 臨時貿用於販肆 無則蔬菜設奠 亦不傷於孝心矣 世世子孫 守此戒可也 如錢貨子
貸 非理干囑 亦乃翁之所不爲 並可知之

56 나는 기쁘거나 슬픈 일에는 그다지 동요되지 않지만 오직 노여움은 창졸간에 쉽게 일어난다. 수십 년간 고치려고 노력했지만 제대로 조절하지 못하여133) 부끄럽기 그지없다. 노복을 매질할 때에는 반드시 실상을 살펴 벌을 주었는데, 잘못한 일에 고의가 없었다면 비록 중하더라도 가볍게 벌주고, 고의로 잘못하였다면 비록 가볍더라도 무겁게 벌하였다. 처벌이 가볍고 무거운 것에 대해 사람들이 대부분 의아하게 여겼는데, 이는 나의 마음을 몰라서 그런 것이다.

吾於悲喜不甚動 而惟怒最易發於倉卒之際 數十年用工 而不能中節可愧 至於笞
奴僕之時 必當原情而罪之 所犯若是無妄則雖重必輕 若是故犯則雖輕必重 唯輕唯
重之間 人多疑之 是不知我心耳

57 나는 외증조부와 외증조모, 종형제의 기일에 모두 소식(素食)을 했는데, 50세 이후에는 하지 못했고 부모님의 기일에도 3일간의 소식을 하지 못했다. 예서(禮書)를 살펴보면 '이른바 치재134)에는 훈채135)만 먹지 않을 뿐이고, 고기는 당일에만 먹지 않으며, 방계 친척의 기일에도 똑같이 고기를 먹지 않는다.'라고 했으니, 비록 늙고 병든 경우가 아니면 당일에 소식을 행하는 것을 법도로 삼았다. 제례는 선조의 관례대로 부모를 함께 모시는데, 떡과 국수만 각각 차리는 것은 의미가 없으므로 생선과

---

133) 제대로 조절하지 못하여: 원문의 중절(中節)은 『중용장구』에 나오는 말로, "희로애락이 아직 발하지 않은 것을 중이라 이르고, 발하여 모두 절도에 맞는 것을 화라 이른다. 중은 천하의 큰 근본이요, 화는 천하의 공통된 도이다[喜怒哀樂之未發謂之中 發而皆中節謂之和 中也者 天下之大本也 和也者 天下之達道也]."라고 하였음.
134) 치재(致齋): 제관(祭官)이 된 사람이 사흘 동안 몸과 마음을 깨끗이 하고 부정(不淨)한 일을 멀리하는 것을 말함.
135) 훈채(葷菜): 마늘, 생강, 파 등 냄새가 나는 채소.

고기, 나물과 과일을 한 상에 차렸다. 다만 밥과 탕국, 술잔은 각각 차리니 이는 대종가에서 이미 행하는 규례를 따른 것이다. 대개 제물은 정성을 다하고 깨끗함에 힘쓸 뿐이며 반드시 가짓수를 많이 하는 것이 예가 아니니 후인들은 이를 알기 바란다.

> 余於外曾考妣從兄弟之忌 皆行素 自五十以後 皆不能焉 父母之忌 亦不能三日素食 考之禮書 所謂致齋 是不茹葷而已 只當日不食肉 旁親之忌 則一不肉矣 然則雖非老病 以當日行素 仍爲定式 爲當祭禮 從先祖而合設於考妣 則獨餠麪之各設無其義 故與魚肉蔬果 一體合設 只飯羹酒盞 各設之 以從大宗家已行之規 大抵祭物 致心誠而務潔淨 不必以器數之豊多爲禮也 後人知之

58 경자년(1720) 여름에 우리 장손 조응(祚應)의 관례를 치르기 위해 종외삼촌인 신곡(莘谷) 이 공136)을 주빈(主賓)으로 청하였다. 삼가(三加)를 끝내고 초례(醮禮)137)를 행할 때 집안에 환란이 생기자 사람들의 의견이 분분했다. 나는 마음속으로 '관례는 사치하게 즐기는 잔치가 아니므로 비록 우환이 있더라도 그만둘 수 없다.'라고 생각하여, 백부 선생께 아뢰고 절차를 간소하게 해서 차질 없이 행하였다.

갑진년(1724) 봄에 김취려(金就礪) 군을 주빈으로 청하여 서자 선성(善性)의 관례를 행하였는데, 많은 사람이 비천한 출신의 자식에게 관례를 치러 준다고 비웃었다. 나는 백부 선생께서 정해 놓으신 의견이 있었기 때문에 관례를 행함에 아무런 의심이 없었다. 성전(星田) 이 공과 사천(沙川) 김 공이 소식을 듣고 적절하다고 했으니 세상 사람들이 떠들어대는 것에 다시 무슨 말을 하겠는가. 대체로 지금 사람들은 글을 읽지 않기에 예의 중요함을 모르고, 예의 중요함을 모르기에 식견이 어리석고, 식견이 어리석기에 멋대로 말하면서도 조금도 의심하거나 어려워하지 않으니 우습다.

> 我長孫祚應 冠於庚子夏 請從舅氏莘谷李公 三加而醮之時 家有患難矣 人多議之者 余志則以爲此非華侈宴樂之事 雖在憂戚中 禮不可廢矣 稟于伯父先生 節略儀數

---

136) 신곡(莘谷) 이 공(李公): 이세백의 아우인 이세성(李世晟, 1642~1721)으로, 자(字)는 숙기(淑器), 호조 좌랑·한성부 서윤 등을 지냄.

137) 초례(醮禮): 관례를 행하고 술을 마시는 것.

而行之不撓 甲辰春 請金君就礪爲賓 行三加禮于庶男善性 人多以賤産行禮 譏笑畓至 余以旣有伯父先生定論 行之不疑 星田李公沙川金公 聞而多之 世口之嘵嘵 復何足言 大抵今世之人不讀書 故不知禮重 不知禮重 故見識魯莽 見識魯莽 故肆口縱談 無少疑難 可笑

59 옛사람들은 힘써 잘못을 고치는 것을 비방에 대처하는 가장 좋은 방편으로 삼았고, 변명하지 않는 것을 자신을 수양하는 제일 좋은 방편으로 삼았다. 모욕을 당하는 경우는 모두 자신이 불러들인 것이니 만약 스스로 말과 행동을 조심한다면 다른 사람들이 공경하고 두려워할 것이니 누가 감히 모욕하겠는가. 그런 까닭에 나는 모욕을 당한 경우 남을 원망하지 않고 반드시 나 자신을 돌아본다. 혹 나를 비방하는 자들이 어리석고 난폭한 부류라면 단아한 선비들은 이를 믿지 않을 것이며, 믿는 자들은 분명 어리석고 난폭한 부류일 것이다. 비록 천백의 무리들이 떠들어댄다 해도 이는 다만 모기떼에 불과하니 어찌 시끄럽게 논란할 필요가 있겠는가. 명나라 사람의 말에 "허공에 불을 놓은들 어느 곳에 불이 붙겠으며, 풍파가 거세다고 해도 빈 배는 절로 한가하다. 맑은 연못과 높은 산이 어찌 갑자기 더러운 웅덩이나 낮은 언덕이 되겠는가."라고 하였다. 50년 동안 백부 선생께서 알아주시고 17년 동안 정재문이 좋아해 주었으니, 이 정도면 죽어도 여한이 없다. 나는 맑은 물이 흐르는 청산에 한적한 집을 짓고, 넓은 띠를 두르고 높은 두건을 쓰고 청정한 곳에 편안히 앉아 있겠다.

古人以改勉爲處謗之第一良法 以毋辯爲自修之第一良法 其侮我辱我 皆自我召之 我若自重 則人自敬憚 孰敢侮且辱也 我故侮辱之來 不怨於人 必自反 且或訪我者 是庸頑狂悖之類 則雅士不信 信之者 庸頑狂悖之類也 雖千百啁啾 只是蚊䖟 何足與之嘈嘈 明人有言曰 放火燒空 何處着熱 風波洶湧 虛舟自閑 淸淵泰華 何遽隨而爲汗渠丘垤 五十年爲伯父先生所知 十七年爲鄭載文所喜 如斯而死足矣 我自流水靑山 一室閑戶 博帶峩巾 宴坐淸淨

60 사람이 죽어 장차 장사를 지내려 할 때에 자손과 친족들이 제사상 아래에 떡과 음식, 술 등을 나란히 차려 놓는 것을 가공(加供)이라고 하는

데, 다른 사람보다 많이 그리고 사치스럽게 하기를 힘쓰고 기일에도 그렇게 한다. 대개 국초의 풍속에 불교를 숭상하여 제상 앞에 떡과 술을 더 차려 놓고 부처에게 공양하여 죽은 자를 도와주기를 빌었는데, 지금 그 풍습이 남아 본받고 있으니 매우 불합리하다. 경은공(慶恩公)138)이 이 일을 논하면서 가공의 유래를 알지 못하고, 다만 번거로운 것을 탄식하여 3년 내의 기일에만 행하도록 하고, 또 술만 갖다 놓도록 허락하였기에 내가 다시 이를 기록한다. 제상을 차리는 것은 본래 죽은 이를 애도하며 영결하고자 하는 뜻에서 나온 것이니, 성대하게 차리는 것으로 마음을 표현해서는 안 되며 닭 한 마리 술 한 잔 정도면 그 슬픔을 표하기에 충분하다.

人之死而將葬 子孫族屬 列置餠餡酒甁於卓上 謂之加供 務勝而競侈 至忌日亦然 蓋國初之俗崇佛 故加設餠酒於饋奠之前 以供於佛 祈其保佑死者 今其遺風尙在 仍因效 尤不經甚矣 慶恩公論此事 而不知加供之所由來 只歎其煩褻 而許令行於三年 內忌日 亦許其只設壺酒矣 故余復書之 至於致奠 本出於哀死餞訣之意 則又不可以 盛備爲情 雖一鷄一酒 亦足以紓其悲耳

61 우리 집안의 황강 선산에는 기이한 것이 둘이 있다. 수구(水口)139) 사이의 오른쪽 기슭 근처에 소나무 두 그루가 나란히 서 있는데, 높이는 10여 길 되고 둘레는 한아름 남짓 된다. 나무 중간쯤에 가지 하나가 서로 이어져 있는데 어떤 나무에서 뻗은 것인지 구분되지 않는다. 계유년간에 처음 발견되었는데 아마도 백부 형제분이 세상에 나온 뒤에 생긴 듯하다. 외수구 사이의 고산 아래에 귀호(龜湖)가 있는데, 연못에 물이 오래도록 가득하다가 혹 물이 줄어들어 돌다리가 드러나면 반드시 과거에 급제하는 경사가 있었다. 임인년에 백부, 신유년에 종형, 갑술년에 계부, 신축년과 임자년에 아우 영(塋), 기해년과 병오년에 종제의 과거 급제가 모두 징험거리가 되는데 임인년 이전은 오래되어 알 수 없다.

吾家黃江先山 有二異焉 水口間右麓之頭 有雙松幷立 長幾十餘丈 圍過一抱 中

---

138) 경은공(慶恩公): 조선 후기 문신인 김주신(金柱臣;1661~1721)으로, 자는 하경(廈卿) 호는 수곡(壽谷). 옥소의 동서이며, 숙종의 계비인 인원왕후의 아버지.
139) 수구(水口): 풍수 용어로, 집터나 묏자리의 앞이 물로 가려진 곳을 일컫는 말, 또는 혈(穴)을 중심으로 하여 사방의 물을 한곳으로 모아 빠져나가게 하는 고장지(庫藏地)를 말함.

腰一枝相穿 不分其何本何末 癸酉年間 始見之 盖是伯父兄弟生世後物也 外水口間 孤山下 有龜湖 長時淵渟 有或水縮而梁出 則必有科慶 伯父之壬寅 從兄之辛酉 季父之甲戌 弟瑩之辛丑壬子 從弟之己亥丙午 皆驗之 壬寅以前 則久遠不能知也

62 백부 선생의 초상화가 두 개 있는데, 그중 하나는 을미년에 이치(李瑎)가 그린 것이다. 여러 자제가 모두 "매우 닮았다."라고 하고, 마침내 전에 그린 초상화를 흠잡으며 "전혀 닮지 않았다."라고 하며 없애 버렸다. 조세걸(曺世傑)140)이 그린 외조부 충정공(忠正公)141)의 초상화와 윤상익(尹商翊)142)이 그린 우암 선생의 초상화, 이치가 그린 사촌 형과 나의 초상화, 진재해(秦再奚)143)가 그린 내 아우의 초상화에 대해 사람들은 닮지 않았다고 비난하였으나, 나는 그렇지 않다고 여겨 모두 남겨 두었다. 사람들의 시각이 같지 않아 혹자는 "전혀 아니다."라고 하고, 혹자는 "매우 닮았다."라고 하니, 모두 믿을 수 없다. 그러나 "아니다."라고 하는 사람은 적고 "닮았다."고 하는 사람이 더 많으며, 대부분의 사람들이 "이는 아무개 아무개의 초상화이다."라고 하니 이 정도면 충분하다. 어찌 조금도 어긋남이 없기를 바랄 수 있겠는가.

대개 초상화는 없을 수 없다. 세월이 갈수록 자손들은 선조를 잊게 되니, 혹 비슷한 모습이나마 보게 되면 살아 계시는 것처럼 정성을 드릴 수 있기 때문이다. 정자(程子)께서 말하기를 "터럭 하나라도 같지 않다면 이미 이는 다른 사람이다."라고 하였으나, 이는 당시 영정으로 제사를 지냈기 때문에 그런 것이다. 그러나 모습의 살찜과 야윔, 머리의 검고 흼이 노소에 따라 달라지고, 수염과 주름도 세월에 따라 생기는데 어찌 이를 고집하여 논할 수 있겠는가. 남들에게 보여 "이 초상화가 누구요?"라고 물어 "아무개요."라고 답한다면 보존하기에 충분하다. 나는 작은 책자를 만들어 그 안에 세월의 흐름에 따라 초상화를 그려 두고, 수시로 펼쳐 할

---

140) 조세걸(曺世傑;1635~?): 조선 중기 산수화에 능한 화가로, 호는 패천(浿川).
141) 충정공(忠正公): 조선 후기 문신인 이세백(李世白;1635~1703)으로, 자는 중경(仲庚), 호는 우사(雩沙)·북계(北溪).
142) 윤상익(尹商翊;?~1694 이후): 조선 중기에 활동한 도화서의 화원으로, 초상화에 능했으며 태조의 어진을 모사한 공으로 가자(加資)되었다가 당상관 품계에까지 오르는 영예를 얻었음.
143) 진재해(秦再奚;1691~1769): 조선 중기 초상화에 능한 화가로, 자는 정백(井白), 호는 벽은(僻隱).

아버지·아버지·자식·손자를 볼 수 있으면 좋겠다고 생각한다. 다만 혹 못난 자손이 나와 이것이 귀중한 줄을 모른다면 매우 난처한 물건이 될 것이다.

> 伯父先生畵像有二本 乙未年 李珆寫出一本 諸子弟皆曰恰肖 遂疵前本而曰 全非全非 至於洗去 曺世傑寫出外王考忠正公像 尹商翊摹出尤庵先生像 李珆又寫出從兄與吾之像 秦再奚寫出吾弟之像 人多訛之以失眞 余則以爲不然 並存之 人見不齊 或曰全非 或曰恰肖 皆不可信 然非者少而是者多 多曰此某人某人之像也 便如是足矣 亦何望其一分之不爽 大抵 畵像不可無也 子孫之於祖先 日遠而日忘 倘得覩其彷彿形似焉 則可以寓其如在之誠矣 程子曰 一髮不似 已是別人 蓋其時 以影祭故云然 然人之豊瘦白黑 隨老少而變易 髭髮瑕痕 或時月而有無 又何可執泥而論之 示之人而問之曰 是爲誰 曰某矣 則存之可也 吾意作一小冊子 逐世摹像于其中 見父見祖見子見孫於隨手披展之間則好矣 但或有不肖子孫出 不知其爲貴且重 則只留作無限難處之物件矣

63 무릇 말은 함부로 해서는 안 된다. 가난하거나 근심거리가 생겼을 때 다만 묵묵히 생각하면 진실로 해결할 방도를 얻을 수 있지만, 만약 부질없이 탄식하고 조급하게 굴면 진실로 무슨 도움이 되겠는가. 도리어 체면에 해만 끼칠 뿐이다. 만약 탄식하여 없던 것을 있게 할 수 있고, 조급하게 굴어 있는 것을 없게 할 수 있다면 종일토록 이렇게 하는 것도 괜찮다. 그러나 급박한 일을 당했을 때 차분하게 대처하면 더 잘 생각할 수 있고, 조급하게 굴수록 어긋나게 된다. 나는 그런 이치를 잘 알고 있기에 궁할 때 대처함이 남보다 낫다.

상사(喪事)에 있어서도 곡할 때는 곡하지만, 곡을 마치면 아무 일이 없는 듯이 평온하게 지내는데, 사람의 죽음은 진실로 슬픈 일이지만 애초에 태어나지 않았던 것처럼 여기면 마음을 진정시킬 수 있다. 비록 매우 좋아하던 물건이라도 깨어지면 미련을 두지 않고 남을 책망하지도 않는데, 애초에 없었던 것처럼 여기면 애석한 마음도 사라진다.

대개 득실(得失)과 사생(死生)에 있어서 혹 피하게 되면 반드시 이에 대응하는 또 다른 것이 나타나게 된다. 기운의 작용으로 일어나는 현상은 인력으로 면할 수 있는 것이 아니다. 이로써 태어남이 있으면 죽음이 있고, 얻음이 있으면 잃음이 있게 되는 것이 자연의 이치임을 알 수 있다.

만약 사람마다 모두 오래 살고 물건마다 오래 존재한다면 장차 이 세상에 가득 쌓여 넘치게 되어 감당할 수 없을 것이다.

> 凡言語 最不可冗閒 貧窶憂患 只可默運心智 實有所救之也 若漫作咄嗟之言 躁擾之狀 誠何益於事 而反有害於容體也 若咄嗟而無者有 躁擾而有者無 則終日而爲此狀可也 況事之急迫時 愈閑靜而思量得 愈躁妄而作爲錯 吾則知其然 故能處窮勝於人矣 至於死喪 亦哭時哭 哭止則安閑如無事人 人之死誠可悲矣 而視之與未生時等 則可以理遣 凡物雖甚喜玩者一破 便不顧 又不責於人 視之與未得時同 則便無愛惜之心 盖得失死生 此或得適 則必有他事之敵此者出 運氣所迫 不可以人力而免 是知有生則有死 有得則有失 物理然矣 若人人皆久生 物物皆長存 則將不勝其盈滿於天地之間矣

64 무릇 크고 작은 일을 행할 때는 여러 번 생각하고 충분히 헤아린 뒤에 칼로 자르듯이 용단을 내리고 새가 날아오르듯이 실행해서, 한번 정해지면 흔들리지 않는 것이 좋다. 그렇지 않으면 어느 때에 한 가지 일이라도 이룰 수 있겠는가. 만약 깊이 생각하지 않고 마음 가는 대로 가볍게 행한다면 망령될 뿐이니 반드시 후회가 있을 것이다.

> 凡大小作爲 熟複思量 爛漫商確 然後 勇斷如刀切 決行如鳥革 一定而不撓可也 不然則何時做得一事 若其不深思 而隨意輕擧者妄耳 必有悔

65 나의 성품은 수석(水石)과 연하(煙霞)를 지나치게 좋아해서 세상의 어떤 것도 이것과 바꿀 것이 없다. 경치 좋은 곳을 만나면 반드시 정자와 누각을 세웠고, 거처하는 서재나 집에도 반드시 당호를 붙이고 기문을 지었다. 생계가 어려웠기 때문에 남들에게 사치스럽게 보여, 사람들의 비방하는 말이 많았지만 조금도 개의치 않았다. 대개 청음(淸陰) 선생의 집안은 대대로 청빈하고 어려웠으나 그 내외의 후손들은 그 가풍을 바꾸지 않았다. 나의 외조부 충정공이 청음 선생의 외손이라서 나도 이러한 습성이 있는 듯하다. 오직 이상하게도 나의 사촌 큰형은 질박한 것을 숭상하고 꾸미는 것을 좋아하지 않는데, 그의 얽매이지 않는 초탈한 풍정은 좋아할 만하다.

吾性癖在於水石煙霞 世間百事 無以易此 遇勝絶地界 必置亭臺 所居齋閣 亦必
有名號題記 生計簫瑟 而外視則侈矣 人多議之而不少恤 盖淸陰先生家 世淸修苦寒
其內外後承 皆不替其風 我外王考忠正公 亦淸陰之彌甥也 小子故自有此習氣耶 獨
怪我從伯氏之尙質而不喜文 可喜其風情自脩然

66 잡기는 대인(大人)144)이 일삼을 바가 아니나 나는 유독 장기 두는 것을 좋아한다. 대개 바둑은 교묘하게 포위하여 영역을 넓히는 것으로 승부를 가리고, 윷과 저포는 산가지를 던져 요행을 얻어 말을 잡거나 추격하며, 투전은 상대의 눈치를 살펴 패를 내어 끗수가 높은 것이 낮은 것을 먹는 것으로 승패를 가린다. 장기는 양측이 마주하여 진영을 갖추는데, 대장을 가운데에 두고 두 개의 사(士)가 그 곁을 지키고, 두 개의 마(馬)·상(象)·차(車)가 좌우에서 호위하며 후방을 지키고, 두 개의 포(包)를 앞에 배치하여 막고, 다섯 개의 졸(卒)을 바깥에 나열하여 전방을 지키게 하니 군대의 위용이 엄숙하다. 뛰어넘기도 하고, 타기도 하고, 한 칸씩 걸어가 멈추기도 하고, 몰아쳐 가다가 곧바로 공격하기도 한다. 병사는 15개뿐이지만 그 계책은 수천 가지이다. 기이한 술책과 정공법을 장기판에서 종횡으로 펼쳐 마침내 대장을 잡아 돌아오면 그 쾌감은 이루 다 말할 수 없다. 그런데 옛사람들은 이를 하인들의 놀이로 여겼으니 무슨 까닭일까. 농암(農岩) 선생 형제도 나와 마찬가지로 이를 좋아했지만, 어린 자제들에게까지 허락한 것은 지나치다. 의지와 기개가 미숙한 아이가 그 묘미를 모르고 한결같이 노는 데만 빠지면 방탕하고 편벽되기 쉽기 때문이다.

○ 내가 장기에 대해 설명하고 그 기술을 칭송하였지만, 장기를 두다가 손님이 찾아오면 황급히 거두어 숨겨 남이 볼까 걱정하여 마음이 편치 않았으니, 결국 이는 잡기임을 안 것이다. 이에 기록하여 경계한다.

雜技非大人事 而余獨悅於博戲 盖棋直以詭圍拓疆爲勝 柶與樗蒲 以籌星偶倖而
搏逐之 投牋以訶機巧發而强食弱爲武 若博戲則兩敵對陣 大將在中 二士侍其側 兩
馬兩象兩車 衛其左右爲後隊 兩包在前障蔽 五卒列於外 以作前排 以嚴軍容 或躍而
或乘 或步步而止 或長驅而直擣 只是其兵十五 而其謀則百千 有奇有正 縱橫一場
卒擒大將而歸 何其快哉 古人以此爲厮奴之戲者 亦何也 農岩先生兄弟 實與我同好

---

144) 대인(大人): 말과 행실이 바르고 점잖으며 덕이 높은 사람. 대인군자(大人君子).

者 而至許其幼子弟之爲弄則過矣 志氣未定之兒 不知其妙 而一向好着於戲 則不難
作放僻之人矣 ○ 余著博說而頌其術矣 對局而客來 則忙忙收拾而藏之 惟恐見之 心
中欲然而不安 終知是雜戲之具耳 書以警之

67 일찍이 백부 선생께 들으니 "이장한 뒤에 우제(虞祭)를 지내는 것은 언급한 바가 없지만, 사계 선생의 『상례비요(喪禮備要)』 중에 '다만 세속에서 구준(丘濬)145)의 『가례의절(家禮儀節)』을 따라 행한 것이 오래되어 갑자기 폐할 수 없을 뿐이다.'라고 하였으니, 이장을 마친 뒤에 주과포해(酒果脯醢)146)를 묘소 앞에 올리는 것도 무방하다"라고 하셨기에, 종형수의 이장 때에 이같이 행하였다. 지금 계모(季母)의 이장에는 내 생각대로 축사 중의 몇 마디를 고쳤으니, '예필종우(禮畢終虞)'147)는 빼고, '청작서수(淸酌庶羞)'148) 이하는 '이주과포해(以酒果脯醢) 건고사유(虔告事由)'149)라고 고쳐 종제들로 하여금 행하게 하였다.

嘗聞諸伯父先生曰 遷葬虞祭無謂 而沙翁之載於備要中 特以世俗遵行丘儀已久
不可猝廢故耳 以酒果脯醢 葬畢 奠于墓前無妨 故於故從嫂遷葬時行之 亦如此矣
今於季母遷葬 以意改祝辭中數句語 刪去禮畢終虞一句 淸酌庶羞以下 改以酒果脯
醢虔告事由 使從弟輩行之

68 문장을 짓는 것은 시대마다 수준이 높고 낮음이 있고 재주도 차이가 있으므로 억지로 할 수는 없지만, 책을 많이 읽으면 저절로 익숙해질 수 있다. 높고·넓고·풍부하고·웅장하고·애절하고·경쾌하고·깊고·전일함을 스스로 이루게 되고, 비지(碑誌)·전기(傳記)·서발(序跋)·조뢰(弔誄) 등의 격식을 스스로 깨닫게 된다.

---

145) 구준(丘濬;1420~1495): 중국 명나라 영종(英宗)~효종(孝宗) 때의 문신이자 학자로, 문장이 매우 웅장하고 전례(典例)와 고사(故事)에 정통하였음. 그가 저술한 『가례의절(家禮儀節)』은 주자가 지은 『주자가례(朱子家禮)』의 본주(本註)를, 예를 행하는 절차의 형식으로 바꾸어 서술하였는데 관혼상제에 관한 실용적·이론적 정보를 풍부하게 제공하는 책으로 인정받았음.
146) 주과포해(酒果脯醢): 술과 과일과 포와 식혜.
147) 예필종우(禮畢終虞): 예를 다하여 우제를 마치다.
148) 청작서수(淸酌庶羞): 맑은 술과 여러 제수.
149) 이주과포해(以酒果脯醢) 건고사유(虔告事由): 술과 과일 육포와 식혜로 삼가 사유를 고합니다.

시의 경우는 천기(天機)의 움직임이 있는 것이기 때문에 사람의 노력으로 이를 수 있는 것이 아니다. 절구는 평담함을 취해야 한다. 말은 이미 끝나도 의미는 다함이 없어서 읊조리고 나면 남는 맛이 있으면서 저절로 맑고 간절한 여운이 드러나야 하며, 특히 오언절구는 진실함과 소박함, 고상함과 예스러움이 있어야 한다. 율시는, 시어의 안배를 교묘하게 하고 구조와 연결을 합당하게 해야 하며, 의미는 원만하고 시어는 막힘이 없게 해야 한다. 특히 오언율시는 차분하면서도 시어의 조직에 단아함이 있어야 하며, 오언고시는 절구와 같으면서도 품위와 굳건함이 있어야 『선시(選詩)』150)의 기준에 어긋나지 않을 것이다. 칠언고시는 아름답게 꾸미는 것을 더욱 피해야 한다. 대체로 각각 주어진 재주와 능력을 다 발휘하여 스스로 일가를 이루는 것이 좋다.

　기와집과 초가집은 빈부의 차이는 있지만 집의 형태는 모두 갖추고 있다. 저쪽이 이쪽보다 낫다는 자는 초가집이 누추하다고 비웃지만, 또한 자기보다 나은 자가 이미 자기를 비웃고 있다는 것을 알지 못한다. 상고시대로부터 한·당·송·명나라로 내려오면서 또한 몇 단계나 낮아졌던가. 근래 학자가 겨우 한 부분만을 이해하고서 스스로 자랑하며 남을 업신여기는 것은 또한 문장가의 습성과 다를 바가 없으니, 다만 그 학문을 스스로 해치는 것이 더욱 한탄스럽다. 무지하고 보잘것없으면서 거만한 자는 더욱 가소롭다.

　　爲文章 代各高下 才有長短 不可强而爲之 但多讀則自馴熟耳 峻博富壯哀明奧專各自成章 而碑誌傳記序跋弔誄 各自得體而已 至於詩則自有天機流動者 非人力所可及 絶句但取平淡而言 言已盡而意未盡 諷咏有餘味 自發其淸切之響 五絶則眞朴高古 律詩但取排比巧妙 筋梁的當 意圓而語暢而已 五律則窈窕雅練 五古如絶句而雅健 不違選詩 七古尤切忌於媚嫵綺麗 大抵各因其才而充其分 各自成家可也 殿屋草窩 貧富不等 而體段則皆具之矣 彼稍勝於此者則輒笑之陋矣 不自知其又有勝於己者 又已笑己矣 上古之於漢唐宋明 其低而低 又幾等也 近來學者僅窺一斑 輒有自夸而侮視人者 又不異於文章家習氣 祗以自害於其學 尤可歎也 其儱侗蔑裂而有傲志者 尤可笑也

---

150) 선시(選詩): 중국 원나라의 유리(劉履:1319~1379)가 주자의 선시관을 계승하여 『문선(文選)』에서 뽑은 시에 일부의 시를 더하여 주석을 첨가하여 만든 책. 『풍아익(風雅翼)』으로도 불리며, 『선시보주((選詩補注)』, 『선시보유(選詩補遺)』, 『선시속편(選詩續編)』 등을 아울러 일컫기도 하는데, 총 420수의 시가 실려 있음.

69 우리나라에서 지형이 유리한 곳으로는 동선령(洞仙嶺)151)과 청석동(靑石洞)152)의 좁은 길과 토잔(兎棧)153)과 조령(鳥嶺)154)의 험로가 있다. 그러나 임진년과 병자년의 난리 때 무인지경에 들어오는 것처럼 적들이 쳐들어왔는데, 아무런 방비가 없는 것이 예로부터 그러하였으니 오늘 또 무슨 말을 하겠는가.

몇 해 전, 중국에서 우리에게 성곽과 해자를 축조해서 왜구를 방비하는 일을 허락하였다. 그러자 마치 사태가 코앞에 닥친 것처럼 온 나라가 소란스러워 한밤중에 알현을 청하기도 하고 한밤중에 모여서 논의하기도 했으며, 한편으로는 사방에 순무사를 보내고, 한편으로는 홍복산(洪福山)155)에 성곽을 쌓는 일을 의론하기도 했지만, 허둥대다가 아무런 조치도 취하지 못한 채 곧바로 해이해져서 결국 돌조각 하나도 옮기지 못하고 그쳤으니 우스우면서도 애통하다.

우리나라가 비록 후대로 오면서 쇠미해졌으나 인재를 다른 시대에서 빌려올 필요까지는 없으니 일반 백성 가운데 어찌 훌륭한 사람이 없겠는가. 인재의 귀함을 알지 못하고, 오직 대대로 벌족(閥族)들만 등용코자 하니 무엇으로 그들을 권면하겠는가. 나 또한 벌족이지만 스스로 재주가 졸렬함을 알기에 과거를 보지 않고 궁벽한 산에서 은거하는 것이다.

我國地利 有洞仙嶺靑石洞之隘 有兎棧鳥嶺之險 而壬辰丙子之亂 如入無人之境 人之無謀 自古而然矣 今日 又何言 頃年彼國許我國以修築城池 以備海寇 國內騷然 如事迫呼吸者然 夜半請對 夜半會議 一邊發遣巡撫使於四道 一邊議築城於洪福山 蒼黃而罔措 因仍懈弛 終不能轉動一片石而止 可笑還可哀痛 我國雖世降 才不借於異代 草莽之中 亦豈無其人乎 不知人才之爲貴 唯世閥是用 其何以勸 吾亦世閥人耳 自知才具之拙劣 曾不應擧而退伏於山之窮矣

---

151) 동선령(洞仙嶺): 현재의 황해북도 사리원시, 황주군, 봉산군의 분기점에 위치한 고개.
152) 청석동(靑石洞): 개성부에 있는데, 좌우에 봉우리가 연이었고 도로가 협소하여 요해지로 적합함.
153) 토잔(兎棧): 문경 오정산의 층암절벽을 깎아 만든 벼랑길로, 토끼비리, 곶갑천, 토천 등으로 불리는데 옛날 과거를 보러 가는 선비들이 문경새재를 넘기 전에 이 벼랑길을 넘어갔음.
154) 조령(鳥嶺): 경상북도 문경시의 문경읍과 충청북도 괴산군 연풍면을 연결하는 고개. 새재.
155) 홍복산(洪福山): 경기도 의정부시와 양주시의 경계에 있는 산.

70 60년을 살면서 유쾌한 한 가지 일이 있었다. 일찍이 220금을 주고 북동(北洞)에 집을 샀고, 10금을 보태어 집을 확장하여 수년을 살았다. 판관 윤평(尹坪)이 찾아와 그 며느리를 위해 이 집을 사려고 하였는데, 삼연옹께서 말씀하시기를 "그 며느리는 나의 딸인데, 매우 가난하니 깎아 주길 바라네."라고 하였다. 내가 흔쾌히 승낙하고 10금을 깎아 주기로 하였다. 그런데 그 상태로 7개월이 지났는데도 결정이 나지 않았다. 더 깎아 180금까지 내렸으나 돈을 지불하지 않은 채 흠만 잡으므로 내가 마침내 거절하였다.

하루는 시정(時淨) 김정이(金靜以) 군이 찾아와 "저의 후교(朽橋) 집을 정 승지에게 막 팔아 거처할 곳이 없어 방황하고 있는데, 그대의 집을 살 수 있겠습니까?"라고 하였다. 내가 "지금 집값이 180금까지 내렸소."라고 하였더니, 정이가 "제가 이 집의 본래 가격을 알고 있습니다. 값이 저렴하고 집도 완전한데 제가 어찌 낮은 값을 치르겠습니까."라고 하고 굳이 원래 값을 치르기를 원해 내가 부득이 약간 올려 200금으로 결정했다. 정이가 사람을 시켜 은자를 가져오게 했는데 봉한 것을 푼 흔적이 없었다. 이유를 물으니 정이가 말하기를 "정 승지가 어찌 저를 속이겠습니까. 그래서 열어 보지 않았습니다."라고 하였다. 내가 말하기를 "그대는 진실로 옛사람의 풍모를 지녔소. 그대가 하지 않은 것을 내가 어찌 하겠소."라고 하고 나 또한 열어 보지 않고 받았다. 뒤에 돈을 쓸 일이 있어 열었는데 아무런 문제가 없었다. 아! 정이는 윤평과 비교가 되지 않을 뿐만 아니라, 옛사람 중에서 찾아봐도 흔치 않다. 내가 평생 유쾌한 일을 거론할 때면 이 일을 말하곤 한다.

> 生世六十年 有一快事 嘗以二百二十金 買舍於北洞 添費十金而廣其間架 居數歲 尹判官坪 爲其子婦而來買之 三淵翁喩之曰 此是吾女也 貧甚價必廉之 余敬諾之 減十金而言之 相持七箇月而不決 減而至於一百八十金 金不出而更有覓疵之言 余遂謝之 一日金君時淨靜而來曰 吾新賣朽橋舍於鄭承旨 失巢彷徨矣 願買君家 余曰 價今下於百八十矣 靜以曰 吾知此舍之本價 價廉而舍完矣 吾敢低之乎 固要准歸 余亦不得已略升之 以二百決 靜以使人歸取銀子來 封裹不動 問之則曰 鄭承旨豈瞞我 我故不開 余曰 吾靜以眞古人哉 君所不爲 吾豈爲之 余亦不開封而取之 用時開之無事矣 嗚呼 靜以不但與尹不同日而語也 亦今世罕見 古人中求 且不多矣 余說來平生之快 輒擧此事

71 옛사람이 지은 글의 본뜻을 알지 못하고 잘못 읽음으로써 스스로 그 맛을 느끼지 못하는 줄도 알지 못하니 개탄스럽다. 예를 들면 〈등왕각서(滕王閣序)〉의 '남창고군(南昌故郡) 홍도신부(洪都新府)'는 등왕각이 있는 곳에 대해 말한 것이니, 옛날에는 남창이었고 지금은 홍도 땅이라는 것이다. 그런데 읽는 사람이 '남창은 옛 고을이요 홍도는 새로 생긴 고을이네.'라고 한다. 작가가 어찌 인근의 경계를 폭넓게 가리키면서 위치한 곳을 말하지 않았겠는가. 〈악양루(岳陽樓)〉 시의 '오초동남탁 건곤일야부(吳楚東南拆 乾坤日夜浮)'는 '어제 동정호를 지났고 오늘 악양루에 올라 바라보니, 호수는 오나라와 초나라의 동쪽과 남쪽으로 펼쳐져 있고, 누각은 밤낮으로 하늘과 땅에 떠 있다.'라는 것이다. 그런데 읽는 사람들은 '오나라와 초나라가 동남쪽으로 갈라졌고 하늘과 땅이 밤낮으로 물 위에 떠 있네.'라고 한다. 이는 멀리 바라보이는 곳을 지적했다는 점은 맞겠지만 작가가 어찌 멀리 떠 있는 것만 묘사하고 가까운 곳에 대한 시어로 대구를 짓지 않았겠는가. '화락지다소(花落知多少)'[156]는 꽃이 떨어진 것을 보면 비바람이 얼마나 쳤는지를 알 수 있다는 말인데, 읽는 사람들이 '꽃이 얼마나 떨어졌는지를 알 수 있다.'라고 해석한다. '녹수진경도 청운낙수교(綠水秦京道 靑雲洛水橋)'[157]는 '푸른 물이 흐르는 진나라 서울 길, 파란 구름 떠 있는 낙수의 다리'를 일컫는데, 읽는 사람들이 '녹수는 진나라 서울의 길이요 청운은 낙수를 건너는 다리로다.'라고 해석한다. 『사략(史略)』에 "수인씨(燧人氏)[158]의 시대는 서계(書契)[159] 이전이므로 연대와 도읍을 고찰할 수 없다[燧人氏之在書契以前 年代國都不可攷]."[160]라고 하였

---

156) 화락지다소(花落知多少): 당나라 시인 맹호연(孟浩然)의 시 〈춘효(春曉)〉 "봄 잠에서 깨지 못했는데 곳곳에서 우는 새소리 들리네. 지난 밤에 비바람 소리 요란했으니 꽃이 얼마나 많이 떨어졌는지 알겠네[春眠不覺曉 處處聞啼鳥 夜來風雨聲 花落知多少]."의 한 구절임.
157) 녹수진경도 청운낙수교(綠水秦京道 靑雲洛水橋): 당나라 시인 송지문(宋之問)의 시 〈조발소주(早發韶州)〉의 "푸른 나무 줄지어 있는 진나라 도성 길과 파란 구름 떠 있는 낙수의 다리, 고향 옛 동산이 늘 눈에 아련하여 마음이 가 있으니 부를 필요 없구나[綠樹秦京道 靑雲洛水橋 故園長在目 魂去不須招]."의 한 구절임. 『산록』에서는 첫 구를 '녹수(綠水)'로 적었으나 원래 시는 '녹수(綠樹)'인 것으로 보아 옥소의 기억에 착오가 있는 듯하다.
158) 수인씨(燧人氏): 중국 고대 신화의 여러 황제 중의 하나로, 불을 쓰는 법과 음식을 만드는 법을 전하였다고 함.
159) 서계(書契): 중국 태고 시대의 황제인 복희씨가 처음 만들었다는 문자.
160) 『사략(史略)』에~없다: 『십팔사략』에 "인황씨 이후에 유소씨가 있어서 나무를 얽어 집으로 삼고 나무 열매를 먹었다. 수인씨에 이르러 비로소 불을 만들어 사람들에게 익혀 먹기를 가르쳤

는데, 이는 문자가 태호(太昊)161)의 시대에 처음 만들어졌기 때문에 수인씨부터 그 이전 시대는 문자가 만들어지기 전이라 연대와 도읍을 고찰할 수 없다는 것이다. 『사략』에서는 이렇게 서술했는데도 읽는 사람들이 '서계 이전의 일은 고찰할 수 없다.'라고 풀이하니, 그렇다면 수인씨의 시대 중에 서계 이후의 일은 자세히 알 수 있다는 말인가?

> 不知古人作文本意而誤讀之 不自知其無趣味 可歎 如滕王閣序 南昌故郡 洪都新府 是謂閣之所在 卽故南昌 今洪都之地矣 讀者讀以南昌則故郡 洪都則新府 何必廣指其旁近接境 而不言其坐地乎 岳陽樓詩 吳楚東南拆 乾坤日夜浮 是謂昨過洞庭湖 今上岳陽樓而見 湖則拆於吳楚之東南 樓則浮於乾坤之日夜矣 讀者讀以吳楚則拆於東南 乾坤則浮於日夜 指其望見之處則可矣 而何必任浮浪不襯緊之語以爲對乎 花落知多少 是謂見花落 而知風雨之多少矣 讀者解以知花落之多少 綠水秦京道 靑雲洛水橋 是謂有綠水之秦京道 有靑雲之洛水橋矣 讀者讀以綠水則秦京道 靑雲則洛水橋 史略燧人氏之在書契以前 年代國都不可攷 是謂書契始作於太昊之世 燧人以前 在於書契未作之前 故未能攷其年代國都 略之如此矣 讀者讀以在書契以前者 則不可攷云 然則燧人在於書契後而可詳知耶

72 관옥(冠玉)은 관모를 장식하는 옥으로, 아로새기고 가운데를 뚫었기 때문에 진평을 가리켜 관옥 같다고 하는데, 읽는 사람들이 '아름다운 옥'으로만 해석하여 말하기를 '미여관옥(美如冠玉)이나'162)라고 토를 단다. 당시(唐詩)의 '가련강포망(可憐江浦望)'163)에서 망(望)은 망제(望祭)164)이다. 그렇기 때문에 길에서 맞이한 한식날에 고향 사람을 보지 못한다는 맛이 있는 것이다. '탄기야반등화락(彈棊夜半燈火落)'에서 반(半) 자를

으나, 서계 이전의 시대이므로 연대와 도읍을 고찰할 수 없다[人皇氏以後 有日有巢氏 構木爲巢 食木實 至燧人氏 始鑽錢 敎人火食 在書契以前 年代國都 不可攷].”라고 한 데서 온 말임.
161) 태호(太昊): 중국 고대 신화시대에서 수인씨를 이어 황제에 오른 사람으로, 복희씨라고도 함.
162) 미여관옥(美如冠玉)이나: 용모는 옥같이 아름다우나 겉만 번지르르하고 알맹이가 없다는 의미가 됨.
163) 가련강포망(可憐江浦望): 당나라 시인 송지문(宋之問)의 〈도중한식(途中寒食)〉에 “말 위에서 한식 만나니 길에서 봄은 저물었네 애닯구나 강 포구에서 망제 지낼 때 낙수 다리 건너던 사람 보이지 않음이[馬上逢寒食 途中屬暮春 可憐江浦望 不見洛橋人].”라고 하였음. 3,4구의 해석을 대부분 '가련하구나 강의 포구를 멀리 바라보니 낙수 다리를 건너는 사람 보이지 않네.'라고 하는데 여기서는 권섭의 해석을 따랐음.
164) 망제(望祭): 먼 곳에서 조상의 무덤이 있는 쪽을 바라보고 지내는 제사.

좌(坐) 자의 오기로 보면165) 대구가 정밀하고 맛도 있다. 근래 전의(全義)166)의 어린 아들이 천황씨(天皇氏) 조167)를 공부하며 말하기를 "해[歲]를 섭제(攝提)168)에서 시작하지 않았다면 장차 '억지로 하지 않아도 교화됨'을 얻지 못했을 것이다."라고 하였으니, 이는 분명 어순이 바뀐 것이다. 만약 그것을 "천황씨가 목덕으로 왕이 되어 억지로 하지 않고도 교화시키고 해를 섭제에서 일으켰다."라고 읽는다면, 어순이 맞고 의미도 바르다.

손자 신응(信應)이 어렸을 때 '탕(湯) 임금이 돌아가시고 태자인 태정(太丁)도 일찍 죽으니 차자인 외병(外丙)이 즉위했다.'라는 구절을 공부하고 "태정은 언제 죽었습니까?"라고 물으니, 스승이 "탕 임금이 돌아가신 뒤에 죽었다."라고 하였다. 또 묻기를 "그렇다면 마땅히 '태자 태정이 즉위하였다가 바로 죽으니 아우 외병이 즉위했다.'라고 해야 합니다. 지금처럼 '일찍 죽으니'라고 하면 이는 탕 임금이 생존했을 때 먼저 죽은 것이 되고, 그래서 외병이 즉위한 것이 됩니다."라고 하였다.

일곱 살 된 손자 성몽(聖夢)이 묻기를 "무왕이 옳습니까? 백이와 숙제가 옳습니까?"라고 하니, 장자(長者)가 "너의 생각은 어떠하냐?"라고 물었다. 성몽이 말하기를 "천하의 백성을 위하는 것도 옳지만, 신하로서 그릇된 임금을 치는 것도 옳습니다."라고 하였다. 장자가 "누가 더 옳으냐?"라고 하니, "백이 숙제가 더 옳습니다. 신하로서 임금을 치는 것은 끝내 불가합니다."라고 하였다. 성몽이 "여섯 명의 부인이 모두 아들을 두었다면 마땅히 여섯 명의 공자가 될 것인데, '다섯 공자가 즉위를 다투었다.'169)

---

165) 탄기야반등화락(彈棊夜半燈火落)에서~보면: 이 시는 당나라 시인 잠삼(岑參)의 〈독고점과 길에서 헤어지며 지은 시를 엄팔 시어에게도 바치다[與獨孤漸道別長句兼呈嚴八侍御]〉에 있는 구절로 해당 부분은 "술에 취해 아침까지 자다 보니 해는 높이 솟아 있고, 바둑 두는 밤중에는 등잔불이 가물거리네[中酒朝眠日色高 彈棋夜半燈花落]"인데, 권솔의 견해는 이 두 구의 대구법에서 '조면(朝眠)'에 대한 대구로는 '야반(夜半)'이 어울리지 않으니 '야좌(夜坐)'라고 해야 더 정밀하다는 것임.

166) 전의(全義): 충청도에 있는 지명이지만 여기서는 전의 이 씨 집안을 의미함.

167) 천황씨(天皇氏) 조: 『십팔사략』 첫째 권 시작 부분을 말함.

168) 섭제(攝提): 십이지(十二支)의 인(寅)의 고갑자(古甲子)로, 인월(寅月)로 정월(正月)을 삼았다는 말임. 『십팔사략』에 "천황씨는 목덕으로 왕이 되어 해를 섭제에서 일으키고, 백성들은 자연히 교화되었다[天皇氏 以木德王 歲起攝提 無爲而化]."라고 하였음.

169) 다섯 공자가 즉위를 다투었다: 『고문진보』 〈관중론〉에 "위공이 난에 죽으니, 다섯 공자가 즉위하기를 다투어 그 화가 만연하였다[威公薨於亂 五公子爭立 其禍蔓延]."라고 한 데서 온 말임.

라고 하였으니, 그중 한 명은 어려서 다툴 줄을 몰랐던 것입니까?"라고 물었으니 또한 기특하고 사랑스러웠다.

> 冠玉是飾冠之玉 刻鏤而虛其中 故指謂陳平同之矣 讀者解以美玉而曰 美如冠玉 伊那爲吐 唐詩之可憐江浦望 望是望祭 故有味於途中寒食之不見故鄕人 彈棊夜半燈火落 以半爲坐字之誤 則對精而語意有味 近有全義小兒 學天皇氏條而曰 歲不起於攝提 則將不得無爲而化乎 此必是倒刊矣 若讀之曰 天皇氏以木德王 無爲而化 歲起攝提 則語順而義直矣 小孫信應幼時 學湯崩太子太丁早卒 次子外丙立而曰 太丁何時卒乎 師曰 湯崩後卒矣 又問曰 然則當曰 太子太丁立崩 弟外丙立 今日早卒 則是湯生時先卒 故外丙立矣 七歲孫聖夢問曰 武王是乎 夷齊是乎 長者曰 汝意如何 曰爲天下生民者是 言以臣伐君之非者亦是 長者曰 孰尤是 曰夷齊尤是 臣伐君 終不可 又問曰 如夫人者六人 皆有子則當爲六公子 而曰五公子爭立 其一則幼 不知爭耶 亦奇才可愛

73 사람들은 모두 일찍 아들을 낳는 것을 경사로 여기지만, 나는 늦게 아들을 낳는 것을 경사로 여기니, 일찍 아들을 낳게 되면 제사를 오랫동안 받들지 못하여 자주 조천(祧遷)해야 하기 때문이다. 사람들은 모두 아들을 많이 낳는 것을 복으로 여기지만, 나는 적게 낳는 것을 복으로 여기니, 많이 낳게 되면 반드시 그중에는 못난 놈이 있어 가문의 명성을 욕되게 하기 때문이다. 일찍 아들을 낳는 것은 딸을 일찍 낳아 눈앞의 재롱을 보는 것만 못하고, 많은 아들을 낳는 것은 적게 낳아 영특하게 기르는 것만 못하다.

> 人皆以早生男爲慶 而吾則以晚生男爲慶 早生男則奉祀不久而祧遷數數 人皆以多生男爲福 而吾則以少生男爲福 多生男則必其中有不肖而辱家聲者 早生男不如早生女而爲目前之弄 多生男不如少生男而箇箇雋爽而愿馴矣

74 나는 법복(法服)170)을 즐겨 입지만 도포도 빠트릴 수 없고 갈옷도 싫어하지는 않는다. 나는 법언(法言)171) 읊기를 좋아하지만 청담(淸

---

170) 법복(法服): 격식에 맞는 옷. 여기서는 심의(深衣)를 말함. 유자(儒者)의 법복이 심의임.
171) 법언(法言): 법도가 될 만한 말. 여기서는 유학을 가리킴.

談)172)도 빠질 수 없고 농담도 싫어하지는 않는다. 이 사람은 스스로 자연과 시골을 떠나지 않았기에 세속에 오래 나가 있어도 그 습성이 갑자기 변하지 않았다. 진실로 사람들은 부귀를 추구하고 빈천을 꺼리지만, 나는 제사 지내는 데 풍족하고 빈객을 대접하는 데 부족함이 없을 정도의 부유함과 의식을 해결하지 못해 구걸하고 빌리면서 염치를 잊을 정도의 가난에는 이르지 않기를 원한다. 내가 원하는 존귀함은 높은 지위와 요직(要職)을 구하지 않고 다만 가문을 유지하는 정도면 충분하고, 벼슬을 하지 않더라도 쇠잔한 지경에는 이르지 않고 군역을 피할 정도면 충분하다. 만약 분수 밖의 부귀를 구하고 빈천을 멀리한다면 재앙이 나에게만 미치지 않고 자손들의 교만하고 탐욕스런 마음을 자라게 할 것이다.

> 吾喜着法服 而道衣不可闕 野褐不必厭 吾喜誦法言 而淸談不可闕 善謔不必厭 此漢身名 自不離於水石桑麻 出俗之遠 而又其習性不能以猝化耳 如貧富貴賤 固人情之所趋舍 而吾則欲富 不過於祭祀贍而對客不匱 貧不至於衣食廢而乞貸忘廉 貴而不必顯要 只足以持門戶 賤而不至殘弊 只足以避軍役 若求富貴辭貧賤於本分之外 則不但災及吾身 又適以長子孫驕侈貪虐之心耳

75 외조부 의정공(議政公)께서는 지평(持平)173)이 된 때부터 말년에 이르기까지 녹봉과 분아(分兒)174) 및 지방에서 보내온 선물, 심지어 부채나 달력처럼 하찮은 것도 모두 안채로 보내 상자에 보관했다가 동성은 8촌, 이성은 6촌에 한하여 약간의 차등을 두고 1년에 두세 차례 나누어 주었다.

종형 부사공(府使公)175)은 양친을 봉양할 때 효심이 한결같았다. 가난한 집안을 꾸려 가면서도 비용을 괴롭게 여기지 않았고, 몸소 음식을 장만하면서도 천하게 여기지 않았다. 들어가서는 모친의 오랜 병환을 돌봤

---

172) 청담(淸談): 원래는 고상한 말이라는 의미로 쓰였지만, 위진남북조 시대 이후에 노장이나 불가의 말을 뜻하게 되었음.
173) 지평(持平): 조선 시대, 사헌부에 딸린 정5품 벼슬.
174) 분아(分兒): 분하(分下) 또는 분하전(分下錢)이라고도 함. 관부에서 소속 관원에게 해마다 나누어 주던 약간의 물품이나 돈을 말함.
175) 부사공(府使公): 선산 부사를 지낸 권욱(權煜;1658~1717).

으며, 나와서는 부친의 글씨 쓰는 일을 도왔는데 60세가 넘어서도 조금도 게을리하지 않았다.

계부 판서공(判書公)176)께서는 백씨 선생177)을 받들기를 어버이를 모시는 것처럼 하였다. 무릇 분아나 받은 선물이 있으면 반드시 그 절반을 먼저 챙겨 보냈으며, 안석과 지팡이, 화훼 따위도 반드시 좋은 것을 골라 보냈다. 종가의 서울 집이 퇴락하여 거처하기 어렵게 되자 수개월의 봉록을 덜어 중수하는 비용으로 충당했으며, 탁지부(度支部)178)에 계실 때라 직무가 바쁜데도 매일 가서 하인들을 감독하여 오래 걸리지 않아 공사를 마치도록 하였다. 조카 부사공(府使公)이 죽어 향촌에서 갑자기 어떻게 대처할 방도가 없었는데, 백씨 선생께서 수의를 모두 내주어 이를 사용하였다. 공께서 들으시고 "갑작스럽게 필요한 물품은 하루라도 비워 둘 수 없다."라고 하시며, 가산을 내어 대신 갖추어 놓았다. 백씨 선생의 장례를 치른 후에 젊은이들을 시켜 전토와 하인들을 모두 조사해 놓고는 정성(定性) 남매에게 말하기를 "너희들에게 고루 나누어 주면 약간의 전토와 하인밖에 돌아가지 않을 것이니, 이를 취해도 도움이 되지 않을 것이다. 차라리 종가에 모두 준다면 제사를 지내는 데 도움이 될 것이니 너희들의 생각은 어떠하냐?"라고 하니, 모두 "좋습니다."라고 대답하여 마침내 종가에 귀속시켰다. 무릇 선조를 받드는 데 있어 그 방법을 구분하고 지휘하여 부족함이 없도록 했으며, 종손 부부에게 과실이 있다 하더라도 집안을 엄중히 단속하여 감히 함부로 말하지 못하게 하였다.

외삼촌 의정공께서는 말솜씨가 뛰어났는데, 백발이 되어서도 손에서 책을 놓지 않았다. 식사 때나 측간에 갈 때도 책을 놓지 않았으니 천하의 책 중에 읽지 않은 것이 없었다. 게다가 남달리 총명하여 늙어서도 기억력이 감퇴하지 않았으니, 젊어서 읽은 것을 어제 읽은 것처럼 기억하였다. 굶주림과 배부름, 영화로움과 욕됨은 전혀 마음에 두지 않았다.

연동(蓮洞) 이 참판 어른은 외할아버지의 오랜 친구이다. 영천 수령이 되었을 때, 도중에 수레 두 대의 물품을 보내어 우암 선생이 귀양살이 하던 곳의 알묘문(謁墓文)179) 비용으로 충당케 하였다. 강화 수령이 되었을

---

176) 판서공(判書公): 조선 후기 문신이자 학자인 권상유(權尙游;1656~1724)로, 자는 계문(季文)·유도(有道), 호는 구계(癯溪).
177) 백씨 선생: 권상하를 가리킴.
178) 탁지부(度支部): 나라의 재정을 담당하는 부서로, 호조를 일컫는 말.

때는 하루걸러 한 번씩 하인을 보내 안부를 물었다. 이는 모두 요즘 세상에서 보기 드문 일이기에 기록하여 사람들에게 보인다.

> 外王考議政公 自持平時至末年 祿俸分兒及外方饋遺 至扇曆之微 一付之於內間 置樻箱而貯之 限同姓八寸 異姓六寸 多小有差 一年二三次分俵 從兄府使公 奉養二親 孝心誠一 經紀有無 費不以爲勞 躬親烹飪之節 不以爲賤 入而護視慈夫人積年之疾 出而執大人先生筆硯之役 年過六十而不少懈 季父判書公事伯氏先生如事親 凡有分兒饋遺 必先分出其半而送之 至於几杖花卉 必擇其勝品而納之 宗家京第頹落不堪居 割其數月之俸 以爲重修之費 身居度支 職務鞅掌 而必逐日往坐 使役其傔從 不多日而了畢 當其從子府使公喪 鄕村倉卒無以措手 先生盡出壽衣服而用之 公聞之以爲不時之需 不可一日曠 傾家財而代備之 先生喪後 使少輩合算田民 而顧謂定性娚妹曰 一一分析 不過奴若干田若干 取之無益 若宗家都有之 則可得以祭祀不絶 汝輩之意何如 皆對曰宜當 遂付之於宗家 凡係奉先之道 方便區畫指揮 無有欠缺 宗孫夫婦 雖有過失 嚴飭家衆 一切不敢有言 內舅氏議政公能言 而至白首手不釋卷 至對餐如厠亦不廢 天下之書無所不覽 兼之以聰明絶人 老而不減記 誦少日書 無異昨日之讀 飢飽榮辱則泊然不以爲意 蓮洞李參判丈 外王考之素交也 爲永川時 出送財資二駄於中路 以助尤翁謫所謁墓文之行 爲江華時 間日走伻 以問死生之疾 此皆此世之所難見者 書以示之人

76

학문은 자기를 위한 것인데 지금 학자들은 그렇지 않아, 진퇴와 응대의 절차를 익히기도 전에 천인(天人) 성명(性命)의 이치와 치국(治國) 평천하(平天下)의 방법을 먼저 강론한다. 붕우와 더불어 논란을 펼치다가 자신과 부합되지 않으면 논쟁을 주고받기도 하고, 심지어 화를 내며 서로 욕설을 하기도 하고, 떠들썩하게 긴 편지를 주고받다가 마지막에는 원수가 되기도 한다. 반드시 자신의 견해를 내세운 뒤에야 마치며, 혹 스승과 생각이 달라 갈라서는 것을 어려워하지 하지 않는 자도 많다.

이공거(李公擧)[180]와 한덕소(韓德昭)[181]가 모두 너가 학문에 힘쓰지 않는 것을 허물로 여기며 이런저런 말을 했다. 진실로 매우 두려워해야 할

---

179) 알묘문(謁墓文): 선현들의 묘소를 참배하고 자신의 느낌을 적은 글.
180) 이공거(李公擧): 조선 후기 권상하의 제자들인 강문팔학사(江門八學士) 중의 한 사람인 이간(李柬:1677~1727)으로, 호는 외암(巍巖).
181) 한덕소(韓德昭): 조선 후기 권상하의 제자들인 강문팔학사(江門八學士) 중 한 사람인 한원진(韓元震:1682~1751)으로, 호는 남당(南塘).

일인데도 내 성격이 본래 거칠고 의지가 굳지 못한 탓에 끝내 깊이 잠겨 궁구하지 못하고 반평생을 헛되이 보냈다. 율곡과 우암 선생의 말씀을 공자와 주자의 요지와 비교해 보기도 하고, 어려운 것은 백부 선생에게 여쭈기도 하고, 날마다 일어나는 일이나 행위, 언어에서 조금도 허투루 하지 않고 의리에 어긋나지 않게 하면서 학문이란 단지 이런 것일 뿐이라고 여겼다. 반쯤 아는 어설픈 식견으로 고상한 논의에 참여하지 않음으로써 '권섭(權燮)'이라는 나의 이름이 선비들의 쟁론에 오르내리지 않게 하였으니 한 가지 폐단은 제거했다고 하겠다. 이미 힘써 공부하지도 않은 데다 이런 말로 핑계를 대니 공거는 비웃고 덕소는 안타깝게 여겼다.

> 學所以爲己也 今之學者不然 未能習於進退應對之節 而天人性命之理 治國平天下之道 先自講說 與朋友論難而不合於己 則往復爭辯 至於怒色而相待辱說 而相加長書紛紛 終焉如敵如仇 必欲立己見而後已 或且不難於與師門而分異者多 李公擧 韓德昭 皆病我之不力學 有所云云 實深瞿然 然性本麤疎 志未堅固 終不能沈潛究索 虛度半世矣 以栗尤之言 就質於孔朱之旨 問難於伯父先生 其日用事爲與言語 則不少放過 使勿悖義 以爲之學只如此而已 不欲將半知半不知之見 參於高論 以玆權燮姓名 不上下於士友之爭閧 可謂除一弊矣 旣不能力學 從而爲之辭 又如此 公擧笑之 德昭憫之

77 소인이라고 해서 업신여기지 말아야 하니 소인도 대든다. 천한 자라고 해서 소홀히 대하지 말아야 하니 천한 자도 기롱할 줄 안다. 그러니 무릇 말을 하거나 일을 행할 때는 터럭만큼도 함부로 해서는 안 된다. 금수나 곤충 같은 미물도 모두 지각이 있는데, 어찌 사람이 바로 그 옆에서 전혀 거리낌 없이 행동할 수 있겠는가. 그 입은 비록 다물고 있지만 그 눈빛은 빛나고, 그 조잘대고 웅얼거리는 소리를 사람들은 조잘대고 웅얼거리는 소리로 듣지만 그들은 서로 생각을 전하면서 말을 하고 있는 것이다.

그들은 또 어느 한 측면에 뛰어난 것이 있으니 범과 이리의 부자관계, 벌과 개미의 군신 관계, 비둘기의 암수 사랑, 기러기의 우애, 수달의 제사[182], 양이 꿇어앉아 젖을 먹는 것[183], 개가 주인을 따르는 것, 말이 길

---

182) 수달의 제사: 수달이 포획한 고기를 먹으려 할 때에 마치 제사를 지낸 다음 먹는 것처럼, 좌우에 늘어놓은 다음 먹는 데서 온 말임.

을 아는 것, 거북이가 은혜에 보답하는 것, 봉황이 덕을 보고 내려오는 것184), 꾀꼬리가 벗을 찾는 것, 제비가 둥지를 찾아오는 것, 갈매기가 기미를 아는 것, 소가 주인에게 보답하는 것, 까마귀가 어미 새를 먹이는 것, 까치가 기쁜 소식을 전하는 것, 닭이 새벽을 알리는 것, 추우(騶虞)185)가 풀을 밟지 않는 것 등은 진실로 뭇사람들보다 낫다고 할 수 있다. 게다가 소종(昭宗)의 원숭이가 전충(全忠)을 치고186), 현종(玄宗)의 코끼리가 안록산 앞에서 춤추지 않고,187) 처종(處宗)의 닭이 이치를 말하고188), 혜원(惠遠) 법사의 거위가 불경을 경청하는189) 것들은 얼마나 많은 사람들을 진땀나게 했던가.

사람들이 서로 꾸짖을 때 금수만도 못한 놈이라고 욕하면 화를 내지만, 금수로 하여금 이런 말을 듣게 한다면 금수의 노여움이 그들보다 더 심할 것임을 모른다. 요컨대 독서를 하지 않으면 이를 면하기 어렵다.

勿以小人而侮之 小人亦有對頭 勿以賤隷而易之 賤隷亦知譏議 則凡出言行事 不可一毫放過矣 禽獸昆虫之微 亦皆有知覺 人豈可全無忌憚於其旁側乎 其口雖噤 其目則炯然 其啁啾嚶吟 人雖聽之以啁啾嚶吟 渠則是自相傳說之者矣 且其有一處 之通知 虎狼之父子 蜂蟻之君臣 雎鳩之夫妻 鴈之兄弟 獺之祭先 羊之跪乳 犬之戀主 馬之識道 龜之酬恩 鳳之覽德 鸎之求友 燕之尋巢 鷗之知幾 牛之報主 烏之反哺

---

183) 양이~것: 원문의 '궤유(跪乳)'는 『공양전』에 "어미 젖을 먹을 때에 반드시 꿇어 앉아 받아먹는다[乳必跪而受之]."에서 온 말로, 부모에게 공손하다는 뜻임.
184) 봉황이~것: 중국 한나라 때의 문신인 가의(賈誼)의 〈조굴원부(弔屈原賦)〉에 "봉황새는 천 길 높이 날아 덕이 빛나는 곳을 보고 내려앉는다[鳳凰翔于千仞兮 覽德輝而下之]."라고 한 데서 온 말임.
185) 추우(騶虞): 생물을 먹지 않고 살아 있는 풀을 밟지 않는다는 신령스러운 상상의 짐승. 생김새는 범과 비슷하며, 흰 바탕에 검은 무늬가 있고 꼬리는 길다고 전함.
186) 소종(昭宗)의~치고: 도적 황소(黃巢)의 무리였던 전충(全忠)이 관군에 항복하여 황소의 잔당과 그 밖의 군웅을 평정한 공으로 양왕(梁王)에 봉해졌는데, 뒤에 소종을 살해하고 애제로부터 제위를 넘겨받아 양나라를 세우고 당나라를 멸망시켰음. 이 과정에서 소종이 기르던 원숭이가 전충에게 달려들었던 일이 있는 듯하나 자세히는 알 수 없음.
187) 현종(玄宗)의~않고: 당 현종 앞에서 춤추던 코끼리가 훗날 반란을 일으키게 되는 안록산 앞에서 춤추지 않았다는 말인 듯하나 자세히는 알 수 없음.
188) 처종(處宗)의~말하고: 중국 진(晉)나라 송처종(宋處宗)이 사람의 말을 잘하는 닭과 종일토록 창가에서 대화한 결과 청담(淸談)의 말솜씨가 크게 늘었다는 '송종계창(宋宗雞窓)'이란 고사에서 온 말임.
189) 혜원(惠遠)~경청하는: 중국 수나라 혜원 법사가 법문을 할 때면 절에서 키우던 거위가 강당 안에 들어가 엎드려 있다가 법문이 끝나면 문밖으로 날아가곤 하였는데, 어느 날 뜰에서 슬피 울며 더 이상 강당에 들어가지 않더니 며칠 후 혜원 스님이 입적했다는 고사가 전함.

鵲之占喜 鷄之司晨 騶虞之不履草 固自勝於凡衆人 而至於昭宗猴之擊全忠 玄宗象之不舞祿山 處宗鷄之談理 惠遠鵝之聽經者 又泚乎幾箇人之顙乎 人之相詬詈 以禽獸加之則怒之 不自知其使禽獸反受之 其怒又有甚於渠者 要之非讀書難乎免矣

78 승산(勝山) 외삼촌이 나를 위해 첩을 들이려고 홍순연(洪舜衍)에게 부탁하여 흔쾌히 승낙을 받았다. 내가 그 여인이 아름답고 시를 잘 짓는다는 말을 듣고 말하기를 "아름다우면 남자의 마음을 쉽게 흔들고, 시를 잘 지으면 여자의 성정을 지키기 어렵다."라고 하고, 사양하고 들이지 않았다. 수십 년의 세월이 지나 쇠약해진 뒤에 내가 곳곳에 첩을 소개해 달라고 부탁하였으나 한 사람도 응하는 이가 없었다. 오려는 자를 거절하고 오지 않으려는 자를 구하고 있으니 진실로 이 무슨 마음이란 말인가. 때때로 혼자 웃는다.

勝山舅氏爲我求妾於洪舜衍而得快諾 余聞其女美而能詩曰 美則易移男子心腸 能詩則難守女子性情 謝却而不納 仍因歲月過數十年而益衰朽 則余到處有言 而落落無一人應之者 來者拒之 不來者求之 是誠何心 時時自笑

79 백부 선생의 연보가 완성되었는데, 그 끝에 묘지명과 묘갈명의 총론처럼 미덕을 지나치게 기술하였다. 내가 말하기를 "이는 연보의 형식이 아니니 의논하여 빼라."라고 하였다. 연보 중에 뜰의 나무가 말라 죽은 것을 돌아가실 즈음의 이상한 징후로 서술하였는데, 내가 말하기를 "이러한 서술은 근래의 폐단이다."라고 하였다. 신치운(申致雲)190)의 일을 논하면서 선대의 여러 폐단을 다 기술하였는데 고지식함이 끝이 없었다. 내가 "해당되는 사건에 대해서만 논하는 것이 옳다. 여러 세대의 일들을 언급하는 것은 너무 장황하다."라고 하고 모두 빼게 하였다. 내 견해가 과연 옳은지 모르겠다.

伯父先生年譜之成 盛撰德美於末端 如誌碣摠論 余曰 非譜體 籤議而去之 譜中

---

190) 신치운(申致雲;1700~1755): 조선 후기 문신으로, 경종 때 소론의 신예로서 노론의 거두였던 권상하 등을 축출하는 데 앞장섰음.

以庭木枯死爲考終時異徵 余曰 此近世弊端 論申致雲事 竭盡先累 斷斷不已 余曰 就事論事而已 可也 言其世代事 何太張皇 皆使之刪去 未知吾見之果如何也

80 나무를 잘라서 어떤 것은 정자의 현판으로 쓰고 어떤 것은 뒷간의 재목으로 쓰니, 이는 쓰는 곳이 좋고 나쁨이 있는 것이지 어찌 나무 때문이겠는가. 멀리 보이는 주흘산을 정면에서 보면 봉우리가 반듯하지만 측면에서 보면 삐쭉삐쭉하니, 이는 보는 위치가 같고 다르기 때문이지 어찌 산 때문이겠는가. 사람들이 나를 보고 혹 칭찬하여 하늘 위에다 올려놓기도 하고, 혹은 헐뜯어 구렁텅이 속으로 밀어 떨어트리기도 하니, 모든 것이 사람들이 보는 것이 같고 다른 데서 기인한 것이지 내가 처한 행과 불행이 이와 같겠는가. 나의 글씨는 매우 졸렬하고 아우의 글씨는 매우 좋은데, 어떤 사람들은 내가 아우보다 낫다고 한다. 이 또한 같음과 다름, 행과 불행의 사이에서 벌어진 일이니 어찌 나와 아우 때문이겠는가.

判木而一爲亭額之懸 一爲溷厠之用 所遭有幸不幸 豈木之故哉 望見主屹山 平看成嶺而方正 橫看成峰而崱屴 所見有同不同 豈山之故哉 人之視我 或譽而躋之天上 或毀而擠之溝中 一係人之所見之同不同 而我之所遭之幸不幸 如此耶 吾之筆拙甚 仲君則能書 而人或云 兄勝於弟 亦在同不同幸不幸之間 豈吾與仲君之故也

81 '아는 것을 안다고 하고, 모르는 것을 모른다고 하는 것 이것이 아는 것'이라고 했거늘[191] 세상 사람들 중에는 지리(地理)를 하찮게 여기는 자들이 많다. 이미 천문(天文)이 있고 인사(人事)가 있는데 삼재(三才) 중에 그 하나만 빠뜨릴 수 있겠는가. 이를 따지고 들면 그 이유를 밝히지 못하고 다만 "허망해서이다."라고 대답한다. 더 따지고 들면 "옛 성현들이 모두 언급하지 않았다."라고 하니, 우습다. 태왕(太王)이 집터를 보신 것[192], 주공(周公)이 낙읍(洛邑)을 경영한 것[193], 「용풍(鄘風)」에 '정성(定

---

191) 아는~했거늘: 『논어』에 "유(由)야, 내 너에게 안다는 것이 무엇인지를 가르쳐 주랴. 아는 것을 안다고 하고, 모르는 것을 모른다고 하는 것, 이것이 아는 것이다[由 誨女知之乎 知之爲知之 不知爲不知 是知也]."라고 한 데서 온 말임.
192) 태왕(太王)이~것: 원문의 '율래서우(聿來胥宇)'는 『시경』에 "이게 강녀(姜女)와 더불어 와서 집터를 보시니라[爰及姜女 聿來胥宇]."라고 한 데서 온 말임.

星)이 바야흐로 저녁에 하늘 중간에 위치했다.'라고 한 것194), 정자(程子)가 다섯 가지 해로움195)을 피한 것, 주자(朱子)의 「산릉의장(山陵議狀)」196)에서 모두 지리를 중요시한 뜻을 볼 수 있다. 후세의 황당무계한 설의 경우는 천문과 인사에서도 모두 이러한 잘못이 있는데, 어찌 지리만 비난할 수 있겠는가. 음양의 이치와 역순(逆順)의 운수는 하나이면서 둘이고 둘이면서 하나이니, 지리는 의서(醫書)와 복서(卜書)와 역서(曆書)와 산서(算書)에서 구할 수 있으니, 오직 역학에 능통한 자라야 그 미혹됨을 깨우칠 수 있을 뿐이다.

知之爲知之 不知爲不知 是知也 世人之毀地理者多 旣有天文 旣有人事 則三才可獨闕其一乎 詰之則不能劈破源頭 只勤對之曰虛罔 固詰之則曰 古聖賢皆不言矣 可笑 太王之聿來胥宇 周公之營洛邑 鄘風之定之方中 程子之避五害 朱子之山陵議狀 皆可見其重地理之意矣 至於後世荒誕之說 則天文人事 皆有是失 奚獨訛於地理乎 其陰陽之理 逆順之數 一而二 二而一也 求地理於醫卜曆算之書 可也 唯善於易學者 喩其迷耳

82 소나무 벌목을 너무 심하게 금하면 집을 짓거나 울타리를 만들거나 배를 건조하거나 강물을 막는 등의 이로움이 없어진다. 소 잡는 것을 너무 엄하게 금하면 선조에게 제사 지내거나 빈객을 대접하거나 노친을 봉양하거나 병을 조리하는 등의 이로움이 없어진다. 도망간 노비를 잡아 오는 일을 너무 심하게 막으면 주인과 노비의 의리가 상하고 풍속의 교화도 행해지지 않게 된다. 담군(擔軍)197)을 너무 엄격하게 규제하면 포복(匍匐)의 의리198)가 없어지고 초상과 장례도 때맞춰 지내지 못하게 된다. 별

---

193) 주공(周公)이~것: 주 무왕(周武王)이 죽은 뒤 주공(周公)이 도읍을 낙읍(洛邑)에 정한 것을 말함.
194) 용풍(鄘風)에~것: 『시경』 「용풍」에 "정성(定星)이 바야흐로 저녁에 하늘 중간에 위치하니 초궁(楚宮)을 짓네[定之方中 作于楚宮]."라고 한 데서 온 말임.
195) 다섯 가지 해로움: 물의 피해[水害], 가뭄의 피해[旱害], 바람·안개·우박·서리의 피해[風雨電霜害], 병의 피해[厲害], 벌레의 피해[蟲害]를 말함.
196) 산릉의장(山陵議狀): 주희(朱熹)가 송나라 효종의 능을 모시는 일에 관해, 풍수의 대강을 밝혀 광종에게 올린 글.
197) 담군(擔軍): 짐을 운반하는 군정인 담부군(擔陪軍)의 준말로, 상여를 메거나 산소를 조성하는 일을 담당하기도 하였음.

환(別還)199)을 너무 심하게 제한하면 나라 안의 사대부들은 모두 굶어 죽어 백성을 다스리는 일에 참여할 자가 없게 된다. 이는 또한 생각이 미치지 못해서 그런 것으로, 내가 관직에 있게 되면 위의 5가지 일은 지나치게 고집하지 않을 것이다. 이미 나라에서 금하고 있으니 내 생각이 이렇다고 해서 쉽게 어길 수 없지만 다만 환곡을 청하는 일은 매우 난처하다.

松禁太苛 則築舍作籬造舡防川之利廢 牛禁太嚴 則祭先饗賓養老調病之利廢 推奴之禁太泥 則奴主之義傷而風敎不行 擔軍之防太固 則匍匐之義缺而喪葬不時 別糶之塞太隘 則國中之士大夫 皆飢死而無復可與治民者矣 其亦不思而已矣 使我在時人之位 則不欲於此五事固守其偏然 旣有邦禁 則不可以己見之如此而容易犯之 但於請糶一事 極難處耳

83 심의(深衣)200)는 평상복인데 옛 제도 중에 이 옷만이 전해 오기에 지금은 예복으로 삼는다. 우암 선생께서 상의하상(上衣下裳)의 제도를 『학림옥로(鶴林玉露)』201)와 『주자어류(朱子語類)』202)에 근거하여 만들어 두었다. 이에 관련하여 주자가 조계인(趙季仁)203)을 뵙고 말하기를 "띠를 풀면 평상복으로 충분하고, 띠를 묶으면 예복으로 충분합니다."라고 한 것으로 보아 주자는 심의의 유래를 평상복으로 보는 견해가 강한 듯한데도 우암 선생께서는 상의하상(上衣下裳)을 심의의 다음에 두도록 하셨다. 백부 선생께서 늘 말씀하시기를 "정읍에서의 창졸한 일204)을 당하였을

---

198) 포복(匍匐)의 의리: 조문(弔問)을 뜻하는 말로, 『예기』에 "백성들이 상을 당하면 부복(扶服)해서 도와주어야 한다[凡民有喪 扶服救之]."라고 한 데서 온 말인데, 여기서 부복은 엎어지고 자빠지면서도 급히 가야 한다는 포복(匍匐)과 같은 뜻임.
199) 별환(別還): 토호(土豪), 양반, 영저리(營邸吏)들이 분급 규정에 의해 받지 않고 수령이나 감사와의 친분 관계를 빌미로 받았던 환곡. 이들이 많은 양의 환곡을 받아 내어 이자 놀이의 수단으로 사용하거나 심한 경우 환곡을 상환하지 않기도 하고 상환할 시기에 도망쳐서 이징(里徵), 족징(族徵)의 폐단을 야기하기도 하였음.
200) 심의(深衣): 유학자의 의복으로 저고리와 치마가 연결되었고, 옷의 가장자리에 검은 단으로 선을 둘렀음. 양쪽 옷자락이 겹쳐져 온몸을 두루 감싸고 있으므로 깊숙한 옷[深邃之衣]이라고 함.
201) 학림옥로(鶴林玉露): 중국 남송 때의 나대경(羅大經)이 지은 수필집으로, 문인과 학자의 시문에 대한 논평을 중심으로 일화, 견문 등을 수록하였음.
202) 주자어류(朱子語類): 주희와 그 문인들 사이에 오간 질문과 답변을 기록한 책.
203) 조계인(趙季仁): 중국 남송 조사서(趙師恕)의 자로, 송나라 태조 조광윤(趙匡胤)의 9세손임.

때 미처 여쭈어 보지 못한 것이 한스럽다. 내가 죽으면 염습할 때 상의하상을 쓰고, 소렴 때에 심의를 쓰고자 한다."라고 하셨다. 백부 선생께서 돌아가셨을 때 나는 초종(初終)205) 때까지 참석하지 못하였는데, 조카들이 잘 모르는 데다 장암(丈岩) 공이 상례를 주관하면서 백부 선생의 본의를 알지 못하여, 염습과 소렴의 순서를 바꾸어 행하였기에 평생의 회한으로 남았다. 내가 죽으면 반드시 염습 때 상의하상을 쓰고 소렴 때 심의를 쓰되, 학창의는 평소 내가 즐겨 입는 옷이니 대렴 때 난삼(襴衫) 대신 학창의로 하는 것이 좋겠다. 아이들은 이를 기억하길 바란다.

> 深衣是燕服 而以古制之遺 只此一衣 故今用爲禮服矣 尤菴先生得用上衣下裳之制 於鶴林玉露及語類而製置之 此朱子之得見於趙季仁處而日 解帶足以燕居 束帶足以 爲禮 則視深衣之始爲燕服者尤重矣 然猶命以上衣下裳 次於深衣 伯父先生常日 恨 未及質於井邑倉卒之時矣 吾死則欲用上衣下裳於襲 用深衣於小斂矣 伯父先生之喪 小子未及到於初終時 姪輩荒迷 丈岩公主喪而未知伯父先生之本意 乃失襲斂先後之 次 此爲終天之悔恨 吾死則必用上衣下裳於襲 用深衣於小斂 而鶴氅衣是吾平日之 愛着也 大斂之襴衫 以鶴氅代之爲可 兒輩知之

84 사람이 태어나면 결국에는 흙으로 돌아가는데, 관곽이 오래도록 썩지 않기를 바라니 망녕될 뿐이다. 비록 효자의 마음은 끝이 없어서 가장 좋은 나무를 쓰고 싶어 하지만 지금은 아무런 흠 없는 아름답고 매끈한 태백목(太白木)을 구하기 어려우니, 결국은 백변(白邊)206)을 제거한 평천판(坪川板)을 연이어 붙인 관이 더 낫다. 틈새가 있고 없음의 차이는 있지만 사방을 맞물리게 하고 겹으로 붙이면 (틈새가 없어져 태백목과) 다를 바가 없다. 영릉(寧陵)207)의 재궁(梓宮)208)과 우암 선생의 널[柩]에서도 이미 증명되었다.

시신에 입히는 옷과 침구의 경우는 사서인(士庶人)은 대부(大夫)와 같지 않으니, 비단을 사용하는 것은 지나치게 사치스럽고 명주·면·베 정도면

---
204) 정읍(井邑)에서의 창졸한 일: 우암(尤庵)이 정읍에서 사약을 받고 죽은 일.
205) 초종(初終): 임종 전부터 임종 후 부고를 내기까지 이루어지는 모든 절차를 아울러 일컫는 말.
206) 백변(白邊): 통나무의 중심에서 그 바깥쪽으로 좀 무르고 빛깔이 옅은 부분을 일컫는 말임.
207) 영릉(寧陵): 효종과 그 비인 인선왕후의 능으로, 경기도 여주에 있음.
208) 재궁(梓宮): 임금이나 왕후의 관을 높여 일컫는 말.

좋다. 검은 비단과 붉은 비단209)을 사용하는 것은 애례존양(愛禮存羊)210)의 의리이다. 널을 천으로 덮어씌우는 것은 예법에 보이지도 않고 도움 되는 것도 아니며 단지 한때 보기 좋게 하려는 것이므로, 붉거나 검게 물들인 명주를 사용하는 것도 좋다. 무릇 나의 자손들은 내 말을 어기지 말지어다.

> 人之生 畢竟歸復於土 則棺槨之必爲久不朽之圖妄耳 雖孝子之心無窮 無所不用其極 今則太白之木 美膩無疵者絶稀 終不如坪川板之去白邊而連附者爲勝 其罅隙有無與四周承覆之交何異 寧陵梓宮 尤菴先生之柩 已事可驗 其衣衾之附於身者 士庶人之葬 與大夫不同 錦段僭侈 全用紬綿布可矣 至於玄纁 是愛禮存羊之義 柩衣不見於禮 非有所益 而徒爲一時之觀美 則皆用紬之染紅黑者爲好 凡我子孫 勿違吾言

85 계미년(1703) 겨울, 계부의 완산(完山) 감영에 가서 머물던 중에 잠시 변산으로 유람 갔다. 달 밝은 밤에 취령암에 올라가 보니 한 스님이 면벽하고 앉아 있었다. 사람이 다가가도 돌아보지 않고 불러도 대답하지 않으며, 이름을 물어봐도 답이 없고 무슨 공부를 하냐고 물어도 상대하지 않았다.

내가 홀로 앉아 말하기를 "그대의 이 공부는 아무런 도움이 되지 않네. 내가 부형을 따라 서남 지방을 두루 여행하면서 입으로는 진귀한 음식을 실컷 먹고, 귀로는 좋은 소리를 많이 듣고, 눈으로는 아름다운 여인을 많이 보았네. 그런데 돌아와 나의 대암정사(臺岩淨社)에 이르러 밤낮으로 편안히 지내다 보면, 그 빼어난 정취를 이길 수 없어서 번다한 생각이 전혀 들지 않았네. 다시 기생집에 이르면 또 대암정사의 즐거움을 까맣게 잊게 되니, 이곳에 이르면 저곳을 잊게 되고 저곳에 이르면 이곳을 잊게 되었네. 몸이 가무와 술상 사이에 있더라도 오랜 세월 동안 눈과 귀가 익숙해

---

209) 검은 비단과 붉은 비단: 원문의 현훈(玄纁)은 장사를 지낼 때 산신에게 드리는 폐백으로, 장사 지낸 다음에는 무덤 속에 묻는다고 함.
210) 애례존양(愛禮存羊) : 예의 본질을 행하기 위해서는 형식의 보존이 필요하다는 말로, 『논어』에 "자공이 초하루를 고하는 제사에 제물인 양을 빼려고 하자 공자가 말하기를 '사야, 너는 양을 아끼느냐? 나는 예를 아낀다[子貢 欲去告朔之餼羊 子曰 賜也 爾愛其羊 我愛其禮]."라고 한 데서 온 말임.

지면 외물이 나의 마음을 흔들 수 없게 되니, 감영에 있든 산중에 있든 마찬가지이네. 그대는 부질없는 공부를 그만두고 나를 따라 감영에 가서 시험해 보고, 돌아와 다시 도를 닦는 것이 어떻겠는가?"라고 하니, 스님이 비로소 돌아앉아 이마를 펴고 말하기를 "그럽시다. 그럽시다."라고 하였다.

완산으로 돌아온 지 며칠 지나자 그 스님이 뒤따라왔다. 내가 그를 불러 함께 앉아 소리꾼들을 죽 늘어세워 놓으니, 스님이 한번 눈을 돌려 쭉 살펴보고는 이내 눈을 감아 버렸다. 내가 그 이유를 물으니, "마음이 동요됩니다."라고 답하였다. 그 뒤 오가기를 여러 차례 하였는데, 지금 스님을 보지 못한 지 벌써 20년이 지났다. 그의 공부는 어떻게 되었는지 알 수 없지만 평범한 스님은 아닌 듯하였다.

癸未冬 往在季父完山營中 略遊邊山 月夜上鷲嶺菴 見一僧面壁而坐 客至而不回顧 呼之亦不應 問名不答 問工夫何事無對 余獨坐語曰 爾之爲此工夫 無益矣 吾從父兄 遍遊西南 珍羞厭於口 好聲咽於耳 妙色滿於目矣 歸到我臺岩淨社 日夕坐臥則不勝其有勝妙之趣 頓無紛華之念 復至花柳場中 又頓忘臺岩之樂 到此則忘彼 到彼則忘此矣 置身於歌舞杯盤之間 年久耳目熟習 則外物不能動吾之心 營中山中 卽爲一般矣 爾勿爲浪工夫 隨我往監營以試之 歸復修道 僧始回坐 展眉而言曰 然矣然矣 還完山幾日 其僧踵來 余招與之坐 紛列聲伎 僧一游目遍視 仍復合眼 余問則曰 心動矣 往返凡數次 今不見僧 已過二十年 不知其工夫果如何 盖非凡僧

86

혼인은 신중히 하지 않을 수 없다. 세상 사람들을 다 알 수 없으므로 일가의 친족이나 아랫사람들을 통하여 혼처를 알아본다. 부부의 모습이나 성품은 대체로 모두 비슷해야 하니 그렇지 않으면 해로하는 즐거움을 보장할 수 없다. 남편은 현명한데 아내가 못났거나, 남편은 어리석은데 아내가 지혜로운 경우는 서로 좋을 수가 없다. 반드시 현명한 사람은 지혜로운 사람과 부부가 되고, 어리석은 사람은 못난 사람과 부부가 된 뒤에야 거문고와 비파처럼 조화로울 수 있다. 그래서 나는 자녀의 혼처를 구할 때 반드시 먼저 그 사람이 서로 비슷한가를 보니, 벗을 취하는 것과 무엇이 다르겠는가. 서로 통하는 사람끼리 호응하고, 같은 기질끼리 서로 구하니 도끼 자루와 도끼 구멍, 아교와 옻칠처럼 각각 어울리는 부류가 있는 것이다.

婚姻不可不愼也 世之人則不可遍知 而以一家諸族及廊底柱中見之 夫婦之形貌氣味 大抵皆與之仿佛 否則必未保其偕老之樂 夫賢而妻不肖 夫愚而妻智 皆不相好 必賢與智爲配 愚與不肖爲配 然後自相如鼓瑟琴矣 故吾則爲子女求婚 必先觀其人之相等與否 與取友何異 同聲相應 同氣相求 枘鑿膠漆 各有其類

87 나는 재상이 된 친구들을 대할 때도 벼슬하기 이전과 달리하지 않고, 아우[弟]니 형(兄)이니 일컫던 호칭만 사용하지 않을 뿐이다. 나의 아우 중온(仲蘊)이 말하기를 "그렇게 해서는 안 됩니다. 한 나라의 재상은 막중한 지위이니 말할 때는 반드시 공대하고 편지를 쓸 때는 상서(上書)라고 해야 합니다."라고 하였다. 내가 말하기를 "선비도 중하다. 만약 과거를 본 사람이라면 훗날 벼슬에 나아갔을 때 상대의 체모에 맞게 섬겨야 하겠으나, 나는 벼슬에 나아가 명예를 취할 뜻이 없으니 명예와 지위에 대해서는 논할 바가 아니다. 재상에게도 스스로 존귀하게 여겨야 할 것이 있고, 선비에게도 스스로 지킬 것이 있으니 서로 간섭하지 않아야 한다. 백부 선생께서 당시 관직이 없었기에 우리 외조부를 평소처럼 벗의 도리로 대하셨던 것이다."라고 하니, 아우가 말하기를 "선생의 지위나 명망은 특별한 것이기에 선례로 들어서는 안 됩니다."라고 하였다. 내가 말하기를 "다른 사람의 입장에서 보면 지위나 명망이 진실로 특별하지만, 어찌 선생께서 지위와 명망을 자처하셨겠는가. 다만 선비로 자처하셨을 뿐이다."라고 하였다. 내 동생은 소견이 좁으니 이 말을 따르지 않겠지만, 안광록(顔光祿)211)은 이 말을 들으면 어떻게 생각할지 모르겠다.

余於朋遊之爲卿相者 待之與布素時不異 特去其弟兄稱謂而已 家弟仲蘊曰不可 一國之相重矣 安得不言必尊敬書必曰上書也 余曰 儒士亦重 而若擧人則他日當出而事其人體貌宜然 余則無進取意 名位非所可論 國相自有其尊 士子自有其守 自不相干涉矣 伯父先生 當時不自有其職秩 故於我外王考友道如平昔矣 弟曰 先生之地望自別 不可以援例矣 余曰 自他人視之 則地望固自別 豈先生自有其地望也 直是以士子自處耳 吾弟局矣 其言不可從 顔光祿聞之 以爲如何

---

211) 안광록(顔光祿): 중국 남조(南朝) 송나라의 금자광록대부(金紫光祿大夫)를 지낸 안연지(顔延之). 시안 군수(始安郡守)가 되어 심양(潯陽)을 지나게 되자 도연명을 방문하여 함께 술을 마시며 서로 즐거워하였고, 뒤에 도연명이 별세하자 「뇌도징사문(誄陶徵士文)」을 지어 애도하였음.

88 노복의 기세가 상전보다 성하고, 자제의 기세가 부형보다 성하고, 부녀자의 기세가 대장부보다 성하고, 서자의 기세가 적자보다 성하고, 상민의 기세가 양반보다 성하고, 벼슬아치의 기세가 선비보다 성하고, 종친의 기세가 조정의 신하보다 성하고, 속된 무리의 기세가 유학자보다 성하고, 도적의 기세가 양민보다 성하면 나라는 망하니 누가 이를 구제할 수 있겠는가. 그러므로 군자는 오랑캐와 중국의 경계·군신과 상하의 구별·소인과 군자의 분별·이단과 정학(正學)의 차이를 엄격하게 하는 것이다. 지금 『강목(綱目)』은 일상적으로 입으로만 읽는 책이 되었고, 『춘추(春秋)』는 높다란 서고에 모셔둔 지 오래되었으니 명분이 어찌 문란하지 않겠는가.

奴僕盛於上典 子弟盛於父兄 婦女盛於丈夫 庶孼盛於嫡黨 常漢盛於兩班 品官盛於士夫 宗戚盛於外朝 俗流盛於儒者 盜賊盛於良民 則家國亡矣 誰能救之 故君子於夷狄中國之際 君臣上下之分 小人君子之辨 異端正學之別 必嚴焉 今綱目只爲口讀日課之書 春秋則束之高閣久矣 名分安得不紊也

89 외삼촌께서 금강산을 유람하고 와서 말씀하기를 "내가 아무개와 함께 유람하였는데, 그의 고집 때문에 너무 힘들었다. 만폭동에 이르러 굽이마다 앉아 내가 '좋다.'라고 하면 아무개는 '좋지 않다.'라고 하고, 내가 '좋지 않다.'라고 하면 아무개는 '좋다.'라고 하였다. 좋은 곳을 좋지 않다고 하는 것은 그다지 밉지 않았지만, 좋지 않은 곳을 극구 칭찬할 때는 매우 참기 힘들었다."라고 하시어, 마주 앉아 킥킥 웃었다. 근래 어떤 친구와 문장을 논하였는데, 훌륭한 부분을 대충 읽을 때는 나도 간과하였지만, 좋지 않은 곳에 이르러 부채를 두드리며 감탄할 때는 나도 모르게 답답한 마음이 생겨났다. 문득 외삼촌의 금강산 이야기가 생각나 크게 웃었으니, 어찌 유독 산수와 문장을 논하는 데만 국한되겠는가.

舅氏之金剛歸來言 與某君同遊 其固執可痛 到萬瀑洞曲曲坐 吾曰好 某曰不好 吾曰不好 某曰好 日不好於好處 無甚憎 而其不好處 必極口稱贊 則不勝其切痛矣 對坐而局局 近與一友人論文 其好處之泛讀 則吾亦放過矣 到不好處 卽鼓扇詠歎 自不覺胸中之輪困 忽思舅氏金剛之言 大笑 豈獨於山水與文字然也

90 섣달 그믐날 저녁에 아이들과 분암(墳菴)212)에 머물고 있었는데, 스님들이 바라를 치며 불경을 외는 소리가 밤이 깊도록 떠들썩하여 편히 잘 수가 없었다. 곧 마음을 안정시켜 동하지 않으니 그 소리는 귓속에서만 시끄러웠다. '아이들이 나보다 먼저 부동심하였는가?'라고 생각해서 불러 봤더니 모두 이미 일어나 앉아 있어서 크게 웃었다. 가만히 그 춤추는 모습을 보니 어수선한 듯하면서도 나름대로 조리가 정연하였다. 저 정진(精進)213)할 때, 왼쪽으로 돌았다가 오른쪽으로 돌고 오른쪽으로 돌았다가 왼쪽으로 돌며, 밖에서 안으로 들어오고 느렸다가 빨라지는 것이 분명 태극(太極)의 운행법과 같아서 스님에게 물어보니 과연 그랬다. 맨 처음 그 동작을 했을 때는 우연히 이루어진 것이 아니었겠으나 후대로 오면서 제대로 알지 못하고 따라했을 뿐임을 알 수 있으니 또 크게 웃었다. 그러나 선비들에게 이들처럼 부지런히 공자를 받들게 한다면 반드시 그 고통을 견디지 못하고 절반도 행하지 못하고 권태를 느낄 것이다.

> 除夕 與兒輩在墳菴 緇徒鳴囉誦法 達夜喧聒 不能安眠 乃復定心不動 而其聲自然鬧於耳中 意兒輩先我不動心 試呼之 皆已起坐矣 遂大笑 黙觀其法 雖似鬧擾 亦自有條理井然 若其精進之會 左旋右旋 右旋左旋 自外而內 曰緩而促 明是太極運行之度也 問之僧果然 是知原初設法 不是偶然 而後來直不知而遵行之而已 又大笑 然使士子輩 尊孔子如此之勤 則必不堪其苦 行之未半而倦怠矣

91 내 나이 25세에 청풍에서 한양으로 들어가 유생들과 어울리다가 외람되게 과분한 추대를 받아 성균관과 사학(四學)의 논의에서 주장을 펼치고, 6도(道) 27개 서원의 집강(執綱)214)을 맡았다. 당시 명성이 높았던 이성휘(李聖輝)와 상하를 다투었는데, 많은 선비들이 나를 알지 못하면 장차 세상에서 행세할 수 없는 듯이 여겼다. 그러자 나는 속이 텅 비었음을 헤아리지 못하고서 스스로 자만하여 눈 아래에 사람이 없는 듯이 행동하

---

212) 분암(墳庵): 분묘를 돌보기 위해 산소 앞에 지은 암자.
213) 정진(精進): 육바라밀 가운데 네 번째 수행 덕목으로, 순일하고 물들지 않은 마음으로 항상 부지런히 도를 닦을 것을 권하는 불교 수행법. 태만하고 게으른 태도를 없애고 한없이 착한 불법을 늘린다는 의미인데 여기에서는 춤동작에 열중하는 것을 의미함.
214) 집강(執綱): 성균관이나 향교의 유생으로서 그 안의 일을 맡아보던 재임(齋任)을 일컫는 말.

였다. 불만스런 일을 보면 내 멋대로 지껄이며 지체 높은 권세가조차도 아랑곳하지 않았고, 망령되이 나의 의지를 드러내며 하찮은 벼슬을 달가워하지 않았다.

그런데 지금 내외 부형들이 한 분도 세상에 남아 있지 않고, 늙은 몸은 쓰일 곳이 없어 궁벽한 골짜기에 칩거하고 있으니, 재앙 끝에 이 몸은 외롭고 위태로워진 데다 그간 쌓인 원망으로 내게 복수하려는 듯 사람들이 떼로 일어나 헐뜯고 꾸짖는다. 젊은 날 내가 턱으로 부리던 자들이 모두 높은 벼슬에 오르자 나를 노예나 다름없이 능멸하고 눌렀고, 재상의 지위에 오른 자들은 나를 하찮게 여겨 한 사람도 기억하는 자가 없었다. 이에 비로소 젊은 날 서로 함께 어울렸던 것은 다른 것이 아니라 내가 부형의 자제이고 재상의 자제였기 때문임을 깨닫고는 나도 모르게 크게 웃고 또 부끄러워하였다. 심지어 고을의 어리석은 무리조차도 멋대로 지껄이니, 마치 형구를 쓴 자가 거문고 타는 자를 따라 북 치며 춤추는 격215)인지라 또한 박장대소할 일이다.

지금 스스로 모난 성품을 고쳐 원만하게 하려 해도 때때로 나도 모르게 가슴속에서 치밀어 오르는 것이 겉으로 드러나니 습성을 고치기가 이와 같이 어렵다. 매양 방 안에 조용히 앉아 스스로 소동파의 "평소에 나 역시 사람들을 경시하였으니, 늘그막에 그 누가 이 늙은이를 생각하랴[平生我亦輕餘子 晚歲誰人念此翁]."라고 한 구절216)을 외고 있지만, 수령과 별성(別星)217)이 나를 대하는 것이 오히려 다른 사람을 대하는 것보다 못한 것이 괴이하다.

> 余於二十五歲 自淸風入京 遊於士林 中間猥得推許之盛 主張於館學論議 執綱二十七書院於六道 與李聖輝之當時聲名爭上下 多少士友 皆以不識權調元面 則將不得行世者然 余不自量其中之空空 持身自重 眼下無物 見有不平事 肆口言之 不知朱門之煥爀 妄自標致 不屑意於科宦之碌碌 到今內外父兄 無一在世 老而無用 蟄伏於窮峽之中 禍釁之餘 身名從而孤危 人皆羣起而訕嗷之 有若畜怨報復者然 其少日在於頤指揮者 皆得志於靑雲之上 凌踏壓倒 無異奴隷 其貴爲卿相者 視之落落 無一記存 始大覺其少日相與無他取於我也 只以其父兄子弟 宰相子弟之故也 不覺大

---

215) 형구를~격: "거문고 인 놈이 춤을 추면 칼 쓴 놈도 덩달아 춤을 춘다[着枷者 亦效荷瑟者而蹲蹲]."라는 속담에서 온 말로, 남이 하면 자기 주제를 모른 채 덩달아 따라 한다는 뜻임.
216) 소동파(蘇東坡)의~구절: 중국 송나라 소식의 시 〈차운화왕공(次韻和王鞏)〉의 구절임.
217) 별성(別星): 조정에서 파견하는 대소 관원을 통틀어 일컫는 말.

笑 又不覺大慚 至於鄕村蠢愚之輩 又從以信口嘈嘈 有若着枷者 效荷瑟而鼓舞 又可拍掌大笑 今欲刊方而就圓 時不覺露出胸中之勃勃 習性之難矯如此 每靜坐一室 自誦東坡翁平生我亦輕餘子 晚歲誰人念此翁之句 亦怪夫守令列星之待我 猶多不如他人

92

제악(祭樂)은 엄숙하니 순수한 기운이 매우 신령스러워 천지와 함께 움직이고, 군악(軍樂)은 정돈되었으니 용맹한 사내는 머리카락이 곤두서고 뜻을 품은 선비는 옷깃을 여미며, 선악(禪樂)은 안정되었으니 삼대(三代)의 위의를 보는 듯하다. 여악(女樂)은 방탕하고, 용악(傭樂)은 처연하고, 무악(巫樂)은 음란하고, 촌악(村樂)은 어지럽고, 농악(農樂)은 질탕하지만, 또한 모두 가락과 조리가 있어 난잡한 듯하나 난잡하지 않다. 나는 농악과 군악을 매우 좋아한다.

祭樂肅 壹氣孔神 與天地同流 軍樂整 勇夫豎髮 志士正襟 禪樂定 如見三代上威儀 女樂則蕩 傭樂則悽 巫樂則淫 村樂則亂 農樂則佚 亦皆各勻節奏有條理 似雜而不雜 吾則甚喜農樂與軍樂

93

아무런 까닭 없이 남을 비방하는 사람은 그 스스로 괴이할 뿐이다. 그 사람이 나의 어떠한 일에 간여하더라도 내가 충분히 착하면 또한 내 마음에 거리낌이 없을 것이니, 마땅히 스스로 돌아보고 남에게 허물을 돌려서는 안 된다. 그렇지만 온갖 사람들의 이런저런 말들을 모두 마음에 담아 두고, 공공연히 많은 일들 속에 나 자신을 둘 필요가 있겠는가. 대개 돈후하고 신중하며 민첩하고 어진 사람들은 매일 어울려도 싫증나지 않지만, 인색하고 시기하는 무리들의 경우는 어찌 굳이 어울려 즐거워할 필요가 있겠는가. 다만 그들의 마음에 거슬리지 않도록 할 뿐이다.

人有非情之謗 則其人自恠耳 干我何事 然吾事十分善 則亦何撖於其心乎 宜自反而不專咎於人 然形形之人 色色之言 亦何可盡留之於心頭而公然置我身於多事中乎 大抵 敦厚審愼之人 明敏慈良之人 日日相與而不厭 若狷嗇猜尅之輩 則豈必與之爲歡 只勿觸忤其心而已

94 나와 좋게 지내는 사람들이 모두 겉으로만 그런 것인데도 오직 착한 마음으로만 응하면 결국에는 반드시 후회하게 된다. 반드시 마음을 허락한 뒤에야 처음부터 끝까지 함께할 수 있기에 내 친구로는 안경당(安慶堂) 정재문 한 사람이 있을 뿐이다. 나보다 윗사람이 나를 예로써 대하지 않는데도 단지 나와 가깝다고 해서 좋아한다면 결국에는 수모를 당하게 된다. 그 사람에게 반드시 존중을 받아야만 부끄러운 일이 없을 것이므로 나는 백부 선생께 감사하는 마음이 끝이 없다. 부부지간에 사사롭게 친밀하고 친애하기만 한다면 결국에는 탈이 나게 된다. 반드시 착한 마음과 바른 행실을 사모하고 기뻐한 뒤에야 집안의 화목함을 길이 보전할 수 있기에 나는 이유인(李孺人)을 추모하는 마음이 끝이 없다.

> 人之與我爲好者 皆是皮毛 以徒善而應之 則畢竟必有悔 必許心然後 乃有始終矣 故我之友 只有安慶堂一人 人之尊於我者 不以禮待我 徒以其款洽而喜之 則畢竟必受侮 必見重然後 乃無羞愧矣 故我有不盡感於伯父先生 人之夫婦 徒以私昵情愛 則畢竟必有故 必相慕悅於心德行誼然後 乃永保其室家之宜矣 故我之追悼李孺人不已

95 인평위(寅平尉)[218]는 외조모 정씨 부인의 친동생이다. 내가 어려서부터 성장할 때까지 늘 숙휘공주(淑徽公主)의 슬하를 떠나지 않은 채 자식처럼 사랑을 받았고, 숙휘공주를 따라 대궐을 출입하면서 현종과 숙종, 자의(慈懿)[219]·명성(明聖)[220]·인경(仁敬)[221] 왕후께서 머리를 쓰다듬어

---

218) 인평위(寅平尉): 효종의 넷째 딸인 숙휘공주(淑徽公主;1642~1696)의 부군 정제현(鄭齊賢;1642~1662)으로, 자(字)는 사숙(思叔)이며, 공조 정랑(工曹正郎), 고양 군수를 지낸 정창징(鄭昌徵;1615~1664)의 아들. 정창징의 딸은 권섭의 외조모(=이세백의 부인)임.
219) 자의(慈懿): 인조의 계비인 장렬왕후(莊烈王后;1624~1688)로, 영돈녕부사 조창원의 딸. 인조가 죽고 효종이 즉위하자 대비가 되면서 자의의 존호를 받았고, 효종이 죽고 현종이 즉위하자 대왕대비가 되었음.
220) 명성(明聖): 현종의 정비(正妃)이자 숙종의 어머니인 명성왕후(明聖王后;1642~1683)로, 영돈녕부사 김우명(金佑明)의 딸. 아들 숙종이 즉위하자 대비가 되면서 명성의 존호를 받았고, 사촌 김석주와 손잡고 적극적으로 국사에 간여하여 인평대군의 아들 셋과 서인을 제거하였다가 나중에는 장희빈을 쫓아내 남인을 제거하고 서인을 끌어들였음.
221) 인경(仁敬): 숙종의 정비(正妃)인 인경왕후(仁敬王后;1661~1680)로, 광성부원군(光城府院君) 김만기의 딸. 천연두에 걸린 지 8일 만에 죽었으며, 왕자는 얻지 못하였고 공주 두 명을 얻었으나 둘 다 일찍 죽었음.

주시는 은혜도 입었다. 숙휘공주께서는 항상 보리밥을 좋아하셨는데, 우러러 까닭을 물으니, "효종 왕후께서는 한 번도 수라간에 시키지 않고 매일 중궁전에서 별도로 콩을 넣지 않은 꽁보리밥과 간을 하지 않은 준치를 익혀 올리셨기 때문에, 나도 자연히 그러한 식성을 갖게 되었다."라고 말씀하였다. 또 말씀하시기를 "효종께서는 밥상 아래로 밥알이 떨어지면 주워 드셨다. 일찍이 어전에서 동평위(東平尉)222)에게 식사를 내렸는데, 동평위가 물에 만 밥을 남기자 꾸짖으며 모두 먹게 하며 말하기를 '네가 남긴 밥을 궁인들이 먹겠는가. 개가 있어 먹겠는가. 하늘이 내린 곡식을 땅에 버리면 아깝지 않겠느냐.'고 하셨다."라고 하였다. 숙휘공주께서 평소 말씀하실 때 동춘(同春)·정관(靜觀)223)·정양파(鄭陽坡)224) 등의 여러 사람은 이름을 부르셨지만, 유독 우암 선생에 대해서는 우재 어른[尤齋爺]이라고 불렀다. 우러러 묻기를 "어찌하여 유독 이름을 부르지 않습니까?"라고 하니, "이 어른은 효종께서 이름을 부르지 않은 분이다."라고 답하셨다. 이 밖에도 반드시 들을 만한 이야기가 많이 있을 것인데, 내가 어리고 어리석어 질문하지 못한 것이 한스럽고 한스럽다.

寅平尉 外王母鄭夫人同氣弟也 余自幼至長 不離於淑徽公主膝上下 見愛如子 從出入於大內 至被顯廟肅廟及慈懿明聖仁敬王后 撫頂之恩 見貴主常喜麥飯 仰問則曰 孝宗抹樓下 一不御水刺 自內別具無豆純麥飯 味敗眞魚 熟而進之 曰以爲常 故吾亦自然效其食性矣 又曰 孝廟見有飯粒之落床下者 則取呑之 嘗賜飯東平尉於前 東平有水澆之餘 責之使盡食曰 汝之餘 宮人食之乎 有狗食之乎 暴殄天物於地 可惜 貴主平常語次 皆名呼同春靜觀鄭坡諸公 而獨於尤翁曰尤齋爺 仰問何爲獨不名 曰此爺 孝廟之所不名也 此外必多有可聽之言 而以稚昧之故 不知有問 可恨可恨

96 내가 어렸을 때 숙휘공주 댁과 재상 가문에서 자랐고, 때때로 서

---

222) 동평위(東平尉): 효종의 다섯째 딸인 숙정공주(淑靜公主;1645~1668)와 결혼한 정재륜(鄭在崙;1648~1723)으로, 생부는 영의정을 지낸 정태화(鄭太和;1602~1673)인데 정태화의 동생 정치화(鄭致和;1609~1677)의 양자가 되었음.
223) 정관(靜觀): 조선 후기 문신이자 학자인 이단상(李端相;1628~1669)으로, 자는 유능(幼能), 호는 정관재(靜觀齋)·서호(西湖).
224) 정양파(鄭陽坡): 조선 후기 문신인 정태화(鄭太和;1602~1673)로, 자는 유춘(囿春), 호는 양파(陽坡).

남 지방의 감영과 군(郡)의 관아에서 고기와 음악을 편안히 즐겼으며, 삼사(三司)225)와 육조의 아전들이 늘 뜰에서 멀어진 적이 없어서 마치 내가 그 지위에 있는 듯하였다. 멀고 가까운 곳으로 출입할 때 대부분 좋은 말을 타고 다녔는데 사람들은 그 말이 빌려 탄 것인 줄을 몰랐고, 성균관에 출입할 때는 수복(守僕)226) 30여 명과 서원의 고지기들이 향교(香橋)227) 안에서 전후로 호위하였으므로 사람들은 내가 유생인줄 몰랐다. 경학에 무지하였으나 선생과 장자에게 칭찬을 받았고, 세력이 없는데도 조정의 재상들을 대등하게 대하였으며, 명망이 없는데도 수많은 유생의 추종을 받았다. 내외 친인척과 친구들은 공경(公卿)이 아니면 유명한 벼슬아치였으며, 천박한 재주는 평범한 수준을 벗어나지 못하는 정도였지만 어울리는 무리는 모두 뛰어난 문장가들이었다. 팔도의 명산과 대천을 모두 직접 다녀 보고 전국의 기암과 맑은 샘을 모두 마음대로 구경하였고, 집은 네 벽만 남았어도 정자는 아름답고 널찍하였으며, 먹고 입는 것은 부족하지 않았으니 사람들은 내가 빈궁한 선비임을 알지 못하였다. 거기에다 자손들도 아주 많이 두었으니 진실로 좋다고 하지 않을 수 없는데, 이런 나의 신세에 다시 관직이 더해지는 영화를 바란다면 화근을 면하기 어려울 것이다. 젊어서부터 관직에 나아가고자 하지 않은 것은 하늘이 이미 명한 것이었다. 반평생을 모친의 보살핌을 받았고, 양친이 모두 돌아가신 뒤에는 처에게서 밥을 얻어먹었으며, 늙어서는 손자들에게 집안일을 맡겨 주관하게 하였다. 이제 이 늙은이가 일삼는 것이라곤 서책과 글씨와 바위틈의 샘과 정자에서 노니는 즐거움뿐인데 바람과 구름처럼 예측하기 어려운 일들이 이유 없이 일어나기도 하고, 뜻밖에 산귀신이 야유를 보내기도 하는 까닭을 모르겠다.

> 生少長於貴主之第宰相之家 時復安佚於西南營閣郡衙之㦲豢聲樂 三司政府吏隷常不離於門庭 如身親在於其地 遠近出入 所跨多是駿駒 人不知爲借乘 泮宮進退 守僕三十餘人 以各院庫直 前擁後衛於香橋之內 人不知爲幼學 無經學而多奬與於先生長者 無勢力而多頡頏於朝士卿相 無聲望而見千百儒士之顚倒奔走 內外族黨姻婭友朋 非公卿則名流搢紳 淺小之技不過平平僅僅 而所與遊 皆是詞翰上游 八道之名山大川 皆入兩脚之下 四郡之奇岩淸泉 皆在簾弄之內 家徒四壁 而亭閣精豁 衣食

---

225) 삼사(三司): 조선 시대에 사헌부·사간원·홍문관을 합쳐서 부른 호칭.
226) 수복(守僕): 조선 시대 단(壇)·묘(廟)·원(園)·능침(陵寢)·서원(書院) 등에서 청소를 맡은 사람.
227) 향교(香橋): 조선 시대에 성균관 앞에 있던 다리 이름.

安適 人不知爲貧窮措大 而又復子孫衆多 誠不可不謂好好 身命如此而復添之以科
宦榮耀 則難乎免矣 其自少而有退步之志者 天已命之矣 半生倚一身於慈氏鞠養 孤
露之後 聽飢飽於內間 至老則付孫兒輩而主掌家事 此翁則日日所事 不越乎書冊筆
硯岩泉亭臺之樂而已 眼前之風雲起滅無端 度外之山鬼揶揄何事

97 안개 낀 아침에 동료 세 사람과 길을 가다가 태백산 정상에서 큰 범을 만났는데, 한 걸음도 옮기지 않고 범과 서로 마주 보고 있었다. 부싯돌로 불을 붙여 수풀을 태워 밝히고 손에는 낫을 들고 앉아서 범이 다른 데로 갈 때까지 기다렸다가 천천히 산에서 내려왔다. 캄캄한 밤에 말을 타고 쌍봉사 뒤편 고개를 지나는데 호랑이가 뒤따라오고 있었다. 둘러보았지만 보이지 않아 천천히 말을 몰아 쌍봉사로 들어갔다. 한 아름이나 되는 큰 이무기를 황지(黃池)228)의 천천(穿川)229) 밖에서 만났는데 마음을 가라앉히고 발길을 돌려 피하였다. 능강계(凌江溪) 누각에 앉아 있는데 큰 뱀이 좌석 뒤편 창의 벽에 거꾸로 걸려 있기에 몸을 움직이지 않은 채 하인을 불러 쫓아내었다. 천남(泉南)에서 이웃에 불이 났을 때와 화지동 집에서 불이 났을 때도, 태연히 의관을 정제하고 빠져나왔다. 금란굴(金幱窟)230)과 총석정(叢石亭)의 바다에서 뱃놀이할 때 바다 가운데서 산처럼 큰 파도를 만나자 사람들이 모두 어지러워하며 넘어졌지만, 나는 편안히 앉아 시를 읊조리며 돛을 올려 바람 따라 가는 대로 맡겨 두었다.

신임(辛壬) 연간에 하늘까지 두루 미친 재앙231)이 우리 집안에도 미쳤으나 순리대로 기꺼이 받아들였다. 무신년 변란232) 중에는 일의 기미를 헤아려 보고 편안히 앉아 동요하지 않고 그 변화를 살폈는데, 그 사이 온갖 비방을 받았으나 또 느긋하게 대응하였다. 사람들 모두 내가 신임 연

---

228) 황지(黃池): 강원도 태백시 황지동에 있는 연못으로, 낙동강의 발원지임.
229) 천천(穿川): 강원도 태백시에 있는 구문소를 말함. 황지에서 흘러내린 물이 산을 뚫고 지나가면서 큰 석문을 만들고 그 아래로 깊은 소(沼)를 이루었다고 하여 구멍 뚫린 하천이라는 뜻으로 '구문소', '천천(穿川)'으로 불림.
230) 금란굴(金幱窟): 강원도 통천군 통천면 금란리에 있는 바위 동굴.
231) 신임(辛壬)~재앙: 노론과 소론의 대립이 격화되어 신축년(1721)과 임인년(1722)에 걸쳐 일어난 노론 축출 정변을 가리킴.
232) 무신년(戊申年) 변란: 1728년(영조 4)에 일어난 이인좌의 난. 소론 과격파들과 남인이 영조와 노론을 제거하고 밀풍군(密豊君) 탄(坦)을 왕으로 추대하기 위해 일으킨 난으로, 이인좌가 중심이 되었기 때문에 이인좌의 난이라고도 함.

간과 무신년 변란 때 대처하는 바를 보고 비웃으며 말하기를 "어리석고 완고하다."라고 하였다.

경문탄(頸門灘)에서 배가 진흙에 빠졌을 때는 너무나 다급하여 다른 사람의 목을 타고 내려왔다. 대탄(大灘)에서 닻줄이 끊겼을 때는 옷이 젖는 것을 생각할 겨를도 없이 황급히 뛰어내렸다. 두미(斗尾)에서 바람을 만나 배가 거의 전복되었을 때는 황급히 배를 돌려 정박하고 내렸는데, 사람들이 모두 비웃으며 "겁쟁이로다."라고 하였다. 오직 천명을 힘써 면할 수 있는 것은 각각 그때가 있는 것이니, 밖으로부터 오는 기롱 따위는 흔쾌히 받을 뿐이다.

> 霧朝 與同伴三人 逢大虎於太白絶頂 未跬步而相對 則石鐵生火 爇林而燎之 手鎌而坐 待其移去而徐步下山 昏黑騎馬 過双峰寺後峴 有虎躡後 則視而不見 徐驅而入寺 逢拱抱巨蟒於黃池之穿川外 則安心回步而避之 坐凌江溪閣上 大蛇倒掛於座後窓壁 則不動身而呼使人逐出 在泉南 隣有火 在花枝家失火 從容整衣冠而出 泛舟金欄叢石之海 中流遭風波濤如山 人皆眩倒 而安坐哦詩 掛席順風 聽其所之 辛壬彌天之禍 至及於家中 而順受如喜樂事 戊申逆變中 料量事機 宴坐不撓 以觀其變 間遭有萬弩向身 而亦安閑應之 人皆以前後所處 指笑曰冥頑 頸門灘泥舟時 則忙急跨人項而下 大灘絶纜時 則不計濡身而忙急跳下 斗尾遭風 蕩舟幾覆 則忙急回泊而下 人皆指笑曰恇怯 唯命之信 以力而免 各有其時 外至之譏 且可笑受

98 여의도 노비 운선(雲先)이 옛날에 큰 배를 훔쳐서 팔고는 도망갔는데, 지금 그 자손들이 수백 명이 넘는다. 어느 날 갑자기 장단(長湍)의 김 씨라는 사람이 그 사람들의 이름을 죽 적은 다음 당시 태수의 직인을 받아서 나에게 찾아와 보여 주며 말하기를 "이들은 나의 노비입니다."라고 하였다. 근거가 될 문서가 나에게는 있고 김 씨에게는 없지만 나는 모두 그에게 주고 아까워하지 않았다.

용안(龍安)233)의 김 씨라는 사람이 갑자기 열 말을 파종할 수 있는 나의 득성산(得城山) 전답을 자기 것이라고 하였는데, 나는 아무런 변론을 하지 않았다. 4년 뒤에 찾아와 말하기를 "제가 제 땅을 잃었다가 남의 말을 듣고 잘못 가져갔는데 지금 저의 본래 땅을 찾았습니다."라고 하며, 몇

---

233) 용안(龍安): 현 전라북도 익산시 용안면.

번이나 부끄러워하며 사죄하였다. 내가 "너무 미안해하지 마시오. 지금 다시 나에게 돌려주었으니 그대의 심사가 아름답소."라고 하였다. 사람들은 모두 내가 인(仁)과 의(義)를 잃었다고 비웃지만, 오늘날처럼 공정하지 못한 때를 생각해 보면 누가 이겼는지 졌는지를 알 수 없고, 더구나 선대로부터 다른 사람과 쟁송한 일이 없었으니, 내가 감히 전해 오는 집안의 법도를 쉽게 어길 수 있겠는가.

○ 계부를 따라 호남 감영에 머물 때 보성의 노비 이선(已先)이 집안의 재산 문서를 가지고 와서 말하기를 "저는 지금 늙어 죽을 날이 가까워 이를 바칩니다."라고 하였다. 내가 말하기를 "하인이 죽은 뒤에 주관할 자가 없다면 상전(上典)이 마땅히 관리해야 하는 까닭에 자손이 없는 노비가 죽으면 상전이 그 가산을 차지하는 것이 국법이다. 그런데 지금 너는 자식이 있는 데다 그 자식이 나의 노비도 아니니, 자식이 마땅히 재산을 지켜야 하는데 상전이 어찌 간섭하겠는가."라고 하고는 사양하며 받지 않고 증서를 써 주어 나의 못난 후손이 빼앗지 못하도록 하였다. 그 노비가 처음에는 매우 놀라 어찌할 바를 모르다가 정성껏 타이르고 일깨우니 여러 번 절하고 고맙다고 하며 돌아갔다. 다른 집 여종에게서 난 자식은 자신의 노비가 아니건만 요즘 사람들은 오직 세력을 믿고서 모두 자기 집 재산으로 신고하는 잘못을 저지르고 있다. 주는 자나 받는 자가 모두 부끄러운 줄을 모르는 것을 항상 마음속으로 비루하게 생각하고 미워하였는데 내가 어찌 감히 그런 잘못을 하리오.

汝矣島奴雲先 舊嘗盜賣大艘而逃走 今其子枝過數百 忽有長湍金姓人 列其名錄 踏印於時太守而來示曰 此吾之奴也 其考信之簿 則我有而金無也 我卽擧以與之 無吝 龍安金姓人 忽謂我得城山畓十斗種地曰 己之物也 我卽無辨 後四年 來曰 吾失吾田 聽人言而誤取 今得眞我之田也 僕僕愧謝 我曰 無恠也 今復還我 可喜君之心事也 人皆笑我之失於仁而失於義 我念今世不公之時 勝負未可知 況又自先代無與人爭訟之事 吾敢輕毁流來家法耶 ○隨季父府君在湖南之營 寶城奴已先持家産文券而來曰 奴今老將死納之 我曰 身死而無主者 則上典當句管 故無子孫之奴 死則記上 是國法也 今汝則有子 雖非我之奴 而子當世守其財 上典何干 辭而不受 仍書手標給之 以防我不肖後承之侵虐 其奴初甚驚恠罔措 諄諄開喩而後 屢拜稱謝而歸 今世之人 唯勢力是仗 他婢所生之子 謂非己奴 而一例記上 仍成謬覘 與者受者 俱不知恠 心常陋而惡之矣 吾敢爲之耶

99 지금 사람들의 작문(作文)과 작시(作詩)는 꾸미려고 할수록 진실성이 사라지고, 담박하게 하려고 할수록 아무런 맛이 없어진다. 이전삼모(二典三謨)234)를 보면, 간결하고 진솔하며 쓸데없는 구절이나 글자가 없어서 읽으면 안개 낀 물결이 일렁이듯 운치가 있고, 문장은 이해하기 쉬운데도 어리석은 학자들은 알지 못한다. 후세 사람들은 반드시 지(之) 자·어(於) 자를 생략한 채 괴이한 구절을 짓고는 "내가 이전삼모를 본받았다."라고 말하지만, 후대에는 오직 사마천의 〈화식전(貨殖傳)〉과 〈태사공자서(太史公自序)〉만이 전형의 격식을 잃지 않았고, 나머지는 모두 광대들의 흉내내는 말들에 지나지 않는다. 이남열풍(二南列風)235)을 보면, 거리낌 없이 음란하고 방탕하게 노래하면서 같은 시어를 반복하고 겨우 몇 글자를 바꿔 운으로 삼았지만 읽으면 풍치와 격조가 있고 그 어구는 저절로 뜻이 있는데도 고지식한 학자들은 알지 못한다. 후세 사람들은 반드시 문장을 잇고 말을 중복하면서도 새롭고 기이한 의취를 드러내지 못했는데도 "내가 국풍(國風)을 공부했다."라고 말하지만, 후대에는 오직 『선시(選詩)』만이 바른 음을 잃지 않았고, 나머지는 새가 지저귀는 소리에 지나지 않는다.

대저 요즘 사람들이 어찌 옛사람을 배울 수 있겠는가. 변방의 풍격과 기운은 중국과 다르고 말세의 인품은 상고시대보다 낮으니 억지로 미치려고 해도 어찌 비슷하기라도 할 수 있겠는가. 각기 그 분수를 채워 나가면 고하를 막론하고 각기 문장을 이룰 수 있다. 그것이 우리 조선에 나타난다고 해서 조선이 명나라와 같을 수 있겠으며, 명나라가 송나라와 같을 수 있겠으며, 송나라가 당나라와 같을 수 있겠으며, 당나라가 한나라와 같을 수 있겠으며, 한나라가 삼대(三代)와 같을 수 있겠는가.

> 今之人作文作詩 愈欲巧而愈失眞 愈欲淡而愈無味 看乎二典三謨也 簡當眞的 無剩句冗字 而讀之有烟波 其文則自易解而蒙學昧焉 後人必去之於字 而又詭作句切曰 吾學典謨 下而唯司馬遷之貨殖傳太史公自序 不失其典刑機軸 餘外皆是倡優 看乎二南列風也 淫佚唱歎 一語申復 只換數字爲韻 而讀之有風調 其辭則自有思而拘學眩焉 後人必連章重言 而無新奇意致曰 吾學國風 下而唯選詩不失正雅之音 餘外

---

234) 이전삼모(二典三謨): 『서경』의 편명인 「요전(堯典)」, 「순전(舜典)」과 「대우모(大禹謨)」, 「고요모(皐陶謨)」, 「익직(益稷)」을 가리키는 말.
235) 이남열풍(二南列風): 『시경』의 「주남(周南)」, 「소남(召南)」 두 편의 정풍(正風)과 열세 나라의 변풍(變風)을 아울러 이르는 말.

皆是啁啾 大抵今人 何可學古人 偏邦風氣異於中土 季世人品下於上古 強欲企及
何能形似 各自充其分 則勿論高下 各自成章耳 其見於東國 其如明乎 明如宋乎 宋
如唐乎 唐如漢乎 漢如三代乎

100 시는 자신이 그 시 속에 앉아 있어서는 안 되니, 자신이 시의 부림을 받기 때문이다. 단지 비슷하게 묘사하기만 하던 뜻이 그 안에 있게 된다. 옛 시인이 명비(明妃)를 읊은 시236)에서 단지 "오랑캐 땅이라 꽃과 풀이 없으니, 봄이 와도 봄 같지 않네. 옷에 두른 띠가 저절로 헐렁해짐은 허리를 잘록하게 가꾸어서가 아니네[胡地無花草 春來不似春 自然衣帶緩 非是爲腰身]."라고 했을 뿐인데 후인은 문을 닫고 홀로 앉은 명비가 자주 한숨 쉬고 탄식하며 울면서 원망하는 정황을 곡진히 표현한 것이라고 한다.

노승(老僧)을 읊은 시237)에 다만 "산속의 스님이 홀로 산속에서 늙으니 오직 차가운 소나무만 젊은 모습 보았네[山僧獨在山中老 唯有寒松見少年]."라고 하였는데 후인은 어깨가 솟고 눈썹은 길며, 무릎이 귀 위로 솟아 여위고 늙은 모습을 형용한 것이라고 한다.

욕궁(欲窮)의 시238)에 "복사꽃이 비단보다 붉은지 모르겠고 솜보다 흰 버들개지 밉기만 하네[不分桃花紅勝錦 生憎柳絮白于錦]."라고 하였는데 후인은 반드시 울적하고 근심스런 모습을 말하고자 한 것이라고 한다.

지난해 밤 모임 자리에서 일원(一源)은 "동지 전날 아름다운 모임에 술은 무르익고, 황혼녘에 거닐자니 달빛이 옷에 비추네[佳期小至蛆浮釀 步屧黃昏月在衣]."라고 하였고, 신로(莘老)239)는 "시인은 느긋하게 붓을 더

---

236) 명비(明妃)를 읊은 시: 중국 당나라 시인 동방규(東方虬)의 〈소군원(昭君怨)〉을 말함. 명비(明妃)는 한나라 원제(元帝) 때의 궁녀인 왕소군(王昭君)으로, 흉노의 호한야선우(呼韓邪單于)에게 정략적으로 시집보내져서 평생 한나라를 그리워하며 살다가 죽었음.

237) 노승(老僧)을 읊은 시: 중국 당나라 시인 유장경(劉長卿)의 〈심성선사란야(尋盛禪師蘭若)〉로, "가을 풀 국화꽃 옛 두둑에 가득하고, 숲 사이 어디선가 인가의 연기 피어나네, 산승은 홀로 산중에서 늙었는데, 오직 한겨울 소나무만 젊은 모습 보았네[秋草黃花覆古阡 隔林何處起人煙 山僧獨在山中老 唯有寒松見少年]."임.

238) 욕궁(欲窮)의 시: 중국 당나라 시인 두보의 〈송로육시어입조(送路六侍御入朝)〉로, "어려서부터 친하게 지내 온 사십 년 세월 중간에 소식이 둘 다 묘연하였지. 훗날 어디에서 다시 만날까 홀연히 서로 만난 게 바로 이별의 자리라네. 복사꽃이 비단보다 붉은지 모르겠고 솜보다 흰 버들개지 밉기만 하네. 검남의 봄빛은 도리어 믿을 게 못 되니 수심에 찬 사람 술 마시게 하네[童稚情親四十年 中間消息兩茫然 更爲後會知何地 忽漫相逢是別筵 不分桃花紅似錦 生憎柳絮白於綿 劍南春色還無賴 觸忤愁人到酒邊]."임.

디 놀리고, 술자리엔 체면 차릴 것 없어 옷도 짧아지네[詩家令緩容遲筆 酒席儀疎且短衣]."라고 하였고, 나는 "다리 앞의 흰 달빛 지팡이를 비추고, 대나무 숲의 찬바람 베옷에 스며드네[橋頭白月生藜杖 竹下寒風在葛衣]."라고 하였는데, 누가 더 흡사하게 묘사했는지 알 수 없다.

간재(簡齋)240)의 버들개지를 읊은 시에 "미친 듯이 천 길 높게 솟아오르더니, 바람 잔잔해지자 천천히 내려오네[顚狂忽作高千丈 風力微時穩下來]."라고 하였으니 오묘하다. 묵매(墨梅)를 읊은 시에 "봄바람 속 처마 아래 어여쁜 자태[含章簷下春風面]."라고 하였으니, 매화를 노래한 것인 줄은 알겠으나 그림인지 실물인지를 알 수 없다. 또 "조화옹이 가을 토끼털로 공을 이루었네[造化功成秋兔毫]."라고 하였으니, 그림인 줄은 알겠으나 채색을 했는지 안 했는지는 알 수 없다. 또 "뜻이 충분히 담겼으면 겉모습은 같을 필요 없으니, 전생의 그대는 천리마를 알아본 구방고241)였으리[意足不求顏色似 前身相馬九方皋]."라고 하였으니,242) 그제야 묵매도라는 것을 알 수 있다. 이처럼 교묘한 것은 저절로 흡사하게 묘사했기 때문이니 풍치와 격조는 비록 한당(漢唐)에 미치지 못한다 해도 이런 방식은 배울 만하고, 배우면 또한 미칠 수 있다.

  詩不可坐在詩中 以身爲詩之使也 只以影響仿佛 則語意自在其中矣 古人咏明妃 只曰 胡地無花草 春來不似春 自然衣帶緩 非是爲腰身 後人則必曲盡其閉戶獨坐 累唏長歎 涕泣哀怨之狀 咏老僧 只曰 山僧獨在山中老 唯有寒松見少年 後人則必形容其肩高眉長 膝過於耳 癃尫醜弊之態 其欲窮之詩曰 不分桃花紅勝錦 生憎柳絮白於錦 後人則必極言其憂愁鬱悒之容 昔年夜會之席 一源曰 佳期小至蛆浮釀 步屐黃

---

239) 신로(莘老): 조선 후기 문신인 김상리(金相履;?~?)로, 자는 신로(莘老).
240) 간재(簡齋): 북송과 남송의 교체기에 이부시랑, 예부시랑, 한림학사 등을 역임한 진여의(陳與義;1090~1138)로, 자는 거비(去非)이고, 호는 간재(簡齋). 시를 잘 지었는데 국가의 환란을 당해 겪은 비탄과 한탄이 비장하게 그려져 있으며, 황정견(黃庭堅), 진사도(陳師道)와 함께 강서시파(江西詩派)의 '삼종(三宗)'으로 꼽힘.
241) 뜻이~구방고(九方皋): 진 목공(秦穆公)이 천리마를 구하려고 말을 잘 알아보는 백락(伯樂)의 제자 구방고(九方皋)를 보냈더니, 석 달 만에 돌아와서 천리마를 구해 놓았다고 아뢰었다. "어떤 말이냐?"라고 물으니, "누른 암말입니다."라고 하였다. 목공이 사람을 보내어 말을 몰고 왔는데 검은 수말이었다. 목공이 백락에게 "자네의 제자가 수말인지 암말인지, 누른지 검은지도 모르니 어찌 말을 알아본다고 하겠는가."라고 하니, 백락은 "구방고는 말의 천기(天機)만 보기 때문에 속만 알고 겉은 잊어버린 것입니다."라고 하며, 자기가 미칠 수 없다고 오히려 극찬하였는데, 후에 보니 과연 명마였다고 함.
242) 묵매(墨梅)를~하였으니: 진여의(陳與義)의 〈묵매〉 시의 원제목은 〈화장규신수묵매오절(和張規臣水墨梅五絶)〉로, 총 5수인데 여기에 인용된 것은 네 번째 시임.

昏月在衣 莘老曰 詩家令緩容遲筆 酒席儀疎且短衣 吾則曰 橋頭白月生藜杖 竹下寒
風在葛衣 未知能不出於影響外否 簡齋咏柳絮曰 顚狂忽作高千丈 風力微時穩下來
妙矣 咏墨梅曰 含章簷下春風面 則知其爲梅而不知其畵與眞矣 又曰 造化功成秋兔
毫 則知其爲畵而不知其粉與墨矣 又曰 意足不求顔色似 前身相馬九方皐 則始乃知
其爲墨梅矣 如此巧妙 自在於影響之中 風調雖不及於漢唐 亦可學也 學之又能及也

101　꽃과 버드나무는 한때만 화려하고, 소나무와 잣나무는 추운 겨울
에도 견딘다고 해서 세상 사람들은 모두 소나무와 잣나무를 군자나 공경
처럼 귀하게 대하고 꽃과 버드나무는 너나들이로 하찮게 대한다. 그러나
나는 그것들은 모두 천지조화의 오묘함을 얻었다고 여겨 똑같이 좋아한
다. 비록 쇠와 돌처럼 견고한 것들도 녹거나 갈라질 때가 있는데 반드시
그것을 좋아하고 싫어할 필요가 있겠는가. 우스울 뿐이다. 사람들이 좋아
하고 싫어하는 것 중에 꽃과 버드나무보다 더한 것으로는 썩은 흙보다 더
한 것이 없지만, 그래도 썩은 흙은 사람에게 도움이 되기도 한다.

世人皆以花柳爲敷榮於一時 松柏爲後凋於歲寒 君公松柏而爾汝花柳 吾則任其同
得天地造化之妙 一視而均喜之矣 雖金石之頑 亦有鑠泐之時 何必愛憎 乃爾可笑
其愛憎之者 豈皆勝於花柳 却糞土之不如也 糞土亦資益於人

102　동일한 물건을 달리 일컫는데, 종이를 운손(雲孫)·운자(雲子)·운의
(雲衣)·옥판(玉板)·분지(粉地)라 하고, 눈[眼]을 흑첨(黑甜)이라 하고, 나비
를 화사(花使)·화신(花信)이라 하고, 눈썹을 원수(遠岫)·팔자(八字)라 하고,
이끼를 석발(石髮)이라 하고, 술을 황류(黃流)·춘색(春色)·녹의(綠蟻)·유하
(流霞)·주종(酒宗)·벽향(碧香)·죽엽(竹葉)이라 하고, 소나무를 창발(蒼髮)·
창염(蒼髥)·저리(杵里)라 하고, 원숭이를 생공(生公)·소빈(小賓)이라 하고,
눈[雪]을 육화(六花)·육고(陸苦)·은국(銀國)이라 하고, 산[山]을 금련(金蓮)
이라 하고, 해를 금추(金樞)라 하고, 개[犬]를 백작(白鵲)·송계(宋鷄)·황이
(黃耳)·위자(衛子)라 하고, 붓을 율미(栗尾)·북동(北童)·장해(長蟹)라 하고,
달을 소아(素娥)·은환(銀環)·은궐(銀闕)·계화(桂花)·계백(桂魄)·은파(銀波)라
하고, 눈[目]을 횡파(橫波)·추파(秋波)·은해(銀海)라 하고, 대나무를 산동

(山童)·차군(此君)·용추(龍雛)·삭옥(削玉)이라 하고, 처마를 남영(南榮)이라 하고, 성가퀴를 야성(野城)이라 하고, 거북이를 강사(江使)라 하고, 화살 깃을 돌우(突羽)라 하고, 거울을 능화(菱花)라 하고, 조는 것을 황미(黃彌)라 하고, 눈물을 쌍고(双苦)라 하고, 종소리를 경음(鯨音)이라 하고, 군문(軍門)을 누화(壘和)라 하고, 등불을 창수(蒼叟)·어안(魚眼)이라 하고, 까치를 수황(樹黃)이라 하고, 비[雨]를 신유(神乳)·석연(石燕)·첨령(簷鈴)이라 하고, 화로를 수안(睡眼)이라 하고, 학을 운옹(雲翁)·은아(銀兒)라 하고, 기와를 어린(魚鱗)이라 하고, 글씨를 봉장(蜂腸)·어간(魚肝)이라 하고, 차[茶]를 용아(龍芽)·학설(鶴舌)·명노(茗奴)·벽유(碧乳)라 하고, 메뚜기를 나부(懶婦)라 하고, 먹[墨]을 객경(客卿)·묵경(墨卿)·진현(陳玄)·송전(松湔)·옥정(玉鼎)·금산(金山)이라 하고, 잎을 운선(雲仙)이라 하고, 기러기를 상신(霜信)·함로(含蘆)라 하고, 향을 반혼(返魂)243)이라 하고, 중을 적발개사(赤髮開士)라 하고, 녹계(菉鷄)를 진리(鎭離)라 하고, 홀[笏]을 서절(瑞節)이라 하고, 짐수레를 총령(蔥靈)이라 하고, 장[醬]을 애공(哀公)의 미음(美湆)이라 하고, 해오라기를 설객(雪客)이라 하고, 빗을 어순(魚唇)이라 하고, 벼루를 청화(靑花)라 하고, 갑옷을 궐공어착(闕鞏魚着)이라 하고, 그물을 점휘(沾徽)라 하고, 음식을 만드는 사람을 설인(舌人)이라 하고, 모란을 서고(鼠姑)라 하고, 대자리를 풍문유황(風紋流黃)이라 하고, 닭을 시야한음(時夜翰音)이라 하고, 다리[橋]를 학치(鶴齒)라 하고, 신선을 호아십주(虎牙十洲)라 하고, 쑥을 금빈수지(金鬢水脂)라 하고, 절[寺]을 학국보방(鶴國寶坊)이라 하고, 벼슬아치의 수레를 서헌(犀軒)이라 하고, 덩굴[女蘿]을 완동노독추(宛童老禿鶖)라 하고, 숙근초[蕚]244)를 백활(白滑)이라 하고, 깁[紗]을 선익(蟬翼)이라 하고, 바늘을 금수(金收)라 하고, 꿩을 목옹(木翁)이라 하고, 꾀꼬리를 국의(菊衣)라 하고, 이슬을 삼위갑우(三危甲雨)라 하고, 귤을 천상목수(千桑木收)라 하고, 뽕나무를 무모여우(無毛女羽)라 하고, 가는 실[葆綱]을 섬경(纖經)이라 하고, 큰 활을 번약(繁弱)이라 하고, 암자를 와옥(蛙屋)이라 하고, 돌을 화호(和虎)라 하고, 연못을 수국(水國)이라 하고, 도장을 은어(銀魚)·동어(銅魚)라 하고, 휘장을 금사(金絲)라 하고, 서리[霜]를 청녀(靑女)라 하고, 매파를 빙인(氷人)이라 하고, 개가 낳은 세 번째 새

---

243) 반혼(返魂): 장사를 지낸 뒤에 혼백이 깃든 신주를 다시 집으로 모시고 오는 일로, 주상(主喪)과 복인(服人)들이 신주와 혼백 또는 영정을 모시고 집으로 돌아오는 일을 말함.
244) 숙근초: 생강과에 딸린 여러해살이풀로, 양하(蘘荷)라고 함.

끼를 종(椶)이라 하고, 사나운 쥐를 비이(髬鬤)라 하고, 주지승을 괘석(掛錫)이라 하고, 오이를 포합(蒲鴿)이라 하고, 거위를 서안(舒雁)이라 하고, 기러기 목을 수옹(殊翁)·잡옹(雜翁)이라 하고, 산이 험한 것을 암오(嵓岙)라 하고, 맛있는 국을 타제(駝蹄)라 하고, 물고기를 수사(水梭)라 하고, 궁중의 길을 용미(龍尾)라 하고, 하고초(夏枯草)245)를 내동(乃東)이라 하고, 터럭을 관장하는 신을 창취(蒼翠)라 하고, 뱃사공을 수객(水客)이라 하고, 병거(兵車)를 부여(賦轝)라 하고, 송아지를 견율(䗫栗)이라 하고, 토굴을 토공(土空)이라 하고, 양나라 사람은 책을 황미(黃彌)라 하고, 납해(納絞)를 위여(委余)라 하고, 패옥 소리를 정동(丁東)·정당(丁當)이라 하고, 잔심부름하는 자를 정마(旌馬)라 하고, 물을 임공(壬公)이라고 한다. 당나라의 청박경(靑駮脛)을 청교(靑骹)라 하고, 육군을 육사(陵師)라 하고, 박의 씨를 호서(瓠犀)라 하고, 칼을 상망(霜鋩)이라 하고, 듣을 경문(鯨文)이라고 한다.

  같은 말을 달리 표현하는데, 옛날 제후를 봉부(封父)라고 하고, 내부에서 일어나는 참소를 갈참(蝎譖)이라고 하고, 큰일을 후사(厚事)라고 하고, 말을 실천하는 것을 복언(復言)이라고 하고, 병사를 통솔하는 것을 심사(尋師)라고 하고, 역참에서 공문을 전달하는 것을 승거(乘遽)라고 하고, 오랜 세월을 광겁(曠劫)이라고 하고, 정당한 길이 아닌 것을 소인(宵人)이라고 하고, 탐욕을 괄부전(栝不戰)이라고 하고, 상대(相對)를 좌갑이(坐甲夷)라고 하고, 삼족(三族)을 옥주(屋誅)라고 하고, 서로 속이는 것을 상몽(相蒙)이라고 하고, 여러 사람이 웃는 것을 홍당(哄堂)이라고 하고, 북을 치며 참소하는 것을 고참(鼓譖)이라고 하고, 70세를 망팔(望八)이라고 하고, 내년을 내자(來玆)라고 하고, 친척과 잔치하는 것을 살증(殺蒸)이라고 하고, 죽은 것을 절세(絶世)라고 하고, 느린 것을 우우유(于于猶)라고 하고, 세속의 문투에 갇힌 것[俗臼]을 속정(俗井)이라고 하고, 삶을 탐하는 것을 매생(每生)이라고 하고, 뒷간에 가는 것을 옥두(屋頭)라고 하고, 초나라의 진법(陣法)을 형시(荊尸)라고 하고, 태연하게 스스로 만족하는 것을 산자(山雌)라고 하고, 급박한 것을 기기(甀甀)라고 하고, 사람의 도리를 모르는 것을 진인(陳人)이라고 하고, 벼슬아치로서 백성을 돌보지 않는 것을 원융총(圓融蔥)이라고 하고, 이마 위에 있는 붉은 점을 아황(鴉黃)이라고 하고, 교

---

245) 하고초(夏枯草): 제비꽃.

활한 것을 누라(僂羅)라고 하고, 자식이 아비를 이기는 것을 과조당파연루(跨竈撞破煙樓)246)라고 한다.

평성과 측성이 본래와 달리 쓰이는 경우가 있는데, 누공(屢空)에서 '누'는 평성 '공'은 측성이고, 모해(模楷)에서 '해'는 측성이고, 고비(皐比)에서 '고'는 측성 '비'는 평성이고, 경위(經緯)에서 '경'은 측성이고, 아융(阿戎)에서 '아'는 측성이고, 영형(寧馨)에서 '영'은 측성이고, 가한(可汗)에서 '가'도 측성 '한'도 측성이고, 용종(龍鍾)에서 '종'은 측성이고, 삼사(三思)에서 '삼'은 측성이고, 분창(奔蒼)에서 '창'은 측성이고, 후선(後先)에서 '선'은 측성이다. 이 같은 예는 너무 많아 다 기록할 수 없다.

物名同異 有紙日雲孫雲子雲衣玉板粉地 眼日黑甜 蝶日花使花信 眉日遠岫八字 苔日石髮 酒日黃流春色綠蟻流霞酒宗碧香竹葉 松日蒼髮蒼髯杵里 猿日生公小賓 雪日六花陸苦銀國 山日金蓮 日日金柩 犬日白鵲宋鷄黃耳衛子 筆日栗尾北童長蟹 月日素娥銀環銀闕桂花桂魄銀波 目日橫波秋波銀海 竹日山童此君龍雛削玉 簷日南榮 堞日野城 龜日江使 箭羽日突羽 鏡日菱花 睡日黃彌 涙日双苦 鐘聲日鯨音 軍門日壘和 燈日蒼叟魚眼 鵲日樹黃 雨日神乳石燕簷鈴 爐日婭眼 鶴日雲翁銀兒 瓦日魚鱗 書日蜂腸魚肝 茶日龍芽鶴舌茗奴碧乳 蚕日懶婦 墨日客卿墨卿陳玄松湎玉鼎金山 葉日雲仙 鴈日霜信含蘆 香日返魂 僧日赤髮開士 蒙鷄日鎭籬 圭日瑞節 輜車日葱靈 醬日哀公美渧 鷺日雪客 梳日魚唇 硯日青花 甲名日闕鞏魚着 網日祐徽 掌飲食之人日舌人 牧丹日鼠姑 筆日風紋流黃 鷄日時夜翰音 橋日鶴齒 仙日虎牙十洲 蓬日金鬢水脂 寺日鶴國寶坊 卿車日犀軒 女蘿日宛童老禿鶩 蕁日白滑 紗日蟬翼 針日金收 雉日木翁 鴛日菊衣 露日三危甲雨 橘日千桑木收 桑日無毛女羽 葆綱日纖經 大弓日繁弱 庵日蛙屋 石日和虎 澤日水國 印日銀魚銅魚 帳日金絲 霜日靑女 媒日氷人 犬生三子日櫻 猛獸鼠日髦髳 住僧日掛錫 瓜日蒲鴿 鵝日舒鴈 雁頸日殊翁雜翁 山險日㟁㟃 美羹日駞蹄 魚日水梭 宮中道日龍尾 夏枯草日乃東 髮神日蒼翠 篙工日水客 兵車日賦輿 犢日犐 土窟日土空 梁人謂書日黃彌 納絃日委余 珮聲日丁東丁當 小使日旅馬 水日壬公 唐之青駮脛日青骹 陸軍日陵師 瓠子日瓠犀 劒日霜鋩 錢日鯨文 言語同異 有古諸侯日封父 自中之讒日蝎讒 大事日厚事 踐言日復言 用兵日尋師 驛傳日乘遽 年多日曠劫 非明正之道日宵人 貪慾日梏不戰 相對

---

246) 과조당파연루(跨竈撞破煙樓): 중국 송나라 호계종(胡繼宗)의 『서언고사(書言故事)』에 "연루(煙樓)는 아궁이 위에 설치한 연통이다. 아궁이를 뛰어넘어 연통을 부수고 나가는 것[跨竈撞破煙樓]을 가지고 아들이 아비보다 나을 때의 비유로 쓴다."라고 하였음. 청나라 고사기(高士奇)의 『천록식여(天祿識餘)』에는 "말의 앞발 사이의 빈 공간을 조문(竈門)이라고 하는데, 양마(良馬)가 치달릴 때면 뒷발이 벌써 조문에 가 있기 때문에, 후보(後步)가 전보(前步)를 앞지른다는 뜻에서 아비보다 나은 아들을 가리키는 비유로 쓰게 되었다."라고 하였음.

曰坐甲夷 三族曰屋誅 相欺曰相蒙 衆笑貌曰哄堂 鼓而迫之於讒曰鼓讒 七十歲曰望
八 來年曰來玆 親戚宴樂曰殺蒸 死曰絶世 緩曰于于猶 俗曰彐俗井 貪生曰每生 如
廁曰屋頭 楚之陣法曰荊尸 泰然自足曰山雌 急曰㗊㗊 人而無人道曰陳人 公不敷民
曰圓融蔥 額上紫點曰鴉黃 猾曰儍羅 子勝父曰跨䨱撞破煙樓 平仄反常有 屢空屢平
空仄 模楷楷仄 皐比皐仄比平 經緯經仄 阿戎阿仄 寧馨寧仄 可汗可仄汗仄 龍鍾鍾
仄 三思三仄 奔蒼蒼仄 後先先仄 如是者多而不能盡記

103 서원은 선비들이 학문을 익히는 곳으로, 만약 고을에 본보기가 될 만한 어진 분이 있다면 서원에 모셔 높이 받들고 조석으로 우러러보며 의탁해야 한다. 옛날을 살펴보면 고을에 상서(庠序)247)가 있고 집안에 서숙(書塾)248)이 있었으니, 세상의 교화를 맡은 자들은 마땅히 서로 권하여 마을마다 상서를 두고 집안마다 서숙을 두게 해야 한다. 혹 술과 음식으로 질탕하게 놀고 소란스럽게 논쟁을 벌이는 일이 있다면 그러한 폐단을 금하는 게 좋다. 서원을 여러 곳에 세우지 못하게 하는 법을 재상 유상운(柳尙運)249)이 처음 발의하자 많은 사람들이 놀랐으나 지금은 잘못이 답습되어 세상 사람들이 당연하게 여길 뿐 아니라, 식견이 있는 사람들조차도 이러한 말을 하면서 괴이하게 생각지 않으니 웃습다. 세상이 말세가 되면 선비의 기풍이 먼저 무너지니 개탄할 만하다.

> 書院是士子肄業之所 而若有鄕賢之可爲矜式者 則尊奉其中而早夕瞻依 觀於古 黨有庠而家有塾 則任世敎之責者 宜相勸 其村村而有之 家家而有之 可也 其或有酒 食遊謔論議閙撓者 則禁其弊而已 可也 書院疊設之禁 初起於相臣柳尙運 衆以爲駭 今則因仍襲謬 爲一世之恒談 至如有識之人 亦且爲此言而不知怪 可笑 世之衰末 士 風先壞 只足一慨

104 나와 아우[仲薀]의 성품은 다른 점이 많다. 나는 강을 앞에 두고 누각을 짓는 것을 좋아하는데 아우는 강을 등지고 집을 짓는다. 나는 집

---

247) 상서(庠序): 학교. 향교를 주나라에서는 상(庠), 은나라에서는 서(序)라고 부른 데서 나온 말.
248) 서숙(書塾): 글방. 예전에 한문을 사사로이 가르치던 곳.
249) 유상운(柳尙運;1636~1707): 조선 후기 문신이자 서예가.

안 살림을 묻지 않는데 아우는 크고 작은 일을 모두 참견한다. 나는 일생토록 외지에 머물렀는데 아우는 밤낮으로 집 안에 거처하며 외출하지 않는다. 나는 집을 지을 때 반듯하게 하는데 아우는 비뚤거나 기울어도 개의치 않는다. 나는 반드시 더러운 곳을 피하는데 아우는 거처가 더러운 곳에 가깝더라도 꺼리지 않는다. 나는 일정이 촉박하지 않으면 반드시 친지를 방문하는데 아우는 다른 곳을 들르지 않고 바쁘게 집으로 돌아온다. 나는 다른 사람을 만나면 화평하게 수작하는데 아우는 거만한 듯 함부로 어울리지 않는다. 나는 내면이 맑고 외형이 온화한데 아우는 내면이 맑고 외형이 반듯하다. 나는 다른 사람과 논란을 벌일 때 이기지 못하면 그만두지만, 아우는 고집을 부려 반드시 이긴 뒤에야 그만둔다. 나는 뭇 사람들 가운데에 앉아서 묵묵히 스스로를 지키지만, 아우는 명쾌하게 주장을 펴면서 혹 시끄럽게 떠들기도 한다. 나는 생사의 기로에서 태연하지만 아우는 작은 우환일지라도 근심하여 고뇌와 수심이 얼굴과 말에 가득하다. 대체로 나는 성품이 맑고 소탈한 경향이 강한데 아우는 견실하고 중후하며, 나는 편안하고 즐기는 경향이 강한데 아우는 고지식하고 곧이곧대로 한다. 무릇 나의 자손들 중에 나와 내 아우를 본받으려는 자는, 나와 아우에게 모두 폐단이 있으니 중도를 택하여 배우면 좋겠다. 그러나 잘 선택하기가 참으로 쉽지 않을 것이니 반드시 독서를 많이 하는 수밖에 없으므로 이를 기록하여 아이들에게 보인다.

> 吾與仲蘊 性品不同者多 吾則好臨江起樓 而弟則背江作舍 吾則不問家人生産 而弟則細大皆親 吾則一生居宿於外 而弟則晝夜處於內而不出 吾則作舍必方正 而弟則任其橫斜敧側而不以爲意 吾則必避汚穢 而弟則作房埃不憚糞溷之近 吾則行路非有緊 故必訪親知 而弟則忙忙還家而不周迤 吾則接人必和平酬酢 而弟則傲亢而不爛漫 吾則淸中而和行其外 而弟則淸中而必方外 吾則與人之際 言不勝則已之 而弟則固執不回 必勝乃已 吾則嘿嘿自守於衆坐之中 而弟則申明曉說而或近於喧譁 吾則當死生 且泰然 而弟則雖小憂患 亦愁惱不弛於色辭 大抵 吾則分數多於淸疎 弟則牢實而簡重 吾則分數多於樂易 弟則硬着而直遂 凡我子孫學吾學仲蘊 俱有其弊 必擇其中而互學之 可也 然精擇固自不易 必在乎讀書之多 書示兒輩

105 명중(明仲)250)은 단지 친족일 뿐만 아니라 나를 알아주는 벗이기도 하다. 그의 맏형은 바로 종형(宗兄)으로 나를 지나치게 대우하여 항상

"이 사람은 젊어서부터 명망이 높고, 나의 아우 명중이 공경히 대한다."라고 하였다. 매번 일이 있을 때면 반드시 물어 주셨고, 정성스럽게 곤궁함과 추위를 염려해 주셨다. 이웃에 살고 있었을 때는 백발의 몸으로 지팡이를 짚고 하루도 빠짐없이 찾아 주셨다. 나 또한 나를 알아주는 감사함이 있는 데다 품행이 범상치 않음에 탄복하여 종형이 나를 대하는 것처럼 종형을 대하였다.

> 明仲不但族也 兼有知己之歡矣 其伯氏宗兄 遇我太過 常曰 此是少日名下士也 吾明仲之所敬待也 每事必問 其軫念飢寒 又出於情悃藹然 寓居隣村時 亦白首携筇 過從無虛日 吾亦不無知遇之感 又歎服其有行誼不凡 以宗兄之遇我者 遇宗兄

106 이전에 진응(震應)251)이 찾아와 이야기하던 중에 "송정상(宋正相)이 제 선친의 기일에 형의 관아에 갔는데 저녁을 먹고 들어가서는 음복만 하고 돌아왔습니다."라고 하면서 맑고 깨끗한 사람이라고 칭찬해 마지않았다. 나는 우옹께서 '노서(魯西)252)가 관직에 있는 아우가 보낸 가죽신을 받지 않은 것에 대해 크게 놀라워하신 것'을 조금 피이하게 여겼던 일과 우옹께서 아우에게 보낸 편지에서 '옷이 낡고 솜도 없으니 상하 한 벌을 지어 보내도록 하라고 하신 일'을 생각해 보니, 송정상의 행동이 어떠한지 모르겠다. 진응은 내가 두 번이나 사촌 동생의 관아를 찾아간 것을 크게 못마땅하게 여겼지만, '사계(沙溪) 선생께서 일 때문에 친구의 관아에 머무신 일'을 생각해 보면, 내가 찾아간 것이 무슨 문제가 되겠는가. 우옹께서도 다른 사람에게 보낸 편지에 "근래 아우의 관아에 머문 일이 많다."라고 하였으니, 대개 인정 밖의 일만 하지 않을 뿐이다.

> 震應嘗談來 宋正相之趂先忌而往兄官 夕食而入 啖餕餘飯而還 許以恬靜 譽不容口 吾以爲尤翁以魯西之不受弟官之靴子爲大驚 小怪之事 及見尤翁寄季公書 以

---

250) 명중(明仲): 조선 후기 문신인 권황(權熀;1673~1721)으로, 자는 명중(明仲)·명숙(明叔), 호는 연주(蓮洲)·하의자(荷衣子)이며, 화천군파의 대종손인 권상우(權尙友;1638~1682)의 셋째 아들임. 그의 맏형은 진천 현감을 지낸 권경(權炅;1667~1727)인데 권섭과는 10촌에 해당함.
251) 진응(震應;1711~1775): 조선 후기 문신으로, 자는 형숙(亨叔), 호는 산수헌(山水軒). 권상하(權尙夏)의 증손자이자 권섭의 종종손(從從孫).
252) 노서(魯西): 조선 후기 학자인 윤선거(尹宣擧;1610~1669)로, 자는 길보(吉甫), 호는 미촌(美村)·노서(魯西)·산천재(山泉齋).

故衣無新絮 使造送一袴一衣 則正相事何如 震應以我再往從弟之營 爲大不便 吾以
爲沙溪先生 亦以事留住友人之官 則吾之事何如 及見尤翁與人書曰 近日往留弟衙
者多 大抵人情外事 不可爲矣

107 지방 관리 여러 명을 겪어 보니 그 됨됨이가 천태만상이다. 그 자리에 합당한 사람이 아닌데도 그 자리에 합당한 사람처럼 대해야 한다면 너무나 수고롭고 고달프지 않겠는가. 어찌 사람마다 모두 나와 같겠는가마는 상식에서 벗어난 일을 행하는 자는 더욱 조심해야 하며, 특히 다른 사람 일에 대해서 알지도 못하면서 말이 많고 과장이 심한 자는 뭐라 말할 수 없다.

閱歷多少鄕人官守 其爲人千態萬狀 不以其人而應其人 則吾身不亦勞且苦乎 豈
必人人皆同於我也 若其事行之乖常者 尤可謹愼 而最是不知人事 而多言辭好弛張
者 不可說也

108 내가 화지동(花枝洞)에서 거친 돌밭을 개간하여 집을 지었는데, 산 열매와 산꽃 등의 잡풀들이 때맞춰 피어나고 밟로 밟아도 또 자라는 것을 매번 보았다. 기이하도다! 그것들은 땅에 뿌리를 내리는 성질을 가지고 있어서 다다닥 붙어 있는 건물들 사이에서도 반드시 자라 나와 천 번을 베고 만 번을 호미질하여도 아랑곳하지 않는다. 틀림없이 작은 이해관계에 맞닥뜨려 지킬 바를 잃은 사람들도 이 잡초가 뻗어가는 것을 보았을 것이지만, 넓은 곳으로만 달려가다가 순식간에 몸을 망친 자들은 처음부터 이 잡초가 뻗어가는 것을 제대로 볼 줄 모르는 자들일 것이다.

余於花枝洞 剔開荒棘亂石之原而作舍 每見山果山花等草 知時而出 踏而又生 奇
哉 其能保有本地常性 不知爲重搆連舍之間 而必生又生 被千刈萬鋤而不顧有愧 幾
人人臨小利害而失其守者 其亦視此草蔓也 其大處走作而倉皇失身喪身者 元不知視
此草蔓矣

109 해흥군(海興君)253) 댁의 연시(延諡)254) 때에 나는 가까운 친척임에도 일이 생겨 참석할 수 없어서 아침에 미리 갔다. 어린 노비가 남은 음식을 짚에 싸서 짊어지고 고삐를 끌었는데, 나는 그 아이가 제 어미에게 주려는 것임을 알았기에 금하지 않고 말 뒤에서 따르게 하였다. 길에서 영동(永同) 태수를 만났는데 태수와 아랫것들이 모두 괴이하게 여기며 놀라기에, 내가 "이는 고향 사람의 풍습인데 어찌 의아해하는가?"라고 하였다. 다른 사람들의 기롱은 신경쓰지 않고 그대로 내버려 두었다.

　　海興君家延諡時 我以至親而有故不參 故朝日先往之 兒奴滿負餘饌藁擔而牽轡
　　我以遺其母故不禁之 使之後馬而隨 路逢永同太守 太守及下輩皆怪駭之 我曰此卽
　　鄕人例習 又何疑也 至如市人之譏笑則一任之矣

110 순흥군(順興君)255) 댁의 연시(延諡)가 있은 다음 날에 그 종손의 관례(冠禮)를 거행하였는데 내가 초자(醮字)256)의 자리에 있었다. 의식을 마치면 주인과 빈객이 마땅히 동서로 나누어 앉아야 하는데, 시호를 받들고 온 선시관(宣諡官)257)이 자리를 양보하며 말하기를 "오늘은 빈객이 마땅히 윗자리에 앉아야 합니다."라고 하였다. 내가 말하기를 "왕사(王使)의 자리는 원래 정해져 있는 법이고, 사사로운 예를 행하는 자리에는 빈객과 주인이 앉아야 하는 곳이 있습니다."라고 하며, 서로 고집을 부렸다. 내가 말하기를 "의식이 이미 끝났으니 굳이 동서로 나눌 필요가 있겠습니까."라고 하고, 나아가 주인과 함께 나란히 앉았다.

　　順興延諡翌日 行其宗孫三加之禮 余當醮字之席 禮畢 賓主當分東西而坐 吏卽讓

---

253) 해흥군(海興君): 세종의 증손인 영성군(寧城君) 이계(李𤥽)의 증손인 이강(李橿, 1700~1762)으로, 자는 백수(伯壽), 시호는 정효(貞孝). 1724년 현록대부(顯祿大夫)의 자급을 받고 해흥군에 봉해졌으며, 일찍이 청나라에 사은 겸 동지사로 다녀온 바 있음.
254) 연시(延諡): 나라에서 시호를 내릴 때, 시호 받는 사람의 본가에서 시호 받는 이의 신주를 모시고 나와 의식을 행하고, 시호를 받들고 나온 선시관(宣諡官)을 맞아들이는 일.
255) 순흥군(順興君): 조선 후기 문신인 김경징(金慶徵; 1589~1637)으로, 자는 선응(善應). 부친 김류(金瑬)와 함께 인조반정 때 공을 세워 정사공신(靖社功臣) 2등이 되고 순흥군에 봉해졌으며, 승정원 도승지·한성부 판윤 등을 지냈음.
256) 초자(醮字): 관례 때 술을 따라 주면서 자(字)를 지어주는 것을 말함.
257) 선시관(宣諡官): 국왕이 내린 시호를 받들어 본가에 전달하는 임시 직책.

位曰 今日則賓當坐於上頭 余曰 王使自在其位 私禮之賓主 自有坐處 互相堅執 余曰 禮已罷矣 何必分東西也 趁與主人聯席而坐

111 우리 집안은 문장을 짓는 것으로 이어져 내려왔기 때문에 비록 내가 보잘것없지만 그래도 집안의 명성을 완전히 실추시키지는 않았다. 내 장손의 자손들은 글을 지을 만한 역량을 갖추지 못했으니, 지금 조응(祚應)의 세 아들이 모두 공부를 하지 않아 무식하다. 내가 매우 걱정되어 자주 책망을 하였으나 그 아비는 대수롭지 않게 여기며 내 뜻에 따라 그를 권면하려는 생각이 없으니 이 무슨 이치란 말인가. 가만히 생각해 보니 조선이 건국된 3백 년 이래로 관직이 계속 이어졌지만 그 사이에 비태(否泰)258)의 이치가 없었겠는가. 지금 이와 같음은 괴이할 것이 없으니 그 아비는 통달한 사람인가 보다. 태사공(太史公)도 후손 10여 대에 걸쳐 관직에 오른 자가 없었으며, 국초의 호장(戶長)259)이나 별장(別將)260) 집안도 지금은 천시할 것은 아니지만 혁혁한 것도 아니다. 한 번 드러나고 한 번 잠김을 부여받은 대로 받아들일 뿐이니, 어찌 고달프게 하늘의 뜻을 어기면서 강요할 수 있겠는가. 나는 지금 이후로 엄격히 학업을 독려하지 않으려 한다. 혹 대부가 되고 혹 평민이 된다 해도 꺼릴 것이 있겠는가.

吾家以文翰繼世 吾雖魯莽 亦不至於全失家聲 吾之長派子孫無文 而今祚應之三子 則皆不學無識 吾甚憖然 不住呵責 而其父落落 無承順勸課之意 是何天理 坐而思之 國朝三百年來 簪組相繼 則亦豈無否泰之理乎 今無怪其如此矣 然則其父是通達之人耶 太師公後十餘代 無官爵 國初之戶長別將 皆非今之賤下 而煥爀則未也 其一顯一替 只當任之而已 何苦逆天而强之哉 吾自今不欲嚴加程督矣 其或爲大夫 或爲常漢 亦何妨也

---

258) 비태(否泰): 『주역(周易)』의 두 괘의 이름으로, 운수의 막힘과 형통함을 말함. 천지비(天地否) 괘는 위는 하늘[乾] 아래는 땅[坤]으로, 양기는 이미 쇠퇴하여 물러가고 음기는 어느덧 성장하여 오는 것이고, 지천태(地天泰) 괘는 위는 땅[坤] 아래는 하늘[乾]로 음이 물러가고 양이 돌아오는 형상임.
259) 호장(戶長): 조선 시대 향리직의 우두머리로, 해당 고을의 향리들이 수행하던 말단 실무 행정을 총괄하였음.
260) 별장(別將): 조선 초기 정7품의 무관직으로, 낭장을 보좌하는 부지휘관.

112 황강서원(黃江書院)을 수리할 때에 선산(先山)에서 대들보로 쓸 재목을 취하려고 하였는데, 진응(震應)이 허락하지 않으면서 말하기를 "종가를 수리할 때도 베어 가지 못하게 했습니다."라고 하였다. 내가 말하기를 "집을 짓는 데 베어 가지 못하게 하는 것은 사사로운 건물이기 때문에 그런 것이지만, 종가를 수리하는 경우까지 막아서야 되겠는가."라고 하였다. 지금 퇴계 선생의 『언행록(言行錄)』261)을 보면 "종가에서 나무를 베어 가는 것을 허락하자 사람들이 이를 의아하게 여기니, 말씀하시기를 '사사로운 용도로 사용하는 것은 진실로 불가하지만 선조의 제사를 받들 집을 짓는 것은 긍구(肯構)262)의 중대한 일인데 어찌 불가하겠는가.'라고 하셨다."라고 하였다.

서종숙(庶從叔) 상덕(尙德)이 갑자기 우리 집에서 제사를 받드는 신주를 조천(祧遷)하고 신주를 다시 쓰려고 하였는데, 내가 백부의 정론(定論)이 있다고 하면서 따르지 않자 서찰을 보내 꾸짖어 욕하기를 "그렇다면 5대조 신주에서 너의 이름을 빼는263) 것이 낫겠구나."라고 하고는 왕래를 끊었다. 나도 아이들로 하여금 그 집에 가지 말라고 하니, 사람들이 이를 의아하게 여기기에 내가 말하기를 "선대의 제사를 지내는 일로 욕을 당한 것은 다른 경우와 차이가 있소."라고 하였다. 지금 퇴계 선생 『언행록』을 보면 "선생께서 규약을 만들고 종손을 시켜 묘전을 사게 하셨는데, 친족 아무개가 욕심을 이기지 못하고 마구 취해갔으므로 그 사람이 후에 인사를 하러 왔지만 거절하고 보지 않았다."264)라고 하였으니, 이를 보면 비

---

261) 언행록(言行錄): 조선 중기의 학자인 퇴계 이황(李滉)의 언행을 수록한 책.
262) 긍구(肯搆): 자손이 선대의 유업을 잘 계승하는 것을 뜻하는 말로, 『서경』에 "만약 아버지가 집을 지으려고 올바른 법도를 마련하였어도, 그 아들이 기꺼이 집터를 닦지 않는다면 어찌 집을 얽을 수 있으랴[若考作室 旣底法 厥子乃弗肯堂 矧肯構]."라고 한 데서 온 말임.
263) 이름을 빼는: 보통 신주의 뒷면에 제사를 지내는 자손의 이름을 새기기 때문에 여기에서 이름을 뺀다는 것은 자손으로 여기지 않는다는 의미임.
264) 선생께서~않았다: 『퇴계언행록』에 "선생께서는 일찍이 묘전(墓田)이 많지 않아서 종손이 제대로 살아갈 수 없는 것을 한스러워하였다. 그러던 차에 마침 묘소 곁에 있는 밭을 팔려는 자가 있었는데, 토질이 자못 비옥하였으므로 집안사람들이 다투어 사려고 하였다. 그러자 선생께서는 규약을 만들어서 반드시 종자(宗子)로 하여금 그것을 사 하였는데, 족질(族姪) 아무개가 마침내 가문의 규약을 어기고 그 밭을 샀다. 선생께서는 자신의 덕이 박한 탓에 집안사람들에게 신뢰를 얻지 못하는 것으로 여겨 상심한 나머지 여러 날 슬픈 기색으로 지냈다. 나중에 그 사람이 찾아와 인사하려고 했지만 선생께서는 거절하고 만나 보지 않았다[嘗以墓田不厚 宗子不能安其生爲恨 墓傍適有賣田者頗膏沃 門族爭欲買占 先生立約 必令宗子買之 有族姪

로소 내 견해가 잘못되지 않았음을 알겠다.

　　　黃江書院修改時 欲得一樑木於先山 則震應不許曰 雖宗家修補時 亦欲不許斫取
　　我曰 爲宮室不斬 謂私室也 宗家改時 何可有嫌 今見退溪言行錄曰 許斬丘木於宗家
　　人或疑之則曰 私用固不可 而治先祖祭祀之宮 是肯構之大者 有何不可 庶從叔尙德
　　猝然以祧位之吾家奉祀之主 欲改題其名 我以有伯父定論不聽之 則送書辱之曰 然
　　則五代祖神主 亦可移書爾乎 仍絶往來 我亦使兒輩勿往其家 人或疑之 我曰 以先代
　　奉祀事見辱 與他故有異 今見退溪言行錄曰 有族人賣田 數日頃 宗子買之 某族不能
　　制欲而橫取之 則其人後日來謁 拒之不見 始信吾見之不差矣

113 길에서 쇄환(刷還)²⁶⁵⁾ 기녀가 시종도 없이 가마를 타고 가는데 행인들이 소리치며 떠들썩한 것을 보고, 손자뻘인 남기택(南紀澤)²⁶⁶⁾이 하인을 보내 인도해 가게끔 하려기에 내가 말렸으나 듣지 않았다. 종손 제응(濟應)²⁶⁷⁾이 서숙(庶叔)의 부고를 듣고 굳이 밤에 가려 하기에, 내가 말하기를 "부모님이 돌아가셨어도 새벽별을 보고 떠나거늘 어찌 죽음을 무릅쓰고 가서 산적들의 칼에 다치려 하느냐."라고 하며 힘껏 저지하자 그만두었다. 이성(異姓)의 7촌 손자는 남이므로 말을 해도 듣지 않음을 알고서 그만두었지만, 종손은 자제이므로 반드시 부형의 도리를 다한 것이다. 두 손자를 대하는 방법이 다른 것은 이치상 당연한 것이다.

　　　路間逢刷還妓乘轎而無陪 行人喝聲喧聒 南孫紀澤 捉致一傔而扶曳之 吾止之而
　　不聽 宗孫濟應聞庶叔之訃 堅欲夜行 我曰 親喪亦見星而行 豈可不計死生而犯獷漢
　　之鋒乎 力止而止 異姓七寸孫則外人也 知命令之不行 故止之 宗孫則子弟也 故必盡
　　爲父兄之道 所以處兩孫之不同 理勢然矣

114 경(敬) 공부를 하여 일체의 동정(動靜)에 해이함이 없다면 후회할

　　某竟背門約 先生自傷德薄而言不信於門族 蹙然者屢日 其人後欲謁見 先生拒之不見].”라는 내용
　　이 있음.
265) 쇄환(刷還): 도망한 관노나 기녀를 찾아서 본관 또는 본 주인에게 돌려보내는 것을 말함.
266) 남기택(南紀澤): 권섭의 종종손인 권제응의 여동생의 아들.
267) 제응(濟應;1724~1792): 권상하의 증손자로, 권섭의 종종손임.

일이 없다. 벽에 쓰기를 "혼자 있을 때에는 많은 사람을 대하는 듯이 하고, 많은 사람을 대해서는 혼자 있는 것처럼 하며, 일이 있을 때는 일이 없는 듯이 하고, 일이 없을 때는 일이 있는 듯이 한다."라고 하였다.

> 敬工夫 一動靜而不懈 則焉有悔吝 題之于壁曰 處獨如對衆 對衆如處獨 有事如無事 無事如有事

115 쉬운 일에 진심을 다하면 나의 성정에 보탬이 되고, 세상 다스리는 것을 등한시하면 내 몸과 명예를 지킬 수 있다. 벽에 쓰기를 "밝은 창가 깨끗한 안석에서 고인의 책을 읽는 것도 기쁜 일이며, 고요한 밤 외로운 등잔 아래에서 허심탄회하게 이야기를 나누는 것도 좋은 일이다."라고 하였다. 또 쓰기를 "꽃과 대나무를 가꾸는 것도 무미건조한 삶이 아니며, 거문고를 타며 시를 짓는 것도 진실로 한적한 취미이다."라고 하였다.

> 眞事切 可以補益我性靈 閑經濟 可以滋扶我身名 題之于壁曰 明窓淨几 對古人書 可喜 靜夜孤燈 做會心話 亦好 又題曰 移花栽竹 不是冷淡生涯 撫琴課詩 亦自閑適趣味

116 마음이 혼란스러우면 모든 일이 그릇되고, 몸가짐을 거만하게 하면 온갖 비난이 모이며, 예법에 맞는 행동을 능숙하게 하지 못하면 사람의 도리가 폐해지고, 혹 법령을 어기면 관가의 책망이 이르니, 고을에 거할 때는 더욱 주의를 기울여야 한다. 벽에 쓰기를 "속마음을 맑게 하되 표정은 온화하게 하고, 예법을 익히되 법을 두려워해야 한다."라고 하였다.

> 心地混淆則百事非 容體肆傲則千訛集 儀文不閑熟則人道廢 法令或放倒則官責至 居鄕尤當加意也 題之于壁曰 淸中而和外 習禮而畏法

117 나의 증조부 찬성공(贊成公)께서 여산군(礪山郡)268) 임소에 계실 때 화가 이징(李澄)269)이 때마침 이르자 관노를 시켜 서울 집에 보관하고

있던, 호조에서 얻은 흰 비단 병풍을 가져오게 하였는데 관노가 도중에 부주의하여 절반을 빗물에 더럽히자 곤장을 쳐서 혼냈다. 얼마 후에 관노가 편지를 바쳤는데 내 선친께서 탄생한 것을 알리는 내용이어서 상을 내리고 다시 더해 주었다. 이징이 빗물 자국의 심하고 옅은 정도에 따라 채색을 진하고 옅게 하여 소상팔경을 그렸는데, 그 솜씨가 신비로워 빗물 자국을 볼 수 없었으니 진실로 절묘한 솜씨였다. 기쁜 소식을 들은 날 그림이 완성되었기에 병풍을 만들어 나의 부친에게 주었고, 또 불초한 나에게 전해져 70여 년을 지내 오던 중 훼손된 부분이 한두 곳이 아니었다. 지금 또 수선하여 새롭게 단장하고 스스로 글을 지어 그 뒷면에 기록하였고, 아우 영(瑩)에게 '소상팔경 허주진적(瀟湘八景虛舟眞蹟)' 여덟 글자를 그 위에 크게 쓰게 하였다.

이징이 또 종이에 산수화 여덟 폭을 그렸는데, 나의 막내 증조부 참봉공이 집에 보관했다가 나의 부친에게 전해 주었다. 나의 대에 이르러 도둑맞은 것을 상인 김 씨가 구입하였는데 내가 우연히 발견하고 그 값을 치르고 가져와 장식하여 화축(畵軸)270)을 만들었다. 나의 백부 한수재(寒水齋)271) 선생께서 그 내용을 화축의 끝에 썼고, 곡운(谷雲)272) 김공이 팔분체273)로 '허주진적(虛舟眞蹟)'이라는 네 글자를 화축의 머리에 썼다.

나의 외조부 의정공께서 중국으로 사신 가셨을 때 〈서원아집도(西園雅集圖)〉와 〈당백호세산수도(唐白虎細山水圖)〉를 사 가지고 와서 나와 아우에게 나눠 주었는데, 〈서원아집도〉를 내가 가지게 되었다. 화축의 머리에 '서원아집(西園雅集)'이라는 크고 작은 팔분체의 글씨가 있는데, 큰 글씨는 곡운공(谷雲公)이 쓴 것이고 작은 글씨는 친구인 도진(道振) 남중옥(南仲玉)274)이 쓴 것이다. 화축의 아래에는 백부 선생과 삼연·장암 두 공의

---

268) 여산군(礪山郡): 현재 전라북도 익산군에 있던 조선 시대의 지명.
269) 이징(李澄;1581~?): 조선 후기 화가로, 자는 자함(子涵), 호는 허주(虛舟)이며, 이경윤(李慶胤)의 서자. 산수·인물·영모(翎毛)·초충(草蟲)에 모두 능하여, 죽은 뒤에는 '본국제일수(本國第一手)'라고 평가되었음.
270) 화축(畵軸): 그림을 벽에 걸거나 여러 개의 그림을 한눈에 감상할 수 있도록 꾸민 것.
271) 한수재(寒水齋): 조선 후기 우암 송시열의 학통을 계승한 노론의 성리학자인 권상하(權尙夏;1641~1721)로, 자는 치도(致道), 호는 수암(遂菴)·한수재(寒水齋).
272) 곡운(谷雲): 조선 후기 문신이자 성리학자인 김수증(金壽增;1624~1701)으로, 자는 연지(延之), 호는 곡운(谷雲).
273) 팔분체(八分體): 예서와 해서의 과도기에 있는 글씨체로, 물결치는 듯한 느낌이 들도록 쓰며 특히 오른쪽으로 삐친 부분을 길게 늘임으로써 예술미를 구현함.

발문이 있고, 나도 문장을 지어 이태해(李泰海)275)를 시켜 화축의 끝에 쓰게 하였다. 산수화와 함께 곁에 두고 하루도 손에서 멀어지지 않게 하였으며 대대로 전할 보물로 삼았다.

　백부 선생께서 일찍이 병신년 가을에 갑자기 서자 수천(壽千)의 청별선(青別扇)에 총죽(叢竹)276)을 그리고, 그 위에 '죽덕(竹德)'이라고 쓰셨다. 내가 이것을 취하여 소유하게 되었는데, 아우를 시켜 그 위에 '한수선생수묵총죽(寒水先生手墨叢竹)'이라는 여덟 글자를 쓰게 하였으며, 스스로 짧은 기문을 지어 그 아래에 쓰고, 횡축(橫軸)을 만들어 보관하였다. 대개 백부 선생께서는 젊어서부터 대나무를 좋아하시어 사람을 시켜 죽보(竹譜)를 만드시고 펼쳐 보곤 하셨다. 지금 팔순의 연세에 붓 가는 대로 휘둘렀지만 시원하고 생동감이 있으니, 황금이나 옥구슬보다 소중하다.

　나의 선친께서 일찍이 동춘 선생께서 크게 쓰신 '애련당(愛蓮堂)'이라는 세 글자를 아산(牙山) 원몽익(元夢翼)277) 어른에게서 얻고 나서, 정자를 지어 이를 걸고자 했는데 미처 뜻을 이루지 못하였다. 내가 선영 아래에 연못을 파서 연꽃을 심고, 현판을 새겨 정자에 걸고 그 진본은 상자 속에 보관하였다. 나의 백부 선생께서 일찍이 손수 한 책자에 주자의 〈여장자수지서(與長子受之書)〉를 쓰시어 나에게 주셨다. 내가 젊었을 때 계부 판서공께서 손수 이백의 칠언장편시(七言長篇詩)를 쓰시어 날마다 주셨는데, 중간중간 종형(從兄) 부사공(府使公)의 필체도 있었다. 모두 보관해 두었으니, 내 자손 중에 이것이 귀한 것인 줄을 아는 자는 이를 지킬 것이다.

　　我曾祖考贊成公 在礪山郡任所 畵師李澄適至 使官僚取來地部所得素絹禊屏之
在京第者 官僚在途不愼 半爲雨水所汚 杖而罰之 旣而手呈一書 卽我先君降生之報
也 賞之復有加焉 李師遂隨其汚之淺深而沫拭濃淡 寫出瀟湘八景 點綴神巧 不見其
汚 眞絶筆也 以畵成於喜聞之日 餙以爲屏 持與我先君 傳至于不肖燮 七十餘年之
中 屏之成毀不一 今又餙而新之 自爲文而識其後 使弟瑩 題瀟湘八景虛舟眞蹟八
大字于其上 李師又爲紙本山水八幅 藏于我季曾祖參奉公家 傳授我先君 而至于燮
爲儉兒窃去 而市廛金姓人沽之 燮偶見之 歸其直而取之 粧以爲軸 我伯父寒水先生

---

274) 남중옥(南仲玉): 조선 후기 은일지사(隱逸之士)인 남도진(南道振;1674~1735)으로, 자는 중옥(仲玉), 호는 농환재(弄丸齋)이며, 은일가사 〈낙은별곡〉을 지었음.
275) 이태해(李泰海): 이태(李泰)라고도 함.
276) 총죽(叢竹): 무더기로 난 대나무.
277) 원몽익(元夢翼): 동춘당 송준길의 손자사위.

書其事于軸末 谷雲金公 以八分題虛舟眞蹟四字于軸頭 我外祖議政公爲大行人時 買西園雅集圖唐白虎細山水兩軸而來 分與燮兄弟 西園圖爲燮所藏 軸頭有西園雅集 大小八分字 大是谷雲公所寫 小卽友人南道振仲玉之筆 軸下有伯父先生及三淵丈岩 二公之跋 燮又自爲文 使李泰海書之于其末 並置之座右 而一日不去手 爲傳家之寶 玩 伯父先生 嘗於丙申秋 忽然寫叢竹於庶子壽千之靑別扇 書竹德於其上 燮取而有 之 使弟題寒水先生手墨叢竹八字于上 自寫小記于下 作橫軸而藏之 盖我先生少時 喜竹 使人爲竹譜而披閱 今於八耋之年 信筆揮洒而颯爽有生氣 其爲珍玩不翅如兼 金拱璧 我先君嘗得同春先生所寫愛蓮堂三大字于元牙山夢翼丈 擬作亭揭之而未及 成 小子於松楸村中鑿池種蓮 刊而懸之于亭 其眞本則藏于篋中 我伯父先生 嘗手書 朱夫子授受之書于一冊子而與小子 小子少時 我季父判書公手書李白七言長篇而 日授之 間有從兄府使公筆矣 並珍藏之 我子孫中 知其貴者守之

118 까마귀 떼가 높이 날면 호랑이가 지나간다는 것을 알 수 있고, 까치가 바다에 떠 있으면 물고기가 온다는 것을 알 수 있다. 참새가 나무에서 시끄럽게 울면 뱀이 나타났다는 것을 알 수 있고, 개미가 굴 주위에서 맴돌면 비가 온다는 것을 알 수 있다. 개구리는 뱀이 지나가기를 기다리며 움직이지 않고, 나방은 불에 날아들며 후회하지 않는다. 미리 앞을 내다보는 밝은 지혜를 지니고 있고, 자신의 운명을 믿는 점에 있어서 미물도 오히려 이러하거늘 사람으로서 이와 같지 못해서야 되겠는가. 황새는 명산에 알을 감추고 이[虱]는 절도 있게 북쪽으로 향해 간다. 미물도 알을 낳을 때 반드시 알맞은 곳을 고르고, 나아갈 때 방향을 바꾸지 않는다. 미물도 그러하거늘 사람으로서 이와 같지 못하니 무슨 까닭이란 말인가.

아! 백로는 죽을 줄을 알면서도 먹이를 쫓아가 삼키니, 그 마음이 탐욕스러운데도 사람들은 깃털이 깨끗하다고 해서 백로를 좋아한다. 제비는 다른 암컷의 새끼를 미워하여 가시를 먹여 죽이니[278] 그 성질은 사납지만, 서로 의지하여 지저귀기 때문에 사람들이 어여삐 여긴다. 사람들의 시기와 탐욕은 저 새들만큼 가득하여, 서로 경쟁하며 온갖 자태로 아첨하

---

278) 제비는~죽이니: 날카로운 가시가 배에 가득하다는 '극자만복(棘刺滿腹)'에서 온 말로, 수컷이 암컷을 잃고 나서 상심하다가 새 짝을 찾고 나면 기르던 자기 새끼에게 가시를 먹여 죽게 한다는 고사에서 온 말임.

는데도 사람들은 또한 미워할 줄을 모르니 슬프도다. 우연히 보고 느낀 바가 있어 쓴다.

烏羣翔而知虎行 鵲浮海而知鰃來 雀噪樹而知蛇出 蟻繞穴而知有雨 蛙待蛇而不動 蛾投火而不悔 先見明知與信命 微物尙然 人而不如 鸛藏卵於名山 虱折旋而北行 産必擇地 行不易方 微物尙然 人而不如 何哉 噫鷺知食有繫死 趨而吞之 其心自饞貪而以毛羽之淨白 乃見賞於人 蔦嫉他母子 棘刺以飼之 其性自猜暴而以依附而呢喃 乃見憐於人 人之猜暴饞貪 效二鳥而滔滔 乃競相以色態媚人 人亦不知惡 哀哉 偶有所覩 感而書之

119 어떤 이가 묻기를 "그대 집안의 젊은이 중에 문학을 일삼는 이가 많지 않는데, 유독 그대만이 문장과 예절을 좋아하는 것은 무슨 까닭이오?"라고 하기에, 내가 말하기를 "의지와 성질이 그러해서 그런 것으로, 한 가문이 모두 같을 필요가 있겠소."라고 하였다.

"과거를 봐서 벼슬에 나아가고자 하는 것은 인정상 모두 같은데 그대만이 물러나 산수에서 노니는 것은 무슨 까닭이오?"라고 묻기에, 내가 말하기를 "『시경』에 '부인에게 모범이 되어 집과 나라를 다스리네.'라고 하였는데,279) 나는 윤리를 바로 세우고 은혜와 의리를 돈독히 할 수도 없으니 어느 겨를에 세상에 나아가 백성을 다스릴 수 있겠소. 한가로이 노니는 것이 분수에 합당하오."라고 하였다.

"집에서 살면서 늙어가는 것이 사람의 지극한 기쁨이거늘, 그대는 홀로 처자식과 형제를 떠나 스스로 외롭고 적막한 신세를 즐기는 것은 무슨 까닭이오?"라고 하기에, 내가 말하기를 "나는 스님의 운명을 타고났으니, 억지로 가정을 이루고 사는 즐거움을 누리고자 한들 될 수 있겠소. 나는 천명을 아는 자이니 괴이하게 여기지 마시오."라고 하였다.

"그대 일가의 묘소가 모두 좋은 자리인지는 알지 못하겠으나 그대의 부모와 처와 자손의 무덤은 모두 명당이니 이는 무슨 까닭이오?"라고 하기에, 내가 말하기를 "이해하기 어렵지 않을 것이오. 나의 백부께서는 불세출의 빼어난 분으로, 지위는 신하로서 지극한 데에까지 올랐고 명망은 세

---

279) 부인에게~다스리네: 『시경』에 "남편이 부인의 모범이 되고, 이어 형제의 모범이 되어 집과 나라를 다스리네[刑于寡妻 至于兄弟 以御于家邦]."라고 한 데서 온 말임.

상에 가득하여 길이 그 제사가 이어질 것이며, 계부의 명망과 지위도 청현직(淸顯職)280)을 두루 거칠 만큼 훌륭하셨소. 그런데 유독 나의 부친께서는 큰 뜻을 펼치지 못한 채 일찍 돌아가셨고, 나의 증손 축경(丑慶)에 이르기까지 5대에 걸쳐 한미하니, 후손들이 쇠퇴하거나 명성을 떨치는 것 또한 하늘에 달린 것으로 인력으로 할 수 있는 일이 아니오. 그래서 내가 수고를 아끼지 않고 명산을 구하여 온갖 좋은 기운이 저절로 모이게 하려는 것이오."라고 하였다.

"그대는 어찌하여 세상에서 경영하는 일 없이 비방만 받고 있소?"라고 묻기에, 내가 말하기를 "나의 백부 선생께서 알아주시는 감사함이 있고, 죽은 친구 안경공(安慶公)과 금란지계(金蘭之契)281)를 맺었소. 그 나머지 사람들은 내가 마음에 둘 바가 아니오."라고 대답하였다. 한가로이 거처하던 중에 우연히 이러한 문답이 기억나 부질없이 기술한다.

人問君家諸少事文學者 不見其多 而君獨喜詞翰而好禮節何也 曰心志性癖然矣 何必一門皆同 問科宦進取 人情所同 而君獨退步而山水遊何也 曰詩云 刑于寡妻 以御于家邦 吾則不能正倫理而篤恩義 何暇出而治民哉 游泳婆娑 乃分之宜 問家居送老 人之至喜 而君獨離妻子兄弟 而自甘於身世之孤寒寂寞何也 曰吾生自是僧身命 强而爲室家之樂 其可得乎 我知命者也 幸無怪焉 問君一家之葬 皆不知爲十分之當 而君獨父母妻子孫之墳 皆爲名穴 此何故也 曰不難知矣 我伯父間世挺生 位極人臣 名滿一國 血食千秋 季父名位 亦淸顯隆重 而獨吾父抱屈而早世 至我曾孫丑慶而爲五世微寒 則後昆之迭替互振 亦天理然 非人力所容爲也 故吾不役役求山而衆美自至矣 問君何無營於世而有謗於身也 曰我伯父先生有知遇之感 我亡友安慶公有金蘭之契 餘子碌碌 非我所錄 閑居偶記此問答 漫爾書之

120 음식을 대접할 때 지위와 정분에 따라 차이를 두면 마음이 매우 불쾌한데, 손님이 나란히 앉은 자리에서 상에 따라 차등이 있으면 더욱 편안하지 못하다. 눈은 저절로 주인을 흘겨보고 혀도 입안에서 가만히 있

---

280) 청현직(淸顯職): 청직(淸職)과 현직(顯職)을 아울러 일컫는 말로, 청직은 홍문관·사헌부·사간원에 딸린 직급을 일컫는 말이고, 현직은 직급이 높고 중요한 벼슬을 일컫는 말임.
281) 금란지계(金蘭之契): 『주역』의 '두 사람이 마음이 같으면 그 예리함이 쇠를 끊고, 마음이 같은 말은 그 향기가 난초와 같다[二人同心 其利斷金 同心之言 其臭如蘭].'에서 유래한 말로, 친구의 돈독한 우정을 뜻함.

지 못하며, 혹은 수저를 놓고 팔짱을 끼기도 한다. 이는 상대의 생각이 모자라서 그런 것이니 나와 무슨 상관이 있겠는가. 이제는 아무렇지 않은 듯이 앉아서 먹을 뿐이며, 우리 집에 손님이 찾아오면 나는 집안사람들에게 그렇게 하지 않도록 신신당부한다.

飮食對人 以名位情分而降殺之 甚不快於心 列客而坐 逐床差等 尤未安 目自往於主人 舌或不嫻於口中 或至於停箸而袖手矣 思之量不曠是在其人 于我何事 今則坐喫之泰然 吾家有客 我則必申申于家人

121 어른께서 창밖에서 인기척이 나는 것을 듣고 "누구냐?"라고 물으면 사람들은 반드시 "소인입니다."라고 하거나, "접니다."라고 한다. 사람들마다 "소인입니다." "접니다."라고 하니, 그가 누구인지 어떻게 알겠으며, "접니다."라고 하는 경우는 더욱 오만하다. 신분이 낮거나 아랫사람인 경우는 모두 스스로 그 이름을 밝혀 대답하는 것이 옳다.

尊丈聞窓外有人迹 問爲誰 則必對曰小人 對曰我 人皆小人 人皆我矣 其何知其爲某爲誰 其曰我則尤慢矣 賤者卑者 皆自呼其名而應之可也

122 증손(曾孫)의 아들을 현손(玄孫)이라고 하는데 4대조를 고조(高祖)라고 하기 때문에 또한 고손(高孫)이라고 일컫는다. 수(嫂)는 형님의 처를 일컫는 말인데 아우의 처도 통상 수(嫂)라고 한다. 고(姑)는 아버지의 자매를 이르는데 외삼촌의 부인도 고(姑)라고 일컫는다. 백중숙계(伯仲叔季)는 형제의 차례를 구별하는 말인데, 자(字)를 지을 대는 동생에게도 혹 백(伯)이라고 하고, 형에게도 혹 숙(叔)이라고 한다. 예로부터 식견 있는 대인들도 이런 실수를 범하였으니 우습다. 별호(別號)는 후생들이 선배를 높여 부르는 호칭이고, 지팡이는 노인들이 몸을 의지하는 물건인데, 요사이 막 관례를 치르고 나면 누구나 별호를 짓고 지팡이를 짚으니, 또한 세상이 변했음을 볼 수 있다. 이는 꼭 알아야 하기에 기록하여 아이들에게 보인다.

曾孫之子爲玄孫 而四代祖謂高祖 故又稱高孫 嫂是兄妻之稱 而弟之妻通謂之嫂 姑是父之姉妹而稱舅之妻爲姑 伯仲叔季是兄弟次序之別 而命字 弟或曰伯 兄或曰叔 自古有識大人 亦且不免可笑 別號是後生尊先輩之稱 節杖是老人扶身之物 而近來則年至勝冠者 無人無號 無人不杖 亦足以觀世變 此不可不知 故書以示之兒輩

123 경술년(1730) 5월 13일 아침에 눈을 감고 조용히 누워 있으니 홀연 전날 밤 꿈이 생각났다. 어떤 사람이 대궐 문 아래에 불려와 있다가 상소를 올리고 서둘러 돌아갔다. 내가 대신 지은 상소문이었는데 짧은 몇 마디가 혹 기억나기도 하고 혹 기억이 나지 않기도 하였다. 상소문에 말하기를 "삼가 신은 백 가지 중에 한 가지도 능한 점이 없고 독서만을 즐거움으로 삼고 있습니다. 반평생을 비난 속에 살았고 눈을 들어 보면 좋은 관계를 가진 이가 없습니다. 운운(云云). 그러니 또 어찌하겠습니까. 이와 같을 뿐입니다. 운운. 삼가 바라건대 성상께서 살피시어 도망가 지내는 신이 돌아가도록 특별히 허락해 주시기를 죽음을 무릅쓰고 간청합니다."라고 하였고, 겉봉투에는 '걸환소(乞還疏; 돌아가기를 간청하는 상소)'라는 세 글자가 적혀 있었다.

나 자신이 진실로 우습다. 깊은 산속 작은 집에 살면서 세상에 나아가고자 하는 한 마음이 남아 있었단 말인가. 꿈속에서 남을 대신해 지은 글이 또한 대궐에 올리는 글이었으니, 죽은 친구가 살아 있어서 이를 들었다면 나를 어떻게 생각하겠는가.

庚戌五月十三日朝 合眼靜臥 忽憶前夜之夢 見有人徵在闕下 納疏徑歸 余代草其疏 只短短數語 而或記或不記 日伏于臣百無一長 讀書有至喜 半生多訕 擧眼無良契云云 亦復奈何 如是而已云云 伏乞聖明監念 特許逋臣逝還 謹昧死以聞 其皮面題乞還疏三字 此人誠可笑 窮山小屋之中 亦復一念有不忘於人世耶 夢中爲人之作 又是北闕之書 亡友在而聞之 以爲余何

124 매번 경치 좋은 곳이나 아름다운 마을을 만나면 그곳에 살고 싶어 하였고, 그림에 그려진 경치만 보아도 그리워하는 마음이 일찍이 간절하지 않은 적이 없었다. 적막한 골짜기에 닭과 개의 울음소리가 들리고, 소나무는 빙 둘러 있는데 수많은 기이한 바위들이 솟아 있으며, 눈앞에 평

야가 백 리나 아득히 펼쳐지고, 베갯머리에 바위 섬이 아홉 구비로 영롱히 흐르고, 주렴을 걷으면 푸른 연기가 온 마을의 나무를 감싸고, 난간에 기대면 수많은 장삿배가 나루에 가득하고 그 앞에 다득히 넓은 바다가 펼쳐져 있으며, 작은 시냇물이 그 옆을 졸졸 흐르고, 뜰 앞에 기름진 논이 있고 문 앞에 고깃배가 매여 있는 경치는 옥황상제라도 모두 소유하지 못했을 것이다.

내가 이곳저곳으로 옮겨 살 때마다 한 구역씩 점유했는데, 경성(京城)·강경(江景)·운제(雲梯)에서는 비록 오래도록 그 즐거움을 누리지 못했지만 소원했던 바를 조금은 이룰 수 있었다. 지금의 천남(泉南)·한천(寒泉)·능강(凌江)·장호(丈湖)·화지(花枝)는 오가며 머물면서 여생을 보내기에 부족함이 없으니 늘그막에 그나마 지극한 기쁨이 된다.

오직 바닷가에 정자를 짓는 일은 지금까지도 이루지 못하였는데, 이미 66세의 늙은 몸이라 살날이 많지 않으니 바닷가에 정자를 짓는 일은 아쉽게도 끝내 이루지 못할 듯하다. 기사년(1689) 8월 1일 꿈과 무자년(1708) 11월 13일 꿈이 진실로 전생과 인연이 있는 것이라면 또한 내 생애의 한 모습이라고 하겠지만, 다른 날의 꿈에 대해서 이야기한다면 그 진위를 어찌 분간할 수 있겠는가. 병진년(1736) 가을에 쓴다.

> 每逢勝區名村 思欲居之 見於畫境界 亦未嘗不起想耿耿 洞天寂歷 鷄犬蕭瑟 萬松圍住 千岩聳奇 眼底之坪野 百里蒼茫 枕邊之岩泉 九曲玲瓏 捲簾則萬井烟樹之蔥籠 憑檻則千檣賈舶之迷津 大海茫茫而臨其前 小澗涼涼而流其傍 稻畦在庭 漁舟繫門 玉皇上帝 亦不能兼而有之 余前後遷居 各占一區 居京城 居江景 居雲梯 雖未能久享其樂 亦足以少酬素願 如今之泉南寒泉凌江丈湖花枝 則來往棲息 終老無咎 爲窮途之至喜 唯是海上之亭 至今辦未得 行年已六十六矣 餘日無多 海上之亭 嗟乎終不可成矣 己巳八月初吉之夢 戊子至月十三日之夢 誠有冥祿 則亦吾生之一世界耳 自他日言之 且何辨其眞贗 丙辰秋書

125 '관아의 문에 들어가지 않고, 관아의 음식을 먹지 않고, 관아의 일에 간여하지 않는다.'라고 일찍이 벽에 써서 스스로를 경계하였는데, 근래 나는 관아 안에 있는 누각에 자주 오르면서도 꺼리지 않고, 매번 성주(城主)의 음식을 대접받으면서도 사양하지 않고, 환곡을 청하는 편지를 자주 쓰면서도 부끄러워하지 않고 있다. 30년 공부가 가벼이 무너지고 있으

니, 하간부인(河間婦人)282)이 함께 돌아가자고 하면 장차 무슨 말로 사양할 수 있겠는가. 백발이 되도록 독서한 것이 마침내 아무짝에도 쓸모없게 되었으므로 서둘러 자책하는 말을 써서 내일을 경계한다.

> 官門不可入 官食不可啖 不可與官家相干 嘗題壁而自戒 近來頻上府中樓不拘 每喫城主食不辭 多作乞糴書不愧 輕毀三十年工夫 河間婦人 願與同歸 則將何辭謝之 白首讀書 竟亦無用 疾書自刺 以徵來日

126 밭을 가는 것은 이로운 사업이고 연꽃은 정결한 감상거리지만 그림으로 그려 놓으면 좋지 않고, 질병은 나쁜 인연이고 술은 미치게 만드는 약이지만 시에 들어가면 좋다. 개는 사랑스럽지만 그 짖는 소리를 들으면 싫고, 범은 밉지만 그 가죽을 입으면 기쁘다. 스님은 어긋난 도를 믿는 자이지만 마주 앉으면 마음이 맑아지고, 책은 재미있지만 책장을 열면 졸린다. 절룩거리는 나귀는 타고 가는 것은 고생스럽지만 흥얼거리기에는 한가롭고, 예쁜 여자는 본성을 해치지만 보기에는 즐겁다. 사람들은 태수가 호기를 부리는 것을 우습게 여기고 위세를 떠는 것을 두려워하면서도 모두 달려가 배알하는 것을 싫어하지 않으니 나는 그 이유를 모르겠다.

> 田利業也 蓮淨玩也 而移於畫則不好 病惡緣也 酒狂藥也 而入於詩則好 犬可憐也而聞其聲則惡 虎可憎也而被其毛則喜 僧左道也而對坐則淸 書滋味也而開卷則倦 蹇驢苦於行也而稱於口則閑 妖艶戕其性也而遇於目則悅 太守使氣燄爲可笑 肆威令爲可畏也 而人人皆不厭乎奔走拜謁 余不知其何故

127 천하에 사랑스러운 것이 난새와 학이지만 사람이 더욱 사랑스럽고, 사람 중에도 친척이 더욱 사랑스럽다. 천하에 두려운 것이 뱀과 범이지만 사람이 더욱 두렵고, 사람 중에도 친척이 더욱 두렵다.

> 天下之至可愛者鸞鶴 人尤可愛 人之中親戚 尤可愛 天下之至可畏者蛇虎 人尤可畏 人之中親戚 尤可畏

---

282) 하간부인(河間婦人): 음부(淫婦)를 일컫는 말. 당나라 유종원(柳宗元)이 지은 〈하간전(河間傳)〉에 "하간 땅에 사는 계집이 한번 실행(失行)한 후에는 다시 고치지 못하고 점점 몸을 망치게 되었다."라고 한 데서 온 말임.

128 사람들이 송사(訟事)에 대해서는 운곡(谷雲)283)에게 조언을 구하고, 벼슬에 대해서는 삼연(三淵)에게 묻고, 농사에 대해서는 도산(陶山)284) 외삼촌과 담론하고, 방축을 쌓는 일은 종형 초당공(草堂公)285)과 모의하고, 기녀의 읊조림에 대해서는 백부 선생에게 청하고, 문자에 대해서는 이창휘(李昌輝)와 강론하고, 도살에 대해서는 나에게 의견을 물으니, 이 같은 마음을 알 수 없어 다만 한 번 웃을 뿐이다.

干訟棟於谷雲 問仕宦於三淵 談農桑於陶山舅氏 謀築堰於從兄草堂公 乞妓詠於伯父先生 講文字於李昌輝 勸宰屠於我 其不知心如此 只可一笑

129 내가 일찍이 큰 바다에 배를 띄웠는데 거센 바람과 큰 파도에 작은 배가 요동쳤다. 상앗대로 지탱하고 닻을 내렸지만 더 버티기 어려워 바람 부는 방향으로 돛을 올리니 경쾌하고 평온해져 무사할 수 있었다. 내가 일찍이 시골 마을을 지날 때 사나운 개가 이빨을 드러내고 미친 듯이 짖으며 쫓아왔다. 돌을 던지고 막대기로 쳤지만 제압할 수 없었는데, 먹이를 주면서 머리를 쓰다듬어 주니 이내 꼬리를 흔들며 순종하여 물리지 않았다. 시샘이 많거나 난폭한 자를 상대할 때는 마땅히 이런 방법을 써야 하며, 집안사람이나 세상 사람을 상대할 때에도 모두 그러하다.

余嘗泛大海 急風翻浪 小舟動蕩 撐篙下碇而不能支 乃順風掛帆 卽快活安穩而竟無事 余嘗過村里 悍犬狂吠 張牙而迫逐 石投杖打而不能制 乃飼飯撫頂 卽搖尾馴擾而竟無噬 待猜暴之人 當用此法 居家處世 皆然

130 서원의 추향(秋享)은 8월 17일인데, 능(陵)을 옮기는 일로 16일부터 크고 작은 제사를 지내지 못하게 하였다. 나는 중신일(中辛日)에 해당하는 11일에 추향을 진행하는 것이 마땅하다고 여겼는데, 정성(定性)이

---

283) 운곡(谷雲): 송시열의 문인이자 종손(從孫)인 송강석(宋康錫;1663~1721)으로, 자는 진숙(晉叔), 호는 운곡(雲谷).
284) 도산(陶山): 조선 후기 문신인 이의현(李宜顯;1669~1745)으로, 자는 덕재(德哉), 호는 도곡(陶谷). 옥소의 외삼촌.
285) 초당공(草堂公): 권상하의 큰아들인 권욱(權煜;1658~1717). 옥소의 사촌형.

말하기를 "날짜를 물려 9월에 행하는 것이 좋겠습니다. 만약 당겨 진행하면 관아의 문책이 있을까 염려됩니다."라고 하였다. 내가 말하기를 "지내지 않을지언정 때를 넘겨서 제사를 지내는 것은 옳지 않다. 제사가 법으로 금한 날에 들어 있다면 금하지 않은 날에 진행하는 것이 어찌 잘못이 되겠는가."라고 하였다. 과연 관아에서 중신일에 진행해도 좋다고 하였고, 원장도 중신일에 진행하라고 말씀하셔서 마침내 중신일에 지냈다. 스스로 내 말에 어긋남이 없음을 다행스럽게 여기고 또 뒷날 참고가 되기를 바라 이를 기록한다.

> 書院秋享是八月十七日 而以國陵遷厝 自十六日禁大小之祀 余以爲進行於十一中辛日宜當 定性日 退行於九月可也 進行或慮有官責 余日 廢則廢之 過時而祭非也 祭日有禁 則進行於無禁日 寧有非之者 果有官令 使之進行於中辛日 院長又有中辛日進行之敎 遂以中辛日進行 自幸吾言之不差 又可取考於後日 故書之

131 나 자신이 진실로 괴이하고 의심스럽고 우습다. 중년 이전에는 한마디 말을 하면 많은 사람이 믿었고, 한 가지 일을 하면 많은 사람이 칭송하였다. 그런데 중년 이후에는 그 말을 업신여기고 그 일을 헐뜯는 자가 과반이나 되었으며, 믿고 칭송하는 자는 겨우 몇몇에 불과하였다. 시문(詩文)의 경우 칭찬하는 자는 혹 하늘 위에 올려놓고, 비난하는 자는 구렁텅이에 밀어 넣으니, 어찌 근래 사람들의 마음과 안목이 예전보다 나아서 그렇겠으며, 내가 당나라의 천보(天寶)·개원(開元)286) 때와 같이 전후가 달라져서 그렇겠는가. 동봉(東峰)의 시에 말하기를 "나를 칭찬하다 도리어 나를 헐뜯고, 명성을 멀리하다 스스로 명성을 구하네[譽我便應還毁我 逃名却自爲求名]."287)라고 하였으니, 명성을 가지고도 진실로 온전하기가 어려운데, 하물며 헛된 명성을 가진 그릇된 사람임에랴. 다만 나 자신이

---

286) 천보(天寶)·개원(開元): 중국 당나라의 연호. 개원(開元;713~741)은 당나라 현종이 즉위할 때의 연호로, 어진 인재를 등용하여 측천무후 이후 혼란에 빠진 정국을 안정시켜 태평성대를 이룬 시기이고. 천보(天寶;742~755)는 현종이 바꾼 연호로, 양귀비에게 빠져 방탕을 일삼다가 안녹산의 난을 맞게 되어 나라가 혼란에 빠지게 되는 시기임.
287) 나를~구하네: 매월당 김시습의 시 〈사청사우(乍晴乍雨)〉에 "잠깐 사이 맑다 비 오다 갑자기 또 개네. 하늘도 이럴거늘 세상인심이야 오죽할까. 나를 칭찬하다 도리어 나를 헐뜯고, 명성을 멀리하다 스스로 명성을 구하네[乍晴還雨雨還晴 天道猶然況世情 譽我便是還毁我 逃名却自爲求名]."라는 구절이 있음.

일찍 세상에 알려진 것을 후회할 뿐이다. 동봉의 시에 또 말하기를 "꽃 피고 지는 것을 봄이 어찌 관장하리. 구름이야 희건 푸르건 산은 다투지 않는다네[花開花謝春何管 雲白雲靑山不爭]."288)라고 하였으니, 이 시를 외면 나 자신이 저절로 편안해진다.

誠可怪也 可疑也 誠可笑也 吾一人身也 中年以前 一言之出 千百人信之 一事之作 千百人誦之 中年以後 侮其言而訕其事者過半 信而誦之者僅僅焉 至於詩文 譽之者 或升之天上 毁之者 必擠之溝中 豈人人之心腸眼目 近世勝於前時耶 豈此身之前後異如唐皇之天寶開元耶 東峰詩曰 譽我便應還毁我 逃名却自爲求名 名下求全 誠亦難矣 況虛名誤人乎 只悔此身之早出世也 東峰詩 又曰 花開花謝春何管 雲白雲靑山不爭 誦此則吾身自安閑矣

132 여행 중에는 한결같이 고을 수령들의 도움을 함부로 받지 않았다. 온 가족이 강경(江景)으로 갈 때 "이번에는 형세 상 사양할 수 없다."라고 하였는데, 괴산(槐山)에서부터 도움을 받지 않았고, 기후 모든 여정에서도 한결같이 도움을 받지 않았으니, 습성이란 억지로 고치기 어려운가 보다. 이번 경우는 마침 좋은 마음에서 나온 것이지만, 내게 만약 나쁜 생각이 생겨나 스스로 절제하지 못하게 된다면 장차 어찌하겠는가. 이를 써서 스스로 경계한다.

行路中 一不妄受邑宰之資助矣 全家往江景時曰 今行則勢不得辭矣 自槐山而又不受 一路皆不受 習性誠難强以矯之矣 此適出於好心腸矣 若或惡念之發而不自禁 如此則將奈何 書此以自警

133 내 나이 열일곱 살 때에 진위(振威)289)의 곤아에 있을 때 아내의 형제들과 관아 뒤 만기사(萬紀寺)에 갔다. 이국언(李國彦)290)은 『서전(書

---

288) 꽃 피고~않는다네: 매월당 김시습의 시 〈사청사우(乍晴乍雨)〉에 "꽃 피고 지는 것을 봄이 어찌 관장하리. 구름이야 가건 오건 산은 다투지 않는다네. 세상 사람들에게 말하노니 이 말을 기억하오. 평생 즐거움 누릴 곳 아무 데도 없다네[花開謝春何管 雲去雲來山不爭 寄語世人須記認 取歡無處得平生]."라는 구절이 있음.
289) 진위(振威): 경기도 평택군 진위면 지역에 있던 조선 시대의 고을 이름.
290) 이국언(李國彦): 조선 후기 문신인 이태좌(李台佐;1660~1739)로, 자는 국언(國彦), 호는 아

傳)』을 읽고, 이경윤(李景尹)291)은 『두시(杜詩)』를 읽고, 나는 사마천의
『사기(史記)』 15편의 열전을 2,3백 번을 읽고, 어린 이익량(李翼亮)은 『전
등신화(剪燈新話)』를 읽었다. 밤낮으로 석 달을 읽은 뒤 섣달그믐에 내려
왔는데, 이국언과 이경윤은 큰 효과를 얻었다. 이익량에게 보고서를 작성
토록 했는데 자기 생각을 피력함에 막힘이 없었으며, 내가 지은 글도 샘
물이 솟구치고 산이 솟아오르는 듯하였다.
 백부 선생께서 사마천의 『사기』에 있는 글자들만 사용하여 〈송형가입
진(送荊軻入秦)〉292)의 서문을 지으라고 하시기에 아침 전에 한수재 대청
위에 앉아 종이 세 폭을 이어 붙여 놓고 작은 글씨로 문장을 완성하였다.
일필휘지하였으나 거칠고 난잡함이 매우 심하여 백부께서 점검하여 간략
하게 고치게 하여 대략 수십 행으로 줄였다. 이로부터 문리가 크게 트이
고 해가 갈수록 점점 늘었다. 중수(仲受)293)는 관아의 연당(蓮堂)에 있으
면서 밤낮으로 『논어』만 읽었는데, 겨울 석 달 동안 다만 경문만 뽑아 졸
면서 읽었는지 끝내 조금도 나아진 것이 없었다.

 年十七在振威衙中 與妻兄輩上衙後萬紀寺 李國彦讀書傳 景尹讀杜詩 余讀馬史
十五傳二三百遍 小童李翼亮讀剪燈新話 晝夜讀三箇月 除夕下來 兩李君皆得大效
翼亮命題寫報狀 隨意疾書無碍滯 余亦著書 水湧山出 伯父先生命作送荊軻入秦序
皆用馬史文字 朝前坐寒水齋廳上 連紙三幅 細書成文 一筆揮之 而荒雜莫甚 先生命
使點改約而至於數十行而止 自是文理大達 隨年歲而漸長 仲受則在衙中蓮堂 晝夜
讀論語 三冬而只抄大文 和睡而讀 終無分寸之得

134 신해년(1731) 7월에 내 팔의 통증이 매우 심하여 하인 여러 명이
5개월 동안 밤낮으로 간호하였는데도 차도가 없었다. 결국에는 고통을 참
기 어려워 이른바 태자무(太子巫)294)를 만나 도깨비에게 홀린 것인지를

  곡(鵝谷)이며, 이항복(李恒福)의 현손(玄孫). 옥소의 처남임.
291) 이경윤(李景尹): 조선 후기 문신인 이형좌(李衡佐;1668~?)로, 자는 경윤(景尹), 호는 초천(椒
  泉). 이항복의 현손(玄孫)이고 옥소의 처남임.
292) 송형가입진(送荊軻入秦): 중국 전국시대 제나라 사람 형가가 연나라 태자 단(丹)의 부탁을 받
  고 진나라 왕을 죽이려고 진나라로 들어갈 때, 역수(易水)에서 태자 단이 다시 돌아오지 못할
  길을 떠나는 형가를 전송하는 내용임.
293) 중수(仲受): 조선 후기 문신인 이정좌(李鼎佐;1663~1726)로, 자는 중수(仲受), 호는 성재(醒
  齋)이며, 이항복(李恒福)의 현손(玄孫).

물어보도록 하였다. 태자무가 와서 내가 앉은 곳을 살피고는 황급히 돌아가서 말하기를 "그 사람이 두 젊은이와 마주 앉아 한창 책을 보고 있는데, 그 눈빛이 매서워 쳐다보지도 못하고 왔다."라고 하였다. 그 당시 변순(邊栒)295)과 이원태(李元泰)가 방문해서 나와 마주 앉아 시문(詩文)을 보고 있었는데, 만약 사악한 기운이 침범한 것이 아니었다면 태자무가 어떻게 쉽게 내 방에 들어올 수 있었겠는가.

> 辛亥七月 余臂痛苦劇 婢僕數人 達夜連晝救護 五閱月而不止 不堪其苦 逢所謂太子巫者 問之其魅 來視我坐處 忙急而歸曰 其人方與兩妙年對坐看書 其目可畏 不得見而來矣 時邊栒李元泰見訪 對看詩文矣 邪若不敢來相犯 則何故容易入我室

135 내 고조부께서는 두 형제이셨고 증조부께서는 아우 하나와 누이 둘이 계셨으나 모두 자녀가 없으셨다. 조부께서는 누이 하나 없으신 독신으로 서아우만 둘이 있었고, 선친께서는 형제 셋과 자매 둘이 있으셨다. 백부께서는 아들 하나와 서자 둘, 서녀 하나를 두셨고 선친께서는 아들 둘과 딸 하나를 두셨고, 계부께서는 아들 셋, 딸 하나에 서자 셋과 서녀 셋을 두셨다. 내 종형(從兄)은 아들 둘과 딸 둘을 두었는데, 큰조카는 아들 하나에 딸 넷을, 작은조카는 아들 하나에 딸 다섯을 두었으며, 손자 둘과 손녀 둘이 있다. 내 종제(從弟) 하나는 자녀가 없고, 하나는 딸만 넷이고, 하나는 딸만 셋을 두었다. 내 아우는 자녀가 없고 나만 자손을 두었는데 증손까지 합치면 열다섯이며, 외손과 외증손 다섯에 며느리와 손자며느리가 일곱, 사위와 손녀사위가 다섯에 내외 손녀가 열둘이라 모두 합하면 마흔넷이나 되니 참으로 나에게 복이 많다고 할 수 있다. 이는 무슨 까닭일까.

부유함과 존귀함은 당연히 겸할 수 없는 것이다. 나가 일찍이 외삼촌과 이야기를 나누었는데 외삼촌께서 "나는 늙도록 아들 하나뿐이고 손자도 없으니 자네에게 훨씬 못 미치네."라고 하시기에 내가 말하기를 "변변치 않은 많은 아이들이 어찌 훌륭한 자식 하나에 상대가 되겠습니까."라고

---

294) 태자무(太子巫): 음양가(陰陽家)들이 말하는 태일성(太一星)이 팔방(八方)으로 유행(遊行)하는 위치에 따라 길흉을 점치는 무당.
295) 변순(邊栒;1699~?): 조선 후기 문신으로, 자는 숙건(叔建).

하였다. 다만 외삼촌께서 수월하게 영의정을 지내신 것은 내가 국내 산천을 두루 구경한 것이 미치지 못하지만, 외삼촌께서 명성에 얽매인 것은 내가 마음대로 편안하고 한가롭게 쉬는 것에 미치지 못한다. 모르겠구나, 다른 사람에게 비교하게 한다면 과연 어떻게 생각할지.

> 我高祖兄弟二人 我曾祖有弟一人妹二人 而皆無子女 我祖考獨身無一妹 而有庶弟二人 我先君兄弟三人姉妹二人 我伯父有子一人庶子二人庶女一人 我先君有子二人女一人 我季父有子三人女一人庶子三人庶女三人 我從兄有子二人女二人 伯姪有一子四女 季姪有一子五女 孫男二人女二人 我從弟一無子女 一有四女 一有三女 我弟無子女 而我獨有子孫 竝曾孫而十五人 外孫曾五人 子孫婦七人 子孫壻五人 內外女孫十二人 凡四十四人 可謂福華於我 此何故也 宜富貴之不相兼也 曾與我舅氏語 舅氏曰 吾老只有一子而無孫 不及汝千萬等矣 余曰衆房何以當一子 但舅氏之領議政易做 吾之遍看國內山川不能及 舅氏之拘掣身名 不及我從心優閑之棲息矣 不知使他人論之 則果以爲如何

136 사람들은 모두 신선이 허무하고 허망한 것이라고들 말하지만 나는 그렇지 않다고 생각한다. 사람도 기운을 단련하고 욕망을 깨끗하게 없앤다면 그 정(精)296)이 껍데기를 벗어나 바람을 타고 날아오를 수 있으며, 가볍게 구름 속에 노닐며 종적을 숨길 수 있으니 여동빈297)에게서 진실로 그런 사람이 있다는 것을 볼 수 있다. 개에게 물린 자가 가잔충(假屧虫)을 삶아 마셔 그 독을 빨아내는 것과 오줌통에서 오줌 한 국자를 떠먹는 것은 그 이치가 같다. 신선만 유독 없다고 할 수 있겠는가. 말세에 사람들의 욕심이 걷잡을 수 없어 신선 같은 사람을 쉽게 보지 못하기 때문에 사람들이 모두 쉽게 말하기를 "허망하고 허무하다."고 하는 것이다. 주자도 말씀하시기를 "그런 이치는 있으나 하늘을 거역하는 것이기 때문에 하지 않을 뿐이다."라고 하셨으니 신선의 일은 부처의 환생설과는 다르다.

---

296) 정(精): 동양의학에서, 생명의 발생과 그 활동을 유지하는 데서 가장 기본적인 물질을 일컫는 말로, 생명의 발생에 필요한 선천지정(先天之精)과 생명 활동을 유지하는 데 필요한 후천지정(後天之精)이 있다고 함.
297) 여동빈(呂洞賓): 이름은 여암(呂嵒). 자는 동빈, 호는 순양자(純陽子)이며, 중국 신화에 나오는 도교의 8선 가운데 하나임. 서기 750년경의 학자이자 은자인 그는 팔선의 우두머리 격인 종리권에게 도교의 비밀을 배우고 50세에 신선이 되었다고 함.

人皆言神仙虛無妄誕 吾則日非虛無妄誕 人亦煉氣淨欲 則其精能脫殼而飛昇風
飄雲遊而迷蹤跡 呂洞賓眞有其人 看乎斯也 狗咬者煮假房虫而服之則呟出其毒 罇
一杓尿溺之中 此其理同 神仙獨可日無 末世人欲滔滔 未易見神仙人 故人皆容易言
曰 妄誕虛無 朱子亦日 有其理而以逆天 故不爲耳 與釋氏還生之說 不同

137 내 고조 판서공께서 남원 취산촌으로 낙향하셨을 때 조부께서 직접 산에서 나무를 하셨고, 조모께서 손수 밭에서 채소를 뜯어 아침저녁거리로 삼으셨다. 출입할 때에는 볏짚을 엮어 안장으로 삼고 나무를 묶어 가마로 삼았으며, 평생토록 빈곤하게 지내시면서도 괴로운 줄을 모르고 태연하게 지내셔서 지금까지도 미담으로 전해지고 있다. 나는 매번 이 일을 가지고 가난하다고 탄식하는 식구들의 입을 막곤 한다.

我高祖考判書公流落於南原之鷲山村 祖考躬樵于山 祖妣手採于田 以資朝夕 出
入時 編藁爲鞍 搆木爲轎 生年貧困而不知其苦 處之泰然 至今爲流傳之美談 余每
舉此事 以塞家人之歎貧者

138 내가 서조카에게 〈수호각기(睡虎閣記)〉를 지어 주었다. 거기에 말하기를 "범이 산에 있을 때에 어찌 그 기세를 태만히 하겠는가[虎其敢慢乎在山之勢乎]."라고 하였는데, 사람들은 다들 구두를 띄어 읽기를 '범이 어찌 태만하겠는가[虎其敢慢乎] 산에 있을 때의 기세인가[在山之勢乎].'라고 하면서 좋다고들 하였다.

내가 다른 사람을 위해 〈상우헌기(上愚軒記)〉를 지었다. 거기에서 "어리석음은 지혜로움을 상대로 한 말이다[愚對智而言]."라고 하였는데, 사람들은 다들 '어리석은 나는 마주하노라[愚ㅏ 對ヽ ㅈㅅ].'라고 읽고서 좋지 않다고 하였다. 또 내가 "백성들이 지극히 어리석어 신묘해짐은 명철한 사람의 어리석음과 같다[民之至愚而神 與哲人之愚同]."라고 하였고, 이어서 "이 세상에 태어나 상우(上愚)298)가 되고 싶다[生下世而欲上愚]."라고 했는데, 사람들은 다들 '명철한 사람의 어리석음과 함께 이 세상에 태어났다[與哲人之愚ㅈ 同生下世].'라고 읽고서는 비난하며 좋지 않다고 하였다.

---

298) 상우(上愚): 어리석지는 않으나 한쪽으로 치우친 의견을 가져 미련함을 면하지 못하는 사람.

내가 〈충렬사명(忠烈祠銘)〉을 지었는데 거기에서 "빠르고 빠르다[偈偈]299)."라고 하였다. 이것은 우리말의 입성(入聲)으로 읽는 데서 온 것인데, 거성(去聲)으로 읽고서 좋지 않다고 비평하는 사람들이 있었다. 읽는 것을 이와 같이 하면서 어떻게 그 글이 좋은지 안 좋은지를 알 수 있겠는가. 이는 오직 내가 구절과 글자를 운용하는 것이 평이하고 순탄하지 않아서 그런 것일 뿐이다. 경계하면서 그런 일을 다시는 범하지 말아야겠다고는 하지만 늘 그런 데서 벗어나지 못하니 심하구나, 습관을 고치기 어려움이여.

余爲庶姪作睡虎閣記而曰 日虎其敢慢乎在山之勢乎 人皆讀之曰 其敢慢乎阿 在山之勢乎阿 而稱之曰好好 爲人作上愚軒記而曰 愚對智而言 人皆讀之曰 愚ㅁ 對ᆞᆽᅀ 又曰民之至愚而神 與哲人之愚同 繼之曰 生下世而欲上愚 人皆讀之曰 與哲人之愚ᄌ 同生下世 而疵之曰不好 爲忠烈祠作銘而曰 偈偈 是出於韓文入聲讀 人有以莒讀而疵之曰 不好 讀之如此 而安知其好與不好乎 除非余使句字不平順之故耳 欲戒之勿更犯 而每不免焉 甚矣 習手之難矯也

139 정사년(1737) 추석에, 내가 병이 들어 화지동 별장의 침상에 누워 있는데 어떤 사람이 포도와 송이버섯을 보내왔다. 새로운 맛이라 매우 기뻤으나 선성(善性)이 이미 선영으로 떠난 뒤라 뒤쫓아 보낼 사람이 없어서 마음속으로 허전하였다. 옛날의 잉어가 뛰쳐나오고 죽순이 솟아나는 효성에 대하여 부끄러운 마음이 들어 마침내 몇 가지 음식을 챙긴 다음 새 누각 한 자리를 깨끗이 쓸고 음식을 차려서 바치고는 분향하고 절을 함으로써 작은 정성을 표현하였다. 이어 생각하기를 "지손(支孫)으로서 도성을 멀리 떠나 지방에서 벼슬하고 있는 경우에는 옛사람도 간략하게 진설하고 망배(望拜)300)하도록 하였으니, 주자 가문에서도 타향에 거처하는 지손 중에 이렇게 행한 자가 있었다. 그래서 퇴계도 이를 본받아 행하였

---

299) 걸걸(偈偈): 게(偈)의 발음은 '쉰다' 또는 '게송'이라는 의미의 '게'와 '빠르다'라는 의미의 '걸' 두 가지임. 걸걸(偈偈)은 『시경』 「회풍(檜風)」〈비풍(匪風)〉의 "비거걸혜(匪車偈兮)"에서 온 표현인데 『모전(毛傳)』에서 걸걸(偈偈)은 질풍처럼 몰아간다[疾驅]."라고 해석하였으며, 권섭의 〈충렬사명(忠烈祠銘)〉에서 다른 구절의 압운과 맞추려면 입성 운인 '걸'로 읽어야 함.

300) 망배(望拜): 멀리서 대상이 있는 쪽을 향해 절하는 일.

다. 나의 경우는 지손과는 같지 않지만 늙고 병들어 조용하고 편안한 방안에 머물러야 하는 처지라 형세 상 부득이한 것이니, 시절 음식을 조상께 천신할 때에 혹여 자신의 힘으로 나아가 바치지 못할 때에는 간략하게 진설하여 정성을 드리는 예(例)로 삼는다면 나의 이 행위가 예법의 의미에 어긋나지는 않을 것이다."라고 하였다.

丁巳秋夕 小子在花枝別業 疾病臥床 人有遺以葡萄松菌 新味可喜 善性已發松楸行 無人追及 心甚缺然 遠有愧於魚躍笋生 遂兼以數品之饌 淨掃新樓一席 排而奠之 焚香而拜 以寓微誠 仍念支子之仕宦外國者 古人許其略設而望之 朱門支子居他者 亦有此例 故退溪倣而行之 小子則又與支子不同 寄老病於靜便之室 勢不得已 而時節薦獻之時 或不能自力進往 則略設寓誠 仍以爲例 是不悖於禮意也

140 내가 을미년(1715) 겨울에 호남의 산과 바다를 여행하다가 낙안읍의 단교 언덕 위에 앉아 있었다. 상민 세 사람이 내 앞에 와서 절하며 말하기를 "저희들은 공의 집안의 버려진 논을 거의 매일같이 개간하여 농사지어 온 지 몇 년 되었습니다만 지역이 멀어 아직 말씀드리지 못했으니 용서해 주시기 바랍니다."라고 하였다. 내가 꾸짖어 말하기를 "너희들의 일이 사실인가? 지금부터 규정대로 전세(田稅)를 납부하도록 하여라."라고 하고, 또 "묵혀 둔 곳도 속속들이 다 개간하면 내 마땅히 전세를 감해 주겠다."라고 하자 그 사람들이 굽신굽신 절하고 고마워하며 돌아갔다. 내가 돌아와서 백부 선생께 아뢰니 말씀하시기를 "이것은 네 계조부 참봉공의 소유였는데 네 아비에게 전해진 것이다."라고 하셨다. 내가 예전의 문서를 찾아보니 과연 낙안의 묵혀 두고 있었던 논이 나왔다. 당시에 내가 제대로 알지 못하고 그들의 말에 속아서 허락한 것이 부끄러웠고, 제대로 대응하지 못했는데도 백부 선생으로부터 심한 꾸중을 듣지 않은 것이 다행스러웠다. 내가 아무 생각 없이 한가롭게 앉아 있다가 상민(常民) 세 사람에게 속았는데도 그들에게 논을 관리하라고 스스로 말한 것이 우습다.

余於乙未冬 遊湖南山海 坐於樂安之斷橋岸上 有常漢三人來拜於前曰 吾輩起墾公家堰畓 幾日耕有年 而地遠未相告 幸原之 余喝曰 汝事是乎 自今納稅如例 又曰

陳處續續盡起之 吾當廉其稅 其人僕僕拜謝而歸 歸來稟問于伯父先生 則曰此是季
祖父參奉公物也 傳係於汝翁矣 搜見舊券 則果有樂安廢堰 當時我實不知 而隨其言
而詭應之 可愧 非正道然得 不見伯父先生之深責 可幸 我實無心閑坐 而乃爲三常漢
妄揣我 理田而行 自來言之 可笑

141 재상의 자제로 나이 70이 되도록 관직이 없는 자는 남보다 훨씬 고상한 사람이거나 반드시 남에게 훨씬 못 미치는 사람이다. 내가 남보다 못한 자질을 가지고 남보다 높은 명성을 가지려고 하니 우습다. 근래에 한수재 안에 있는 옛 편지들을 살펴보다가 계부의 편지를 발견했다. 거기에서 이르시기를 "조카 섭의 일로 말하자면 순식간에 영락했다고 할 수 있다."고 하셨다. 정성(定性)이 이에 대해 응답하기를 "군평(君平)301)이 이미 세상을 버렸기 때문에 세상도 군평을 버린 것임을 알 수 있습니다."라고 하였다. 그리고 나서 나는 이영보302) 대감의 말이 생각났는데, 그가 말하기를 "괴이한 일이 있다. 사람들이 모두 내게 와서 말하기를 '모씨[권섭]와 서로 친하다면 반드시 크게 책망하여 떨쳐 일어나게 해야 한다.'라고 하는데 사람들이 이렇게 시기하니 비록 도와주고자 한들 가능하겠는가."라고 하였다. 내 스스로 과거에 응시하여 관직에 나아가는 것을 도외시한 것은 진실로 망령된 것은 아니다. 그러나 근래 몇몇 사람들이 옛날나의 명성을 애석하게 여기면서 요즘 나의 궁박하고 노쇠한 모습을 탄식하니 이는 나 스스로 사람들이 킥킥대는 일을 자초한 것이다. 앞으로 불쌍한 모습으로 환곡을 빌릴 때 몇몇 사람들이 킥킥대는 것을 또 어떻게 면하겠는가.

宰相子弟之七十無官 非高於人千百等 則必不及於人千百等 吾則以不及人之資
欲占高人之名可笑 近閱寒水齋中故紙 有季父書 云以燮事爲言 便落落言 定性乃應
之 是知君平旣棄 世亦棄之矣 仍思李台永甫之言 曰有怪事矣 人人來我 皆曰 與某

---

301) 군평(君平): 중국 한나라 때의 사상가인 엄준(嚴遵)으로, 자(字)가 군평(君平)임. 그는 노자와 장자의 사상을 수용하고, 사천성 성도(成都)에서 점치는 것으로 생계를 삼았는데 하루에 100전을 벌면 족하다고 하며 가게 문을 닫았다고 하며, "내 명성을 널리 알리는 것은 내 몸을 죽이는 것이다. 세상이 군평을 버리는 것이 아니라 군평이 세상을 버린다."라고 하면서 학식과 포부를 가지고도 세상에 나오지 않다가 90세가 넘어서 죽었음.
302) 이영보(李永甫): 조선 후기 문신인 이현록(李顯祿;1684~1730)으로, 자는 영보(李永甫)이고, 완릉군(完陵君)에 봉해졌음.

相親 而必一爬刺而後起 人人之相猜如此 雖欲與之相先後 其可得乎 吾之自疎外於
科官進取 誠不妄矣 近有幾輩人 惜我當時聲名而歎今日之窮老 吾自局局於幾輩人
及其耀貸乞哀之時 又何免幾輩人之局局

142

어떤 사람이 누각 위에다 신주를 모셨는데 화재가 났다. 신주를 새로 만들고 산소에 가서 신주의 글을 다시 쓰려고 하기에 내가 말하기를 "신령이 이미 집으로 돌아왔는데 어찌 다시 산소에 가서 혼령을 찾는가. 불에 탄 곳에서 신주의 글을 고쳐 쓰는 것이 마땅하다."고 하였다.

손자가 산소 아래에다 재사(齋舍)303)를 짓기 위해 다른 곳에서 나무를 사 오려고 하기에 내가 산소의 나무를 벌목해서 사용하도록 하면서 말하기를 "사사로운 집을 짓는 데 사용할 것이라면 산소의 나무를 베는 것이 옳지 않으나, 재사를 짓는 것은 선조의 유업을 이어 받드는 일 중에서 중대한 일이니 어찌 안 될 이유가 있겠는가."라고 하였다.

어떤 사람이 자기 아내의 자매가 홀몸이 되어 의지할 데가 없게 되자 이 자매를 거두어 자기 집에서 함께 살아도 무방한가를 묻기에 내가 "상고시대에는 이런 것은 거론할 필요도 없는 것이었는데, 구양공이 설씨 집에서 두 번 아내를 취하고, 여동래304)가 한씨 집의 여인을 거듭 맞이하자305) 후세에는 의심받을 일을 더욱 피하게 되었다."라고 하였다. 나중에 『퇴계언행록』을 보고서 다행히도 내 견해가 선현의 말씀에 어긋나지 않았다는 것을 알게 되어 여기에 기록한다.

---

303) 재사(齋舍): 거처하는 집 옆에다 공부하거나 책을 보존하기 위해 세우는 별도의 건물.
304) 여동래(呂東萊): 중국 남송의 철학가이자 문학가인 여조겸(呂祖謙;1137~1161). 자는 백공(伯恭), 호는 동래선생(東萊先生). 일찍이 주희(朱熹)와 육구연(陸九淵)의 논쟁을 조화시키기 위해 그들의 장점을 함께 흡수하여 배웠으며, 주희·장식(張栻)과 더불어 '동남삼현'으로 불렸음.
305) 구양공이~맞이하자: 『사문유취』에 "구양수가 처음에 설규(薛奎;937~1034)의 장녀에게 장가를 들었다가 나중에 처제에게 재취 장가를 갔다."라고 하였으나 구양수가 지은 설규의 묘지에는 "딸 다섯을 두었는데, 맏이는 장기(張奇)에게 출가하고, 다음은 교이종(喬易從)에게 출가하여 일찍 죽고, 다음은 왕공신(王拱辰)에게 출가하여 일찍 죽고, 다음은 구양수에게 출가하고, 다음은 또 왕씨에게 출가하였다."라고 한 것을 보면 『사문유취』의 기록은 왕공신의 일을 구양수의 일로 착각하여 잘못 기록한 것임을 알 수 있음. 권두경(權斗經;1654~1725)이 지은 『퇴계선생언행통록』에, "퇴계 선생께서 김성일(金誠一)의 물음에 대하여 '구양수는 두 번이나 설씨에게 장가갔고 여조겸(呂祖謙)도 두 번이나 한무구(韓無咎)의 딸에게 장가든 적이 있다.'라고 답하셨다."라는 글이 실려 있으니, 이황도 『사문유취』의 기록에 근거하여 그렇게 대답하였던 것임.

有人奉神主於樓上而遭火患 造新主而欲改題於墓所 余日 神旣返於室堂 則豈可
更求魂於墓所 改題之於火燒處爲宜 孫兒構齋舍於墓下 而欲買木於他所 余令伐取
於丘木日 用於私室之築 則不可斫丘木 構齋舍 是肯構之大者也 有何不可 人有問
妻之姉妹孤寡 無所歸者 率養於家 無妨否 余日 上古不須言 歐陽公兩娶薛家 呂
東萊再聘韓女 則後世尤不可不避嫌矣 後見退溪言行錄 自幸陋見之不悖於先賢 玆
書之

143 내 왼손 장지가 크게 부어올라서 고약을 붙였는데 한 달이 넘도록 아무 효험이 없더니 요새 특별하고 기이한 일이 생겼다. 효자 주득천이 지극한 효행이 있는데도 아직 정려(旌閭)가 내려오지 않아서 내가 그를 위해 전(傳)을 짓고, 또 감영에 올릴 글을 지어 전후의 사정을 덧붙이고 겉봉을 쓴 다음 벽 가운데 걸어 두었다. 다시 본 현에 바치려고 꺼내어 펴 보니 그 속에 벌 한 마리가 있었는데 종이를 갉아 솜처럼 집을 만들었으며 그 안에는 맑은 봉액이 가득하였다. 이에 내가 감동하여 말하기를 '이것은 반드시 주씨 효자가 내게 좋은 약을 준 것이다.'라고 하고 바로 붙였더니 다음날 부기가 사라졌다. 아, 저승에서도 감응하는 이치가 밝고 밝아 속임이 없구나. 그래서 여기에 기록한다.

余左手長指 浮大穄 付膏藥 月餘而無效 今有別般大異事矣 周孝子得天有至行
而尙未旌閭 余爲之作傳 又作巡營呈文 粘連前後狀 題而掛在壁間 欲更呈于本縣 出
而展之 則中有一蜂 剗紙如綿而爲窠 淸液滿中 余乃心動日 此必是周孝子 畀我良
劑 卽付之 翌日乃消 嗚乎 冥感之理 昭昭不誣矣 玆書之

144 자학(字學)이 끊어진 지 이미 오래되었다. 근래에 최석정(崔錫鼎)306), 송요좌(宋堯佐)307), 김제겸(金濟謙)308), 김재로(金在魯)309)와 내

---

306) 최석정(崔錫鼎;1646~1715): 조선 후기 문신으로, 자는 여시(汝時)·여화(汝和), 호는 존와(存窩)·명곡(明谷).
307) 송요좌(宋堯佐;1678~1723): 송준길의 증손.
308) 김제겸(金濟謙;1680~1722): 김수항(金壽恒)의 손자이자 영의정 김창집(金昌集)의 아들로, 자는 필형(必亨), 호는 죽취(竹醉).
309) 김재로(金在魯;1682~1759): 조선 후기 문신으로, 자는 중례(仲禮), 호는 청사(淸沙)·허주자

외삼촌310) 등이 자학에 대해 대략 식견이 있는 분들인데도 운서에 나올 뿐 아니라 늘 사용하여 쉽게 아는 글자조차 음을 타꾸어 읽는다.

숭(崧)은 숭(崇)이라고 발음해야 하는데 송(松)이라 발음하고, 종(崇)은 숭(崇)이라고 발음해야 하는데 종(宗)이라 발음하고, 총(潨)은 종(宗)이라고 발음해야 하는데 중(衆)이라 발음하고, 공(赶)은 상(霜)이라고 발음해야 하는데 공(工)이라 발음하고, 당(幢)은 당(堂)이라고 발음해야 하는데 동(童)이라 발음하고, 사(剚)는 치(致)라고 발음해야 하는데 사(事)라 발음하고, 이(犂)는 리(梨)라고 발음해야 하는데 여(閭)라 발음하고, 저(樗)는 저(沮)라고 발음해야 하는데 우(虞)라 하고, 저(瀦)는 주(州)라고 발음해야 하는데 저(沮)라 발음하고, 여(珍)는 여(呂)라고 발음해야 하는데 진(珍)이라 발음하고, 적(踖)은 적(迹)이라고 발음해야 하는데 석(昔)이라 발음하고, 굉(肱)은 긍(肯)이라고 발음해야 하는데 굉(宏)이라 발음은, 설(渫)은 예(裔)라고 발음해야 하는데 설(雪)이라 발음하고, 부(抙)는 무(撫)라고 발음해야 하는데 부(付)라 발음하고, 대(鐓)는 대(隊)라고 발음해야 하는데 돈(敦)이라 발음하고, 회(繢)는 회(會)라고 발음해야 하는데 궤(櫃)라 발음하고, 멸(篾)은 몌(覓)이라고 발음해야 하는데 멸(蔑)이라 발음하고, 역(場)은 역(亦)이라고 발음해야 하는데 장(長)이라 발음하고, 겁(袷)은 겁(劫)이라고 발음해야 하는데 합(合)이라 발음하고, 오(汙)는 와(臥)라고 발음해야 하는데 오(五)라 발음하고, 형(陘)은 형(刑)이라고 발음해야 하는데 경(京)이라 발음하고, 봉(贈)은 몽(夢)이라고 발음해야 하는데 모(冒)라 발음하고, 처(覷)는 췌(揣)라고 발음해야 하는데 처(處)라 발음하고, 오(迕)는 우(迂)라고 발음해야 하는데 우(遇)라 발음하고, 제(第)는 자(子)라고 발음해야 하는데 제(弟)라 발음하고, 계(闠)는 계(戒)라고 발음해야 하는데 섬(剡)이라 발음하고, 계(紒)는 계(戒)라고 발음해야 하는데 개(介)라 발음하고, 조(刁)는 조(朝)라고 발음해야 하는데 도(刀)라 발음하고, 애(獃)는 의(義)라고 발음해야 하는데 개(介)라 발음하고, 홍(閧)은 홍(烘)이라고 발음해야 하는데 공(共)이라 발음하고, 인(紉)은 린(吝)이라고 발음해야 하는데 인(刃)이라 발음하고, 현(絢)은 현(顯)이라고 발음해야 하는데 순(順)이라 발음하고, 퇴(褪)는 단(但)이라고 발음해야 하는데 퇴(退)라 발음하고, 곤

(虛舟子).
310) 내 외삼촌: 도곡(陶谷) 이의현(李宜顯).

(捆)은 균(箘)이라고 발음해야 하는데 곤(困)이라 발음하고, 손(飧)은 손(飱)이라고 발음해야 하는데 찬(餐)이라 발음하고, 현(儇)은 현(玄)이라고 발음해야 하는데 환(還)이라 발음하고, 변(辮)은 변(卞)이라 발음하고 판(瓣)은 변(卞)이라고 발음해야 하는데 판(判)이라 발음하고, 엄(广)은 엄(奄)이라고 발음해야 하는데 암(庵)이라 발음하고, 대(碓)는 대(待)라고 발음해야 하는데 확(確)이라 발음하고, 과(夥)는 화(化)라고 발음해야 하는데 과(果)라 발음하고, 임(稔)은 늠(廩)이라고 발음해야 하는데 염(念)이라 발음하고, 효(皛)는 조(照)라고 발음해야 하는데 촉(燭)이라 발음하고, 표(瀌)는 표(表)라고 발음해야 하는데 록(鹿)이라 발음하고, 삽(箑)은 첩(妾)이라고 발음해야 하는데 삽(插)이라 발음하고, 전(俊)은 전(全)이라고 발음해야 하는데 준(俊)이라 발음하고, 롱(瀧)은 상(霜)이라고 발음해야 하는데 롱(壠)이라 발음하고, 첨(恬)은 첨(僉)이라고 발음해야 하는데 감(甘)이라 발음하고, 츤(齔)은 신(愼)이라고 발음해야 하는데 흘(屹)이라 발음하고, 온(媼)은 오(五)라고 발음해야 하는데 온(慍)이라 발음하고, 사(傞)는 사(沙)라고 발음해야 하는데 차(差)라 발음하고, 나(儺)는 나(那)라고 발음해야 하는데 난(難)이라 발음하고, 무(膴)는 호(戶)라고 발음해야 하는데 무(茂)라 발음하고, 려(蠡)는 나(娜)라고 발음해야 하는데 려(呂)라 발음하고, 하(煆)는 가(可)라고 발음해야 하는데 하(夏)라 발음하고, 칭(秤)은 칭(稱)이라고 발음해야 하는데 평(平)이라 발음하고, 항(吭)은 강(強)이라고 발음해야 하는데 항(亢)이라 발음하고, 굉(觥)은 굉(宏)이라고 발음해야 하는데 광(光)이라 발음하고, 앵(嚶)은 영(嬰)이라고 발음해야 하는데 앵(鸎)이라 발음하고, 창(傖)은 황(皇)이라고 발음해야 하는데 창(倉)이라 발음하고, 정(樫)은 청(淸)이라고 발음해야 하는데 성(聖)이라 발음하고, 설(焫)은 설(雪)이라고 발음해야 하는데 병(丙)이라 발음하고, 항(夯)은 항(亢)이라고 발음해야 하는데 력(力)이라 발음하고, 지(輊)는 지(止)라고 발음해야 하는데 질(姪)이라 발음하고, 일(軼)은 일(一)이라고 발음해야 하는데 질(迭)이라 발음하고, 붕(弸)은 팽(烹)이라고 발음해야 하는데 붕(朋)이라 발음하고, 유(柚)는 유(類)라고 발음해야 하는데 축(丑)이라 발음하고, 유(尤)는 유(猶)라고 발음해야 하는데 우(尤)라 발음하고, 날(捏)은 얼(孼)이라고 발음해야 하는데 날(捋)이라 발음하고, 선(燹)은 신(信)이라고 발음해야 하는데 선(善)이라 발음하고, 가(榎)는 가(椵)라고 발음해야 하는데 하(夏)라 발음하고, 수(膄)는 수(收)라고 발음해야 하는데 숙(肅)이라 발음하고, 후

(鯸)는 후(後)라고 발음해야 하는데 취(臭)라 발음하고, 유(揉)는 로(怒)라고 발음해야 하는데 유(柔)라 발음하고, 유(狃)는 유(柔)라고 발음해야 하는데 혈(穴)이라 발음하고, 원(援)은 원(元)이고 원(瑗)은 원(遠)이라고 발음해야 하는데 모두 완(完)이라 발음하고, 사(禠)는 사(似)라고 발음해야 하는데 체(遞)라 발음하고, 패(捭)는 벽(辟)이라고 발음해야 하는데 비(卑)라 발음하고, 계(杏)는 계(啓)라고 발음해야 하는데 답(畓)이라 발음하고, 찬(欑)은 찬(欑)이라고 발음해야 하는데 총(叢)이라 발음하고, 심(諗)은 심(甚)이라고 발음해야 하는데 념(念)이라 발음하고, 규(跬)는 기(棄)라고 발음해야 하는데 규(圭)라 발음하고, 복(扑)은 복(伏)이라고 발음해야 하는데 박(朴)이라 발음하고, 육(肓)은 육(肉)이라고 발음해야 하는데 육(堉)이라 발음하고, 작(汋)은 적(赤)이라고 발음해야 하는데 작(勺)이라 발음하고, 분(畚)은 본(本)이라고 발음해야 하는데 번(番)이라 발음하고, 범수(范睢)는 범수(范誰)라고 발음해야 하는데 범저(范沮)라 발음하고, 희비(屓奰)는 비희(憊喜)라고 발음해야 하는데 패비(貝憊)라 발음하고, 도철(饕餮)은 도철(刀哲)이라고 발음해야 하는데 도진(刀眞)이라 발음하고, 종수(慫慂)는 종용(慫用)이라고 발음해야 하는데 종유(慫臾)라 발음하고, 고려(高麗)는 고니(高尼)라고 발음해야 하는데 고려(高呂)라 발음하고, 균수(龜手)는 균수(均手)라고 발음해야 하는데 귀수(歸手)라 발음하고, 부의(裒衣)는 우의(偶衣)라고 발음해야 하는데 부의(富衣)라 발음하고, 종종(從從)은 총총(總總)이라고 발음해야 하는데 종종(終終)이라 발음하고, 조궤(弔詭)는 적궤(赤詭)라고 발음해야 하는데 조궤(照詭)라 발음하고, 음기(飮器)는 름기(廩器)라고 발음해야 하는데 음기(蔭器)라 발음하고, 징축(徵逐)은 치축(馳逐)이라고 발음해야 하는데 징축(澄逐)이라 발음하고, 녹리(甪里)는 녹리(鹿里)라고 발음해야 하는데 각리(角里)라 발음하고, 월지(月氏)는 연지(燕支)라고 발음해야 하는데 월지(越止)라 발음하고, 정아(菁莪)는 정아(丁阿)라고 발음해야 하는데 청아(青阿)라 발음하고, 노애(嫪毐)는 규애(虯愛)라고 발음해야 하는데 목예(木枘)라 발음하고, 정독(亭毒)은 성육(成育)이라고 발음해야 하는데 정독(丁獨)이라 발음하고, 세삭(洒削)은 세초(洗肖)라고 발음해야 하는데 쇄삭(瑣鑠)이라 발음하고, 위촉(委屬)은 다른 것인데 위적(委積;모으다, 저축하다)이라 발음하여 속(屬;모으다)의 의미를 따르고, 일휘(一麾)는 일휘(一揮)라고 발음해야 하는데 일기(一旗)라 발음하고, 종고락지(鐘鼓樂之)는 요지(夭之)라고 발음해야 하는데 언해에서 해석하기를

락지(洛之)라 하고, 조적(趯趯)은 조적(朝赤)으로 척촉(彳亍)은 척촉(拓燭)이라고 발음해야 하는데 가끔 음을 바꾸어 적조, 촉척이라 읽기도 하고, 사준(犧尊)은 사준(沙尊)이라고 발음해야 하는데 희준(希尊)이라 발음하고, 아술(蛾述)은 의술(義述)이라고 발음해야 하는데 아술(阿述)이라 발음하고, 차막(遮莫)은 절막(切莫)이라고 발음해야 하는데 차막(且莫)이라 발음하고, 골돌(鶻突)은 모호(糢糊)하다는 의미인데 가끔 맹렬(猛烈)이라는 의미로 이해하고, 엄(淹)은 음(愔)이라고 발음해야 하는데 암(暗)이라 발음하고, 건등(騫騰)은 헌등(軒登)이라고 발음해야 하는데 건등(愆登)이라 하여 건(騫)을 건(騫)으로 이해하고, 목후(沐猴)는 빈후(牝猴; 암원숭이)이기 때문에 목(沐)을 출(出)이라고 발음해야 하는데 '목욕하는 원숭이[沐浴之猴]라고 이해해서 목(沐)을 목(木)이라 발음하고, 등위(等威)는 가끔 등위(等位)로 쓴다.

이 같은 종류를 이루 다 쓸 수가 없다. 하물며 순음이나 치음, 청음, 탁음에 이르면 아는지 모르는지를 어찌 말할 수 있으랴.

字學之絶已久 近來崔錫鼎宋堯佐金濟謙金在魯及我舅氏 略有識解 至於韻書所出 恒用易知之字 亦多換音而讀之 崧爲崇而作松 寀爲崇而作宗 潨爲宗而作衆 磴爲霜而作工 幢爲堂而作童 剚爲致而作事 犁爲梨而作閭 橅爲沮而作虞 豬爲州而作沮 沴爲呂而作珍 蹢爲迹而作昔 肱爲肯而作宏 渫爲裔而作雪 拊爲撫而作付 鏾爲隊而作敦 繢爲會而作檜 箋爲覓而作莧 場爲亦而作長 袷爲劫而作合 汙爲臥而作五 陘爲刑而作京 賵爲夢而作冒 覷爲揣而作處 逆爲迕而作遇 第爲子而作弟 闟爲戒而作刻 紒爲戒而作介 刁爲朝而作刀 㺊爲義而作介 閧爲烘而作共 紉爲吝而作刃 絢爲顯而作順 褪爲但而作退 捆爲箘而作困 殄爲孫而作飱 僞爲玄而作還 辮爲卞瓣爲卞而作判 广爲奄而作庵 碓爲待而作確 夥爲化而作果 稔爲廩而作念 皽爲照而作燭 麗爲表而作鹿 箑爲妾而作插 悛爲全而作俊 瀧爲霜而作瀧 䛾爲僉而作甘 齓爲愼而作屹 媼爲五而作慍 傞爲沙而作差 儺爲那而作難 膴爲戶而作茂 蠡爲娜而作呂 蝦爲可而作夏 秤爲稱而作平 吭爲强而作亢 㹘爲宏而作光 嚶爲嬰而作鶯 僉爲皇而作倉 檉爲淸而作聖 炳爲雪而作丙 夯爲亢而作力 跙爲止而作妊 軏爲一而作迭 㛃爲烹而作朋 杽爲類而作丑 尤爲猶而作尤 捏爲孼而作㧖 燹爲信而作善 榎爲椵而作夏 臑爲收而作肅 鯸爲後而作臭 揉爲怒而作柔 狄爲柔而作穴 瑗爲元瑗爲遠而作完 襣爲似而作遞 捭爲辟而作卑 杳爲啓而作畓 㪻爲橫而作囏 諗爲甚而作念 踑爲棄而作圭 扑爲伏而作朴 育爲肉而作堉 彴爲赤而作勺 畨爲本而作番 范雎爲范誰而作范沮 鳳奬爲鳳喜而作貝贑 餮饕爲刀哲而作刀眞 慾戀爲慾用而作慾臾 高麗爲高尼而作高呂 龜手爲均手而作歸手 袞衣爲偶衣而作富衣 從從爲總總而作終

終 弔詭爲赤詭而作照詭 飲器爲廙器而作蔭器 徵逐爲馳逐而作澄逐 甪里爲鹿里而作角里 月氐爲燕支而作越止 菁莪爲丁阿而作靑阿 蝮毒爲虺愛而作木杴 亭毒爲成育而作丁獨 洒削爲洗骨而作瑣鑠 委屬是別樣而作委積 隨麾 一麾是一揮而作一旗 鐘鼓樂之是夭之而諺解作洛之 糶糴是朝赤 彳亍是拓燭而或換音 犧尊是沙尊而作希尊 蛾述爲義述而作阿述 遮莫是切莫而作且莫 鶻突是糢糊之意而或解以猛烈 淹是爲憎而作暗 騫騰爲軒登而作愆登而騫作騫 沐猴是牝猴 故沐爲出而謂沐浴之猴而沐作木 等威或書以等位 如此類不可盡書 況脣齒淸濁之音 又何言其知不知乎

145 영남 사람들은 서인이 퇴계를 존숭하는 것이 율곡을 존숭하는 것에 미치지 못한다고 여기는데 이는 몰라서 하는 말이다. 주자 이후로 중국에 참된 학자가 없고 우리나라의 경우 홍유후311) 설총과 문충공 정몽주에 이르러서야 비로소 도학을 번창시켜야 한다는 것을 알게 되어 이후 많은 학자가 배출되었으나 학자들마다 순수함과 그렇지 않음이 균일하지 않았다. 퇴계에 이르러서야 비로소 크게 갖추어지고 밝아졌으며, 율곡이 퇴계를 이어 크게 이루었다. 율곡의 말씀 가운데 "물의 모양은 그릇의 네모나거나 둥근 모양을 따라 만들어지고 공간의 크기는 병의 크고 작음에 따라 정해진다."라고 한 것과 "사물이 있는 곳을 환하게 비춘다."라고 한 것과 "발(發)하는 것은 '기'이고 발(發)하게 만드는 것은 '리'이다."라고 한 것은 퇴계의 말씀을 확충한 것으로 퇴계에게 큰 공을 세운 것이다. 주렴계312)가 "움직이면 양을 만들어 내고, 고요하면 음을 만들어 낸다[動而生陽 靜而生陰]."라고 말한 것에 주자(朱子)가 '만들어 낸다[生]'는 말을 삭제한 것은 주렴계가 미처 점검하지 못했던 부분을 주자가 점검한 것일 뿐이니 그걸로 어찌 주렴계가 부족하다고 할 일이겠는가. 그래서 나는 말하기를 "퇴계에게 율곡이 있는 것은 주렴계에게 주자가 있는 것과 같다."라고 하는 것이다.

---

311) 홍유후(弘儒侯): 강수·최치원과 함께 신라 3문장으로 불린 설총에게 고려 현종 연간에 내린 시호. 설총은 신라 10현 중 한 사람으로, 자는 총지(聰智). 682년 국학의 설립과 교육에도 크게 공헌했고, 구경(九經)을 우리말로 읽어 강론하는 등 유학 발전에도 기여했으며, 향찰과 이두를 정리하고 집대성했음.

312) 주렴계(周濂溪): 중국 북송의 사상가인 주돈이(周敦頤;1017~1073). 그의 〈태극도설〉에 실린 내용이 후대 정자(程子)에 의해 발전됨으로써 송나라 도학의 방향을 설정하는 단초가 되었으며, 주자(周子)라고도 불림.

嶺南人 以西人爲尊退溪 不如尊栗谷 此不知之言也 朱子之後 中國無眞儒 至我
東薛弘儒鄭文忠 始知倡明道學 而羣儒輩出 純疵不一 至退溪 乃大備大明 栗谷繼
退溪而大成 其曰水逐方圓器 空隨大小甁 其曰灼照物在 其曰發之者氣 所以發者理
是爲擴退溪之言 而大有功於退溪也 濂溪曰 動而生陽 靜而生陰 而朱子去生字 是朱
子點檢於濂溪之所未點檢耳 豈可以此少濂溪哉 吾則曰 退溪之有栗谷 正如濂溪之
於朱子也

146 집을 짓는 사람 가운데 "어떻게 하면 잘 지을까?"라고 말하지 않는 사람과 첩을 구하는 사람 가운데 "늙은 기운에 미색을 얻어서 어디 쓰겠는가."라고 말하지 않는 사람을 나는 한 사람도 보지 못했다. 물과 바위의 경치가 좋은 곳에 누대를 지은 사람 가운데 좋다고 말하는 자 또한 많이 보지 못했다. 다른 사람의 형편이나 뜻을 남이 어떻게 알 수 있겠는가마는 이는 한가로운 입을 놀려 의례적으로 하는 이야기일 뿐이다. 사람들 가운데 가축을 도살하거나, 제방을 쌓아 전답을 늘리거나, 도망친 노비를 잡거나, 과거에 합격해서 관리가 되거나, 쌀과 곡식을 쌓아 두고 돈을 불리는 일 등이 있을 때 입을 벌리고 침을 흘리지 않거나 열심히 수작하지 않는 자는 천백 명 가운데 두셋에 불과하다. 그리고 수령이나 별성의 자리에 앉으려고 분주하게 뛰어다니고, 그렇게 하여 수령이나 봉명사신(奉命使臣)이 되면 기세를 올리며 우쭐대는 자들이 온 세상에 넘치는 판국에 자신을 칭찬하는 말을 들어도 기뻐하지 않으며 직언을 듣는 것을 싫어하지 않는 사람 또한 천백 명 가운데 두셋뿐이다.

人有作舍者 不曰何如是好營築 人有求妾者 不曰老氣求色 何用者 吾不見一人
人有作亭臺於水石勝處曰 好好者 又不多見 人之形勢意趣 人何以知之 是其遊閑之
口 作例常之談耳 人有宰屠築堰推奴決科做官聚米殖錢事 不朶頤津津 不酬酌亹亹
者 千百中不過見數三 其奔走參坐於守令別星之座 守令別星 又必使氣自得之者 擧
世滔滔 其不喜譽己而不厭聽讜言者 亦千百中見數三

147 한번은 휘영각(輝暎閣) 위에 앉아 있다가 비둘기 한 마리가 새매에 쫓기는 광경을 보았다. 비둘기가 날다가 암벽 아래에서 새매에게 붙잡혔는데 홀연 빠져나와 날쌔게 날아가자 새매가 쫓았다. 비둘기가 한 번

내려갔다가 한 번 올라가는 것이 마치 화살처럼 빨랐는데 새매도 비둘기를 따라 오르내렸다. 비둘기가 갑자기 몸을 뒤집어 서쪽을 향하자 새매도 몸을 뒤집어 서쪽을 향했다. 비둘기가 다시 몸을 뒤집어 동쪽을 향해 날아가 새매의 뒤로 돌아 달아났다. 새매는 날던 기세를 미처 멈추지 못하고 뒤늦게야 날개를 뒤집어 돌아왔으나 비둘기는 이미 멀리 떠나 위로 곧바로 올라갔다가 바로 내려와 산등성이 하나를 넘어 울창한 숲으로 숨어 버린 뒤였다.

 나는 이것을 보고 깨달은 바가 있었다. 말하자면 "문장을 짓는 것도 이 비둘기와 같다. 평이하게 서술하다가 중간에 반드시 기이한 내용으로 한두 번 변화를 주어야 한다. 그리고 다시 평이하게 서술하다가 글의 마지막 부분에 또 특별한 생각과 구절을 가지고 마무리를 하면 글이 이루어진다. 예전에 〈화식전(貨殖傳)〉을 보았는데 '바른 도리로 백성들을 다스리면서도 반드시 기이한 방편을 사용한다.'고 하였다. 비단 비둘기나 백성들을 다스리는 것만 그런 것이 아니라 만물의 움직임 모두 법으로 삼아 하나의 문장을 완성할 만하다. 팔대가의 문장을 보면 문장을 짓는 법은 각자 다르지만 그 글은 다 좋다."는 것이다.

> 嘗坐於輝暎閣上 見一鳩爲鷂所窘 飛到岩壁下見攫 忽逸出而駛飛 鷂逐之 鳩一低一昂 其疾如矢 鷂亦隨以頡頏 鳩忽翻身向西 鷂又翻身向西 鳩又翻身向東 從鷂背而走 鷂未及止其勢 從後翻翩而回飛 則鳩已遠去 遂直上而直下 踰一岡而隱於叢薄之間 余感悟而曰 爲文章 亦如此鳩矣 平鋪敍事而去 中間必用奇勝一二轉 又平鋪說去 篇之終 又以別意致別句語 結之 乃成文矣 曾見貨殖傳曰 正道治生而必用奇勝 不但鳩與治生爲然 萬物動作 皆可取法 各成一文章耳 看於八大家 其法各異 其文皆好

148 나는 거친 베옷·가죽 띠·쇠꼬리털 장식이 달린 칼과 가는 모시옷·비단 띠·장도를 번갈아 착용하고, 멧돼지 털 삿갓과 패랭이·초혜와 당혜를 번갈아 착용하며, 또 도복과 학창의를 입다가 가끔 홑 베옷을 입기도 한다. 나를 본 세상 사람들은 대부분 이상하게 생각하지만, 때에 따라 편리하게 착용하면 되지 다른 사람들의 말을 신경 쓸 필요가 있겠는가. 일마다 법제를 따르지 않는 것이 복장에만 그치는 것이 아니라서 사람들은 나를 이상하게 여기고 나도 세상 사람들을 이상하게 여긴다. 나는 비가

내릴 때 도롱이와 삿갓을 착용하는 것이 우산을 펼치는 것보다 훨씬 좋다.

> 余迭着麄布衣革帶牛尾鞘刀 細苧衣錦帶粧刀 迭着猪毛笠平凉子 草鞋唐鞋 又着道服鶴氅 或着單褐 世之見者多疑之 隨時便宜 人言何嫌 事事罔象 不但服着而已 人之疑我 我亦疑人 雨中簑笠 尤好大勝於張傘

149 사람들이 "그대는 반 잔의 술도 못 마시면서 시에서는 술로 기세를 부리기 좋아하니 왜 그런가?"라고 물을 때 내가 "마음속에 부족한 점이 있는 사람은 으레 그런 것이다."라고 답을 하니 대부분 믿지 않는다. 두보는 아내를 야박하게 대하였고, 이백은 한 잔의 술도 마시지 못하는데도 시를 읊조릴 때엔 반드시 '벼슬아치들을 거만하게 바라본다.'고 하거나 '콩깍지 같은 거친 음식을 즐겨 먹었다.'고 하는 것은 모두 마음에 잊지 못해서임을 알 수 있다.

> 人言 君不解半杯飮 而詩中好使酒 何也 余曰 內不足者例然 故人多疑 杜甫爲疎薄正妻 李白爲一酌不飮 吟詩 必言傲視冠冕者 必言喜啖藜藿者 皆知其未能忘情耳

150 나는 평소에 주막집의 엎어진 화로나 상인(喪人)의 여막313)이 불러오는 쓸쓸함과 절간 불당의 정갈함을 좋아하였다. 집을 지을 때마다 매번 이런 분위기에 맞는 방 한 칸을 만들려고 했으나 매번 그렇게 하지 못하였으며, 비록 한두 번 비슷하게 만들기는 했으나 본모습에는 미치지 못하였다. 또 몇 년 전에 한 번 장난삼아 시장에 가서 숯 파는 노인으로 위장하였으나 곧 드러나서 옆 사람에게 발각되고 말았다. 이로 보아 타고난 바탕은 억지로 만들거나 바꿀 수 없음을 알 수 있다.

> 平生喜酒幕伏爐喪人廬幕之引凉 僧寺佛龕房之淨妙 每築舍 每欲依此爲一室 而每不能作 雖或一二所依倣 而猶不及於本色 又年前 一戲入場市 作賣炭翁 透露而爲傍人發 是知天生坐地 不可强作而矯爲

---

313) 여막(廬幕): 무덤가에 지은 초가로 상제가 상이 끝날 때까지 거처하는 곳.

151 닭의 형상을 처음 보고 우는 소리를 처음 들으면 반드시 기이한 새라고 여겨, 봉황과 다를 바 없이 진귀하게 여긴다. 스님의 거동을 처음 보고 그 법도를 처음 관찰하면 반드시 기이한 사람이라고 여겨 마치 삼신산(三神山)314)과 십주(十洲)315) 밖에서 온 사람, 반고(盤古)316) 이전 혼돈 시대의 사람인 듯이 황홀해하고 놀라다가 그 습속이 눈과 귀에 익숙해지면 대부분 여러 무리와 같이 여긴다. 나라의 임금은 백성을 가엾게 여겨 마치 어린아이를 보호하는 것처럼 하나317) 고을의 수령들은 온갖 방법을 다해 백성을 박대하며 마치 모기나 파리를 죽이고 살리듯이 백성들을 죽이고 살린다. 나라의 임금은 선비 대우하기를 대신(大臣) 이상으로 하나 고을의 수령들은 능멸하고 모욕하며 꾸짖기를 노예와 다를 바 없이 한다. 빈궁한 사대부는 다른 사람들에게 대우받지 못하며 혼인할 때에도 자신에게 적당한 사람과 맺어지지 못하는데 부유한 품관들은 권세가들과 결탁하고, 높은 벼슬에 있는 자와 사돈을 맺는다. 경화(京華)의 자제들은 늘 자신의 몸과 명예를 생각하고 바른 행실과 곧은 품성을 유지하므로 재산을 다 잃어도 시골 사람으로 밀려나지는 않는다. 또 재상이나 명사들에게 구걸해서 얻은 편지가 상자에 거의 가득 차 있다 하더라도 그것이 자기를 주선해 주는 신기한 일도 일어나지 않는다. 그런데 농민들은 마음껏 하고 싶은 대로 한다. 그래서 나는 닭은 스님과 같고, 읍의 수령은 임금보다 나으며, 품관은 사대부보다 좋은 점이 많고, 도성의 사대부는 고을 사람보다 훨씬 못하다고 생각한다.

鷄若初見其形 初聆其音 則必以爲異禽 珍玩如鳳凰不辨 僧若初見其儀 初觀其法
則必以爲異人 怳忽驚怪如三島十洲之外 混沌盤古之上 以其習常於耳目 故例之同
於衆羣 國君視民如傷 若保赤子 而邑守則剝割萬端 而生殺如蚊蠅 國君禮待儒士

---

314) 삼신산(三神山): 중국 전설에서, 신선들이 산다는 봉래산(蓬萊山), 영주산(瀛洲山), 방장산(方丈山)을 합하여 부르는 말.
315) 십주(十洲): 조주(祖洲), 영주(瀛洲), 현주(玄洲), 염주(炎洲), 장주(長洲), 원주(元洲), 유주(流洲), 생주(生洲), 봉린주(鳳麟洲), 취굴주(聚窟洲). 신선이 사는 곳이라고 함.
316) 반고(盤古): 사물의 구별이 없던 혼돈 시대에 태어났다는 중국의 신화적 인물로, 천지를 분별하여 나누었다고 함.
317) 나라의~하나: 『맹자』 「이루(離婁)」에 "문왕은 다친 사람을 보듯 백성을 가엾게 여겼다(文王視民如傷)"라는 말이 나오며, 『서경』 「강고(康誥)」에 "갓난아이 보호하듯 하면 백성이 편안하리라[若保赤子 惟民其康乂]."라고 하였음.

有踰大臣 而邑守則凌侮嘖辱 無異奴隷 貧窮士夫多不數於人 婚媾或不能敵於己 而
饒富品官締結權要 托葭莩於華顯 京華子弟 身名之顧 廉隅之檢 失財産而未推鄕中
之人 乞得宰相名士之書 幾盈箱 而神奇周旋非理 田民從心滿意而歸 吾故曰 鷄等於
僧 邑守勝於國君 品官多於士夫 京士大不及於鄕人

152 문경 현감 신길원(申吉元)318) 공이 임진란 때 죽었으나 사당조차 없다. 동래부사 송상현(宋象賢)319)에 비해 참으로 부끄럽게도 오직 하나의 작은 비석만 길가에 서 있어서 지나가는 사람들이 모두 선정비와 똑같이 여겼다. 내가 매우 안타까워 비명(碑銘)을 지어 비각에 걸어 두었더니 지나는 사람들이 모두 머뭇거리며 눈을 씻고 자세히 보고서는 열렬히 충절을 지킨 분의 비석임을 알게 되었다. 세상을 교화하는 데 도움이 된다면 간혹 무어라고 헐뜯는 논의가 있더라도 나는 분수에 넘치는 일을 마다하지 않겠다.

　　　聞慶縣監申公吉元 死於壬辰而無祠 誠有愧於東萊 只一片穹石 立於路周 人皆視
　　　同善政碑而過去 余甚慼之 遂乃作銘 而懸其庇閣 過者皆躑躅拭目 皆知爲烈烈忠節
　　　之碑 世敎有光 雖或有訛議云云 吾不辭其僭汰

153 일관(一貫)320), 양의(兩儀)321), 삼강(三綱)322), 사단(四端)323), 오

---

318) 신길원(申吉元;?~?): 임진왜란 당시 문경 현감으로 있었는데, 20여 명의 부하와 함께 최후까지 항전하여, 온몸에 상처를 입어 유혈이 낭자한데도 굽히지 않고 적을 꾸짖다가 마침내 사지를 절단당하여 죽었음.
319) 송상현(宋象賢;1551~1592): 조선 전기 문신으로, 자는 덕구(德求), 호는 천곡(泉谷). 1592년 임진왜란이 일어나 왜군이 동래성으로 밀어닥쳤을 때 결사 항전하다가 15일에 중과부적으로 성이 함락 당하자 조복(朝服)을 덮어 입고 앉은 채 순사(殉死)하였음.
320) 일관(一貫): 일이관지(一以貫之)의 줄임말로, 『논어』에 "공자가 이르기를 '삼(參)아, 우리의 도는 하나로써 관통하느니라[參乎 吾道一以貫之].'라고 하니, 증자(曾子)가 '예' 하고 대답했는데, 공자가 밖으로 나간 뒤에 다른 문인(門人)이 증자에게 '그것이 무슨 뜻인가요?'라고 묻자, 증자가 이르기를 '부자의 도는 충서일 뿐입니다[夫子之道 忠恕而已矣].'"라고 했던 데서 온 말임.
321) 양의(兩儀): 주역의 음과 양.
322) 삼강(三綱): 유교 도덕을 실천하는 데 필요한 세 가지의 큰 도리로, 군위신강(君爲臣綱)·부위자강(父爲子綱)·부위부강(夫爲婦綱)을 말함.

륜(五倫)324), 육예(六藝)325), 칠정(七情)326), 팔조(八條)327), 구수(九數)328)에 온갖 이치가 갖추어졌다고 말하고, 사종(四種)329), 육술(六術)330), 삼살(三殺)331)에 예가 이루어졌다고 말한다. 예전의 성인과 뒤의 성인께서 하신 은미한 말씀이나 드러난 가르침에도 이런 의론이 없었으며, 저술한 글에도 이런 문장이 없었다. 요순 이래로 율곡이 사물에 대한 이치를 촛불처럼 밝히고서야 크게 분명해졌고, 주공 이래로 사계가 곡진하게 해명하고 두루 근거를 끌어오고서야 크게 갖추어지게 되었으니 율곡과 사계가 어찌 쉽게 볼 수 있는 분들이겠는가. 저 경솔하게 헐뜯으려는 자들이야말로 망녕될 뿐이니 우습다.

> 曰一貫兩儀三綱四端五倫六藝七情八條九數而理該 曰四種六術三殺而禮成 前聖後聖 微言顯詔 無議論 排辭安字 無此文章 自堯舜而來 至栗谷 所以發燭照物在而大明 自周公而來 至沙溪 曲解旁引而大備 栗谷沙溪 亦豈可易視之 彼欲輕訛嗷者妄耳 可笑

---

323) 사단(四端): 유교에서, 인간의 기본적인 속성이라고 여기는 인의예지(仁義禮智).
324) 오륜(五倫): 유교에서, 세상이 유지되기 위해 사람이 지켜야 할 다섯 가지의 도리라고 하는, 부자유친(父子有親)·군신유의(君臣有義)·장유유서(長幼有序)·붕우유신(朋友有信)·부부유별(夫婦有別).
325) 육예(六藝): 옛날 중국의 주나라 시대 소학교에서 가르쳤던 여섯 가지 교과목으로, 행실[禮]·음악[樂]·활쏘기[射]·말타기[御]·문자[書]·셈법[數] 등임.
326) 칠정(七情): 인간의 일곱 가지 감정인 기뻐하는 것[喜], 성내는 것[怒], 근심하는 것[憂], 생각하는 것[思], 슬퍼하는 것[悲], 놀라는 것[驚], 겁내는 것[恐] 등임.
327) 팔조(八條): 유교 경전인 『대학』에서 설정한 수기치인(修己治人)의 8조목으로, 격물(格物), 치지(致知), 성의(誠意), 정심(正心), 수신(修身), 제가(齊家), 치국(治國), 평천하(平天下)를 말함.
328) 구수(九數): 고대 수학의 아홉 가지 계산법으로, 토지의 면적을 측량하는 방전(方田), 물자의 교역과 매매를 셈하는 속미(粟米), 비례를 나누는 차분(差分), 평방과 입방을 재는 소광(少廣), 공정(工程)에 드는 힘을 계산하는 상공(商功), 배·수레·말·사람의 운임을 계산하는 균수(均輸), 방정식을 계산하는 방정(方程), 남는 것과 부족한 것을 셈하는 영부족(嬴不足), 삼각형의 면적을 구하는 구고(句股) 등임.
329) 사종(四種): 가통(家統)을 이은 아들이라도 부모가 그를 위해 삼년복을 입지 않는 네 가지 경우로, 첫째는 적자에게 불치병이 있어서 종묘를 주관할 수 없는 경우, 둘째는 서손(庶孫)이 뒤를 이은 경우, 셋째는 서자(庶子)가 뒤를 이은 경우, 넷째는 조손(嫡孫)이 뒤를 이은 경우 등임.
330) 육술(六術): 여섯 가지의 책력으로, 한(漢)나라 태초력(太初曆) 이전에 사용되었다는 황제력(皇帝曆)·전욱력(顓頊曆)·하력(夏曆)·은력(殷曆)·주력(周曆)·노력(魯曆) 등임.
331) 삼살(三殺): 옛날 산 제물로 쓰던 세 가지 짐승.

154 나는 산수에 대하여 특별한 견해를 가지고 있다. 금강산의 외산은 내산보다 낫고, 선담과 진주담332)이 첫째, 둘째로 꼽히지만 외선담이 내선담보다 낫다. 맑기로는 마하연만 한 것이 없고, 신령스럽기는 영원사만 한 것이 없고, 밝기로는 정양사와 내원통사만 한 것이 없다. 기이함으로는 청련사가 정양사보다 낫고, 극락사가 영원사보다 낫다. 전체 모습은 망고대(望高臺)가 천일대(天逸臺) 보다 낫다. 외산의 만경대나 해산정은 우리나라의 으뜸일 뿐 아니라 틀림없이 천하에서 최고일 것이다. 동정호 700리가 어찌 끝없는 동해에 맞설 수 있겠으며, 한 점 군산(君山)333)이 어찌 성봉(星峯)334)의 일곱 개 흰 봉우리에 맞설 수 있겠는가.

지난해에 변산에 오르고 돌아와서 "네 겹의 산이 바다 중간에 솟아 있으며 여러 계곡의 물들이 한 골짜기로 모이는데, 물맛이 맑고 시원하여 신선굴에 와 있는 듯하였다. 장담은 못하지만 신이함과 기세가 금강산보다 낫다."고 하였더니, 백부께서 기쁘게 웃으며 말씀하시기를 "명확하게 살펴보았다. 노스님의 말씀도 그러하더구나."라고 하셨다.

余於山水有別見 以金剛外山勝內山 以舡眞珠爲一二 而外舡勝內舡 淸莫如摩訶 靈莫如靈源 明莫如正陽內圓通 而其奇則靑蓮勝正陽 極樂勝靈源 ■■之全 望高勝 於天逸 如外山之萬景臺海山亭 不但爲國中第一 必是天下之最 洞庭七百 何可當東 海無際 君山一點 何可當星峯七白 昔年登邊山 還曰 四重之山 盤據海中間 衆壑之 水 同歸一洞 而水味淸凉 謂之瓊瑤窟宅 未也靈異氣勢 則勝金剛 伯父喜笑曰 明察 老僧之言亦然

155 해산정에 머문 지 얼마 지나지 않아서 외가의 부음 두 개를 들었다. 비록 공(功)이나 시마복(緦麻服)335)을 입는 친척이지만 한 분은 이모

---

332) 선담(船潭)과 진주담(眞珠潭): 내금강 만폭팔담에 속해 있는 못.
333) 군산(君山): 동정호 가운데 있는 산으로, 상군(湘君)이 노니는 곳이라 하여 상산(湘山)이라고도 함. 순임금이 남쪽 지방을 순행하다가 창오산에서 별세하자 순임금의 비인 아황(娥皇)과 여영(女英)이 창오산으로 가다가 상수(湘水)에 막혀 가지 못하고 강가에서 울다가 죽어서 상수의 신이 되었다고 하며, 이 두 신을 다른 말로 상아(湘娥) 또는 상군(湘君)이라고도 함.
334) 성봉(星峯): 해금강에 있는 칠성봉을 가리킴.
335) 공(功)이나 시마복(緦麻服): 대공(小功)은 9개월, 소공(小功)은 5개월, 시마복는 3개월 동안 상복을 입는 것으로, 비교적 촌수가 먼 경우를 뜻함.

라서 장례를 마치기 전에 유람하는 것이 마음을 크게 불편하게 만들었다. 그래서 생각을 바꾸어 "내가 이미 칠십 늙은이일 뿐 아니라 이번 유람도 쉽게 다시 오기 어려운 곳이니 주부자(朱夫子)의 여산고사(廬山故事)336)를 근거로 삼아 이번 여행을 그만두지 말아야겠다."고 하였다. 하지만 이 여행과 여산의 일이 같은가? 이 몸이 주부자와 경중이 다른가? 학식 있는 자들이 뭐라고 할지 마음이 불안하다.

○ 산을 노니는 아취 있는 일에 대한 욕심은 음식이나 미색과 같다. 사람들은 반드시 실컷 먹으면 젓가락질을 멈추는 것, 한껏 마시면 술잔을 엎어 두는 것, 또 함께 달리다가 발을 멈추고 쉬는 것337)을 귀하게 여긴다. 불교에도 '좋은 뽕나무 아래에서 3일을 묵는 것에 대한 계율'이 있다. 그래서 나는 즐겁거나 기이한 일을 겪으면 반드시 바로 일어나 미련을 두지 않는다. 호담암(胡澹菴)338)이 집으로 돌아와 미인339)을 대하고는 문득 특별한 감정이 생겼는데 이는 담암이 집으로 돌아왔기 때문에 그런 것이다. 내가 금강산 해산정에서 돌아온 지 이미 오래되었는데도 오래도록 눈에 선연히 남아 당시의 감정을 잊지 못하니, 이로 보아 산수를 구경하고 싶은 욕심은 음식이나 미색보다 심하다는 것을 알겠다.

○ 조용히 앉아 생각해보니 해산정의 기색과 풍물의 기이함은 달리 대신할 만한 것이 없다. 처음에 한여름 한 달간은 말 위에서 풍경을 구경하려고 했으나 날씨가 순조롭지 않아서 수십 일 동안 꼼짝 않고 해산정에 눌러앉게 되었다. 수십 일 동안 꼼짝 않고 해산정에 앉아 있었더니 말 위에서 수백 일을 보내는 것보다 나은 것 같았다. 집으로 돌아와 소나무와

---

336) 주부자(朱夫子)의 여산고사(廬山故事): 주희가 50여 세 때에 여산 아래 남강군(南康郡)에 부임한 뒤, 역사 기록과 산에서 나무하는 사람들이 들려준 정보를 바탕으로 산을 두루 답사하여 금나라 군에 의해 폐허가 된 백록서원의 터를 찾아 복원하였음.

337) 함께~것을: 『송사(宋史)』 「왕존열전(王存列傳)」에서 북송의 명재상인 사마광이 왕존의 남다른 지조를 보고 "함께 달리던 만 마리의 말 속에서 발을 멈출 수 있는 사람은 왕존일 것이다[竝馳萬馬中能駐足者 其王存乎]."라고 하였다. 왕존은 송나라 신종 때의 문신으로, 원래 왕안석과 친했는데, 왕안석의 신법(新法)에 반대하여 자주 신법의 폐해를 논한 소를 올렸는데 받아들여지지 않자 스스로 외직을 원하여 항주 자사가 되었음.

338) 호담암(胡澹菴): 중국 송나라 문신인 호전(胡銓). 금나라가 침입하자 금나라와의 화친을 주장하는 진회(秦檜)와 왕륜(王倫)을 처단할 것을 주장하다가 10여 년간 유배 생활을 했는데, 유배에서 돌아온 뒤 자신을 모시던 기생 여천을 사랑하여, '나라 의해 죽을 만한 절개를 지닌 사람임에도 여색을 막지 못하였다.'라고 조롱을 받았음.

339) 미인: 원문의 이와(棃渦)는 여인의 두 볼이 오목하게 들어가 보조개가 보이는 것으로, 미녀를 일컫는 말인데 여기서는 송나라 호전(胡銓)을 모시던 기녀인 여천(黎倩)을 가리킴.

시내 사이에 앉아 문을 닫고 책을 보며 이런저런 생각을 일절 하지 않았더니, 조용한 방 안에서 아무 일 없이 지내는 하루가 해산정에서 보낸 수십 일보다 훨씬 낫다는 생각이 들었다.

> 坐海山亭 未多日 聞外氏兩訃 雖是功緦之戚 一卽從母也 葬前遊覽 大不便 而念是身已七十老 此又非容易再到之地 據朱夫子廬山故事 仍不廢此行 此行與廬山事同乎 此身與朱夫子 輕重異乎 識者謂何 心亦不安 ○ 遊山雅事欲 則同於食色 人必貴於大嚼時停箸 劇飮時覆觴 並馳中住足 浮屠氏亦有三宿好桑下之戒 是故余於樂且奇時 必卽起而不留戀矣 胡澹菴歸對黎渦 却有情 澹菴歸對故然矣 吾則雖來金剛山海山亭 已遠而長在眼中 未能忘情 是知山水之欲 甚於食色 ○ 靜坐思之 海山亭氣色風物奇絶 他無易此者 初意以中夏一月 爲馬上光景 以日候不順 坐着海山亭 數十日不動 數十日坐着海山亭不動 勝似馬上數百日 歸家而坐松水之間 閉戶看書 用志不分 又覺一日無事靜室中 大勝於海山亭數十日

156 해산정에 오르니 걸려 있는 판각 중에 좋은 작품이 많았으나 유독 최간이(崔簡易)[340]의 시 한 수가 명작이라서 내가 무릎을 치며 읊었다. 시에 이르기를 "절묘한 경치를 취한다면서 평범한 곳을 버린다면 누가 이 정자를 바다와 산 사이에 세울 수 있으랴. 사선[341]이 이름과 행적을 남기지 않았던 까닭은 허공에 의지해 쉽게 오갈 수 있음을 자부해서이네[妙攬如將冗處刪 玆亭誰着海山間 四仙未有留名跡 應負憑虛易往還]."라고 하였다. 돌아와서 태수에게 물으니 태수가 답하기를 "좋구나. 좋아."라고 하였다. 그래서 내가 풀이하게 하였더니 '응부(應負)'를 '고부(孤負; 저버리다)'의 의미로 읽었다. 내가 말하기를 "그러면 한 편의 시가 전혀 의미 없는 것이 됩니다. 이 '부(負)'는 '자부(自負)'의 의미입니다. 신선은 대부분 그윽하고 깊숙하며 속세와 떨어진 곳에 머무는데, 사람이 사는 고을 안에 있는 이곳에 신선이 머물 곳을 만들었기 때문에 첫 구에서 '절묘하여 가히 취할 만한 경치인데도 속세의 평범한 곳이라는 이유로 제외시켜 버린다

---

340) 최간이(崔簡易): 조선 중기 문신인 최립(崔岦;1539~1612)으로, 자는 입지(立之), 호는 간이(簡易)·동고(東皐).
341) 사선(四仙): 신라 때 네 명의 화랑 즉 영랑(永郞), 술랑(述郞), 안상(安詳), 남석(南石)을 아울러 일컫는 말인데, 이들 네 사람은 수려한 산수를 찾아다니며 학문과 마음을 닦던 중 금강산에 이르러 3일간 머물렀다고 함.

면 이런 정자가 어찌 산과 바다 사이에 있을 수 있겠는가.'라고 한 것입니다. 사선이 '삼일(三日)342)'로 호수의 이름을 지어 그들의 이름을 남겼고, 붉은 글씨로 이름을 적어343) 그들의 행적을 남겼는데 유독 이렇게 경치 좋은 곳에 대해서는 남긴 이름과 행적이 없기 때문에 마지막 구에서 말하기를 '사선이 미처 이름과 행적을 남기지 않은 것은 응당 어렵지 않게 허공을 떠다니면서 왕래하는 것이 3일에 그치지 않을 것이기 때문이다.'라고 한 것입니다."라고 하였다. 그러자 태수가 말하기를 "과연 묘하도다 묘하도다."라고 하였다. 후에 흡곡 태수(歙谷太守)가 왔는데 그도 역시 '고부'의 의미로 읽었다.

도성에 들어가 함께 시를 읊는 벗들에게 물었더니 모두 '고부'의 의미로 읽었는데 유독 외삼촌과 일원(一源)만이 '자부'라고 읽었으며, 이규채(李奎采)는 한참 생각하고 나서 '자부'라고 말하였다. 내가 웃으며 말하기를 "사람들의 문장 수준을 알고 싶으면 반드시 먼저 이 시를 읊조리게 하는 것이 좋겠다."라고 하였다. 그리고는 다시 무릎을 치고 말하기를 "구법이 바르고 굳건하며 의미가 교묘하기는 하나 '바다와 산 사이(海山間)'는 '이 중간(此中間)'의 오묘함보다는 못하다."라고 하였다.

登海山亭 列板多佳作 而獨崔簡易一詩爲名作 余擊節咏之日 妙攬如將冗處刪 玆亭誰着海山間 四仙未有留名跡 應負憑虛易往還 回問太守 日好乎好矣 使解之 應負以孤負讀 余日然則一篇皆無意味 是自負也 神仙多在幽深孤絶之間 此是邑里人烟中 而能作神仙窟宅 故上句日 妙絶可攬取之景 以塵冗之處而刪棄之 則如此之亭 何可作於此海山間乎 四仙以三日名湖而留其名 以丹筆題名而留其跡 獨於此名區而無名跡之留 故下句日 四仙之未有留名跡者 應自負於不難憑虛而往來 不止三日而已也 曰果妙矣妙矣 後歙谷太守來 亦以孤負讀 入京而問於諸詩朋 皆以孤負讀 獨舅氏及一源讀曰自負 李奎采良久思之而曰自負 余笑曰 欲知人文章 則必先誦此詩 可也 仍復擊節日 句法矯健 旨意巧妙 然海山間不如此中間之尤妙

157 일찍이 동생이 다스리던 고을에서 돌아오다가 어떤 사람이 가마

---

342) 삼일(三日): 금강산 고성에 있는 삼일포(三日浦). 신라의 사선(四仙)이 3일 동안 이곳에서 놀았다는 전설이 있음.
343) 붉은~적어: 삼일포 호수 북쪽의 바위 표면에 '영랑도남석행(永郞徒南石行)'이라는 붉은 색의 글씨가 써 있다고 함.

를 탄 모습을 보고 내가 심하게 비웃으며 그 사람을 어리석게 여겼는데 근래에 나도 그런 일을 범할 수밖에 없었으니 이는 부득이한 일이었다. 다른 사람이 간혹 조롱하면 나는 "여든을 바라보는 늙은이가 어찌 그렇지 않을 수 있겠는가."라고 하였다. 그 사람이 말하기를 "여든을 바라보는 나이라면 여행 다니는 일을 즉시 그만두어야겠지."라고 하니, 이에는 할 말이 없었다. 그러나 산수를 구경하고자 하는 마음이 일어나서 여러 날 여행을 할 때에는 초교(草轎)344)가 아니면 몸이 편하지 않아 그 사람의 말을 무시하였다. 욕심에 끌린 내 마음이 도심(道心)의 명령을 듣지 않은 것과 내 생각이 자신에 대해서는 크게 책망하고 남에 대해서는 적게 책망하는 자세도 아니라는 것이 스스로 부끄러울 뿐이다.

> 曾見人乘轎於自弟邑還時 余甚笑之而愚其人 近來亦不免自犯 盖不得已也 人或嘲之 則曰望八之老 安得不然 人曰望八則卽可休行 於是乎 語亦窮矣 然山水之心勝而多日之行 非草轎難以便身 人之言只可舍旃 亦自愧人心不聽命於道心 而又非自厚薄責之道耳

158 어려서부터 늙을 때까지 수많은 산행을 하면서 승려들과 한결같이 좋게 지낼 뿐 이러쿵저러쿵하지 않았다. 버릇없이 구는 손자들을 때린 월악산의 중을 서숙(庶叔)께서 매질했다고 들었는데, 근래에 내가 속리산에서 돌아와서는 남장사(南長寺)345)의 승려들에게 화를 이기지 못하고 그 두 사람을 매질하였다. 매질할 때 곧바로 나의 행동이 혈기에서 나온 작용임을 깨닫고는 즉시 그쳤으나 후회막급이었다. 만약에 아이들이 "어르신께서도 아직 행동이 바른 마음에서 나오지 않습니다."라고 한다면 어찌하나.

> 自少至老 許多山行 與僧人一喜好而無誰何 聞庶叔杖月岳僧笞諸孫之不禁者矣 頃自俗離還 不勝怒於南長之僧 杖其二人 杖時卽悟其血氣之用 卽止之 悔莫及矣 兒輩若曰 夫子未出於正 則奈何

---

344) 초교(草轎): 지붕 없이 풀로 엮은 가마.
345) 남장사(南長寺): 경북 상주 노악산에 있는 절.

159 화지촌에 잠시 머물고 있는데 외당숙(外堂叔)346)께서 고을 수령이 되셨다. 나는 일체의 부탁을 모두 물리쳤고 심지어 문지기와 통하게 해 달라는 사람조차 공손히 사절하였다. 집을 건축할 때도 관군을 이용하지 않았고, 관아에 들어가면 종일 우스운 이야기나 할 뿐 다른 말은 하지 않았다. 이렇게 하여 5년이 지나도록 편안하였다. 이렇게 하지 않았다면 헐뜯는 말이 감당할 수 없을 만큼 어지럽게 일어났을 것이다. 예전에 백부 선생께서 "최완릉(崔完陵)347)이 청풍을 다스릴 때 내외종(內外從)이 때때로 들어와 인사했는데 송사에 진 어떤 사람이 말하기를 '내가 거의 다 이겼는데 우러러보니 목영갓348)을 쓴 한 사람이 수령과 마주 앉아 얘기하더니 결국 내가 송사에 졌다.' 운운."이라고 하신 말씀이 기억났다. 말세에는 의심을 사는 일을 멀리하지 않아서는 안 된다. 이천(利川)을 다스리는 동생의 편지를 보니, "백성들이 말하기를 '그 형이 오니 한정(閑丁)349)에 원망을 가진 이들이 모두 면제되었다.350) 이는 반드시 그 형이 시켜서 그런 것이다.'라고 합니다. 형님께서는 한 번도 다스리는 일에 대해 보고 들은 적이 없는데도 백성들이 멋대로 생각하는 것이 이와 같으니 우습습니다."라고 하였다. 이런 일은 오히려 칭찬하는 말이지만 만약에 다시 좋지 않은 구설이라도 있었다면 장차 어찌하겠는가. 이로 보건대 동기간이라도 관부에는 가지 않는 것이 좋다는 것을 알 수 있다.

○ 황산 사람이 와서 말하기를 "관아의 군관이 된 것이 원통합니다. 빼주기를 청합니다."라고 하고는 곧이어 뒤에 서 있던 아이를 불러 돈주머니를 바쳤다. 내가 성질이 솟구치는 것을 참지 못하고 급히 밖으로 끌어내고는 관아에다 말을 해서 그 사람을 다스리게 하려고 하다가 천천히 생각해 보니 "사대부들이 뇌물 받는 것이 습속이 되고 그 습속이 일상적인 일이 되어 이런 일이 있게 된 것이니 그 사람의 죄가 아니구나."라는 생

---

346) 외당숙(外堂叔): 어머니의 사촌 형제.
347) 최완릉(崔完陵): 조선 후기 문신인 최후량(崔後亮;1616~1693)으로, 자(字)가 한경(漢卿), 호는 정수재(靜修齋)이며 영의정 최명길의 양자임. 공조 좌랑을 거쳐 청풍 부사에 이르러 완릉군에 봉해졌음.
348) 목영(木纓)갓: 옻칠한 나무 구슬을 실에 꿰어 만든 갓끈이 달린 갓.
349) 한정(閑丁): 나라에서 벌이는 토목, 건축 공사에 나가지 않는 장정(壯丁).
350) 면제되었다: 원문의 탈하(頉下)는 부역에 나가야 하는 사람이 특별한 사고가 있을 때 그 부역을 면해 주는 일임.

각이 들어 그 사람을 다스리게 하려던 것을 그만두었다. 덕산 사람이 찾아와서 큰 배를 바쳤다. 내가 말하기를 "내 성품을 아는가 모르는가? 아주 쉽고 평범한 일이라면 때에 따라 혹시 주선해 줄 수도 있지만 남이 주는 선물을 받게 된다면 그조차 하지 않을 것이다. 그대는 요구하는 일이 있는가 없는가?"라고 하자 그 사람이 말하기를 "없습니다."라고 하여 드디어 그 배를 먹었다. 십여 일이 지난 뒤 그 사람이 와서 관아에서 곤장 맞는 것을 면하게 해 달라고 요청하기에 "배는 이미 먹었으니 어쩌나, 어쩌나."하고는 사절하여 보냈다.

寓居花枝村 以從舅爲官守 一切干囑皆揮却 至如通閽之客 亦揖而謝之 營築家舍 亦不用官軍 入官衙 則終日笑謔而不作他語 如是過五年而安閑 不如此 訕謗將不勝其紛紜矣 記昔伯父先生日 崔完陵爲淸風時 以中表之親 時時入拜 有落訟者日 吾幾得捷矣 仰見一木纓客 對坐開口而遂落云云 末世則遠嫌之道 不可放過矣 卽見舍弟在利川書云 民人輩日 其兄來 而閑丁稱寃者 一得頉下 必是其兄敎之也 兄主一不擧耳目於政令間 而民之妄揣如此 可笑 此猶是稱譽之言 如復有不好口舌 則將奈何 是知雖同氣間 官府不可往矣 ○ 黃山人來見而日 官軍官 寃矣 請除之 仍呼立後之兒 而納錢囊 不勝性氣之暴發 汲汲曳而出之 欲言于官而治之 徐而思之 士夫之受賂成習 習常而有此事 非其人之罪也 遂不治 德山人來見而納大梨 余日 不知吾性稟否 易易之事 時或爲之周旋 而受人饋 則不爲之矣 君無相干事否 日無 余遂咀嚼之後十餘日 來請免杖於官 余日 梨旣食矣 奈何奈何 謝遣之

160 어떤 사람이 말하기를 "이름을 휘(諱)351)하기 때문에 자(字)를 짓고, 자를 휘하기 때문에 호를 짓는데 만약에 또 호를 휘하게 되면 어떻게 합니까?"라고 하였다. 내가 말하기를 "안장을 아끼기 때문에 (말안장을 보관하는) 안장 갑을 만들고, 안장 갑을 아끼기 때문에 종이 안장 갑을 만든다면, 종이 안장 갑을 아끼려면 어떻게 하는가?"라고 하였다. 다시 말하기를 "홑적삼을 입고 다시 저고리를 입고 다시 중단(中單)352)를 입고 다시 도포를 입고 다시 학창의를 입는데 이는 '아름다움이 밖으로 드러나

---

351) 휘(諱): 윗사람이나 존경하는 상대의 이름을 직접 부르는 것을 되도록 피하는 일.
352) 중단(中單): 조복(朝服)이나 제복(祭服) 안에 받쳐 입는, 깃이 곧고 소매가 넓은 옷.

기 때문에 겉옷을 덧입는다.'는 의미로, 종이 안장 갑과는 다르다. 별호는 종이 안장 갑과 같은 것인가? 학창의와 같은 것인가?"라고 하였다.

人曰 諱名故字作 諱字故號作 若復諱號 則奈何 余曰 愛鞍子故鞍匣作 愛鞍匣故 紙鞍匣作 愛紙鞍匣 則奈何 復曰 旣着單衫 又着襦衣 又着中單 又着道袍 又着鶴 氅 此則美在外矣尙褻之義 又不如紙鞍匣 別號則如紙鞍匣耶 與鶴氅衣同耶

161 후세 사람들이 휘(諱)하는 것을 숭상하는 것이 큰 폐단이 되었다. 내 종손 제응(濟應)의 관례에 채구운(蔡九雲)353)이 참석하여 인백(仁伯)이라고 자(字)를 지어 주었는데 그 아버지가 자기의 자가 백함(伯涵)이라고 하여 백(伯) 자를 버리고 자를 고쳤다354). 내가 내 증손의 이름을 도중(道中) 백함(伯涵)355)이라고 지었더니 두 증조부의 자의 한 글자를 범했다고 말들이 많았으나 비루하여 말할 가치도 없다. 내가 글을 읽고 쓸 때 '유도(有道)'라는 글자를 피하지 않는 경우가 많은데 이 글자는 내 계부께서 자를 바꾸신 뒤라356) 사용하지 않으시는 글자이기 때문이다. 그런데 이에 대해 사람들이 또 의아하게 여기니 우습다. 구양공의 관(觀) 자357)와 임천 왕안석의 익(益) 자358), 유주 유종원의 진(鎭) 자359)도 옛날에 그러했

---

353) 채구운(蔡九雲): 조선 후기 권상하의 제자들인 강문팔학사 중 한 사람인 채지홍(蔡之洪;1683~1741)으로, 자는 군범(君範), 호는 봉암(鳳巖)·삼환재(三患齋)·봉계(鳳溪)·사장와(舍藏窩).
354) 그~고쳤다: 권상하의 증손인 권제응의 아버지는 양성(養性)으로, 백함(伯涵)이라는 자를 쓰는데 아들 제응의 자를 인백(仁伯)이라 하면 아버지 양성의 자에서 '백(伯)' 자가 겹치기 때문에 아들의 자를 고쳐 '백(伯)' 자가 겹치지 않게 하였다는 의미이며, 『안동권씨화천군파세보』에 권제응의 자가 원박(元博)으로 표기된 것으로 보아 고친 자가 '원박'인 듯함.
355) 도중(道中) 백함(伯涵): 『안동권씨화천군파세보』에는 권섭의 증손 가운데 이런 이름이나 자를 사용하는 인물이 없어서 누구를 가리키는지 확인할 수 없음. 참고로 도중(道中) 백함(伯涵)의 증조부에 해당하는 항렬 가운데 '도중백함(道中伯涵)'의 네 글자와 겹치는 인물은 없지만 권섭의 동생인 권영(權瑩)은 자를 중온(仲蘊)이라 하고, 권섭의 종제인 권위(權煒)는 자를 중휘(仲輝)라고 하니 중(中)과 중(仲)의 한자는 다르지만 한글 독음이 같기 때문에 피하려 했을 것으로 추정됨.
356) 자를 바꾸신 뒤라: 권섭의 계부인 권영의 처음 자(字)는 유도(有道)였는데 후에 중온(仲蘊)으로 바꾸었음.
357) 관(觀) 자: 당송팔대가의 한 사람인 구양수(歐陽脩;1007~1072)의 아버지 이름이 구양관(歐陽觀)임.
358) 익(益) 자: 중국 송나라의 정치가이자 문장가로, 당송팔대가의 한 사람인 왕안석(王安石;1021~1086)의 아버지 이름이 왕익(王益)임.

던 경우이다. 백부 선생께서 우옹의 화상에 쓸 글을 지으실 때 고조부의 이름자360)를 피하지 않으시면서 "여러 선비의 성과를 집대성(集大成)하였다."라고 하셨으니 이로 보건대 취할 것이 있으면 다른 생각을 하지 않으셨다. 정문환(鄭文煥)은 자기 외외고조부의 이름자인 환(煥) 자를 피하려 하였고, 정인환(鄭獜煥)은 방계 증조부의 이름자인 린(潾) 자를 피하려고 하였으나 내가 모두 그대로 두게 하였다.

> 後世之尙諱 爲大弊 我宗孫濟應之冠 蔡九雲以仁伯臨席而字之 其父以自己字伯涵 去伯而改之 吾名我曾孫曰道中伯涵 以犯兩曾祖表德中一字 多云云 陋矣無可言 吾之讀書作文 多不避有道字 是我季父改棄之字也 人又疑之 可笑 歐陽公之觀 王臨川之盆 柳柳州之鎭 古矣 伯父先生作尤翁像贊 不諱高祖名而曰 集羣儒之大成 此有取而無疑矣 鄭孫文煥欲避其外外高祖名煥而改之 獜煥欲避其旁曾祖名潾而改之 吾皆使之仍存矣

162 사람들은 내가 지은 글이 다른 사람의 문체와 다르다고 하는데, '다른 사람과 문체가 다르다.'라는 말은 나 역시 부정하지 않는다. 문장을 지을 때는 반복해서 엮되 변려의 기교는 피하고 또 뜻을 다 드러내지 않고 남겨 두려고 하며, 시를 지을 때는 여운에 중점을 두되 평범한 말은 하지 않으려 하며, 만사(挽詞)를 지을 때는 또 반드시 상투적인 말을 피하려고 하는데 모두 그렇게 하지는 못했다. 남들이 간혹 "말이 껄끄럽고 이해하기 어렵다."라고 하지만 보는 데 무슨 어려움이 있겠는가. 평범하지 않은 언어를 구사하는 것은 익숙한 표현을 사용하는 것보다 분명히 나은 점이 있다. 내가 쓴 글 가운데에는 표현을 잘한 부분도 있고 잘하지 못한 부분도 있는데 남들은 어떤 때는 알아주고 어떤 때는 몰라주지만, 나는 사십을 '불혹(不惑)'이라고 하거나 삼십을 '립(立)'이라고 하거나 다음 해를 '개세(改歲)'라고 하는 것, 종적을 '종지(踪地)'라고 하는 것, 군읍의 옛 명칭 등을 사용하는 것은 좋아하지 않는다.

> 人言吾之述作 自是別體 別體之云 吾亦不辭 文欲反復結撰 而亦避騈儷之巧 又

---

359) 진(鎭) 자: 중국 당나라의 정치가이자 문장가로, 당송팔대가의 한 사람인 유종원(王安石;773~819)의 아버지 이름이 유진(柳鎭)임.
360) 고조부의 이름자: 권상하의 고조부 이름이 권대성(權大成)임.

必以餘意 作篇終 詩欲主影響 而不作冗憫之辭 挽詞則又必避套語 而皆未能焉 人或云艱晦難解 見亦何妨也 必作別言語 乃有勝於習熟 我有得而有失 人或知而或不知 然亦不喜用四十之不惑 三十之立 明年之改歲 蹤跡之踪地 郡邑之古號矣

163 사람들이 외모를 꾸미는 것은 바로 속마음이 부족한 소치이니, 마음이 위축되지 않으면 용모는 자연스레 편안해진다. 사람들이 나에 대해 평론할 때, 중요하지 않은 점이라면 나는 변명하지 않지만 긴요한 부분을 지적하면 변론을 마다하지 않으니 이 역시 속마음이 부족한 소치이다. 내가 승산 외삼촌께 "성격 급한 것이 젊은 시절에 비해 조금도 줄지 않으셨습니다."라고 말씀드리자 "내 성격이 급하던가?"라고 하셨다. 내가 웃으며 말하기를 "이것이 바로 성격이 급하다고 말씀드린 이유입니다."라고 하였다. 도산 외삼촌께 "사람을 대할 때나 사물을 접할 때에 지나치게 데면데면하십니다."라고 말씀드리자 "그렇네."라고 하였다. 내가 웃으며 말하기를 "이로 보아 데면데면하시지 않다는 것을 알 수 있겠습니다."라고 하였다. 시문에 있어서는, 다른 사람의 글을 하찮게 보는 사람은 반드시 그 사람에게 미치지 못한다. 김신로(金莘老)는 나와 10년 동안 함께 글을 지으며 어울렸는데 그가 내게 매번 말하기를 "조원(調元; 권섭의 자)은 시를 알지 못하네."라고 하면 나는 반드시 "그렇지. 그렇지."라고 답하였다. 이 문답은 다 농담에서 나온 것이다.

人之修餙外皃 是內不足之致 心不欲然 則容體自然舒泰矣 人之評論我 如其題外則無辯 必指斥切己處 則辯之不已 亦內不足之致也 對勝山舅氏曰 性急不減少年時 曰吾性急乎 余笑曰 此所以爲性急也 對陶山舅氏曰 待人接物太泛忽 曰然矣 余笑曰 是知其爲不泛忽也 至於詩文 其作低看人之語者 必不及於人 金莘老與我十年同筆硯而每曰 調元不知詩 吾必曰然矣然矣 此問答 則皆出於謔也

164 나는 사마천의 글 중에 〈화식전(貨殖傳)〉과 〈태사공자서(太史公自序)〉를 매우 좋아한다. 〈화식전〉은 어렸을 때 여기저기 돌아다니면서 틈틈이 공부하여 천 번을 읽었고, 〈태사공자서〉는 한 번도 읽지 않다가 금년부터 비로소 읽기 시작하였는데 하늘이 내 수명을 연장해 주면 반드시 천 번을 읽고 싶다. 그러나 아직도 사마천의 문장 체제를 대부분 깨닫지

못했으니 〈화식전〉을 천 번이나 읽었다고 말할 수 있겠는가. 어찌하여 사마천의 수법을 여전히 모르는가. 시에 있어서는 진간재(陳簡齋)361)의 교묘한 수법과 박중열(朴仲說)362)의 특별한 운치를 매우 좋아하지만 나는 그 구법을 비슷하게 구현하지 못하였음을 인정하며, 또한 제대로 알지 못한 것을 스스로 부끄러워한다. 71세 때에 쓰다.

余於司馬文 切好貨殖傳太史公自序 貨殖傳 少時爲馬上之工 讀滿千數 太史公自序 則未曾一番讀 自今年始伊吾 若天假之年 則必欲滿千數 而多未解其爲文機軸 其曰讀貨殖傳千數乎 何其尙未識司馬公手法也 於詩 切好陳簡齋之妙 朴仲說之別韻致 而自述未能彷彿其句法 亦自愧其未眞知也 七十一歲書

165 시문을 지을 때 당세의 뛰어난 사람에게 지지 않고 맞설 듯이 하다가 평범한 사람이 지은 글을 보고 또한 눈이 휘둥그레져서 감히 세상에 나갈 생각을 품지 못하게 되는 경우가 있다. 고을의 수령 중에 나주 목사는 내가 상대할 여지가 많은 듯하며, 때때로 생각하면 영춘 현감도 내가 부러워할 정도까지는 이루지 못했다. 나는 나의 참모습이 어떤지를 안다고 감히 말하지 못하겠다.

爲詩文 若將與抗衡於當世之名能手 而及覩凡衆人之作 亦復瞠焉 而不敢望沒出世 而爲守宰 羅州牧使若將恢恢有餘地 而時復思之 永春縣監亦不能成羨 吾不敢自知吾之眞是何狀

166 승려나 관리들은 대부분 나를 대감이라고 칭하니 대개 나를 높이는 것이다. 내가 정말로 그런 호칭을 듣기 좋아했다면 왜 진짜 대감이 되

---

361) 진간재(陳簡齋): 중국 북송과 남송의 교체기에 이부시랑·예부시랑·한림학사 등을 역임한 진여의(陳與義;1090~1138)로, 자는 거비(去非)이고, 호는 간재(簡齋). 시를 잘 지었는데 국가의 환란을 당해 겪은 슬픔과 한탄이 비장하게 그려져 있으며, 황정견(黃庭堅)·진사도(陳師道)와 함께 강서시파(江西詩派)의 '삼종(三宗)'으로 꼽힘.
362) 박중열(朴仲說): 조선 전기 시인인 읍취헌(挹翠軒) 박은(朴誾;1479~1504)으로, 자는 중열(仲說). 15세에 이미 문장에 통달한 것으로 이름이 났지만 연산군에게 직언하였다가 파직당한 뒤 경제적·정신적으로 궁핍해지자 그의 시세계는 온갖 고뇌로 가득한 현실 세계를 벗어나 정신적으로 평화를 추구하고 주변 인물의 죽음에서 오는 인생무상을 노래하였음.

지 않고 젊은 시절부터 물러나 있었겠는가. 이는 관직과 작위를 가지고 백이(伯夷)를 유혹하는 것과 다를 바 없다는 생각이 들어 혼자 킥킥대며 웃을 뿐이다. 하지만 아이들이 그렇게 부르는 것은 자못 괴로운 일이라 금지하고 싶다. 내가 어찌할 수 있는 범위를 벗어난 말에 대해서는 나 스스로 마음을 비우려고 한다.

존칭으로 진사(進士), 진사(進賜; 나리), 영감(令監), 대감(大監), 사또(使道)라는 말은 많이 사용하지만 자가(自家)363)라는 소리는 듣지 못했는데 엊그제 황장림(黃腸林)364) 밖을 지날 때 갑자기 어떤 사람이 '자가'라고 불렀다. 돌아와서 문경 외삼촌에게 말씀드렸더니 "괴이할 것 없네. 얼마 전에 종친 한 분이 북쪽으로 지나갔다네."라고 하셨다. 다시 둘이 킥킥대며 웃었다. 이로 보아 '학생'이란 칭호는 하찮은 것임을 알겠다. 무식하지 않은 사람들을 또 '처사'라고 칭하기도 하는데 이 호칭은 내가 듣고 싶지 않은 말이고, 나는 스스로 권 통덕(通德)365)이라 부르고 싶다. 지난해 도산 외삼촌께서 군함(軍銜)366)으로 계실 때 내가 장난삼아 편지 겉면에 '이장군(李將軍)'이라고 쓰기도 하였다. 마을 안에서는 이봉족(李奉足)367)이나 강대방(姜大房)368) 같은 호칭이 모두 예로 삼을 만하다. 또 킥킥대며 웃었다.

> 僧人官人輩 多稱我以大監 盖尊之也 吾果喜聞之 則何故不作眞大監 而自少退步耶 此無異於以官爵誘伯夷 只自局局 兒輩則頗以爲苦 欲禁之 吾曰 可任之外至之言 吾自悠然 尊稱之時 亦多呼進士進賜令監大監使道 而不聞自家之稱 昨過黃腸林外 忽有一人呼曰自家 歸言于聞慶舅氏 則曰無怪矣 頃日一宗室過去北面矣 又與之局局 於是乎 可知學生之賤矣 其非蚩蚩輩 則又稱以處士 此又不欲以自居之也 吾欲自

---

363) 자가(自家): 한 집안의 어른을 일컫는 말.
364) 황장림(黃腸林): 금강소나무 숲. 황장목은 임금의 관을 만드는 데 쓰이던 질이 좋은 소나무를 일컫는 말임.
365) 통덕(通德): 정5품 문관의 품계인 통덕랑(通德郎)을 말함.
366) 군함(軍銜): 조선 시대, 문관·음관·무관·삼사(三司)·춘방(春坊)의 곤원이 현직에서 물러날 때, 이들의 생활 안정을 위하여 중추원(中樞院)이나 오위(五衛)의 군직에 소속시켜 실무가 없이 녹봉을 받도록 한 제도를 군함체아(軍銜遞兒)라고 하는데 조선 중기 이후로 군직체아의 숫자가 급격히 증가하자, 군직의 성격은 약화되고 양반층의 미관자(未官者)나 한산인(閑散人)을 임명하는 성격으로 변질되기도 하였음.
367) 봉족(奉足): 공역(公役)에 복무하는 자를 돕기 위해 금품이나 노동을 제공하는 사람을 말함.
368) 대방(大房): 조선 시대 보부상의 임원 중 하나로 보부상 연합회의 산하단체인 동몽청(童蒙廳)의 최고책임자.

稱權通德矣 昔年陶山舅氏在軍銜時 戲書書之面曰 李將軍 如村里間 李奉足姜大房 皆可以爲例矣 又爲之局局

167 화지장이 완성되자 사람들이 모두 말하기를 "절묘하고 기이한 골짜기이다."라고 하였으나 오직 동생인 중온만 "좋지 않습니다. 험한 절벽이 바로 앞에 솟아 있습니다."라고 하였다. 내가 말하기를 "내가 좋아하는 것이 바로 저 바위이니, 소나기가 내리면 여러 폭포들이 스물 네 줄기나 생겨나는데 그중 한 줄기는 금강산 십이폭포와 흡사하다. 십이폭포를 보려면 은선대와 불정대에 올라가야 하는데, 한나절을 허비하여 험준한 데를 오르는 수고를 해야만 바라볼 수 있다. 그러나 이곳은 편안히 창에 기대앉아서도 마주할 수 있으며, 어떤 때는 없다가 어떤 때는 있기도 하니 또 언제나 쉽게 볼 수 있는 것보다 훨씬 낫다. 비가 와서 폭포가 나타날 때마다 반드시 중온과 함께 앉아서 바라보고 싶다."고 하였다.

花枝莊成 人皆曰絶奇洞壑 獨仲蘊曰不好 惡石當面 余曰 吾之所好 尤在於石峰 而驟雨時 則列瀑生出二十四道 其中一派 一似金剛之十二瀑 十二瀑則登去隱仙佛頂 費半日之力 險絶之勞而望見之 此則宴坐倚窓而對之 時無時有 又大勝於尋常之看 每雨時瀑出 必欲與仲蘊同坐

168 뜰에 나가 걷다 보니 달빛의 방향이나 몸이 서 있는 자세에 따라 그림자 모양이 변하였다. 길기도 하고 짧기도 하고, 움츠러들기도 하고 곧게 펴지기도 하고, 굽어 있기도 하고 쳐들어지기도 하는 등 때에 따라 모두 달랐으나 이 몸은 하나였으니 달빛이 그렇게 만든 것이다. 사람들은 모두 그림자를 가리키며 지껄이지만 몸에게 어찌 그 책임이 없겠는가. 만약 몸을 똑바로 하여 한결같이 유지하면 달이 비록 교묘하게 비추더라도 그림자가 어찌 제 홀로 망녕되게 변할 수 있겠는가.

出步于庭 隨月之映 隨身之立 而影隨而變 或長或短 或矮或直 或倭或仰 隨時不同 身則一也 月使之然 人皆指影而嘈嘈 身安得無其責乎 若正體而一定 則月之照雖巧 影安得獨自幻妄

169 섬돌에 꽃을 옮겨 심었더니 천만 송이 꽃이 아름다움을 다투고 화려함을 경쟁하며 흐드러지게 타는 듯이 피어 환하게 빛나다가 한순간에 깨끗이 사라져 그 자리에 하나도 남아 있지 않았다. 집 뒤에는 석죽화가 수수하고 한적한 모습으로 풀들 사이에 여기저기 흩어져 피어 있었는데, 한 해가 다 가도록 홀로 깨끗한 모습을 유지하였다. 나의 석죽화는 주렴계의 연꽃이나 도연명의 국화에 비하여 어떠한가?

蒔花于階 千葩萬英 鬪姸競華 爛熳而照耀 一時淨盡而無其處 石竹花殿後而開 淡淡閑閑 點綴於草萊之間 終歲孤潔 吾之石竹花 與濂溪之蓮 靖節之菊何如

170 학창의는 도복(道服)이다. 도복은 사당에 들어갈 때 입을 수 있기 때문에 새벽에 사당에 배알할 때면 늘 학창의를 입지만 엄중한 예복만은 못하기 때문에 크고 작은 제사를 지낼 때에는 입지 않는다. 유건(儒巾)은 선비의 복장이기 때문에 아이들로 하여금 늘 쓰게 한다. 만들어진 모양이 보기 좋을 뿐 아니라 고개를 들고 바라보는 데도 어려움이 없으니 다른 모양의 관이나 건에 비해 무엇이 부족하랴.

鶴氅是道服 道服入廟無不可 晨謁時則着之 而非如嚴重之禮服 故大小祭祀時 則不着 儒巾是儒士之服 故使兒輩常常着之 制樣之好 亦不碍於瞻看矣 亦何慊於他樣冠巾

171 내 외삼촌은 옛글의 뜻을 담고 있는 문장의 거장이고, 내 아우는 옛 글씨체의 법도를 지닌 명필이다. 사람들이 간혹 "내 문장은 외삼촌보다 낫고 글씨는 동생보다 낫다."고 하니 우습다. 내 문장이 간혹 기이하여 속되지 않고, 글씨는 자유분방하여 기세가 있기 때문에 모르는 사람들이 현혹되는 것이다. 사람의 일들이 모두 그러하니 세상을 속이고 명성을 훔치는 것 같아 나는 매우 한탄스럽다.

我舅之文 有古意之鉅匠 我弟之筆 有古體之名手 人或謂我文勝於舅 筆勝於弟 可笑 文或奇而非俗 筆則放而有氣 故昧者眩焉 人間之事事 皆然 欺世盜名 吾甚慨焉

172 벽 위에 죽 써 놓기를 "사람을 만나면 반드시 배울 점이 있다. 매사에 자신의 몸을 엄숙하고 단정하게 하지 않을 수 없으니 어느 겨를에 남을 점검하리오. 화가 날 때에는 화내는 일을 잊고 오직 옳고 그름을 따져야 한다. 스스로 자신을 업신여기기 때문에 남으로부터 업신여김을 받는 것이니 다시 누구를 원망하리오. 자기에게 이익이 되게 하려고 한다면 반드시 남에게 피해를 끼치게 된다. 배부를 때에 방자하지 않으며, 굶주릴 때에 구차하지 않는다."라고 하였다. 아침저녁으로 경계하고 반성하여 자신을 돌아보았을 때 대체로 부족함이 느껴지는 것은 다름이 아니라 사람의 욕심이 하늘의 이치를 이길 수 없기 때문이다. 그러나 사물이 다가오면 그에 맞게 대응하고, 반드시 눈을 들어 살펴볼 것이며, 또한 감히 마음 내키는 대로 하도록 내버려 두어서는 안 되니, 죽을 때369)에 알 수 있을 뿐이다.

> 壁上列書之日 逢人必有求 所以百事非不能整飭吾身 何暇點檢他人 當怒忘怒 唯理是非 自侮受侮 復誰怨尤 欲利於己 必害於人 飽時不放肆 餒時不苟且 日夕警省而自顧多歉然 是無他 人欲不能勝天理之故也 然物來而應之 必擧目而看之 亦不敢從心而放過 啓手足之時 可知之耳

173 관직에 있는 사람에게 서찰로 먼저 알리지 않았는데도 찾아와 주면 접대할 뿐 내가 직접 가서 자리를 함께하지는 않는다. 여행에 쓸 경비를 도와주는 경우에는 그 마음과 의리를 살펴서 받으며, 돌아온 뒤에는 남은 경비를 집안에 들여놓지 않고 반드시 시중들었던 사람들에게 나누어 준다. 아이들은 그것을 알아서 내가 하던 일을 하나도 바꾸지 말라.

> 有官之人 不以書札先干 來則接應而已 不以身往而參坐 資助行粮則量情義而受之 歸後不以餘資入於家中 必分與於傔從 兒輩知之 一勿替吾事

---

369) 죽을 때: 원문의 '계수족지시(啓手足之時)'는 『논어』에 "증자가 죽기 전에 제자들에게 한 말인 '내 손과 발을 열어 보아라. 『시경』에 이르기를 '전전긍긍하여 깊은 연못에 임한 듯이 하며 얇은 얼음을 밟는 듯이 조심하라.'라고 했으니 이제야 벗어나는구나 얘들아![啓予足啓予手 詩云戰戰兢兢 如臨深淵 如履薄氷 而今而後 吾知免夫 小子]."라고 한 데서 온 말로 선비가 죽을 때라는 의미임.

174 18세 때 겨울에 장인이 계신 삭녕군370) 관아에서 돌아오다가 우화정 나룻가에서 박 도정(都正)371)을 만나 그 집에서 먹이던 말을 내 말과 바꾸어 타고 쉬지 않고 채찍질하여 160리의 거리를 하루 만에 왔다. 하루를 쉰 다음 그 말을 돌려보냈는데 박 도정께서 자신이 너무 노쇠하여 잘 기르기 어렵다면서 다시 보내주셨다. 경윤(景尹)372)이 다시 그 말을 타고 하루 만에 갔는데 오랫동안 먹여도 말이 살도 찌지 않고 윤기도 나지 않는다면서 팔아 버렸다. 9년이 지난 뒤에 사촌 형님께서 태복관(太僕官)373)이 되셨을 때에, 그 말이 대궐에 들어와 어교(御轎)를 끄는 말에 편성되어 있는 것을 보았는데 전보다 훨씬 더 걸출해져 나라의 명마라고 할 만했다고 하셨다.

十八歲時冬日 自外舅朔寧郡衙而還 羽化亭津頭 逢朴都正家喂養之馬 換騎之 揚鞭減沒 百六十里地 一日而來 休一日而送之 朴丈以瘦甚不善喂 還送之 景尹又騎而一日去 久久喂而不肥澤 仍賣焉 後九年 從伯氏爲太僕官時 見之其馬入內 編爲御轎之駕 而駿爽又加於前 可謂國中名駒

175 16세 때 평안 감영으로 외조부를 뵈러 갔다. 외조부께서 불러 앞으로 오게 하시고는 말씀하시기를 "소년 시절부터 기생을 가까이하면 질병이 생길 뿐 아니라 성정이 바뀌고 정치에 크게 누가 되는 법이다. 너희들은 앞으로 어떻게 할 것인가?"라고 하시기에 "조심해서 범하는 일이 없도록 하겠습니다."라고 대답하고는 외삼촌과 함께 물러 나왔다. 외삼촌이 "소년이 부형을 속이는 일은 단지 이 한 가지뿐인데 이제 이미 어른께 약속을 하였으니 범할 수 없겠다."라고 하고는 관아 안채 깊숙이 들어앉아 나가지 않았다. 내가 말하기를 "대단히 용렬하고 졸렬하시군요. 눈으로 그 사람을 직접 보고도 범하지 않는 것이 유쾌한 일입니다."라고 하고는 혼자 나가서 밖에 있는 단방(丹房)에 있으면서 매일 기생을 불러다 얘기

---

370) 삭녕군(朔寧郡): 현재 경기도 연천군 왕징면과 중면 일대에 있던 옛 고을.
371) 도정(都正): 조선 시대 종친부·돈녕부·훈련원의 정3품 당상관 관직.
372) 경윤(景尹): 조선 후기 문신인 이형좌(李衡佐;1668~?)로, 자는 경윤(景尹), 호는 초천(椒泉)이며, 이항복의 현손(玄孫)이고 옥소의 처남임.
373) 태복관(太僕官): 조선 시대 왕궁에서 사용하는 수레와 말을 맡아 보던 태복시(太僕寺)의 관원.

를 나누었다. 어떤 때는 한 사람을, 어떤 때는 두세 사람을, 어떤 때는 십여 명을 부르기도 하였으며, 또 한 사람을 지명하여 채비를 시키고는 밤에 옷을 다 벗고 이불 속으로 들어오게 하여 큰 초를 환하게 밝히고 새벽까지 그렇게 있었다. 외삼촌께서 가깝고 믿을 만한 어린 노비로 하여금 밤새 망을 보도록 하였지만 나는 한 번도 기생을 범한 일이 없었다. 이렇게 넉 달을 다 보내고 돌아왔는데, 이후로 기생 무리들을 보는 것이 예사로 여겨져서 남쪽으로 가든 서쪽으로 가든 기생을 가까이하고 싶으면 가까이하고 그러고 싶지 않으면 그렇게 하지 않았는데, 욕정이 동하거나 정욕이 넘쳐서 지조를 잃는 경우는 없었다.

十六歲 往侍外王父於平安監營 王父招使前日 少年之近妓 生疾病移性情累政治大矣 汝輩將何爲之 對日 謹勿犯矣 退與舅氏日 少年之欺瞞父兄 只此一事 今旣奉諾於長者 不可犯矣 深坐內舍而不出 吾日 庸拙莫甚 目接其人而不犯爲快 遂獨出在外丹房 日日招與語 或一人或數三人或十餘人 又指名一人爲差備 夜則赤脫而納于衾裡 明大燭而達曙 舅氏使親信童奴 竟夜洞察而無所犯 盡四月而歸 自後視渠輩如尋常事 之南之西 欲近則近 欲不近則不近 不以欲動情勝而失所操耳

176 어렸을 때에는 화려하고 고운 옷을 입고, 기름진 음식을 먹고, 안장을 얹은 말이 아니면 한 걸음도 밖으로 나가지 않았는데 조금 자라서는 외조부께서 금하셔서 말을 탈 수 없게 되었다. 일찍이 비가 내린 뒤에 나막신을 신고 창동(倉洞)374)의 처가에서부터 재동(齋洞)375)까지 걸어갔다가 다시 동관왕묘에 걸어가서 남한성 쪽 큰길로 오가는 사람들을 구경한 다음 다시 창동으로 걸어서 돌아왔는데 거의 30리나 되는 거리인데도 피로하지 않았다. 이후 산을 유람하고 싶은 마음이 생기면, 여름에는 두꺼운 저고리를 입고 겨울에는 홑적삼을 입은 채 봉당에서 노숙하기도 하였다. 밥 먹을 때는 반드시 고기를 적게 먹고 채소를 많이 먹었는데 이런

---

374) 창동(倉洞): 남대문 앞 선혜청의 창고 부근에 있던 동네로, 현재 남대문 시장 부근인 남창동 일대.
375) 재동(齋洞): 현재 종로구 재동·안국동·가회동에 걸쳐 있던 마을로, 잿골을 한자명으로 표기한 데서 마을 이름이 유래되었음. 잿골은 수양대군이 단종을 보필하던 황보인(皇甫仁) 등을 참살하여, 이들이 흘린 피가 내를 이루고 비린내가 나므로 마을 사람들이 집 안에 있던 재를 가지고 나와 길을 덮었다고 하는 데서 유래했다고 함.

습관과 성벽이 형성되어 결국 담박한 사람이 되었다. 그 때문에 평생 질병이 없었고 나이 칠십이 넘도록 침과 뜸을 한 번도 모르고 살았다.

> 幼小時 衣則華美 食則膏腴 非鞍馬則不出一步地 稍稍長大 以外王父之有禁 不得騎馬 嘗雨後 着木屐 自倉洞妻家 步往齋洞 又步往東關王廟 觀南漢交道 又步還倉洞 幾三十里而不疲 及欲求山 夏着厚襦 冬着薄衫 露宿於封堂 飯必少肉而多菜 習與性成 仍成淡泊人 故平生無疾病 年過七十而不知一針一灸矣

177 무신년(1728) 이후로는 내력을 모르는 사람이 찾아오면 반드시 모두 데면데면하게 대하여 훌륭한 선비라 하더라도 성의를 다해 친절하게 대하지 않았다. 대체로 초면인 사람이 다른 사람에게 소개하는 글을 써 달라고 부탁하면서 '평소 친애하는'이라는 말로 글을 지어 달라고 요청하면 성실하지 않다고 여겨 거절했다. 비록 너무 인정머리 없는 것 같지만 지나치게 신중하다고 해서 해가 되지는 않을 것이다.

> 戊申以後 不知來歷之人 有來見者 必皆泛然應之 雖甚佳士 亦不與之款曲 凡初面之人 要先容書於人 欲以素所親愛爲辭 則辭以非誠實而不聽 雖似太無人情 亦不妨過愼耳

178 관아에 도살권이나 방납(防納)376), 이자 놀이, 계 만들기, 제방 쌓기 등의 청탁을 일절 하지 않았다. 몇 해 전에 한천(寒泉)의 보를 만들기 위해 추렴하는 데에 나만 참여하지 않았다가 가을의 상환 때 침만 흘리며 다른 사람을 부러워하기만 했다.

> 請囑宰屠防納殖利結契築堰等事 一切不爲之 年前寒泉出洑時 吾獨不參 及秋四一之償 則流涎於某某人而已

179 안경당 정재문(鄭載文)이 살아 있을 때에 늘 말하기를 "나 죽은 뒤

---

376) 방납(防納): 조선 시대, 하급 관리나 상인들이 공물을 나라에 대신 바치고 대가로 백성들에게서 더 많은 것을 받아 내던 일.

에 숙부와 삼연옹과 조원의 글만 있으면 충분하다."라고 하였다. 그의 숙부인 장암옹이 스스로 묘지문377)을 짓고, 그의 아들 성서(聖瑞)378)에게 행록379)을 서술하게 하고, 나에게 행장380)을 짓도록 요청하고, 삼연옹에게 묘표381)를 부탁하였다. 삼연옹이 다 짓지 못하고 세상을 떠나자 내가 대신하여 묘표를 짓게 되었다. 그러자 성서는 기분이 좋지 않은 듯이 말하기를 "삼연옹의 제문이 좋으니 이것을 묘표로 삼는 것이 좋겠습니다." 라고 하였다. 그래서 내가 내 외삼촌께 짧은 머리말을 지어 달라고 요청하고 삼연옹의 글을 명(銘)으로 삼아 묘표를 완성하려고 하였다. 외삼촌께서 말씀하시기를 "자네가 지은 글이 매우 훌륭하여 기뻐할 만하네. 고금에 묘 하나에 두 개의 묘표가 있는 경우가 없고, 이미 그대가 지은 글이 있으니 내가 어찌 중첩되게 지을 수 있겠는가."라 하시고는 묘갈문382)을 지으셨다.

내가 또 권명중(權明仲)의 행장을 지었을 때 내 동생이 보더니 "포장이 심하여 묘문(墓文)의 형식이 아닌 게 흠입니다."라고 하였다. 내 동생의 견해가 이렇다면 다른 사람들도 반드시 논란이 있을 것이라 여겨 돌려받았다. 그 아들 병성이 매우 허전해하면서 내게 여러 번 편지를 보내어 돌려 달라고 하기에, 내가 그 글을 가지고 외삼촌께 여쭈어봤더니 "행장 체제를 제대로 갖추었다. 행장이 어찌 묘표나 묘갈과 같겠는가. 행장은 이처럼 포장을 하고 그 뒤에 묘표나 묘갈을 짓는 사람이 그중에서 취하고 생략하는 것이다. 자네 동생같이 서툰 사람의 말을 어찌 따를 수 있겠는가."라고 하시기에 다시 보냈다.

강장문(姜長文)이 항상 말하기를 "내가 죽은 뒤의 글은 마땅히 공이 지어야 하오."라고 하였는데 그 말이 귀에 남아 있다. 그 사람이 죽은 뒤에

---

377) 묘지문(墓誌文): 죽은 사람의 이름, 나고 죽은 날, 행적, 무덤의 위치, 좌향 따위를 적은 글.
378) 성서(聖瑞): 후사가 없이 일찍 죽은 정용하(=정재문)의 양자로, 친부는 정용하의 형인 정구하(鄭龜河;1664~1713)임.
379) 행록(行錄): 어떤 사람의 언행을 적은 글이나 책.
380) 행장(行狀): 해당 인물에 관한 가계와 관직, 공적 및 교우관계 등을 종합적으로 기록한 일대기.
381) 묘표(墓表): 죽은 이의 무덤 앞에 세우는 푯돌이나 푯말에 새기기 위해 이름, 생몰 연월일, 행적 등을 기록한 글.
382) 묘갈문(墓碣文): 묘갈은 무덤 앞에 세우는 둥그스름하고 작은 돌비석이며, 묘갈문은 시비와 선악을 엄정하게 따지지 않고 죽은 이의 좋은 평판을 전하는 것이 목적이므로 긍정적인 측면에서만 기술하는 특징을 지님.

그 말을 저버릴 수 없지만 그 집안에서 아직 한마디 말도 하지 않으니 내가 어찌 자청해서 지을 수 있겠는가.

安慶堂鄭載文 生時常日 吾死 得叔父三淵調元文 足矣 丈岩翁自作誌文 又使其子聖瑞述行錄 要我作行狀 而請墓表於三淵翁 淵翁未及作而沒 我爲之作墓表 聖瑞似有不快意而日 淵翁祭文自好 以此爲表 好矣 我要我舅氏作小叙 以淵翁文爲銘而爲表 舅氏日 君所作甚佳可喜 古今無一墓兩表之例 旣有君文 吾豈疊作 遂作碣文 余又作權明仲行狀 我弟見之日 鋪張非墓文體爲欠 余以爲弟見如此 則他人亦必有議論 乃推還之 其子秉性甚以爲缺然 累書索之 余以奉質於舅氏 則日狀體得之矣 豈可與表碣同也 行狀如此鋪張然後 作表碣者可取以節略矣 爾弟生手之言 何可爲准 遂還送之 姜長文則常日 惟我身後之文 公宜作之 其言在耳 不可負於幽明 而其家未有一言 何可自請而作之

180 장동383) 집을 팔아서 논을 사고 남은 돈 백 꿰미로 명월동(明月洞)에 집을 지었다. 명월동의 집을 팔아 그 돈으로 강경 집을 지었고, 강경 집을 팔아 운제동384)의 집을 지었고, 운제동의 집을 팔아 한천385)의 집을 지었는데 이사하고 지은 것이 한두 번이 아닌데도 매번 같은 값을 썼으며 다른 재물은 조금도 소비하지 않았다. 손자 대에 이르러서는 한천의 집을 팔아 남김없이 다 써 버려서 내가 다시 경영할 방안을 마련하여 몇 칸의 집을 다시 지어 한천 땅에다 거처를 유지하게 되었다. 궁색함에 쪼들리게 되면 의로운 마음이 욕심을 이기지 못하는 것이 이와 같다. 조상이 이룩한 것을 지키는 것이 어려운 일임은 예부터 늘 얘기해 오는 것이건만 지금 늙은 이 몸이 혀를 끌끌 차며 탄식하는 처지가 되었다.

賣壯洞家而買畓 除出百貫錢 作舍於明月洞 以明月價作江景舍 以江景價作雲梯舍 以雲梯價作寒泉舍 移搆非一二 而每用一價 不費他財 到孫兒之世 賣寒泉舍而食之無餘 吾復方便經紀 更搆幾架 不廢寒泉之居 窮之所迫 義不勝欲如此 守成之難 自古云云 只作老夫咄咄

---

383) 장동(壯洞): 현재 종로구 통의동·효자동·창성동에 걸쳐 있던 마을로, 원래 이곳에 창의문이 있어서 창의동이라 하던 것이 변해서 장의동이 되고, 다시 줄어 장동으로 되었음.
384) 운제동(雲梯洞): 현재 전라북도 완주군 화산면 부근에 있던 마을.
385) 한천(寒泉): 현재 충청북도 제천시 남서부에 있는 한수면(寒水面)에 속한 마을.

181 나는 친척이나 친구에게 과실이 있을 때 그것을 그냥 보아넘기지 않고 종종 말을 해 준다. 이는 두터운 인정에서 나온 것이지만 혹시 상대가 순순하게 받아들이지 않고 강변한다면 이 또한 무슨 도움이 되겠는가. 사람이 스스로 잘못한 것이 내게 무슨 상관이 있으랴. 그리고 내 자손도 가르치지 못하면서 남의 일에까지 간절하게 지껄이는 것은 일이 너무 번다해지는 것이고, 또 만약 그로 인하여 상대의 마음속에 유감스러운 감정이 남아 있게 된다면 그 해로움도 적지 않을 것이다. 나는 또 집안의 은밀한 일을 다른 사람에게 공개적으로 말하는데, 이 경우 스스로 말하기를 "군자는 사사로움이 없어야 한다."고 한다. 하지만 '가까운 사람을 위해서 감추어 주어야 하니 정직함은 그 안에 있기 때문이다.'386)라고 하는 것도 군자의 도이다. 이 두 가지에 대해서 지금부터 사정을 헤아려 중도를 택하고자 하지만 천성이 그래서인지 갑자기 변하기 어렵다. 다만 얼마의 세월이 걸리더라도 죽어라 공부할 일이다.

> 族屬親舊之有過失 不欲外視 種種言之 是出於忠厚之意 而如或强辯而不順受 則亦無益 人自非矣 於我何干 子孫亦不能敎 而嘈嘈切切於他人之事 太多事矣 若因仍畜憾於心中 則其害又不少 又家中切己人事 對人必言道之 是自日君子無私之道 當然 然爲親者諱 直在其中 亦君子之道也 此兩事 欲自今裁酌得中 而天性然矣 猝難變化 只宜殺用工夫幾年月

182 좋아하고 싫어하는 것을 오직 그 상대에게 있는 것으로써 판단해야 하는데 사람들은 어째서 당색(黨色)에만 치우치는지 모르겠다. 각기 선대의 당론을 이어받고 스스로 현명하다고 여기는 분을 존숭하는 것이 마땅한 이치인데, 서로 의심하고 따지는 것은 또한 마음속으로 서로를 헤아리지 않기 때문이다. 글을 읽어 이치를 아는 사람이라면 모두 자신의 바른 견해를 가지고 있어야 하는데 유달리 자기가 속한 당색에 얽매이면 말과 생각을 새롭게 하려고 하지 않는다. 명분과 의리를 어기거나 지친(至親)을 거스르는 일을 범하는 경우 외에는 모두 괜찮은 사람이니, 나를 좋

---

386) 가까운~때문이다: 『논어』 「자로」 편에 "공자께서 말씀하시기를 '아비는 자식의 허물을 감추어 주고 자식은 아비의 허물을 감추어 주어야 하니 정직함은 그 안에 있는 법이다.'라고 하셨다[孔子曰 吾黨之直者 異於是 父爲子隱 子爲父隱 直在其中矣]."라고 한 구절이 있음.

아하여 서로 왕래하는 사람들은 당습(黨襲)387)의 잘못이나 병폐를 아는 사람들이다. 내가 나이 들어서 남쪽 지방에 살 때 서로의 당색을 따지지 않고 한결같은 마음으로 대하여 공적인 것을 공적으로 얘기할 뿐 사사로운 뜻을 개입시키지 않았다. 이야기할 만한 사람을 만나 율곡과 우암의 일에 대해 그 본말을 자연스럽게 얘기해 주었더니 마음이 환하게 풀어지고 깨닫는 사람들이 많았다. 마음이 억세고 화를 잘 내거나 말과 의론이 괴이하고 편벽스러운 사람이 아니면 모두 사귈 만하다. 나와 꾸준히 교유하는 사람들 가운데 임인년(1722)388) 이후에 변한 사람들은 받아들일 수 있지만 무신년(1728) 이후에 변한 사람들은 사귀고 싶지 않으니 이는 공변된 마음과 사사로운 계산이 다르기 때문이다.

내가 또 말하기를 "옳고 그른 것을 떠나 갑인년의 일389), 경신년의 일390), 기사년의 일, 무신년의 일에 있어서 어찌 노론만이 깨끗하고 옳았던 당파라고 할 수 있겠는가."라고 하자 어떤 사람이 웃으며 말하기를 "그것은 그렇다."라고 하였다. 내가 다시 말하기를 "내가 만약 선조(宣祖) 시절에 태어났더라면 임금의 외척인 것이 싫어서 피하다가 청론391)에 들어갔을 텐데 그 시절에 태어나지 않은 것이 다행이다."라고 하였고, 또 말하기를 "노론에서 우암을 추앙하면서 '모든 일이 다 성인과 같다.'라고 하기에 배척받고 공격받는 것이다. 나 같으면 '주자 이후의 한 사람이라고 한다면 옳겠지만 모든 일이 주자와 같다고 하는 것은 지나치다.'라고 하겠다."라고 하자 모두 웃으면서 "이것은 그렇지 않다."라고 하였다. 함창

---

387) 당습(黨襲): 파당을 만들어 다른 당파를 배척하는 풍습.
388) 임인년: 목호룡의 고변에 의해 노론 사대신을 비롯한 노론 세력 약 170여 명 이상이 처형되거나 유배된 옥사가 일어난 경종 2년(1722).
389) 갑인년의 일: 갑인예송(甲寅禮訟)을 말함. 1674년(현종 15) 인선왕후 장씨가 사망하자 인조의 계비 자의대비 조 씨(효종의 계모)의 복제 문제를 두고 일어난 논쟁. 이때 서인들은 처음에 1년복으로 정했다가 『경국대전(經國大典)』의 규정대로 9개월 복인 대공복(大功服)으로 바꾸어서 결정했는데 영남의 유생 도신징(都愼徵)의 상소를 계기로 현종은 대공복을 1년복으로 바꾼 뒤에 송시열을 비롯한 서인 관료들을 숙청하고 남인을 다시 기용하였음.
390) 경신년의 일: 숙종 6년(1680)년에 일어난 옥사로, 복선군을 왕으로 추대하려다 실패한 일로, 이로 인하여 남인 세력이었던 허적과 윤휴가 죽임을 당하고 송시열과 노론 세력이 정권을 장악함.
391) 청론(淸論): 청남(淸南). 1680년(숙종6) 당시 남인도 두 파로 갈라졌는데, 세상에서 허목(許穆) 중심의 사람들은 분명한 주장을 편다고 해서 청남(淸南)이라고 불렀고, 허적(許積) 중심의 사람들은 흐릿한 주장을 편다고 해서 탁남(濁南)이라고 불렀음.

과 상주의 인사들이 나의 행위를 보고는 모두 병통이라 하고서 이유(李維)392)에게 우르르 몰려갔다. 나는 모두 웃으면서 그대로 내버려 두었다.

> 人豈以色目偏其好惡 唯在人耳 各傳先代之論 各尊所賢之人 理勢宜然 其所相疑議者 亦心事不相諒之故也 若讀書識理之人 則皆自有正見 而特以坐地之拘 不欲新其言論 其犯名義 犯惡逆至親之外 皆是好人 其好我而相來往者 知非病黨習之人也 晚居南中 不分彼此 一心待之 公而公而無私 與可人逢 從容談說 栗谷尤菴事本末 則人亦有渙然而犁然者 多矣 自非心事厲奰 言議怪僻者 皆可交 其反復入來之人 唯壬寅以後變者 可引納 戊申以後變者 不欲許之 以公心私計之不同也 余復日 除是除非 甲寅事庚申事己巳事戊申事 何如淸一派唯老論耳 或笑而曰 此則然矣 余復曰 使我在宣廟之世 必厭避戚畹而投入於淸論 其不生於伊時 幸矣 又曰 以老論之推仰尤菴 事事皆聖 故排而攻之 吾則曰 曰朱子後一人則可 曰事事皆同於朱子則過矣 皆笑而曰 此則不然 咸昌尙州人士 則見我之爲 皆病之而偏奔走於李維 吾皆笑而任之

183 무신년의 난에 참여했던 사람 중에 죽음에 임해서도 스스로 옳다고 여긴 사람은 신념을 지킨 것이다. 오로지 도성의 도적들이 하는 말을 듣고 스스로 그것을 절의라고 생각했기 때문이니 그의 미몽을 깨우쳐 주고 잘 인도한다면 함께 좋은 일을 할 수 있다. 그 나머지 사람 중에 자취를 감춘 사람들은 자신의 행위가 잘못인 줄을 알았기 때문이니 만약 그의 부끄러워하고 뉘우치는 마음을 이용하여 잘 인도한다면 함께 좋은 일을 할 수 있다. 그런데도 한 사람도 이런 이치를 알지 못하여, 한결같이 형틀을 씌우고 고문하는 데만 힘을 써서 사사건건 피를 흘리게 하고 있다. 이는 단지 다른 한쪽으로 하여금 소요를 일으키게 할 뿐 아니라 점점 더 어긋나고 한층 더 격렬해져서 마침내 진압과 복종을 기대하기 어렵게 만드는 것이니 무슨 도움이 되겠는가. 누가 태수와 방백들에게 이런 말을 한 번이라도 해 줄 수 있겠는가.

> 戊申之人至死 而自以爲是者 是坐於信 聽在京賊之言 自以爲節義 若喩其迷而善導之 則可與爲善 其餘黨之諱其跡者 是自知其非者 若因其愧悔之心而善導之 則可與爲善 恨無一人知此義 而一以枷械拷掠而爲務 隨事生釁 只作一方之騷撓 轉乖層激 終難望其鎭服 亦何益於我也 誰能一與語於太守方伯

---

392) 이유(李維;1704~1738): 조선 후기 선비. 정조의 간택 후궁인 원빈(元嬪) 홍 씨의 외조부.

184 모두가 나라의 곡식인데 사사로운 생각으로 조절한다면 일반 백성들이 어떻게 살겠는가. 수단과 방법을 가리지 않고 망보(望報)393)를 한다면 빈궁한 선비들이 어떻게 살겠는가. 세력과 이익을 좇으려는 마음이 가득하다면 친구가 어떻게 생기겠는가. 오직 세력을 좇는 사람들이 넘쳐나고 세상일이 뒤집히는 일이 늘상 반복되기 때문에 후일을 도모하는 사람들이 많아지는 것이다. 노론 중에 향리에 사는 사람이 소론 태수를 만나면 반가워하고, 소론 중에 향리에 사는 사람이 노론 태수를 만나면 반가워하는 모습들을 보면서 나도 모르게 배를 잡고 킥킥 웃는다. 당색이나 형세를 전혀 따지지 않는 사람이 바로 선비의 마음을 지닌 사람인데 나는 이런 사람들을 열 명 가운데 한두 명 보았을 뿐이다. 심지어는 지극히 가까운 사이임에도 상식 밖의 일을 많이 하니 다른 사람에 대해서는 이상할 것도 없다. 이미 세상이 쇠미해졌으니 누가 이를 바로잡을 수 있겠는가. 소북 사람들이 동류들에 대해 유달리 후덕한 것은 인정에서 나오는 것이라 좋아 보인다.

一是國穀 而必用私意而操切 小民安得以生 易手望報之計作 窮士安得以生 逐勢趣利之心 彌於中 親舊安得以生 唯其逐勢之人滔滔 而世路之飜覆無常 故亦多有後日之圖者也 老論之居鄕者 逢少論太守則喜 少論之居鄕者 逢老論太守則喜 不覺捧腹而局局 其一掃色目形勢而爲之者 是保有士夫心腸者 吾只覺十之一二 甚至至親之間 亦多常情外之事 而人亦不以爲怪 世之衰末矣 誰能正之 小北之偏厚於同類 差喜其出於人情之內耳

185 여러 사람들과 함께 모여 앉아 음식을 벌여 놓고 먹는 것이 기쁜 일인데 그중에 가장 즐거운 것은 농장에서 식사하는 것으로, 절간이나 기방에서 식사하는 것보다 훨씬 낫다. 짧은 베옷에 도롱이를 입고 삿갓을 쓰고 뒤섞여 앉아 함께 먹는데, 이런 자리에 벗들과 함께하고 싶어서 불러 보지만 나오지를 않으니 벗들에게 흥취도 적고 풍정도 없기 때문이다. 다른 사람의 마음이 나와 다른 것이 아쉽다.

與多人 會坐列食 可喜 最是農場之食 別勝於僧寺妓席 短褐簑笠 雜坐而共啖 欲與隣友同之 呼喚而不出 却少趣味 亦欠風情 又恨人心不同於我心

---

393) 망보(望報): 조선 시대에, 벼슬아치의 후보자 세 사람의 이름을 써서 보고하던 일. 또는 그 보고.

산록내편 3 散錄內篇 三

산록내편 3 散錄內篇 三

1 시문으로 어울렸던 벗들의 인품을 계곡과 산에 비유해서 그린 그림, 한마음 한뜻으로 벗들과 시를 논하면서 즐겼던 장소를 그린 그림, 특별한 일로 벗이 나를 대접했던 일을 그린 그림, 경치 좋은 곳에서의 모임을 그린 그림, 나라 안에서 가장 이름난 곳을 그린 그림, 여러 명승지의 경치가 좋은 곳들을 그린 그림, 꿈속에서 보았던 아름다운 곳을 그린 그림, 서원 중에서 경치 좋은 곳을 그린 그림, 경치가 훌륭한 전장(田莊)과 정자와 누대를 그린 그림, 석담 일곡과 선암 삼곡[1] 및 화양구곡, 황강구곡을 그린 그림 등을 족자나 병풍으로 만들었다. 또 일부는 화첩이나 화축으로도 만들어 책상 위에 두고 아침저녁으로 즐겼다. 이 그림들은 전에 자손 중에 잘 보관할 수 있는 사람이 가져갔고, 소상팔경을 그린 부서진 병풍은 이미 덕성(德性)에게 주었고, 백부 선생의 부채에 그린 대나무 그림 축은 외손 김정주(金鼎柱)에게 주었다. 각각 소찬(小贊)이 있는 열한 개의 사물을 그린 그림은 잘 지킬 만한 사람이 가져가는 게 좋겠다.

以翰墨友之人品 比況於溪山者畵 同心同志友講詩遊泳之地畵 友之待我有別事畵 勝地會集事畵 國中之最名稱者畵 到處名區之可觀者畵 夢中所見之勝畵 書院之有景致者畵 莊舍亭臺之勝畵 石潭一曲仙岩三曲華陽黃江之九曲畵 或作簇或作屛 而又作帖作軸 置之案上 爲朝暮怡悅之資 前頭子孫之可葆藏者持去 瀟湘破屛圖 已付之德性 伯父先生之扇面畵竹軸 已付之外孫金鼎柱 十一物件之各有小贊者 可善守者持去可也

---

[1] 선암(仙岩) 삼곡(三曲): 단양 팔경 중 상선암과 중선암, 하선암을 말함.

2 자손의 인품은 제각기 달라서 미련한 자도 있고 영리한 자도 있고 인색한 자도 있고 ■■한 자도 있고 허랑한 자도 있고 고집 센 자도 있고 가르침으로 기질을 변화시키기 어려운 자도 있는데, 각기 그 사람에 맞게 대응하여 인정과 의리를 보존하는 것이 좋다. 오직 성격이 과격하고 괴이하며 편벽되어, 하는 말마다 성실함이 없고 하는 일마다 유별난 자는 같은 곳에서 함께 살기 어려우므로 이런 자는 따로 살면서 가끔 만나 보아야만 후회할 일이 없게 될 것이다.

○ 아이들이 이 글을 보고 두려워하여 각자 고치고 뉘우친다면 다행이겠다. 그런데 미련하고 고집스런 자는 반드시 바뀌지 않을 것이고 마음 씀씀이가 괴이하고 편벽된 자는 더욱 가망이 없을 것이니 어찌한단 말인가. 옛사람들은 자식들이 높은 벼슬하는 것을 원하지 않고 좋은 사람 되기를 원했는데 이를 보면 좋은 사람이 된다는 것이 참으로 어려운 일임을 알겠다.

> 子孫之人品 有萬不同 有儱侗者 有伶俐者 有吝嗇者 有■■者 有虛浪者 有固執者 有難敎誨而變化氣質者 可隨其人而應之 以保情義 唯厲奡怪僻 言言非誠 事事皆別者 不可與之同居 此則可各居而時時相見 可無悔吝 ○ 兒輩見此書而瞿然各自悛悔則幸矣 而儱侗固執者 必未易 用心怪僻者 尤無可望奈何 古人不願子弟之作貴人 願作好人 是知作好人誠難矣

3 모두 40권이 넘는 내 글 가운데 「산록내편(散錄內編)」과 「잡의(雜儀)」와 「잡지(雜識)」만은 후손들에게 유익한 것이니 따로 분류해 두는 것이 좋다. 「기몽(記夢)」과 「화몽(畫夢)」, 「가곡(歌曲)」과 「유행(遊行)」, 「문답(問答)」과 「묘산(墓山)」, 「정각(亭閣)」 등의 글은 다른 데로 옮기지 말고 그대로 두는 것이 좋다. 「산록외편(散錄外編)」과 「잡록(雜錄)」과 「문(文)」, 「잡저(雜著)」 등은 좋은 글들만 골라내고 나머지는 버리는 게 좋고, 「필찰(筆札)」과 「추명지(推命紙)」는 그대로 두는 것이 좋다. 「창수(唱酬)」는 골라내고 나머지를 버려도 좋고, 「정식(程式)」2)은 모두 버려도 좋다. 「시(詩)」는 13권 가운데 내가 스스로 골라내어 7~8권을 만들었는데 이 중에 골라내고 또 골라내서 두세 권으로 만든 다음 다시 골라낸 것들 중에

---

2) 정식(程式): 일정한 격식을 갖춘 시. 과거 시험에 적합한 형식의 시를 말함.

서 또 정밀하게 골라야만 흠결이 없게 될 것이다. 덕성(德性)과 선성(善性) 부자가 조응(祚應)과 함께 깨끗이 정돈하여 한 질을 만들어, 전하여 보여줄 만한 사람에게 전하여 보여주는 것이 좋다. 나머지는 모두 환지(還紙)3)로 만들어 굴뚝이나 벽을 바르는 데 사용하는 것이 좋다. 한천과 화지에 각각 한 부씩 두되 한천에 둔 것은 도중(道中)이 글공부를 하지 않더라도 반드시 잘 지켜서 사당 안에 보존해야 한다. 내가 죽음을 앞두고 글들을 태우려고 했으나 아이들이 만류하여 여기 한적한 곳에 보관해 둔다. 아, 대대로 글공부를 한 집안인데 나에 이르러 이렇게 어리석게 되었으니 이 운명을 어찌하겠는가. 하늘에 묻고 싶어 울면서 슬퍼한다.

吾之私稿 凡四十餘杏 唯散錄內編雜儀雜識 有益於後孫 可分類 記夢畵夢歌曲遊行問答墓山亭閣 可勿動而留之 散錄外編雜錄文雜著 可抄刪 筆札推命 可仍留 唱酬可抄刪 程式可全削 詩則十三卷中 自抄之作七八卷 抄中又抄 爲數三卷 又抄中又精抄 則可無欠 德性善性父子 可與祚應 梳洗整頓 而作一帙 傳示於可傳示者 餘皆作還紙塗堗壁 可也 寒泉華支 各置一件 在寒泉者 道中雖不學 亦必善守可藏之於祠堂中 吾欲臨死而焚稿 爲兒輩所止 爲此閑處置 嗚呼 以世代文學之家 至我身而魯莽如此 命也奈何 欲問天而嗚悒

4 왕희지가 말하기를 "석비(石脾)4)는 물에 들어가면 마르고 물에서 나오면 축축하며, 독활(獨活)5)은 바람이 없으면 흔들리다가 바람이 불면 가만히 있으니 이는 오직 성인만이 그 이치를 알 수 있을 뿐이다."라고 하였다. 나는 성인이 아니니 어찌 감히 그 이치를 억지로 구명할 수 있겠는가마는 망령되이 그 이치를 생각해 보니, 석비는 그 성질이 단단하기 때문에 물에 들어가더라도 금방 축축해지지 않고 오래 있다가 꺼내야만 그것이 축축해졌음을 알게 되는 것이며, 독활은 기운이 약하기 때문에 바람이 없으면 스스로 가만히 서 있지 못하다가 바람이 불면 그 힘을 빌려 비로소 그 몸을 바로 할 수 있는 것이다. 왕희지가 나의 이 말을 듣는다면 뭐라고 할지 모르겠다.

---

3) 환지(還紙): 못 쓰게 된 종이를 다시 떠서 만든 종이.
4) 석비(石脾): 광물질 이름.
5) 독활(獨活): 약초 이름으로 땅두릅이라고도 하는데, 근육통이나 마비에 많이 쓰임.

王羲之曰 石䏶入水則乾 出水則濕 獨活無風則搖 有風則定 唯聖人可以窮理 余非聖人 何敢强究 試妄解之曰 石䏶性堅 故入水未卽濕 濕之久而出水 始知其濕矣 獨活氣弱 故無風時 體不能自立 而得風力而始定其身矣 未知羲之聞我言而謂如何

5 신응이 그의 벗을 칭찬하면서 말하기를 "기특한 사람입니다. 발로 길을 차면 돈이 생기고 손으로 땅을 파면 돈이 생기는 것도 다 원하지 않습니다."라고 하였다. 내가 말하기를 "천성적으로 물욕에 담담한 것도 좋고, 또 억지로 그 욕심을 절제하면서 공부를 하는 것도 좋기는 한데 그의 소견은 넓지 못하다. 내게 필요하지 않은 물건을 가져다가 필요한 곳에 베풀어 주는 것이 당연한 도리이니, 가난한 친구나 궁색한 집안사람들, 걸식하는 사람에게 나누어 준다면 매우 좋을 것이다. 그렇지 않고 만약 자신이 사용한다면 청렴에 손상이 갈 것이고, 주인이 와서 따진다면 의리에 손상이 갈 것이다.

信應稱其友曰 奇特人也 足蹴路而有錢 手掘地而有錢 皆不願 余曰 天性自淡然於物欲 則可喜 强制其欲而用工 則亦可喜 其見則不恢活矣 取無用之物 施有用之地 是當然道理 分與貧交窮族及乞食之人 無所不可 若自用則傷廉 若有主來推者則傷義

6 내 나이 지금 86세인데도 집에서나 고을에서나 고민스러운 일이 많으니, 어찌하여 안락하고 편안하지 못한 채 남은 생애를 마쳐야 한단 말인가. 그래서 벽에 써 두기를 "묻지 말고, 듣지 말고, 보지 말고, 알려고 하지 말자. 구하는 게 없고, 경쟁하려는 마음이 없고, 하고자 하는 마음이 없고, 일을 만드는 일이 없도록 하자."라고 하였는데 좋은 일에도 굳이 이런 태도가 필요할까.

○ 부끄럽거나 겸연쩍은 일이 있으면 모두 벽에 써 두고 시시때때로 스스로 반성하여 반드시 고친 뒤에야 그만두려고 하였는데, 지금 이 여덟 가지 일에 대해 혼자서 가만히 생각해 보니 실행하는 것이 지극히 어렵다. 언제쯤에나 효과를 얻어서 마침내 편안하게 되는지 모르겠다.

○ 나이가 몹시 들어 늙으면 마땅히 스스로 흙 인형이나 나무 인형처럼

처신해야 하니 그러다가 혹시라도 선정(禪定)의 맛을 깨닫게 된다면 나쁘게 무엇이겠는가. 억계(抑戒) 시를 지어 다른 사람들에게 보여 준 위무공(衛武公)6)에게는 부끄럽지만 부자간에 서로 끊임없이 책선(責善)을 하다 보면 부자간의 은혜에 손상이 가니 집안에서는 말소리와 얼굴빛을 스스로 절제해야겠다.

居家居鄕 苦惱事多 吾今八十六矣 何不安樂自靖 以終餘年乎 題之于壁曰 不問不聞不見不知 無求無爭無心無事 如非不好事 則何必用此道也 ○ 有愧有吝 皆書于壁 時日自省 必改乃已 今此八事 竊自思量 行之極難 未知幾日有效 畢竟安閒 ○ 年至篤老 則宜自處以土木偶人 何嫌其罘得禪味 然亦有愧於衛武公之抑戒以見人 父子責善之不已 幾乎傷恩 吾欲自節聲色於階庭之間

7 '공호이단(攻乎異端)'7)의 '공(攻)'을 '공격하는 것'으로 풀이할 것이라면 당연히 '공이단(攻異端)'이라고 할 것이지 어찌하여 바로 다음에 '호(乎)'자 한 글자를 더 첨가했겠는가. 이미 '공호(攻乎)'라고 했다면 그 의미가 '오로지 공부한다[專治].'라는 뜻이 된다는 것을 알 수 있으니 혹자의 말은 아직 깨우치지 못한 견해이다. 혹자가 풀이하여 말하기를 "'사람이 다쳤는가, 다치지 않았는가?8)'라고 하시고 다시 말[馬]에 대해 물으셨다."라고 한 것은 왜곡이 심한 것이다. '말[馬]에 대해 묻지 않으셨다.'라고 한 것은 말[言] 그대로 말[馬]에 대해 묻지 않은 것이 아니라 먼저 사람에 대해 묻고 그 뒤에 말에 대해 물었다는 의미임을 알 수 있다. '기운이 시들면 도의(道義)가 시든다.'9)는 구절에 대해, 학자들의 논쟁이 끊임

---

6) 억계(抑戒)~위무공(衛武公): 억계(抑戒)는 『시경』 「대아(大雅)」 〈억(抑)〉을 이름. 춘추시대 위나라 무공이 95세에 자신을 경계하기 위해 지은 것으로, 위의(威儀)를 삼가고 말을 조심하라는 내용인데, 무공이 신하들에게 명하여 날마다 곁에서 이 시를 외우게 하여 자신을 경계했다고 함.
7) 공호이단(攻乎異端): 『논어』에 "이단을 공부하면 해가 있을 뿐이다[攻乎異端 斯害也已]."라고 하였음.
8) 사람이 다쳤는가, 다치지 않았는가: 『논어』에 "마구간이 불에 탔는데 공자께서 조정에서 퇴근하여 말씀하시기를 '사람이 다쳤는가?' 하시고 말에 대해서는 묻지 않으셨다[廐焚 子退朝曰 傷人乎 不問馬]."라고 하였음.
9) 기운이 시들면 도의가 시든다: 『맹자』에 "그 호연지기는 의와 도를 짝하는 것이므로 의와 도가 없으면 시든다. 호연지기는 의가 모여서 생성되는 것인데 의는 갑자기 모이는 것이 아니다. 행동을 함에 있어서 마음속에 조금이라도 미흡한 점이 있게 되면 시든다[其爲氣也 配義與道 無是

없이 계속 이어지고 있는데, 이 기운이 없으면 도의가 무엇에 의지해 충실해질 수 있겠는가. 그렇기에 이 기운을 잘 배양하는 것을 귀하게 여기는 것이다. 이미 기운을 잘 배양해야 함을 거론했다면, '도의가 없다면 기운이 호탕해지지 못한다.'라는 말도 성립할 수 있다. 그러나 이미 선현께서 올바르게 보셨는데 어찌하여 억지로 자기의 비루한 견해를 더한단 말인가. 그 자체로 이미 아무런 병통이 없는 글에 대해 굳이 논쟁하고자 하니 참으로 우습다.

> 攻乎異端 若以攻斥爲解 則當日 攻異端 何必下一乎字乎 旣日攻乎 則可知其爲專治也 或者之言 是未解蒙之見也 或者解曰 傷人乎否又問焉 則曲甚矣 曰不問馬 則非仍不問馬 可知其爲先問人而後問馬也 氣餒道義餒 學者之爭辯 切切不已 無是氣則道義何以充實乎 故貴乎善養氣也 旣論氣之善養 則曰 無道義則氣不浩然 亦可成說 然旣有先賢正卽 則何可强參己之陋見乎 自無病之言 必欲爭辯 誠可笑也

8 뜰의 반쪽에다 꽃과 나무를 심은 다음 시든 가지와 병든 잎을 일일이 제거하고, 여러 종류의 가시나무와 넝쿨들을 모두 다 뽑아 없애고 나서야 꽃과 나무가 무성하게 꽃을 피웠다. 만약 사람들이 꽃과 나무를 보호하듯이 온갖 간사함과 나쁜 점들을 제거한다면 도심(道心)이 절로 생겨나고 의지와 기개가 성대해질 것이다.

> 種花木於半庭 衰枝病葉 一一除去 雜種荊蔓 盡皆撤去 然後花木乃得意榮發 若人之千邪百惡之揮去 如護花木 則道心自生而志氣沛然矣

9 지봉(芝峯)이 말하기를 "한수(漢壽)는 지명이고, 정후(亭侯)는 관명이니 관운장(關雲長)이 받은 것은 한나라의 수정후(壽亭侯)10)가 아니다."라고 하였는데, 그렇지 않다. 옛날에 실제로 한수라는 땅이 있었고 정후라는 관직이 있었더라도 관운장이 수정후라는 칭호를 받지 않고 명칭을 고쳐 '한(漢)'이라는 한 글자를 첨가하게 한 뒤에 받은 것은 그 의리가 바

餒也 是集義所生者 非義襲而取之也 行有不慊於心 則餒矣]."라고 하였음.
10) 수정후(壽亭侯): 중국 삼국시대 촉나라의 관우가 조조에게 의탁해 있을 때 조조로부터 받은 봉호(封號).

른 것이다. 『삼국연의』의 내용을 믿을 수는 없지만 이 경우는 분명히 한나라의 수정후이다.

> 芝峯曰 漢壽地名 亭侯官名 雲長所授 非漢之壽亭侯也 不然 古誠有漢壽之地 亭侯之官矣 雲長之不受壽亭侯 改而添一漢字 然後受之者 其義正矣 三國演義 雖不可信 此則分明是漢之壽亭侯矣

10 몇 년 전에 아우가 말을 타고 용진(龍津)에 이르렀을 때, 그 말이 건너편 언덕에 있는 암말을 보더니 갑자기 내 아우를 태운 채 물속으로 들어가 물결을 밟고 건너갔다. 만약 꼭 해야 할 일이 눈앞에 닥쳤을 때 기운을 용기로 바꿀 수만 있다면 몸이 저절로 가벼워져서 허공을 평지처럼 밟게 될 것이니 이로 보아 '유비(劉備)가 말을 달려 단계(檀溪)를 뛰어넘어갔다.'11)는 것이 기이한 일이 아님을 알 수 있다.

> 頃年家弟騎馬到龍津 見牝馬在彼岸 馬忽載我弟而入水踏波而渡 若大欲當前 用氣賈勇 則體自輕而踏虛空如平地 是知躍馬渡檀溪非異事

11 사람들이 친척을 대하는 것이 남보다 못하거나 형제를 대하는 것이 벗들보다 못한 경우를 많이 보게 되는데 이는 대개 잘되라고 여러 번 책망하기에 서운한 감정이 쉽게 생겨나서 그런 것이다. 『시경』에 이르기를 "서로 좋아함이여, 나와 같아지기를 바라는 마음이 없도다."12)라고 하였는데, 이는 형제간뿐만 아니라 친척에게도 당연히 가져야 할 태도이며, 친척뿐만 아니라 남에게도 당연히 가져야 할 태도이다. 항상 '분노를 담아 두지 말고 원망을 오래 갖지 말아야 한다.13)'라는 마음을 가져야 하니

---

11) 유비(劉備)가~넘어갔다: 『삼국지연의』에서, 유비가 형주(衡州)의 유표(劉表)를 찾아갔다가 자신을 죽이려던 채모(蔡瑁)를 피해서 도망칠 때 단계(檀溪)라는 거센 물결을 만나자 죽기를 각오하고 말을 달려서 뛰어넘어가 살았다는 이야기임.
12) 서로~없도다: 『시경』에 "형과 아우가 서로 좋아하고 서로가 같아지기를 바라는 마음이 없도다[兄及弟矣 式相好矣 無相猶矣]."라는 구절이 있음.
13) 분노를~한다: 『맹자』에 "어진 사람은 아우에게 노여움을 담아 두지 아니하며, 원망하는 마음을 가슴속에 묵혀 두지 아니하고, 그를 가까이하고 사랑할 뿐이다[仁人之於弟也 不藏怒焉 不宿怨焉 親愛之而已矣]."라고 한 구절이 있음.

사물의 이치만 그런 것이 아니라 이해관계에 있어서도 그러하다. "다른 사람에게 부족한 점이 있으면 온정으로 그를 용서하고, 뜻하지 않은 일을 당하면 이치를 따져 처리한다.14)"라고 했으니 이 두 구절을 항상 외워야 한다.

> 多見人之待親戚不如外人 待兄弟不如朋友 蓋其責望也 重以周故易生憾矣 詩曰 式相好矣 無相猶矣 此不但兄弟之間 親戚亦當然矣 不但親戚之間 外人亦當然矣 常以不藏怒不宿怨爲心 則不但事理然矣 利害亦然 其曰 人有不及可以情恕 非意相干 可以理遣 二句常常誦之可也

12 '자식이 많으면 걱정이 많고 장수하면 치욕이 많다.'15)라는 성인의 말씀이 직접 경험해 보니 정말 그러하다. 성인께서는 일이 많다는 이유로 부유함을 사양하셨는데 내가 아이들을 관찰해보니 가난으로 인해 생기는 일이 부유함으로 인해 생기는 일보다 더 많았다. 군자는 가난도 편히 여기며 도(道)를 즐겨야 한다고 하였는데, 내 어찌 감히 도를 즐긴다고 말할 수 있겠는가마는 가난해도 뜻만큼은 편안히 가질 수 있었다. 배고픔을 견디지 못하여 근심스러운 마음으로 계속 구구하게 남에게 먹을 것을 구하여 그것으로 부모의 굶주림을 해결하려고 한다면 부모의 마음은 이미 절로 불안할 것이다. 증원(曾元)이 아버지 증자(曾子)를 먹을 것으로 섬길 때16) 이런 도를 생각해야만 했다. 옛사람이 말하기를 "굶어 죽는

---

14) 다른~처리한다: 『진서(晉書)』〈위개전(衛玠傳)〉에 "위개는 다른 사람에게 부족한 점이 있으면 온정으로 그를 용서하고, 뜻하지 않았는데 서로 부딪치면 이치를 따져 처리하였기 때문에 죽을 때까지 기뻐하거나 화내는 모습을 보이지 않았다[玠嘗以人有不及 可以情恕 非意相干 可以理遣 故終身不見喜慍色]."라고 한 구절이 있음.

15) 자식이~많다: 『장자』에 "화(華) 땅의 봉인(封人;국경을 지키는 벼슬아치)이 '성인께서 장수하시기를 축원합니다.'라고 하자 요임금이 말하기를 '사양합니다.'라고 하였다. 다시 '성인께서 부유하시기를 축원합니다.'라고 하자 요임금이 말하기를 '사양합니다.'라고 하였다. 다시 '성인께 자식이 많으시기를 축원합니다.'라고 하자 요임금이 말하기를 '사양합니다.'라고 하였다. 그러자 봉인이 말하기를 '장수와 부유함과 자식 많음을 당신만이 원하지 않으시니 무슨 까닭입니까?'라고 하자, 요임금이 말하기를 '자식이 많으면 걱정이 많게 되고, 부유하면 일이 많게 되고, 장수하면 치욕스러운 일이 많게 됩니다. 이 세 가지는 덕을 배양하는 것이 아니므로 사양합니다.'라고 하였다[華封人請祝聖人壽 堯曰辭 使聖人富 堯曰辭 使聖人多男子 堯曰辭 封人曰 壽富多男子 汝獨不欲 何也 堯曰 多男子則多懼 富則多事 壽則多辱 是三者 非所以養德也 故辭]."라고 하였음.

16) 증원(曾元)이~때: 『맹자』에 "증원이 증자를 받들어 모실 때 술과 고기가 있으면 상을 내가기

것은 극히 사소한 일이고 절조를 잃는 것이 극히 중대한 일이다."라고 하였다.

> 多男子則多懼 壽則多辱 身親經之 聖人之言 誠然矣 聖人以多事辭其富 而吾觀於兒輩 貧之多事甚於富矣 君子安貧而樂道 道則何敢言而樂 志則雖貧亦安 不能忍飢而慄慄屑屑於求人而不已 欲資其親口腹之充 親心則已自不安 曾元則養口體之時 必亦念此道矣 古人曰 餓死事極小 失節事極大

13 『중용』 서문에서 '심(心)'을 말하였고, 『대학』 서문에서 '성(性)'을 말했는데 우옹의 어록을 읽은 뒤에 다시 보니 주자가 말한 '심(心)'의 의미를 크게 알 수 있게 되었다. 문득 어린 시절 소홀하게 보내어 ■■한 것이 후회스러웠다.

> 中庸序之言心 大學序之言性 見尤翁語錄後 更看之 大知朱子之心矣 却悔少日之放過而■■

14 어린아이가 우물에 들어가는 것17)에 대해 우옹께서 어찌하여 "우물이 감정을 유발하고 어린아이는 거기에 호응하며, 어린아이가 감정을 유발하고 측은하게 여기는 사람은 거기에 호응한다."라고 말씀하지 않으셨을까. ○ 혼연한 하나의 태극(太極)이 바로 '리(理)'이고, 그것이 기질 속으로 들어간 것이 '성(性)'이기 때문에 "하늘이 명해 준 것을 '성(性)'이라 한다."라고 하고, "인의예지는 '성(性)'의 대강이다."라고 하는 것이다. 우옹께서 김태숙(金泰叔)에게 답하실 때 어찌하여 "인의예지는 '성(性)'이고, 인의예지가 되는 이유는 '리(理)'이다."라고 하지 않으셨을까. 어찌하여 "뜨겁게 비치는 불꽃 위의 흑점이 불의 '성(性)'이고, 뜨겁게 비치는 불꽃

전에 반드시 '누구 줄 사람이 있으신가요?'라고 묻지 않았고 '남은 게 있느냐?'라고 물으면 '없습니다.'라고 대답했는데, 이는 다음에 다시 드리려고 한 것이겠지만 이런 방식은 입과 몸만 봉양하는 것이고, 증자의 경우는 뜻을 받들어 모시는 것이다[曾元養曾子 必有酒肉 將徹 不請所與 問有餘 曰亡矣 將以復進也 此所謂養口體者也 若曾子 則可謂養志也]."라고 한 구절이 있음.

17) 어린아이가 우물에 들어가는 것: 『맹자』에 "지금 어느 누구라도 아이가 우물에 들어가려고 하는 모습을 본다면 모두 측은해하는 마음이 생길 것이다[今人 乍見孺子將入於井 皆有怵惕惻隱之心]."라고 한 구절이 있음.

위의 흑점을 만들어 주는 것이 '리(理)'이다."라고 하지 않으셨을까. 어찌하여 "수레바퀴와 바퀴살과 끌채와 바퀴 홈이 수레의 '성(性)'이고, 수레바퀴와 바퀴살과 끌채와 바퀴 홈을 만들게 하는 것이 '리(理)'이다."라고 하지 않으시고 그렇게나 많은 말씀들을 허비하셨을까.

> 孺子入井 尤翁何不曰 井爲感而孺子爲應 孺子感而惻隱之者爲應乎 ○渾然一太極是理 墮在氣質中爲性 故曰 天命之謂性 曰仁義禮智人性之綱 尤翁之答金泰叔 何不曰 仁義禮智性 所以爲仁義禮智理乎 何不曰 熱照炎上中黑 火之性 所以熱照炎上中黑理乎 何不曰 輪輻軹軌 車之性 所以爲輪輻軹軌理乎 而乃多費說話耶

15 내 나이 80세 이후에는 말이나 하는 일들이 젊을 때와 많이 달라져서 기쁨과 분노가 쉽게 드러나게 되었는데, 이는 사람들이 내가 늙었다고 속이고 업신여긴다고 의심해서 그런 것이다. 아이들은 평소와 달라진 나의 모습을 보고 괴이하게 여기지 말고, 한편으로 기뻐하는 마음과 한편으로 걱정하는 마음18)을 갖고, '노인이기 때문에 그러신가 보다.'라는 마음으로 대하고, '노망이 나서 그런다.'라고 이해하여 한결같이 순종하고 거스르지 않으면 좋겠다.

> 吾於八十以後 言語事爲 多與少年時不同 而喜怒尤易發 蓋疑人之欺我老而慢侮也 兒輩其見我異常時 必勿怪 而存喜懼之心 以老人待我 以老妄恕我 一以順適 無忤爲事 可也

16 내가 자급(資級)19)에 오른 지 4년이 지나도록 실제 직위에 거론되지 않는 것을 이상하게 생각하여 가끔 사람들에게 말하곤 하였다. 사람들은 내 마음이 안타깝고 답답해서 그런 것이라고 여겨서 웃었지만 나는 안

---

18) 한편으로~마음: 『논어』에 "부모의 나이는 반드시 알아야만 하니 한편으로는 오래 사시는 것이 기쁘기도 하고 한편으로는 얼마 못 사실 것이기에 걱정한다[父母之年 不可不知也 一則以喜一則以懼]."라고 한 구절이 있음.
19) 자급(資級): 조선 시대에 관리의 위계를 이르던 말로, 정(正)·종(從)의 각 품(品)마다 상(上)·하(下)의 두 자급이 있었으므로 총 36개의 자급이 있었는데 권섭이 80세가 지나서 종2품의 품계인 가의대부(嘉義大夫)의 자급을 받았음.

타깝고 답답해서 그런 것이 아니라 자급만 달고 행세하는 것이 괴로워서 그런 것이다. 그런데 이제는 진짜 '동지(同知)'20)가 되었으니 내 마음이 흡족하다. 예로부터 '관작으로 백이(伯夷)를 유혹한다.'라는 말이 있으니, 나의 이런 모습이 어찌 또한 괴이하랴. 웃고 또 웃는다.

> 吾以陞資四年而不檢擬爲怪 或對人而云云 人則以我爲悶鬱而笑之 非我悶鬱 以
> 假啣行世之爲苦 今則爲眞同知矣 我心快哉 自古有以官爵誘伯夷者 此人亦何怪 好
> 呵好呵

17 물에 뜨는 한 칸짜리 누각을 만들어 뜰 아래에 두고 솔가지로 덮은 다음 때때로 거기 나가 앉기도 하고, 또 때때로 작은 배에 옮겨 놓고는 앞 강에 띄워놓기도 하였는데 두 개의 현판을 번갈아 걸어 두고는 한가로운 마음을 붙였다. 아이들은 먹고사는 일 이외에는 긴요하지 않다며 이런저런 말들이 많았지만 한 번 웃고 일절 대응하지 않았다.

> 作浮閣一間 置之庭下 松枝覆之 時時出坐 時時移立於小舟 泛泛前江 迭掛兩版
> 之文 以寓閒情 兒輩以食事外不緊 多有言 付一笑而不應

18 늙은 노비는 옆방에 거처하면서 나의 시중을 들었고, 장손은 아침저녁으로 염려하며 나를 돌보아 주었는데 지금은 다 죽었다. 화지동에 사는 늙은 첩에게 가서 의지했으나 늙은 첩도 죽었다. 곤궁하고 늙은 이 한 몸 의탁할 곳도 없고, 옥소산21) 산신령도 데면데면하여 나를 만나려는 생각이 없으니 어찌한단 말인가. 크게 곡할 수도 없고, 흐느끼자니 여인네 짓거리에 가까워 때때로 길게 탄식하고 짧게 읊조리다 보니 탄식과 읊조림이 끊이지 않는다.

> 老婢在旁室而該我 長孫慮早暮而護我 今皆死矣 歸依老妾於花枝 老妾又死 窮老
> 一身 靡所依托 玉所山靈又落落 無相要之意 其將奈何 哭則不可 泣近婦人 時時長
> 哦短咏 哦咏不已

---

20) 동지(同知): 중추부에 속한 종2품 벼슬인 동지중추부사(同知中樞府事)를 줄여서 일컫는 말.
21) 옥소산(玉所山): 단양 구담봉 옆에 있는 산.

19 고조(高祖)는 높다는 뜻이고 현손(玄孫)은 멀다는 뜻이므로 고조를 현조라고 일컫는 것은 괜찮지만 현손을 고손이라고 일컫는 것은 옳지 않다. 그런데 문장과 학식이 뛰어난 백사(白沙) 같은 분도 고손이라고 하니 괴이하다. 그 외에 외삼촌의 처를 노모(勞母)라고 하고, 처의 아버지를 빙군(聘君)이라 하고, 외조부모를 자출(自出)이라 하고, 내외 형제의 칭호를 간혹 바꿔 부르거나 부모의 상(喪)을 바꾸어 내외간(內外艱)이라 하는 경우들은 모두 사람들이 그 의미를 제대로 모른 채 사용하는 것우이다. 이산(尼山) 상공의 노직(老職)22)과 납속(納粟)23) 같은 말은 학자가 쓸 말이 아니니 아마도 그 선조 중에 장수한 분이 없기 때문에 바라는 것이나 꺼리는 게 없어서 그런가 보다. 포적(捕賊)24)이나 착호(捉虎)25), 납속 같은 말들은 대의에도 해가 되니 또한 괴이하다. 퇴계와 율곡같이 도덕이 높은 분들의 문집도 단지 퇴계집, 율곡집이라고 하는데 이름 없는 사람이 남긴 글들을 그 자손이 간행하고 반드시 '선생집'이라고 하는 것은 단지 내실이 부족해서 그런 것이다. 어느 누가 그것을 믿고 우러러보겠는가. 역시 가소롭다. 비록 도덕이 높지는 않지만 문장을 잘하거나 절의가 높은 분들을 가리켜 '선생'이라고 일컫는 것은 선배들의 경우를 참고하여 전례로 삼는 것도 괜찮다.

> 高祖崇高之稱 玄孫玄遠之義 高祖之稱玄祖 或可 玄孫之稱高孫 不可 而文章有識如白沙者 亦稱高孫 可怪 其餘舅妻之稱勞母 妻父之稱聘君 外祖之稱自出 內外兄弟之或換稱 父母喪之換稱內外艱 皆俗人之膝匣賊也 尼山相之老職納粟之類者 非學者語法 必其先無享壽者 故無所願忌如此耶 若日捕賊捉虎納粟之類 則有妨於大義乎 又可怪 文集如退栗之道德 亦但曰退溪集栗谷集 而無名氏之遺稿 子孫刊行之 則必曰先生集者 只是內不足之故也 人誰信而尊視 亦可笑也 雖非道德 指文章節義之士 謂之先生 先輩之事 可援而爲例也

---

22) 노직(老職): 노인직(老人職). 노인에게 특별히 내려주던 직무가 없는 벼슬로, 대개 80세 이상의 양인과 천인에게는 1계(一階)를 주었고, 원래 관직이나 품계가 있는 종친이나 벼슬아치에게는 1품계를 올려 주었음.
23) 납속(納粟): 나라의 재정난 타개와 구호 사업 등을 위하여 나라에 곡물을 바치게 하고 그 대로 벼슬을 주거나 면역 또는 면천해 주던 일.
24) 포적(捕賊): 도적을 체포한다는 뜻.
25) 착호(捉虎): 호랑이를 잡는다는 뜻.

20 자손 중에 도리에 어긋나서 가르치기 어려운 자들은 밥을 먹는지 못 먹는지, 추운지 따뜻한지조차 상관하지 않는다. 그중에 나에게 성실한 마음을 가진 자에 대해서는 아끼는 마음에, 평소 행하는 일이나 행동 중에 내 마음에 들지 않았던 것을 따지지 않고 종종 착한 데로 인도하는 말을 해주기도 한다. 대체로 자손을 대하는 도리는 그 선악을 따지지 않고 한결같이 사랑으로 덮어서 은혜와 의리를 손상하지 않도록 해야 한다. 조상 중에 악독한 마음을 가지고 사화(士禍)를 일으켜서 효성스럽고 어진 자손들로서도 능히 감쌀 수 없는 경우에는 항상 마음속에 숨겨 둘 것이며, 다른 사람들을 따라서 드러내 놓고 배척하지 말아야 한다. 또 내외 원근이 제각기 달라서 자기도 모르는 사이에 간혹 그 이름을 부르는 경우가 있으니 어찌 자신을 낳아준 은혜로도 이기지 못하는 경우가 있다는 말인가. 알 수 없는 일이다.

> 子孫之乖悖難教樣者 置飢飽寒燠於度外 亦無可言 而其中有誠心於我 則心乎愛矣 不以日用事爲之不慊於心者 種種責善也 大抵待子孫之道 當勿論善惡 一以慈覆爲事 不傷恩義 祖先之有惡心而起士禍 孝子慈孫 不能掩者 常隱之於心 而勿從衆而顯斥 亦有內外遠近之同不同者矣 其不知不覺之際 或有呼其名之時 豈生我之恩 有所不能自勝者耶 未可知也

21 산의 기이한 형세와 괴이한 혈자리는 반드시 그 형세를 통찰할 수 있어야만 바른 혈자리를 정할 수 있는데 산마다 모두 기이한 형세를 가진 것도 아니고 사람마다 모두 통찰할 수 있는 것도 아니다.

> 山之奇形怪穴 必喝形而後正穴可定 非山山之皆有形 非人人之皆可喝也

22 모든 일에 있어서 부형의 명이 있으면 자제들은 묵묵히 받들어 행하는 것이 예(禮)이고 의(義)인데 요즘 세상에는 자저들의 견해가 부형과 다르면 반드시 시끄럽게 싸워서 반드시 이긴 뒤에야 그만두며, 다른 사람들도 이런 일을 괴이하게 여기지 않는다. 온 세상이 거침없이 모두 이러하니 어찌할까.

凡事 父兄有命令 子弟奉行而已 禮也義也 今世則子弟有見 而與父兄不同 必爭
聒而必勝乃已 人亦不以爲怪 滔滔皆是 奈何

23 광중(壙中)26) 안쪽에 종이를 바르는 것은 무덤의 벽이 허물어져 회가 떨어지는 것을 막기 위함일 뿐이니 굳이 장지(壯紙)27)를 사용할 필요가 없다. 내가 자식으로서 부모님의 장례를 치를 때에 흰 종이를 사용하였고, 도산(陶山)28)께서도 대신의 지위에 있으면서 대신을 장례 치를 때에 흰 종이를 사용하였다. 어찌 굳이 중요하지 않은 일에 지나치게 마음 쓸 필요가 있겠는가. 이런 이유로 인하여 공자께서 "죽으면 빨리 썩어야 한다."29)는 탄식을 하신 것이다.

以紙塗壙者 只爲防壁土之落灰隔也 何必用壯紙 吾以子葬父母而用白紙 陶山以
大臣葬大臣而用白紙 何必太用心於不緊之事 此所以孔子有死欲速朽之歎矣

24 이 참판이 자기 몫으로 받은 밭을 나누지 않은 것과 권 절충30)이 노비를 팔고서 노비 문서를 주지 않은 것은 사람의 욕심이 바른 마음을 이긴 경우이다. 사람의 일들을 낱낱이 살펴보니 모두 다 그러하다. 일에 있어서 크거나 작은 차이는 있지만 사람에 있어서는 지위 고하에 관계없이 다 같다. "위태롭고 은미한 상황에 오직 정밀하고 한결같이 해야 한다.31)"는 것이 어찌 성인께서 한때 하신 말씀이겠는가. 만약 중용의 태도

---

26) 광중(壙中): 시신을 묻는 구덩이 속.
27) 장지(壯紙): 두껍고 질이 좋은 종이. 장판지.
28) 도산(陶山): 조선 후기 문신인 이의현(李宜顯;1669~1745)으로, 자는 덕재(德哉), 호는 도곡(陶谷).
29) 죽으면 빨리 썩어야 한다: 『예기』에 "유자가 증자에게 묻기를 '벼슬하다가 지위를 잃어버린 일에 대하여 선생님께 들은 게 있는가?'라고 하자 증자가 대답하여 말하기를 '들었네. 벼슬하다가 지위를 잃으면 속히 가난하여지는 것이 좋고, 사람이 죽으면 속히 썩게 하는 것이 좋다고 하셨네.'[有子問於曾子曰 問喪於夫子乎 日聞之矣 喪欲速貧 死欲速朽]."라고 한 구절이 있음.
30) 절충(將軍): 조선 시대 정3품 당상관 무관의 품계인 절충장군(折衝將軍).
31) 위태롭고~한다: 『서경』에 "인심(人心)은 위태롭고 도심(道心)은 은미(隱微)하니, 오직 정밀하게 살피고 전일하게 지켜야 진실로 중도를 잡을 수 있다[人心惟危 道心惟微 惟精惟一 允執厥中]."라고 한 구절이 있음.

를 진실하게 유지하고 있으면 무엇을 하든 거침없어서 후회할 일이 하나
도 안 생길 것이다.

> 李參判之不分折受之田 權折衝之不還買奴之券 是人心勝道心也 閱歷人人 人人
> 皆然 事有大小 人無高下 惟精惟一於危微之際 豈聖人一時之言 若能厥中之允執 則
> 隨處沛然 一無悔吝矣

25 주자께서 말씀하시기를, 서자(庶子)가 어미의 신주를 쓸 때에 "망모(亡母)라고 써야만 한다."라고 하셨다. 그런데 순성(順性)32)이 현모(顯母)라고 쓰고 싶어 하자 백부 선생께서 허락하셨기 때문에 나중에 선성(善性)33)도 그대로 따랐다. 내 생각에는, 이미 비(妣)라고 칭할 수 없다면 그 옆에도 다만 '자모봉사(子某奉祀)'라고 쓰는 것이 맞다. 내가 초상 치르는 일을 주관할 수 없기에 선성으로 하여금 주관하게 하였으니, 압존(壓尊)34)해서 '효자'라는 말을 쓰지 않는 것이 맞다. 이디 사사로이 할머니의 상을 아비 대신 이어받은 경우가 아니라면 '효자'라는 말을 쓰지 않는 것이 맞다. 예의 의미가 과연 어떤지 잘은 모르겠으나 집안일은 당연히 어른의 생각에 맡겨야 한다.

> 庶子題母之主 朱子曰 當書亡母 順性欲題顯母 伯父先生許之 故善性亦取其例
> 我曰 旣不稱妣 則旁題亦只曰 子某奉祀 可也 吾不主喪 故使善性主之 則厭尊而
> 不書孝子 可也 旣無私祖母承重之義 則不書孝子 可也 未知禮意 果如何 而家事
> 當任長

26 집안이 어려운 사람들이 도리를 다하지 못하고 나무 신주를 시골집의 먼지 속에 모셔둔 채 자신은 사방을 분주하게 돌아다니는 경우를 많이 보는데 신주에 대한 모욕이 이보다 더 심한 게 없다. 차라리 신주를 땅속에 묻어 두고 그 대신 지방35)을 사용하는 것이 낫다. 한 그릇의 밥을

---

32) 순성(順性): 권섭의 5촌 조카로, 권상하의 큰아들인 권욱(權煜)의 3남.
33) 선성(善性): 권섭의 3남으로, 도성(道性)이라고도 함.
34) 압존(壓尊): 말 속의 주인공보다 듣는 사람이 윗사람일 때, 말하는 사람은 말 속의 주인공에 대한 경어를 사용하지 않는 말하기 방법.

진설하고 지극한 정성을 바치면 신령도 흠향할 것이니 이는 나무 신주가 있고 없음에 달려있는 것이 아니다. 근래에 보았던 월악산 중은 아주 작은 네 폭짜리 병풍을 만들어 두고 부모의 기일마다 시렁 위에 그 병풍을 펼친 다음 가운데에 지방을 붙이고 좌우 폭으로 양쪽을 막은 다음 앞쪽의 한 폭으로는 여닫게 하였다. 그리고 한 번씩 여닫을 때마다 절하고 무릎 꿇는 것이 마치 신이 강림한 것처럼 한결같이 성실하였는데 이런 모습은 가난한 집에서 첫째의 법규로 삼을 만하다. 그러나 선왕께서 제정한 예법을 시행하거나 폐하는 것을 어찌 내 입으로 말할 수 있겠는가. 아, 우리 집 장손이 나약한 데다 내세울 것도 없으니 얼마 안 가서 이서(李堉)처럼 되지 않겠는가. 그러나 운수가 막히면 펼쳐지고 다하면 회복되는 것은 천지고금의 변치 않는 이치이니, 300년이나 오래된 집안이 어찌 하루아침에 몰락하겠는가. 조용히 앉아서 『주역』을 펼쳐 본다.

> 多見人之窮殘者 不成家道 置木主於村舍塵埃之中 身則奔走四方 辱莫甚焉 寧且埋主於土中 以紙牓 設一盂飯而薦至誠 則神亦享之 是不係於木主有無 頃見月岳僧作小小四疊之屛 每其親忌 張屛於架上 當中而付紙牓 左右幅以阻之 前一幅以開閉之 一誠拜跪 若見神彷彿而降臨 此可爲窮殘家 第一良規 然先王制禮之經廢 何可出於吾口乎 噫 吾家長孫之孱弊 亦無餘地 幾何而不至如李堉貌羕乎 然否泰剝復 天地古今之常理 豈三百年之故家 乃一朝而滅歿哉 大易一書靜坐披閱

27 79세에 등에 종기가 나서 정신이 혼미해졌을 때 지은 "눈앞의 모든 산에 가을바람 일어나고 말 한 마리 길게 우니 못할 일이 없으리라."라는 구절을 영상(領相)36)이 보고 말하기를 "지금의 병은 걱정할 게 없을 뿐 아니라 앞으로 100세까지도 살겠습니다."라고 하였다. 85세 때에 지은 "수레를 타고 나가기도 쉽지 않아 석양녘에 큰 산 동쪽에 서 있네."라는 구절을 청풍 군수가 보고 말하기를 "지향하는 바가 멀고 원대하니 100세도 넘길 수 있겠습니다."라고 하였다. 문경 군수는 내가 열두 살 때 지은 〈답교(踏橋)〉 시의 "저 사람들도 풍정이 있어서 우리 앞에 술 한 잔

---

35) 지방(紙牓): 종이로 만든 신주(神主).
36) 영상(領相): 영의정(領議政)을 줄여 이르는 말로, 권섭의 나이 79세인 1749년에 영의정이었던 인물은 노론 김재로였음.

을 내오네."라는 구절을 보고서 말하기를 "화지동에서 늙으실 것입니다."
라고 하였는데 그 말대로 된 듯하니 괴이하다.

> 七十九背瘇昏沈時作 千山在眼秋風起 一馬長嘶萬事能之句 則領相曰 不但今病
> 無憂百歲可生 八十五作 不可嘶驂容易出 夕陽猶在大山東之句 則淸風守曰 尙遐遠
> 矣 百歲可踰 聞慶守聞我十二歲踏橋詩 渠曹亦是風情事 且進吾前酒一盃之句 曰老
> 窮於花枝洞中 可怪其言似然矣

28

평생토록 과거 시험과 벼슬을 포기한 것은, 격식에 맞추어 짓는 글은 중요하지 않다고 생각해서가 아니라 단지 봉록을 구하는 것을 부끄러워하는 마음을 지키려고 했을 뿐이지 처음부터 세속을 멀리 떠나 품행을 고상하게 지키는 사람이 되려고 했던 것은 아니었다. 이제 나이 들어 품계를 받았는데도 금관자 옥관자를 달지 못하고 있으니 젊은 시절의 그런 생각이 크게 어리석은 일이 아니었던가 싶다. 기필코 한 번이라도 조정에 나아가 사은숙배하고 싶었으나 내가 첨지중추부사에 추천되었을 때에는 병조 판서가 사촌 동생에게 편지를 보내 뭐라고 얘기한 바가 있어서 나아가지 않았다. 그리고 종제(從弟)에게 편지를 보내 "관작(官爵)은 관리가 마음대로 사용할 수 있는 물건이 아니다. 갈아치우고 싶다고 하여 갈아 치우고 갈아 치우고 싶지 않다고 해서 갈아 치우지 않으니, 어찌 왕명을 제 마음대로 처리한단 말인가. 나는 임명되고 싶지 않다."라고 하였다. 병조 판서가 이 편지를 보고 난 뒤 나를 오위장37)에 추천하였는데 이 경우는 내 스스로 관직을 구해서 얻는 것과 같다고 여겨서 나아가지 않았다. 얼마 전에 다시 동지중추부사에 제수되었는데 실직(實職)에 추천되지 않은 지 4년이 넘었기 때문에 마치 실직에 나아가기를 애써 바라는 듯한 혐의가 있어서 또 나아가지 않으려고 한다. 세 번이나 관직에 나아갈 기회가 있었는데도 불구하고 한 번도 사은숙배하지 못한 것도 운명이다.

> 生年廢科宦 只是不閑程式之文也 只守干祿恥之志也 初非高蹈遐擧之人 今此老
> 秩之加 不懸金玉圈 則豈非大愚者乎 必欲一番出肅矣 僉知時 被兵判之有小札於從
> 弟 有所云故不出 抵書從弟曰 官爵非政官用手之物 欲遞則遞 欲不遞則不遞 寧有
> 勒令自處之道乎 吾欲不遞 兵判見此書卽差五衛將 則有同自求而得者故不出 前頭

---

37) 오위장(五衛將): 조선 시대, 오위도총부에 딸려 오위의 군사를 거느리던 장수로, 종2품의 무관직.

雖又有同知之除 以四年不撿擬之餘 似有苦待幸得之嫌 又將不出 三官之不得一肅
謝亦命也

29 나는 어렸을 때 말을 하거나 일을 하면 부형들께 한 번도 잘못했다는 말을 듣지 않았으며 또 세상 사람들로부터도 신뢰를 얻었다. 요즘에는 아이들이 매번 "어르신께서 미처 올바르게 생각하지 못하신다."라고 하니 괴이하다. 늙은 첩이 말하기를 "제가 평생토록 보아 온 공의 모습은 오는 것은 받지만 오지 않는 것은 구하지 않는 것이었습니다. 강경으로 이사할 때 여러 읍에서 도와주려고 보내온 물품들을 다 거절하고 물리친 것을 직접 보기도 하였습니다. 오직 그런 점 때문에 다른 사람들이 공에 대해 지나치게 깨끗하다고 했던 것인데 지금은 집안의 소소한 일로 인하여 때때로 남에게 먼저 요구하니 앞뒤의 행위가 다르십니다."라고 하였다. 스스로 돌아보니 나도 모르게 부끄러움에 가슴이 무너진다. 아, 늙도록 지조를 지키는 것이 어렵구나.

余曰少時發言行事 一不見非於父兄 又爲世人人之所信服 今則兒輩亦每有夫子未
出正之意 可怪 老妾曰 一生見公之來則受之 不來則不相求 江景搬移時 目見歷路諸
邑之助 皆謝却之 惟其然故人稱其太淸介 今則爲家小情私 時時先干於人 前後事果
不同矣 自返 不覺愧伏不已 嗚乎 保晩節難矣

30 내가 벽에다가 "'부모는 옳지 않음이 없다.'라고 여기는 것이 효도의 시작이고, '어른께서도 반드시 옳은 것은 아니다.'라고 여기는 것이 문란해지는 근본이다. 벌이나 개미처럼 부지런하지 않은 자는 이 문을 들어오지 말고, 짐승만도 못한 자는 이 문을 들어오지 말라."라는 글을 써 두었더니 아이들이 말하기를 "이런 말씀은 지우는 것이 좋겠습니다."라고 하니 우습다. 만약 이런 말이 써 붙일 수 없는 것이라면 옛사람이 어찌하여 이런 말을 했겠는가. 공자와 주자, 안연과 증자에게 이 글을 보게 한다면 애초에 눈에 거슬리는 점이 없을 터인데, 저 무리들은 반드시 자신을 돌아보면 내실이 부족한 자들이기 때문에 보기 싫은가 보다. "아비는 자식을 위해 감추어 주고 자식은 아비를 위해 감추어 준다."38)라는 말을 생

각하면 아이들의 말이 옳다. 가까운 사람을 위해서 감추어 주면 정직함이 그 속에 들어있지만 나는 성품이 남과 다른 데다 노망까지 있기에 매번 쉽게 입 밖으로 말을 내고 그럴 때마다 늘 많이 후회하니 탄식만 할 뿐이다. 어찌 마음속에 새겨 두고서 노력을 하지 않을 수 있겠는가.

> 吾以無不是底父母 孝之始 夫子未出於正 亂之本 不若蜂蟻者 不入此門 不若鳥獸者 不入此門 書于壁 兒輩曰 如此之言 可去之 可笑 若是不可書之言 則古人何已言之乎 使孔朱顔曾見之 初無碍眼之事 必渠輩則自省而內不足 故惡見之矣 至於父爲子隱子爲父隱 爾言然矣 爲親者諱直在其中 而吾則性稟不同 又兼老妄 每每容易脫口 每多悔恨 可歎 敢不留心而用工乎

31 곽박(郭璞)39)이 말한 삼패일(三敗日)40)에 내가 외출하려고 하자 사람들이 제지하였다. 나는 "사람마다 각기 사주가 다르니 나의 외출에 무슨 해가 있겠는가."라고 말하고는 밖에 나갔다가 말이 넘어지는 바람에 떨어져서 다치고 말았다. 그러자 사람들이 나를 나무랐고, 나도 그런가 하고 의심을 하면서 "곽박의 책에서 이미 '삼패일'이라는 이름을 붙이면서까지 분명하게 말을 했는데도 굳이 무시해서 다쳤나 보다."라고 생각하였다. 우습구나, 사람의 마음이 안정되고 안 되고에 달려 있을 뿐이니, 마음이 안정되면 금기가 있는 달을 범하더라도 재앙이 없을 것이다. 옛날에 어떤 사람이 일을 할 때 태세방(太歲方)41)을 범했는데도 재앙이 없었으며, 꿩이 방으로 들어오고 개가 지붕에 올라갔는데도42) 재앙이 없었으니

---

38) 아비는~준다: 『논어』에 "공자께서 말씀하시기를 '우리들의 정직함은 이와 다르다. 아비는 자식의 허물을 감추어 주고 자식은 아비의 허물을 감추어 주어야 하니 정직함은 그 안에 있는 법이다.'라고 하셨대[孔子曰 吾黨之直者 異於是 父爲子隱 子爲父隱 直在其中矣]."라고 한 구절이 있음.
39) 곽박(郭璞): 중국 동진(東晉)의 학자로, 음양오행설과 풍수지리설 및 신선양생술에 능하였음.
40) 삼패일(三敗日): 조선 시대 민속에, 정월 5일과 14일, 23일을 삼패일이라 하여 집 밖으로 나가거나 무슨 일을 하는 것이 상서롭지 않다고 여겼음.
41) 태세방(太歲方): 그해의 간지가 들어있는 날 또는 그 간지의 방향으로, 음양가(陰陽家)에서 흉한 것으로 여겼다. 예를 들어 신축년이라면 신축일에 무슨 일을 하거나 멀리 외출하면 좋지 않은 일이 일어날 것이라고 여기기도 하였고, 신(辛) 방향인 서쪽이나 축(丑) 방향인 동북쪽으로 외출하거나 그쪽을 향하여 어떤 행위를 하는 것을 좋지 않게 여기기도 하였고, 그쪽을 향해 좋은 일을 하면 복을 받고 나쁜 일을 하면 재앙을 당한다고 여기기도 하였음.
42) 개가 지붕에 올라갔는데도: 개가 지붕에 올라간 꿈은 액운이 오거나 중환자가 생기거나 초상이

마음속에 성실함과 공경함을 간직하고 있으면 비록 험난한 염예(灧澦)[43]를 건너더라도 두렵지 않을 것이다. 나 역시 깊은 숲에 들어가면 범이 피하고 조용한 방에 앉아 있으면 귀신이 도망간다. 이전에 늘 삼패일을 범했는데도 잘못된 일이 한 번도 없었으며, 이번의 출행에서는 우연히 액을 당한 것인데 남들이 이러쿵저러쿵 말을 하니 나도 마음이 약간 흔들렸다.

> 郭璞之三敗日 我有出行 人止之 我曰 生年月日時不同 何害於我行 行而馬蹶落傷 人悔之 我亦然疑日 旣有指名之言而故犯之 故然耶 笑哉 有人心之定不定耳 心定則雖犯禁月 亦無咎 古有人役 犯大歲方而無灾 雊入室升屋而無灾 心存誠敬則灧澦不懼 我亦入深林而虎避 坐幽室而鬼走 前去每犯三敗日而無一撓 今行偶爾之厄 人有云云 我亦少動

32 병자년(1756) 7월 18일 밤의 꿈이다. 문경 관아 앞을 지나는데 어린 동자 하나가 나와 서서 말하기를 "가마를 멈추고 잠시만 기다리십시오."라고 하였다. 내가 말하기를 "내가 어찌 기다릴 사람이더냐."라고 하였다. 그리고 시 한 수를 읊조리기를 "달빛은 저 언덕 높은 데서 환한데 이곳까지 밝은 빛을 나누어 영롱하게 만드네. 사또의 위엄은 큰 누각보다도 높아 앞을 지나는 늙은이를 멈추게 하네."라고 하였다. 이 꿈은 평소의 생각 때문에 꾼 것이 아니니 무슨 징조인가.

꿈을 꾼 뒤에 다시 또 꿈을 꾸었다. 불어나는 물결을 이용하여 양화(楊花) 나루에서 큰 배를 띄우고 90리를 왕복하여 도합 180리를 배를 타고 놀았는데 매우 상쾌하였다. 그때 마침 이종사촌 형의 아들이 강화(江華) 경력(經歷)[44]으로 재직하고 있었고, 누이의 아들이 김포 군수로 재직하고 있었기 때문에 늙은이의 풍정에 끌려 흔쾌하게 한번 놀고 싶었으나 그러지 못한 채 아쉬움만 남기고 말았다. 이 꿈은 평소의 생각으로 꾼 것이다.

> 丙子七月十八夜夢 過去聞慶官前 一小童出立曰 駐輿少俟 我曰我豈少俟者 仍吟一詩曰 月光皎於彼岸高 處分此坐而玲瓏 官威烈於大閣高 前亦老客之遲徊 卽非因

날, 몹시 불길한 징조로 해몽함.
43) 염예(灧澦): 양자강 중류에 있는, 물살이 매우 험한 지역.
44) 경력(經歷): 각 부(府)에 두었던 종4품 벼슬. 도사(都事)와 함께 부급(府級)의 관아에서 실무를 담당하였음.

想是何兆也 夢餘又夢 自楊花渡乘漲潮而泛大舟 往還九十里爲一百八十里 甚爽快 方外兄之子爲江華經歷 妹之子爲金浦郡守 老妄風情 欲一沛然遊而不肯率去 故齎恨而止 此夢則因想也

33 병자년(1756) 5월 17일에 도성(道性)의 병이 위급했다. 기혈이 역류하고 맥박이 끊어졌으며, 몸은 차가워져 푸르고 노랗게 변했다. 신응(信應)이 손으로 급하게 주무르는데 아비인 도성이 신응의 손을 깨물어 손에 이빨 자국이 생기자 신응이 황급히 밖으로 나갔다. 희응(禧應)이 창밖에 뼈를 찧는 듯한 소리가 들려서 나가 보았더니 신응이 뾰족한 쇠를 가지고 왼손 두 번째 손가락을 여섯 차례나 찌르고 있었다. 손가락 끝에 앵두만 한 핏방울이 배어 나오자 땅에 떨어질까 걱정하여 오른손으로 받쳐 들고 가서 아비의 입에 대 주니 그제야 핏방울이 아비의 목구멍으로 떨어져 들어갔다. 잠시 후에 아비가 갑자기 소리를 내며 말하기를 "내 입이 왜 이리 짜냐?"라고 하자 대답하기를 "젖 때문입니다."라고 하였다. 그러자 전에 먹었던 복분자 세 개를 토했는데 피는 나오지 않았다. 이윽고 크게 땀을 흘리고는 회생하였다. 집안사람들이 바라보자 신응이 이빨 자국이 있는 손가락을 쳐들어 보여 주었기 때문에 다른 사람들은 그 손가락을 찔렀다는 것을 아무도 몰랐으며, 그 아비도 병이 다 나은 후에야 이 일을 듣고 눈물을 흘렸다. 나는 손자의 초상에 가서 염이 끝난 뒤에 돌아와 희응에게 듣고서 자세히 알게 되었다. 다 죽었다가 살아는 것이 다행일 뿐 아니라 손가락에 맺힌 핏방울이 때맞추어 떨어진 것도 기이한 일이었다.

나는 선조부 의정공(議政公)께서 단지(斷指)를 하셨지만 관아에 알려 정려(旌閭)를 받는 일을 시도하지 않았던 이번의 일이 별로 다르지 않다고 생각한다. 이 아이의 효심이 손상될까 걱정도 되고, 또 위력을 동원하여 관아로 하여금 억지로 표창하게 하였다는 혐의도 생길 것이고, 또 이 한 가지 일만으로 효자라고 하는 데에 마음이 내키지 않는 관리가 있으면 어쩌나 하는 염려도 있다. 그러니 전인(旃人)[45]이 권하는 것을 내버려 두는 것도 괴로운 일이라 면임(面任)[46]으로 하여금 관아에 보고하지 않게 하였다.

---

45) 전인(旃人): 착한 사람의 덕을 널리 알리는 사람.
46) 면임(面任): 조선 시대 향촌 사회에서 지방 자치와 행정업무를 담당했던 직책으로, 풍헌·약정(約正)·존위(尊位)·권농·집강(執綱)·도유사(都有司) 등으로 불렸음.

이 아이의 이런 일은 한순간에 갑자기 마음이 생겨나서 그런 것은 아니다. 신응이 항상 말하기를 "손가락을 끊는 것은 지극한 효가 아닙니다. 나중에 한 몸의 혈기를 자손에게 다 나누어 주어 피가 고갈되었을 때 나누어 주었던 다른 피를 가져다 채우면 저절로 소생할 것입니다. 부모뿐 아니라 조손(祖孫)이나 형제가 다 그럴 것이니 비유하자면 여기에 있는 그릇이 비었을 때 다른 그릇에 있는 똑같은 곡식을 옮겨다 채우면 비었던 그릇이 이전처럼 가득 채워지는 것과 같습니다. 의술의 이치를 이해하는 것도 이와 같습니다. 다른 사람들은 이런 이치를 모른 채 손가락을 끊었다는 말을 들으면 모두가 '지극한 효'라고 말하며, 손가락을 끊는 사람도 이런 이치를 모른 채 손가락을 끊을 뿐입니다."라고 하였다. 그의 소견이 이와 같기 때문에 위급한 상황에 임해서 손가락 하나를 아까워하지 않았던 것이다. 이 일을 관아에는 알리지 않았지만 그래도 다른 사람들까지 모르게 할 수가 없어서 「산록(散錄)」에 적는다.

○ 고을 사람 누군가가 이 일을 가지고 면임과 이야기를 하였는데 다른 사람이 "이는 근거 없는 낭설이다."라고 했다는 말을 나중에 들었다. 내가 관아에 알리지 않게 한 것은 참으로 지혜로운 일이었다.

丙子五月十七日 道性之病危急 氣逆而脈絶 身冷而靑黃 信應以手緊按之 父咬其手 手有齒痕 信應忙急出去 禧應聞窓外有礫骨聲 出視之 信應以鉄鑿亂刺左手第二指六次 血如櫻大者凝垂指端 恐墜於地 以右手捧之臨父口 而始墜流入喉中 少頃而父忽作聲曰 口何醎乎 對曰 乳汁也 乃吐出所喫覆盆子三枚 血則不吐 仍發大汗而回甦 家中人視之 則擧示其齒痕 故人皆不知其斫指 其父病快 後聞此事亦涕泣 余過孫喪斂後歸來 聞禧應言而詳知之 不但旣死甦活之爲幸 指血之待時而墜 奇乎異哉 我意以爲吾род議政公斷指而無聞官旌閭事 今不必異同 又恐傷此兒之本心 又有威力勒使之嫌 又念以一事稱孝 而若無動心之官 則可苦舍旀人之所勸而不使面任報官矣 此兒此事 非一時激發之心 信應常常曰 斷指非至孝 而後爲之一身血氣分歸於子孫 此血枯渴 則以所分之他血 移充之 自然蘇活 不但父母也 祖孫兄弟皆然 譬如此器之空 以他器同色之穀 移納之 則空器之充滿如前 解醫理者皆知此矣 餘人不知此而聞斷指必曰至孝 斷指者亦不知此而爲之耳 是渠之所見如此 故臨急而不惜一指如此耳 此事雖不聞官 亦不可諱人 故書之于散錄中 ○ 後聞鄕人有以此事與面任語 有一人曰 此無根之說 吾之不使聞官誠智矣

34 사람들이 나에 대해 이러쿵저러쿵 얘기하는 말이 있을 때마다 아

이들이 와서 고해 바치는 것은 나로 하여금 그런 것을 알고서 대응하기를 바라서이지만 나는 반드시 듣지 못한 것처럼 처신한다. 사람들이 나에 대해 얘기하는 말들이 옳다면 그 사람들이 틀린 게 아니며, 실정에 맞지 않는다면 그 사람들이 스스로 망령된 것이라고 생각해서 그런 것이다. 내가 만약 듣지 않은 것처럼 한다면 다른 사람들에게 유감이 없을 것이고, 다른 사람들에게 유감이 없다면 모든 게 무사할 것이다. 평생의 공부를 어찌 늙어서 소홀히 할 수 있겠는가.

> 人有議我之言 兒輩續續來告者 欲我之知此而應人也 吾則必不聞者 以爲人之議我當然 則人自不非 若是情外 則人自妄矣 吾若不聞 則無憾於人 無憾於人 則都無事 一生工夫 何可到老而放過乎

35 내 나이 80세 이후에는 말이나 하는 일들이 젊을 때와 많이 달라져서 기쁨과 분노가 쉽게 드러나게 되었는데, 이는 사람들이 내가 늙었다고 속이고 업신여긴다고 의심해서 그런 것이다. 아이들은 평소와 달라진 나의 모습을 보고 괴이하게 여기지 말고, 기뻐하는 마음과 걱정하는 마음을 가지고, 내가 노인이라서 그렇다고 생각하거나 내가 노망나서 그런다고 이해하여 한결같이 순종하고 거스르지 않으면 좋겠다.

> 吾於八十以後 言語事爲 多與少年時不同 而喜怒尤易發 盖疑人之欺我老而慢侮也 兒輩其見我異常時 必勿怪 而存喜懼之心 以老人待我 以老妄恕我 一以順適 無忤爲事 可也

36 종질(從姪) 순성(順性)이 감영에 있을 때 재종제(再從弟)의 굶주림을 구휼해 주고 장례를 치를 수 있도록 해 준 것이 두세 번이나 되니 이는 지극히 어려운 일이다. 임기를 마치고 돌아와서는 낭저촌의 굶주린 사람들에게 쌀 한 되씩을 나누어 주었으며, 내 시중을 드는 노비에게는 더 주고 내 손자의 초상을 치르는 데에도 도움을 준 것이 적지 않았다. 그런데 여러 친족 가운데 가장 불쌍한 사람들에게 쌀 여러 되를 나누어 주었으면서도 일흔 살이 된 늙은 형수에게는 조금도 나누어 주지 않은 것은 아쉬운 일이다. 종갓집에 쌀 스무 말을 보내고, 그다음 집에 열다섯 말을

보냈다면 90세가 된 늙은 종숙(從叔)에게 열 말 정도 보내는 것이 마땅한 일인데도 보내지 않은 것은 아쉬운 일이다. 그러나 널리 베풀어 주려는 그의 착한 마음은 매우 보기 드문 귀한 것이니 일을 처리하는 데에 있어서 약간의 잘잘못이 있는 것은 또 무어라고 말할 것이 없다.

  阿從姪順性在營幕時 恤飢瘗葬於再從弟之再三 已極難事 而臨歲歸來 分給一升米於廊底村中屢飢之人 而加給我之使喚婢 助我孫几筵之奠不少 而分給諸族之最可憐者數升米 而不給七十老嫂爲欠事 送米卄斗於宗家十五斗於次家 則宜送十斗於九十老從叔而不送爲欠事 然其普施善心極可貴 處事之少得失 又何言也

37

신유한(申維翰)47)이 내 문장에 대해서 논하기를 "참으로 좋은 재주를 지녔지만 단지 자신만의 글일 뿐이다."라고 하였고, 홍백형(洪伯亨)은 말하기를 "글재주는 있지만 전범으로 삼은 글이 없다."고 하였고, 정순년(鄭舜年)은 말하기를 "옛사람의 글을 따라 하지 않고 자신만의 글을 지어 더욱 뛰어나고 더욱 기이하니 이는 천상(天上)의 글이다."라고 하였다. 시에 대해서는 이일원(李一源)48)이 말하기를 "이 시는 쉽게 보지 말아야 한다."라고 하였고, 이사복(李士復)이 말하기를 "세속적인 표현도 있고 우아한 표현도 있으며, 기이한 부분도 있고 호방한 부분도 있으나 시에 대한 공부는 없다."라고 하였으며, 권만(權萬)49)이 말하기를 "시 전체가 어떤지를 보지 못했지만 때때로 다른 사람들이 읊조리는 것들을 들어보니 내가 미치지 못하는 부분이 많다."라고 하였고, 외삼촌 도산공께서 말씀하시기를 "시는 내가 그대보다 못하지만 문장은 그대가 나보다 못하네."라고 하였다. 이런 말들이 얼마나 정확하게 평한 것인지 모르겠으나 나 또한 지나치게 재주를 믿고서 공부에 전념하지 않았던 것을 스스로 후회한다. 늙어서야 후회할 줄 알게 되었으니 어찌한단 말인가.

  申維翰論我文曰 儘好手而只是自家文 洪伯亨曰 有文才而無原文 鄭舜年曰 不襲古人 自出機杼 愈出愈奇 是天上之文 詩則李一源曰 是詩也勿易視也 李士復曰 或

---

47) 신유한(申維翰;1681~1752): 조선 후기 문신이자 문장가로, 자는 주백(周伯), 호는 청천(靑泉).
48) 이일원(李一源): 조선 후기 문신이자 시인인 이병연(李秉淵;1671~1751)으로, 자는 일원(一源). 호는 사천(槎川)·백악하(白嶽下).
49) 권만(權萬;1688~?): 조선 후기 문신.

有俗處 或有雅處 或有奇處 或有豪處 是無詩學 權萬日 不見全篇如何 而時聞人之 傳誦者 吾之不及處多矣 舅氏陶山公日 詩則我不如 文則君不如 未知多少言之得失 如何 而吾亦自悔太恃才而不專工矣 老而知悔亦奈何

38

손자를 땅에 묻고 돌아와서는 어디에도 마음 둘 곳이 없었다. 산 속의 중들과 소일이나 하려고 김룡사(金龍寺)50)와 용문사(龍門寺)51)에 가서 겨울 석 달을 보냈는데 양식과 반찬은 이웃 읍에서 보내왔기 때문에 잘 지낼 수 있었다. 내가 집에 있었다면 굶주렸을 것이니 이는 빌어먹는 사람의 형세와 같다. 그런데도 창밖의 초라한 거지 아이를 업신여기며 개돼지처럼 꾸짖은 것은 왜 그랬던 것일까. 90이 가까운 나이에 나와 같은 신세인 사람은 분명 고금에 한 사람도 없을 것이다. 아우나 조카 중에 읍을 다스리는 자들은 매번 "매우 노쇠한 분을 어떻게 모시고 갈 수 있겠는가."라고 하면서 손을 내젓지만, 기운차게 인근의 산사에 떠돌아다니니 매우 노쇠한 사람이라고 할 수는 없을 것이다. 크게 웃을 만한 일이다.

○ 집 안에 있으면서 부귀를 편안히 누리는 사람이나 정신이나 기운이 스스로 지탱하기 어려운 사람에 대해서 "모시고 갈 수 없다."라고 하는 것은 참으로 맞는 말이다. 그러나 나처럼 곤궁하고 건강한 사람에게 "노쇠해서 모시고 가지 못한다."라고 하는 것은 말이 안 된다.

○ 근력이 건강하다면 어디엔들 못 가겠는가. 외조부께서는 90세나 된 조모를 평안도 감영에 모시고 갔는데, 돌아오신 뒤에도 몇 년을 더 사시다가 세상을 떠났다. 아우와 조카들이 나를 대하는 게 매우 의심스럽다.

埋孫而歸 無以爲心 欲與山僧輩消日 過三冬於金龍龍門之寺 粮饌自隣邑而來 得以好過 在家則飢矣 此是有形勢之乞客 而必慢視牕外寒乞兒 叱呵同於狗豕 何也 九十之年 如此身名 必古今無一人 弟姪之爲邑者 每以篤老之人何可奉去爲言而揮手 落落其遠近山寺之漂泊 則非篤老乎 極可笑也 ○ 在家而安享富貴者 神氣難支者 不爲奉去 誠然誠然 如此哀窮之人健實之人 謂之老而不奉去 其可成說乎 ○ 筋力健則何處不去 外王考奉去九十祖母於西營 歸後過許多歲而去世 弟姪之事我甚疑焉

---

50) 김룡사(金龍寺): 경상북도 문경시 산북면 김룡리에 있는 절로, 588년에 세워졌음.
51) 용문사(龍門寺): 경상북도 예천군 용문면 내지리에 있는 절로, 870년에 세워졌음.

39　어린 손자에게 편지를 쓰게 하고는 모처로 보내게 되었다. 도중에 점심도 먹고 잠도 자야 해서 그 거리를 쓰게 했더니 "점심을 먹고 싶으면 거기서 점심을 먹고, 자고 싶으면 거기서 자겠습니다."라고 하였다. 이 경우는 문장이 짧아서 그런지 자연히 문법에 맞았다. 이로 보건대 문법이란 것이 반드시 훌륭한 글 솜씨를 지닌 사람이 만든 것이 아니라 자연스럽게 그렇게 된 것임을 알겠다.

>　使一小孫書送某處　道路中火宿所　則書送里數而日　吾欲中火中火吾欲宿所宿所
此是文短之故而自然合於文法 是知文法不必出於文章手也 天然則然

40　모든 일에 있어서 부형의 명이 있으면 자제들은 묵묵히 받들어 행하는 것이 예(禮)이고 의(義)인데 요즘 세상에는 자제들의 견해가 부형과 다르면 반드시 시끄럽게 싸워서 반드시 이긴 뒤에야 그만두며, 다른 사람들도 이런 일을 괴이하게 여기지 않는다. 온 세상이 모두 이러하니 어찌할까.

>　凡事 父兄有命令 子弟奉行而已 禮也義也 今世則子弟有見 而與父兄不同 必爭詰而必勝乃已 人亦不以爲怪 滔滔皆是 奈何

41　동조(東朝)52)께서 승하하셨을 때, 문경 태수가 조정 관리의 편지와 저리(邸吏)53)의 글을 보고는 즉시 거애(擧哀)54)를 행하고 고을에 그 소식을 전하였다. 내가 바로 들어가려고 하자 대부분의 향인들이 말하기를 "관문(關文)55)을 기다리지 않고 곡을 하는 것은 너무 앞선 것입니다."

---

52) 동조(東朝): 태후 또는 대비를 일컫는 말로, 중국 한나라 때 황태후가 거처하던 장락궁(長樂宮)이 황제의 거처인 미앙궁(未央宮)의 동쪽에 있었던 데에서 연유함. 여기서는 조경창의 외손녀인 숙종의 세 번째 비 인원왕후(1687~1757)를 가리킴. 인원왕후 김 씨의 아버지는 경은부원군 김주신(金柱臣;1661~1721)이며, 어머니는 조경창의 딸인데, 인원왕후의 어머니는 옥소의 둘째 부인인 조 씨와 자매간임.
53) 저리(邸吏): 지방 관아의 관리로서 도성에 파견되어 상호 간의 업무 연락을 맡아보던 관리.
54) 거애(擧哀): 머리를 풀고 곡을 하여 초상을 알리는 것을 말함.
55) 관문(關文): 조선 시대 상관이나 상급관청이 하관이나 하급관청에 내려보내는 공문서.

라고 하였다. 그래서 내가 말하기를 "옛날 경자년(庚子年)56)에 내 백부 선생께서 누암(樓岩)57)에 계실 때 내 숙부의 편지를 보고서 말씀하시를 '조정 중신의 편지는 정확한 소식과 같다.'고 하시며 장암(丈岩) 정공(鄭公)58)과 함께 뒷산에 올라가서 먼저 곡을 하신 다음 관문이 오기를 기다렸다가 관아에 들어가셨네. 정확한 소식을 얻게 되면 곡을 하는 것은 잘못된 일이 아니며, 또 관아에 가서 곡을 하는 것은 누암에서 곡을 하신 것과 그 경우가 다르네.59) 그리고 곡을 한 날부터 날짜를 계산하여 상복을 입는 것은 마땅히 문경 태수와 논의하여 확정하겠네."라고 하였다.

○ 태수가 제복(祭服)을 입고 자리에 나아가 곡을 한 다음 사배를 하기에 나도 따라서 그렇게 했다. 그리고 곧바로 후회하면서 말하기를 "먼저 자리에 나아가 곡을 하되 사배는 하지 않았다가 제복을 입은 뒤에 곡을 하고 나서 사배를 해야 맞습니다. 우리는 순서를 어겼습니다."라고 하였다. 태수는 일깨워 주지 않았다고 나를 탓하고, 나는 태수가 너무 빨리 제복을 입었다고 탓하면서 한바탕 시비를 따졌다.

○ 태수가 나를 고을 수령의 반열에 있는 사람으로 여겨서 관아의 안뜰로 들어오게 하였으나 나는 아직 제복을 갖추어 입지 않았다는 것을 핑계로 사양하고는 날마다 관아의 바깥 뜰에서 곡을 하였다. 성복60)하는 날에 제복을 입고 나서 관아의 내정에 들어갔다. 내 말과 행위가 과연 맞는지 틀리는지 모르겠다.

聞慶太守於東朝昇遐時 見朝紙 見邸吏書 卽擧哀 又傳令於村里 我卽入去 鄕人多日 不待關文而擧哀經先 我日 昔年庚子我伯父先生在樓岩 見我叔父書日 重臣書爲的報 與丈岩鄭公上後麓而擧哀 待關文而入官 旣得的報則擧哀不非 擧哀於官家則與樓岩擧哀有異 以擧哀日 計日成服 宜矣與太守以此議定 ○ 太守着祭服 就位而哭四拜 我亦從而爲之 後悔日 先就位 哭而不拜 着祭服哭而四拜爲宜 吾輩失次矣

---

56) 경자년(庚子年): 1720년으로, 숙종이 승하한 해임.
57) 누암(樓岩): 현재 충청북도 충주시 가금면 누암리 일대.
58) 장암(丈岩) 정공(鄭公): 조선 후기 문신인 정호(鄭澔;1648~1736)로, 자는 중순(仲淳), 호는 장암(丈巖)이며, 정철(鄭澈)의 현손.
59) 관아에~다르네: 국상에 대한 공문서가 도착한 뒤에는 공공의 장소인 관아에 가서 곡하는 것이 맞지만 공문서가 도착하기 전에 따로 소식을 들은 경우에는 사적인 자리에서 곡을 하는 것이 맞다는 의미임.
60) 성복(成服): 상을 당한 뒤 초종(初終)·습(襲)·소렴(小斂)·대렴(大斂) 등을 마친 뒤 상복으로 갈아입는 일.

太守以不提醒咎我 我咎太守之經着祭服 作一場是非可呵 ○ 太守以我爲宰列人而
使入內庭 我辭謝以未具帽帶 逐日哭於外庭 成服日着祭服 然後入內庭 未知吾言吾
事 果如何得失

42 집의(執義) 송능상[61]이 이장하기 위해 제천에 왔다. 손자들이 "가서 조문하는 것이 마땅하지 않을까요?"라고 묻기에 내가 말하기를 "그 사람이 이미 우리 집 문 앞을 여러 번 지나면서도 살아 계신 고모를 찾아뵙지 않았는데 지금 굳이 죽은 외삼촌을 이장하는 곳에 갈 필요가 있겠는가. 그런데 형제끼리는 화목해야 하고, 자기와 똑같은 마음 갖기를 바라는 마음이 없어야 하니[62], 형제와 족속 간에 차이를 둔다면 지나치게 속이 좁은 것이 아니겠는가. 이는 외척들을 화목하게 대하는 도리가 아닐뿐더러 '다른 사람에게 부족한 점이 있으면 온정으로 그를 용서하는 도리'도 아니니 가서 보는 것도 괜찮고 가지 않는 것도 괜찮다. 그런데 나는 죽은 이와 오랜 교분이 있기 때문에 가서 곡을 해야겠다."라고 하였다.

○ 초상 때에 조문하지 않은 사람에 대해서 다른 사람들은 왕래를 끊는데 나는 왕래를 끊지 않고 단지 그 사람에게 조문할 마음이 있었는지 없었는지를 본다. 만약 머뭇거리다가 날짜가 지나서 조문하지 못했다면 용서할 만하다.

宋執義能相將過遷葬於堤川地 孫輩問會葬當否 我曰 彼旣屢過門而不入見生姑母
則此何必觀葬於死表叔乎 式好無猶 兄弟族屬似不同矣 但太似隘乎 此非和外之道
又非情恕於人所不及之道也 往見可 不往亦可 吾則與亡人有舊 欲往哭矣 ○ 死喪
不相問者 人皆絶之 吾則不絶矣 只視彼之有心無心 若因循遷就而不及問 則可以容
恕矣

43 죽을죄에서 구해 내어 유배를 보내는 것, 예를 들어 요즘의 위리

---

61) 송능상(宋能相;1709~1758): 조선 후기 문신이자 학자로, 자는 사룡(士龍), 호는 운평(雲坪)·동해자(東海子).
62) 형제끼리~하니: 원문의 '식호무유(式好無猶)'는 형제끼리 서로 우애롭고 화목해야 하며, 똑같아지기를 바라는 마음이 없어야 한다는 말로, 『시경』에 있는 "형과 아우는 서로 화목하고 자기와 똑같은 마음 갖기를 바라는 마음이 없네[兄及弟矣 式相好矣 無相猶矣]."라고 한 구절이 있음.

안치는 죽이는 것이 아니다. 우임금이 아비의 임무를 대신하는 것63)을 꺼리지 않은 것은 천하를 공적인 것으로 바라보는 마음이 있었기 때문이다. 염제가 판천64)에서 싸운 것은 염제 시대가 쇠미해졌기 때문에 그런 것이지 신농씨65) 때문에 그런 것은 아니다. 이전에 했던 말들이 잘못되었음을 깨닫고 지금 다시 적는다.

> 拯死罪而謫 如今之圍籬安置 非殺也 禹之不嫌代父之任 公天下之心也 炎帝阪泉之戰 是炎帝之衰末 非是神農氏也 今覺其前言之失 復書之

44 예전에 이태해(李泰海)66)가 북쪽으로 사행을 떠나시는 내 외삼촌을 전송하는 시에 "조종문(朝宗門)67) 밖에 나와 떠나시는 공을 전송하니 변방의 슬픈 바람이 수레 위에서 생기네."라고 하기에, 내가 "왜 '변방에서 불어오는 바람'이라고 하지 않았는가?"라고 하자 이태해가 일어나 절하였다. 지금 내가 지은 시에 "한가한 날 청려장 짚고서 세속 밖을 거니니 때맞춘 흰쌀밥에 아침저녁 여유롭네."라고 하자, 손자 신응이 말하기를 "'새해'라는 말은 '때맞춘'과 비교해서 어떤가요?"라고 하였다. 기이하도다, '불어오는 바람'의 경우와 무엇이 다르랴.

> 昔年李泰海送我舅北行詩曰 朝宗門出送公去 塞外悲風車上生 我曰 何不曰塞外來風 泰海起而拜 今我之詩曰 暇日青藜烟月外 隨時白飯晡朝餘 小孫信應曰 新年與隨時何如 奇哉 與來風何異

---

63) 아비의~것: 순임금 시절에 홍수가 심해지자 우임금의 아버지인 곤(鯀)에게 치수 사업을 맡겼는데 곤이 제대로 수행하지 못해서 그를 죽이고 그 아들인 우에게 그 임무를 맡겼다. 우가 치수 사업을 성공적으로 수행하여 이후에 순임금으로부터 왕위를 이어받았음.
64) 판천(阪泉): 중국의 황제 헌원씨(軒轅氏)가 염제(炎帝)와 싸워 천하의 패권을 차지한 곳.
65) 신농씨(神農氏): 중국 삼황의 하나. 중국 한족의 시조라고 일컬어지는 헌원씨(軒轅氏)가 신농씨의 마지막 임금인 유망(楡罔)을 공격하여 이기고 황제가 되었음. 이 문장에서의 염제는 유망을 가리키는 듯함.
66) 이태해(李泰海): 이태(李泰)라고도 함.
67) 조종문(朝宗門): 임진왜란 때 구원병을 보내준 명나라의 은혜에 크게 보답한다는 의미로 명나라 신종황제를 제사 지내기 위해 창덕궁 후원에 세운 대보단(大報壇)의 동쪽 문.

45 나라에서 다리[髢]를 하지 않도록 법으로 금한 것은 폐단을 없앴을 뿐 아니라 오랑캐 풍습에서 벗어나게 되었다는 점에서 진실로 기쁜 일이다. 도중(道中)과 도성(道性)의 집에서는 모두가 비녀를 꽂았고 나는 가장으로서 이것을 규범으로 삼았다. 덕성(德性)의 집에서는 자기 머리카락으로 머리를 휘감았는데 이는 의론을 제대로 이해하지 못했기 때문이다. 조정에서 이미 명령을 내렸다면 비록 죽는 일이라도 받들어 행해야 할 참에 이런 일을 어찌 어길 것인가. 나는 다른 유생들과는 다른데 남들이 말하기를 "모인(某人;권섭)이 조정의 명령을 받들어 행하지 않는다."라고 한다면 지금 같은 경우에 어떻게 그 책망을 피할 수 있겠는가.

> 邦禁之去髢 不但除弊 實喜免胡風也 道中家道性家皆作後笄 我以家長爲此規 德性家以本髮繞頭 此未及通知議之故也 朝家旣有命令 則雖死事亦當奉行 如此事 何可違也 我與儒生有異 人若曰 某人不奉朝 今則何以辭其責也

46 예전에 무주 서촌에 들어갔을 때 안음68) 군수인 외삼촌께서 환수정(喚睡亭)에 나와 앉아 횃불을 보내어 나를 맞이해주시기에 밥 지을 쌀을 솥에 앉히려고 하다가 거두어 떠났다.69) 도착하니 자리에 가득한 기생들은 여름날 분주하게 돌아다니느라 얼굴은 시커멓고 의복은 남루한 내 모습을 보고 거만하게 바라보기만 할 뿐 뜰 아래로 내려오지 않았다. 외삼촌이 말씀하시기를 "무슨 일로 여기까지 왔는가?"라고 하시기에 내가 답하기를 "외삼촌께서 여기 와 계시다는 말을 듣고서 문안 인사를 여쭙기도 하고 밥을 얻어먹기도 하려고 왔습니다."라고 하였다. 이윽고 아전들이 음식을 성대하게 차려 내왔는데 외삼촌은 몇 숟가락 뜨다 그만두었지만 나는 배가 매우 고팠기 때문에 많이 먹었다. 기생들 가운데 버릇없는 말을 하는 자가 있었는데 섬월이라는 기생이 더욱 심했다. 나는 한 번도 얼굴을 들어 그 기생들을 쳐다보지 않았는데 그들은 모두 다 "시골 사람이 기생들 무리 속에 둘러싸여 있는 것이 익숙하지 않아서 부끄럽기 때문에 감히 쳐다보지 못하는구나."라고 생각하는 듯했다. 밤이 되자 외삼촌께

---

68) 안음(安陰): 현재 경상남도 함양군 안의면(安義面)의 옛 이름.
69) 밥~떠났다: 매우 급하게 떠나는 모양을 일컫는 말로, 『맹자』에 "공자는 제나라를 떠날 때 씻은 쌀을 솥에 안치기도 전에 거두어 떠났다[孔子之去齊 接淅而行]."라는 구절이 있음.

자리 하나를 빌려 누웠다가 나와서 허리띠를 단단히 맸더니 섬월이 말하기를 "처를 매우 사랑하시나 봅니다."라고 하자, 외삼촌께서 보시고는 "어찌 너 따위와 비교할 수 있겠는가."라고 하였다. 외삼촌과 함께 한바탕 크게 웃었다. 후에 다른 자리에서 이 기생들을 만났는데 모두가 이미 내가 어떤 사람인가를 알고서 이전과는 크게 다른 태도로 공손히 대하였다. 섬월이 계섬월70)만 못했던가, 내가 양소유만 못했던가. 매우 우습다.

  昔年入茂朱西村 安陰守李舅氏 來坐喚睡亭 送炬火邀之 米入鼎矣 接淅而至 羣妓滿座 見我夏日奔走 面部黧黑 衣服藍縷 傲視而不下庭 舅氏曰 何故來此 我答曰 聞舅來 伺候乞食而至矣 官吏輩設大饌 舅氏數匙而已 我則飢甚矣 大饞而啖之 妓輩頗有語侵者 蟾月尤甚 我一不擧顔視之 皆以爲鄕村之人 不慣習於紅粉叢中 羞愧而不敢視 當夜借舅氏一席而臥 出着腰帶 蟾月曰 愛妻甚矣 舅氏目之曰 安敢乃爾 我遂與舅氏一場大胡盧 後於他座 見此輩 皆已知我爲我矣 大加尊敬 非如前日 蟾月不如桂蟾月耶 我不如楊少游耶 極呵呵

47 진보(眞寶) 이증화(李增華)의 어머니 성 씨(成氏)가 말하기를 "예(禮)에 '윗사람에게 일이 있으면 아랫사람에게까지 미치고, 아랫사람에게 일이 있으면 윗사람까지 움직이지 않는다.'라고 하였으니, 아버지의 기일에 어머니를 함께 제사 지내는 것은 괜찮지만 어머니의 기일에 아버지를 함께 제사 지내는 것은 예(禮)에 '윗사람에게까지 미치지 않는다.'라고 한 말에 저촉된다. 그러니 이천(伊川)이 단지 한 분만 제사 지냈던 일을 따라 하면 예에 합당할 것이다."라고 하였는데 장암공께서 이를 칭찬하였다. 나는 늘 전처와 후처는 평생토록 서로 알지 못하던 사이인데도 함께 제사 지내는 것은 더욱 도리에 맞지 않는다고 여겨서 한 사람만 제사 지내고 싶지만 전해 내려온 한 집안의 예법을 갑자기 바꿀 수가 없기에 감히 고치지 못하였다. 지금 이 말씀을 보니 소견이 매우 높아서 여사(女士)라고 일컬을 만하다.

 지금 손부(孫婦)의 기일에 그 아들 도중(道中)이 한 사람의 제수를 준비했는데, 나는 집안의 예법을 갑자기 바꾸는 것은 옳지 않지만 지금 같은

---

70) 계섬월(桂蟾月): 김만중이 지은 소설 『구운몽』 속의 여주인공 가운데 하나로, 남주인공 양소유를 해치기 위하여 잠입했다가 도리어 사랑하게 되고 나중에 양소유의 첩이 됨.

경우는 나름대로 이유가 있다고 생각한다. 그 남편이 죽은 뒤 대상이 지나 사당에 들어갔지만 아직 길제를 지내기 전이라 귀신으로 대할 수 없기 때문에 단지 한 사람만 제사를 지내도 무방할 것 같은데, 맞는지 틀리는지 모르겠다. 우암 선생 댁에서는 해당하는 분만 제사 지내는데 『사례비요』71)에서는 이미 내외를 함께 제사 지내는 예법을 기록하였다. 이 또한 집안에 전해 내려오는 예규이므로 사사로운 견해로 갑자기 바꾸는 것은 옳지 않다.

> 李眞實增華母夫人成氏云 禮日 有事於尊 可以及卑 有事於卑 不可拔尊 考忌幷祭于妣 可也 妣忌幷祭于考 不無拔尊之嫌 宜遵伊川只祭一位 於禮得矣 丈岩公稱之 余常以前後室 則以平生所不知之人 而幷祭之 尤無其義 欲只祭一位 而以流來一家之禮 不可狃變 故不敢改之 今觀此訓 所見甚高 可稱女士矣 今孫婦之忌 其子道中只備一位之奠 余日 不可遽變家中之禮 而今則亦有辭矣 其夫之喪 雖祥而入廟 吉祭之前 則猶不可以神道行之 只祭一位無妨 未知如何 尤庵先生宅 則只祭當位 而備要已著幷祭之禮 又是傳家之規 不可以私見狃變矣

48 문집이 없어서는 안 된다. 근래 『장암집(丈岩集)』을 보았는데 그 내용이 평소 알던 바와 같지 않았다. 강해(講解)나 경의(經義)는 과거 시험에 급제하여 벼슬에 나아갔음에도 불구하고 '전문적으로 공부를 하였다.'라고 해도 될 만하였다. 그런데 비문(碑文)은 글을 많이 지어본 사람의 솜씨이기는 하지만 때때로 일의 요체가 빠진 글들이 있었으며, 서찰과 장소(章疏)72)는 표현이나 의리가 엄정하니 간혹 함축된 뜻이 없는 글들이 있어도 '대체적으로 좋은 글'이라고 할 만하였다. 시의 경우는 매우 좋지 않았는데 "낚시와 나무하기는 본디 내가 한가롭게 하는 일이니, 벼슬에 나아가고 물러나는 것을 공작(公綽)73)처럼 하였네."라는 한 구절 외에는 읊조릴 만한 것이 없었다. 내게 주신 시에 이르기를 "정밀하고 상세한 견식은 후배들을 압도하고, 영특하고 높은 담론은 당대 현인들을 굴복시키

---

71) 사례비요(四禮備要): 조선 후기 학자인 이단상(李端相;1628~1669)이 지은 예학서. 인간의 삶에서 매우 중요한 관혼상제에 맞는 적절한 예법 조목을 정리한 책임.
72) 장소(章疏): 신하가 임금에게 올리던 글.
73) 공작(公綽): 중국 춘추시대의 인물로, 마음이 차분하고 욕심이 적은 사람. 『논어』에 "맹공작의 욕심 없음(公綽之不欲)"이라는 구절이 있음.

네."라고 한 것은 좋은 구절인데 문집에 빠졌으니 탄식할 만하다. 단지 내가 칭찬을 받아서 좋게 생각하는 것은 아니다.

> 文集不可無 近看丈岩集 與平日所知不同 講解經義 非科目出身則雖謂之專門之學 可也 碑文多作者手段而時欠事體 書札章疏辭嚴義正而或無含畜之意 大抵好好文字 但詩甚不好 漁樵本我悠悠者 進退如公綽之然 一句外無可咏 其贈我詩曰 見識精詳傾後輩 談論英偉屈時賢 亦佳句而不入選可歎 非但喜我之見譽也

49 아이들이 얘기하기를 인정에 기대어 부탁하는 글은 굳이 써 줄 필요가 없으니 글을 받고도 사용하지 않는 경우도 있으며, 또 쓸데없는 물건처럼 내팽개쳐 두는 경우도 있기 때문이라고 하였다. 내가 나중에 들은 얘기가 있는데 아이들의 말이 틀리지 않았다. 그래서 후회하고 다시는 함부로 글을 써 주지 않으려고 했다. 그러나 때때로 다짐을 지키지 못하는 경우가 많으니 이는 자기의 재주를 드러내고 싶어 하는 욕심에서 그랬던 것인가 보다. 매우 우습고 우습다.

> 兒輩言人有情文 不必題給 聞受文而去者 或有置之笆籬邊者 我後有所聞 兒輩言不非矣 遂悔之 不復浪滋筆 然而不免時時不守戒者多 此爲技癢所使耶 極呵極呵

50 다른 사람에게서 글을 받고서 사용하지 않는 것도 큰일이다. 우리 집에서 고조부의 묘갈문을 승평공(昇平公)74)께 받았는데 시작 부분이 엄숙하지 않아서 사용하지 않았고, 조부의 묘지문은 이산공(尼山公)께 받았는데 마침 큰일이 있어서 사용하지 않았고, 자운서원(紫雲書院)75)의 마당에 있는 비문은 백사공(白沙公)께 받았는데 총론 부분에서 장난스럽게 표현한 부분이 있어서 사림에서 사용하지 않았다. 우옹께서 남운로(南雲路)76)에게 주신 북행문(北行文)은 남운로가 그 은미한 뜻을 알면서도 그

---

74) 승평공(昇平公): 조선 후기 문신인 김류(金瑬;1571~1648)로, 자는 관옥(冠玉), 호는 북저(北渚).
75) 자운서원(紫雲書院): 경기도 파주에 있는 율곡 이이의 위패를 모신 서원으로, 뒤에 김장생(金長生)과 박세채(朴世采)를 추가로 배향하였음.
76) 남운로(南雲路): 조선 후기 문신 남구만(南九萬;1629~1711)으로, 자는 운로(雲路). 호는 약천

대로 사용하였고, 함흥의 주씨 선비 두 사람은 우옹의 글에 속된 표현들이 너무 많은데도 그대로 사용하였는데, 이 경우는 선대의 현인을 존경하고 외경하기 때문이었다. 내가 지은 〈운한각기(雲漢閣記)〉는, 여러 선비의 힘으로 이 누각을 지었으나 (내가) 그 공을 오로지 채구운(蔡九雲)77) 숙질에게로 모두 돌림으로써 실상을 잃은 허물이 있어서 사용되지 못했는데 이 경우는 마땅히 내게 돌려보내 고쳐야 함에도 불구하고 그냥 사용하지 않았다. 지금 김성룡이라는 아이가 내게서 〈명자설(名字說)〉을 받았는데 그 스승의 말을 듣고 이름을 고쳤기 때문에 내 글은 필요 없는 물건이 되어 버렸다. 그 자식이야 제 스승을 존경하고 신뢰하기 때문이라지만 그 아비의 처사는 어떤지 모르겠다. 나중에 그 글을 돌려받고 싶지만 이 역시 지나치게 번거로운 일이다.

受文而還去之 亦大事矣 吾家受高祖考碣文於昇平 而以起頭之不莊去之 受祖考誌文於尼山 而以有大事故去之 紫雲庭碑受於白沙 而以摠論之近俳偕 士林去之 尤翁之贈南雲路北行文 必知其微意而不去 咸興二朱生知尤翁文之太俚諧而亦不去之 此則尊畏先正故也 吾之作雲漢閣記 以經營此閣 是多士事 而專歸功於蔡九雲叔姪之失實去之 此則宜徃復於我而直去之 今金家兒成龍受名字說於我 而以其師言而改名 故我文爲筐籬邊物 其子則尊信其師 而其父之處事則不知其如何 欲推還其文而亦太多事乎

51 무인년(1758) 7월 8일에 비가 그치고 하늘이 새로 깨끗해졌다. 한천장에 있으면서 8개의 창문을 활짝 열고 앉아 있다가 홀연 북쪽을 바라보니 푸르고 푸른 하늘에 희고 흰 일만 이천 봉우리가 다투듯 경쟁하듯 솟아 있었다. 동쪽으로 한 켠에는 거대한 비로봉이 서 있고, 그 아래에는 중향성이 삐죽삐죽 늘어서 있었다. 고개를 돌려 보니 서남쪽도 모두 그러해서 진짜 금강산의 모습보다 훨씬 나았다. 예전에 양양에서는 바닷속에 떠 있는 금강산을 구경하였고, 언젠가 어느 날 밤 꿈속에서 세 번이나 금강산을 보게 되었으니 매우 기이하고 기이하다. 내가 모두 다섯 번이나

(藥泉)·미재(美齋).
77) 채구운(蔡九雲): 조선 후기 권상하의 제자들인 강문팔학사 중 한 사람인 채지홍(蔡之洪;1683~1741)으로, 자는 군범(君範), 호는 봉암(鳳巖)·삼환재(三患齋)·봉계(鳳溪)·사장와(舍藏窩).

금강산에 들어갔으며, 바닷속의 금강산과 꿈속의 금강산과 오늘 본 금강산까지 모두 다섯 번을 구경하게 되었다. 이 늙은이가 90이 되어도 죽지 않고 열 번이나 금강산을 보게 된 인연이 어떠한가.

> 戊寅七月初八日 雨霽天新開 在寒泉庄 洞拓八窓而坐 忽然北瞻 碧碧天宇 白白萬二千峰 爭秀競秀 東一邊立毘盧大岳 而衆香城嶙峋羅列於其下 回顧西南亦皆然 大勝於眞金剛 昔年襄陽 海中浮出一金剛 某年某夜之夢 又三見之 奇絶奇絶 我凡五入金剛 而海中夢中與今日之見爲五次 是翁九十年不死 是何十度夤緣

52 예전에 어의동78)에 사시는 인척 어르신 이 첨정(李僉正)의 회혼례 때 내가 바친 시에 이르기를 "이 노인이 오래오래 죽음을 모르시니 어찌 요즘 세상에 신선이 없다고 하리오. 그 당시 적송자79)는 어떤 사람이었나, 단지 나약하고 외로운 홀아비일 뿐이었네."라고 하였다. 후에 들으니 신유한이 지은 시에 이르기를 "주인이 오래도록 죽지 않으니 신선을 어찌 없다고 하리오. 그 당시 적송자는 인간 세상의 홀아비였네."라고 하였다. 내가 신유한의 시를 훔친 것인지 신유한이 내 시를 훔친 것인지 모르겠다. 나중에 옛사람도 이런 내용의 시 구절을 사용한 경우를 보았는데 모두 우리 두 사람의 것만 못했다. 어찌하여 옛날과 지금이 이처럼 우연히 합치되고 서로 같을 수 있단 말인가.

노가재(老稼齋)80) 김 공께서 객지에서 지은 시에 이르기를 "바람 부는 창에서는 범이 나그네를 엿보고 서리 내린 구유에는 말이 닭 우는 소리를 듣네."라고 하였는데, 매우 교묘하여 좋은 시 구절이다. 옛사람이 지은 시를 나중에 보니 "바람 부는 창에서는 범이 부처를 엿보네."라고 하였는데 범이 부처를 보고서 사람으로 의심한 것으로, '부처'라는 표현이 '사람'이라는 표현보다 훨씬 낫다. 이 경우는 남의 것을 훔쳤지만 좋아지지 못한 경우인가 보다.

---

78) 어의동(於義洞): 현재 낙원동 부근의 옛 명칭으로, 상어의동(上於義洞)과 하어의동(下於義洞)이 있었음.
79) 적송자(赤松子): 중국 신화시대의 신선으로, 신농(神農) 때에 우사(雨師)가 되어 비 내리는 것을 적당하게 잘 조절하여 백성들이 편안히 농사짓도록 하였다고 함.
80) 노가재(老稼齋): 조선 후기의 문인인 김창업(金昌業;1658~1721)으로, 자는 대유(大有), 호는 가재(稼齋)·노가재(老稼齋).

권만(權滿)81)이 '소'를 읊은 시에 이르기를 "소 타는 것이 좋은 줄 몰랐다가 이제야 말[馬] 없어도 괜찮은 줄 알았네."라고 하였는데, 내가 그대로 가져다가 내 시의 첫 구절로 삼은 다음 이어서 짓기를 "소가 말처럼 갈 줄 아니 채찍질할 필요가 없네. 물을 건너는 데도 본디 편안하였고 다리 건널 때도 조금도 겁나지 않네. 유응지(劉凝之)82)와 주목왕(周穆王)83) 두 사람에게 무엇이 더 간편하고 여유로운지 물어볼까?"라고 하였다. 권만이 내 시를 보고 말하기를 "내가 지은 것보다 낫구나, 내가 지은 것보다 낫구나. 2구에서는 우리말84)을 잘 사용하였고 3구에서는 소 타는 일을 잘 묘사했으며 끝구에서는 다시 말[馬]을 버리지 않았으니 내가 지은 것보다 훨씬 낫다."라고 하였다. 내가 우연히 지은 시를 보고 시인이 감탄했으니 웃을 만하다.

昔年於義洞李僉正戚祖回婚禮時 我獻一詩曰 斯翁久久不知死 豈曰神仙今世無 當時何物赤松子 只是嬴孤一鰥夫 後聞申維翰曰 主人久不死 神仙豈日無 當時赤松子 人世一鰥夫 不知吾偸申作耶 申偸我作耶 後見古人亦有用此語者 而皆不勝吾輩矣 豈古今之偶合而相同如此耶 老稼金公客中作日 風窓虎窺客 霜榻馬聽鷄 妙矣佳句 後見古人曰 風窓虎窺佛 虎見佛而疑人矣 佛大勝於客 是可謂偸膝匣而不善耶 權滿咏牛詩曰 不識騎牛好 今因無馬知 我全用首句 下又繼之曰 牛能同馬去 人亦信鞭之 渡水元便晏 過橋未惻疑 劉凝與周穆 誰復問輕遲 權見之曰 勝吾作勝吾作 二句善用俚語 三句善形容騎牛事 末句不捨馬 大勝我 我偶然之作 爲詩人所咏歎 可笑

53 예전에 문장을 잘 짓는 늙은이의 〈대부송부(大夫松賦)85)〉가 상

---

81) 권만(權滿;?~?): 조선 후기 문신으로, 양산 군수를 지냈음.
82) 유응지(劉凝之): 송나라 때의 은사. 유응지가 일찍이 〈기우가(騎牛歌)〉를 지어 부르기를, "내가 소를 탄다고 그대는 비웃지 마오. 세상의 만물은 자기가 좋아하는 것을 한다네[我騎牛君莫笑 世間萬物從吾好]."라고 하였으며, 송나라 때의 서화가인 이공린(李公麟)이 유응지가 소 타는 형상을 그린 화첩인 〈유응지기우도(劉凝之騎牛圖)〉가 유명함.
83) 주목왕(周穆王): 중국 주나라의 제5대 왕으로, 여덟 마리의 뛰어난 말들을 타고 중국 전역을 돌아다녔다고 함. 팔준마는 적기(赤驥), 도려(盜驪), 백의(白義), 유륜(踰輪), 산자(山子), 거황(渠黃), 화류(華騮), 녹이(綠耳) 등임.
84) 우리말: 시 2구는 '소가는 데 말 간다.'라는 우리 속담을 활용한 표현이라는 뜻임.
85) 대부송부(大夫松賦): 대부송은 진시황이 태산에서 큰비를 만나 다섯 소나무 밑에서 비를 피할

(上)의 상(上)으로 장원을 차지하였다. 그 부에 이르기를 "하늘과 땅은 검고 누르며 우주는 넓고 거치네. 서리와 찬 이슬이 내리니 온갖 초목은 시들어 죽네. 저 산의 외로이 높이 선 나무를 보게. 다섯 그루 씩씩하게 빼어나네."라고 하였다. 내가 탐탁지 않게 여겨 "기이하기는 하지만 제목에 어울리는 도입과 내용이 없구나. 만약 '저 소나무의 씩씩함이여 대부의 자태 엄연하도다. 영예로운 속세의 벼슬은 아니지만 쳐다보는 사람들에게 두려운 마음 갖게 하네.'라고 고친다면 좋지 않을까? 그 구절이 익숙한 기세를 담고 있기에 도리어 처음만 못할까? 종이에 써 두었다가 다른 사람에게 물어보아야겠다."라고 하였다.

昔年老巨擘大夫松賦 上之上壯元日 天地玄黃 宇宙洪荒 霜露以加 百草凋喪 瞻彼山之孤高 秀五株之落落 吾乃慊之日 奇則奇矣 但欠入題破題 若改日 何彼松之落落 儼大夫之儀容 非人爵之侈榮 欲衆眸之瞻聳 則好耶 其句作習氣 反不如初耶 書于紙而問于人

54 해봉군[86] 만사[海蓬君挽]

이 형제들에게 무슨 말을 하랴	童表何言此弟兄
보기 드문 맑은 명성, 집안의 영재였네	淸名不易好宗英
배 타고 와 정박하면 먼저 말을 달려왔고	來舟始泊先馳騎
마주하면 밤 깊도록 시간 가는 줄 몰랐네	對座方深每問更
달빛은 빛나건만 봄꿈은 어두워졌고	白月光中春夢暗
청산 그림자 속에 밤 누대만 환하구나	靑山影裡夜臺明
평생 지킨 품행은 옛사람에 필적하리니	平生行誼同千古
눈물만 흘리는 저 청(淸)과 영(瀛)	涕淚伊淸與阿瀛

수 있게 되자 대부라는 작위를 하사했다는 소나무를 일컫는 말.
86) 해봉군(海蓬君): 선조(宣祖)의 손자인 회원군(檜原君) 이륜(李倫)의 여섯 손자 중 한 사람인 이린(李橉).

산록외편 1 散錄外編 —

산록외편 1 散錄外編 一

농암공(農岩公)1)이 북관에서 돌아왔을 때 외재(畏齋) 이 공(李公)2)이 와서 묻기를 "여색3)을 범했는가 범하지 않았는가?"라고 하자, 대답하기를 "감히 두 번 다시 범하지 않았습니다."라고 하였다. 그러자 이 공이 말하기를 "괴이할 것 없네. 나도 한 번 그런 적이 있다네."라고 하였다. 수레가 반도 가지 못하여 돌아와 말하기를 "사실 나에게는 기녀 둘이 있었네. 처음 왔을 때는 부끄러워서 하나라고 얘기했으나 이는 젊은 사람을 대하는 정직한 도리가 아니라서 다시 와서 말해 주는 것일세."라고 하고는 다시 바로 갔다.

미암(眉岩) 유 공(柳公)4)에게는 날마다 있었던 일을 기록한 글이 있는데 크고 작은 일 하나라도 빠트리지 않아서 심지어는 침실 안에서의 일까지 조금도 숨기거나 꺼리지 않았다. 나는 마음속으로 그분의 넓고 곧으며 사사로움 없는 태도를 좋아하여 늘 탄복해 마지않았다. 내가 지금 『산록』을 만드는 것은 자손들에게 전하여, 그들의 조상이 어떤 사람인가를 분명히 알게 하려 함이다. 옛사람의 일을 본받는 것은 괜찮지만 업신여겨서는

---

1) 농암공(農巖公): 조선 후기 문신이자 학자인 김창협(金昌協;1651~1708)으로, 자는 중화(仲和), 호는 농암(農巖)·삼주(三洲).
2) 외재(畏齋) 이 공(李公): 조선 후기 문신이자 학자인 이단하(李端夏;1625~1689)로, 자는 계주(季周), 호는 외재(畏齋)·송간(松磵)임.
3) 여색(女色): 『논어』에 "군자에게는 경계할 것이 세 가지가 있으니 젊은 시절에는 혈기가 안정되지 못하였기 때문에 여색을 경계해야 한다[君子 有三戒 少之時 血氣未定 戒之在色]."라고 한 구절이 있음.
4) 미암(眉岩) 유공(柳公): 조선 전기 문신인 유희춘(柳希春;1513~1577)으로, 그의 일기인 『미암일기』는 조선 시대 개인 일기 중 가장 방대함.

안 된다. 그래서 한 일이 있으면 기록하고, 의견이 있으면 기록하고, 본 것이 있으면 기록하고, 다른 사람들과 서로 다툰 일이 있으면 기록하되 그대로 기록하여 숨기지 않았다.

종제(從弟) 중휘(仲輝)5)가 이 글을 보고서 말하기를 "한 집안의 일을 지나칠 정도로 숨기지 않았으니 '정직함은 그 안에 있다.'6)는 도리가 아닙니다."라고 하였고, 종제 자장(子章)7)이 이르기를 "몽와(夢窩)는 충성을 다하다가 죽었으니8) 그의 나머지 일은 굳이 논할 필요가 없습니다."라고 하였고, 이성등(李聖登) 군은 말하기를 "일찍이 학문에 힘쓰시는 것을 뵌 적이 없는데도 성리(性理)에 대한 말씀을 하시니 어찌 된 일입니까?"라고 하였고, 집안 아우뻘인 여문(汝文)은 말하기를 "함께 어울리신 벗들 가운데 현달한 인물들의 기록이 너무 많고, 가정 안에서의 글들은 스스로 칭찬한 기록이 너무 많은 것이 흠입니다."라고 하였고, 서생 정제경(鄭濟卿)은 "가까운 벗들에 대해 논하신 글들은 전혀 살펴볼 만한 내용이 아니며, 젊은 시절부터 함께 어울리며 있었던 좋지 않은 일들을 기록하신 글들은 지나치게 혼잡하니 모두 빼는 것이 낫겠습니다."라고 하였다. 나는 웃으며 말하기를 "이것은 내 평생 실제 있었던 일을 기록한 것인데 어찌 이것저것을 다 비교하고 따져 가면서 빼거나 넣거나 하겠는가."라고 하였다.

農岩公還自北關 畏齋李公來問 其不犯在色之戒否 對日不敢再矣 李公日無怍矣 吾亦有一眄矣 軒車未牛塗而迴日 吾實有二妓 而初來時 慙而指一 此非待少者忠直之道 爲來言之 再赴去 眉岩柳公有日課之書 細大不遺 至寢席間事 亦無少隱諱 余心喜其坦直而無私 常歎服之不已 今我散錄之爲 爲傳示子孫 使不昧昧於其祖爲人 古之人事 可法不可慢矣 故有事爲書之 有意見書之 有覩記書之 有與人相干書之 直書不諱 從弟仲輝見之云 一家之言 太不隱護 非直在其中之道也 從弟子章云 夢窩事

---

5) 중휘(仲輝): 권섭의 사촌 동생인 권위(權煒;1699~1730)로, 권섭의 계부 권상유(權尙遊;1671~1759)의 셋째 아들임.
6) 정직함은 그 안에 있다: 『논어』에 "공자께서 말씀하시기를, '우리들의 정직함은 이와 다르다. 아버지가 자식을 위하여 숨겨 주고 자식이 아버지를 위하여 숨겨 주니, 정직함은 그 가운데에 있는 것이다.'라고 하셨다[孔子日 吾黨之直者 異於是 父爲子隱 子爲父隱 直在其中矣]."라고 한 구절이 있음.
7) 자장(子章): 권섭의 사촌 동생인 권혁(權爀;1694~1759)으로, 권섭의 계부 권상유(權尙遊;1671~1759)의 둘째 아들.
8) 몽와(夢窩)는~죽었으니: 몽와는 조선 후기의 문인인 김창집(金昌集;1648~1722)의 호. 김창집은 경종이 자식이 없고 허약하자 연잉군을 왕세제로 세울 것을 주장했다가 1722(경종 2)년에 신임사화가 일어난 뒤 역모로 몰려 이건명, 이이명, 조태채 등과 함께 사약을 받고 죽었음.

旣已忠死 餘不必論也 李君聖登云 曾不見喫緊問學之工 而能爲性理之語 何也 族弟 汝文曰 朋遊之中 錄貴顯人 太多 家庭之語 記獎詡己者 太盛 有嫌也 鄭生濟卿云 論去親朋事 太不顧籍 錄來少日從游之不吉者 太混雜 幷宜刪也 吾笑曰 此我平生實 記也 安用計較去取

1 무인년(1698) 10월에 장동(壯洞)의 집에다 몇 칸을 더 짓기 위해 기와 2천 장을 사서 뜰 앞에 쌓아 두었다. 갑자기 붉은 조복을 입은 어떤 관리가 하인 2명을 데리고 와서 앉아 말하기를 "나는 북부(北部)9)의 주부(主簿)입니다. 대궐에 수리할 일이 있어서 여염집의 기와를 거두어가서 사용하기 위해 조사하러 왔습니다."라고 하였다. 내가 말하기를 "저기 있는 기와가 2천 장입니다만 팔 수 없습니다."라고 하였다. 그러자 주부가 하인을 시켜 종이 한 폭을 보여 주면서 말하기를 "이것은 임금께서 재가하신 일입니다. 건동(乾洞)의 조 참판과 남문 밖의 이 참의께서도 거절하지 않고 바쳤습니다."라고 하였다. 내가 말하기를 "나는 바칠 수 없습니다. 물건을 사고파는 것은 장사치의 일이니, 백성과 군주가 값을 따지는 도리가 어디 있겠습니까. 나에게 팔려는 생각이 없는데도 나라에서 가져간다면 이는 나라에서 강제로 사는 것이며, 값을 받고 바치는 것은 (내가) 아첨하는 것입니다. 내가 기억하기에, 연양부원군10)에게 귀한 꽃이 있었는데 대궐에서 그것을 캐서 바치게 하자 이 공께서는 그 사람 앞에서 그 꽃을 쳐서 망가뜨린 다음 눈물을 흘리면서 말하기를 '바야흐로 지금 나라의 형세가 누란(累卵)의 위기에 있는데 주상께서 무슨 마음으로 이런 것을 감상하시려는 것인가?'라고 하고는 낱낱이 적어 상소를 올려 간하려고 하였습니다. 지금은 역병이 돌고 흉년이 든 직후인 데다가 아직 가을걷이할 때도 되지 않았는데 크게 토목 공사를 일으키니 나는 바치고 싶지 않습니다. 또 이 공과 같은 생각이 없는 것은 아니지만 기와 따위의 일을 가지고 유생이 상소를 올리는 것도 지나치게 번거로운 일이라서 그냥 바치지 않을 뿐입니다. 백 번을 생각해도 끝내 바쳐야 할 의리가 없습니다. 호조

---

9) 북부(北部): 조선 시대에 도성 한양의 행정 구역을 다섯으로 나눈 5부(五部) 중의 하나로, 각 부에는 종6품인 주부(主簿) 1인과 종9품인 참봉(參奉) 2명씩을 두었음.
10) 연양부원군(延陽府院君): 조선 후기 문신인 이시백(李時白;1581~1360)으로, 자는 돈시(敦詩), 호는 조암(釣巖).

판서는 나이가 많고 지위가 높은데도 어찌하여 간하여 멈추게 하지 못하고, 임금의 뜻을 조장하여 이루려고까지 한단 말입니까.『주역』에 이르기를 '위를 덜어 아래를 더해 준다.'11)라고 하였습니다. 지금 호조 판서는 『주역』에서 걱정하는 폐해를 전혀 생각지 않은 채 '아래를 덜어 위를 더해 주는' 데까지 이르고 있으니, 나는 호조 판서가 왜 그러는지를 알지만 저 백성들은 겨울을 앞두고 때맞춰 준비한 기와를 하루아침에 빼앗긴다면 어찌 나라를 원망하는 데에 이르지 않겠습니까. 탄식하고 탄식할 만합니다. 그대의 임무는 '힘써 살펴서 조사'하는 데 있으니 내막을 상세하게 적어 가면 되는 것이고, 바치고 바치지 않는 것은 나에게 있으니 돌아가서 호조 판서에게 이대로 보고하면 됩니다. 만약 초기(草記)12)를 올려 죄를 청한다면 당연히 내가 해당 관리와 마주해야 할 일이 생기겠지만 임금께서 나의 진술을 보신다면 반드시 죄를 주시지는 않을 것입니다."라고 하고는 마침내 거절하여 돌려보냈다. 호조 판서는 바로 회현동의 민 상공인데 결국 그대로 놔두고 죄를 묻지 않았다.

조 상주(趙尙州)가 우연히 이 일을 듣고는 놀라서 말하기를 "그대의 일 처리는 어찌 그리 망령스러운가. 임금께서 하명하신 일을 어찌하여 거절할 수 있는가."라고 하였고, 판서 송척조(宋戚祖)는 말하기를 "자네 말이 맞네만 바치지 않아서는 안 되네."라고 하기에 나는 웃으면서 사죄하였다. 다음날 농암 선생을 뵈었더니 두 동생인 삼연공, 포음공13)과 함께 앉아 계시다가 말씀하시기를 "바치지 않는 것이 당연하다. 창졸간에 한 말의 이치가 훌륭하니 치구(稚久)14)가 들었다면 반드시 부끄러운 생각이 들었을 것이다."라고 하셨다. 나중에 민 공을 뵈었더니 역시 마음에 두지는 않으셨으나, 내가 마음을 누그러뜨리고 사죄해야 한다는 말들이 많았다

戊寅十月 添造若干間架於壯洞舍 買瓦二千丈 委積於庭前矣 忽有紅袍官 率二傔 來坐日 我北部主簿也 闕中有修理役 方收取閭閻瓦子而用之 故爲摘奸而來矣 余日

---

11) 위를~준다: 『주역』에 "익(益)은 위를 덜어 아래에 더해 주니 백성의 기뻐함이 무궁하고, 위로부터 이래에 낮추니 그 도가 크게 빛난다[益 損上益下 民說无彊 自上下下 其道大光]."라고 한 구절이 있음.
12) 초기(草記): 사실만 간단히 적어서 국왕에게 올리는 문서.
13) 포음공(圃陰公): 조선 후기 문신이자 학자인 김창즙(金昌緝;1662~1713)으로, 자는 경명(敬明), 호는 포음(圃陰).
14) 치구(稚久): 조선 후기 문신인 민진장(閔鎭長, 1649~1700)으로, 자는 치구(稚久).

彼瓦爲二千丈矣 然不可賣矣 主簿使傔人擧示一幅紙曰 此啓下公事也 乾洞趙叅判 南門外李叅議 皆無辭納之矣 余曰 吾則不可納矣 買賣是商賈事也 則豈有民與君爭 價之道也 我無斥賣之意而國取之 則是勒買也 又受價而納之 則是諂也 又念昔年延 陽府院君有名花 自內採納 李公對其人打碎 垂涕而言曰 方今國勢如累卵 主上何心 玩此 欲具疏諫之 今疾疫之餘凶年之餘 又未及秋成 而農興土木之役 我之不欲納 又 不無李公之意 以瓦事拜儒疏 太多事 但當不納而已 百爾思之 終無可納之義 奈何戶 判年高位崇 而不能諫而止之 更欲助而成之耶 周易曰 損上益下 今戶判全不念周易 之害 至於損下而益上也 如我者固知爲戶判之所爲也 而彼小民輩則當冬及時之瓦 一朝見奪 豈不致怨於國也 可歎歎 君之任在於摘奸惟勤而已 詳細成冊而去 可也 納 不納在於我 歸以此告于戶判 可也 若草記請罪 則必當有對吏之擧 然自上見我供辭 則必不罪矣 遂謝送之 戶判即會賢洞閔相公也 仍遂置之不問也 趙向州偶至聞此事 驚曰 君何處事之妄也 啓下公事 何可拒也 宋判書戚組 則曰 爾言然矣 然不可不納 余笑而謝之 其翌日拜農巖先生 與兩弟三淵公圃陰公坐曰 不納當然矣 倉卒之間 言 亦理勝 稚久聞之 必有愧色矣 後拜閔公 亦不介然 而多有推謝之言矣

2

정승 최석정15)은 내게는 7촌 친척이 된다. 정다운 의리가 선대부터 시작되었고, 그 아들 창대(昌大)16)와는 어릴 적부터 어울렸으며 함께 즐겁게 공부하였다. 그런데 임부(林溥)의 옥사17) 때, 최석정이 옥사를 맡은 관리가 되어 감옥을 드나들 때 내 외조부를 모함하여 죄에 빠트리려는 의도가 있어서 그런지 그 종적이 비밀스러웠고 마음과 태도는 교묘하고 속임수가 있었으며, 창대도 그것을 조장하는 경우가 많았는데 그 정상이 마치 폐와 간을 보듯 뻔히 보였다. 나중에 다른 사람 집에서 창대를 만났을 때 내가 그를 피하고 보지 않았다. 최창대는 내 뜻이 어디에 있는지 알면서도 동지에는 책력을 보내 안부를 물었고, 내가 부모님 상을 당했을 때에는 위로하는 편지를 보냈지만 내가 모두 거절하여 물리치고는 답을 하지 않았다.

---

15) 최석정(崔錫鼎;1646~1715): 조선 후기 문신으로, 자는 여시(汝時)·여화(汝和), 호는 존와(存窩)·명곡(明谷).
16) 창대(昌大): 조선 후기 문신인 최창대(崔昌大;1669~1720)로, 자는 효백(孝伯), 호는 곤륜(昆侖).
17) 임부(林溥)의 옥사: 병술년(1706)에 호서 지방의 선비 임부가 노론을 비방하면서 '소론인 윤증을 조정 대신으로 초치해야 한다.'는 내용의 상소를 올렸다가 노론의 반격을 받아 유배되었는데 임부를 국문하는 과정에서 노론의 인물들이 언급되면서 결국 이이명, 김창집, 조태채 등 노론의 여러 대신들이 화를 당하는 데까지 이르렀다. 이 국문을 주관한 사람이 당시 영의정이었던 최석정이고, 옥소의 외할아버지 이세백은 탄핵을 받아 죽었음.

○ 참의 송징은(宋徵殷)18)은 9촌 친척이다. 내가 사학(四學)19)의 소두가 되었을 때 상소문의 내용 가운데 자신에게 불편한 부분이 있는지 즉시 와서 보고는 상소문 올리는 명단에서 자기의 이름을 뺀 뒤 나를 꾸짖고 다음날 아침 일찍 직접 와서 사죄하라고 하셨다. 그래서 내가 갔더니 그 아들 정명(正明)과 성명(成明) 두 정자(正字)20)를 불러내어 말하기를 "이 조카가 나이가 어려서 망령된 일을 했지만 내가 이미 전에 가서 꾸짖었는데 지금 또 와서 사죄를 하니 너희들은 이 조카를 평소처럼 대하는 것이 좋겠다. 그렇지 않으면 더 이상 내 자식들이 아니다. 우리 집과 대를 이어온 정을 버릴 수는 없으니 망령된 짓에 대해 더 꾸짖어 무엇 하겠는가. 또 지금 와서 이렇게 사죄를 하니 사죄하는 사람은 죄를 묻지 않는 것이 좋다."라고 하였다. 그 뒤에 성명은 놀이하는 곳에서 만나 함께 얘기하였고, 호서 관찰사로 있던 정명은 내가 부모님 장례를 치를 때 정성스럽게 제물 단자(單子)를 보내어 도와주기는 했으나 위로하는 편지는 보내지 않았다. 지금은 세상의 일들로 인하여 서로 어울리지 않고 지낸다.

政丞崔錫鼎 於我爲七寸親 而款曲之誼 自先代卽然 其子昌大 則又有葱竹之好 同業之樂矣 林溥獄事時 崔爲委官 出沒椑閤 有構陷我外王考之意 蹤迹跪祕 情態巧譎 而昌大之助虐亦多 如見其肺肝 後逢昌大於人家 回避不見 崔已知我意所在 而冬至日 送致曆書而問之 及罹大故 又有慰書 余皆謝却而不答 ○ 宋參議徵殷 爲九寸親矣 余爲四學疏頭時 疏語有捱逼其身者 卽爲來見 於呈疏退出 後而致責 使之來日早自來謝 余之去 呼出其子正明成明兩正字而語之日 此姪年少而妄 吾已昨日 徃責 今又來謝 汝輩待之如平日 可也 不然則非吾子也 吾家世代情誼不可廢 妄人何責 今其來謝如此 謝者不罪 可也 其後逢成明於遊賞處而對語 正明於湖西伯時 送助親葬 款曲送祭物單子 而不爲書疏慰問 今則仍因世故而與之落落矣

3 나와 경은(慶恩) 김 공21)은 가까운 동서 사이인데 경조사 외에는

---

18) 송징은(宋徵殷;1652~1720): 조선 후기의 문신이자 학자.
19) 사학(四學): 조선 시대 중앙의 각 부(部)에 설치된 관립 교육기관.
20) 정자(正字): 조선 시대 홍문관·승문원·교서관에 두었던 정9품직으로 전적(典籍)이나 문장의 교정을 맡아보았음.
21) 경은(慶恩) 김 공(金公): 조선 후기 문신인 김주신(金柱臣;1661~1721)으로, 자는 하경(廈卿) 호는 수곡(壽谷)이며, 숙종의 계비인 인원왕후의 아버지.

서로 왕래하지 않았다. 대궐에서 때마다 의례적으로 하사하는 물품이 있으면 편의상 김 공의 집을 통해서 왔기 때문에 액정서(掖庭署)22) 하인이 우리 집에 오는 일이 없었다. 안사람이 매달 초하룻날 (대궐에) 문안을 올리는 일은 감히 그만둘 수가 없어서 편지를 쓰되 두 줄을 넘지 않게 하였고, 편지 끝에는 그 남편의 이름을 쓰는 것이 관례이며 부인의 성명이 궁중에 들어갈 수 없기 때문에 스스로 모씨 부인이라고 칭하였다. 임금의 편지가 내려오면 직접 답장을 하지 않고 반드시 상궁에게 말을 전하게 하였다. 내가 선산(先山)에서 돌아왔을 때, 『논어』를 공부한 어린 자식이 대궐에 들어갔다가 "권 모가 이렇게 기특한 아이를 낳았구나."라는 임금의 격려를 받았다는 얘기를 듣고는 영광스러운 마음을 이기지 못하는 한편 매우 황송하여, 이후로 안사람을 책망하고 깨우쳐 대궐에 소통하는 것을 엄격하게 막았다.

왕비의 탄생일에 대궐에서 하루에 3번이나 편지가 내려와서 딸을 입궐시키도록 재촉했지만 처음에는 병을 핑계 삼았다가 나중에는 사정을 말씀드리고 거절하였으며, 심지어는 마음이 편치 않다는 말씀을 듣고서도 끝내 들여보내지 않았다. 사람들이 각기 견해가 다르고 간혹 매우 잘못된 일이라고 하는 사람도 있었지만 대궐 안팎의 구별은 지극히 엄격해야 하기 때문에 소소한 의리는 돌아볼 겨를이 없었다.

장모의 회갑일에 상주 수령 조 공이 환갑잔치를 베풀자 대궐에서 특별히 잔치에 소용되는 물품을 내려 보냈다. 조 공이 여러 번 하인을 보내 나를 오라고 하였으나 가지 않았다. 나중에 또 장모께서 세 번이나 편지를 보내시자 내가 이에 말하기를 "특별히 차린 잔칫상 네 개를 대궐에서 보냈다고 들었습니다. 대궐에서 음식을 하사한 잔치는 외인(外人)이 감히 함께할 수 있는 것이 아닙니다."라고 하고는 끝내 잔치에 가지 않았다.

장모께서 돌아가셨을 때에는 직접 가서 염습과 빈소에 관한 모든 절차를 맡아보았다. 내외 친척들이 방을 나누어 앉아 있었는데 상궁이 죽 항아리를 가지고 와서 나누어 주었다. 죽 한 그릇이 나에게까지 왔으나 나는 마시지 않았다. 모 공(某公)이 말씀하시기를 "왕비께서 하사한 것인데 어찌 감히 마시지 않는가?"라고 하자 내가 말하기를 "죽을 권하는 것은 초상을 치르는 사람들이 음식을 먹지 않아서 몸이 상할까 염려해서 그런

---

22) 액정서(掖庭署): 궁궐 내에서 왕과 왕족의 명령 전달, 궐내 각 문의 출입 통제 및 문단속, 궐내의 각종 행사 준비 및 시설물 관리, 청소·정돈 등의 잡무를 담당한 기관.

것입니다. 공과 모 대감께서는 드셔도 되지만 저는 아침저녁을 잘 먹었기 때문에 건강합니다. 이 죽은 저에게 마시라고 하사한 것이 아니니 제가 마시는 것은 옳지 않습니다."라고 하였다. 이윽고 발인하고 장례를 치를 때가 되자 모 공이 임금께 말씀을 올려 상여를 메거나 산소를 만드는 데 필요한 군정(軍丁)과 장례 치르는 데 필요한 물품들을 얻자고 의론하였다. 경은공과 여러 부인의 뜻은 그렇지 않아서 마침내 논쟁이 벌어져 결론이 나지 않은 채 상가에 모여 앉아 있었다. 그러다가 나를 불러 물어보기에 말하기를 "어찌 감히 나라에 특혜를 달라고 아랫사람이 먼저 요청하겠습니까. 매우 옳지 않습니다, 옳지 않습니다."라고 하여 그 의론이 드디어 잦아들었다. 내 의견은 매번 모 공과 합치되지 않았으며, 그분도 끝내 내 의견을 옳다고 여기지 않았다.

> 余與慶恩金公爲姻婭 慶弔外不相來往 自內有時節例賜 亦方便爲道必自金公家來 不致有掖庭人臨門之事 室人之朔節問安 則不敢廢 而書不令過於二行 書末例擧其 夫名 而姓名之書 入宮中不可 故自稱云某氏婦 御札之降 勿爲直答 必復於尙宮 要令轉達 余自松楸還 幼男之學語者入內 至承權某生此寧馨兒之聖奬 不勝榮感而亦 甚惶悚 自後責諭家人 嚴防此路 及內殿誕節 御札一日三降 促令女兒入內 初則稱以 病故 末乃陳情 辭之 至承未安之敎而終不入送 人各異見 或以爲大未安 而內外之防 限至嚴 區區分義 有不暇顧也 姑氏晬日 趙尙州爲設壽席 自內特賜宴需 趙公屢伻 邀我而不往 末又有姑氏三書 余乃曰 聞別饎四床入送于內 內通之宴 非外人所敢與 也 終不赴 及姑氏之喪 躬視歛殯諸節 內外分堂而坐 尙宮持粥盆來臨 一椀及於余 余不飮 某公曰 內殿之賜 何敢不飮 余曰 所謂勸粥者 爲慮喪人輩廢食而致傷也 公 與某大監可啜也 吾則 朝晡之飯 健矣 此非勸我之啜 啜之非義矣 及至靷葬時 某公 議上達天聽 冀得擔築軍丁及葬需 慶恩公與諸婦人之意 則不然 爭論不決 會坐於喪 家 邀余問之 余曰 恩典何敢自下請之 大不可不可 其議遂寢 余之意見 每每與某公 不合 某公終不以爲然

4 내가 강경에 거처할 때, 홍석보(洪錫輔)23)는 전라 감사가 되었는데도 내 안부를 한 번도 묻지 않았다. 그러다가 내가 완주(完州) 관아에 가 있을 때 마침 그 동생의 문희연24)을 베풀게 되었는데, 이틀 동안에 편

---

23) 홍석보(洪錫輔;1672~1729): 조선 후기 문신으로, 자는 양신(良臣), 호는 수은(睡隱).
24) 문희연(聞喜宴): 과거에 급제한 사람이 삼일유가(三日遊街) 후에 가까운 친구와 친척을 불러 자

지를 세 번 보내오고 하인을 열일곱 차례나 보내 나를 오라고 하였으나 나는 끝내 들어가지 않았다. 그리고 내가 돌아올 즈음에는 또 전별의 의미로 예물 단자를 주었는데 이를 거절하면서 말하기를 "일찍이 한 번도 하인을 보내 안부를 묻는 일이 없다가 내가 마침 감영의 문을 지나갈 때에 맞춰 선물을 주시니, 내가 이것을 받는다면 나는 구걸하는 사람이라는 혐의를 받게 될 것입니다. 운운."이라고 하였다. 그가 억지로 주려고 하기에, "만약 집에 돌아온 후에 보내준다면 기어이 거절할 도리가 없겠지요."라고 했지만 결국 받지 않았다.

  내가 강계천(姜季泉), 조제박(趙濟博)과 함께 제천의 읍촌에서 달밤에 만나 이야기하고 있을 때 성주인 한숙(韓璹)이 떡과 국수, 과일과 고기를 각기 세 그릇씩 담은 상 하나를 보내 주었는데 단지 관비 하나가 이고 왔을 뿐 안부를 묻는 하인은 없었다. 나는 예의가 갖춰지지 않은 음식을 먹는 것은 곧 음식을 탐하는 사람이라고 생각하여 홀로 먹지 않고 시 한 수를 읊기를 "먹지 않으니 바야흐로 의리가 높고 배는 굶주리지만 눈은 바로 밝아지네. 술과 음식은 그대들에게 맡겨 두고 빙그레 웃으며 나귀 타고 가네."라고 하였다. 다음날 성주가 와 보고는 무어라고 말하기에, 내가 말하기를 "감히 성주를 두고 예의를 갖추지 않은 사람이라고 한 것이 아니라 그 음식이 예의를 갖추지 않은 음식이기 때문에 먹지 않은 것입니다. 성주께서 다시 먹을 것을 주신다면 나는 당연히 흔쾌히 먹을 것입니다."라고 하였다. 이런 일들은 비록 자잘하고 은미한 일들이기는 하나 아이들로 하여금 이런 의리를 알게 하지 않을 수 없다.

  余居江景時 洪令錫輔爲全羅監司 一不相問 及余之往在完衙 適設其弟聞喜宴 兩日三書十七伻而邀之 余終不入 臨歸又有賻單 乃辭謝曰 曾未蒙一伻問 及其身過營門 有此與 受則不無乞客之嫌云云 彼其强迫則曰 若於還家送遺之 則又無必辭之義 遂不受 余與姜季泉趙濟博 月夜會話于堤川邑村 城主韓公璹 以餠麵果肉各三器共一盤者 送饋之 只令一官婢戴來 又無訊伻 余以爲食非禮之食 即是飮食之人也 獨不食 吟有一詩曰 不食方高義 腸飢眼即明 杯肴付公等 莞爾一驢行 明日城主來見 有所云云 余曰 非敢以城主爲非禮人也 其食是非禮之食 故不食 城主幸更有饋 吾當快食 此等雖是細微事 不可不使兒童知此義也

축하는 의미로 베푸는 연회를 이르던 말.

5 이태(李泰)는 문장에 뛰어난 재주를 가지고 있었고, 차유철(車有轍)은 풍수에 높은 식견을 가지고 있었는데 두 사람 모두 좋지 않은 일을 당하였다. 김익량(金翼亮)은 절재(節齋)25)의 후손이라는 이유로 관직을 얻었는데 많은 사람들은 가탁(假托)26)이라고들 말하였다. 그리고 이 세 사람의 일을 거론하기만 하면 귀를 기울여 즐겁게 듣거나 입을 열어 이러쿵저러쿵 마음껏 얘기하지 않는 사람이 없는데 나는 유독 애닯고 가련하여 옹호해 주었으며, 아이들이 간혹 이에 대한 얘기를 하면 절대로 못하도록 금하였다. 대저 온 세상의 풍습이 물결을 밀어 파도를 더 크게 만들거나 우물에 빠진 사람에게 돌 던지기를 좋아할 뿐인지라 끌어올려 구원해 주거나 그 원통함을 밝혀 주려는 생각을 가진 사람이 하나도 없으니 나는 이런 세태를 차마 볼 수 없다. 확실하지 않거나 비슷한 내용을 가지고 헐뜯는 말들에 대해 다른 사람들에게 동조하여 시끄럽게 지껄여서야 되겠는가. 모든 정황이 다 드러나기를 천천히 기다렸다가 끊어도 늦지는 않을 것이다.

> 李泰有詞翰絶才 車有轍有風水高見 而俱獲汶汶之累 金翼亮以節齋之孫得官 而人多謂之假托 有擧三人事 則無不傾耳樂聞 啓齒縱談 吾獨哀憐而容護之 兒童或有言 則亦切禁之 大抵一世風習喜其推波助瀾 下石落井 不見有一人拯救 而白其寃之意者 吾不忍見此態也 疑似之謗 豈可隨衆而喧豗也 徐待情狀之暢露而絶之 尙未晩矣

6 신축년(1721) 6월 그믐날, 편찮으신 백부 선생을 모시고 있다가 "이제 백부께서 돌아가시면 글이나 의리에 대하여 누구에게 물어야 할까요?"라고 여쭙자 "가구(可久)27)가 좋고, 군범(君範)28)과 덕소(德昭)29)와

---

25) 절재(節齋): 조선 전기의 장군인 김종서(金宗瑞;1383~1453).
26) 가탁(假托): 거짓으로 의탁함. 김종서가 세조에게 죽임을 당하고 자손이 끊어졌는데, 후에 송시열이 김종서의 자손을 찾아내어 돌봐 주자 당시 사람들 사이에 실제로는 김종서의 자손이 아닌 다른 사람을 김종서의 자손이라고 거짓 내세웠다는 말들이 있었음.
27) 가구(可久): 조선 후기 권상하의 제자들인 강문팔학사 중 한 사람인 이이근(李頤根;1668~1730)으로, 자는 가구(可久), 호는 화암(華巖).
28) 군범(君範): 조선 후기 권상하의 제자들인 강문팔학사 중 한 사람인 채지홍(蔡之洪;1683~1741)으로, 자는 군범(君範), 호는 봉암(鳳巖)·삼환재(三患齋)·봉계·사장와(舍藏窩).

일경(日卿)30)도 괜찮다."라고 하셨다. 내가 다시 "여 절에 대해서 언명(彦明)31)에게 질문하는 것은 어떻습니까?"라고 여쭙자 "언명은 막힌 부분이 많다. 가구가 예학에도 정밀하다."라고 하셨다. 그리고 이어서 "가구는 타고난 바탕이 매우 뛰어나며, 그 마음은 바르고 학문은 순수하고 견해는 명철하니 너는 모름지기 그에게 배워라."라고 하셨다. 또 『기문록(記問錄)』 두 책을 펴 보이시면서 "내가 이 책을 저술할 때 덕소의 공이 적지 않았다."라고 하셨고, 또 "너희들은 반드시 공거(公擧)32)에게 잘 대해야 한다."라고 하셨다.

또 잠시 틈을 타서 "제가 거처하는 곳을 백취정(百趣亭)이라 하고 편액을 받아 갈 때 그 기문(記文)에 대해 미처 말씀드리지 못해서 제 마음이 끝내 허전합니다. 짧은 글이라도 써 주셨으면 합니다."라고 말씀드리자 "글 짓는 일을 어찌 할 수 있겠는가. 국휼(國恤)33) 이래로 읊조리는 일을 그만두었지만 네 마음이 허전하다면 마땅히 몇 구절 써 주어야겠지."라고 하시고는 붓을 잡게 하시더니 "이러저런 마음34) 일백 가지 참으로 취미가 많으니, 여기저기 돌아보느라 마음 빼앗기기 쉽네. 한 가지 일이 진실한 즐거움 될 수 있나니 향 피우고 책상 위의 서책을 보게나."라고 불러 주셨다. 내가 "정신과 기운이 맑고 화평하실 때 직접 써 주십시오."라고 말씀 드렸더니 조금 뒤에 편지지 축에서 종이를 뽑아 쓰신 다음 그 아래에 '한수옹이 조카 섭에게 써 주다[寒水翁書贈從子燮].'라는 여덟 글자를 덧붙이시고 나를 부르시더니 주셨다. 이것이 백부 선생의 마지막 글이다.

辛丑六月晦 侍疾於伯父先生 問今離居遠鄕 文字義理 誰與講論 曰可久好矣 君範德昭曰卿亦可 小子問禮節則質於彥明如何 曰彥明窒塞處多 可久又精於禮學 仍曰可久姿稟奇絶 其心正其學純其見明 汝須師之 又披閱記問錄二冊曰 德昭此書有功於我不少矣 又曰公擧汝輩必善遇之 又乘間告曰 所居之室 爲百趣亭矣 受去扁額時 未及並謁其記文 下懷終是缺然 願得小文字 曰文字何能爲也 國恤以來 廢却吟

---

29) 덕소(德昭): 조선 후기 권상하의 제자들인 강문팔학사(江門八學士) 중 한 사람인 한원진(韓元震;1682~1751)으로, 호는 남당(南塘).
30) 일경(日卿): 윤승래(尹升來).
31) 언명(彦明): 현상벽(玄尙璧, ?~?). 권상하(權尙夏)의 문인.
32) 공거(公擧): 조선 후기 권상하의 제자들인 강문팔학사(江門八學士) 중의 한 사람인 이간(李柬;1677~1727)으로, 호는 외암(巍巖).
33) 국휼(國恤): 국민 전체가 상복을 입던 왕실의 초상. 1720년에 숙종이 죽었음.
34) 이런저런 마음: 『옥소고』에는 '間情'이라고 되어 있으나, 『한수재집』에는 '閒情'이라고 되어 있음.

咏矣 爾心若缺然 則當以數句副之 仍命把筆 口呼之日 閒情百種誠多趣 仰面回頭
不奪難 一事能爲眞箇樂 案中牙軸炷香看 小子日 神氣淸和之時 願得手筆之題 少選
抽簡軸而書之 下着寒水翁書贈從子燮八字 呼而授之 是絶筆也

7 병신년(1716)에 대간(臺諫)에서 내 백부 선생을 욕보인 것은 모두 이집(李㙫)35)이 임명되었기 때문이었는데, 일이 생긴 뒤 다시 대간에 추천되었기 때문에 나와 어울리던 사람들은 모두 이집과 관계를 끊었다. 선생께서 말씀하시기를 "나와 그의 아버지는 성은 다르지만 형제와 같은 사이이다. 차라리 남이 나를 저버릴지언정 내가 남을 저버리는 일은 하지 말아야 한다. 하물며 이 일은 실상 없는 허무맹랑한 일로서 이제 그 사람의 마음이 어떤지 자세히 밝혀졌으니, 모름지기 절교하지는 말아라."라고 하셨다. 내가 말씀드리기를 "돌아가신 형님과 이미 이렇게 하기로 의논하여 정하였는데 이제 어찌 저 혼자만 기뻐하며 사귈 수 있겠습니까."라고 하였다. 선생께서 말씀하시기를 "일찍이 이런 생각을 가지고 이미 네 형에게 말을 하였다. 또 임부(林溥)36)의 옥사 때, 자직(子直)37)이 최석정을 섬긴 것은 절교할 만한 일이나 그것은 그가 원래 착한 사람인데 최석정의 술수에 걸려 그런 것이다. 그리고 그 일이 어떠한지 실상을 잘 알지 못하고 그의 본심이 모함하려는 데 있었던 것은 아니므로 대를 이어서까지 절교하는 것은 지나치다."라고 하셨다. 그리고 이어서 말씀하시기를 "은혜와 원수를 지나칠 정도로 분명하게 나누는 것은 좋지 않다. 유림과 대간의 상소를 통해서 그 부형을 욕보이는 자는 상대하지 말아야 하지만 그 자손까지 절교하는 것은 지나치다. 단지 그와 더불어 친하게 지내지 않는 것이 좋다. 근래에는 이런 의리가 지나치게 강해져서 부형의 일에 관계되면, 잘못을 바로잡아 주는 관사(官師)38)나 서로 본받아야 하는 벗39)이라

---

35) 이집(李㙫;1664~1733): 동악(東岳) 이안눌(李安訥)의 증손으로, 1710년 최석정이 삭탈관직되었을 때 그를 위해 적극 변호하였고, 그 후 좌의정에 올랐음.
36) 임부(林溥): 조선 후기 소론계의 유생. 1706(숙종32) 임부 등 충청도 유생 22명이 연명 상소를 올려 윤증(尹拯)을 조정에 부를 것과 동궁(후에 경종)을 모해한 무리를 조사하여 제거할 것 등을 청하였는데 임부는 국청에서 형벌을 받고 죽었음.
37) 자직(子直): 조선 후기 문신인 조상우(趙相愚;1640~1718)로, 자는 자직(子直), 호는 동강(東岡).
38) 관사(官師): 언관(言官).

도 모두 피하고 보지 않으며 심지어는 마음대로 지껄이고 헐뜯으며 욕까지 하니 우습다."라고 하셨다.

> 丙申臺諫之辱我伯父先生者 皆是李坱之所擬差 而事出後 復擬臺望 故燮輩皆與李絶之 先生曰 吾與其父 姓不同兄弟也 寧人負我 毋我負人 況是無情之事 而今其發明其心事縷縷 不須絶也 燮曰 與亡兄議定已如此 今何可獨自交歡也 先生曰 曾以此意 已言于汝兄矣 且如溥獄時 事崔錫鼎 可絶 子直趙相之字 自是善人 故墮於崔之術中 實不知其事之如何 非其本情在於搆陷 世絶之則過矣 仍曰 恩讐不可太分明 儒疏臺疏之辱其父兄者 雖不與之相對 並其子孫而絶之過矣 且不與之款曲可也 近來此義太勝 關於父兄事 則如官師相規朋友相觀者 亦皆回避不見 甚至於肆口詬辱可笑

8

내가 아우 송무관(宋務觀)의 집에 들러 거기서 묵었다. 송무관이 갑자기 "형님은 하늘이 명한 본성은 하나라고 생각하십니까? 둘이라고 생각하십니까?"라고 묻기에, 내가 "하나라는 관점으로 말하면 하나이고 둘이라는 관점으로 말하면 둘이네."라고 하였다. 또 묻기를 "형님은 짐승에게도 오상(五常)이 있다고 생각하십니까? 없다고 생각하십니까?"라고 하기에 내가 말하기를 "각각 그 하는 짓을 보고서 일컫는 말들이기 때문에 나는 그 하는 짓에 오상이 있는지 없는지를 관찰한다네."라고 하였다. 이어서 시 한 수를 짓기를 "맑은 강물 도도하게 흐르고 하루해 길고 기니 선생께서 편안히 계실 때의 모습이네. 지혜가 적은 자가 하늘에 대해 말을 해도 하늘은 말을 하지 않으며, 어리석은 소경이 해가 있는지 의심해도 해가 어찌 소경을 의심하리오. 사람마다 생각이 많은 데서 오는 잘못40)이 얼마나 될까. 사물마다 모두 오상을 가진 것은 아니네. 다만 이

---

39) 서로 본받아야 하는 벗: 원문의 '상관(相觀)'은 스승이 제자들을 절차탁마(切磋琢磨)시키는 것을 이르는 것으로, 『예기』 「학기(學記)」에 태학에서의 네 가지 학습법 가운데 "서로 보고 발전하게 하는 것을 '연마시킨다'고 한다.[相觀而善之謂摩]"는 것이 포함되어 있는데, 여러 제자들 중에서 똑똑한 사람 하나를 뽑아서 스승에게 대표로 질문하게 하고 다른 사람들은 이 문답을 듣고서 이해하게 하는 학습법을 말함.

40) 생각이 많은 데서 오는 잘못: 원문의 장랑(長廊)은 여러 번 생각할수록 의심이 생긴다거나 애초의 생각이 맞았다는 의미로, 중국 송나라 성리학자 정명도(程明道)가 장안의 창고에 앉아 긴 행랑의 기둥 숫자를 세었는데 두 번째 세어보니 처음 세었던 것과 맞지 않아서 다른 사람을 시켜 세었더니 처음 숫자가 맞았으므로, 마음속에 계속 담아두면 안정이 안 된다는 것을 알게 되었다는 데서 온 말임.

몸은 얽매이는 일이 없으니 추우면 입고 배고프면 먹는 것이 참된 지혜라네."라고 하였다. 이는 내 백부 선생께서 이런 일들에 대해 가르쳐 주시면서 정성스럽게 반복해서 타일러 주신 내용이다. 젊은 사람들의 논의가 이렇게까지 분분한데 나 또한 잘 알지 못하는 것을 가지고 억지로 고상한 논의에 참여할 수 있겠는가.

> 余過宿宋弟務觀 宋卒然問曰 兄則以天命之性 爲一乎二乎 余曰 以一言則爲一 以二言則爲二矣 又問曰 兄則謂禽獸有五常乎無乎 余曰 各呼其身來 吾當觀其五常之有無 仍題一詩曰 淸江滾滾晝遲遲 自在先生宴坐時 小智語天天不語 癡盲疑日日何疑 人人幾數長廊誤 物物皆非五常宜 祇是此身無所事 寒衣飢食卽良知 盖我伯父先生講說此事 不翅諄復 而少輩之紛紛 尙且如此 余又敢強其所不知 叅於高論乎

9 내가 시 두 수를 지어 벽에 붙여 두었다. 자의(諮議)41) 채군범(蔡君範)이 '마음과 감정과 뜻과 욕망은 위태로운 세계이고, 바름과 의로움과 중용과 인자함은 평탄한 길이네[心情意欲都危界 正義中仁是坦途].'라는 구절을 보고서 말하기를 "마음을 곧바로 위태롭다고 한 것은 적당하지 않네."라고 하기에 내가 말하기를 "원하는 대로 고치게."라고 하자 군범이 피식 웃으며 말하기를 "그대의 말이 다 합당하니 무얼 바꾸겠는가."라고 하였다. 또 "하루 세 끼 중에 죽 두 끼 먹는 일은 곤궁해진 이래 생겨났고, 소식 한 자라도 보내던 여러 벗들은 늙어 가니 없어졌네[三時再粥窮來有 一字諸朋老去無]."라는 구절을 보고서 말하기를 "'소식 한 자라도 보내던 여러 벗들은 늙어가니 없어졌네[一字諸朋老去無].'라는 구절은 좋지 않으니 '늙어가니 여러 벗 소식 한 자 없네[老去諸公一字無].'라고 하는 것이 좋겠네."라고 하기에 내가 웃으면서 답하기를 "그런가? 그러면 '궁박해진 이래로 죽 두 그릇 먹은 일 세 번이나 있었네[窮來再粥三時有].'가 좋지 않아지는데 어떤가?"라고 하고, 이어서 말하기를 "그대의 말이 다 합당하니 바꿀까?"라고 하며 장난스럽게 받은 말을 그대로 돌려주었다. 군범의 말은 덕망과 도량이 부족한 점이 애석하고, 나의 말은 들뜨고 경박한 데 빠진 점이 부끄럽다.

돌이켜 다시 생각해 보니 마음이란 것은 살아 있는 사물이라서 굳이

---

41) 자의(諮議): 세자시강원자의(世子侍講院諮議)를 줄여서 일컫는 말.

'도심(道心)'이라고 일컫지 않고 '마음'이라고 했다면 자연히 편안함과 위태함이 그 속에 다 들어 있는 법이며, 이는 범준(范浚)42)의 「심잠(心箴)」을 보면 어렵지 않게 알 수 있다. 하물며 '마음과 감정과 뜻과 욕망(心情意欲)'을 '바름과 의로움과 중용과 인자함(正義中仁)'의 대구로 삼았으니, '도심(道心)'과 '인심(人心)'의 구별이 간단하게 저절로 분명해진다. 그런데 군범은, 내가 '사람의 마음'을 그대로 '위태롭다'고 표현한 이유를 깊이 생각하지 않았기 때문에 대충 보고서 다르게 이해한 것이다. 또 나에게 그런 말을 한 것은 짐짓 백부 선생을 가볍게 여기는 마음이 자기도 모르게 저절로 튀어나왔던 것은 아닐까? 여기에 이런 내용을 적는 것은 반복해서 생각할 만한 자료로 삼기 위해서이다. 아, 이렇게 운운하며 수작하는 사이에도 이 마음의 위태함과 편안함을 또한 체험할 수 있다.

壁上有自題二詩 蔡諿議君範見心情意欲都危界 正義中仁是坦途之句 日 心直謂之危 未安 余日 願改之 君範哂日 君之言皆合當 易乎 又見三時再粥窮來有 一字諸朋老去無之句 日 一字諸朋老去無 不好 若日 老去諸公一字無 則好矣 余笑答日 然矣 然其如窮來再粥三時有之不好何 仍日 君範之言皆合當 易乎 爲反受報復之戲 君範之言 欠於德量 可歎 余之言 失之浮薄 可愧 抑又思之 心活物也 不日道心之前自在於安危界中 取范氏心箴而見之 則不難知矣 矧以心情意欲對正義中仁 則道心人心略自分曉 而君範以其不着人之心字直謂之危 故驟見而異之 且其言出於余 故先生輕侮之心 而自不免於率易耶 玆書此 以爲反復思索之資 噫 即此云云酬酢之間 此心之危與安 亦可體驗

10 서종조(庶從祖)들이 가난해서 신위를 받들 수 없자 그 당시 조천(祧遷)43)해야 하는 신위에 대하여 백부 선생께서는 일의 형세를 생각하고 예법의 의미를 참작하여 계부 판서공과 이리저리 상의를 하신 끝에 별좌공(別座公)44)의 신위는 선생 집에 봉안하고, 첨지공(僉知公)45)의 신위

---

42) 범준(范浚;1131~1162): 중국 송나라의 성리학자이자 경세가로, 자는 무명(茂名·茂明), 호는 향계(香溪). 소흥(紹興) 연간에 현량방정(賢良方正) 과거 시험에 합격하였으나 간신인 진회(秦檜)가 실권을 잡았다고 해서 자기 집 대문 밖으로 나가지 않은 채 학생들을 가르쳤고 연구에 매진하였음. 남송 시기 경세학을 주창하였던 절동(浙東) 지역 사공학파(事功學派)의 개창자임.
43) 조천(祧遷): 사당에서 모신 신주가 봉사손(奉祀孫)의 대수(代數)가 다한 경우, 4대 이내의 자손 중 항렬이 가장 높고 연장자인 사람의 집으로 옮겨 그 제사를 받들게 하는 것을 말함.
44) 별좌공(別座公): 별좌는 조선 시대 교서관(校書館)·상의원(尙衣院)·군기시(軍器寺)·예빈시(禮賓

는 묘소에 매장하셨다. 지금 별좌공의 신위를 서숙(庶叔)들이 모시고 갈 수 없다면 이 일은 마땅히 선생께서 이미 행하신 규범을 그대로 따라야 한다. 나의 이런 견해에 아우 영(瑩), 종제(從弟) 혁(爀), 집안 형님 흡(煵), 조카 양성(養性) 등은 동의했다. 그런데 종형(宗兄)과 종제 위(煒), 조카 정성(定性) 등은 "선생께서 어떤 사람의 질문에 대답하시면서 산소 아래에 사당 한 채 세우는 것을 허락하신 일도 있고, 사옹(沙翁)46)께서 맏자손의 집에 사당을 세운다는 말씀을 하신 적도 있으니 안산(安山) 산소 아래의 종가집 옆에다 사당을 세우는 것이 좋겠습니다."라고 하였다.

우리가 또 말하기를 "다른 사람의 질문에 대답하신 말씀이 참으로 근거로 삼을 만한 증거가 되겠지만 땅에 묻는 것은 백부 선생께서 말년에 몸소 행하신 일이니 우리들의 도리로는 결국 몸소 행하신 일을 따르는 것이 더 낫겠다."라고 하자, 위(煒)와 정성(定性)의 무리들은 또 말하기를 "지난번에는 종갓집이 가난했기 때문에 어쩔 수 없이 신위를 땅에 묻었지만 이제는 종형(宗兄)께서 관직에 나가 있고 형세도 크게 달라졌기 때문에 선생이 살아 계셨어도 굳이 땅에 묻지 않으셨을 것입니다."라고 하였다. 그래서 우리가 또 말하기를 "이 일은 네 분의 서숙들이 모두 돌아가시는 때를 한계로 삼아야 하는데 지금 종형(宗兄)께서 '내 생전에는 어찌 감히 마음을 다해서 제사를 받들지 않겠는가.'라고 하시니, 그렇다면 훗날의 어려움은 지금보다 배는 더할 것이다. 그리고 예법을 제정하는 것은 아무나 할 수 있는 일이 아니니 지금 우리 후생들이 자기의 망령된 견해를 가지고 부형께서 몸소 행하신 일들을 바꾸고 고치는 것은 대단히 옳지 않다. 오로지 그대로 따라 행하는 것 외에는 달리 따질 것이 없다. 혹시라도 다른 사람이 '선생께서 몸소 행하신 일은 저러했는데 자제들이 처리하는 것은 이렇구나. 똑같은 일인데도 어찌 그렇게도 상반되는가.'라고 헐뜯는다면 무슨 말로 해명하겠는가."라고 하였다.

처리하기 어려운 수많은 단서와 의리에 맞는 수많은 증거에 대해, 각기

寺)·빙고(氷庫) 등 서울의 여러 관청에 딸린 정·종5품 벼슬. 여기서는 별좌를 지낸 권개(權鍇)를 가리키는 듯한데 권개는 권현(權鉉)의 사촌이며, 후사가 없음.

45) 첨지공(僉知公): 첨지중추부사를 지낸 권현(權鉉)인 듯함. 『안동권씨화천군파세보』에 의하면 다음과 같이 세대가 이어져 있음. 권현(權鉉)→권대성(權大成)→권정(權霆)→권성원(權聖源)→권격(權格)→권상하(權尙夏).

46) 사옹(沙翁): 조선 시대 문신이자 예학의 태두인 김장생(金長生;1548~1631)으로, 자는 희원(希元), 호는 사계(沙溪).

오고 간 말들과 서찰도 많았지만 종형(宗兄)은 끝내 위(煒)와 정성(定性)의 말을 받아들여 바꾸지 않으려는 마음이 확고했기 때문에 마지못해 내 생각을 굽히고 그 뜻을 받들기로 하였다. 이런 내막을 여기에 적고 그 일을 기록하는 까닭은, 나의 견해가 부형께서 만드신 법규와 다르지 않다는 것을 분명하게 밝히고, 이를 자손들에게 보여 주려는 마음에서이다.

○ 산소 아래에 사당을 세우는 의론이 이미 정해졌고, 이어 제사를 받드는 여러 절차도 만들어지고 모든 법식과 의례도 두루 갖추어졌다. 이에 내가 말하기를 "땅에 묻어야 한다든가 산소 아래에 사당을 세워야 한다든가 종갓집에 사당을 세워야 한다는 등의 여러 말들은 모두 급박하고 어쩔 수 없는 상황에서 나온 것들이다. 이제 이에 해당하는 조목들이 이렇게 구비되었으니 최장방(最長房)47)의 집에 사당을 세우고 여러 자손들이 모든 것을 조목에 따라 도와줌으로써 최장방으로 하여금 제사를 받들게 해야만 명분이 바르게 되고 말이 순리에 맞게 될 것이다."라고 하였다. 그러자 아우와 조카들이 말하기를 "의론이 일단 정해졌으니 계속해서 바꾸고 고치는 것은 어렵습니다."라고 하였다. 내가 말하기를 "계속해서 바꾸고 고치는 것은 진실로 어렵지만, 최장방의 집에 사당을 세우자는 의론이 나온 것은 별도의 새로운 의견을 내는 것과는 다르다."라고 하였다. 이에 모든 의론이 하나로 귀결되었고, 최장방도 다른 말을 하지 않고 즉시 승낙하였다. 그런데 혁(爀)은, 내가 이번 일에 대해 계속 이야기하는 것에 대하여 기필코 승부를 겨뤄 이겨야만 멈추려는 것이라면서 나를 나무라며 책망하니 그의 미혹과 고집이 너무 단단하여 깨트릴 수가 없었다.

내가 이번 일에 대해서 처음에는 땅에 묻어야 한다고 주장하였다가 끝에 가서는 최장방이 받들 것을 권하였는데, 이에 대해 위(煒)는 정해진 견해가 없는 것이라고 나를 나무랐다. 그래서 내가 말하기를 "성현께서도 처음과 나중의 견해가 다른 경우가 있는데 내가 어찌 그러지 않을 수 있겠는가. 하물며 막중한 일에 있어서는 반복해서 이리저리 의논하는 것이 중요하다. 나에게 정해진 견해가 없는 것은 그대들이 한 가지 마음먹은 것을 끝내 바꾸지 않는 것보다는 낫다."라고 하였다. 요즘 사람들은 대부분 허물을 고치는 것을 부끄럽게 여겨 마침내 일이 잘못되는 것을 좋아한다는 것을 아이들은 잘 기억해야 할 것이다. 오직 절개를 세우는 일에 있

---

47) 최장방(最長房): 어느 집안에서 항렬이 가장 높은 자.

어서는 한 번 정해지면 흔들리지 않는 것이 좋다.

當日祧遷之位 庶從祖輩 貧殘無以奉去 故伯父先生 商量事勢 參酌禮義 與季父判書公 爛漫相議 奉安別座公位于先生家 僉知公位 則埋安于墓所矣 今別坐公位 庶叔輩不能奉去 則事當一依先生已行之規 埋安爲宜 爕意與家弟瑩從弟爔族兄熉從姪養性同 宗兄及從弟焯從姪定性 則以爲先生又有答人之問 許立一廟於墓下 沙翁又有宗子家立廟之說 立廟於安山墓下宗家之傍爲宜 爕輩又曰 答人問 誠有可據之證 而埋安則是末年身行之事 在吾輩之道 終不如遵其身行之事矣 焯定輩又曰 前日則宗家窮殘 故不得不埋安 今則宗兄有官形勢大異 先生在 亦不必埋安矣 爕輩又曰 此事當以四叔盡死爲限 而今宗兄云 吾生前敢不盡心奉祀 然則他日難處 又有倍於今日 而制禮又非常人事 今我後生輩 以自己妄見變改父兄身行之事 大段不可 只當遵行之外 無他可論也 人有議之者曰 先生自行者如彼 而子弟之所處者如此 同是一事 而何其相反也云 則何說而解之 許多難處之端 許多義理之證 各有許多往復之言語書札 而畢竟宗兄之心 納焯定之言 而確乎難動 不得不屈意奉承 仍書此 記其事 以明己見之不異於父兄成規 流示子孫 ○墓下立廟 議已定 成出奉祀諸節 凡例具備 則爕曰 埋安云云墓下立廟云云宗家立廟云云 皆出於迫 不得已今此節目如是之備 立廟於最長之家 諸子孫之助一依節目 而使最長者奉祀 名正言順矣 弟姪輩曰 議論一定 續續變改爲難 爕曰 續續變改則 誠難矣 最長家立廟之議出 則與別生一意見者異矣 於是諸議歸一 最長者亦無辭卽諾 而爔也 譏責此身之言不已 必欲角勝乃已 其迷惑固執 牢不可破 盖爕於此事 初主埋安 末又勸奉於最長房 焯以無定見譏之 爕曰 聖賢亦有初晩之見 吾何免焉 況莫重之事 貴在反復爛漫 吾之無定見 似勝於君輩之一德不回 兒輩志之 今之人率多恥改過而喜遂非矣 唯立節事 則一定不搖可也

11 백부께서는 평소에 사람들을 온화하게 대하시다가도 엄격하게 끊어야 할 곳에서는 늠름하여 범접할 수 없는 경우가 있다. 대사헌 임상원(任相元)[48]이 그 숙부인 예천 군수 임당(任堂)[49]과 함께 와서 뵙기를 청하였을 때 임당이 일찍이 고묘소(告廟疏)[50]에 참여했다고 해서 오직 대사헌

---

48) 임상원(任相元;1638~1697): 조선 후기 문신으로, 자는 공보(公輔), 호는 염헌(恬軒).
49) 임당(任堂;1638~?): 조선 후기 문신으로, 자는 의경(義卿). 지평(持平)·정언(正言)·필선(弼善)·장령(掌令) 등을 역임하였고, 1679년(숙종 5) 송시열을 사형에 처하는 일에 머뭇거리는 임금에게 대사간 최문식(崔文湜)·집의 목임유(睦林儒) 등과 함께 송시열은 마땅히 죽여야 하는 인물임을 강조하는 내용의 합계(合啓)를 올렸음.
50) 고묘소(告廟疏): 종묘 사당에 어떤 일을 알리기 위한 상소문을 준비하는 곳. 1659년(효종10)

만 들어오도록 하셨다. 또 오도일(吳道一)51)이 청풍 부사가 되어 자주 와서 배알하자 수령과 백성의 예로 영접하셨다. 오도일이 친절하고 정답게 대해 주시기를 바라자 백부 선생께서 말씀하시기를 "성주(城主)께서 우리 우암 선생을 모실 때에 예전에는 자식이나 조카처럼 대하시다가 요즘에는 온 힘을 다해서 욕보이고 있습니다. 그런데 제가 성주와 친절하고 정답게 어울리고자 한들 어찌 제 마음이 편안하겠습니까."라고 하였다. 오도일이 누누이 해명을 하려고 하자 말씀하시기를 "사람이 누구인들 허물이 없겠습니까. 그것을 고치면 마땅히 마음이 풀리지요. 지금 성주께서는 그 말과 일을 모두 숨기고 있으니 제가 감히 믿을 수 있겠습니까."라고 하시고는 끝내 한 번도 사람을 보내어 감사한 마음을 전하지 않으셨으니 이는 결국 우암 선생을 욕보인 것에 대해 책망하는 마음을 드러내신 것이다.

제자인 이해(李瀣)52)가 와서 그 조부 지호공(芝湖公)53)의 묘지문을 부탁했을 때는 즉시 허락하셨으나 이해가 죽은 뒤 그의 아비 이창휘(李昌輝)가 편지를 보내 거듭 간곡하게 부탁하였을 때에는 돌려보내셨다. 문하의 여러 사람들이 말하기를 "지나치신 듯합니다. 박태희(朴泰晦)54)의 일이 있고서도 현석(玄石)55)의 묘문을 짓지 않으셨습니까?"라고 하자 "아마도 꼭 그렇게 해야만 했을 것이다. 그러나 박태회의 요청으로 글을 지은 것도 사실 괴로운 일이었다."라고 하셨다.

우옹께서 율옹의 고산도(高山圖) 병풍을 보관하고 계시다가 〈무이도가

효종 승하 시에 자의대비의 복제를 놓고 벌어진 기해예송에서, 송시열 등의 서인은 효종을 맏아들이 아닌 것으로 간주하여 기년복(朞年服)을 주장해 채택되었는데, 1674년(현종15) 효종의 비 인선왕후 승하 시에 벌어진 갑인예송에서는 효종을 맏아들로 간주한 남인의 주장이 채택되자 조정에서 효종에 대해 서자복(庶子服)을 입었다고 한 것을 적자복(嫡子服)을 입은 것으로 고쳐서 종묘에 알려야 한다는 논의가 일어났음.

51) 오도일(吳道一;1645~1703): 조선 후기 문신으로, 자는 관지(貫之), 호는 서파(西坡).
52) 이해(李瀣;1691~?): 세종의 다섯째 아들 광평대군(廣平大君) 여(璵)의 후손으로, 창휘(昌輝)의 아들.
53) 지호공(芝湖公): 조선 후기 문신인 이선(李選;1632~1692)으로, 자는 택지(擇之), 호는 지호(芝湖)·소백산인(小白山人). 송시열의 문인이며, 예조와 이조의 참판을 지냈는데 1689년 대간의 탄핵을 받고 기장에 귀양 가 유배지에서 죽었음.
54) 박태회(朴泰晦;?~?): 박세채(朴世采)의 4남. 박태회와 그의 장남인 브·필위(朴弼渭)가 과거 시험 부정사건으로 1703년에 진도로 유배되었다가 다시 제주도로 옮겨졌음.
55) 현석(玄石): 조선 후기 문신이자 학자인 박세채(朴世采;1631~1695)로, 자는 화숙(和叔), 호는 현석(玄石)·남계(南溪).

(武夷櫂歌)〉의 운을 똑같이 사용하여 율옹의 〈고산가곡(高山歌曲)〉을 한시로 바꿔 그 병풍 위에 붙이고자 하셨다. 미처 완성을 못한 채 돌아가실 즈음에 먼저 첫째 수를 지으시고는 백부와 곡운(谷雲)56)·퇴우(退憂)57)·문곡(文谷)58)·제월(霽月)59)·수촌(睡村)60) 다섯 분과 둘째 손자인 교리공(校理公)61)으로 하여금 이어서 짓게 명하셨다. 호곡(壺谷)62) 남공은 기사년에 의로운 기상을 보여주었다는 점 때문에, 임상원(任相元) 공은 소북(小北)이지만 율옹을 잘 알고 존숭한다는 점 때문에 이 두 사람도 읊조리도록 똑같이 명하셨다. 그래서 각자 구곡을 보고서 하나씩 시를 짓기로 하였는데 완성되기 전에 돌아가신 분들이 많아서 백부께서 다시 분배를 하셨다. 옥오공(玉吾公)63)은 제월(霽月)을 대신하고, 나의 외조부 우사공(雩沙公)64)은 퇴우(退憂)를 대신하고, 장암공(丈岩公)65)은 호곡(壺谷)을 대신하고, 지촌공(芝村公)66)은 임 공을 대신하도록 하셨다. 그리고 삼연공(三淵公)이 만년에 성리서의 이치를 이해했다는 말을 들으시고는 다시 우사공을 대신하게 하셨다. 나중에 삼연이 지은 〈졸수재지문(拙修齋誌文)〉가

---

56) 곡운(谷雲): 조선 후기 문신이자 성리학자인 김수증(金壽增;1624~1701)으로, 자는 연지(延之), 호는 곡운(谷雲).
57) 퇴우(退憂): 조선 후기 문신이자 학자인 김수흥(金壽興;1626~1690)으로, 자는 기지(起之), 호는 퇴우당(退憂堂)·동곽산인(東郭散人).
58) 문곡(文谷):: 조선 후기 문신인 김수항(金壽恒;1629~1689)으로, 자는 구지(久之), 호는 문곡(文谷).
59) 제월(霽月): 조선 후기 문신인 송규렴(宋奎濂;1630~1709)으로, 자는 도원(道源), 호는 제월당(霽月堂).
60) 수촌(睡村): 조선 후기 문신인 이여(李畬;1645~1718)로, 자는 자삼(子三) 또는 치보(治甫), 호는 포음(浦陰)·수곡(睡谷).
61) 교리공(校理公): 조선 후기 문신인 송주석(宋疇錫;1650~1692)으로, 자는 서구(敍九), 호는 봉곡(鳳谷).
62) 호곡(壺谷): 조선 후기 문신이자 학자인 남용익(南龍翼;1628~1692)으로, 자는 운경(雲卿), 호는 호곡(壺谷).
63) 옥오공(玉吾公): 조선 후기 문신인 송상기(宋相琦;1657~1723)로, 자는 옥여(玉汝), 호는 옥오재(玉吾齋).
64) 우사공(雩沙公): 조선 후기 문신인 이세백(李世白;1635~1703)으로, 자는 중경(仲庚), 호는 우사(雩沙)·북계(北溪).
65) 장암공(丈岩公): 조선 후기 문신인 정호(鄭澔;1648~1736)로, 자는 중순(仲淳), 호는 장암(丈巖)이며, 정철(鄭澈)의 현손.
66) 지촌공(芝村公): 조선 후기 문신인 이희조(李喜朝;1655~1724)로, 자는 동보(同甫), 호는 지촌(芝村).

운데 성리학을 논한 부분에서, 삼연이 율곡의 견해를 처음부터 잘못 알고 기술한 내용을 발견하시고는 크게 놀라 마침내 그 시를 빼 버렸다. 장암공의 경우는 그 운을 따라 지었을 뿐 가곡의 의미는 완전히 도외시했기 때문에 고쳐 달라고 여러 번 부탁하셨으나 끝내 들어주지 않아서 그 시도 사용되지 못하였다.

> 伯父平日待人和平 而其嚴截處 有凜然不可犯者 大司憲任公相元與其叔醴泉郡守堂 同來請謁 以堂曾參告庙疏 只許大憲入來 吳道一爲淸風府使 數數來拜 以城化之禮迎接 吳欲款洽 則曰 城主之事我尤菴先生 曾子姪之柸似 今其詬辱不遺餘力 與之款洽 豈心所安 吳縷縷發明 則曰 人誰無過 改之則當渙然矣 今城主全諱其言與事 吾敢信乎 終不一送人回謝 以致有畢竟噴辱之厄 及弟李瀷以其祖父芝湖公誌文 來請 卽許之 瀷死後 其父昌輝以書申懇 則遽送之 門下諸君曰 似過矣 以朴泰晦之故 亦不作玄石墓文乎 曰豈必然也 然以朴泰晦之請作文 則苦矣 尤翁嘗畜栗翁之高山圖障子 擬步武夷櫂歌韻 翻栗翁高山歌曲 題其上而未果 臨命 自題其頭辭一詩 仍命伯父及谷雲退憂文谷霅月睡村五公及其仲孫校理公賡之 以壺谷南公有氣節於己巳 任公相元以小北而知尊栗翁 並命有咏 就九曲而各題其一 未及成而死者多 故自伯父更爲分排 以玉吾公代霅月 我外王父霅沙公代退憂 丈岩公代壺谷 芝村公代任公 聞三淵公晚理性理書 又以代霅沙公矣 後於三淵所述拙修齋誌文中論撰理學處 見其有始知栗谷差處之說 大以爲駭 遂拔去其詩 丈岩則只步其韵 而全不顧歌曲旨意 屢要改述而終不聽 故其詩亦不得用

12 나는 외증조모인 정경부인 김 씨로부터 안고 어루만져 주시는 은혜를 적지 않게 입었고, 외외증조모 정경부인 홍씨께서는 내가 강보에 싸였을 때 사랑하고 길러 주셨으며, 외외종조모 숙휘공주[67]와는 모자 같은 사랑이 있기 때문에 크고 작은 제사에 반드시 참석을 하였다. 이제는 그 종손의 무리가 임인년[68]과 무신년[69]의 사건에 참여하였을 뿐 아니라 나의 백부를 무고하고 모욕하는 상소에까지 참여하였기 때문에 그 집안에

---

67) 숙휘공주(淑徽公主;1642~1696): 효종과 인선왕후 장 씨의 4녀.
68) 임인년(壬寅年): 경종 2년인 1722년으로, 목호룡의 고변에 의해 노론 사대신 및 노론 세력 등 약 170여 명 이상이 처형되거나 유배된 옥사가 일어난 해.
69) 무신년(戊申年): 영조 4년인 1728년으로, 소론 과격파들과 남인이 영조와 노론을 제거하고 밀풍군(密豊君) 탄(坦)을 왕으로 추대하기 위해 일으킨 난으로, 이인좌가 중심이 되었기 때문에 이인좌의 난이라고도 함.

일절 발걸음을 하지 않고 있다. 그래서 제사 때만 되면 영원히 내 마음을 펼 방법이 없어 통탄하고 통탄한다.

> 余於外曾祖妣貞敬夫人金氏蒙被撫抱之恩不少 外外曾祖妣貞敬夫人洪氏自襁
> 褓中鞠育 外外從祖母淑徽公主有母子之愛 故其大小祭祀 必參矣 今其宗孫輩皆有
> 犯於壬寅戊申事 又參涉於誣衊伯父之疏 遂絶跡於其門 祭祀時 永無伸情之道 痛
> 歎痛歎

13 이 나라에 살면서 사대부로서 이미 성인의 가르침을 듣지 않은 것도 아니고, 또 여러 부형들의 가르침도 익숙하게 익혔기 때문에 자리 옆에 써 두고서 스스로 반성하고 또 아이들을 경계하기도 하였다. 그런데 이진유(李眞儒)70)가 제천을 다스릴 때, 그가 유배 온 장희재(張希載)71)의 아주 가까운 친척에게 물건을 보내어 구휼해 주었다는 소문이 널리 퍼진 것과 박필문(朴弼文)이 청풍을 다스릴 때, 뇌물을 지나치게 탐하다가 대간의 탄핵을 받고 붙잡혀 간 것에 대해서 사람들이 모두 내가 지휘하고 사주한 것으로 의심하여 자기 고을의 수령을 모함한 죄율을 내게 적용하려고 하였다. 일생 동안 근신해 왔음에도 불구하고 하마터면 실상이 아닌 일로 곤액을 당할 뻔하였으니 우습다.

> 居是邦 不非其大夫 已有聞於聖人之訓 且服習於諸父兄之敎 書之座右 自省而又
> 戒兒孫輩矣 眞儒爲堤川時 以其餽恤希載密族之謫來者 聲聞彰露 朴弼文爲淸風時
> 以其貪贓之根籍 遭臺騷而被逮 皆疑我指嗾 欲施謀陷土主之律 幾乎不免一生謹愼
> 而遭困阨於非情 可笑

14 내가 아내와 사별한 뒤에 조정이(趙定而)72) 공이 외조부를 찾아와 말하기를 "제게 종매(從妹)가 있는데 혼인을 맺고자 합니다."라고 하였다.

---

70) 이진유(李眞儒;1669~1730): 조선 후기 문신으로, 자는 사진(士珍), 호는 북곡(北谷).
71) 장희재(張希載;?~1701): 조선 후기 총융사, 금군 별장 등을 역임한 무신. 역관 장현(張炫)의 종질이며, 장희빈의 오빠.
72) 조정이(趙定而): 조선 후기 문신이자 학자인 조정만(趙正萬;1656~1739)으로, 자는 정이(定而), 호는 오재(寤齋).

외조부께서 사양하시면서 "이미 이 씨 집으로 정해졌습니다."라고 하셨다. 하루는 내가 외조부를 뵙고 말씀드리기를 "지난밤의 꿈이 이상합니다. 기러기를 들고서 이 공 댁 문에 들어갔더니 이 공이 빙고(氷庫) 별검(別檢)73)이 되셨고, 또 봉화 지역의 하인들은 신연(新延)74)을 위해 그 집 문 안팎에 많이 와 있었습니다."라고 하였다. 얼마 후에 정안(政眼)75)이 내려왔는데 이 공이 빙관에 추천되어 낙점을 받았다고 하였다. 그러자 외조부께서 웃으시면서 "너는 얼음 조각을 배불리 깨돌어 먹을 수 있게 되었구나."라고 하셨다. 혼인을 반 달 앞두고 이 공이 혼인을 물리겠다고 하자 외조부께서는 즉시 조 공을 맞이하여 다시 혼인을 약속하고 혼례를 거행하였다. 이 공은 후에 봉화 현감이 되었다가 돌아가셨다.

내 누이의 혼인 때이다. 황 대감76) 어른의 집이 가난하기는 했지만 집안에 사람들이 많은 데다 모두 어질고 착해서 두말없이 혼인하기로 정하여 그 집 맏아들 백도(伯圖)77)의 며느리가 되었다. 혼례가 다 끝난 뒤 백도 내외와 두 아우78)가 모두 죽고 오직 성응(聖應)79) 한 사람만 남았다. 또 매부80)의 형제도 다 죽고 오직 황석(黃晳) 한 사람만 남았으며, 황 대감 어른의 경우는 아우 네 사람이 다 죽고 오직 황 대감 어른 한 분만 남았다.

내 아들의 혼인 때이다. 내 친구 유군사(俞君四)에게 물었더니 군사가 손가락을 꼽아가면서 명수(命數)를 따져본 뒤 제일 먼저 송덕보(宋德普)81)를 말하기에 내가 "더 말하지 않아도 되네. 혼인은 정해졌네."라고 하였

---

73) 별검(別檢): 전설사(典設司)의 종8품 벼슬 또는 빙고(氷庫)·사포서(司圃署)의 정8품·종8품의 벼슬인데 별다른 봉록을 받지 않는 무록관(無祿官)임.
74) 신연(新延): 지방 관아의 장교와 이속들이 그 지방에 새로 부임하는 수령을 집에 찾아가서 맞아 오는 일.
75) 정안(政眼): 관원들의 임명과 해임 등을 기록한 문서로, 정목(政目)이라고도 함.
76) 황 대감: 황수하(黃受河)의 부친인 황흠(黃欽;1639~1730).
77) 백도(伯圖): 영조 때의 문신인 황수하(黃受河)의 자(字).
78) 두 아우: 황수하의 아우로 서하(瑞河)·계하(啓河)·주하(柱河)·규하(奎河) 4인이 있었는데 주하는 황흠의 6촌인 황천(黃釧)의 양자로 나갔으니 남은 아우 셋 중에서 계하, 규하를 가리킴.
79) 성응(聖應): 영조 때의 문신인 황서하(黃瑞河;1667~1769)의 자(字).
80) 매부: 여기서는 황수하의 아들이자 옥소의 매부인 황식(黃埴)을 가리키며, 황식에게는 석(晳)과 권(權)이라는 두 아우가 있었음.
81) 송덕보(宋德普): 송순석(宋淳錫). 송시열의 손자로서 박세채의 사위가 되었음. 이 사람의 딸이 권섭의 맏며느리가 되었으니 권섭의 맏며느리는 송시열의 증손녀이자 박세채의 외손녀임.

다. 군사가 "어찌 그리 성급한가?"라고 하기에 내가 말하기를 "(송덕보는) 우옹의 손자인 데다가 송덕보의 딸은 현석(玄石)의 외손녀이니 이만하면 족하네. 어찌 굳이 다시 고를 필요가 있겠는가"라고 하였다. 군사가 말하기를 "처자를 어떻게 알고?"라고 하기에 내가 말하기를 "내가 덕보 공의 사람 됨됨이를 보건대 그 딸은 반드시 어질 것일세."라고 답하고는 곧바로 통지하였다. 그러자 동춘옹(同春翁)의 손녀인 종질부82)가 말하기를 "제가 이웃에 인접해 살면서 늘 봐 왔는데 마마 자국이 참혹할 정도로 남아 있습니다."라고 하자 어머니께서 난색을 표하셨다. 내가 아뢰기를 "이미 제 스스로 편지를 보내서 혼인하기로 약속을 했으니 바꿀 수 없습니다."라고 하고는 마침내 맞아들였는데 얼굴에 흠결 하나 없었다. 그러자 종질부가 말하기를 "부끄럽게도 제가 다른 사람을 기억했나 봅니다."라고 하였다.

　내 딸아이의 혼인 때이다. 정형익(鄭亨益)83) 대감이 김덕유84)의 아들을 사위로 맞이할 때 나를 초청했기에 그 자리에 가서 다른 사람들과 함께 둘러앉았다. 내가 말하기를 "사위가 훌륭합니다."라고 하자, 여러 공들이 말하기를 "그 둘째는 훨씬 뛰어납니다."라고 하였다. 그래서 즉시 김덕유를 오게 한 다음에 말하기를 "자네의 둘째 아들을 내가 사위로 삼고 싶네."라고 하자 덕유가 말하기를 "좋네, 좋아."라고 하였다. 그래서 내가 말하기를 "나는 굳게 약속하네만 자네는 굳게 약속하지 않는 것이 좋네. 내 딸아이는 아직 천연두를 앓지 않았다네."라고 하자 덕유가 말하기를 "어찌 먼저 말하지 않았는가. 그러나 이미 약속을 했으니 다른 말을 하는 것은 옳지 않네."하고 하였다. 그러자 여러 공들이 말하기를 "혼인이 정해졌는가? 시원시원하군."이라고 하였다. 내가 집으로 돌아와서 집안 식구들에게 얘기했더니 어머님과 안사람이 모두 고향을 이유로 난색을 드러냈다. 얼마 후에 덕유가 다시 그의 부인과 사별하자 내 안사람이 더욱 낙심하였다. 그래서 내가 어머니께 말씀드리기를 "제가 김덕유와 매우 가깝게 지내는 것은 어머님께서도 아시는 바입니다. 어찌 혼인 약속을 바꿀

---

82) 종질부: 권상하의 손자인 권정성(權定性)의 부인으로, 동춘당(同春堂) 송준길(宋浚吉)의 증손녀임.
83) 정형익(鄭亨益;1664~1737): 조선 후기 문신으로, 자는 시해(時偕). 호는 화암(花巖).
84) 김덕유(金德裕): 조선 후기 문신인 김유경(金有慶;1669~1748)으로, 자는 덕유(德裕), 호는 용주(龍洲)·용곡(龍谷).

수 있겠습니까."라고 하고는 끝내 마음이 흔들리지 않았다. 사위가 우리 집 문으로 들어올 때 온 식구들이 웃고 기뻐하면서 말하기를 "하마터면 이렇게 훌륭한 신랑감을 놓칠 뻔했구나."라고 하였다. 이로 보아 혼인은 중대한 일이고, 모든 것을 하늘이 정하는 것이지 사람이 도모할 수 있는 것이 아님을 알 수 있다.

余喪偶後 趙公定而來我外王考曰 有從妹 願結親 王考謝曰 已定於李之老家矣 一日余往拜外王考曰 夜夢異矣 執鴈而入李門 李爲氷庫別檢 而奉化下人 以新延多 在其門內外矣 俄而政眼來 李擬氷官而受點矣 王考笑曰 汝將飽嚼氷片矣 臨婚隔半月 而李乃退托 王考卽邀趙公更約之 遂行禮 李後爲奉化縣監而死 妹婚時 以黃台丈家雖貧 人丁繁而皆仁善 一言以定之 爲其長子伯圖之家婦 婚成後 伯圖內外及兩弟皆死 獨聖應一人在 妹夫兄弟皆死 獨誓一人在 黃丈四弟皆死 獨黃丈一人在 兒婚時 問於俞友君四 君四屈指歷數 首言宋德普 吾曰 且止之 婚已定矣 君四曰 何邊也 吾曰 尢翁之孫 玄石之外孫 如是足矣 何必更擇 君四曰 處子何知 吾曰 吾觀德公爲人 其女必賢矣 仍直書通之 從姪婦春翁之孫也曰 接隣居而慣見之 痘痕之騃慘矣 慈意難之 吾告曰 已以自書結約 不可更矣 竟娶之 面無一瑕 姪婦曰 愧是換記他人矣 女婚時 鄭台亨益迎金德裕子爲壻 邀我續席 余曰 壻賢矣 諸公曰 其次則尤奇矣 卽請德來曰 君之次子 吾欲壻之 裕曰 好好 余曰吾則牢定 而君則勿牢定 可也 吾女未痘矣 裕曰 何不先言之 旣約而有他言 不可 諸公曰 婚定乎 快夫快夫 歸言于家中 則親意室言 皆以鄕爲難 俄而裕又喪配 室言尤落落 余告于親闈曰 子之與金某交驩 高堂所知 何可改也 遂不撓 及壻入門 滿室笑樂曰 幾乎失此仙郞 是知婚姻大事也 皆有天定 非人謀之所可容也

15 종백형(從伯兄)께서 사복시(司僕寺) 주부(主簿)가 되었을 때 병으로 관직을 수행하기 어려웠다. 내가 외조부께 갔다가 마침 그 자리에서 박동(礴洞) 이 상공을 뵈었다. 내가 말하기를 "종형(從兄)이 객지에서 벼슬살이를 하는 것이 마음 아픕니다. 수운 판관[85]으로 옮길 수 있다면 편할 것입니다."라고 하였다. 백부께서 들으시고는 편지를 보내어 꾸짖으시기를 "선비는 처녀와 같다. 처녀가 다른 사람의 중매쟁이가 된다면 옳은 일이겠느냐. 너는 『성학집요』를 읽었는데도 이렇게 연줄 따위로 벼슬자리를

---
85) 수운 판관(水運判官): 조선 시대 경기도 관찰사 밑에서 한강의 수운을 담당하던 종5품 관직.

청탁하다니 탄식할 만하다. 그러나 이 책을 읽어 점점 익숙해진다면 이런 근심은 저절로 없어질 것이니 오직 그렇게 되기만 기다릴 뿐이다."라고 하셨다. 나는 마음속으로 "이 상공은 종백형에게는 외삼촌이고 나에게는 외가의 매우 가까운 친척인 데다 외조부 역시 종백형의 외당숙 되는 친척이며, 내가 말씀드린 내용도 관직을 올리고 내리는 일이 아닌데도 꾸짖고 책망함이 이와 같으시니 그것이 순리를 따르는 도리가 아님을 알겠다."라고 하고는 더욱 삼가고 조심하여 도리를 잃지 않도록 하였다.

계부께서 이조 판서로 계실 때 내가 계부의 명을 받들어 노유학(老幼學)[86]으로 이성윤(李成允)과 윤득신(尹得莘)을, 명망 있는 선비로 심봉의(沈鳳儀)와 윤최적(尹最績)을, 효행인으로 박정규(朴廷珪)를 추천 드렸더니 계부께서 "조카 모(某)가 추천한 사람들"이라고 벽에 써 두셨다.

외삼촌께서 이조 판서로 계실 때에 '기호 지방의 선비로는 누가 있는가?'라고 물으시기에 이이근(李頤根)·채지홍(蔡之洪)·한원진(韓元震)·이간(李柬)을 말씀드렸고 그 다음으로는 윤봉구(尹鳳九)·현상벽(玄尙璧)·윤승래(尹升來)·이선직(李先稷)·황종하(黃宗河)·성이홍(成爾鴻)을, 또 그 다음으로는 민정수(閔正洙)·박태후(朴泰垕)·김취려(金就礪)·홍이장(洪以樟)·채응상(蔡膺祥)·김정좌(金鼎佐)·심윤(沈潤) 등을 말씀드렸더니 외삼촌께서 모두 종이에 써 두셨다가 누군가 이 사람들을 추천하는 사람이 있으면 "내 생질 모(某)도 얘기하더라."라고 하셨다.

이 사람들은 모두 친부형들로부터 공공연하게 칭송받은 인물들로 털끝만큼도 나의 사사로운 마음이 없었으니 '처녀가 중매하는 혐의'는 없을 것이다. 나중에 백부의 그 말씀을 생각할 때마다 부끄럽고 후회하는 마음이 없지 않다. 나중에 백부의 연보에서, "진사 시절에 이경억(李慶億)[87] 공에게 5~6명을 추천해 올린 것은 질문하셨기 때문에 답한 것이었다."라는 글과 편지글에서 "율옹께서 이조 판서로 계실 때 구봉[88]이 추천하는 사람을 버리지 않으시면서 '이 사람은 이천(伊川)이라도 거절하지 않을 것입니다.'라고 하셨습니다."라고 쓰신 것을 보고는 그제야 사촌 형님 사건 때에 꾸짖고 책망하신 까닭은 오로지 나의 사사로운 마음에서 나왔기 때

---

86) 노유학(老幼學): 관직에 아직 오르지 않았거나 과거를 준비하며 학교에 재학 중인 나이 든 유생.
87) 이경억(李慶億;1620~1673): 조선 후기의 문신으로, 자는 석이(錫爾), 호는 화곡(華谷).
88) 구봉(龜峯): 조선 전기의 서얼 출신 유학자이자 문인인 송익필(宋翼弼;1534~1599)로, 자(字)는 운장(雲長)이며, 시와 문장에 모두 뛰어나 선조 대의 8문장가로 칭해짐.

문인 것을 알았다.

> 從伯氏爲司僕主簿 病難供職 適於外王考 座上逢磚洞李相公 余日 從兄之旅官 可悶 移差水運判官 則便矣 伯父聞之 下書責之曰 士子如處女 處女爲他人作媒 可乎 汝方讀聖學輯要 而猶作奔競之習 可歎 然讀此書漸熟 則自無此患 唯此之俟耳 小子心以爲李相公 於伯氏爲母之弟 於我爲外黨切親 而外三考亦伯氏從舅之親也 所言又非陞遷之事 而今其誨責如此 知其非安靖之道也 遂益謹愼而不放過 季父判銓時 因下敎 薦老幼學李成允尹得莘 名下士沈鳳儀尹最績 孝行人朴廷珪 季父書之壁曰 從子某所薦也 內舅氏判銓時 以李頤根蔡之洪韓元震李東應其湖中儒士之問 其次則曰 尹鳳九玄尙璧尹升來李先稷黃宗河成爾鴻 又其次則曰 閔正洙朴泰垕金就礪洪以楙蔡膺祥金鼎佐沈潤 舅氏皆籍于紙 客有薦人者則曰 吾甥某亦言之 凡此皆公誦於親父兄而無一毫之私 則其不有處子作媒之嫌耶 追念伯父之言 不能無慚悔之心矣 後見伯父年譜 爲進士時 薦進五六人於李公慶億 以應其勤問 又見於書 栗翁秉銓時 不去龜峯之所薦曰 是伊川之所不辭也 始知從兄時誨責 豈以其一出於私意也

16 일찍이 백부 선생을 모시고 앉아 있을 때 "공거(公擧)의 일은 어떻게 생각하십니까?"라고 여쭙자 선생께서 말씀하시기를 "공거를 공박하는 자들은 공거가 나에게 대든다고 의심해서 그런 것인데 지나치다. 다만 공거의 성격이 편벽되고 고집스러워 그런 것이니 독서가 익숙해지고 학문이 진보하면 이런 근심은 저절로 없어질 것이다. 시경에 이르기를 '온화하고 온화하며 남에게 공손하니 바로 덕망의 기초이네.'라고 하였다. 단지 이 사람 공거에게 온화하고 공손함이 적은 것이 안타깝다."라고 하셨다.

> 嘗侍坐於伯父先生 問公擧事如何 先生曰 攻公擧者 疑其欲與我相抗 過也 豈是固滯也 讀書熟而學問進 則自無此患 詩曰溫溫恭人 維德之基 但此君少溫恭之氣 可憫

17 하루는 낙동(駱洞) 윤 판서 어른께서 말을 보내서 오라고 하여 갔더니, "자네가 존호(尊號)[89]를 올리는 일을 가지고 자못 준엄하게 논박을

---

89) 존호(尊號): 임금이나 왕비의 덕을 기리는 의미로 올리던 칭호.

했다고 들었네. 그렇지 않은가?"라고 말씀하시기에 "그렇습니다."라고 대답하였다. 윤 씨 어른께서 말씀하시기를 "이와 같은 때에 자네가 그런 말을 하니 참으로 괴롭네. 누구인들 이런 일이 옳지 않다는 것을 모르겠는가마는 시의(時義)를 생각하지 않을 수 없으니 지금은 이런 의론을 하지 않는 것이 어떻겠는가. 자네는 눈을 가리고 귀를 막고 혀를 묶어 두는 것이 좋겠네."라고 하시기에, 내가 웃으면서 말하기를 "얼마 전 회동(灰洞) 김 참판께서는 저에게 아무 말 말고 의리를 굽히고 명을 따르라고 강요하셔서 제가 마음속으로 복종하지 않았는데 지금 어르신의 정성스럽고 솔직한 말씀을 들으니 기쁩니다."라고 하고는 돌아와서 백부께 말씀드렸다. 백부께서 말씀하시기를 "대체로 말세에는 청론(淸論)이나 정론(正論), 공론(公論), 고론(高論), 준론(峻論)으로 이름을 얻는 것이 끝에 가서는 주머니를 묶듯 입을 닫는 것만 못하다."라고 하셨다.

> 駱洞尹判書丈 一日送馬邀去 日 聞爾以上尊號事 頗有峻論云然否 對日然矣 尹丈日 此時爾之有言 可苦 誰不知此事之不是 而時義不可不顧 此時無此議 亦將奈何 願爾閉目塞耳結舌爲幸 余笑日 日昨灰洞金參判丈 要余無言 而曲成義理 勒令承順 故吾心不服矣 今聞尊丈之言 忠樸可喜 歸以告于伯父 則日 大抵末世以淸論正論公論高論峻論得名 終不如括囊塞兌矣

18 내가 갑진년(1724) 국상(國喪)90) 때에 고산(高山) 객사에 머물고 있었다. 객사 문밖에 사천(沙川) 김 어른 댁이 가까이 붙어 있어서 문장에 대해 얘기하고, 일에 대해 토론하고, 이치를 연구하고, 예에 대해 질정(質正)하면서 무릇 5일 밤낮을 그치지 않았다. 일찍이 현석(玄石)의 『남계예설(南溪禮說)』91)을 빌려 보았는데 김 어른께서 말씀하시기를 "『남계예설』은 어떠하던가?"라고 하시기에 내가 말하기를 "저는 글이 짧아서 이해되지 않는 곳이 많았으며, 이해된 부분도 사계(沙溪)92)의 설과 같지 않은 곳

---

90) 국상(國喪): 1724년 8월 경종의 죽음을 가리킴.
91) 남계예설(南溪禮說): 조선 후기 문신이자 학자인 박세채의 예설에 관한 문답·서찰·논설·고증 등을 발췌하여 편찬한 예서. 박세채의 문인 김간(金幹)이 『남계문집(南溪文集)』에서 예에 관한 부분을 발췌, 정리하여 만든 것으로, 『가례』의 편목을 기준으로 연대순으로 정리하고 『육례의집(六禮疑輯)』·『삼례의(三禮儀)』·『가례요해(家禮要解)』 등을 참고하여 편집한 것을 김유(金楺)가 간행하였음.
92) 사계(沙溪): 조선 시대 문신이자 예학의 태두인 김장생(金長生;1548~1631)으로, 자는 희원(希

이 많았는데 저는 당연히 사계의 설을 독실하게 믿습니다."라고 하였다. 김 어른이 말씀하시기를 "사계는 예를 모르네."라고 하고는 이어서 몇 조목을 들어서 말씀하시기를 "사계의 답문(答問)에 이르기를 '봉사손(奉祀孫)은 초헌(初獻)을 하고 곡하고, 차자(次子)는 아헌(亞獻) 때 곡하는 것이 옳다.'고 하였는데 동춘(同春)93)이 말하기를 '아헌 따에 곡하는 것은 의심스럽다.'라고 하였네. 이게 과연 예를 아는 것인가?"라고 하였다. 내가 말하기를 "가례(家禮)94)와 주례(周禮)95)도 반드시 초본이 있을 것입니다. 그런데 초본을 본 사람이 '주자(朱子)는 예를 모른다.'라거나 '주공(周公)은 예를 모른다.'라고 말한다면 옳겠습니까? 『남계예설』이 일필휘지로 완성되어 더 이상 고칠 곳이 없는 책도 아닌데 유독 '현석은 예를 모른다.'라고 말하지 않는 것은 무슨 까닭이신가요?"라고 하자 김 어른은 대답하지 않았다. 며칠이 지난 뒤 얘기하던 중에 내게 물으시기를 "요즘 자네가 운제동에 집을 짓는다고 들었는데 사람들이 다 말하기를 '묘한 제도이다.'라고 하니 그 제도가 어떠한가?"라고 하시기에 내가 장난으로 답하기를 "그 집의 제도는 도형을 여러 번 고친 것입니다. 그런데 처음이나 중간에 폐기한 도본을 본 사람들은 반드시 '권 모는 집을 짓는 것에 대한 묘한 이치를 모른다.'라고 할 것입니다."라고 하자 김 어른은 내 말의 맥락을 이해하고 웃기만 할 뿐 대답하지 않았다.

> 余於甲辰國喪時 住於髙山客舍 門外與沙川金丈之所接近 談文論事講理質禮 凡五晝夜不已 嘗借看玄石之南溪禮說矣 金丈曰 南溪禮說何如 僉曰 侍生文短 未解見處多矣 其所解見者 亦多與沙溪說不同 侍生則當篤信沙溪說矣 金丈曰 沙溪不知禮矣 仍擧數条而曰 沙溪答問云 奉祀孫初獻而哭 次子則哭於亞獻 可也 同春日 亞獻哭 可疑 此果知禮乎 余曰 家禮周禮亦必有草本 見草本者曰 朱子不知禮 周公不知禮 可乎 南溪禮說亦非一筆揮之文 不加點之書 而獨不曰 玄石不知禮 何也 金丈不答 後數日 話間問余曰 近聞君築室於雲梯 人皆曰 妙制 其制何如 余以戲語答之曰 盖其舍制屢易圖形矣 見其初中棄本者 則必曰 權某不知作舍妙理矣 金丈解聽我語脉 仍笑而不答

元), 호는 사계(沙溪).
93) 동춘(同春): 조선 후기 문신이자 학자인 송준길(宋浚吉;1606~1672)로, 자는 명보(明甫), 호는 동춘당(同春堂).
94) 가례(家禮): 『주자가례(朱子家禮)』의 약칭.
95) 주례(周禮): 중국 주(周)나라 시대의 관제(官制)를 적은 책으로, 주공 단(周公旦)이 지었다고 하나 실제로는 후세 사람이 증보한 것으로 보임.

19   어떤 사람이 함경 감사가 되자 내게 와서 이별을 고하면서 좋은 말을 해 달라고 하였다. 내가 말하기를 "좋은 말을 해 주는 것은 군자가 하는 일인데 내가 어떻게 감당하겠습니까."라고 하였다. 그가 굳이 청하기에 내가 말하기를 "함경도 일대에는 내수사(內需司)에 딸린 내노비(內奴婢)96) 가운데 한가한 자들이 많은데, 그들이 사는 곳에 그대로 놓아둔 채 관리하지 않으니 안타깝습니다. 만약 내노비로 부대를 만들어 이름을 짓고 5명씩 조를 짜서 각 진이나 보에 소속시키고, 또 각 진 안에 있는 고기잡이배들을 각 진에 소속시켰다가 변란이 일어났을 때 내노비 여러 명으로 하여금 제각기 깃발 하나씩 들고 피리 하나씩 불면서 각각 고기잡이배에 나누어 타고서 바다 가운데로 나가 떠있게 하면 저 육지에서 쳐들어온 적들은 멀리 바라보기만 할 뿐 우리를 어쩌지 못할 것입니다. 또한 틀림없이 자기들을 뒤에서 도모할까 두려워하여 감히 멀리 도성에까지는 달려가지 못할 것이니 이는 작은 일이 아닙니다. 대감께서는 한번 시도해 보시기 바랍니다."라고 하자 그가 말하기를 "좋습니다, 좋습니다."라고 하였으나 끝내 시행하지 않았다.

　무주의 적상산성(赤裳山城)97)은 그 자체로 천험의 요새이다. 만약 당곡(棠谷)의 한 골짜기에 석문을 설치하고, 신현(新峴)의 치항(雉項)과 수구(水口) 사이의 저전암(猪轉巖)에 각각 여러 명을 배치하여 지키게 한다면 근방의 읍민들을 모두 들여 보낼 수 있다. 문경의 주흘성(主屹城)은 수리한 뒤에 남한산성에 했던 것처럼 용궁(龍宮), 연풍(延豊), 청풍(淸風)으로 나가는 길머리에 절간을 설치하고 또 조령(鳥嶺), 대원령(大院嶺), 고모현(姑母峴)에 석문을 쌓는다면 그 안쪽 산과 들판 사이에 충분히 군사들을 주둔시켜 농사짓게 할 수 있어서 먼 앞날을 내다보는 계책이 된다. 근래에 단양의 독락성(獨樂城)을 위아래로 살펴봤는데 그 형세가 다른 곳에 못지 않을 뿐 아니라 오히려 더 나은 점이 있으니 마땅히 성을 수축해야 한다. 청풍 동쪽 대량지(大良地)는 더욱 보배와 같은 곳이니 힘을 들이지 않았는데도 저절로 성이 이루어져 있다. 만약 이 몇 곳을 마음을 다해 보호하고 지킨다면 4개 군의 백성들이 위급할 때 대피할 수 있는 장소가 될 수 있

---

96) 내노비(內奴婢): 조선 시대 내수사(內需司)에 딸린 노비로, 전국 각지에 산재한 수백여 개의 왕실 사유지를 경작하거나 관리하며 생활하였음.
97) 적상산성(赤裳山城): 전라북도 무주(茂朱)에 있는 산성으로, 조선 시대 5대 사고 중의 하나가 있음.

다. 그러나 태평스런 문관이나 놀기 바쁜 무관들은 이런 데에는 생각이 미치질 못하고 있으니 한낱 늙은 선비만 걱정하며 도움 되지 않는 생각을 할 뿐이다.

> 某人爲咸鏡監司 來我告別 仍要贈言 余曰 贈言君子事 余何敢當 某苦索之 余曰 北關一路 皆是內奴婢之遊閑者 任其所在而不管攝 可惜 若以內奴婢作隊爲名 五五爲伍 係於各鎭堡 又以各鎭內漁舡 各係其鎭 臨亂 各使內奴數人 持一旂鳴一角 各乘漁舡 泛泛於海之中 彼陸來之賊 望見之 無奈我何 必畏其議於後 不敢長驅而至國 此非小事 願台圖之 某曰 好矣好矣 而終無效 茂朱之赤裳山城 自是天險 若又於棠谷一洞 作石門 於新峴雉項及水口間猪轉巖 各以數人守之 聚入傍近邑民人於其中 聞慶之主屹城 旣已修治 則依南漢例 置僧寺於走龍宮延豊淸風之路頭 又築石門於鳥嶺大院嶺姑母峴 則足以屯耕其內山野之間 爲久遠之圖矣 近見丹陽之獨樂城上下 其形便不下於他而有勝 宜可修築 而淸風東之大良地 則尤是絶寶地 不費力而城自成矣 若於此數處 專意護持 則亦可爲四郡人民緩急之所 而文恬武嬉曾不念及於此 徒爲老措大耿耿無益之思耳

20 이태해(李泰海)는 글씨는 신필(神筆)의 경지이고 읊조리는 시는 기이한데, 세상 사람들이 모두 싫어하여 그를 죽이려고 하니 실로 무슨 마음인가. 수령 박사이(朴士邇)가 충주 관아의 창고에 수천 석의 쌀을 쌓아 두었는데 뇌물을 받고 사욕을 채웠다는 모함에 빠졌다. 후임인 이성좌(李聖佐)가 박사이에게 묵은 원한이 있어서 우물에 빠진 사람에게 돌을 던지는 격으로 많은 계책을 꾸몄는데, "박사이가 동남(東南) 감영에 걸태[98]를 보내 각 관아에서 쓸 재물조차 남겨 두지 않고 끌어모았다."고 하면서 아전들과 안팎으로 모의하고 백방으로 계획을 세웠다. 그리하여 박사이의 행위에 대한 진상 조사와 처분이 마침 순찰 차 충주에 온 관찰사에게 전적으로 달려 있게 되었다. 이태는 수령 박사이의 소실의 오라버니로, 일이 진행되어 가는 과정을 살펴보기 위해 충주에 왔다가 애꿎게 '다른 사람에게 화풀이하는' 봉변을 당했다. 저들이 교묘하게 꾸민 함정에 빠져 어쩔 줄 모르다가 관찰사에게 혹독한 형벌을 받고서 횡령한 돈을 대신 갚게 되었는데, 수령 박사이의 억울함을 바로잡음으로써 자신의 억울함을 씻지 않고 다른 관아로 옮겨져 갇히게 되었다. 그의 생사가 칠천 전의 돈

---

98) 걸태(乞馱): 재물을 염치없이 구걸하거나 긁어모으는 것을 말함.

을 구하느냐 구하지 못하느냐에 달려 있게 되자 내가 그에게 돈을 빌려주어 그 금액에 맞춰 주었고, 백성 중에도 측은하게 여겨 그를 구하려는 사람들이 있었다. 보통 사람의 마음이 생사의 갈림길에 있는 사람을 위해 어찌 마음을 다해 애쓰지 않을 수 있겠는가. 이전에 이태가 비방을 당하면 나 홀로 여러 사람의 비난에도 믿음이 흔들리지 않았고, 항상 시를 지어 답답한 마음을 풀면서 세상에 인재를 아끼는 사람이 없음을 탄식하였는데, 오늘에 이르러 비로소 나도 평소에 그를 깊이 알지 못했음을 깨닫게 되었다. 아! 이태를 비방하는 많은 사람 중에 그의 능력에 이를 자가 누가 있겠는가. 반드시 부끄러워 이마에 땀을 흘릴 것이다. 내가 그를 위해 시 한 수를 지어 위로한다. 그러나 이태는 그 자신이 재주가 덕보다 높은 사람이므로 관 뚜껑을 덮기 전에는 평생의 사업을 정하기 어려우니,99) 나로 하여금 이 말에 부끄럽지 않게 할 수 있을지 모르겠다. 글을 지어 태에게 보인다.

○ 친구 유회지(兪晦之)100)는 강직하고 정직한 사람이다. 일찍이 윤상(倫常)의 불행한 변고101)를 당하여 세상에서 버려졌으나 나와 외삼촌은 관계를 끊지 않았다. 대개 천하의 의리가 무궁한데 어찌 세상에 떠도는 말 한마디에 흔들려 가벼이 죄 없는 사람과의 관계를 저버릴 수 있겠는가. 헐뜯고 욕하는 것을 잘하는 자들은 그 사람이 자신과 함께 일하며 화합했더라도 돌봐 주지 않는다. 지금 세상 사람들은 대체로 그 사람을 알지도 못하고, 그 일의 사정도 알지 못하면서 한 사람이 앞장서 소리치면 여러 사람이 화답하고 응하여 단번에 시끄러워진다. 그중에 누군가가 그 말에 동의하지 않으면 모두가 일어나서 공격하니, 누구도 맞서 싸울 수 없게 된다. 비록 평소에 매우 좋아하는 사람이라도 어려운 처지에 몰리면 돌아보지 않을 뿐만 아니라 어떤 때는 함부로 헐뜯고 욕하기도 하는데,

---

99) 관~어려우니: 중국 진(晉)나라 유의(劉毅)가 "장부는 관 뚜껑이 덮인 다음에야 일생 사업의 시비가 정해진다[丈夫蓋棺事方定]."라고 말한 데서 유래함.
100) 유회지(兪晦之): 유정기(兪正基;1645~1712)의 아들인 유언명(兪彦明). 회지(晦之)는 그의 자임. 그의 아버지가 후처이자 유언명의 새 어머니 신씨를 국법에 의거하지 않은 채 집안 논의를 거쳐 내쫓자 의금부에서 그의 아버지 유정기를 붙잡아가서 치죄할 때 자식으로서의 처신이 세상 사람들에게 논란이 되었음.
101) 윤상(倫常)의 불행한 변고: 유회지의 아버지인 유정기가, 후처 신태영이 시부모의 말을 따르지 않고 시부모를 함부로 대하며, 집안의 여러 일을 밖에서 소문내 남편 유정기를 매도하고, 남편에게 욕설을 심하게 행한다는 이유로 신태영을 집안에서 내쫓았는데 이런 처사가 국법에 어긋난다 하여 세상 사람들의 비난을 많이 받았던 사건임.

미워하고 시기하거나 원망하던 자에 이르러서는 그를 죄에 빠뜨리는 데에 더욱 힘쓰고 불쌍히 여기지 않는다. 설사 그 내막이 밝혀졌어도 방관하는 것을 괴이하게 여기지 않고, 어떤 때는 오히려 저들을 따라서 모진 행동을 돕는데, 이것이 저절로 풍습이 되어 온 세상이 그렇게 되었다. 나는 항상 이를 마음 아파하다가 지금 이 일을 보고서 이렇게 기록한다. 비록 나를 비방하는 말이 더해져도 상관없다.

○ 홍세태(洪世泰)102)가 시인으로 온 나라에 이름을 날리자 그의 주인이 싫어하여 죽이려고 과천(果川) 옥에 가두었다. 청성부원군(淸城府院君) 김석주(金錫胄)103)가 이 소식을 듣고 병조 판서 이사명(李師命)104)을 불러와 말하기를 "어떻게 하면 이 사람을 살릴 수 있는가?"라고 하니, 이사명이 말하기를 "소인이 그를 살리겠습니다."라고 하고는, 즉시 명을 내려 말하기를 "홍세태는 금위영(禁衛營)105)에서 돈을 빌려 쓰고 도망하였다. 공적인 일과 사적인 일은 다르니 속히 압송하라."라고 하였다. 그러자 하루도 안 되어 홍세태가 수갑이 채워진 채 뜰아래 이르렀다. 그리고는 곧바로 하인에게 명하여 "수갑을 풀고 우리 집으로 돌려보내 조용한 곳에서 지내도록 하라."고 했다. 그리고 달려가 김석주에게 알리고 "저와 함께 이항(李杭)106)의 집으로 가시죠."라고 하였다. 은자 300냥을 만들어 세 사람이 함께 그의 주인집으로 가서 값을 치르고 양민이 될 수 있게 풀어주기를 청하니 주인이 어찌 감히 들어주지 않겠는가. 곧바로 문서를 만들어 보내니 홍세태가 드디어 무사하게 되었다. 이 같은 기상과 수단을 가진 사람을 요즘 세상에 어찌 다시 볼 수 있겠는가. 그러나 많은 사람이 말하기를 "이는 전국시대에서나 볼 수 있는 일이니 말할 것이 뭐가 있겠는가."라고 하니, 나도 그렇게는 할 수 없는 일이다 감동하여 기록한다.

李泰海其手有神筆 其口有奇詩 一世忌之 皆欲殺之 是誠何心哉 朴令士邁 積米數千石於忠州官庾 而陷於貪贓之辜 其交承官李聖佐 以有宿怨 多設下石之計 謂官

---

102) 홍세태(洪世泰;1653~1725): 조선 후기 대표적인 여항시인으로, 자는 도장(道長), 호는 창랑(滄浪)·유하(柳下).
103) 김석주(金錫胄;1634~1684): 조선 후기 문신으로, 자는 사백(斯百), 호는 식암(息庵).
104) 이사명(李師命;1647~1689): 조선 후기 문신으로, 자는 백길(伯吉), 호는 포암(蒲菴).
105) 금위영(禁衛營): 조선 후기 국왕 호위와 수도 방위를 위해 중앙에 설치한 군영.
106) 이항(李杭;?~1701): 조선 후기의 종실로, 할아버지는 인조(仁祖), 아버지는 숭선군(崇善君) 이징(李澂)이고, 본인은 동평군(東平君)에 봉해짐.

用桴然 而送乞駄於東南監營 又與諸吏 表裏爲謀 百般綢繆 其行査吉凶 都在於方
伯巡到之時矣 泰也 以朴令少室之兄 爲探聽事機 來到忠州 被其移乙之怒 入於巧密
周章之中 受酷刑於方伯 乃有橫錢代徵之擧 再刑而不自直 以直朴令之寃 復移他官
而幽之 其生其死 係於七千錢之得失 余爲之貸出錢貨 如數而給之 凡民有隱而救之
常人之情 當其死生之際 豈可不盡心力而爲之 從前泰也之受謗也 余獨不撓於衆口
之嘵嘵 每以詩筆爲解 而歎愛才之無人 至今日而始知平日淺之爲知也 嗚呼 其謗泰
也之多少人 誰可及於泰也者乎 必其賴有泚 余爲作一詩悲之 然泰也 自是才勝德者
事難定於蓋棺之前 其能使我終不愧於斯言也否 書示泰也 ○ 兪友晦之 剛介正直人
也 遭倫常不幸之變 爲世所棄 而獨吾與舅氏不絶 盖天下之義理無窮 何可撓於流俗
之言 而輕棄非辜之人乎 雖工於訑呵者 竝與此身 而翕翕不已 亦不欲恤矣 大抵今
世之人 不識其人 不知其事 一人倡之 衆口和應 一時譁然 中有一人 不同於其言者
則齊起而攻之 莫可抵當 雖是平日之甚歡好者 入於窮途 則不少顧籍 或復肆口而訾
毁之 至其所忌嫉而憾怨者 則尤用力而擠陷之 不恤自已 心跡之綻露 而爲之旁觀
亦不以爲恠 或從而助其虐 自成風習 滔滔皆然 余常痛之 今見是事 書之如此 不妨
其添我一謗 ○ 洪世泰詩筆 鳴於國中 其主惡而欲殺之 幽之於果川獄 淸城府院君
金錫胄聞之 呼來兵曹判書李師命日 何以活此人 李日 小人當活之 卽發開 日 洪世
泰用禁衛營債錢而逃之 公私有別 斯速押送 不日而械致于庭下 卽命傔人日 解械而
歸吾家 安置於淨室 馳告于金日 與李同往杭家 索出三百銀子 三人相携而去抵於其
主家 與之價 許贖 其主安敢不聽 卽成券而歸之 洪世泰遂得爲無事 人如許意氣 如
許手段 今世復何得而見之 然而人多日 此是戰國人事 何足道也 吾亦末如之何矣 感
而書之

21 이성좌(李聖佐)107)가 어느 집의 연회에 참석하여 판서 박권(朴
權)108)과 마주 앉더니, 자(字)를 부르면서 말하기를 "형성(衡聖), 그대가
조정에서 벼슬하여 존귀하고 현달하니 내가 항상 기뻐하였네. 그런데 그
대가 상민처럼 패랭이를 쓰고 짧은 갈옷을 입으리라고 어찌 생각이나 했
겠는가."라고 하였다. 박 대감이 의아해하며 "무슨 말이오?"라고 하니, 이
성좌가 소매를 걷어붙이고 두 눈을 부릅뜨고 꾸짖어 말하기를 "천하에 어
찌 그대와 같은 자가 있단 말인가. 사람이 태어나서 조정에서 벼슬하고,
부모님이 살아계실 때 봉양하고, 돌아가시면 제사 지냄은 그 부모를 잊지

---

107) 이성좌(李聖佐;1664~1747): 조선 후기 문신. 찰방, 광주 목사 등을 역임함.
108) 박권(朴權;1658~1715): 조선 후기 문신으로, 자는 형성(衡聖), 호는 귀암(歸庵).

않기 위함인데, 지금 그대는 편안히 부귀를 누리면서 집안 종으로 하여금 아버지의 무덤에 분향하고 제사를 지내게 하니, 천하에 어찌 그대와 같은 자가 있겠는가. 그러니 사대부가 어찌 그대와 같이 술잔을 들 수 있겠는가."하고, 말을 타고 가 버렸다. 박 대감이 항시 형제 하나 없는 혼자 몸으로, 조정에 매여 있어서 지극한 반포보은(反哺報恩)의 효심을 펴지 못하는 것을 항상 슬퍼하다가 이 말을 듣고 자신도 모르게 눈물을 흘렸다. 자리에 가득한 사람들이 드디어 즐겁지 않게 되어 바로 연회를 끝내고 흩어졌다.

이성좌가 전에 나를 보더니 이 일이 통쾌하였다고 자랑하였다. 내가 말하기를 "그대가 집안 종이 분향하고 제사하는 것을 직접 보았소?"라고 하니, 그가 대답하기를 "내가 직접 보았소."라고 하였다. 내가 "언제였소?"라고 물으니, "정월 초하루였소."라고 하였다. 내가 "그 무덤이 어디에 있소?"라고 하니, "원주에 있소."라고 하였다. 내가 웃으면서 말하기를 "그대는 어찌 그대의 부모님께 제사 지내지 않고 정월 초하루에 박 대감 집안 선산 앞을 찾아갔단 말이오?"라고 하니, 이성좌가 대답하지 못하고 주먹을 휘두르다가 자신도 모르게 웃고 말았다.

李聖佐赴人家宴會 與朴判書權對坐 字呼之日 衡聖乎 君仕於朝 至於貴顯 吾常喜之 豈謂一朝戴平凉而衣短褐乎 朴台訝之日 何謂 李仍攘臂瞋目而叱日 天下安有如汝者乎 人生而仕於朝 爲其生養死祭 不忘其親也 今汝則安享富貴 而使婢夫焚香而祭其父之墳 天下安有如汝者乎 士大夫豈可與汝同杯酒乎 騎馬而出 朴台常自悼其單獨無兄弟 而係身於朝 不得伸至情於報反之地 聞此言 不㕢覺其墮淚 滿座遂不樂 一時破宴而散 李嘗見我盛誇此事之快活 余日 君目見婢夫焚香事乎 日吾目見矣 余日 此何時也 日正朝矣 余日 其墳安在 日在原州地矣 余笑曰 君則何不祭於君之父母 乃正朝而過於朴台家墓前乎 李無以答 乃張拳而向之 不覺絶倒

22 나의 계부 판서공은 간악한 일이나 감추어진 일을 적발하는 데 힘쓰시고, 어머니는 집안에 이간하는 말이 없도록 힘쓰셨다. 두 집안의 자손들이 각자 집안의 법도를 지키니 우리 집안에는 이런저런 말이 전혀 없었지만, 사촌 동생의 집안은 가족 중에 간혹 환생하지 못할까 근심하는 사람이 있었다. 나의 부모님, 백부와 백모님, 계부와 계모님은 모두 집안의 어린아이들에게 귀신을 믿지 않도록 하셨다. 이미 오래전에 이런 가르

침에 익숙해졌기 때문에 우리 집안은 천첩이나 어린아이까지 모두 귀신에게 복을 비는 일을 모른다. 그러나 간혹 한집안에서 부인들이 남몰래 귀신에게 비는 일이 있어도 금지할 줄 모르는 것은 그러한 이치가 없음을 제대로 알지 못하기 때문이니 아이들에게 알려 주지 않을 수 없다. 정유년(1717) 봄날에 쓴다.

> 我季父判書公 主於發奸摘伏 我慈氏 主於庭無間言 兩家子孫 各守家法 故吾家則絶無出入言 而從弟家則族屬 或有轉身不得之憂 我父母伯父母季父母 皆不令家少輩信鬼 熟習見聞已久 故吾家則至賤妾稚童 而皆不知祈禳之事 而或於一家間 有內間潛禱事而不知禁 是不能眞知無其理之故也 不可不使兒輩知之 丁酉春日書

23 우연히 도성에 들르니, 참판 김재로(金在魯)[109]와 판서 황구하(黃龜河)[110]가 찾아왔다. 김재로가 말하기를 "우리가 과거 시험장에 몰려다닐 때 노형은 스스로 고사(高士)라고 생각하여 우리를 비웃었고, 우리는 노형을 비웃었소. 지금 생각해 보니 진실로 노형은 참으로 고사였음을 알겠소."라고 하였다. 내가 말하기를 "천하에 어찌 나 같은 자를 고사라고 하겠소. 고사는 모든 사물을 거만하게 흘겨보고 굶주림과 배부름을 같은 것으로 여기고, 곤궁함과 늙음을 달갑게 즐기는 자입니다. 이 고사는 배고픔을 견디지 못하여, 영감 같은 분들에게 소장을 올려 애걸하지만, 영감 같은 분들은 자기 뜻대로 거만하게 뽐내며 늘이고 줄이는 것을 마음대로 할 수 있기 때문에 나 같은 사람의 곤궁이나 고통을 알지 못하니, 나는 다시 애걸하게 됩니다. 그러니 천하에 나 같은 고사가 있겠소."라고 하였다. 김 참판이 말하기를 "이 말이 맞는 듯하오."라고 하더니, 곧이어 웃으면서 황 판서를 향해 말하기를 "아마 이 영감이 그런 것 같소."라고 하였다. 황 판서가 웃으면서 나에게 "그대의 말이 무슨 뜻이오?"라고 묻기에, 내가 말하기를 "김 대감의 말과 같소."라고 하였다. 나는 지금 청풍의 산골짜기에 살고 있는데, 황 판서가 형이 있는 고을에 찾아오고 김 참판

---

[109] 김재로(金在魯;1682~1759): 조선 후기 문신으로, 자는 중례(仲禮), 호는 청사(淸沙)·허주자(虛舟子).

[110] 황구하(黃龜河;1672~1728): 조선 후기 문신으로, 자는 성징(聖徵).

이 인근 고을을 다스릴 때 나를 대우하던 모습을 생각해 보니, 그때 나의 안목이 없었음이 우습다.

> 偶入京城 金參判在魯黃判書龜河來見 金曰 吾輩之奔波場屋時 老兄自以爲高士 而笑我輩 我輩則笑老兄矣 到今思之 誠知老兄之爲眞高士矣 余曰 天下安有如許高士 高士者傲睨羣物 一視飢飽 窮老而甘樂之矣 此高士則不耐其飢餒 呈狀乞哀於如令者輩 則見必傲然自大 操縱伸縮唯其意 而不知其爲困苦 又復哀乞 天下安有如許高士 金曰 此言則然矣 仍笑向黃曰 必此令然矣 黃笑問我 君則云何 余曰 金台言是 今余居淸風峽中也 黃到兄邑 金爲近州 觀其所待我 而求當時之言 自笑我之目裏無珠

24

외삼촌이 경상도 관찰사로 계실 때, 내가 도성으로 돌아가려고 하니 관아에 묵고 있던 손님들이 모두 전송하였다. 달성(達城)에 흰 장막을 치고서 중군(中軍)111)과 영장(營將)112), 여러 비장(裨將)이 미리 와서 기다리고 있었고, 감영에 속한 아전과 하인들도 모두 모였다. 중군이 꿩 구이 큰 소반 하나를 준비하고, 여러 비장들이 소갈비 큰 소반 하나를 준비하고, 영장도 술과 안주를 가지고 왔다. 나는 연포탕(軟泡湯)113) 큰 소반 두 개와 애탕(艾湯)114) 큰 소반 두 개, 흰 쌀밥 세 말을 준비하여 위아래 모든 사람이 함께 먹고 즐겼다. 한낮이 되어 악사들이 무희들과 짝을 이루어 병풍처럼 늘어섰다. 이때 멀리 두 선비가 소나무에 기대어 앉아 있는 것이 보이기에, 내가 아이를 보내어 맞이하려 하니 모두 말하기를 "안 됩니다. 만약 이처럼 감영의 문을 함부로 침범하는 자가 있게 되면 장차 어떻게 대처하겠습니까?"라고 하였다. 내가 말하기를 "그렇다고 무슨 방해가 되겠는가. 여기에서 재미있게 노는데 저 사람들만 쓸쓸하게 해서야

---

111) 중군(中軍): 조선 시대 각 군영에 속한 종2품 무관직으로, 각 군영(軍營)의 대장 또는 사(使)에 버금가는 직책임.
112) 영장(營將): 조선 후기 지방 내륙군의 중추였던 속오군(束伍軍)의 최상부 단위인 영의 책임자. 현종 이후부터는 향촌에서의 국가 지배력을 강화하는 데 크게 활용되어, 정치변란의 진압, 관명(官命)을 거역한 승려들의 작변(作變) 진압, 토호의 감시 등을 통해 체제 유지의 기능을 수행하기도 하였음.
113) 연포탕(軟泡湯): 얇게 썬 두부를 꼬치에 꽂아 기름에 지진 다음 닭국에 넣고 끓인 음식.
114) 애탕(艾湯): 어린 쑥을 데쳐 곱게 으깬 다음에 고기 다진 것을 섞어서 빚은 후 달걀을 씌운 뒤, 맑은장국에 넣어 끓인 국.

되겠는가."라고 하였다. 이에 마침내 맞아 오니, 과연 그들은 영천(榮川)에 사는 집안사람인데 문지기가 막아서 들어오지 못한 것이었다. 그들과 함께 즐기다가 아이에게 보호하여 영문에 들어가도록 하고 떠났다.

외삼촌이 황해도 관찰사였을 때 감영의 하급관리 두 명이 2천 냥을 훔쳐 도주해서 그의 친척들을 잡아 가두고 그 돈을 거두어들였다. 두 관리가 돌아오고 싶었으나 죽음이 두려워 감히 돌아오지 못하였다. 내가 아뢰기를 "이미 훔쳐간 돈을 거두어들였는데 어찌 반드시 죽이려고 합니까?"라고 하니, 외삼촌이 허락하시고 드디어 여러 비장으로 하여금 달래어 돌아오도록 하였다. 그런데 그들이 돌아오자 곧 형벌을 시행하여 죽이고자 하였다. 내가 말하기를 "이는 백성을 속이는 것입니다. 또 나 때문에 죽게 되었으니 불쌍합니다."라고 하였다. 외삼촌이 말하기를 "그대는 인(仁)에서 나온 행동이라고 하지만 도리어 인을 해치는 것이다."라고 하였다. 내가 말하기를 "외삼촌은 외할아버지를 이어서 이 고을에 왔는데 어찌 외할아버지께서 하시지 않은 일을 합니까?"라고 하니, 외삼촌이 말하기를 "그대의 식견이 통달하지 못하였구나. 죽일 만하면 죽이고 살릴 만하면 살리는 것이니, 내 선친과 내가 만난 상황은 다르다."라고 하였다. 내가 말하기를 "국가에 경사가 있으면 사면하는 법입니다. 지금 외삼촌은 50세가 되어서 아들을 낳았으니, 사면하는 것이 마땅하고 또한 음덕을 베풀어야 합니다."라고 하였다. 외삼촌이 누워 있다가 벌떡 일어나서 한동안 나를 바라보다가 말하기를 "내가 그를 살려줄 것이다."하고는 한차례 형벌을 가하고 풀어주었다.

지금 생각하면 이 두 가지 일은 진실로 잘한 일이라고 생각되어 돌아가서 사람들에게 말하였다. 그런데 나를 인정해 주는 사람들이 많지 않고 "쓸데없는 일에 간섭하였다."라고 할 뿐이었다. 지금 세상은 말세인지라 일이 있는 것은 일이 없는 것만 못하고 이름이 알려지는 것은 이름이 알려지지 않는 것만 못하지만, 또한 의견이 없을 수 없기에 이 일을 기록한다.

內舅氏爲嶺南方伯時 余將還京 衙客皆出餞 白幕張于達城 中軍營將與諸裨先待 營屬諸吏僕皆集 中軍設炙雉一大盤 諸裨設牛脇一大盤 營將亦携來酒肴 吾則設軟泡二大盤 艾湯二大盤 白飯三斗 上下同喫歡樂 至日午 絲管則竝女伴而屛之 見有二士遠倚松樹而坐 余送小童而邀之 僉曰 不可 若是有干於營門者 將何以處之 余曰 然亦何妨 爲此嬉遊 獨使人冷落可乎 竟致之 果是榮川族人之阻閽者 與之同樂 仍

令小童 護入于營門而去 舅氏爲海西方伯時 營下吏二人 偸出二千緡錢而走 囚其族
黨而徵之 二吏欲還現 而畏死不敢入 余白以旣徵偸錢 何必殺之 舅氏諾之 遂使裨輩
喩之入 入卽施刑而欲殺之 余曰 是罔民也 又可憐其因我而死也 舅氏曰 君可謂出於
仁而反害仁也 余曰 舅氏繼王考而來此地 豈可爲王考之所不爲也 舅氏曰 君之見不
通矣 可殺卽殺 可活卽活 先公與我所遭不同耳 余曰 國家有慶則赦 今舅氏五十而新
生男子 亦當有赦 又宜施陰德矣 舅氏臥矣卒然起 而熟視之良久曰 吾當活之矣 又加
一刑而放之 今而思之 此兩事誠是好箇心想 歸以語人 人則許我者不多 乃曰 太多事
矣 世今叔季矣 有事不如無事 有名不如無名 此亦不無意見 玆書之

25 갑신년(1704) 봄에 유람 갔다가 안동에 도착하니, 장교·관리·어린아이·사령·방자·기녀 등 백여 명이 와서 인사하였다. 다투어 밥과 음식을 내오고 병풍과 자리를 마련하여 편안히 쉬게 하였고, 또 앞 강에 누각이 있는 배를 띄우고 술 항아리를 벌려 놓고 쌍 피리를 불면서 기쁘게 해 주었다. 한편 식량과 벼루 등으로 내가 돌아갈 행장을 꾸려 주는데 그들이 모두 나와 같은 성씨였다. 이들은 비록 신분이 높고 낮은 차이는 있지만 시조의 입장에서 보면 모두 같은 자손으로, 100대가 지나도 변치 않는 '친척을 가까이해야 하는' 의리를 여기에서 볼 수 있다. 천등산 기슭에서 시조 묘를 참배하고 재실에 내려와 앉아 있는데 그곳의 승려 3,40명이 모두 권 씨였고, 그 곁의 서애 선생의 무덤을 살피기 위한 암자의 승려는 모두 류 씨이니 또한 얼마나 기이한 일인가. 훗날 임진년(1712)에 감영에 있다가 또 안동에 찾아가니 인사하러 온 사람 중에 같은 성을 가진 관리가 한 사람도 없었다. 그래서 그 까닭을 물으니, 어떤 사람이 말하기를 "관찰사의 자제이기 때문에, '특별히 권세가의 집을 쫓아다닌다.'라는 혐의를 피하려는 것입니다."라고 하였다. 그의 식견과 품행이 다른 고을의 관리와 비교하여 크게 달랐다.

○ 삼태사묘(三太師廟)[115]를 참배하니 강당 양쪽에 자리를 만들어 나를 동쪽 자리에 앉게 했다. 수복[116]이 계단 아래에 서서 "부사입(府司入;부사가 들어옵니다)."이라고 길게 외치기에 바라보니, 한 사람이 의관을 갖

---

115) 삼태사묘(三太師廟): 고려의 개국공신인 김선평, 권행, 장길 세 태사(太師)의 위패를 모신 사당으로, 현재 경북 안동시 북문동에 있음.
116) 수복(首僕): 묘(廟)·사(社)·능(陵)·원(園)·서원(書院) 같은 곳의 일을 주관하는 구실아치의 우두머리.

추고서 천천히 걸어 들어와서 절을 하고 서쪽 자리에 마주 앉았다. 그리고는 이어서 우리 태사공이 입던 옷과 띠, 하사받은 비단을 펼쳐 보여주었고, 그다음 조창(調唱)117)으로 하여금 난간 가에 앉아서 태사공의 옥피리를 한번 불게 하였다. 문밖으로 나왔더니, 수복이 말 앞에 서서 "호장사퇴(戶長辭退;호장이 물러갑니다.)"라고 길게 외치자, 한 사람이 삿갓을 깊게 눌러쓰고 뛰어나와 앞에서 인사를 하였다. 살펴보니 조금 전에 서쪽 자리에 앉았던 자였다. 이곳 사람들은 모두 권씨와 김 씨 두 성씨인데 번갈아 호장을 맡으며, 호장은 의례적으로 부사를 겸직하여 사당의 일을 주관하고, 칭호와 예절을 사당의 문 안과 밖에서 각각 달리하니, 이는 매우 아름다운 규범이다.

> 甲申春遊山而到安東 將校官吏小童使令房子妓女等百餘人來見 爭以盤膳餉 又設屛筵而安寢之 又泛樓船于前江 列壺雙笛以侑歡 又以粮饌麵面 助我歸裝 皆同姓也 此輩雖尊卑有別 自始祖視之 則同是子孫也 其百代親親之義 此可以見矣 拜祖祖墓于天燈山麓 下坐齋宮 僧人三四十 又皆權姓 其傍又有西厓墳庵 其僧皆是柳姓 亦何奇也 後壬辰自監營 又往安東 姓吏無一人來見者 問之 人則曰 以營子弟之 故特避奔趨之嫌 其見識廉隅 與他邑吏逈別 ○ 拜三太師廟 設兩席於講堂 坐我於東席 首僕立階下 長呼曰府司入 視一人具衣冠徐步而入 拜畢 坐於西席 列排我太師公袍帶 賜錦以示之 又使調唱坐於軒邊 一吹太師公玉笛 及出門外 首僕立馬前 長呼曰戶長辭退 一人低笠趨走而拜於前 視之 是向之西席坐者 蓋權金兩姓 迭爲戶長 戶長例兼府司 以主廟中之事 其稱號禮貌 各自別於廟門內外 極是美規

26 몇 년 전 원주 목사 김성최(金盛最)118)의 행주(杏洲) 별장에 갔더니 마침 아현(阿峴)에 사는 판서 홍수헌(洪受瀗)119)어른이 와 있었다. 홍판서의 거문고 연주는 세상에서 그런 소리를 듣기 힘들 정도로 실력이 뛰어난데 이를 들은 사람이 거의 없었다. 주인이 시중드는 계집종에게 '어느 평상에 있는 어느 거문고 갑을 가져와라.'라고 하여 가져왔는데 홍 판서는 보고도 못 본 척하였고, 또 '어느 시렁에 있는 어느 거문고 상자를 가져오라'라고 하여 가져와도 쳐다보지 않았다. 칠금(漆琴), 동금(桐琴),

---

117) 조창(調唱): 노래하는 사람을 도와 악기를 연주하는 사람.
118) 김성최(金盛最;1645~1713): 조선 후기 문신으로, 호는 일로당(逸老堂).
119) 홍수헌(洪受瀗;1640~1711): 조선 후기 문신으로, 자는 군택(君澤), 호는 담포(淡圃).

노금(蘆琴), 죽금(竹琴)에다가 대모(玳瑁)로 꾸민 것, 종려나무로 꾸민 것, 자단목(紫檀木)으로 꾸민 것, 검은 나무로 꾸민 것과 능라 비단으로 꾸민 갑에 넣은 것, 모단갑에 넣은 것, 삼승갑(三升匣)120)에 넣은 것, 우금갑(羽錦匣)에 넣은 것 등 여러 종류의 거문고를 번갈아 들여오고 내가고 하는데 갈수록 아름답고 기이한 것이었다. 가장 나중에 나온 면포갑(綿布匣)에 들어있는 송금(松琴)을 본 홍 판서 어른이 갑자기 가져다가 한 곡조 시원스럽게 연주하니 소리가 하늘 밖으로 퍼지는 듯하였다. 주인이 크게 웃으면서 말하기를 "이 어르신께서 나의 술수에 걸렸네."라고 하니, 홍 판서 어른도 웃었다.

황강(黃江) 수헌(水軒)의 달빛 아래 혼자 앉아 있노라니, 유야학(劉野鶴)이 피리를 가지고 와서 즐겁게 불었다. 그 소리가 맑고 쓸쓸하며 청아하여 귓가에 맴돌고, 매번 제 3절을 불 때에는 확실히 신의 경지에 들어선 듯하였다. 물건을 입술에 붙이고 풀피리처럼 불어도 소리가 또한 좋았다.

원주 목사 김성최의 거문고, 문원건(文元健)의 거문고, 평양 난장이들의 융무(戎舞), 종각 모퉁이에 사는 아이의 쌍도무(雙刀舞), 김체건(金體健)의 검무(劍舞), 경주 승매(勝梅)의 검무, 상주 진영(鎭營) 군뢰(軍牢)121)의 태평소, 선산 7세 아이의 재주부리기, 평양 죽향(竹香)의 노래, 안주 혜란(蕙蘭)의 노래, 희양산(曦陽山) 환적암(幻寂庵) 정원(靜遠)의 경서 담론, 금강산 백화암(白華庵) 풍열(楓悅)의 시 읊기, 속리산 상사자암(上獅子庵) 신응(信應)의 법게(法揭), 홍세태(洪世泰)의 시, 이태해(李泰海)의 붓글씨, 김익주(金益周)의 그림 등 이 모든 것은 당대에 견줄 만한 사람이 없을 정도로 뛰어난 재주이다. 낙동(駱洞) 윤 판서 어른의 어머니 환갑잔치에서의 김석겸(金碩謙)의 거문고 연주와 박상건(朴尙健)의 노랫소리, 홍만종(洪萬宗)의 하녀 월매(月梅)와 오순백(吳順白)이 함께 춘 칼춤도 역시 훌륭했다.

남한산성 관비 취숙(翠淑)에게 운자에 맞춰 시를 지어서 읊조리게 하고, 정서하(鄭瑞河)122) 공이 즉시 답시를 지어 이르기를,

---

120) 삼승(三升): 240가닥의 날실로 짠 베라는 뜻으로, 성글고 굵은 베를 이르는 말로, 1승은 80가닥임.
121) 군뢰(軍牢): 군대에서 죄인을 다루는 군졸.
122) 정서하(鄭瑞河): 송강 정철의 증손자로, 자는 성응(聖應), 호는 송월당(松月堂). 1710년 과거에 급제하여 호조 좌랑을 지냈음.

처음에는 탁문군의 투합123)같더니	初似文君投
도리어 낙창의 인연124)이 되었네	還同樂昌緣
누가 능히 난교125)를 만들어	誰能煎鸞膠
끊어진 거문고 줄 다시 이어줄까	更續已斷絃

라고 하였다. 또 이르기를,

오동 가지의 한 마리 봉황새	孤鳳托梧枝
올빼미에게 속을까 두렵네	恐被寒鴟欺
어찌하면 붉은 깃을 펼치고	安得擧丹羽
하늘 끝까지 나란히 날까	雙飛向天涯

라고 하였다. 또한 가련은 뚝섬 뱃사공의 딸로, 재주가 있는데

배에 탄 나그네 많지 않은데	海客行裝不滿舡
만 리 불어온 바람에 정처 없이 떠가네	長風萬里去飄然
수심에 겨워 오암 아래에서 잠자려 하는데	愁來止宿烏岩下
갈대꽃은 모두 지고 두견새가 우네	落盡蘆花啼杜鵑

라고 하였다. 홍순연(洪舜衍)126)의 첩은

---

123) 탁문군의 투합(投合): 중국 한나라 때 사천성(泗川省)의 부자인 탁왕손(卓王孫)의 딸 탁문군이 젊어 과부가 되어 친정에 돌아와 있을 때, 마침 그 지역에 와 있던 사마상여(司馬相如)를 보고 한눈에 반하여 모든 것을 버리고 사마상여와 함께 야반도주하였음.

124) 낙창(樂昌)의 인연: 진(陳)나라 때 태자사인(太子舍人) 서덕언(徐德言)이 진 후주(陳後主)의 누이인 낙창공주(樂昌公主)와 결혼하였는데, 시국이 불안하여 장차 헤어지게 될 것을 예감하고는, 동경(銅鏡)을 절반으로 쪼개어 한 조각을 공주에게 주면서 정월 보름날에 저잣거리에 내다 팔도록 하였다. 그 뒤 부부가 헤어진 뒤 낙창공주가 월국공(越國公) 양소(楊素)에게 가서 총애를 받고 있다는 말을 듣고는, 서덕언이 저잣거리에서 그 거울을 찾아서 맞춰 보고 "거울과 사람이 함께 떠났는데, 거울만 돌아오고 사람은 안 돌아오는구나. 항아의 그림자는 다시 볼 수가 없고, 공연히 밝은 달만 휘영청 빛나네[鏡與人俱去 鏡歸人不歸 無復姮娥影 空留明月輝]."라는 시를 거울에 써서 낙창공주에게 보냈다. 공주가 이 시를 본 뒤 음식도 먹지 않고 울기만 하자 양소가 그 내막을 알고는 서덕언에게 공주를 돌려주어 부부가 해로하게 되었다는 일화가 전함.

125) 난교(鸞膠): 봉린주(鳳麟州)의 선가(仙家)에서 봉황의 부리와 기린의 뿔을 섞어 고아서 만든 고(膏)의 명칭으로, 이미 끊어진 활과 쇠뇌의 줄도 다시 이을 수 있는 강력한 접착제라고 함.

126) 홍순연(洪舜衍;1653~?): 자는 명구(命九), 호는 경호(鏡湖). 어린 나이에 문명을 날렸고 필치가 매우 정묘하였음. 흥덕 군수를 지냈으며, 청나라로 가는 사신 일행의 제술관으로 갔다가 돌아오지 못하였음. 그의 첩 안원(安媛)은 문장과 시에 능하였음.

| 지난밤 모래톱에 어느 산 내린 비 지났는지 | 沙頭夜過何山雨 |
| 아침 버들 너머 먼 포구에 물안개 피어나네 | 柳外朝生極浦烟 |

라고 하였다. 오리(梧里)127)의 창비(娼婢)128)는

새벽에 말을 몰아 동문을 나서니	平明驅馬出東城
천 리 강릉 길 평탄하지 않구나	千里江陵路不平
양관 삼첩129) 소리 점점 애달프니	三疊陽關聲轉苦
바다 구름과 강가 나무 모두 이별의 정이네	海雲江樹摠離情

라고 하였다.

  이와 같은 인재가 천인들 가운데서도 많이 나와서 이루다 기록할 수 없다. 청송 기생 일지매(一枝梅)의 〈설산성(雪山聲)〉은 특별한 곡조에 목소리가 특별하여 아무리 들어도 싫증이 나지 않았고, 고성 기생 찬섬(贊蟾)의 〈춘면곡(春眠曲)〉은 슬프게 원망하는 소리가 곡진하여 높은 소리는 시원하고 낮은 소리는 은근하여 나라 안의 명창이 되고, 거창 기생의 〈출사표(出師表)〉는 소리의 오르내림이 격렬하여 그 의미를 깊이 이해하는 듯하여 듣는 맛이 있다. 하지만 옛날이나 지금이나 모든 것을 갖추어 사랑할 만한 것은 많지 않다. 평안도 지방에는 시와 노래에 절묘한 사람이 한 둘이 아니다. 정평(定平)의 늙은 기생 가련(可憐)의 고사에 대한 지식은 특별하여, 지금부터 상고시대까지 임금과 신하의 어짊과 어리석음, 여러 왕조의 잘하고 못함, 크고 작은 변고 하나하나 어긋남이 없었으니, 이들은 더욱 얻기 어려운 인재이다. 정평의 관노 김창한(金昌漢)은 낮에는 관아에서 부역하고 밤이면 나가서 깨끗한 방에 앉아서 책상에 경서를 펴 놓고 백여 명의 유학자들을 가르쳤으니 기이한 사람이었다. 나의 외조부 충정공130)의 사환 중에 남자종 김이(金伊)와 계집종 예덕(禮德)은 어리석고 못

---

127) 오리(梧里): 조선 중기 문신인 이원익(李元翼;1547~1634)으로, 자는 공려(公勵), 호는 오리(梧里).
128) 창비(娼婢): 예전에, 남의 집에 딸려 있던 여자 광대.
129) 양관 삼첩(陽關三疊): 곡조의 이름. 당나라 왕유(王維)의 시에, "위성에 내린 아침비에 가벼운 먼지가 젖고 객사 앞 버들은 푸르고 푸른 빛 새로워졌네 그대에게 술 한 잔 다시 권하노니 서쪽으로 양관을 나가면 벗이 없다네[渭城朝雨浥輕塵 客舍靑靑柳色新 勸君更進一盃酒 西出陽關無故人]."라는 것이 있는데 뒤에 악부에 올려서 송별곡(送別曲)을 만들었음. 양관구(陽關句)에 이르면 세 번 반복하기 때문에 '양관삼첩'이라고 함.

난 백성이지만 비변(備邊), 곧 나라의 변방 및 다른 나라와의 많은 사건에 대해 비변사의 관리들이 이리저리 논의할 때 마음속으로는 무슨 일인지 알지 못하면서도 입으로는 하나하나 전달하여 한마디도 어긋나지 않았으니 평범한 인물이 아니다. 내가 보고 듣지 못한 사람들이 얼마나 많은지 알 수 없다.

　　昔年出往金原州盛最之杏洲別墅　阿峴洪判書受㥯丈適到　其手之琴　是絶世希音 人無得以聽之者　主人呼侍婢　取某床在某匣琴來　洪丈視而不見　又取某架在某匣琴來　又不顧　漆琴桐琴蘆琴竹琴　玳瑁篩棕欄篩樺榴篩黔[木彭]篩　綾錦匣毛段匣三升匣羽錦匣　諸般之絃　迭入迭出　適佳適奇　最末見松琴之爲綿布匣者　洪丈遽取而快弄一曲　聲在空外　主人乃大笑曰　此老墮我術中　洪丈亦笑　月夜獨坐黃江水軒　劉野鶴携笛而來　快吹之　其聲寥亮淸切　宛轉徘徊　每吹第三節　分明入神　以物貼脣而作草笛聲亦然　金原州之琴　文元健之琴　平壤侏儒之戎舞　鐘閣隅童兒之雙刀舞　金體健之釰舞　慶州勝梅之釰舞　尙州鎭營軍牢之太平簫　善山七歲兒之伶技　平壤竹香之歌　安州蕙蘭之歌　曦陽山幻寂庵之靜遠談經　金剛山白華庵之楓悅詠詩　俗離山上獅子庵之信應法揭　洪世泰之詩　李泰海之筆　金益周之畵　亦皆絶代奇勝　駱洞尹判書丈大夫人壽席　金碩謙彈琴　朴尙健唱歌　洪萬宗家婢月梅與吳順白拔劍對舞　亦可喜　南漢官婢翠淑　使之綴句拈韻而詠　其翁鄭公瑞河　應口卽對曰　初似文君投　還同樂昌緣　誰能煎鸞膠　更續已斷絃　又曰　孤鳳托梧枝　恐被寒鴟欺　安得擧丹羽　雙飛向天涯　亦才女可憐　蠹島舡人女之海客行裝不滿舡　長風萬里去飄然　愁來止宿鳥岩下　落盡蘆花啼杜鵑　洪舜衍妾之沙頭夜過何山雨　柳外朝生極浦烟　梧里娼婢之平明驅馬出東城　千里江陵路不平　三疊陽關聲轉苦　海雲江樹摠離情　此等人才多出於賤流　不可勝記　靑松妓一枝梅之雪山聲　別調別聲　喜不厭聽　高城妓贊蟾之春眠曲　曲盡哀怨之響　高爽低婉　爲國中絶唱　居昌妓之出師表　低仰激切　如深解其旨　聽之有味　古今必不多有俱極可愛　西北路　則詩與歌之妙絶非一二　而定平老妓可憐之典故異常　自今日至上古　君臣賢愚　世代得失　大小變故　了了不差　尤是難得人才　定平官奴金昌漢　晝則立役　夜則出坐淨室中　經書列案　敎訓百餘儒士　別是異人　吾之外王考忠正公之使喚奴金伊婢禮德　蚩蚩者氓　而備邊　卽公事之邊方異國　許多事變　籌司諸宰多般論議　心不知爲何事而口能一一傳達　不錯一語　亦非等閑人物　耳目所未及　不知有幾多人

27　성이 같은 친척을 친하게 대하고 대대로 맺어 온 친분을 돈독하게

---

130) 충정공(忠正公): 조선 후기 문신인 이세백(李世白;1635~1703)으로, 자는 중경(仲庚), 호는 우사(雩沙)·북계(北溪).

하는 사람 가운데에 자기 부모에게 효도하지 않거나 자기 형제와 우애하지 못하는 사람이 있다. 남의 위급함을 급하게 여기는 높은 의리를 가진 사람 가운데 아주 친한 사람들의 굶주림에 냉담하거나 그들이 환란을 만났을 때 초나라와 월나라처럼 냉랭한 경우가 있다. 전에 내가 이 일을 자장(子章)과 영보(永甫)에게 말하며 혀를 찼다. 친구 정재문과는 집안 대대로 교분을 맺어 내외를 가리지 않는데도, 그의 나이 어린 손자들은 나를 어떻게 대할지 알지 못한다. 하곡(霞谷) 윤 씨(尹氏)131) 어른의 부인께서 옛날에 항상 돌보아 주셨기에 생신날에 내가 머리에 꽃을 꽂고 앞에 나아가 잔을 올리니 나를 앞으로 나오게 하시고는 지난 이야기를 하면서 오열하셨다. 이것이 친할머니와 손자 사이와 무엇이 다르겠는가. 여러 어린 자제들이 모두 직접 이를 보았지만 지금의 인정과 의리는 단지 형식적일 뿐이니, 세강(世講)132)의 도는 또한 폐하여졌다고 하겠다.

○ 나는 아버지의 친한 친구에게 때때로 안부 인사를 드리는데 참판 홍숙(洪璛)133), 금산 군수 여필관(呂必寬)134), 도정(都正) 최주악(崔柱岳)135), 충주 목사 이만형(李萬亨)136) 네 분 어른은 내 마음과 같이 응대하여 주신다. 지사(知事) 이기익(李箕翊)137) 어른은 그 부친의 뜻을 바꾸지 않고 우리들을 마치 친조카처럼 돌보아 주시니 지금 세상 사람들의 마음 씀씀이와 다르다.

> 親於同姓 篤於世交者 有之且未必孝于親 而友于兄弟矣 有高義於急人急者 有之未必不恬然於切親之飢餓 而患難之際則冷落如楚越矣 嘗語此事於子章永甫而咄咄 世交之通內外 如鄭友載文家 則其孫兒幼少 不知其待我之終果如何 而霞谷尹丈夫人 嘗嘗眷顧之不已 及其壽辰 余頭揷花 而獻酌于前 則使之進 說舊而嗚咽 與親祖孫何異 其諸少者 皆目見之 而到今情義 只是皮毛 世講之道亦廢矣 ○ 余以父執之親密 時時候謁 於洪參判璛呂錦山必寬崔都正柱岳李忠州萬亨四丈 而所應亦同於我心 李知事箕翊丈 則不替其先公之志 眷眷於小子輩如子姪 非今世人心事

---

131) 하곡(霞谷) 윤 씨(尹氏): 조선 후기 문신인 윤계(尹堦;1622~1692)로, 자는 태승(泰升), 호는 하곡(霞谷)이며, 영의정 윤두수(尹斗壽)의 증손.
132) 세강(世講): 대대로 강학을 같이한 정의(情誼)가 있는 집안.
133) 홍숙(洪璛;1654~1714): 조선 후기 문신으로, 자는 옥여(玉汝).
134) 여필관(呂必寬;?~?): 조선 후기 금산 군수를 지낸 문신으로, 자(字)는 율경(栗卿).
135) 최주악(崔柱岳;1651)~1735): 조선 후기 문신으로, 자는 경천(敬天).
136) 이만형(李萬亨;1646~1702): 조선 후기 문신으로, 호는 어은(漁隱).
137) 이기익(李箕翊;1654~1739): 조선 후기 문신으로, 자는 국필(國弼), 호는 시은(市隱).

28 친척 아우인 경숙(景叔)이 말하기를 "이웃에 사는 친구 중에 심사가 아름답지 못한 친구가 있어 절교하려고 합니다."라고 했다, 내가 말하기를 "내 마음도 그렇다. 그러나 이웃 사이에 모든 것을 끊어서는 안 된다. 도리에 어긋나는 극악무도한 자가 아니면 가벼이 절교해서는 안 되니, 시골에 사는 것은 서울에 사는 것과 같지 않기 때문이다. 옛사람이 이르기를 '그 사람의 관(冠)이 반듯하지 못하면 뒤도 돌아보지 않고 떠나간다.'138)라고 했는데, '한 고을이 착한 선비라고 하면 이를 좋아하고, 착하지 않은 선비라고 하면 미워할 뿐이다.'라는 것이다. 또 말하기를 '소인과 원수를 맺지 말라. 소인들도 제 나름대로 상대할 방법을 가지고 있다.'139)라고 했으니, '그 사람의 착하지 못한 점을 말한다면 그 후환이 어떠하겠는가.'라는 것이다. 이 두 가지 말은 충분히 생각하고 살펴서 처신하지 않을 수 없다. 비록 드러내어 말하면서 배척하지 않더라도 또한 방편이 있으니, 다만 위협적이지 않으면서 엄격하게 할 뿐 더불어 인연을 만들지 않는 것이 좋다. 깎아 놓은 듯한 산봉우리와 절벽이 기이하기는 하지만 기이하기만 하고 큰 나무가 없으면 중후하면서도 기운이 넘치는 태산만 못하고, 거센 물줄기와 잔잔한 물이 맑기는 하지만 맑기만 하고 큰 물고기가 없으면 더러운 물을 받아들여 온갖 물고기를 품고 있는 바다만 못하다."라고 하였다. 경숙은 나의 말에 수긍하였다.

族弟景叔言 隣朋有心事不美者 欲絶之 余曰 吾心亦然 然隣比間 則不可一切處之 非惡逆則有難輕絶 居鄕自與居京不同矣 古人曰 其冠不正 望望然去 曰 一鄕之善士好之 不善士惡之 又曰 不可與小人作仇 小人亦有對頭 曰言人之不善 其如後患何 此兩言 不可不爛熟而審處之也 雖不顯言斥之 亦自有方便之道 但不威而嚴 勿與之作緣而已可也 峭峰截壁 奇則奇矣 無大木 不若泰山之厚重磅礴 激流澄湍 淸則淸矣 無大魚 不若巨海之納汚涵腥 景也然吾言

138) 그~떠나간다: 『맹자』에서 "악을 미워하는 마음을 미루어서 시골 사람과 더불어 서 있을 적에도 그 사람의 관이 반듯하지 않으면 뒤도 돌아보지 않고 떠나가니, 마치 자신의 몸까지 더럽혀질 것처럼 여겼다[推惡惡之心 思與鄕人立 其冠不正 望望然去之 若將浼焉]."라고 백이(伯夷)를 평한 데에서 온 말.
139) 소인들과~있다: 『채근담』에 "소인과 원수를 맺지 말라. 소인들은 저들 나름대로의 방법으로 상대한다[休與小人仇讐 小人 自有對頭]."라고 한 데에서 온 말.

29 갑자년(1684)과 임진년(1712)에 나는 청풍 땅에서 상을 치렀다. 사방 이웃 고을 수령들과의 정분과 친분이 매우 각별하였으나 내 초상을 돕고 어려운 일을 구휼하는 것이 앞뒤의 상에 크게 차이가 있었으니, 어찌 다만 고을의 형편이 전에 비해 넉넉하지 못해서이거나 그들의 인품이 나중에는 어질지 못하게 되어서이겠는가. 다만 세상의 변화를 볼 수 있을 뿐이다. 이 몸은 지난날과 같은 사람인데 나를 대하는 것이 작은아버지가 살아 계실 때나 외삼촌이 의정부에 재직하실 때와 비교하여 크게 달랐다. 수령들이 보내 주는 물품의 경우만 해도 함께 자랐던 사람들이 보내준 것에 미치지 못할 뿐 아니라 오로지 나의 어린 아우 내한(內翰)140) 군에게만 은근한 정을 드러냈다. 친족들 또한 그러하였다. 백부 선생을 모신 서원의 경우, 정미년(1727) 7월 이후로 심히 야박하게 대할 뿐만 아니라 온갖 방법으로 깔보고 가혹하게 굴었다. 이 모든 것이 한때의 사사로운 손익의 계산에서 나온 것이니 인심이 나빠지는 것이 이와 같다. 슬프다. 저 비루하고 자질구레한 자들이야 말할 것도 없지만 대가의 자제들도 또한 이 같은 행동에서 벗어나지 못하니 안타까운 마음을 이루 다 말할 수 없다.

> 甲子壬辰 余守喪于淸風地 四隣邑守宰 情分親疎則自別 而其助奠恤窮 則前後懸殊 豈但邑力視前之不敷也 人品到今而不賢矣 只亦足以觀世變矣 此身是一人 而其所接待 與季父在世時內舅在政府時 大不同 若饋遺等物 且不及於同少長之人 而獨於我少弱弟內翰君 而致殷勤焉 親黨亦然 伯父先生書院 則自丁未七月以後 不但薄待之甚 侵虐亦萬端 此出於一時私利害之計 人心之陷溺如此 哀彼鄙瑣之輩不足道 而大家子弟 亦有不能免者 可勝慨惜

30 모 인(某人)이 뇌물을 준 일 때문에 예측할 수 없는 죄에 빠지게 되었을 때, 모 수령이 그를 집안에 숨겨 주려고 하자 모 군이 편지를 보내 이를 책망하였다. 그러나 내 생각은 다르다. 모 수령은 모 인과는 성씨가 다른 친척이면서 평소 사랑을 받았으며, 또 그의 중부(仲父)·숙부(叔父)가 돌아가셨을 때도 잊을 수 없는 은혜를 입었으므로 일의 옳고 그름을

---

140) 내한(內翰): 홍문관 관원을 일컫는 한림학사의 별칭. 권섭의 아우 권영(權瑩;1678~?)은 권섭보다 여덟 살 아래인데, 홍문관의 부교리·교리·수찬을 역임하였음.

떠나 급한 일이 있으면 구원하는 것이 사람의 인정이다. 우경(虞卿)은 재상의 존귀한 자리를 버리고 위제(魏齊)의 어려움을 급하게 여겼는데,141) 지금 사람은 옛사람의 백분의 일, 천분의 일에도 미치지 못한다. 이처럼 조그마한 의협심도 막으려고 한다면 더 이상 무엇을 보겠는가. 모 군의 잘못이다.

> 有某人以貨賄事 而將陷不測 某令欲匿之家中 某君貽書責之 吾意則不然 某令之 於某人戚屬 而畜於家者素矣 且於其仲父叔父之喪 有難忘之感矣 勿論事之是非 有 急則救 人情則然 虞卿棄卿相之貴 而急魏齊之困 今人之於古人千百不及 而如此小 小義氣之用 亦且沮之 則更何觀哉 某君過矣

31 세상 사람들은 친구가 고을 수령으로 나가면 반드시 풍성하게 잘 차린 음식으로 전별하고, 관리가 되어 집에 찾아오면 작은 밥상에 차린 음식으로 대접한다. 나는, 신분은 달라졌지만 사람은 같으므로 그렇게 다르게 대접하는 일은 본받지 말아야겠다고 생각한다. 각기 약간의 곡식을 갹출하여 마시는 것은 상스러운 일이고, 산사에서 연포탕(軟泡湯)를 만드는 것은 커다란 폐해이며, 계를 만들어 많이 모이는 것은 분쟁이 일어나기 쉬우니 모두 하지 말아야 하는 일이다.

요즘에는 혼인 잔치를 하는 집에서 정성을 다해 음식을 대접한다. 딸을 시집보내는 날에는 마치 생일잔치 하듯이 반드시 큰 고깃덩어리를 준비하고, 또한 동상례(東床禮)142)에는 온 집안의 재산을 기울여 대접하는데, 나는 여자가 시집을 가면서부터는 남자 집에서 대접하는 것이 마땅하다고 생각한다. 어찌 친정 사돈이 시댁 사돈을 대접하는 의리가 있겠는가. 하물며 동상례는 어느 때에 시작하였는지도 알지 못한다. 대개 동이(東夷)의 풍속에서 시작한 것이겠지만 또한 잘못된 것은 따르지 않아야 한다. 지금까지 모두 십여 명을 혼인시키면서 일찍이 딸을 위해 변통하여 마련하지 않았고, 또한 며느리집에서도 받지 않았으니, 후세의 사람들은 이를

---

141) 우경(虞卿)은~여겼는데: 위나라의 정승 위제(魏齊)가 진(秦) 나라 정승이 된 범수(范睢)와의 악연 때문에 궁지에 몰려 조(趙) 나라에 왔을 때, 당시 정승으로 있던 우경(虞卿)이 그의 딱한 처지를 불쌍하게 여겨 인끈을 풀어놓고 함께 도망쳐 신릉군(信陵君)을 찾아갔던 고사가 있음. 『사기』「범수열전(范睢列傳)」.
142) 동상례(東床禮): 혼례가 끝난 뒤에, 신랑이 신부의 집에서 친구들에게 음식을 대접하는 일.

알아 두어야 한다.

○ 동평위(東平尉)143)가 청성(淸城)144)의 집에서 결혼을 할 때, 손바닥 몇 개쯤 되는 크기의 떡을 거친 상자에 담아 새끼줄로 가운데를 묶어서 보냈다. 청성이 손수 포장을 풀고 기뻐하며 이를 먹으면서 말하기를 "맛이 정말 좋다."라고 하자, 뭇 사람들의 비난과 헐뜯는 말이 조용해졌다.

여강(驪江) 원좌윤(元左尹) 어른이 동의금(同義禁)145)이 되어 의금부에 있을 때, 여러 사람들이 모두 다투어 사치스럽게 준비한 점심을 펼쳐 놓았다. 그의 시중을 드는 하인이 소매 속에서 작은 상자 하나를 꺼내 앞에 펼쳐 놓았는데 떡 하나에 고기 한 점뿐이었다.

외조부가 관청에서 돌아오시면 늘 말씀하시기를 "매성(梅城)146)의 황 판서 어른이 일찍이 장손의 상을 당하였을 때, 내가 처형이라 가서 앉아 있었는데, 횃불 하나, 촛불 하나조차도 남에게 구걸하지 않고 반드시 시장에서 사서 사용하는 것을 보았다."라고 하셨다.

종백씨(從伯氏) 부사공(府使公)147)이 전에 나와 함께 길을 가다가 친구의 고을을 지나가게 되었는데, 노자 주머니가 비어 여러 날 먹을 것이 없는데도 도움을 청하지 않았다. 이는 모두 어쩌다가 우연히 한 번 일어난 일이 아니다. 나도 간혹 경박한 생각이나 구차한 행동에서 벗어나지 못할 때면 반드시 이 일을 생각하여 멈춘다.

> 世人於故人出宰 必以盛饌餞 官人到家 必以盤膳待 吾則以爲貴賤異 而其人則同 不曾效尤 至如各出升斗而醵飮 俚俗也 設軟泡於山寺 巨弊也 結契聚集 易生牟也 皆不爲之 世人於婚家盡力饋餉 送女日必致大骰又如生日 東床禮 傾家産而爲之 吾則以爲女自出居 而孝饗於夫家宜也 豈有查頓饗査頓之義 況所謂東床禮 不知昉於何時 而盖亦出於夷俗 亦不效尤 前後十餘婚嫁 曾不爲女辦備 而亦不受於婦家 後人知之 ○ 東平尉結婚於淸城家 作餠如數掌大 盛之麤筥 藁索腰束而送之 淸城手解

---

143) 동평위(東平尉): 효종의 다섯째 딸인 숙정공주(淑靜公主;1645~1668)와 결혼한 정재륜(鄭在崙;1648~1723)으로, 생부는 영의정을 지낸 정태화(鄭太和;1602~1673)인데 정태화의 동생 정치화(鄭致和;1609~1677)에게 후사가 없자 양자로 들어갔음.
144) 청성(淸城): 청성부원군인 김석주(金錫冑)로, 동평위 정재륜이 청성부원군 김석주의 집에서 혼례를 치렀음.
145) 동의금(同義禁): 의금부(義禁府)의 종2품 벼슬.
146) 매성(梅城): 조선 시대 전라좌수영의 별칭.
147) 종백씨(從伯氏) 부사공(府使公): 권섭의 사촌 큰형이자 백부인 권상하의 아들로, 선산 부사를 지낸 권욱(權昱).

包而喜啖之日 味好矣 衆口之譏議 乃帖然 驪江元左尹丈 以同義禁赴府坐 衆皆設午盤競侈 而其儉從 獨以一小笥 出袖中 就前而排之 是一餠一肉而已 外王考嘗自府中來 言之不已 梅城黃判書丈 嘗遭長孫喪 余以其妻兄往坐之 見其雖一炬一燭 亦不求乞於人 必送價于市 從伯氏府使公 嘗與我同行 過親舊邑 行橐空 將闕數日食 而亦不相要 此皆非一事之偶然也 余或不免有浮靡之思苟且之爲 必念此事而止之

32 혈식(血食)148)으로 받드는 제사는 천 년토록 이어 가는 것이니 대현인이 아니면 안 된다. 종백씨는 온화하고 단아하며 학식과 문장이 뭇사람보다 뛰어났으나 사헌부나 홍문관에 들어가지 못하였으니 아쉽다. 한덕소(韓德昭)149) 등을 황강서원에 배향하자는 논의가 있었으나 종질(從姪)들이 안 된다고 하였다. 종질 정성(定性)150)은 장자(長者)의 풍모를 지녔지만 경학에는 힘쓰지 않았으니 벼슬에 나가 명성과 덕망이 있다면 혹 관찰사나 중요한 고을의 수령을 맡길 만하다. 그래서 내가 이군범(李君範) 등이 정성을 경연관(經筵官)으로 추천하려고 할 때 안 된다고 하였다. 지금 세상의 의론들이 이처럼 적실하지 못하니 또한 영광스러울 것이 무엇이겠는가.

血食千秋非大賢人不可 從伯氏之愷悌雅整 學識文翰出於凡衆人 其不入於南臺通淸 則可惜 而韓德昭諸人 有配侑於黃江書院之論 從姪輩不可 從姪定性有長者風 而不事經學 爲官而有聲望 則或可與於方面重鎭之選 而李君範諸人 有擬差經筵官之意 吾又不可 今世言議之不的如此 亦何榮哉

33 판서 황구하(黃龜河)가 한천(寒泉)에 있는 집으로 찾아와 "그대가 지은 집이 어찌 이다지 장대하단 말인가."라고 말하기에, 내가 대답하기를 "딸린 식구가 많아서 부득이 그렇게 한 것일세. 또 이 바깥채도 5,6칸

---

148) 혈식(血食): 피 묻은 생고기를 그대로 제물로 바치는 제사로서, 고대에 희생을 죽여 피를 취해 제사를 지낸 데서 붙여진 이름인데, 후대에는 서원이나 사우(祠宇)에 모셔진 현자(賢者)의 제사를 뜻하게 되었음.
149) 한덕소(韓德昭): 조선 후기 권상하의 제자들인 강문팔학사(江門八學士) 중 한 사람인 한원진(韓元震:1682~1751)으로, 호는 남당(南塘).
150) 정성(定性;1677~1751): 권상하(權尙夏)의 손자이자 권욱(權煜)의 아들로, 권섭의 5촌 조카.

을 지은 것이 한미한 선비에게는 매우 분에 넘치는 것이라고 하겠지만, 나는 거문고와 서책으로 풍악 소리를 대신하고, 나물국과 거친 밥으로 다과를 대신하고, 패랭이와 학창의로 관복을 대신하고, 이 집으로 선화당이나 의정부에 대적하려는 것이니, 그대는 이를 금하지 마시오. 그대들은 뜻을 얻고 잃음이 일정하지 않으며 때를 만나도 산더미 같은 근심이 있으니, 나는 이 즐거움을 고치지 않고 물처럼 담담하게 살 것이오."라고 하였다. 그와 한바탕 크게 웃었다.

○ 나라의 정사가 잘되고 잘못됨에 따라 근심하고 기뻐하는 마음이 끊임없이 바뀐다. 이 몸이 대대로 벼슬하는 집안에 태어났기 때문에 나라가 잘 다스려지거나 혼란스러움에 따라 기쁨과 슬픔을 함께하려는 의리가 마음속에서 저절로 나오는 것이다. 서민과 정승은 처음부터 다르지 않다는 황 대감의 말은 또한 억지스럽다.

黃判書龜河訪我於寒泉舍言 何其結構之此張大 余日 家屬衆多 不得不然 且此外舍 則五六間架 亦果侈於寒士 然吾以琴書當絲管 以菜羹疏糲當茶啖 以平凉鶴氅當紳冕 以此舍抗之於宣化堂議政府 君無禁焉 君輩得喪不常 而得時亦有齊山之憂 吾則其樂不改 而淡淡如水矣 與之一噱 ○ 國事之得失 此心之憂樂不已 身是世祿之家 自有同休共戚之義 中心之發 自而然 白屋黃扉 初無異同 黃台之答 亦强顏

34 무신년(1728) 3월 15일 밤 이경(二更)에, 도적들이 청주에 들이닥쳐 병사(兵使)와 영장(營將)을 죽이니 온 나라가 혼란스럽고 백성들이 도망하기에 바빴으나, 나는 혼자 굳게 지키고 앉아서 움직이지 않았다. 도적들이 충주에 들이닥친다는 소문이 하루에도 4,5차례씩 들려도 움직이지 않으니, 황강 주변에 사는 마을 사람들이 전과 같이 편안하게 되었다. 사세가 위급하고 어려운 경우나 급히 서둘러야 할 때에 마음을 고요히 하여 안정시키고, 이곳과 저곳의 사정을 잘 헤아려 조짐을 보고서 편의에 따라 주선하면 후회가 없다. 만약 앞장서 형세에 따라 조급하고 어지럽게 행동한다면 그 해로움이 적지 않았을 것이다.

○ 도적들에 대한 소문이 흉흉한 지 오래되었는데 지금 홀연 청주에서 난리가 일어났다. 곧바로 한양을 향하여 비바람처럼 빨리 가는 것이 마땅한데, 5,6일을 지체하면서 출발도 하지 않았다. 이는 먼저 청주에 한 무

리의 병사를 보내 난을 일으켜 백성들을 무참하게 죽이고 약탈을 자행하면 중앙과 지방의 인심이 크게 동요할 것이고, 그러면 조정에서는 반드시 남방에 온 정신을 쓰게 될 것이니, 도성이 비기를 기다렸다가 경기의 좌우에서 대군을 일으키고, 중앙에 있는 도적이 내응하여 맞이하려는 계책이었다. 또한 대군을 일으키면 어느 곳에서든 뒤를 이어서 호응하여 오는 자가 있을 것이라고 여겨, 이들은 앉아서 변란이 있기를 기다릴 뿐이요, 본디 한양에 들어가려는 생각이 없었던 것이다. 네 고을에서 다시 군사를 모았으나 모두 응하지 않았고, 간첩을 추종하는 무리들이 충주에서 참수당했기 때문에 충주진을 공략하여야 마땅하지만 끝내 그렇게 하지 못하였다. 이는 그들의 군사가 단출하여 군진을 떠나거나 군사를 나누기 어려운 형세였기 때문이니, 어느 겨를에 충주를 지나와서 산골짜기 속의 마을을 먼저 약탈하겠는가. 이곳의 형세는 현재 눈앞에 닥친 급박함이 없다. 이런 상황을 사람들에게 설명하니, 사람들이 모두 그 말에 호응하기를 "그렇군요, 그렇군요."라고 하지만 바람 소리 학 소리에 놀라고,[151] 새소리에 놀라서 쥐가 달아나는 것처럼 숨을 뿐이다. 그래서 한 사람을 겨우 진정시키면 열 사람이 놀라 일어나고, 오늘 조금 안정시키면 내일 다시 어지러워진다. 내가 이에 하인들에게 명하여 흙을 지고 와서 굴뚝을 수선하게 하고, 자제들에게 종이를 찾아 벽에 바르게 하여 편안하고 한가롭게 지내는 모습을 보이니, 온 마을사람들이 나를 믿고 가벼이 움직이지 않았고, 도망하려던 자들 중에 간혹 다시 행장을 풀고 주저앉는 자가 있었다.

○ 도적이 충주까지 다다랐다는 말이 자주 들렸다. 내가 청색 옷을 입고 말을 타고 달려 충주에 이르니 별다른 일이 없었다. 이에 성 밖을 순시하면서 형세를 살피다가, 성 북쪽의 한 편에 이르니 나를 수상한 사람으로 의심하여 성 위에서 수많은 군사가 화살 시위를 당기고 있었다. 내가 말고삐를 당기고 천천히 다가가면서 안색을 더욱 온화하게 하였다. 그렇지 않으면 포박을 당할 형편이었다. 이때 한 장교가 나와 물어 보고는 나를 알아보고 정황을 알려주었다. 내가 적들의 상황에 대해 자세히 얻어

---

[151] 바람~놀라고: 원문의 풍성학려(風聲鶴唳)는 겁을 먹은 사람이 하찮은 일이나 작은 소리에도 몹시 놀람을 비유하여 이르는 말. 진(晉)나라 때 부견(苻堅)의 군대가 흩어져 달아나 저희끼리 서로 짓밟으며 물에 떨어져 죽은 자가 이루 헤아릴 수 없었고, 남은 군대는 무기를 버리고 밤중에 도망치다가 바람 소리와 학의 울음소리를 듣고는 모두 왕사(王師)가 이미 당도했다고 여겨 놀라고 두려워하여 허둥지둥 어쩔 줄 몰랐다고 한 데서 온 말.

듣고 돌아오자 사람들이 모여들어 질문하고 나서야 안정되었다. 20일에 쓴다.

○ 24일. 청주의 도적이 패하여 도망치고, 안성과 죽산의 도적들이 차례로 섬멸되었으며, 도성 안의 도적들도 대부분 잡아들였는데 잔당들이 사방으로 흩어져 시골 마을을 노략질할까 염려되어 마을 장정들에게 경계를 엄중히 하도록 하였다. 계속 생각하기를 "이번 도적들은 비록 평정되었으나 조정은 이제부터 일이 많아질 것이니, 앞으로의 근심을 이루 다 말할 수 없을 것이다. 적군이 만약 조령과 죽령 두 고개를 넘어오면 이 고을이 바로 초입의 요충에 해당되니 수북(水北)의 산속으로 잠시 피했다가 사태를 관망하여 더 깊이 들어가는 것도 괜찮을 것이다. 마땅히 산소 옆에 구덩이를 파서 회를 넣고 다져 널판을 설치하고 조만간 가묘의 신주를 묻어 봉안할 계책을 세워야 한다. 만약 사태의 변화를 알지 못한 채 한결같이 조용히 지내면서 움직이지 않는다면, 이는 바로 굼뜨고 어리석은 사람이 될 뿐이다."라고 하였다. 그 당시 여러 경우를 생각하면서 굳게 지키려 했던 내 모습을 겁쟁이 같다고 비웃겠지만 이 모든 것은 내가 감당해야 할 일이다.

○ 영남의 곳곳에는 방비하는 장수가 있으니 도적들이 멀리 달려올 수 없으며, 오더라도 강경(江景)·추풍(秋風)의 평탄한 길로 올 것이다. 만약 죽으려고 오는 적이 죽령이나 조령을 넘어온다면 관군조차 필요 없고, 마을 장정 수십 명으로 수회(水回)와 황강(黃江)의 산허리의 좁은 길에 앉아서 돌을 쌓아 놓고 기다린다면 어찌 도적이 한 명이라도 살아갈 수 있겠는가. 묘산(墓山) 옆에 굴을 파는 것이 만약의 사태에 대비한 계책이겠지만 또한 쓸데없는 생각임을 알겠다. 28일에 쓴다.

○ 후영(後營)의 전령이 떠난 뒤 3일이 지나서야 청풍의 군사가 황강에 이르렀다. 성주(城主)가 삿갓을 쓰고 철릭[152]을 입고서 군대를 지휘하려고 하기에, 내가 강변에 나가 보고 말하기를 "군사를 거느리는 장수가 어찌 이렇게 한단 말입니까?"라고 하며 융복을 벗지 않게 하였다. 또 말하기를 "기약한 날이 지났는데도 나아가지 않으니, 군율이 어찌 이렇게 해이합니까?"라고 하며, 급히 공문을 써서 먼저 그 이유를 보고하게 하였다. 군사들을 검열할 때에는 피리나 꽹과리 따위가 하나도 없어서 부득이

---

152) 철릭[天翼]: 옛날 무관(武官)이 입는 공복(公服)의 하나.

소고(小皷)를 쳐서 개좌(開坐)153)하고 병사들을 점검하였다. 곧이어 병사들의 대열을 가지런히 하여 출발하게 하니, 파총(把摠)154)이 앞에 서고 태수가 뒤에 섰다. 내가 묻기를 "태수가 뒤에 서는 것이 비록 규범에는 맞겠지만 뜻밖에 도적이 뒤에서 돌격해 오면 장차 어떻게 대처하겠소? 기마병으로 후군을 삼고 태수는 중간에 있는 것이 좋을 것이오."라고 하였다. 나는 군병의 일에 문외한이지만 일찍이 지리서를 보았기에 이렇게 하는 것이 옳겠다고 미루어 안 것이다. 또 거듭 당부하여 말하기를 "군사를 거느리고 가서 영장(營將)에게 군사를 넘겨주고 바로 관아로 돌아와서 머물러 있는 것이 좋겠소. 조정의 명령에 따라 군사를 징발하고, 뜻밖의 변고에 대비하여 온갖 대응책을 마련하는 것이 작은 일이 아니니 각자 자신의 책임 구역에서 마땅히 자신의 자리를 지키고 함부로 떠나지 않아야 나중에 분쟁이 있을 때 할 말이 있게 됩니다."라고 하였다. 내가 학창의를 입고 작은 가마를 타고서 월천(月川)까지 전송하러 가서, 웃으며 말하기를 "제갈량이 뒤에 있으니, 공은 걱정하지 마십시오."라고 하였다. 충주에 도착하니 본진의 군사 중 태반이 아직 도착하지 못했다. 목사 이성좌는 잘못된 일이 발생할까 두려워하여 영장 신익흠에게 속여 말하기를 "네 고을의 병사들이 모두 모일 때까지 기다렸다가 크게 좌기(坐起)155)를 열고 영장들에게 군사를 인계할 것이오."라고 하니, 그의 말을 믿고 따랐다.

도적이 일어났다는 보고를 들은 지 4일이 지났는데도 영장의 수하에는 한 명의 병졸도 없으니, 별안간 도적의 선봉이 성 밖에 이른다면 장차 어찌할 도리가 없었다. 영춘(永春)과 청풍(淸風)의 군사가 도착하는 즉시 차례대로 군사를 인계받아 바로 성 위에 올라 깃발을 들게 하고, 아울러 본진의 군사를 점검하여 목사를 효시(梟示)하였다면 군대의 기강과 율법이 행하여졌을 것인데, 영장이 아무런 생각이 없어 이런 조치를 할 줄 몰랐다. 단양 군수 동설(東卨) 윤순경(尹舜卿)이 도착한 뒤 윤순경의 의견에 따라 결단하니, 곧이어 세 고을의 군사들도 영장에게 배속하고 태수들이 모두 관아로 돌아갔다.

---

153) 개좌(開座): 벼슬아치들이 모여서 사무를 보는 일을 이르던 말.
154) 파총(把摠): 조선 후기 군영(軍營)에 속한 종4품의 무장.
155) 좌기(坐起): 관청의 으뜸 벼슬에 있는 이가 출근한 다음 아래 관료들과 모여 업무를 논의하는 것.

○ 네 고을 가운데 오직 단양(丹陽) 고을 군사들의 대오가 가지런하고 여유가 있어 볼 만하였다. 고을 안에서 군사를 포진하는 것과 고개 위에서 수비하는 것이 보통 사람이 미치기 어려운 법도와 지모가 있었다. 이는 평상시에는 쉽게 알아볼 수 없다.

○ 이웃에 살던 재상 하나가 청풍 부사가 있는 곳을 찾아와 뜰에 선 채로 말하기를 "이 무슨 짓인가? 조정의 명을 기다리지 않고 군병을 멋대로 일으키다니 무슨 까닭인가?"라고 하였다. 내가 화를 내며 말하기를 "이 무슨 말씀입니까? 도적이 나라의 서쪽에서 일어나면 조정은 마땅히 동쪽과 남쪽에 경계하라는 명령을 내려야 하는데, 조정의 명령이 없으면 앉아서 바라보고만 있어야 합니까?"라고 하니 재상이 말이 없었다. 내가 이어 말하기를 "그대는 어찌하여 상경하지 않습니까?"라고 하니, 재상이 말하기를 "청주의 일은 전해 들은 것이 있는가?"라고 하였다. 내가 말하기를 "이 무슨 말씀입니까? 나라에 변란이 생겨 임금께서 고립되고 길흉이 한 순간에 있는데, 어찌 재상이 집안의 안위에 대해 묻습니까? 말고삐를 돌려 급히 서울로 가는 것이 옳습니다."라고 하였다. 재상이 말하기를 "이미 이곳에 이르렀으니 산속에 들어가 집안 식구들의 안부를 묻고 내일 아침에 도성으로 갈 것이네."라고 하였다. 곧이어 나에게 빠르고 막히지 않은 길이 어딘지 묻고, 또 "도성으로 올라갔는데 성문이 닫혔으면 형세 상 마땅히 돌아와야 하지 않겠는가."라고 하였다. 내가 말하기를 "이 무슨 말씀입니까? 성 밖에 가서 사람을 불러 '재상 모(某)이니 와서 호위하라.'라고 하면 어찌 문을 열어 주지 않겠습니까."라고 하니, 재상이 드디어 도성으로 올라갔다.

○ 처음 변란이 났다는 소식을 들었을 때, 영장들은 마땅히 영중에 머무르며 목사와 고을의 관리들을 불러들여 군무에 대해 의론하는 것이 옳다. 그런데 영장이 마부 하나에 말 한 필로 종일토록 본관과 이하원(李夏源)156)의 집을 분주히 오가며 시장 거리에서 손을 흔들어 사람들에게 빨리 흩어지라고 하니 어찌 인심이 술렁거리지 않겠는가. 이성좌는 눈살을 찌푸리고 허둥대며 결단을 내리지 못하고 어쩔 줄 모르면서, 끊임없이 일찍이 벼슬을 버리지 않은 것을 후회한다고 말하였다. 그러면서 한편으로는 재화와 물건을 단단히 포장하여 탄금대 아래에 배를 대기시켜 놓고서

---

156) 이하원(李夏源;1664~1747): 조선 후기 문신으로, 자는 원례(元禮), 호는 예남(蘂南)·정졸재(貞拙齋).

달아나려고 하였다. 영장이 손으로 허리에 찬 칼을 뽑으며 말하기를 "내가 당장 베어 버리겠다."라고 하니, 그제야 이성좌가 부끄러워하고 두려워하며 자기도 모르게 사죄하였다. 그런데 뜻밖에 신임 목사 김재로(金在魯)가 부임하여 오니 군사들과 백성들의 마음이 곧 안정되었다. 목사 이성좌가 체직되었다는 소식이 이르자 백성들이 모두 기뻐 소리치며 말하기를 "이 난리가 없었다면 이런 태수를 어떻게 물러나게 할 수 있었겠는가."라고 하면서 서로 기뻐하였다. 만약 이성좌가 계속 목사 자리에 있었다면 군사들의 마음이 단합되지 않았을 것이니 진실로 다행이다.

○ 도적이 청주에 쳐들어와서 두 장수를 죽였다.157) 적의 군사들이 목사 박당(朴鐺)을 핍박하여 쫓으니, 적장이 급히 소리쳐 말하기를 "목사를 죽이지 말라. 이 자는 죄가 없다."라고 하여, 박당이 마침내 도망할 수 있었다. 박당은 박민웅(朴敏雄)이 상당성(上黨城)에 들어가 성을 빼앗고 적장을 베었다는 소식을 듣고 나서, 곧 그 의병군에 가담하여 그들의 공훈을 빼앗아 자기 것으로 하였다. 음성(陰城) 현감 박진량(朴晉良)이 군사를 거느리고 진(鎭)으로 가려고 하는데 갑자기 거짓 경보가 발령되어 군사들이 모두 흩어졌다. 이에 이태해가 감옥에서 달려와 앞뒤로 분주히 뛰어다니며, 흩어지고 도망한 군졸들을 모아서 스스로 영장이 되어 난리가 있는 곳에 가는 것을 마치 즐거운 곳에 가듯이 하였다. 박당이 도망친 일은 죽여서 사람들에게 효시하는 것이 마땅하고, 이태해의 충성과 의리는 장려하고 상을 주어야 마땅하지만 어쩌랴, 요행과 불행의 운수가 있는 것을!

○ 백성들이 전란을 겪으면서 생업을 잃어 갑자기 굶주려 죽을 지경에 이르러도 관청에서는 군량미가 모자란다고 하면서 한 되의 쌀도 내어 주지 않는다. 각 고을의 부유한 백성들로 하여금 어려운 사람들에게 곡식을 나누어 먹이도록 하는 일 또한 백성을 구원하고 살리기 위한 임시방편인데도 알지 못한다. 온갖 계책들이 시행되는 때에, 마을을 침탈하는 지방 관리들이 평소보다 두 배가 되는데도 금하지 않는다. 가까운 고을을 살펴보면 다른 고을은 모두 미루어 알 만하다. 생각건대 저들을 구원할 힘도 없으면서 구원하려고 하니, 또한 어찌하겠는가. 30일에 또 쓴다.

○ 도성의 친위병은 오직 왕궁의 호위를 위해 설치한 것이다. 처음 변란이 일어났다는 소식을 들었을 때 병조 판서로 하여금 친위병들을 이끌

---

157) 도적이~죽였다: 영조 4년(1728)에 일어난 이인좌의 난을 진압하다가 충청도 병마절도사 이봉상(李鳳祥)과 영장(營將) 남연년(南延年), 비장 홍림(洪霖)이 순절하였음.

고 나가게 했는데, 만약 내부로부터 변고가 생겼다면 장차 어떻게 했겠는가. 개탄스러운 것은 한 사람도 그 논의를 제지하는 자가 없었다는 것이다.

○ 도적들이 곳곳에 진을 치고 있는데 한 사람이 나는 듯이 달려 나와 복면을 쓴 도적을 잡아서 막다른 길로 몰아붙였는데, 그 도적은 누구냐고 감히 묻지도 못했으니 이는 하늘이 그 도적의 혼을 빼앗아 가서 대적할 수 없게 한 것임을 알 수 있다.

○ 도성과 지방의 군사와 백성들이 모두 그 윗사람을 친근하게 여겨 윗사람을 위해서 자신의 목숨을 기꺼이 바치려는 뜻158)이 있으며, 도적의 협박에 못 이겨 도적을 따르는 자들이 병조 판서의 군사들이 도적과 한패가 아니라는 것을 확실하게 알게 되면 문득 모두 창을 거꾸로 잡고 도리어 저들을 공격할 것이다. 오늘날이 비록 말세라고 하지만 인심이 변치 않음을 볼 수 있을 것이다.

○ 중앙에서 임명한 수령들이 모두 대세가 이미 기울어진 것을 보고서야 앞다투어 도적을 베었다. 어떤 자는 도적이 아니라는 것을 분명히 알면서도 모조리 죽였으며, 어떤 자는 남의 것을 가로채서 공을 바라고 상을 탐하는 경우가 많으니, 이와 같은 사람들과 어찌 더불어 도적을 진압할 수 있겠는가. 도적을 진압하는 일이 요원하다.

○ 전라 감사 이광덕(李匡德)이 전령을 보내 성전(星田)에 있는 가구(可久) 이이근159) 공을 종사관으로 삼겠다고 하면서 위협적인 말을 하였는데 심지어는 군율에 따라 처벌하겠다는 말까지 하였다. 그러자 이 공이 감사를 찾아가 뵙고 사직하고 돌아가자 이를 비난하는 사람들이 있었다. 나는 난리 중에 사람을 살리고 죽이는 권한은 병권을 잡은 자에게 있으므로, 윗사람이 임용하고 물리침을 법도에 맞게 하지 않았다면 밑에 있는 사람은 군법이 두려워 나아가되 (나아간 다음에는) 말을 잘해서 되돌리는 것이 일의 형편상 당연하다고 생각한다.

○ 이번 같은 반란은 이전에 없었던 일이다. 주창한 자와 호응한 자는 모두 죽여서 모든 일의 본보기로 삼아야 마땅하다. 그러나 먼 지방의 사

---

158) 군사와~뜻: 『맹자』에 "임금께서 어진 정치를 행하기만 한다면 이 백성들이 그 윗사람을 친근하게 여겨 어른을 위해서 자신의 목숨을 기꺼이 바칠 것입니다[君行仁政 斯民 親其上 死其長矣]."라는 말이 있음.

159) 이이근(李頤根;1668~1730): 조선 후기 권상하의 제자들인 강문팔학사 중 한 사람으로, 자는 가구(可久), 호는 화암(華巖).

람들은 실상을 잘 몰라서 도적들의 그릇됨을 알지 못하고 그들의 말을 믿고서 가담한 것이니, 만약 하나하나 깨우쳐 알려 준다면 반드시 마음속 의문이 시원스럽게 풀리고 깨달음이 있을 것이다.

○ 전에 들으니 임진년과 병자년에 피란 간 사람들은 자신의 가족뿐만 아니라 친구와 마을 사람들을 모두 데리고 가서 반드시 그들과 생사를 함께했다고 한다. 지금은 비록 형제나 숙질 같은 친족이라도 각자 흩어져 가서 서로 걱정해 주지 않는다. 임진년과 병자년의 난리에도 어찌 군량미의 지원과 조달에 어려움이 없었겠는가마는, 도성의 사대부가에서 전란을 피하여 산골짜기에 들어가면 그곳의 수령에게 의탁해 생활한 것이 일기 가운데 많이 보인다. 그런데 지금의 수령들은 군량미를 지원하기도 어렵다는 핑계로 생사를 넘나드는 친구를 냉담하게 대하면서 구원해 주지 않는다. 나는 사직이 위급한 상황을 당하기도 전에 나라가 먼저 망했다고 생각한다.

○ 충청 병사 이봉상(李鳳祥)이 도적에게 살해를 당했을 때, 군관 홍림(洪霖)이 마침 밖에 있었는데, 주장(主將)인 병사가 해를 당했다는 급보를 듣고 뛰어 들어와 도적 여러 명을 베고서 병사와 함께 전사하였다. 영장 남연년(南延年)은 이 소식을 듣고 말하기를 "주장이 전사하였으니 의리상 혼자 살기를 도모할 수 없다."라고 하면서 적을 꾸짖고 끝까지 굽히지 않았으며 죽음에 이르러서도 더욱 격렬하였다. 남연년의 말이 도적들에게 잡혔는데, 갑자기 울부짖으며 뛰어오르더니 저들의 말을 따르지 않고 달려서 본영으로 돌아왔다. 남연년의 아들이 이 말을 타고 나갔다가 목숨만 겨우 살아 돌아왔으니, 그의 충절과 의열은 수양(睢陽)에서의 일160)과 함께 후세에 전하여도 부끄럽지 않을 것이다. 또한 당시에 가축이 이와 같이 했다는 것을 듣지 못했다. 4월 19일에 또 쓴다.

○ 이미 오래전부터 수상한 행적이 있다고 우후(虞候)161)와 영장이 여러 차례 말하였으나, 병사 이봉상은 민심을 어지럽힌다고 하며 그들을 베려고 하였다. 또한 주연을 베풀면서 즐겼으니 사려 깊지 못한 행동이었

---

160) 수양(睢陽)에서의 일: 당나라 현종 14년(755)에 안녹산이 어양(漁陽)에서 반란을 일으켜 장안을 향해 파죽지세(破竹之勢)로 밀려올 때, 장순(張巡)과 허원(許遠) 두 장수가 수양에서 이들을 맞아 싸우다가 장렬하게 전사하였음.

161) 우후(虞候): 조선 시대 각 도의 병영과 수영에 두었던 종3품, 정4품의 무관 벼슬. 병마절도사와 수군절도사의 막료.

다. 도적이 침입하면 주먹을 불끈 쥐고 맞서고 단정하게 앉아서 해를 당하는 것이 마땅한데 대나무 숲속에 숨은 것은 용기가 없는 것이다. 죽을 때에 성내어 도적을 꾸짖은 것은 그런대로 괜찮다.

○ 나는 백 가지에 하나도 잘하는 것이 없다. 그러나 세상의 온갖 변화와 변고를 두루 거쳤기 때문에 생사의 갈림길이나 혼난을 당했을 때 마음이 동요하지 않을 수 있었다. 오늘은 가만히 앉아서 생각해 보니 나의 식견이 고집스럽고 편협하며, 마음이 어둡고 완고할 뿐이다. 세파에 휩쓸려 낭패한 경우에도 두세 사람 외에는 모두 말하기를 "우연히 요행스럽게 화를 면했군요."라며 기롱하고 비웃기를 그치지 않는다. 나의 모습이 얄팍하고 타고난 기질이 보잘 것 없기 때문에 사람들이 나에게 중후하게 대하는 자가 없음을 스스로 부끄럽게 여긴다. 이에 마의도사(麻衣道士)162)의 〈양상편(養相篇)〉을 아침저녁으로 공부하고자 한다. 5월 9일에 또 쓴다.

戊申三月十五日夜二更 土賊入淸州 殺兵使營將 國內擾亂 士女奔波 吾獨堅坐不動 賊迫忠州之說 一日四五至 而亦不動 黃江上下村得以按堵如故 事當危難急遽之時 心閑靜而凝定 料量彼此事情 應機周便 乃可無悔 若先隨波躁擾 則其害又不少矣 ○ 賊聲之洶洶 日月已久 而今忽作亂於淸州 則必當直向京城急於風雨 而乃遲留五六日而不發 此其計先出一枝兵於淸州 屠戮劫掠 則人心必騷撓於中外 朝廷必專意於南方 待城中空虛 大軍橫起於圻甸左右 而在中之賊 內應而迎之 又當有大軍起 於何處繼其後而來者 此輩則坐待其變而已 本無衝入京城之意 且復徵兵於四郡 而皆不應 間諜之人隨屬 見斬於忠州 則必當來掠忠州鎭 而終無形影 則是必其軍單弱 有難離次分出之勢 何暇過忠州 而先剽掠於峽中之村里 此中則姑無目前之急 以此事情曉諭於人 人皆應之曰 然矣然矣 而風聲鶴唳 鳥驚而鼠竄之不已 一人才定 十人又起 今日少安 明日復擾 余乃命奴僕負土而塗垓 命子弟搜紙而糊壁 以示安閑之意 一村恃我而不輕動 動者或復解裝而坐矣 ○ 賊迫忠州之說 屢起 余着靑色衣 匹馬馳去忠州 則無他事矣 仍巡視城外 以覘形勢 到北城一面 疑我爲殊常人 城上萬弩俱張 余乃按轡徐行 顔色愈和 不然則必被縛紲之患矣 乃有一將校 出問知我而以情告 余得以探聽賊情 而還 村中坌集 問訊而乃定 二十日書 ○ 卄四日 淸州之賊敗走 而安城竹山之賊 次第殲滅 京中之賊 亦多就捕 則餘黨四散 剽竊村里之患 今始可慮 乃令村里團束丁壯 而戒嚴不輟 仍念此賊雖已平定 朝廷剝自此多事 前頭之憂 有不可言 賊軍若自鳥竹兩嶺而來 則此村正當初路要衝 不得不少避于水北山中 仍

---

162) 마의도사(麻衣道士): 중국 송나라 건국 직전의 사람으로, 당시까지 구전이나 비전(祕傳)으로 내려오던 여러 계통의 관상법을 종합하여 『마의상법(麻衣相法)』을 창안하여 관상학을 확립하였음.

爲觀勢深入 無所不可 宜掘坎於墓山側 築灰植板 爲埋安家廟之早晚計 若不知事變
一向凝定不動 則是直爲一介蠢愚人耳 當時之以我量弘而守確者 又笑其恇怯矣 皆
當任之 〇 嶺南處處 有防守之將 賊不可長驅而來 來亦必由於江景秋風坦夷之途
若有送死之賊 來蹂竹嶺鳥嶺者 則不必官軍也 以村里丁壯數十人 坐於水回黃江 山
腰隘處 積石而待之 則寧有片甲之還 掘坎墓山側 不害爲萬全之計 而亦知是閑思慮
矣 二十八日又書 〇 後營傳令之去 過三日 而淸風之軍來到黃江 城主欲着笠子天
盒而從事 余出見于江邊曰 領軍之將 安得乃爾 使之勿脫戎服 又曰 後期不進 自有
軍律 何其疎濶 亟令具牒而先報其由 其點閱軍兵之際 無一簫一錚 不得已打小皷
而開坐點兵 仍使之整齊行陣而去 把摠在前 太守在後 余問之而曰 太守之在後 雖云
例規 若有意外之賊 從後突擊 則亦將何爲 使以馬軍作後隊 俾太守之行在於中半
余不閑於軍旅 而曾見地理書 故推知其如此乃可耳 仍復申囑之曰 領軍而去 請于營
將 卽還官次 可也 朝令徵發 不虞變故 凡百策應 其事非小 各有信地 不宜離次 爭
之自有辭矣 余披鶴氅乘小輿 送至月川 笑謂曰 諸葛亮在後 公無憂焉 及到忠州 則
本鎭之軍 太半未到 牧使李聖佐 恐其生事 瞞弄營將申益欽 使之待四郡兵集 開大
坐起 而領付營將 信其言而坐矣 賊報之來已四日 而營將手下無一兵 倉卒賊鋒迫到
城外 則將措手不得矣 永春淸風軍之至 續續領付 隨飮把立於城頭 竝點本鎭之軍 而
㬰示牧使 則東軍中之紀律成矣 乃營將芒然 不知此也 丹陽郡守尹東皐舜卿之到 賴其
一言而折之 乃領付三邑軍 而太守皆得還歸 〇 四郡之中 唯丹陽軍行 整齊閑暇 可
觀 其邑中排布嶺上防守 有法度謀略難及人 不可於平常日易視之也 〇 隣居一宰臣
過到淸風府使坐處 却立于庭曰 是何擧也 不待朝令擅發軍兵何也 余厲聲曰 是何言
是何言 賊起於國之西 則宜有朝令東南有警 以無朝令坐視之乎 宰臣無言 余仍曰 君
則何尙不上京 宰臣曰 淸州之事 傳聞何的 余曰 是何言 國家有變 君父孤立 吉凶在
於呼吸 此豈宰臣問家室之時 回鞭而亟赴可也 宰臣曰 旣到於此 入問家屬於峽中
明朝當赴 仍問我聞捷不梗之路 又問上京而城閉 則勢當還來否 余曰 是何言 到城外
傳呼 宰臣某來屬 則門豈不開 宰臣遂上去 〇 聞變之初 營將宜凝坐於營中 以軍務
相議 招來牧使及邑中有官人可也 營將單僅匹馬 終日奔走於本官及李夏源家 揮手
於場市中 使之速速散去 人心安得不騷撓 李聖佐則攢眉躁騷 恇怯失措 悔不早棄官
之言 不絶於口 一邊堅裝貨物 待舟於彈琴臺下 將欲逃遁 營將手掣腰間之釰曰 吾
當斬之 聖佐遂愧懼而謝之不意 新牧使金在魯來 而軍民乃定 聖佐遞報之至 萬民齊
聲而曰 若無此亂離 則此太守何得以離却也 與之相賀 是知聖佐仍在 則必軍心之不
集矣 誠可幸也 〇 賊入淸州而殺兩將也 軍兵迫逐牧使朴鐙 賊將亟呼曰 勿斬牧使
是無罪也 鐙遂走去 聞朴敏雄之入上黨城 而奪斬賊將 乃投入於義兵中 掠爲己功
陰城縣監朴晉良 將趁軍赴鎭 猝有虛警 一陣皆散 李泰海趁自囚中 奔走先後 收聚
散亡之卒 自爲領將 赴難如樂地 鐙之情狀 宜加之顯戮 李泰海之忠義 宜獎而賞之
奈其數有幸不幸 〇 亂中之民 失業(忄*蒼)慌 飢餒欲死 而謂軍糧難繼 不給一升之
糶 則使各村富民分饋於窮殘 亦自爲方便救活之道 而又不知 百種策應之際 官屬之

侵虐村里者 有培於平時 而又不禁 觀於近邑 他皆可知 顧無刀而救之 亦復奈何 三十日又書 ○ 京城之手下 親兵誼 爲衛護王宮而設 聞變之初 使大司馬領率而出 若從中有變 則 其將奈何 慨無一人沮其議者 ○ 賊屯處處 而一介之使 飛傳而出 拿執囊頭之賊 衝來梗路之中 而莫敢誰何 則是知天奪其魄而自不能犯 ○ 中外軍民 皆有親上死長之意 其脅從之人 亦審知大司馬軍爲非賊援 則輒皆倒戈而反攻 今日雖襄未 可見人心之不變矣 ○ 自中之爲守宰人 人人自見其大勢已傾之後 爭先斬賊 或且明知其非賊 而一倂戔刈 或多掠取於人 希功而賭賞 如此之人 何足與之爲謀賊 亦疎矣 ○ 全羅監司李匡德 傳令于星田李公頤根可久爲從事官 威脅之辭 至欲依軍律施行 李公就見監司 辭免而歸 人或有議之者 吾則以爲臨亂主殺其柄有在 而不以禮進退之 則畏法而往 善誘而返 事勢當然 ○ 今此亂逆 前古所無 倡者應者 均宜斬作萬段 至於遐方之人 則實矇然 而不知其非 信其言而投入矣 若一一曉喩之 必見其心之渙然而悟 ○ 曾聞壬丙年 避亂之人 不但族屬也 知舊與村里相率而去 必與之同死生矣 今則雖兄弟叔姪之親 各自散去不相係戀 壬丙之亂 亦豈無軍粮策應 而京城士夫家之避入峽中者 依於邑宰而生活 多見於日記中 今則托以軍粮難繼 恬然於親舊之死生而不救 吾以爲不待社稷之蒼黃 而國已先亡 ○ 忠淸兵使李鳳祥之遇害也 其軍官洪霖適在外 聞主將之急 躍入斬數賊而同死 營將南延年則曰 主將死 義不可獨生 罵賊不屈 至死愈厲 南之馬爲賊所獲 輒啼號跳躍而不從 馳走歸本營 南之兒得以騎出逃命 其忠節義烈 不愧與睢陽同傳 而當時 亦不聞畜物之有如此者 四月十九日又書 ○ 前日久已有賊形 虞侯營將屢有言 而兵使李鳳祥以撓民心 欲斬之 又設樂而爲娛 則無謀 賊之入宜張拳而迎之 端坐而受害 乃投匿於竹林中 則無勇 其奮罵而死 可喜 ○ 余百無一長 而以閱歷世變多故 獨能不動心於死生患難之際 今日凝坐 又是其見之固滯 其心之冥頑耳 其奔波狼狽之流 二三人外 皆曰 偶爾而倖免也 譏嘲之不已 自愧我面目凉薄 氣像浮露 故人無有厚重我矣 麻衣道士 養相之篇 吾欲日夕披覽 五月九日又書

35 백부 선생이 전에 말씀하시기를 "직접 봉양하지 못한 부모의 기제사에 곡하는 것은, 살아 계실 때 직접 모시지 못한 것을 슬퍼하는 것이다. 조부모 이상의 경우는 직접 봉양하지 않았는데 곡하는 것은 감정을 꾸미는 것에 가깝다. 외조부모 및 방계의 친척에 대해서는 어찌 죽을 때까지 사모하는 이치가 있겠는가. 모두 곡하지 않는 것이 좋다."고 하셨다. 그리고 나에게 조부께는 곡을 하고 조모께는 곡을 하지 않게 하였다. 계부께서 말씀하시기를 "돌아가신 조상의 기일에 자손들이 어찌 곡을 하지 않을 수 있겠는가. 모두 곡을 하는 것이 옳다. 선친께서 살아 계시면 반드시 곡

을 하였는데, 지금 돌아가셔서 계시지 않는 것은 슬퍼할 일이다. 이 슬픈 마음을 미루어서 곡하는 것은 감정을 꾸미는 것이 아니다."라고 하셨다. 그러자 백부께서 말씀하시기를 "그러면 한계가 없게 된다."라고 하였다. 지금 나는 백부의 말씀에 의거하여 곡을 하지 않으나 외조부모·백숙부모· 형제 및 아내에 대해서는 슬픔이 절로 지극해져서 나도 모르게 곡을 하면서 눈물을 흘리니, 슬픔이 지극한데도 곡을 하지 않는 것이 또한 감정을 꾸미는 것이 된다. 예절을 아는 사람들이 어떻게 생각할지 모르겠다. 기공(朞功)163)이나 공시(功緦)164)를 바탕으로 제한하는 것도 무방할 것이다.

종형(從兄)이 제례가 엄숙하지 않을 것을 걱정하여 나와 함께 고금의 제도를 참고하고 의논하여 크고 작은 제사의 제물을 정해진 법식으로 만들어 백부께 여쭈니 좋다고 하시면서 그대로 시행하라고 명하였다. 계부께서 말씀하기를 "어찌 하필이면 너희 산사람에게 익숙한 음식과 좋아하는 반찬을 가지고 정식(定式)이라고 하는가. 선조들의 제사에 사용하지 않는 것이 좋겠다. 제기의 모양이나 빛깔에 구애받지 말고, 음식이 풍족하게 있으면 많이 차리는 것을 꺼리지 말라."고 하셨다. 백부 또한 이를 금하지 않으셨기 때문에 정식에 관한 일은 다시 그대로 두어 거론하지 않게 되었다. 백부께서 정식이 좋다고 인정하신 것은 본래의 뜻을 미루어 보면 계부의 생각과 다르지 않을 것이다. 그러나 종형이 정식에 대해 이미 여러 번 백부께 자문을 받았으며, 제례는 마침내 엄숙함과 삼감을 위주로 삼기에 나도 크고 작은 제사에 오로지 정식에 의거하여 어긋남이 없게 하여, 자손들이 본받게 하였다. 오직 묘사와 기제사는 모두 정제(正祭)165)가 아니므로 평소 먹는 음식을 차리는데, 두 분의 송(宋) 선생 집안처럼 탁자 사이에 진설하고, 제물(祭物)은 원식(元式)을 따르고 변경하지 말아야 한다.

伯父先生嘗曰 忌祭不逮事父母 亦哭者 哀其不得逮事也 至於祖父母以上 則不逮

---

163) 기공(朞功): 기년복(朞年服)과 대공복(大功服)을 입는 아주 가까운 친족을 말함.
164) 공시(功緦): 공시는 오복(五服) 가운데 9개월 복에 해당하는 대공(大功), 5개월 복에 해당하는 소공(小功), 3개월 복에 해당하는 시마(緦麻)를 가리키는데, 주로 손자, 종손자 이하의 항렬이나 다소 먼 친족이 이에 해당함.
165) 정제(正祭): 봄여름가을겨울 네 계절에 일정하게 지내는 사시제(四時祭)를 말하는데, 음력 2월과 5월, 8월과 11월의 첫 번째 정일(丁日)이나 해일(亥日)을 택해 지냄.

事而哭 近於矯情 至於外祖父母及傍親 則豈有終身慕之之理也 皆不哭可也 使變哭 於祖考 而不哭於祖妣 季父府君曰 祖先之忌 子孫豈不可哭 皆哭之可也 父在則必 哭 而今父不在 是可哀 推其哀而哭之 非矯情也 伯父曰 然則無限節 今變依伯父言 不哭 而外祖父母伯叔父母兄弟及妻 則哀自至矣 不覺其聲出而淚迸 哀至而不哭 亦 矯情耳 未知禮者 以爲如何 以朞功緦 爲限節無妨耶 從兄愍祭禮之不嚴 與變 同議參酌古今 成出大小祭品定式 而禀于伯父 伯父善之 命行之 季父曰 何必乃爾 生人 爛食好饌 而謂有定式 不用於先祀可乎 使之勿拘器色 有則不嫌其多 伯父亦不 禁 故定式遂復廢閣 伯父盖許定式之善 而仰揣本意 則與季父不異矣 然從兄所定之 式 旣經禀正於伯父 而祭禮終主於嚴謹 故變則大小祀一依定式 無違 爲子孫之則 獨墓忌兩祀 非正祭 故參以燕饌 如二宋先生家 加設于卓間 而祭品元式 則勿變耳

36 판관 유정기(兪正基) 씨에게 후처 신 씨가 있었는데 온갖 악행을 행하여, 남편을 대할 때 방자하고 악독하여 차마 듣기 거북한 말을 하는 경우가 많았다. 또한 때때로 한밤중에 담을 넘어 집을 나가서 혼자 다니다가 다음날 돌아오거나, 조상의 제사에 쓰는 술이나 음식에 더러운 것을 섞어 넣기도 하였다. 판관공이 일가를 모아 회의를 하고 사당에 아뢴 후 그녀를 쫓아냈다. 그러자 의금부에서 유정기의 죄를 다스리게 되었는데, 모든 사람들이 "죽여야 한다."라고 하면서, 또 "회지(晦之)가 의금부 문밖에 달려와 용서를 빌어야 한다."라고 하였다. 회지는 곧 판관공의 첫째 부인 아들이다. 그는 당시에 동현166)에 살고 있었는데 수백 수천 명의 사람들이 모두 달려가 용서 빌기를 권하였다. 회지가 달하기를 "아버지께서 허락하지 않으십니다."라고 하니, 이명준(李明浚)이 말하기를 "어르신께서 가지 말라고 손을 잡고 놓아주지 않으시면 팔을 베어 놓고라도 가야 합니다."라고 하였다. 내가 마침 그 자리에 있다가 말하기를 "그대는 가지 말아야 하오. 스스로 달려가 용서를 빌어야 할 때가 있을 것이오. 앞으로 반드시 어르신께서 가서 상황을 설명해야 하는 날이 있을 것이니, 그날 가는 것이 좋을 것이오."라고 하였다. 이어서 다시 말하기를 "먼저 나를 낳아 준 어머니냐 아니냐를 가지고 말해야 하며, 그런 연후에 이에 대해 논의해야 하오. 예법에, 집안에서 쫓겨난 어머니의 상을 1년으로 한 것은

---

166) 동현(銅峴): 구리개. 현재 서울 중구 을지로 1가와 2가 사이에 위치한 고개인데 황토빛이 마치 구리처럼 붉게 보인다고 하여 이런 이름이 붙었다고 함.

나를 낳아 준 은혜에 대하여 슬픔을 표하는 것인데, 계모는 나를 낳아 준 은혜가 없으니 집안에서 쫓겨났으면 곧 남이오. 『사기』에 이르기를 '한나라 명제 때에 아버지가 계모에게 살해당한 자가 있었는데, 그자가 계모를 죽여서 아버지의 원수를 갚으니, 어머니를 죽인 죄로 논하였소. 이때 태자였던 장제가 곁에 있다가 말하기를 '어떤 사람이 아버지를 죽여서, 그 아들이 아버지를 죽인 사람을 죽인 것이지 아들이 어머니를 죽인 것이 아닙니다.'라고 하니, 명제가 깨우치고 그를 풀어주었소. 지금 신 씨는 이미 집안에서 쫓겨났으니 남이 되었을 뿐 아니라 고문을 받으면서도 남편에 대해 추잡한 욕지거리로 날조함이 끝이 없으니 살인한 죄와 다름이 없소. 그런데 회지가 어머니로 모시는 것이 말이 되겠소."라고 하였다.

이명준의 무리들이 말하기를 "우리나라에는 아내를 집안에서 쫓아내는 법이 없으니 사사로이 집에서 쫓아내도 법적으로 쫓아낸 것이 아닙니다."라고 하였다. 내가 말하기를 "어찌하여 그와 같이 호도합니까? 나라에 아내를 집에서 쫓아내는 법이 있으면 모든 것을 나라의 법에 따르면 됩니다. 그러나 우리나라에는 아내를 집에서 쫓아내는 법이 없어서 가장이 사당에 고하고 집에서 쫓아낸 것인데 무슨 말을 하는 것입니까?"라고 하였다. 이에 나와 회지를 비방하는 말로 시끄러웠다. 신 씨가 죽은 뒤에 회지가 상복을 입지 않아서 회지가 마침내 인륜을 어지럽히는 죄인이 되었으나 그의 결백함을 변명해 주는 사람이 아무도 없었다. 백부 선생께서 이 소식을 듣고 말씀하시기를 "'나의 아내 되는 자는 백(白)의 어머니가 된다[爲伋也妻者 白也母].'167)라고 하였으니, 그 의미가 분명한데도 사람들이 사리에 어두우니 어찌해야 하는가?"라고 하며, 매번 세상일이 괴이함에 혀를 차셨다. 이에 나를 비방하는 사람들의 말이 조금 느슨해졌으나 회지

---

167) 나의~된다: 『예기』에 "자상(子上)의 어머니가 쫓겨난 뒤에 죽었는데 자상이 어미의 상복을 입지 않았다. 문인이 자사(子思)에게 묻기를 '옛날 선생의 선친이 쫓겨난 어미에 대한 상복을 입었습니까?'라고 하자, 자사가 그렇다고 답하였다. 문인이 '선생이 자상으로 하여금 상복을 입지 못하게 한 것은 어째서입니까?'라고 하니, 자사가 '예전에 우리 선친은 도리를 잃음이 없어서 도를 높여 줄 만하면 높여 주고 도를 낮출 만하면 따라서 낮추었으나 내가 어찌 그럴 수 있겠는가. 나의 처가 된 자가 바로 자상의 어미이고 나의 처가 되지 못한 자는 자상의 어미가 되지 못한다.'라고 하였다. 공 씨 집안에서 쫓겨난 어미에 대한 복을 입지 않은 것이 자사로부터 시작되었다[子上之母死而不喪 門人問諸子思曰 昔者子之先君子喪出母乎 曰然 子之不使白也喪之 何也 子思曰 昔者 吾先君子無所失道 道隆則從而隆 道汚則從而汚 伋則安能 爲伋也妻者 是爲白也母 不爲伋也妻者 是不爲白也母 故孔氏之不喪出母 自子思始也]."라고 하였음.

의 원통함은 끝내 밝히지 못하였다.

  회지는 어린 나이에 이름이 세상에 알려져 일찍이 과거에 급제하여 사헌부와 사간원의 관원이 되었고, 풍채가 지극히 청명하고 강직하며, 화평하고 어질며, 뛰어난 행실과 문장으로 선비들의 추앙을 받았다. 그러나 지금 천지간에 가장 큰 죄인이 되어 문을 닫고 한강 구석에 숨어 살고 있으나 사람들은 아무도 그의 생사를 묻지 않았다. 계속 서찰을 주고받으며 친한 정이 변치 않은 것은 오직 나와 외삼촌 의정공 두 사람뿐이었는데, 지금 죽었다는 소식을 들으니 설움이 복받쳐 목이 메지만 소리 내어 울지 못하였다. 조문(弔文)을 지어 가려고 했으나 바람 때문에 나루터를 건너지 못하였는데 상여는 벌써 떠나가, 끝내 널을 부여잡고 한번 통곡하지도 못하였다. 회지의 글씨는 세상에 유명하여 내가 일찍이 동고(東皐)168)가 지은 〈고산석담기(高山石潭記)〉를 〈석담도(石潭圖)〉169)의 병풍에 베껴 써 달라고 청하였다. 매번 병풍을 펼칠 때마다 그리운 마음을 이길 수 없다.

  兪判官正基氏有後妻申女 百惡俱備 待夫子肆悖慘毒 多有不忍聞之言 時又中夜跳出而獨行 明日而歸 又於祀先酒饌中 雜以汚穢之物 判官公會宗族 告祠堂而出之 及其逮治於禁府也 萬口一談皆曰 可殺 而皆復曰 晦之可走伏於禁府門外 晦之 卽判官公元配之子也 時在銅峴寓次 來問者千百人 皆勸往 晦之曰 嚴君不許矣 李明浚曰 尊丈若執手不放 則可斫臂而往矣 余時參坐 乃曰 君必勿往 自有走伏時矣 前頭必有尊丈逮辨之日 其時可往 仍復曰 先言母與非母 然後乃可論此 以禮制言之 出母之服期 以生我之恩 伸其情也 繼母無生我之恩 則出則人也 以史記言之 漢明帝時 民有父爲繼母所弑 民殺繼母而報讐 時以弑母論之 章帝太子時 在旁曰 人殺父也 子殺殺父之人 非子弑母也 明帝悟而原之 今申女 旣出則人也 方於拷訊之中 構捏醜辱於所天之地 又罔有紀極 與殺無異 晦之乃以母待之 其成說乎 明浚輩曰 我國無出妻之法 則私出非出也 余曰 何其糊塗也 國有出妻之法 則一聽於國可也 我國旣無出妻之法 則家長之告祠堂爲出 是何言也 於是謗我之言 與晦之而嘈嘈矣 及申女之死 晦之遂不服喪 晦之遂爲倫常罪人 而無一人卞白之者 伯父先生聞之曰 爲伋也妻者 白也母 此義甚明 而人皆矇矇爲奈何 每爲世咄咄 於是人之謗我者 稍緩其脣舌 而晦之之寃 則終不白之矣 晦之以年少名流 早闡科第爲臺閣 風采之至淸明剛介 愷悌子

---

168) 동고(東皐): 조선 중기 시인인 최립(崔岦;1539~1612)으로, 자는 입지(立之), 호는 간이(簡易)·동고(東皐).
169) 석담도(石潭圖): 조선 시대, 율곡 이이가 은거하였던 황해도 해주 고산면에 있는 석담구곡(石潭九曲)의 경치를 읊은 〈고산구곡가〉를 그림으로 옮긴 것으로, 〈고산구곡도(高山九曲圖)〉라고도 하는데 이 그림은 이이가 별세한 뒤 문인들에 의하여 제작되었을 것으로 추정됨.

諒 而有行有文 爲儕流所推重 而今作天地間一大罪人 閉戶漢水之曲 人不問其死生
其札翰聯翩情誼之不變如一 獨有余與我舅議政公二人 今聞其亡矣 嗚咽不成聲哭也
遂操文而往 阻風舟不渡 而輤車已發矣 竟未得拊柩而一慟 晦之之筆法 名於世 嘗
請寫東臯記於石潭圖障子上 每一披展 尤無以爲心

37 제사 지낼 때의 복색에 대해 백부 선생께 여쭈어 보니, 백부 선생께서 말씀하기를, "주인은 심의(深衣)와 고삼(褲衫), 상의하상(上衣下裳) 등의 차림으로 제사를 지낸다. 주부(主婦)는 겉옷을 준비하였다가 입고, 당의(唐衣)와 화관(花冠)으로 바꿔 입을 필요가 없을 듯하다."라고 하였다. 내가 말하기를 "화관도 예복입니까?"라고 물으니, 선생께서 웃으면서 말하기를 "우암 선생께서 일찍이 화관을 착용해도 괜찮다고 말씀하시니, 최미백(崔美伯)170) 어른이 말하기를 '이것은 본디 양한디171)의 복색이 아닙니까?'라고 하였다. 우암 선생이 웃으면서 말씀하기를 '윤휴(尹鑴)에게 여러 번 들었기 때문에 그렇게 생각하는 것이다.'라고 하니, 최미백 어른이 부끄러워 얼굴이 붉어졌다. 대개 화관은 명나라 시대 부인들의 의복제도인데 양한디가 그대로 따른 것이다. 윤휴가 평소 화관이 양한디의 복색이라고 말하였고, 최미백 어른이 젊었을 때 윤휴의 문하에 출입하였기 때문에 우암 선생께서 장난삼아 말씀하신 것이다."라고 하였다.

以祭時盛服 問於伯父先生 先生曰 主人深衣褲衫 上衣下裳等服行事 以主婦則
備置上服 未易着唐衣花冠似好 變曰 花冠是禮服乎 先生笑而曰 尤菴先生嘗言花冠
之宜 崔丈美伯曰 此是養漢的服色也 如何 老先生哂曰 慣聞於鑴 故如此矣 崔丈面
赤 盖花冠是明朝婦人之制 而養漢的效之 鑴乃以養漢的服色爲言 而崔丈少時往來
鑴門 故老先生漫戲之

38 우리 고을에 사는 노인 중에 나이가 80을 넘은 자가 네 사람이고, 80이 가까워 나보다 나이가 많거나 동갑인 사람이 세 사람인데 한 사람

---

170) 최미백(崔美伯): 조선 후기 문신인 최방언(崔邦彦;1634~1724)으로, 자는 미백(美伯), 호는 양정당(養正堂).
171) 양한디[養漢的]: 화랑(花娘), 혹은 청루의 여자를 말함.

한 사람에게 직접 나아가 안부를 묻고 술과 음식으로 대접하며 글을 지어 주었다. 어떤 사람이 말하기를 "우리 고을의 유대창(柳垈昌) 노인만 빠졌는데 무슨 까닭입니까?"라고 물었다. 내가 대답하기를 "이 사람은 늙었는데 죽지도 않고 나이만 많고 존귀하지도 않으니, 내가 안부를 묻지 않는 것입니다."라고 하였다.

> 鄕中老人 年過八十者有四人 年近八十而與先甲同者三人 ――躬進候問 餉以酒饌 作詞以侑之 人曰 此鄕有柳老垈昌 而獨漏之 何也 余曰 此老而不死者 高年非貴 吾故不問

39 보은(報恩)에 있는 산앙사(山仰祠)의 경당(經堂)172) 안에 우암·한수재 두 선생의 진영(眞影)을 봉안한 지 몇 년 되었다. 이곳의 유생 이장형(李長馨)과 이원형(李遠馨) 형제가 뜻을 같이하는 선비들과 주자의 초상을 그려 가장 높은 자리에 걸어 두었는데, 우암 선생의 방손(傍孫)인 송형원(宋泂源)의 무리가 그들의 뜻에 맞지 않는다고 하여 사당 안으로 들어가 주자의 초상을 강당에다 꺼내놓은 일로 한바탕 난리가 났다. 이에 이원형이 주자의 초상을 가지고 돌아가 그의 집 근처에 자양사(紫陽祠)를 짓고 그곳에 봉안하였다가 뒤에 근처 서니촌(西尼村)에 모셨다. 또 공자의 초상을 그려서 함께 걸어 두고 춘추사(春秋祠)라고 이름을 고치고 구운(九雲) 채군범(蔡君範)173)에게 편액을 써 달라고 부탁하고, 성전(星田) 이가구(李可久)174)에게 봉안문(奉安文)을 지어 달라고 하였다. 장암(丈巖) 정 공에게 와서 아뢰니, 정 공이 말하기를 "공자의 사당을 어찌 함부로 짓겠는가. 주자가 아니면 창주정사(滄洲精舍)175)를 지을 수 없고, 율곡이 아니면 은병정사(隱屛精舍)176)를 지을 수 없다."라고 하였으며, 또 비난하고 배척하는

---

172) 경당(經堂): 절에서 불경을 간수하여 두는 집.
173) 채군범(蔡君範): 조선 후기 권상하의 제자들인 강문팔학사 중 한 사람인 채지홍(蔡之洪;1683~1741)으로, 자는 군범(君範), 호는 봉암(鳳巖)·삼환재(三患齋)·봉계(鳳溪)·사장와(舍藏窩).
174) 이가구(李可久): 조선 후기 권상하의 제자들인 강문팔학사 중 한 사람인 이이근(李頤根;1668~1730)으로, 자는 가구(可久), 호는 화암(華巖).
175) 창주정사(滄洲精舍): 주희가 1194년에 죽림정사를 짓고, 이듬해인 1195년에 창주정사로 개명하였는데, 정사를 완성한 다음 석채(釋菜)의 예(禮)로 선성(先聖)과 선사(先師)에게 사당이 이루어진 것을 고유(告由)할 때 공자를 주벽(主壁)으로 하고, 안자·증자·자사·맹자를 배향하고, 주돈이·정호·정이·소옹·사마광(司馬光)·장재·이동(李侗) 등을 종사(從祀)하였음.

글도 지었다. 내가 말하기를 "어찌 공자의 사당을 짓지 못하는 의리가 있겠습니까. 구산(丘山)·하남(河南)·운곡(雲谷)·궐리(闕里)·용연(龍淵)은 현인들이 세운 사당이 아니지만 모두 퇴옹(退翁)·율옹(栗翁)·우옹(尤翁) 및 나의 백부 선생이 지은 칭송하는 글이 있습니다."라고 하였으며, 곧 그들 형제가 지은 〈춘추사(春秋祠)〉 시 뒤에 몇 줄의 글을 지어 붙였다. 송형원은 도적 권첨(權詹)177)이 감사일 때 장암의 글을 첨부하여 소장을 올려 이원형 형제에게 죄주기를 청하려다가 마침내 그의 조카 익관(益寬)이 고을 수령으로 있을 때 소장을 올리니 수령이 이원형 형제를 잡다가 여러 차례 곤장을 쳤고, 그리하여 관청의 재앙이 우암·한수재 두 선생에게까지 미치게 되었다. 아, 송형원을 어느 정도로 처벌해야 좋을까? 송형원은 또 내가 저들 형제의 시 뒤에 글을 지어 붙였다고 모욕적인 언사를 하고 도리에 매우 어긋나는 행동을 하였다. 나는 다만 '인생에서 글자를 아는 것이 우환의 시작이네[人間識字憂患始]'178)라는 구절만 외울 뿐 무얼 어찌하겠는가. 다시 또 나에게 〈춘추사기(春秋祠記)〉를 지어 달라고 해도 사양하지 않을 것이다.

> 報恩之一經堂中有山仰祠 奉安尤菴寒水齋兩先生眞像有年矣 其儒生李長馨遠馨兄弟 與同志士摹出朱子遺像 追揭于最上位 尤菴傍孫宋洞源輩 意有不合 入去祠中 出置朱子像于講堂 作一鬧場 李遠馨乃退 而作紫陽祠於其家傍 而移奉之 後以其隣 於西尼村 又摹出孔子像 而共揭之 改名之日 春秋祠 要九雲蔡君範題扁額 星田李可久述奉安文 來稟於丈岩鄭公則日 孔子祠何敢作也 非朱子不可作滄洲精舍 非栗谷不可作隱屛精舍 又復有非斥之書 余則日 何有不敢作之義也 丘山河南雲谷闕里龍淵非大賢所建 而皆有退翁栗翁尤翁及我伯父先生表章文字矣 仍屢題數行文 於其兄弟所述 春秋祠詩後 宋洞源當詹賊之爲監司 擬粘連丈岩書 而呈狀請罪 卒乃於益寬姪之爲邑宰時 呈狀而械囚李遠馨兄弟 屢杖不已 官災至及於尤庵寒水齋兩先生矣

---

176) 은병정사(隱屛精舍): 율곡 이이가 43세 되던 해(1578)에 해주(海州) 석담에 은거하면서 무이산(武夷山) 은병봉(隱屛峯)의 이름을 따와 지은 정사로, 주자를 주향(主享)으로 하고 조광조(趙光祖)와 이황(李滉)을 배향하였는데, 임진왜란 때 소실된 것을 선조 37년(1604)에 복원하였으며, 광해군 2년(1610)에 소현서원(紹賢書院)이라는 편액을 하사받음.
177) 권첨(權詹;1664~1730): 조선 후기 문신으로, 자는 숙량(叔良). 1727년(영조 3) 충청도 관찰사가 되었는데, 이인좌(李麟佐)의 난 때 사태를 관망하며 출병하지 않아 청주성이 함락되자 역적과 내통하였다는 혐의를 받아 투옥되어 여러 차례 친국을 받다가 옥사하였음.
178) 인간식자우환시(人間識字憂患始): 중국 송나라 문인인 소식(蘇軾)의 〈석창서취묵당(石蒼舒醉墨堂)〉 시에 "인생에서 글자를 아는 게 우환의 시초니, 성명이나 대강 기록할 만하면 그만둬야지[人生識字憂患始 姓名麤記可以休]."라고 한 구절이 있음.

於是乎置宋洞源於何地也 宋洞源又以我有題文於詩後 其詬辱之說 極悖極悖 我只
誦人間識字憂患始之句而已 亦復奈何 復作春秋祠記不辭

40 전에 내가 수령 조정이(趙定而)의 집에서 충문공 이 정승을 만났
다. 이 정승이 말하기를 "그대의 문장과 재능으로 세상에서 쓰이지 못하
고 있으니 참으로 애석하구려."라고 하였다. 내가 웃으면서 말하기를 "공
께서는 무슨 일을 경영하시려기에 저를 권면하고자 하십니까? 저의 생각
으로는 김유현(金有鉉)을 영의정으로 삼고, 방진기(方震夔)를 좌의정으로
삼고, 변삼빈(卞三彬)179)을 우의정으로 삼으면 좋을 듯합니다."라고 하였
다. 충문공이 내가 농담으로 대답한 것으로 여겨 웃고 말았다. 지금 이 일
을 생각해 보니 한평생 내가 세상과 어긋난 것은 이러한 구업(口業)이 빌
미가 되지 않은 것이 없다. 늙은 첩과 마주 앉아 있을 때 첩이 이 이야기
를 꺼내는 것을 듣고 웃으면서 이 일을 기록한다.

余曾逢見忠文李相公於趙令定而家 公曰 以君之詞翰才局 不見售於世 可惜 余笑
曰 公有何經濟有何事業 而又欲勸人耶 吾意則以金有鉉爲領相 方震夔爲左相 卞三
彬爲右相足矣 公以戲語應之 笑而止 到今思之 一生齟齬於世 未必不崇於此等口業
偶與老妾對坐 聽其提說此事 笑而記之

41 장문(長文)180)과 내가 사종형(四從兄) 회중(晦仲)181)이 마련한 자
리에 있었다. 내가 장문에게 묻기를 "양주(楊朱)와 묵적(墨翟)은 10촌 간
입니까?"라고 하니, 장문이 대답하기를 "양주와 묵적이 친족이라는 말은
듣지 못하였습니다."라고 하였다. 내가 말하기를 "나는 모두를 아끼고
[兼愛] 회중 형님은 자기만을 위하니[爲我], 이것으로 볼 때 양주와 묵적도
10촌인 것을 알 수 있습니다."라고 하니, 자리에 있던 사람들이 모두 크
게 웃었다. 뒤에 나의 종제(從弟) 자장(子章)이 부채와 달력을 많이 얻고도

---

179) 김유현(金有鉉)~변삼빈(卞三彬): 김유현(金有鉉)은 수의(首醫), 방진기(方震夔)는 어의(御醫),
변삼빈(卞三彬)은 침의(鍼醫)임.
180) 장문(長文): 조선 후기 문신인 강규환(姜奎煥;1697~1731)으로, 자는 장문(長文), 호는 존재
(存齋)·비수재(賁需齋).
181) 회중(晦仲): 조선 후기 문신인 권흡(權熻;1670~1735)으로, 자는 회중(晦仲).

나누어 주지 않아서 내가 말하기를 "처음에 나는 양주와 묵적이 10촌이라고 생각하였는데, 다시 생각해 보니 4촌이 분명합니다."라고 하여, 또 한바탕 크게 웃었다.

> 與長文在四從兄晦仲之座 余問長文曰 楊朱墨翟爲十寸乎 長文曰 未聞楊墨之爲族也 余曰 我兼愛而晦兄爲我 是以知楊墨之亦爲十寸矣 一座大笑 後我從弟子章 多得扇曆而不相分 余曰 始以楊墨爲十寸矣 更思之 分明是四寸矣 又一場大笑

42 뜻을 같이하는 사귐은 어렵다. 처음부터 끝까지 우정이 변치 않고 자손에 이르러서도 대대로 이어지기는 더욱 어렵다. 조부 의정공은 집안끼리 친하게 지내는 친구 열 분이 있었으니, 윤계(尹堦)·이무(李堥)·이백린(李伯獜)·심약하(沈若河)·성도동(成道童)·조희석(趙禧錫)·여태제(呂台齊)·이행도(李行道)·윤연(尹㹥)·김징(金澄) 공이다. 백부 문순공(文純公)은 마음이 통하는 친구 아홉 분이 있었으니, 민진하(閔鎭夏)·이광하(李光夏)·홍득우(洪得禹)·재상 조상우(趙相愚)·홍만선(洪萬選)·임방(任埅)·이인혁(李寅爀)·신집(申鏶)·심유(沈濡) 공이다. 그다음으로 여덟 분이 있었으니, 윤이건(尹以健)·이단하(李端夏)·이성익(李星益)·이수언(李秀彦)·이선(李選)·이여(李畬)·홍중기(洪重箕) 공과 나의 외조부 우사(雩沙) 이 공이다. 아버지는 죽마고우 다섯 분이 있었으니, 이성면(李聖冕)·이경면(李敬冕) 형제, 이형(李衡)·이징(李徵) 형제와 조경(趙景) 공이다. 일찍부터 친하게 지낸 친구로 열아홉 분이 있었으니 원몽익(元夢翼)과 김창석(金昌錫)·김명석(金明錫) 형제, 구만리(具萬里)·윤세희(尹世喜)·조태채(趙泰采)와 이기익(李箕翊)·이기헌(李箕獻) 형제, 이의창(李宜昌)·홍숙(洪璹)·여필관(呂必寬)·최주악(崔柱岳)·이만형(李萬亨)·이담(李湛)과 이징즙(李徵楫)·이징주(李徵舟)·이징해(李徵海) 삼 형제 및 윤세기(尹世紀)·윤세수(尹世綏) 형제이다. 계부 판서공은 허물없이 가까운 친구가 두 분이 있었으니, 원몽익(元夢翼)과 민진후(閔鎭厚) 공이다.

나는 죽마고우 세 사람이 있었으니, 이희담(李喜聃) 자수(子壽)·이희남(李喜楠) 자구(子久)·이희함(李喜涵) 자유(子有) 삼형제이다. 어릴 적 함께 공부하고 장난치면서 놀았던 친구가 열아홉 사람이니, 이성윤(李成允) 신보(信甫)·이용(李容)·원몽욱(元夢旭) 일경(日卿)·허수창(許壽昌)·이시흥(李詩

興)·유수억(柳壽億)·임두산(任斗山)·박 모(朴某)·이 도(李某)·윤충(尹漴) 문원(聞遠)·채지숙(蔡之淑) 경묵(景黙)·서종기(徐宗沂) 노원(魯源)·이심(李深) 사연(士淵)·구문행(具文幸)·구홍유(具弘猷)·서명연(徐命淵)·최창대(崔昌大) 효백(孝伯)·윤세경(尹世經)·심사성(沈師聖) 시백(時伯)이다. 평생지기는 한 사람 있었으니, 안경당(安慶堂) 정재문(鄭載文) 용하(龍河)이다. 그 다음으로는 김정운(金鼎運) 신보(新甫) 한 사람이 있었으며, 그다음으로 여섯 사람이 있었으니, 정성칙(鄭聖則) 구하(龜河)·박공서(朴公瑞) 봉령(鳳齡)·홍사준(洪士駿) 우한(禹翰)·김자경(金子敬) 성중(聖重)·조자이(趙子以) 상건(尙健)·권명중(權明仲) 황경(愰經)이다.

공부하는 데 도움을 준 친구가 세 사람 있으니, 성달경(成達卿) 만징(晚徵)·이가구(李可久) 이근(頤根)·이중겸(李仲謙) 현익(顯益)이며, 그다음 열세 사람이 있었으니 이간(李柬) 공거(公擧)·윤혼(尹混)·윤승래(尹升來) 일경(日卿)·이선직(李先稷) 퇴부(退夫)·한원진(韓元震) 덕소(德昭)·채지홍(蔡之洪) 군범(君範)·황종하(黃宗河) 자조(子朝)와 신유(申愈) 백겸(伯謙)과 신경(申憼) 숙경(叔敬) 형제, 송일원(宋一源) 백순(伯純)·어유봉(魚有鳳) 순서(舜瑞)·홍유인(洪有人) 인보(仁甫)이다.

중년에 시문을 함께 짓고 재미있게 놀면서 지낸 친구가 네 사람 있으니, 심성소(沈聖韶) 봉의(鳳儀)·김신로(金莘老) 상리(相履)와 이일원(李一源) 병연(秉淵)·이자평(李子平) 병성(秉成) 형제이다. 그다음 스물다섯 사람이 있으니, 이방언(李邦彦) 미백(美伯)·이준(李準) 계통(季通)·홍중주(洪重疇) 도진(道陳)·홍중성(洪重聖) 군칙(君則)·이상관(李尙觀) 화국(華國)·이광좌(李光佐) 상보(尙輔)·정태동(鄭泰東) 계첨(季瞻)·유광기(兪廣基) 인백(仁伯)·윤명좌(尹明佐) 일정(一正)과 윤창래(尹昌來) 백욱(伯勖)·윤석래(尹錫來) 중길(仲吉)·윤양래(尹陽來) 계형(季亨) 삼 형제, 김주신(金柱臣) 하경(厦卿)·홍구채(洪九采) 경숙(敬叔)·신정하(申靖夏) 정보(正甫)·이위(李瑋) 백온(伯溫)·송요좌(宋堯佐) 도능(道能)·박태관(朴泰觀) 사빈(士賓)·강원부(姜遠溥) 계천(季泉)·강계부(姜啓溥) 사함(士咸)·정희하(鄭羲河) 성서(聖瑞)·유언명(俞彦明) 회지(晦之)·이희지(李喜之) 사복(士復)이다. 또 그다음 열세 사람이 있으니, 이병상(李秉常) 여오(汝五)·이병정(李秉鼎) 여수(汝受)·윤최적(尹最績) 일지(一之)·윤봉구(尹鳳九) 서응(瑞膺)·이덕수(李德壽) 인로(仁老)·홍태유(洪泰猷) 백형(伯亨)·유겸명(柳謙明) 익휘(益輝)·김시민(金時敏) 사수(士修)와 박항한(朴恒漢) 도상(道常)·박사한(朴師漢) 계량(季良) 형제, 어유구

(魚有龜) 성칙(聖則)·어유붕(魚有鵬) 지원(志遠) 형제 그리고 김시좌(金時佐) 도이(道以)이다. 그 다음 아홉 사람이 있으니, 이진좌(李眞佐) 언숙(彦叔)·안중관(安重觀) 국빈(國賓)·홍우서(洪禹瑞) 중웅(仲熊)·김계환(金啟煥) 명숙(明叔)·이동언(李東彦) 국미(國美)·이재(李縡) 희경(熙卿)·이숭진(李嵩鎭) 중보(中甫)·이봉령(李鳳齡) 덕수(德叟)·최도문(崔道文) 기지(器之)이다.

학당에서 함께 어울렸던 친구가 열세 명 있으니, 윤득신(尹得莘) 이성(伊聖)·김고(金杲) 봉년(逢年)·조상적(趙尙迪) 혜이(惠而)와 이성휘(李聖輝) 인경(獜卿)·이창휘(李昌輝) 문경(文卿) 형제, 유택기(兪宅基) 여안(汝安)·송택상(宋宅相) 공서(公舒)·구성문(具聖問) 군석(君錫)·윤사주(尹師周)·윤봉휘(尹鳳輝) 덕보(德甫)·황상정(黃尙正)·이빈흥(李賓興) 예경(禮卿)·한영휘(韓永徽) 신보(愼甫)이다.

끊임없이 우정을 나누며 즐긴 친구가 168명 있으니, 조순(趙純) 덕보(德甫)·조진(趙縉) 운경(雲卿)·조관(趙綰) 공권(公權)·조연(趙綖) 원장(元章)·조집(趙緝) 희보(熙甫) 다섯 종형제, 이현경(李顯慶) 효백(孝伯)·이찬경(李纘慶) 술보(述甫) 종형제, 김령행(金令行) 중유(仲裕)와 이성좌(李聖佐) 상경(尙卿)·이양좌(李良佐) 학안(學顏)·이한좌(李漢佐) 경장(景張) 세 종형제, 정수녕(鄭秀寧) 군미(君美)·정복녕(鄭復寧) 태초(太初) 형제, 이수번(李秀蕃) 백창(伯昌)·이수무(李秀茂) 성보(盛甫)·이수보(李秀輔) 군좌(君佐) 세 종형제, 한배명(韓配明) 회중(晦仲)·한배문(韓配文)·한배도(韓配道)·한배후(韓配厚) 재백(載伯)·한배구(韓配久) 항숙(恒叔) 다섯 종형제, 이렴(李濂) 경주(景周)와 윤지손(尹志遜) 학보(學甫)·윤지수(尹志洙) 성희(聖希) 형제, 정곤하(鄭崑河) 백원(百源)·정기하(鄭騏河) 숙도(叔圖)·정려하(鄭驪河) 국서(國瑞) 세 종형제, 정태하(鄭泰河) 성운(聖運)·이만견(李晩堅) 사동(士冬)·서종일(徐宗一) 관경(貫卿)과 김민행(金敏行) 사눌(士訥)·김신행(金愼行) 과회(寡悔) 형제, 유명건(兪命健) 중강(仲强)·유명악(兪命岳) 군사(君四) 형제, 이교악(李喬岳) 백첨(伯瞻)·이태악(李泰岳) 계앙(季仰) 형제, 조도빈(趙道彬) 악보(樂甫)와 황태하(黃泰河) 노첨(魯瞻)·황구하(黃龜河) 성징(聖徵)·황수하(黃受河) 백도(伯圖)·황서하(黃瑞河) 성응(聖應)·황계하(黃啓河) 성운(聖運)·황규하(黃奎河) 여문(汝文)·황우하(黃禹河) 구용(九庸) 일곱 종형제, 황하필(黃夏弼) 필경(弼卿)·임선(任敾) 치숙(治叔)과 홍중연(洪重衍) 사익(士益)·홍중복(洪重福) 여오(汝五) 형제, 현서익(玄瑞翼) 휘중(輝仲)과 홍석보(洪錫輔) 양신(良臣)·홍현보(洪鉉輔) 군거(君擧) 형제, 조영복(趙榮福) 석오(錫五)·조영록(趙榮祿) 덕필(德弼) 형제, 김유경(金有慶) 덕유(德裕)와 정형익(鄭亨益) 시해(時偕)·정형진(鄭亨晉) 덕소(德邵) 형제, 조명세(趙明世) 택경(宅卿)과 유복기(兪復基) 군시(君始)·유억기(兪億基) 영휴(永休) 형제, 유학기(兪學基) 성윤(聖胤)·심택현(沈宅賢) 여규(汝揆)와 이태진(李泰鎭) 종보(宗甫)·이형진(李衡鎭) 웅보(雄甫) 형제, 이희주(李熙疇)·임경(任璟) 군옥(君玉)·이성곤(李成坤) 여승(汝承)·이중협(李重協) 치화(稚和)·김해석(金海錫) 장백(長百)·이덕부(李德孚) 달부(達夫)·김정석(金貞錫) 정보(正甫)·김광석(金光錫) 자삼(子三)·이도형(李道亨) 태중(泰仲)과 윤봉소(尹鳳韶) 성보(成甫)·윤봉조(尹鳳朝) 명숙(鳴叔) 형제, 박학령(朴鶴岭) 명숙(鳴叔)과 윤재관(尹在寬) 율부(栗夫)·윤재중(尹在重) 진부(鎭夫) 형제, 홍우제(洪禹齊) 희성(希聖)·홍우해(洪禹諧) 형제, 조봉령(趙鳳岭) 성서(聖瑞)·이기(李沂) 성유(聖游)와 이익수(李益壽)·이항수(李恒壽) 형제, 정유승(鄭維升) 강중(剛仲)·장식(張植) 자직(子直)·홍치중(洪致中) 사능(士能)·홍치관(洪致寬) 자용(子容)과 이함(李涵) 양일(養一)·이직(李溭) 정숙(淨叔) 형제, 이도진(李道鎭) 자유(子由)·이의진(李義鎭) 의보(宜甫) 종형제, 임정원(任鼎元) 사형(士亨)·임숭원(任崇元) 사강(士强) 형제, 임사원(任士元) 군주(君冑)·임막(任邈) 회경(晦卿)과 조태만(趙泰萬) 제박(濟博)·조태억(趙泰億) 형제, 조정신(趙正紳) 수지(垂之)·조정서(趙正緖) 계지(繼之)·조정강(趙正綱) 기지(紀之) 세 형제, 이시선(李蓍先) 명숙(明叔)·이시정(李蓍定) 중통(仲通)·이시성(李蓍聖) 계통(季通) 삼형제, 오진주(吳晉周) 명중(明仲)·원명익(元命益) 찬경(贊卿)·원명구(元命龜) 서구(瑞九)와 남도규(南道揆) 여일(汝一)·남도진(南道振) 중옥(仲玉) 형제, 이시덕(李蓍德) 원백(圓伯)과 정호(鄭鎬) 백경(伯京)·정석(鄭錫) 중삼(仲三) 형제와 윤준(尹浚) 덕장(德長)·윤필(尹泌) 사원(士源)과 윤유(尹游) 백수(伯修)·윤순(尹淳) 중화(仲和) 형제, 윤택(尹澤) 춘경(春卿)·윤식(尹湜) 사원(士源)·윤섭(尹涉) 제중(濟仲) 세 종형제, 서종효(徐宗孝) 백원(百源)·서종대(徐宗大) 중칙(仲則) 형제, 이집(李㙫) 노천(老泉)·송무원(宋婺源) 경휘(景徽)와 민재수(閔在洙) 사노(師魯)·민계수(閔啓洙) 성원(性源) 형제, 이숙(李潚) 경징(景徵)·이사제(李思悌) 경장(敬長)·박치원(朴致遠) 사이(士邇)·윤동설(尹東卨) 순경(舜卿)과 신사원(申思遠) 정여(靜汝)·신사열(申思說)·신사영(申思永) 자고(子固)·신사철(申思喆) 명숙(明叔) 네 종형제, 이현장(李顯章) 성보(誠甫)·이현창(李顯昌)·이현량(李顯良) 충보(忠甫)·이현상(李顯相) 원보(元甫) 네 형제, 조성수(趙星壽) 남로(南老)·윤원(尹愿) 자후(子厚)·김유상(金有

常) 길지(吉之)·고도원(高道原) 자수(子修)·송수량(宋秀良)·송수부(宋秀夫)·이최(李最) 악부(樂夫)·이성룡(李聖龍) 자우(子雨)·송필항(宋必恒) 여구(汝久)와 박필문(朴弼文) 군망(君望)·박필무(朴弼武) 군석(君奭) 형제, 이당(李簹) 의숙(猗叔)과 김정로(金正魯) 성기(聖期)·김취로(金就魯) 취사(取斯)·김재로(金在魯) 중례(仲禮) 세 종형제, 어유룡(魚有龍) 경우(景雨)·어유기(魚有夔) 중해(仲諧) 형제, 유태명(柳泰明) 도휘(道輝)·유항명(柳恒明) 구휘(久輝) 형제, 송요경(宋堯卿) 백유(伯兪)·송요신(宋堯臣) 백린(伯鄰) 종형제, 이형보(李衡輔)·이원보(李元輔) 형제, 송상윤(宋相允) 신보(信甫)·민정수(閔正洙) 향숙(向叔)·이광의(李廣義) 정보(正甫)와 김태수(金泰壽) 차산(次山)·김대수(金垈壽) 자산(子山) 형제, 김수석(金壽錫) 자삼(子三)과 심정채(沈廷采) 여량(汝亮)·심정기(沈廷紀) 강중(綱仲) 형제, 홍이장(洪以獎) 도운(道運)·이최언(李最彦)이다.

그다음 친구가 열한 명이 있으니, 심봉휘(沈鳳輝) 여상(汝翔)·조상동(趙尙絧) 자장(子章)·조경명(趙景命) 군석(君錫)·홍봉조(洪鳳祚) 우서(虞瑞)·남한기(南漢紀) 국보(國寶)·황준(黃璿)·윤득인(尹得仁) 숙구(叔求)·서명균(徐命均)·심수현(沈壽賢)·오명항(吳命恒)·조태일(趙泰一)이다.

나이는 같지 않으나 허물없이 함께 어울린 친구가 스물세 명 있으니, 심제현(沈齊賢) 사중(思仲)·조정만(趙正萬) 정이(定而)·이만직(李萬稷) 자장(子長)·김진옥(金鎭玉) 백온(伯溫)·박태원(朴泰遠) 형구(亨九)·김시화(金時和) 중평(仲平)·김상훈(金相勛) 요부(堯夫)·김진화(金鎭華) 산보(山甫)·정유점(鄭維漸) 계홍(季鴻)·윤헌주(尹憲柱) 길보(吉甫)·이수(李洙) 경로(景魯)·조정위(趙正緯) 상지(象之)·홍우녕(洪禹寧) 여성(汝成)·정천(鄭洊) 장원(長源)·한배의(韓配義)·서문환(徐文煥)·한영조(韓永祚)·성필복(成必復)·신태동(辛泰東)·김시보(金時保)이다. 나머지는 모두 기록할 수 없다.

여항인(閭巷人) 중에 시를 주고받은 친구가 여섯 명 있으니, 홍세태(洪世泰)·김부현(金富賢)·임황(任璜)·정래교(鄭來僑)·정후교(鄭后僑)·이태해(李泰海)이다.

방외인 중에 불교에 대해 함께 이야기하는 친구가 열두 명 있으니, 추붕(秋鵬)·천기(天機)·명찰(明察)·풍열(楓悅)·자징(自澄)·정원(靜遠)·의선(義先)·원민(圓敏)·종희(宗熙)·처기(處機)·성능(性能)·혜영(慧永)이다. 모두 319명 중에 절교한 자는 최창대(崔昌大)·이상관(李尙觀)·이광좌(李光佐)·이진좌(李眞佐)·이성휘(李聖輝)·이창휘(李昌輝)·유복기(兪復基)·유택기(兪宅

基)·송택상(宋宅相)·조도빈(趙道彬)·이현장(李顯章)·이성좌(李聖佐)·박필문(朴弼文)으로 열세 명이다. 저절로 소원해진 자는 원명구(元命龜)·이시선(李蓍先)·이시성(李蓍聖)·윤양래(尹陽來)·홍중성(洪重聖)·남한기(南漢紀) 여섯 명이다. 그 나머지도 지난날의 화목함을 유지하는 경우가 드물다.

志同意合之交難矣 終始不變至子孫 而世講之者尤難矣 祖父議政公有通家之友十人 尹公堦李公塾李公伯獜沈公若河成公道童趙公禧錫呂公台齊李公行道尹公埈金公澄 伯父文純公有心契之友九人 閔公鎭夏李公光夏洪公得禹趙相愚洪公萬選任公墭李公寅爀申公璵沈公潚 其次有八人 尹公以健李公端夏李公星益李公秀彦李公選李公畬洪公重箕及我外祖雲沙李公 先君子有竹馬友五人 李公聖冕敬冕兄弟李公衡徵兄弟趙公景 曾有親密友十九人 元公夢翼金公昌錫明錫兄弟具公萬理尹公世喜趙公泰采李公箕翊箕獻兄弟李公宜昌洪公璹呂公必寬崔公柱岳李公萬亨李公湛李公徵楫徵舟徵海三兄弟尹公世紀世綏兄弟 季父判書公有莫逆友二人 元公夢翼閔公鎭厚 余之葱竹友有三人 李喜聃子壽喜楠子久喜涵子有三兄弟 幼年同業與遊嬉之友有十九人 李成允信甫李容元夢旭日卿許壽昌李詩興柳壽億任三斗山朴某李某尹渼聞遠蔡之淑景黙徐宗沂魯源李深士淵具文幸具弘獻俞命淵崔昌大孝伯尹世溎沈師聖時伯 平生知己友有一人 安慶堂鄭載文龍河 其次有一人 金鼎運新甫 又其次有六人 鄭聖則龜河朴公瑞鳳齡洪士駿禹翰金子敬聖重趙子以尙健權明仲悗經 學資輔之友有三人 成達卿晩徵李可久頤根李仲肇顯盃 其次有十三人 李柬公擧尹混升來日卿李先稷退夫韓元震德昭蔡之洪君範黃宗河子朝申愈伯謙憼叔敬兄弟宋一源伯純魚有鳳舜瑞洪有人仁甫 中年文墨之友有跌宕之樂者四人 沈聖韶鳳儀金莘老相履李一源秉淵子平秉成兄弟 其次有二十五人 李邦彦美伯李準季通洪重疇道陳洪重聖君則李尙觀華國李光佐尙輔鄭泰東季瞻兪廣基仁伯尹明佐一正尹昌來伯爵錫來仲吉陽來季亨三兄弟金柱臣廈卿洪九采敬叔申靖夏正甫李瑋伯溫宋堯佐道能朴泰觀士賓姜遠溥季泉姜啓溥士咸鄭羲河聖瑞俞彦明晦之李喜之士復 又其次有十三人 李秉常汝五李秉鼎汝受尹最績一之尹鳳九瑞膺李德壽仁老洪泰獻伯亨柳謙明益輝金時敏士修朴恒漢道常師漢季良兄弟魚有龜聖則有鵬志遠兄弟金時佐道以 又其次有九人 李眞佐彦叔安重觀國賓洪禹瑞仲熊金敎煥明叔李東彦國美李縡熙卿李嵩鎭中甫李鳳齡德叟崔道文器之 襱庠追隨之友 有十三人 尹得莘伊聖金桿逢年趙尙迪惠而李聖輝獜卿李彙輝文卿兄弟兪宅基汝安宋宅相公舒具聖問君錫尹師周尹鳳輝德甫黃尙正李賓興禮卿韓永徵愼甫 源源交驩之友 有一百六十八人 趙性德甫緝雲卿綰公權綎元章緝熙甫五從兄弟 李顯慶孝伯纘慶述甫從兄弟 金令行仲裕李聖佐尙卿良佐學顔漢左景張三從兄弟 鄭秀寧君美復寧太初兄弟 李秀蕃伯昌秀茂盛甫秀輔君佐三從兄弟 韓配明晦仲配文配道配厚載伯配久恒叔五從兄弟 李濂景周尹志遜學甫志洙聖希兄弟 鄭崑河百源騏河叔圖驪河國瑞三從兄弟 鄭泰河聖運李晩堅士冬徐宗一貫卿金敏行士訥愼行寡悔兄弟

兪命健仲强命岳君四兄弟　李喬岳伯瞻泰岳季仰兄弟　趙道彬樂甫黃泰河魯瞻龜河聖徵受河伯圖瑞河聖應啓河聖運奎河汝文禹河九庸七從兄弟　黃夏弼弼卿任敾治叔洪重衍士益重福汝五兄弟　玄瑞翼輝仲洪錫輔良臣鉉輔君擧兄弟　趙熒福錫五榮祿德弼兄弟　金有慶德裕鄭亨益時偕亨晉德卲兄弟　趙明世宅卿兪復基君始億基永休兄弟　兪學基聖胤沈宅賢汝揆李泰鎭宗甫衡鎭雄甫兄弟　李熙疇任環君玉李成坤汝承李重協稚和金海錫長百李德孚達夫金貞錫正甫金光錫子三李道亨泰仲尹鳳韶成甫鳳朝鳴叔兄弟　朴鶴岭鳴叔尹在寬累夫在重鎭夫兄弟　洪禹齊希甫禹諧兄弟　趙鳳岭聖瑞李沂聖游李益壽恒壽兄弟　鄭維升剛仲張植子直洪致中士能洪致寬子容李涵養一澳淨叔兄弟　李道鎭子由義鎭宜甫從兄弟　任鼎元士亨崇元士强兄弟　任士元君靑任邀晦卿趙泰萬濟博泰億兄弟　趙正紳垂之正緖繼之正綱紀之三兄弟　李著先明叔著定仲通著聖季通三兄弟　吳晉周明仲元命益贊卿元命龜瑞九南道揆汝一道振仲玉兄弟　李薈德圓伯　鄭鎬伯京錫仲三兄弟　尹浚德長尹泌士源尹游伯修淳仲和兄弟　尹澤春卿湜士源涉濟仲三從兄弟　徐宗孝百源宗大仲則兄弟　李堉老泉宋婺源景徵閔在洙師魯洙性源兄弟　李潚景徵李思悌敬長朴致遠士邇尹東卨舜卿申思遠靜汝思說思永子固思喆明叔四從兄弟　李顯章誠甫顯昌顯良忠甫顯相元甫四兄弟　趙星壽南老尹愿子厚金有常吉之高道原子修宋秀良秀夫君最樂夫君聖龍子雨宋必恒汝久朴弼文君望弼武君奭兄弟　李篸獪叔金正魯聖期就魯取斯在魯仲禮三從兄弟　魚有龍景雨有虁仲諧兄弟　柳泰明道輝恒明久輝兄弟　宋堯卿伯魚堯臣伯鄰從兄弟　李衡輔元輔兄弟　宋相允信甫閔正洙向叔李廣義正甫金泰壽次山坌壽子山兄弟　金壽錫子三沈廷采汝亮廷紀綱仲兄弟　洪以燮道運多最彥 其次有十一人 沈鳳輝汝翔趙尙絅子章趙景命君錫洪祚虞瑞南漢紀國寶黃璿尹得仁叔求徐命均沈壽賢吳命恒趙泰一 年輩差池而忘形相好有二十三人 沈齊賢思仲趙正萬定而李萬稷子長金鎭玉伯溫朴泰遠亨九金時和仲平金相勛堯夫金鎭華山甫鄭維漸乎鴻尹憲柱吉甫李洙景魯趙正緯泰之洪禹寧汝成 鄭㳖長源韓配義徐文煥韓永祚成必復辛泰東金時保也 其餘不能盡記之 閭巷唱和之友有六人 洪世泰金富賢任璜鄭來僑鄭后僑李泰海也 方外談空之友有十二人 秋鵬天明明察楓悅自澄靜遠義先圓敏宗熙處機性能慧永也 凡三百十九人 絶之者 崔昌大李尙觀李光佐李眞佐李聖輝李昌輝兪復基兪宅基宋宅相趙道彬李顯章李聖佐朴弼文 十三人 自疏者 元命龜李著先李著聖尹陽來洪重聖南漢紀 六人 其餘保有舊日之好者 亦少矣

43 권씨 집안의 우애가 두터움은 우리나라에서 첫째, 둘째로 꼽히지만 근래 풍속이 매우 야박해졌으니, 오호라, 무엇을 더 말하리오. 나는 특히 '형제끼리는 화목해야 한다.'라는 대대로 이어오는 가문의 전통을 저버리지 않으려고 했지만, 내 몸이 피로하고 고달플 뿐임을 알았다. 우리

집안에서 맛있는 음식이 있으면 반드시 나에게 가져다주려고 하며, 제사를 지내고 나서는 노인의 입맛에 맞는 제수를 골라서 그릇에 가득 채워 보내주고, 평소 생활할 때에도 날씨가 춥거나 무더워지면 내가 힘들까 염려하며 지극한 정성으로 위로의 말을 하는 자는 오직 종손(宗孫) 진응(震應)182) 모자 두 사람과 종제(從弟) 중휘(仲輝) 한 사람뿐이었는데, 지금 두 사람은 죽었다.

○ 노비들에게 선물로 주려고 북방에서 가지고 온 가는 베가 사라졌다. 종백씨 부사공이 나에게 말하기를 "서종제(庶從弟) 수천(壽天)이 집을 짓는 품삯으로 모두 사용하였다."라고 하시자, 집안 식구 아무도 이의를 달지 않았다. 오늘날의 가풍에 이런 일이 있었다면 반드시 여러 사람들의 시비하는 말이 그치지 않았을 것이다.

> 權氏敦厚之風 數一二於國中矣 近來則薄惡莫甚 嗚呼 更何言哉 我卽特存無猶之義 特敦式好之意 欲勿替故家之風 只覺吾身之大勞苦矣 遇美味必思我 過祀時則擇其適於老人口者 傾器而送之 至於尋常起居 寒煖之節 恐或有傷憂悶之言 發於至誠者 獨有宗孫震應母子二人 從弟仲輝一人 今已二人死矣 ○ 遺漏奴婢膳物細布有自北道來者 從伯氏府使公言于我 都用於庶從弟壽天營舍之役 諸家皆無忤 以今日家風而有此事 必衆口之啾嘈不已矣

44 신해년(1731) 섣달 그믐날 밤에 직장(直長) 안여익(安汝益)과 천남(泉南)에서 만나 이야기를 나누었는데, 여익이 말하기를 "형께서 환곡을 많이 얻으시면, 저에게 나누어 주었으면 합니다."라고 하였다. 내가 말하기를 "지금 죽은 아내를 이장하려고 생옻 5흡, 유둔183) 1부(部), 역량184) 4곡(斛), 누룩 2동(同)을 감사에게 도와 달라고 하였는데 백성들을 구휼하는 데에도 여력이 없다고 하면서 단호하게 거절하였소. 나도 다시 감사에게 식량을 부탁할 수 없소."라고 하였다. 여익이 말하기를 "그것은 감사에게 백지(白地)185)에서 다그쳐 빼앗으라는 것이니, 먼저 그 도를 잃은 것

---

182) 진응(震應;1711~1775): 조선 후기 문신으로, 자는 형숙(亨叔), 호는 산수헌(山水軒)이며, 권상하의 증손자이자 권섭의 종종손(從從孫).
183) 유둔(油芚): 질긴 종이를 두껍고 넓게 붙여서 기름을 먹여 물이 배지 않게 한 종이.
184) 역량(役糧): 노역에 드는 양식.
185) 백지(白地): 농사가 제대로 되지 않아 거두어들일 것이 없게 된 땅. 백판(白板), 생판(生板)이

입니다."라고 하였다. 내가 말하기를 "그 오라버니에게 누이의 이장을 도와 달라고 하는 것이 도를 잃은 것이라면, 어떤 사람이 남을 돕기 위하여 다른 사람에게 쌀을 얻어서 나누어 주는 것은 도를 행하는 것이오?"라고 하였다. 여익이 또 이만원(李萬元)의 사건을 가지고 말하기를 "이만원은 고향 사람이 찾아와 부채를 얻으려고 하자 30자루를 크게 하나로 싸서 주었으며, 평안감사가 되어서는 3천 냥을 내어 그중 1천 냥으로 가난한 친구와 어려운 친족을 구제하고, 2천 냥으로 이자놀이를 하여 그 액수를 채웠는데 이 일은 어떠합니까?"라고 하였다. 내가 말하기를 "부채를 나누어 준 일은 돈과 관련된 일이 아니니 잘한 것이오."라고 하니, 여익이 말하기를 "부채를 나누어 준 일은 유쾌한 일이지만 돈을 내어 이자놀이를 한 것은 백성을 해치는 일이니, 공공의 재물을 어찌 사사로이 쓸 수 있겠습니까."라고 하였다. 내가 말하기를 "부채에 관한 일은 유쾌한 일이나 진실로 이러한 일은 계속하기는 어려운 것으로 이것은 자산(子産)이 백성들을 수레로 강을 건네준 일과 같소.186) 돈에 관한 것은 자기의 지혜를 사용하여 그 액수를 채웠으니 이 일천 냥은 개인적인 돈으로 여긴 것입니다. 그러나 개인적으로 사용했지만 남의 급한 사정을 도왔으니 안 될 것이 뭐겠소."라고 했으나, 여익의 신념은 더욱 굳건했다. 내가 웃으면서 말하기를 "나에게는 성인의 고명함이 있나 봅니다. 책을 읽지 않고 이치를 궁구하지 않아도 사물을 꿰뚫어 보니, 이것이 고명함이겠지요."라고 하였다. 이 말은 대개 배운 글에 얽매이는 여익을 희롱한 것인데, 여익은 이 말을 알아듣지 못하였다. 말을 타고 돌아오면서 안장에 걸터앉아 때때로 껄껄거리며 웃었다.

  辛亥除夜 與安直長汝益會話于泉南 汝益曰 願兄多得營糶 與我分之 余曰 方營亡妻遷葬 以生柒五合油芚一部役粮四斛麴子二同 望助於監司 則以設賑無力 牢塞之 吾不可更相干於監司矣 汝益曰 白地責出於監司 先失其道矣 余曰 求助其妹葬於其兄 則爲失其道 而人求人以求糶於人 而分於人 則爲得道耶 汝益又說李萬元事曰 鄕人來求扇 以三十柄一大封與之 爲平安監司時 出錢三千兩 以一千兩救貧交窮族

  라고도 함.
186) 자산(子産)이~같소: 중국 춘추시대 정나라 자산이 재상으로 있을 때, 사람들이 맨몸으로 진수(溱水)와 유수(洧水)를 건너는 것을 보고 자기가 타는 수레를 가지고 그들을 건네주었다는 이야기가 『맹자』에 실려 있는데, "자산이 정나라의 정치를 맡아볼 때 자기의 수레를 가지고 진수와 유수에서 사람들을 건네주었다[子産 聽鄭國之政 以其乘輿로 濟人於溱洧]."라고 하였음.

以二千兩生息充數 此事何如 余曰 扇事非錢事 是矣 汝益曰 扇事快矣 錢事爲民賊矣 公物何可私用乎 余曰 扇則快矣 誠難繼矣 是同於子産之濟人 錢則用我智而充其數 則一千兩爲私物 私物急人 何所不可 汝益堅自直 余笑曰 我是聖人之高者耶 不讀書不窮理而見事 此明耶 盖戲汝益之拘學也 而汝益不解聽 騎馬歸來 時時據鞍胡盧

45 나는 스무 살 때부터 이성휘(李聖輝)와 함께 명성이 높았다. 우리 두 사람은 각기 6도의 27~8개 서원의 유사[187]와 장의[188]를 겸하였고, 또 둘 다 태학의 수복(守僕)[189]으로서 고지기[190]를 하였기 때문에 우리 두 사람이 태학에 들어갈 때 수복 30여 명이 앞뒤로 에워싸서 들어갔으므로 다른 사람은 우리가 유생인 줄 몰랐다. 성균관 대성전에 분향할 때 이성휘가 사학(四學)의 장의 다섯, 색장[191] 열 명을 거느리고 들어가니 사람들이 예전에 없었던 일이라고 하였고, 내가 다시 장의 일곱, 색장 열여섯 명을 모두 거느리고 들어가자 선비들에게서 무수한 논란이 있기도 했지만 많은 선비가 분주하게 우리 두 사람의 집을 드나들면서 일체 우리의 지시를 따르고 거스르지 않았다. 그러나 이성휘가 죄인이 되고 난 뒤에는 나도 이 일에 대해 창피하고 부끄러운 마음을 이길 수 없었다.

自弱冠時 與李聖輝聲名相高 吾二人 各兼六道二十七八書院有司掌議 皆以太學守僕爲京庫直 故吾二人入去太學 則守僕近三十人前擁後衛而入去 人不知爲幼學 大成殿焚香時 李聖輝率四學五掌議十色掌而入去 人稱近古所無 吾復盡率七掌議十六色掌而入去 凡有士論千百 多士奔走 吾兩人之門 一聽指授無違忤 及李聖輝爲世僇人也 則吾於是不勝其羞慚矣

---

187) 유사(有司): 단체 또는 자생적 모임에서 사무를 맡아보는 직책으로, 우두머리를 '도유사(都有司)'라 하고, 일마다 그 일을 맡아 하는 유사를 두었음.
188) 장의(掌議): 조선 시대 성균관 유생들의 자치기구인 재회(齋會)의 임원.
189) 수복(守僕): 조선 시대 단(壇)·묘(廟)·원(園)·능침(陵寢)·서원(書院) 등에서 청소를 맡아 보게 한 구실아치로, 성균관에는 6명을 두었음.
190) 고지기: 물품을 관리하고 지키는 일을 담당한 사람.
191) 색장(色掌): '빗장'을 이두식으로 쓴 말로, 성균관 유생의 자치 임원을 일컫는데 동재·서재에 모두 상색장(上色掌)과 하색장 1인씩 두었는데 색장 위에는 유생들의 대표인 장의(掌議)가 있고 그 아래에는 조사(曹司)가 있음.

46   ○ 황강 초당에 있을 때, 아우가 편지를 보내 이르기를 "이번 과거에, 순서(舜瑞)192)는 글을 지었는데도 사람들은 짓지 않았다고 하고, 어떤 사람은 글을 짓지 않았는데도 사람들은 지었다고 합니다.193) 그 어떤 사람은 명망가의 자제로, 전부터 형님과 절친한 사람입니다. 평소에 하던 행동을 상상해 보면 누구인지 아실 것 같아서 이름을 적지 않았습니다." 라고 하였다. 계부께서 한수재에 앉아서 나를 부르시더니, 편지를 펼쳐 보여주시면서 "이 사람이 누구냐?"라고 하시기에, 내가 대답하기를 "이성휘입니다."라고 하니, 계부께서 내가 함부로 말한다고 엄하게 꾸짖었다. 얼마 후에 충주 목사가 보내온 편지를 보고 당사자가 이성휘임을 알고는 계부께서 내가 사람을 알아보는 밝은 식견이 있음을 인정하셨다.

  ○ 이성휘와 여러 해 동안 어울려 지내다가 편지를 보내 관계를 끊으려고 하였다. 친구 안경당(安慶堂) 정 공이 이를 만류하며 말하기를 "이 사람은 성대한 명성이 세상에 가득하니 반드시 화를 입을 것이네. 잠시 기다리면 올해 아니면 내년에 반드시 잘못될 것이니 절교를 기약하지 않아도 저절로 교제가 끊어질 것이네."라고 하기에, 내가 이 말을 듣고 그만두었다. 안경당의 선견지명이 나보다 나은 것을 알았다.

> ○ 在黃江草堂 弟有書曰 今科舜瑞文則爲之 而人則不爲 某人文則不爲 而人則爲之 此則名家子 而與兄主會所親切者 想像其平日所爲 則可知 故不以名告 季父坐寒水齋上呼之 前披示其書曰 此是誰也 余對曰 李聖輝 季父峻責其妄言 俄而忠州牧使書來 知其果爲李聖輝 季父乃許知人之明 ○ 與李聖輝周旋多年 欲移書絶之 我友安慶鄭公止之曰 此人盛名滿一世 中毒必矣 姑羈縻而俟之 則今年不敗 明年必敗 不期絶而自絶 余遂止之 安慶先見之明 乃勝於我矣

47   내 나이 26세인 병자년(1696)년에 사학(四學)에서 여러 선현들에

---

192) 순서(舜瑞): 조선 후기 문신인 어유봉(魚有鳳, 1672~1744)으로, 자는 순서(舜瑞), 호는 기원(杞園).
193) 순서(舜瑞)는~합니다:『숙종조 고사본말(肅宗朝故事本末)』에 실려 있는 숙종 때의 과거 시험 부정에 관한 기록. 이탄이 말하기를 "이성휘(李聖輝)는 표를 지어 바쳤는데 '부(賦)로 합격했다.'라고 합니다. 성휘가 표를 짓는 것을 많은 사람이 보았고, 방을 발표하던 날 성휘가 축하하러 온 손님들에게 '표와 부를 함께 지었는데 비편(神篇;부권(副券)으로 합격했다.'라고 말하였으나, 이번 과거에 비편으로 합격시킨 일이 없습니다."라고 하니, 임금이 해당 관청을 시켜 조사하여 처리하게 하였음.

대한 변무(辨誣)의 상소194)를 올렸는데, 나는 중학(中學)195) 장의의 자격으로 그 일에 참여하게 되었다. 먼저 내가 학임(學任)에서 물러나 소두가 되어 소청(疏廳)을 설치한 지 8일 만에 상소를 올리게 되었다. 상소문의 초고는 직재(直齋) 이 공에게서 받아왔으나 쓰기에 합당하지 않아서 내가 직접 고쳤다. 형재(衡齋) 김 참판 어른도 상소 초본을 보내왔는데, 현석(玄石)에 대해 장황하게 종이 가득 써 보내면서 말하기를, "반드시 이 글을 채택하게나."라고 하였다. 내가 절반이나 되는 쓸데없는 말을 모두 지워버리니 봉년(逢年) 김고(金栲)가 학임으로 자리에 앉아 있다가 얼굴색이 바뀌면서 말하기를 "무슨 의도인가?"라고 하였다. 내가 말하기를 "율곡·우계·우암 선생에 대한 항목과 길이가 같지 않으니 반드시 이렇게 지우고 고쳐야 사용할 수 있소."라고 하였다. 다시 붓을 들고 글자를 고쳐 나가는 중에 '심사공평 도학순정(心事公平道學純正)' 여덟 글자를 모두 지우니 봉년이 또 얼굴빛이 변하면서 일어났다. 이에 내가 천천히 깨우쳐 주기를 "이 여덟 글자가 지나치다고 생각하지는 않으나 이 글 안에 이미 공평과 순정의 의미가 많이 들어 있어 겹쳐서 사용할 수 없기 때문에 이를 지웠소. 하지만 그대의 생각이 이와 같으니 마땅히 저것을 지우고 이것을 남겨 두겠소."라고 하면서 다시 처음처럼 여덟 글자를 써넣으니 봉년이 다시 앉았다. 그때 나는 생각하기를 "지금은 두려울 정도로 세상이 크게 변하는 때이니 상황에 따라 임기응변으로 잘 처리하지 않으면 틀림없이 큰 일이 발생하여 구원할 수 없을 것이다."라고 여겼기 때문이다.

이때 현석(玄石)의 문인 30여 명이 찾아와 상소문 초고를 보여 달라고 하였다. 내가 말하기를 "아직 상소문을 올리기 전이라 상소문 초고를 외부인에게 내줄 수 없소."라고 하면서, 소색장(疏色掌)196) 이창휘로 하여금 이들을 이끌고 방 밖의 대청으로 나가 앉게 하고, 소색장 김령행(金令行)으로 하여금 상소문 초고를 가지고 방 안에 앉아서 이를 읽게 하니, 30여 명이 모두 "빠진 내용이 없다."고 하면서 물러갔다. 상소하는 날에 30여

---

194) 변무(辨誣)의 상소: '변무(辨誣)'는 사리를 따져서 억울한 일에 대하여 변명한다는 의미인데, 1687년(숙종13)에 송시열이 상소하여, 윤선거가 강도(江都)에서 죽개를 지켜 죽지 않은 일과 『중용장구』를 개주(改註)한 윤휴와 절교하지 않은 일을 공격하자, 윤선거의 문인인 나양좌가 변무소(辨誣疏)를 올려 여러 정황을 들어 송시열의 주장을 반박하여 헐뜯은 것을 가리킴.
195) 중학(中學): 서울 중부(中部)에 있었던 사학(四學)의 하나.
196) 소색장(疏色掌): 색장(色掌)은 조선 시대, 성균관 유생 자치회인 재회의 임원인 '빗장'을 이두식으로 쓴 말로, '소색장'은 여러 사람이 연명하여 상소할 때 주장(主掌)이 되는 사람.

명이 또 와서 서쪽 담장 안에 늘어서서 지켜보고 있었는데 대개 상소문 초고를 다시 고친 것이 있는지 의심한 것이다. 이에 상소문 읽는 일을 담당한 사준(士駿) 홍우한(洪禹翰)으로 하여금 한 글자 한 글자 큰소리로 읽게 하여 모두가 명확하게 들을 수 있게 하였다.

이즈음 외삼촌뻘인 이의승(李宜繩)의 무리가 먼저 괴이한 상소를 올렸다. 도승지로 있는 연동(蓮洞) 이 참판 어른이 여러 차례 서찰을 보내어 말하기를 "괴이한 상소를 올려 그대 상소에 트집을 잡으려고 하기에 돌려보냈으니, 곧바로 고쳐서 상소문을 너무 늦지 않게 올리도록 하라."라고 하루에도 네댓 번씩 재촉하였다. 내가 이에 태학과 사학의 하인들을 모으고 또 여러 관아의 사환들을 모아서, 상소를 올리러 가는 무리를 바르고 엄숙하게 호위하게 하고 천천히 걸어갔다. 외삼촌뻘인 이 씨의 무리들이 금호문(金虎門)197) 밖 금부(禁府)에서 기다리다가 상소문을 가지고 가는 일행을 만나면 방해를 하려고 하였지만, 내가 가지런하고 바른 행동을 하고 임기응변에 능하여 마침내 저들의 계책을 시행할 수 없게 하였다. 비답(批答)198)을 받은 뒤에 바로 헤어져 돌아왔다.

  余年二十六丙子歲 四學有諸先賢辨誣疏擧 以中學掌議參大議事 遞我學任而爲疏頭 設廳八日而拜疏 疏草седь來於直齋李公 而不合用 故手自改撰 衡齋金參判丈草送玄石一段滿紙張皇而日 必用此文 余手自抹去冗辭過半 金逢年樺以學任 在座乃變色而日 此何意也 余日 與栗谷牛溪尤菴條 長短不齊 必如此刪改 乃可用 復操筆點竄 至心事公平道學純正八字 而幷抹之 逢年又變色而起 余乃徐聲喩之日 非以此八字爲過當 此文中已多有公平純正語意 不可疊用 故抹之 君意如此 則當抹彼而存此 復書此八字如初 逢年遂坐 盖今日是爲世道戞一大機關 非我善應變 則幾乎生出大事 而不可救矣 於是 玄石門人三十餘員 來到請見疏草 余日 未拜疏前 疏草不可出外 使疏色掌李昌輝 引坐於戶外廳事 使疏色掌金令行持疏草 坐於戶內 而朗讀之 三十餘人皆日 無欠而退去 至拜疏日 三十餘人復來 列立於西墻內 而觀望 盖疑疏草之復有所點改也 余乃使讀疏洪士駿禹翰 高聲讀之 使得一一明聽 時 李舅宜繩一隊人 先上怪疏 蓮洞李參判丈 方爲都承旨 屢送小札日 怪疏才已執頉退送 行將改呈 疏事不可太緩緩 日四五催促 余乃多聚太學四學下人 又多得各司使喚人 使之衛護整齊疏班 徐步而行 李舅一隊人 去會於金虎門外禁府 當直必欲作挐於疏行 以我整正而應變 故終不得售其計 承批後乃罷去

---

197) 금호문(金虎門): 창덕궁의 서쪽 문으로, 대신들의 출입문이었음.
198) 비답(批答): 신하가 올린 상소에 대하여 임금이 내리는 대답을 이르던 말.

48 내가 제동(濟洞)에 살 때 늙은 여종 송금(松今)이 죽었는데, 이 사람은 나의 유모였다. 상여가 나갈 때 내가 두건과 띠를 갖추고서 곡을 하고, 노제(路祭)를 지낸 다음 화려하게 꾸민 상여에 싣고 등불 스무 쌍과 촉롱 네 쌍을 늘어세우고 가서 수구문(水口門)에서 곡하면서 전송하니 온 마을 사람들이 깜짝 놀랐다. 자장(子章)이 전라 감사로 있을 때 감영의 노비 시점(時占)이 죽었는데, 이 사람은 송금의 육촌 동생이었다. 감사가 감영에 있는 그의 친족들과 함께 두건과 띠를 갖추어 곡을 하고, 상례에 사용할 물품과 제사에 사용할 물품을 갖추어 주었으며, 관노비의 명부에서 삭제하고, 만이(熳而)라는 이름을 지어 주었다. 또한 사고 참봉(史庫參奉)의 첩지를 내리고 아전에게 명정을 쓰게 하니 온 감영이 깜짝 놀랐다. 이 두 사람은 죽음 뒤가 살아서보다 영예로웠다고 할 수 있다.

余在濟洞時 老婢松今死 是乳嬭也 柩之發 余具巾帶而哭 祭於路次 載以華轝 列炬卄雙燭籠四對而行 哭送於水口門 一里動色 子章爲全羅監司時 營奴時占死 是六寸弟也 監司與在營諸族具巾帶而哭 備給喪需祭需 削去賤案之名 定名曰熳而 成給史庫參奉之帖 吏書之銘旌 一營動色 此兩人 可謂 死榮於生

49 전에 여행 다닐 때, 월성(月城) 수령이 가까운 인척이라고 하며 전별의 물품을 많이 주었으나 나는 종이와 먹만 받고서 돌아왔다. 내가 집으로 돌아온 후에 뒤쫓아 집으로 물건을 보냈다면 받았을 것이다. 얼마 전에 사소(士邵) 임■성(任■誠)이 "나는 여행 중에 사람들의 대접을 받지 않고 마음을 편안하게 갖는 것을 경계의 말로 삼네."라고 하는 말을 들었다. 어찌 이 친구가 월성의 일에 대하여 듣고 무어라고 말했겠는가마는 이 일을 생각해 보니 매우 부끄러웠다.

嘗於遊行時 月城尹以近戚 贐物多多 吾只受紙墨而歸 歸後追送 則可受之 頃日 任士邵■城 以遊行不受人饋以從然儆飭之語 聽之 豈此友聞月城事 而有云云耶 思之甚可忸然

50 대장 이홍술(李弘述)199)의 적로마(的盧馬)는 임인년200)에 이홍술이 옥사를 당할 때 두 번이나 함거(檻車)201)에 와서 기대어 울었고, 마지막에는 옷깃을 끌면서 울었는데 조금 뒤에 금부도사가 왔다.

충장공(忠壯公) 남연년(南延年)202)이 죽자 적장이 그의 말을 끌고 갔는데, 발로 차고 물어뜯으며 순종하지 않고 도망쳐 돌아와서 충장공의 아들을 태우고 갔다.

남덕성(南德成)의 아버지가 돌아가셨을 때는 그 집 개가 상을 당한 사람들과 함께 소리 내어 울었다. 아침저녁으로 제사를 올릴 때나 조문객이 와서 조문할 때, 고기를 주면 사람을 보고 울부짖기만 하고 고기를 땅속에 묻었다. 삼년상을 마치고 나니 비로소 고기를 먹었다.

북도(北道)의 어떤 사람은 주인이 찾아오자 음식을 대접하기 위하여 개 한 마리를 잡고자 하였다. 그런데 개가 펄쩍 뛰어와 주인의 옆에 앉아서 옷깃을 물고 곁을 떠나지 않으니 주인이 집으로 데리고 돌아왔다. 도적이든 낌새가 있으면 크게 짖는데, 어느 날 강도가 들어와 집안의 재물을 모두 약탈해 갔다. 개가 따라가서 그 집을 알아내고서 달려와서 주인을 인도하여 가서 머리를 조아리며 가리켰다. 그 주인이 이 사실을 관가에 알려서 그 도적을 죽이고 재물을 되찾았다. 아! 미물도 한 군데는 통하는 곳이 있고, 통하면 또 영험하고 경이로운 것이 이와 같다. 짐승도 어리석은 인간이 남긴 것은 먹지 않을 것이다.

> 李大將弘述之的盧馬 當壬寅禍事之日 來據檻而鳴者再 末則牽衣而鳴已 而禁府都事至 南忠壯延年之死 其馬爲賊將牽去 踶囓不馴從而逃 還與騎忠壯之子 南德成之在父喪 其狗與喪人同號哭 於朝夕饋奠之時 客來弔慰之時 與之肉 亦視人啼號 而埋肉於土中 終三年而始食肉 北道某人 有其主來爲供進飯殽 欲殺一狗 狗跳躍而坐

---

199) 이홍술(李弘述;1646~1722): 조선 후기인 무인으로, 자는 사선(士善).
200) 임인년: 목호룡의 고변에 의해 노론 사대신 및 노론 세력 등 약 170여 명 이상이 처형되거나 유배된 옥사가 일어난 경종 2년(1722).
201) 함거(檻車); 죄인을 실어 나르던 수레.
202) 남연년(南延年;1653~1728)): 조선 후기의 무인으로, 자는 수백(壽伯). 이인좌의 난 때 청주영장(淸州營將)으로서 토포사(討捕使)를 겸했는데, 적이 청주성을 함락시키고 진영에 들어와 남연년에게 항복하라 협박하자, "내가 나라의 후한 은혜를 입었고 나이 70이 넘었는데, 어찌 개새끼 같은 너희를 따라 반역을 하겠느냐."라고 하였고, 끝내 적에게 무릎을 꿇지 않고 끊임없이 꾸짖다가 죽었음. 난이 평정된 뒤 좌찬성에 추증되었으며, 시호는 충장(忠壯).

其主之傍 含衣而不離側 其主乃牽來 有偸兒迹 則大哭 一日强盜入 盡掠家産而去 狗亦從去知其家 走還引其主而去 叩頭指示 其主以此聞于官 殺其賊而還其財 噫物是一處之通 而通中亦有靈異如此 人之蠢蠢愚騃者 畜物亦必不食其餘

51 백부 선생께서 산앙사(山仰祠)의 별당에 '동주당(東周堂)'이라고 편액을 썼다. 그리고 찬(贊)에 이르기를 "옛날 문왕 시대에 대도(大道)가 서쪽으로 가서 빛나는 주나라의 도가 비로소 서쪽에서 시작되었네. 공자의 시대에는 동쪽으로 옮겨와 추노(鄒魯)203)에서 밝혔으며, 주자의 시대에는 남쪽으로 옮겨와 민건(閩建)204)에서 밝혔네. 지금 천하가 어둡고 꽉 막혀서 천도가 동쪽으로 오니 우리 우암 선생께서 또 이를 해외에서 밝히셨네. 이제 주나라의 도가 동방에 있으니, 당호를 '동주당'이라고 하는 것이 또한 마땅하지 않은가."라고 하셨다. 내가 이 말을 좋아하여 「산록」에 기록하고 남들에게 보인다.

伯父先生扁山仰祠之別堂曰 東周堂 乃贊曰 惟昔元聖之時 大道西行 則赫赫周道 始於西方 以孔子而東 明於鄒魯 以朱子而南 明於閩建矣 今天下晦塞而天道東行 則我尤菴先生 又明之於海外 目今周道東矣 堂名東周 不亦宜乎 此言甚好 故載錄中而示人

52 조정에 벼슬하면서 마음을 동산(東山)에 두는 자205)와 옥을 차고서 마음이 고목(枯木) 같은 자206)를 한 사람도 보지 못하였다. 부모에게

---

203) 추노(鄒魯): 노나라의 추 땅. 공자가 태어난 곳임.
204) 민건(閩建): 복건성의 민 땅. 주자가 무이산에 무이정사를 짓고 학문 연구와 제자 양성에 힘을 기울였음.
205) 조정에~자: 진(晉)나라 사안(謝安)의 일화. 사안이 회계 땅 동산(東山)에 은거하면서 계속되는 조정의 부름에도 응하지 않고 유유자적했던 '고와동산(高臥東山)'의 고사가 전함.
206) 옥을~자: 마음이 외물에 조금도 동요되지 않는 것을 의미함. 『장자』에 "남곽자기(南郭子綦)란 사람이 안석에 기대앉아서 하늘을 우러러 숨을 길게 내쉬자 그 멍한 모양이 마치 짝을 잃은 것 같았으므로, 안성자유(顔成子游)란 사람이 그를 모시고 있다가 묻기를 '어떻게 하면 형체는 진실로 마른 나무와 같이 할 수 있고, 마음은 진실로 식은 재와 같이 할 수 있는 것입니까? 지금 안석에 기대앉은 분은 전에 안석에 기대앉은 그 분이 아닙니다.[何居乎形固可使如枯木 而心固可使如死灰乎 今之隱几者 非昔之隱几者也].'라고 하였다."라고 한 데서 온 말임.

효도하고 글을 읽는다는 자들은 이를 구실로 남에게 간절히 명예를 구하여 출세하는 바탕으로 삼는다. 그들의 아버지나 할아버지는 효행이나 경학(經學)을 행하면서 대부분 남에게 기대어 조급하게 나아가려고 하지 않았으니, 이들을 두고 어찌 몸소 효를 실천하고 자신의 수양을 위한 학문을 했다고 하겠는가. 만일 그 뜻을 동산에 두고 마음이 고목 같은 자라면 반드시 그렇게 하지 않을 것이다.

> 立朝而意在東山 佩玉而心如枯木者 吾不見一人 孝親者讀書者必借口懇要於人而爲發身之資 其父祖之孝行經學 則不待人而躁躁者多 是豈曰 出己之孝爲己之學乎 唯其意在東山 心如枯木者 必不然矣

53 지난번 신로(莘老)에게 병문안 갔는데 책상 위에 수정으로 만든 괴산(怪山)과 침향으로 만든 괴산이 있었다. 내가 어루만지면서 기이하게 여기니, 신로가 "그것이 갖고 싶은가?"라고 하였다. 내가 웃으면서 대답하지 않았으니 그가 내 마음을 알지 못해서 웃은 것이다. 기이한 물건은 모두 외물이니 나의 심신에 무슨 도움이 되겠는가. 나의 심신을 닦아 바르게 하면 이런 기이한 물건이 없어도 세상을 잘 살아갈 수 있으며 후인들에게 칭송을 받을 수 있다. 볼 만한 행적이 없으면 진귀한 물건이 앞에 늘어서 있더라도 또한 나에게 무슨 이익이 되겠는가. 비록 명예를 좋아하는 사람이라 할지라도 득(得)이 되는지 실(失)이 되는지를 알 수 있는데, 하물며 자신을 위해 수양하는 학문을 하는 자임에랴!

> 頃問莘老之病 案上有水晶怪山 沈香怪山 余撫玩而奇之 莘曰 欲之乎 余笑而不答 蓋笑其不知心也 奇玩是外物 何益我身心 身心修正 則無此物而足以行世 足以稱後人 無可觀 則玩好之羅於前 亦何益於我 雖好名之人 可知其得失之虛實矣 況爲己者乎

54 나를 칭찬하는 사람들이 말하기를 "문장을 좋아한다고는 할 수 있지만 시문에 능한 것은 아니며, 유학을 좋아한다고는 할 수 있지만 예절과 이기(理氣)에 대해 잘 아는 것은 아니며, 세상사에 대하여 근심한다고 할 수 있지만 일을 꾀하고 이루기 위한 책략이나 원대하고 담대한 꾀를

터득한 것은 아니다."라고 한다. 또 말하기를 "은사(隱士)·처사(處士)·거사(巨師)207)도 아니고, 방외사(方外士) 또한 아니다."라고 한다. 그들이 또 말하기를 "산수를 밥으로 여기고, 칭찬과 비난을 지나가는 바람으로 여기며, 부귀를 뜬구름으로 여기고, 물욕을 흘러가는 물처럼 생각하며 담론을 즐거워하지 않는다."라고 하니, 이 말이 조금 비슷한 것 같다. 내가 죽은 뒤에 묘지명(墓誌銘)·묘갈명(墓碣銘)·제문(祭文)·고유문(告由文) 등으로 칭송하는 말이 내 본모습과 다르다면 나는 흠향하지 않을 것이고, 또한 빨리 썩어 없어질 것이다.

人之譽我者曰 喜詞翰可 而能詩文非也 好儒術可 而知禮節理氣非也 憂世事可 而解方略謨猷非也 曰 隱士處士巨師 皆非也 方外士 亦非也 其曰 飯山水風毀譽 雲 富貴水物欲 筌蹄談論 則或彷彿矣 我死之後 若誌碣祭告等 稱頌之辭非本色 則我不 饗 而又速朽矣

55 혜응(惠應)208)이 과거장에 들어가 좋은 문장과 필치로 직접 글을 짓고 쓰니, 과거장에 있던 수십 명이 담처럼 둘러서서 칭찬하며 말하기를 "15세의 아이가 직접 글을 짓고 글씨도 쓰는구나. 누구의 자식인가?"라고 하였다. 그의 아비 덕성(德性)은 그날로 세상에 유명인사가 되었고, 나도 이 소식을 듣고 기뻐서 웃음을 멈출 수가 없었다.

惠應入試場 以好文好筆 自作而自書 場中之人 數十爲群 堵立而賞之曰 十五歲 兒 自作自書矣 是誰之子 德性其日公然爲名人 老夫聞之 嬉笑不已

56 간이(簡易)209)의 일출시(日出詩)에 이르기를 "달이 진 뒤 아스라한 동쪽 하늘[玉宇迢迢落月東]210)"이라고 하였다. 서응(瑞應)211)이 자못 의

---

207) 거사(巨師): 불교에서 계(戒)를 받은 남자 신도에 대한 존칭어로, 속세에 머물고 있지만 도를 이룬 큰 선생님이란 의미임.
208) 혜응(惠應): 권섭의 동생인 권영(權瑩;1678~?)의 손자.
209) 간이(簡易): 조선 중기 문신인 최립(崔岦;1539~1612)으로, 자는 입지(立之), 호는 간이(簡易)·동고(東皐).
210) 달이 진 뒤 아스라한 동쪽 하늘: 조선 중기 시인인 최립(崔岦)의 〈낙산사 팔월 십칠일 아침 (洛山寺 八月十七日朝)〉시로, "달이 진 뒤 아스라한 동쪽 하늘, 만경창파 홀연히 새빨갛게

심하여 말하기를 "달이 동쪽 하늘로 넘어갑니까?"라고 하니, ■■ 한재(寒齋)가 혀를 차면서 말하기를 "네 할아비의 팔자가 측은하구나."라고 하였다. 사위 이담(李曇)이 나를 찾아왔기에 물었더니 또 말하기를 "달이 동쪽 하늘로 넘어갑니까?"라고 하기에, 내가 웃으면서 말하기를 "자네 할아비의 팔자도 나처럼 측은하구나."라고 하였다. 아, 사람이 어찌 배우지 않으랴. 모습만 멀쩡하면 사람인가. 의관만 갖춰 입으면 사람인가. 아쉽고 아쉬워서 혀끝만 찬다.

簡易日出詩日 玉宇迢迢落月東 瑞應疑之 落月乎東耶 ■■ 寒齋咄日 其祖之八字爲慘然 李堸曇來我 問之則又日 落月乎東矣 我笑日 爾祖之八字 亦同我慘然矣 嗚乎 人豈不學乎 面目人也 衣冠人也 可惜惜而咄咄

57 강경(江景)에 있을 때, 은진(恩津) 태수 정덕소(鄭德邵)가 강창(江倉)212)에 있으면서 물고기 다섯 마리를 보내주었는데 받지 않고 돌려보내니 저녁 늦게 태수가 와서 나에게 따졌다. 내가 말하기를 "여기 어촌 사람들이 물고기로 세금을 내는데, 하루에 세 근이 정해진 규칙입니다. 그런데 지금은 30근이나 되니 백성들이 어찌 이를 감당할 수 있겠습니까. 내가 이 자리에 앉아서 보니 슬프고 참혹합니다. 물고기가 어찌 차마 목으로 넘어가겠습니까."라고 하니, 태수가 말하기를 "가련하구나."라고 하면서 돌아가더니 곧바로 원래대로 물고기 세 근을 바치게 하였다. 다음날 시장 안에 나무로 만든 비가 하나 섰는데 나의 덕을 칭송하는 것이었다.

在江景時 恩津守鄭德邵 坐在江倉 送饋五魚 我不受而還之 及晚 太守來詰之 我日 惟此一村以魚爲稅 日以三斤定式 今則爲三十斤矣 民何以堪乎 我坐在此中間 目見而慘然 魚何忍下咽乎 太守日可憐 歸去卽從初 而捧三斤 翌日 見場市間立一木碑頌我之德

번뜩이네. 온갖 괴물 꿈틀꿈틀 입에다 불을 머금고서 황금 바퀴를 황도 속으로 떠밀어 보내누나[玉宇迢迢落月東 滄波萬頃忽翻紅 蜿蜿百怪皆銜火 送出金輪黃道中]."라고 하였음.
211) 서응(瑞應): 권섭의 손자로, 권섭의 큰아들인 초성(初性)의 둘째 아들.
212) 강창(江倉): 강변에 설치하여 각 지방에서 거둔 세곡을 도성의 경창으로 운송할 때까지 보관하던 창고.

58 내가 둥근 부채의 표면에 "한 번 부치니 맑은 바람 불어오고, 다시 부치니 밝은 달이 떠오르네. 세 번 부치니 모기 파리 사라지고, 네 번 부치니 나의 집안 맑아지네. 때때로 천 번 만 번 부치면, 인간 세상과 바깥 세상 모두 텅 비어 아무것도 없으리."라고 하였다. 장대(章台)213)가 이를 보고 말하기를 "'밝은 달이 떠오른다[明月出].'라는 표현은 좋지 않습니다."라고 하였으나 나는 대답하지 않았다. 뒷날 찾아왔을 때, 태종 대왕의 시를 내어 보여 주니 웃으면서 말하기를 "태종의 시 또한 좋지 않습니다."라고 하였다. 뒷날 또 왔을 때에 다시 당나라 시인의 시를 내어 보이니, 웃으면서 말하기를 "과연 옛사람도 이렇게 썼네요."라고 하였다. 내가 또한 웃으면서 나무라기를 "한 번 부치면 바람이 불어오고 다시 부치면 다만 달이 떠오를 뿐 바람은 불어오지 않는다는 말이 아니라, 한 번 부치고 두 번 부치고 세 번 부치고 네 번 부치고 천 번 단 번 부치는 동안에 맑은 바람이 불어오고 밝은 달이 떠오르며, 모기 파리가 사라지고 나의 집안이 맑아져서 인간 세상과 바깥세상이 모두 텅 비어 어떤 물건도 없게 된다는 말이다."라고 하였다.

余書一詩於圓扇之面曰 一揮淸風來 再揮明月出 三揮廢蚊蠅 四揮淸吾室 隨時千揮萬揮去 人間世外空無物 章台見之曰 明月出不好 余不答 後日來 出示太宗大王詩 則曰 太宗詩亦不好 後日又來 又出示唐人詩 則笑曰 果然古人亦用之矣 我亦笑非曰 一揮則風來 再揮則只月出 而風不來矣 一揮再揮三揮四揮千揮萬揮之間 淸風來明月出 蚊蠅廢吾室淸 人間世外之物 皆空空乎

59 종손(從孫) 진응(震應)이 아내의 상을 당하자 여러 조카와 손자들이 가서 조문하였다. 내가 말하기를 "나도 들어가서 그 안사람을 조상하고 곡하는 것이 옳을 듯하다."라고 하니, 조카와 손자들이 말하기를 "진응 어른의 생각은 다릅니다. 집안이라도 7,8촌이 되면 친함과 소원함의 구분이 있으니, 그들이 여기에 찾아온다 해도 또한 안으로 들여보내는 일은 없을 것입니다."라고 하였다. 내가 말하기를 "그러면 들어가서 조문하지 않는 것이 낫겠구나."라고 하였다. 일의 도리가 과연 어떤 것이 옳은지 모

---

213) 장대(章台): 권섭의 사촌 동생인 권혁(權爀;1694~1759)으로, 호가 자장(子章)이므로 '자장 대감'이라는 의미임.

르겠으나 우리 집안의 오랜 풍속은 이미 무너졌구나. 나와 정성(定性)이 아직 살아 있는데도 두 집안의 자손들이 이 지경에 이르렀으니 슬프다. 우리 두 사람은 얼마 안 가서 죽을 것이니 우리가 죽은 뒤에 두 집안이 멀어지는 것을 면치 못하겠구나. 그런데도 저들의 견해가 이와 같으니 어찌한단 말인가.

○ 장동 김 씨(壯洞金氏)들은 동당(同堂)214)의 오라비와 조카조차도 서로 얼굴을 보지 않으니 이는 진응의 무리보다 더 엄격하게 끊는 것이다. 나의 할아버지 친구 열 분은 내외를 구분하지 않고 잘 어울려 그 마음과 의리가 친형제처럼 각별하였다. 그런데 장동 김 씨들은 향리에 사는 사대부를 머슴이라고 칭하고 공공연하게 촌사람 취급을 하여 제한이 없으니 놀랄 만하다.

○ 황강(黃江)에 사는 종들은 10촌 이내의 친족이면 각각 주인이 있어도 좋은 일이나 나쁜 일이 있으면 주인에게 묻지 않고 편하게 불러다 함께 처리하는 것이 이미 규례가 되었다. 그러나 제응(濟應)215)의 대에 이르러서는 5,6촌간에 긴급한 일이 있어도 허락하기도 하고 허락하지 않기도 한다. 권씨 집안의 가풍이 일마다 예전 같지 않으니 또한 우리 집안의 가풍이 무너지는 것을 말해 무엇 하겠는가.

震應妻喪 兒輩往弔之 吾日 亦入弔其女而哭 可也 兒輩日 震應主意 則不如此矣 親至七八寸 則■■有親疎之分 渠輩來此 亦無入內之事矣 吾日 然則勿入而可也 不知事理之果如何爲得 而吾家舊風亦已虧矣 吾與定性尙存 而兩子孫之至於如此 可傷 吾兩人幾何而死 死後與之落落 似非晚矣 然渠輩之見 如此則奈何 ○ 壯洞金氏 則同堂娚姪媤 亦不相見 此則視震應輩尤嚴截 我祖考朋友十人 通內外 此則別情義 如同氣兄弟也 鄕居士夫 稱以雇工 公然見村人無難 太無際限可駭 ○ 黃江奴僕十寸之親 各有主者 而吉凶便喚 不問於主 通同爲之 已成規例 至濟應之世 五六寸急 而或許或不許 權氏之風 事事非舊日 亦何論權家之降殺乎

[누락]...이 맑아서 내가 이를 매우 귀하게 여겼다.
[누락].. 之淸 吾甚貴之

---

214) 동당(同堂): 고조부가 같은 친척.
215) 제응(濟應;1724~1792): 권상하의 증손자로 권섭의 종종손임.

60 김자삼(金子三)에게서 망가진 거문고 하나를 얻었는데, 그 뒷면에 양봉래(楊蓬萊)216)가 직접 쓴 글씨가 있어 세상에 보기 드문 보배롭고 멋있는 물건이었다. 그런데 이세적(李世勣)이 와서 말하기를 "감사 심권(沈權)217)의 부인이 말하기를 '남편이 살아 계실 때, 거문고 하나를 잃어버렸는데 지금 그대가 소유하고 있다고 들었습니다. 열 개의 거문고와 바꾸어 주길 바랍니다.'라고 합니다."라고 하였다. 이에 내가 두말없이 바로 돌려주었다. 지금 어떤 사람이 새로 집을 샀는데, 집주인이 "돌 하나가 죽은 자식이 아끼던 것이니 돌려받기를 원한다."고 하며, 돌려주지 않으면 가격을 ..... [누락]

得一破琴於金子三 其背有楊蓬萊手筆 絶寶可愛 而李世勣來言 沈監司權之夫人曰 家翁在世時 失一琴 今聞在君之所 願以十餘琴換之 余卽無一辭歸之 今有人新買舍 舍主 以一石之爲亡子所愛 願歸之 不許則給價..[누락]

61 수령 이 모(李某)는 문학적인 소양이 약간 있고 맑은 기상도 있는데, 나를 대하는 것이 남달랐기 때문에 나도 그를 다른 벼슬아치들과 다르게 대하였다. 어느 날 내 아우 자장(子章)218)과 대화하는 것을 보니, 몸을 똑바로 세우고 가슴을 내밀고서 두 팔을 내려뜨리고 앉았고, 담론할 때 손으로 무릎을 치는 모습이 너무 의기양양하여 내 마음에 들지 않았다. 뒤에 그의 시첩을 보니 재상·명사(名士)로부터 음관(蔭官)·유생(儒生)의 순서로 고하(高下)의 차례가 정해져 있었다. 내가 이에 다시 다른 벼슬아치들처럼 그를 대하였다. 나의 외삼촌 의정공께서 영남의 감영에 계실 때를 돌이켜보니, 세향(歲餉)219)에 답례를 할 때 유생이나 음관들에게는 재상과 명사보다 두 배가 넘게 보냈으니 외삼촌의 마음 씀씀이가 이 모 수령과 매우 다르다.

---

216) 양봉래(楊蓬萊;1517~1584): 조선 전기 문신인 양사언(楊士彦)으로, 자는 응빙(應聘), 호는 봉래(蓬萊)·해용(海容).
217) 심권(沈權;1643~1697): 조선 후기 문신으로, 자(字)는 성가(聖可).
218) 자장(子章): 권섭의 사촌 동생인 권혁(權爀;1694~1759)으로, 권섭의 계부 권상유(權尙遊;1671~1759)의 둘째 아들.
219) 세향(歲餉): 새해 인사로 보내는 물품.

李令某以略有文學 又有淸氣 而待我又自別 故我亦待之 與他名官不同 一日見與
我弟子章對語 聳身仰胸垂兩臂而坐 談論之際 以手鼓膝而軒昂 我已不足於心 後見
其詩帖 以宰相名士蔭官儒生 爲高下次第 我乃復以待他名官者待之 仍思我議政舅
氏 在嶺營時 歲餉之答 儒蔭倍過於宰相名士 其心事與李令逈別

62 내가 유중강(兪仲强)220), 유군사(兪君四)221) 형제와 너니 나니 하면서 허물없이 빈번하게 교류한 것은 세상이 다 아는 바이다. 어느 날 외삼촌을 모신 자리에서 유최기(兪最基)222)를 만나니, 유최기가 말하기를 "호조 판서 어른은 저에게 조금 특별하여 당연히 시생이라고 해야 하지만, 어르신은 저의 숙부와 서로 어울리는 사이지요."라고 하였다. 내가 웃으면서 말하기를 "그대의 선친은 나와 어울린 사이가 아닌가?"라고 하니, 유최기가 말하기를 "아마도 노형223)과 소제224)라고 부르는 사이였을 것입니다."라고 하였다. 내가 또 웃으면서 말하기를 "시생(侍生)의 예를 행하고 싶지 않으면 행하지 않아도 좋네. 그대 선친의 혼령이 있다면 그대의 말을 듣고 무엇이라고 하겠는가?"라고 하면서, 외삼촌225)을 가리키며 말하기를 "증명해 줄 사람이 이 자리에 앉아 계시고, 덕유(德裕)226) 대감과 여러 분 외에 또한 많은 증인이 있네."라고 하였다. 그리고 얘기하던 중간에 내가 "이기진(李箕鎭)227)은 세하생(世下生)228) 혹은 세말(世末)이라고 하였네."라고 하였다. 그러자 외삼촌이 말하기를 "의숙(猗叔)229)은

---

220) 유중강(兪仲强): 조선 후기 문신인 유명건(兪命建;1664~1724)으로, 자(字)는 중강(仲强).
221) 유군사(兪君四): 조선 후기 문신인 유명악(兪命岳;1667~1718)으로, 자(字)는 군사(君四).
222) 유최기(兪最基;1689~1768): 조선 후기 문신으로, 자(字)는 양보(良甫), 호는 자락헌(自樂軒)이며, 유명건(兪命建)의 아들.
223) 노형(老兄): 동년배 사이에서 나이를 더 먹은 사람을 높여서 부르는 말.
224) 소제(少弟): 동년배 사이에서 나이가 몇 살 많은 사람에 대하여 자기를 겸손히 이르는 말.
225) 외삼촌: 권섭의 외삼촌인 이의현(李宜顯;1669~1745).
226) 덕유(德裕): 조선 후기 문신인 김유경(金有慶;1669~1748)으로, 자는 덕유(德裕), 호는 용주(龍洲)·용곡(龍谷).
227) 이기진(李箕鎭;1687~1755): 조선 후기 문신으로, 자(字)는 군범(君範), 호는 목곡(牧谷)이며, 이당(李簹)의 아들.
228) 세하생(世下生): 대대로 사귀어온 정의가 있는 집안의 어른에 대하여 자기를 낮추어 이르는 말.

그대의 친구가 아닌가?"라고 하기에, 내가 말하기를 "노형과 소제일 뿐입니다."라고 하였다. 유최기가 말하기를 "영백(嶺伯)230)이 크게 잘못했군요. 어찌 감히 그렇게 한단 말입니까."라고 하였다. 내가 크게 웃으면서 말하기를 "영백의 부친은 신축생(1661)이고 그대의 선친은 갑진생(1664)이니 누가 나이가 많고 누가 적겠는가?"라고 하니, 온 좌중이 모두 웃었다.

> 余與兪仲强君四 爾汝交游 爛漫淋漓 一世所知 逢兪最基於舅氏座上 兪曰 戶判少異於我 爲當然侍生 丈於叔父相抗之友也 余笑曰 先丈則非相抗友耶 兪曰 似當爲老兄少弟間耳 余又笑曰 不欲行侍生之禮則 自不行之可也 先丈有靈 以君言謂何 指舅氏曰 證人坐是 德裕台諸公 又多證人矣 語次間 余曰 李箕鎭稱世下生 或世末 舅氏曰 猗叔非君之友乎 余曰 老兄少弟耳 兪曰 嶺伯大非矣 安敢乃爾 余大笑曰 嶺伯之父辛丑生 與先丈之甲辰生 孰少長耶 一座皆笑

---

229) 의숙(猗叔): 조선 후기 문신인 이당(李簹;1661~1712)으로, 자는 의숙(猗叔)이며, 이기진(李箕鎭)의 아버지.

230) 영백(嶺伯): 경상도 관찰사. 여기서는 이기진(李箕鎭)을 가리킴.

산록외편 2 散錄外篇 二

산록외편 2 散錄外篇 二

1　외사촌 동생 이보문(李普文)[1]이 외삼촌이 삭탈관직되었을 때 과거에 응시하여 급제하니, 많은 사람이 그를 흉봤다. 외삼촌이 말하기를 "만약 아버지가 큰 죄를 지었다면 아들이 과거에 응시해서는 안 되지만 아버지가 삭탈관직되었다고 해서 과거에 응시해서는 안 된다는 의리가 어디에 있겠는가. 과문(科文)의 기록에 아버지의 직함을 영의정이라고 썼다면 후세 사람들이 반드시 '이 사람이 이 당시에 영의정을 지냈으니 그의 사람됨을 가히 알 수 있다.'라고 하겠지만 지금처럼 쓰고서 급제하였으니 내 마음이 편안하다."라고 하였다. 한 친구가 김치겸(金致謙)[2]의 수시(壽詩)에 갑자기 나의 외삼촌을 언급하면서 말하기를 "명명백백함 자부했던 도산(陶山)[3] 상공이여, 이러지도 못하고 저러지도 못하니[狼跋其胡][4] 부끄럽구나."라고 하니, 여러 사람이 모두 놀랐다. 외삼촌이 말하기를 "이는 내가 이광좌(李光佐)[5]와 함께 임금을 알현했던 일을 비난한 것인데 근래 우리 노론의 괴이함은 이루 말할 수 없구나. 지금 이 사람이

---

1) 이보문(李普文;1715~1740): 조선 후기 유학자로, 자는 지중(止仲)이며, 이의현(李宜顯)의 아들이자 옥소의 외사촌.
2) 김치겸(金致謙): 김창흡(金昌翕;1653~1722)의 아들.
3) 도산(陶山): 조선 후기 문신인 이의현(李宜顯;1669~1745)으로, 자는 덕재(德哉), 호는 도곡(陶谷).
4) 이러지도~못하니: 『시경』에 "늙은 이리가 앞으로 가다 제 턱 밟아 엎어지고, 곧 뒷걸음치다 제 꼬리 밟아 넘어지네[狼跋其胡 載疐其尾]."라고 한 데서 온 말로, 진퇴양난의 곤경에 처한 것을 비유한 말.
5) 이광좌(李光佐;1674~1740): 조선 후기 문신으로, 자는 상보(尙輔), 호는 운곡(雲谷)이며, 이항복(李恒福)의 현손.

나를 비난한 시는 심하기는 하지만, 실로 내가 이런 빌미를 준 것이니 어찌 섭섭한 마음이 있겠는가."라고 하였다. 외삼촌의 이와 같은 말에서 넓은 도량과 높은 식견을 볼 수 있다.

> 內弟李普文 在舅氏削職之時 應擧得捷 人多欠之 舅氏曰 父若在罔測罪罟中 則子不可應擧 以父削職而不應擧 寧有是義 書父銜以領議政 則後人必曰 此人此時 爲領議政 其人可知 今書以及第 吾心安矣 一友人爲金致謙壽詩 卒然揷入我舅氏曰 自浮大白陶山相 狼跋其胡爲汝羞 人多駭之 舅氏曰 此以我與李光佐同入前席 爲疵也 近來老論駭怪無狀矣 今此人有短我之詩 能超出幾等矣 吾實多之 豈有憾也 舅氏如此之言 可見其量弘而見高

2 함경도 사람 이동(李同)이 경상 도사(慶尙都事)가 되어 처음 명령을 내리기를 "산은 본래 정결한 곳이 아닌가. 더러운 물건으로 산을 더럽혀서는 안 된다. 급히 총사(叢祠)⁶⁾를 헐도록 하라."라고 하였다. 또 말하기를 "관리들의 심부름꾼은 한데 뒤섞여서는 안 된다. 그들을 부릴 때에는 남녀를 분별해서 부려야 하니, 어찌 반드시 옷깃을 스치고 어깨를 부딪쳐야만 관청에서 일할 수 있겠는가."라고 하니, 관리들이 모두 세상 물정 모른다며 비웃고 촌스러움을 조롱하였다. 이에 내가 말하기를 "세상 사람들이 모두 여인들이 꽃단장하듯이 꾸미는데, 이 사람 홀로 꾸밈이 없으니 그가 우활하고 촌스럽다 해서 그를 무시하고 소홀히 대할 수 있겠는가. 바로 이 점이 북인들의 좋은 점이다."라고 하였다. 이동은 그의 이름이 아니니, 이는 사마천 문장의 전례를 사용한 것이다.

> 北路人李同 爲慶尙都事 初政有令曰 非山本自淨潔乎 不可以穢物汚之 亟毁叢祠 又曰 官人之使令 混雜不可 可使之 男女有別 必掠衣摩肩而後 可進退於前乎 官守皆笑其迂而譏其野 余則曰 世人皆如傳粉之女子 此人獨自質實 其迂其野 豈遽慢而易之 終是北人可喜 同非其名 斯用司馬遷文例

---

6) 총사(叢祠): 잡신들을 모셔 두고 제사 지내는 사당.

3 거듭 나옴

사람들이 우리나라의 유명한 문벌 중에 맞서기 어려운 다섯 문벌이 있다고 한다. 이태좌(李台佐)7)는 팔고조(八高祖)8)가 모두 유명한 분이었으며, 조정만(趙正萬)9)은 5대에 걸쳐 진사시에 장원을 하였다. 나의 이종 동생 홍득복(洪得福)10)은 친조부[洪命夏]11)가 재상을 지냈고, 외조부도 재상을 지냈고 양외조부도 재상을 지냈다. 아내의 조부는 비록 재상을 지내지는 않았지만 아내의 종조(從祖)가 재상을 지냈다. 나의 큰아들 초성(初性)은 종조(從祖)가 유상(儒相)12)을 지냈고, 외조부는 비록 추증(追贈)이지만 또한 유상을 지냈다. 아내의 조부도 유상을 지냈고, 아내의 외조부도 유상을 지냈다. 이석근(李碩根)의 집안은 대대로 문과에 급제하여 이름난 관리가 되었으며, 고조로부터 자신에 이르기까지는 무과(武科)로 청직(淸職)13)을 지냈다. 내가 말하기를 "나의 이모부 김희로(金希魯)14) 공 또한 거기에 넣을 만하다. 재상[金構]의 아들이며, 재상[李世白]의 사위이며, 재상[李宜顯]의 매부이며, 재상[徐命均]15)의 처남이며, 재상[金在魯]의 형님이니 쉽지 않은 일이다."라고 하였다.

---

7) 이태좌(李台佐;1660~1739): 조선 후기 문신으로, 자는 국언(國彦), 호는 아곡(鵝谷)이며, 이항복(李恒福)의 현손(玄孫).
8) 팔고조(八高祖): 특정인의 가계를 본인으로부터 위로 고조까지 소급했을 때 8명의 고조를 아울러 일컫는 말로, 유교식 친족 제도는 동고조 8촌을 친족 집단의 최소이며 최대의 단위로 파악하는 데서 오는 개념임. 부(父) 대에서는 부모 2명이 되고 조(祖) 대에서는 4명(조, 조모, 외조, 외조모)이 되며, 증조 대에서는 8명, 그리고 고조 대에서는 16명이 되는데 고조 대의 16명 중 8명은 고조이고 8명은 고조모인데 남성인 8명의 고조만을 지칭하여 3고조라고 함.
9) 조정만(趙正萬;1656~1739): 조선 후기 문신이자 학자로, 자는 정이(定而), 호는 오재(寤齋).
10) 홍득복(洪得福;1684~1732): 조선 후기 문신으로, 자는 중오(仲五) 영의정 홍명하(洪命夏)의 손자이자 통덕랑(通德郞) 홍덕보(洪德普)의 아들이며, 모친은 우사(雩沙) 이세백(李世白)의 딸 용인 이 씨(龍仁李氏)임.
11) 홍명하(洪命夏;1607~1667): 조선 후기 문신으로, 자(字)는 대이(大而), 호는 기천(沂川).
12) 유상(儒相): 유현(儒賢)으로서 삼공(三公)의 직책에 오른 사람을 지칭하는 말인데, 여기서는 수암 권상하를 가리킴.
13) 청직(淸職): 청직은 홍문관·사헌부·사간원에 딸린 직급을 일컫는 말.
14) 김희로(金希魯;1673~1753): 조선 후기 문신으로, 자는 성득(聖得)이며, 할아버지는 관찰사 김징(金澄), 아버지는 우의정 김구(金構), 동생은 김재로(金在魯).
15) 서명균(徐命均;1680~1745): 조선 후기 문신으로, 자는 평보(平甫), 호는 소고(嘯皐)·재간(在澗)·보졸재(保拙齋)·송현(松峴). 할아버지는 병조참의 서문상(徐文尙), 아버지는 영의정 서종태(徐宗泰), 어머니는 이헌(李藼)의 딸임. 아버지로부터 아들 서지수(徐志修)까지 3대가 대신을 지냈으며, 부인 또한 3대가 대신을 지낸 김구(金構)의 딸임.

疊出

人言我國名閥 難與抗衡有五人 李台佐八高祖多且名人 趙正萬五代進士壯元 我姨弟洪得福 眞祖相外祖相養外祖相 妻祖雖非相從祖則相 我長子初性 從祖儒相 外祖雖追贈亦儒相 妻祖儒相妻外祖儒相 李碩根世世文科名官 自高祖至其身 武科淸職 余曰我姨叔金公希魯 亦當數入其中 相之子相之壻相之妹夫相之妻甥相之兄 非易易

4 거듭 나옴

신축옥사16) 뒤에 어떤 재상의 어린 아들이 누군가와 이야기하기를 "김창집이 어찌 역적이 안 될 수 있겠는가. 그의 할아버지 때부터 그러하였는데."라고 하였다. 다른 사람이 말하기를 "그의 할아버지가 누구인가!"라고 하면서 청음(淸陰)17)의 이름을 거명하였다. 이어 말하기를 "조선이 이미 신하가 되어 대청(大淸)을 섬기는데 모(某)가 감히 대청 황제 앞에 드러누워서 교만함이 심하였으니 역도가 아니고 무엇이겠는가."라고 하였다. 재상께서 방 안에 있다가 밖으로 나와 보고 말하기를 "그 말이 맞구나. 그 말이 맞구나."라고 하였다. 내가 운판(運判)18) 외삼촌이 전해 주는 말을 듣고는 나도 모르게 크게 웃으면서 박수를 치다가 거의 허리가 끊어질 뻔하였다.

疊出

一少輩宰相子 辛丑後 與人語曰 金昌集安得不爲逆 自其祖然矣 人曰 其祖誰也

---

16) 신축옥사(辛丑獄事): 노론의 주장으로 연잉군이 왕세제로 책봉되고 세제에 의한 대리청정이 대두되자, 이에 반발한 소론 급진파들의 끈질긴 요구로 대리청정이 취소되고 노론사대신이라 불리는 이이명(李頤命), 김창집(金昌集), 이건명(李健命), 조태채(趙泰采) 등이 축출됨과 동시에 노론 세력이 조정에서 제거된 일.

17) 청음(淸陰): 조선 중기 문신인 김상헌(金尙憲;1570~1652)으로, 자는 숙도(叔度), 호는 청음(淸陰)·석실산인(石室山人)·서간노인(西磵老人). 병자호란 때 끝까지 주전론(主戰論)을 굽히지 않았음.

18) 운판(運判): 조운(漕運)과 관련하여 전함사 내에 설치한 수운판관(水運判官)과 해운판관(海運判官)을 가리키며, 수운판관은 경기에 좌·우도 1명씩 두었으며, 해운판관은 충청도·전라도에 두었음.

擧淸陰名 而曰 國已臣事 而某敢於大淸皇帝前 偃臥慢甚 非逆而何 宰相在室中 出
視曰 其言然矣然矣 余聽運判舅氏傳說 不覺拍掌大笑 幾乎腰折

5 수령 이 모(李某)가 벼슬에서 물러나 시골에 있을 때, 자칭 산인(散人)[19] 혹은 거사(居士)[20]라고 하면서 나와 함께 시와 글을 지으면서 질탕하게 놀았다. 그가 강원도 관찰사가 되었을 때, 내가 삼(蔘)을 구하니 그가 말하기를 "사용할 곳이 많아서 나누어 줄 수 없네. 운운."이라고 하였다. 내가 마음속으로 "무릇 사람이라면 득실에 담담하여 사물을 아까워하는 마음이 없어야 하는데, 이 정도 작은 득실에 그의 마음이 이와 같으니 어찌 산인이나 거사라고 할 수 있겠는가. 사람을 제대로 알아보지도 못하면서 너무 가볍게 사귄 것이 부끄럽구나."라고 하였다. 내가 친구로 인정하였을 때 저 사람은 반드시 마음속으로 비웃었을 것이다.

李令某退在峽中 自稱散人居士 與余爲詞翰跌宕 爲關東伯時 求蔘則曰 多有用
處 不得分云云 余心曰 凡人淡然於得失 則便無惜物之心 如此小小得失 其心如此
則散人居士 是何稱謂 自愧知人不的 而太輕易於相與也 在我相與之時 彼必暗笑於
心中矣

6 내가 문경에서 며느리를 맞이하는 날, 동각(東閣)[21]에 들어가 앉아 있는데 함창 수령이 찾아왔다. 그가 외삼촌과 관청의 일에 대해 끊임없이 재미있게 이야기하는데, 나는 베개에 기대어 누워 있었다. 내가 말하기를 "일찍이 벼슬에 나가 인근 고을의 수령 한자리를 꿰찼더라면 공들과 함께 끊임없이 관청의 일에 대해 이야기를 나눌 수 있을 텐데 그러지 못하는 것이 한스럽군요."라고 하여 한바탕 웃었다. 곧이어 지난해 교외에서 어떤 사람의 반혼(返魂)[22]을 기다리던 일이 생각났다. 당시 재상은

---

19) 산인(散人): 벼슬을 버리고 자연을 즐기며 지내는 사람.
20) 거사(居士): 숨어 살면서 벼슬을 하지 않는 선비. 처사(處士).
21) 동각(東閣): 지방 수령의 관아나 누각을 뜻함. 중국 남조 양(梁)나라 하손(何遜)이 건안왕(建安王)의 수조관(水曹官)으로 양주(楊州)에 있을 때 매일 관청의 매화나무 아래에서 시를 읊었는데, 뒤에 낙양(洛陽)으로 돌아갔다가 매화 생각에 청하여 다시 양주로 부임하였음.
22) 반혼(返魂): 장사를 지낸 뒤에 혼백이 깃든 신주를 다시 집으로 모시고 오는 일로, 주상(主喪)

의정부에 대한 이야기를 하고, 명관(名官)은 논의가 너무 격렬하다는 이야기를 하고, 참하관(參下官)23)은 자급(資級)24)에 대해 이야기하고, 고을 수령은 정치에 대한 이야기를 하고, 유생(儒生)은 과거에 대한 이야기를 했다. 각자의 일로 끊임없이 이야기하는데 문사(文詞)를 가지고 담론하는 자는 겨우 한둘뿐이었다. 내가 장난삼아 "태극과 천명은 이야깃거리의 샘물이네[太極天命話頭泉]."라고 시를 지으니, 모든 사람이 손사래를 치고 웃으면서 말하기를 "그럴 때가 아니네. 그럴 때가 아니네."라고 하였다. 만약 저들이 나의 이야기를 이어 갔다면, 나는 그 말을 어떻게 이어 갔을까. 저들이 손사래를 치면서 웃어 준 것이 천만다행이다.

> 余於聞慶延婦日 入坐東閣 咸昌守來至 與主舅談官事 滾滾有味 余倚枕而臥矣 余曰 恨不早筮仕 而做得隣邑一守宰 同與公等滾滾也 一場胡盧 仍想起昔年事 待人返魂行於郊外 宰相談廟堂 名官談論議搏擊 參下官談資級 守宰談政治 儒生談科學 各以事談滾滾纏纏 談文詞者 僅一二 余戲作太極天命話頭泉 皆搖手而笑曰 非時非時 若復與之談 則余何以繼其說 其搖手而笑 萬分多幸

7   거듭 나옴

내가 한산도에서 학창의를 입고 수군을 조련하는 모습을 관람할 때, 통제사 김중원(金重元)25)이 말하기를 "내가 제갈량을 모시고 가니 오늘 전투는 걱정이 없구려."라고 하였다. 싸움에서 이기고 돌아왔을 때 내가 말하기를 "제갈량이 한마디 하겠소. 전투에 승리하고 뽐내며 돌아왔지만 반드시 남은 적들이 있을 것이니, 마땅히 뒤를 경계하면서 본 진으로 돌아오거나 아군과 호응하는 절차가 있어야 합니다."라고 하니, 통제사가 웃으면서 말하기를 "오늘은 바람이 세차서 생략한 것입니다. 평소 같으면 마땅히 그대의 말처럼 해야 합니다."라고 하였다. 군사를 주둔시키고 별도의 호령을 내려서 불화살을 쏘게 하였는데, 남촌(南村) 별장(別將)의 뱃

과 복인(服人)들이 신주와 혼백 또는 영정을 모시고 집으로 돌아오는 일을 말함.
23) 참하관(參下官): 조선 시대 조회에 참여하지 못하는 7품 이하에서 종9품까지의 관원을 합쳐 부르던 말.
24) 자급(資級): 조선 시대에 관리의 위계를 이르던 말로, 정(正)·종(從)의 각 품(品)마다 상(上)·하(下)의 두 자급이 있었으므로 총 36개의 자급이 있었음.
25) 김중원(金重元;?~1716): 조선 후기 무신으로, 자는 선경(善卿).

머리에서 불이 나서 군졸 여섯 명이 사나운 불길에 데었다. 별장의 뱃머리가 바로 통제사가 탄 배의 꼬리와 서로 붙어 있어서 통제사가 황급하게 자리에서 내려와 어찌할 줄 몰랐다. 내가 말하기를 "군사들이 장군을 본다면 반드시 혼란스러울 것입니다. 마땅히 자리에 올라가 부대를 지휘하여 불을 끄고 통제사의 배를 별장의 뱃머리와 멀리 떨어지도록 해야 합니다."라고 하니 통제사가 웃으면서 이 말을 따랐다. 남촌 별장이 몸을 솟구쳐 바다로 뛰어들더니 헤엄을 치면서 바다에 떠 있기에 작은 배로 가서 그를 구조하였다. 통제사가 '명을 어기고 도망친 군율'로 다스리고자 하기에, 내가 말하기를 "대장께서 자리에서 내려온 일은 무슨 군율을 적용하겠습니까?"라고 하니, 통제사가 웃으면서 그만두었다.

○ 일행 중의 데리고 다니던 무관 박팽구(朴彭耉)로 하여금 먼저 통제사의 군영에 들어가서 알리게 하고, 내가 큰비를 맞으면서 뒤를 이어 군영의 문에 도착하자 문을 지키는 군졸이 들여보내 주지 않으려고 하였다. 내가 말하기를 "너는 내가 관찰사의 감영에서 이곳으로 온 것을 알고 있고, 이곳은 또 영남의 경계이니 비록 곧바로 군영에 들어가는 것을 허락하지는 않아도, 대청에 앉아서 쉴 수 있게 하는 것이 옳다. 어찌 문을 굳게 지키고만 있으면서 내 몸이 젖는 것은 생각하지 않는가."라고 하였다. 군졸이 말하기를 "저는 다만 장군의 명령만 따를 뿐 임금의 명령도 따르지 않습니다. 이것이 미천한 저희 병사들의 직무입니다."라고 하더니, 한 군졸에게 군영을 나와 우산을 펴서 씌워 주게 하고는 성문을 즉시 닫았다. 잠시 후 수문장이 직접 성문을 열어 들여보내 주었다. 내가 그 군졸에게 웃으면서 감사 인사를 하고 크게 술 한잔을 대접했다.

○ 통제사의 군영에서 진주 목사 정우주(鄭宇柱)26)를 만났다. 정우주가 돌아갈 때 어떤 길로 갈 것이냐고 물었다. 내가 대답하기를 "영남루에 올라갔다가 갈까 합니다."라고 하니, 정우주가 말하기를 "밀양 부사가 그대에게 영남루에 오르기를 바라며 경치가 뛰어나다고 과장된 이야기를 하겠지만, 끝내 우리 촉석루에는 미치지 못할 것입니다. 촉석루의 문설주에는 그대의 스승인 우암 선생께서 쓰신 '촉석루가 영남루보다 낫다[矗石勝嶺南].'라는 글씨가 걸려 있는데, 우암 선생이 어찌 사람들을 속이겠습니까."라고 하였다. 내가 웃으면서 말하기를 "촉석루가 영남루에 미치지 못

---

26) 정우주(鄭宇柱;1666~1740): 조선 후기 문신으로, 자(字)는 대경(大卿), 호는 삼구당(三苟堂).

함을 알 수 있습니다. 영남루 출입문에도 우암 선생의 글씨가 있는데 '영남 제일의 누각 문[嶺南第一樓之門].'이라고 하였소. 영남루가 이미 영남 제일의 누각이 되었으니, 촉석루가 또 어찌 영남루보다 위에 있겠습니까. 이는 반드시 진주 목사께서 밀양 부사가 이 글씨를 받아 가는 것을 보고, 시기하는 마음이 생겨서 또한 '촉석루의 경치가 낫다[矗石勝].'라는 글씨를 얻어서 걸어 두었던 것이지요."라고 하였다. 정우주가 한편으로는 웃고 한편으로는 사실이라고 실토하였다. 내가 돌아오는 길에 두 곳에 모두 올라 구경하니 촉석루가 과연 영남루와 비견할 만하였다.

疊出

余着鶴氅衣 觀水操于閑山島 統制使金重元曰 吾陪諸葛亮而去 今日之戰無虞矣 及其凱旋 余曰 諸葛亮欲一言矣 戰勝得意而歸 必有殘倭掩其後 似當有回陣接應之節矣 統制笑曰 今日風急 故略之 當如命 住軍而發別號令 火箭交發 南村別將船頭失火 六人入烈焰中爛傷 其船頭 正與上船船尾相接 統制下榻倉皇而失措 余曰 軍中見大將 事必擾亂 宜上坐而指揮撲滅 且可 使上船離遠 統制笑而從之 南村別將躍身而投于海中 游足而浮 在水面 小船來救之 統制將欲用逃命之律 余曰 大將經下榻 當用何律 統制笑而止 ○ 行中所去帶朴弁彭耆 先入統營通之 余於大雨中繼抵轅門 門卒不肯納 余曰 汝旣知我自巡營來 而此又是嶺南地界 雖不許徑入統營 使之坐歇廳上 可也 何其牢守鎖鑰 使我沾渴全身而不念耶 卒曰 但聞將軍令 不聞天子詔 是小卒職責 使一卒出來 張雨傘而庇之 門則卽閉 門將手自開而納之 余笑謝於卒 飲以一大杯 ○ 逢晉州牧使鄭宇柱於統營 鄭問歸路將何由 余曰 欲登過嶺南樓 鄭曰 密陽府使 必要君登臨 虛張勝致矣 終不及於我之矗石樓 樓之楣高揭 君之尤菴先生筆曰 矗石勝嶺南 尤菴先生豈欺人哉 余笑曰 矗石之不及嶺南 可知 嶺南樓出入之門 亦有尤菴先生筆曰 嶺南第一樓之門 嶺南樓旣爲第一 則矗石樓 又何在嶺南樓之上 此必是晉州牧使見密陽府使之受去此筆 乃生忮心 又受得矗石勝之書 以揭之矣 鄭且笑而且自直 余於歸路 双登而觀之 矗石果大輸於嶺南

8 신로(莘老)와 함께 자평(子平)27)이 사위를 맞이하는 의식을 보러 가던 중에, 재상 이노천(李老泉)의 집에서 잠시 쉬다가 베개에 기대어 졸았다. 그때 공조 참의였던 노천은 시골 유생 두 사람을 만나보고 있었는

---

27) 자평(子平): 조선 후기 문신인 이병성(李秉成;1675~1735)으로, 자는 자평(子平), 호는 순암(順庵).

데 즐겁게 어울리는 것이 평소 매우 친한 사이 같았다. 객들이 떠난 뒤에 내가 일어나 앉으면서 말하기를 "하고 싶은 말이 두 가지 있네. 사대부의 속마음은 마땅히 사람들이 알 수 있게끔 해야 하네. 나는 그대의 죽마고우인데도 오히려 그대의 속마음을 모를 뿐 아니라, 오히려 대충 어울리는 한배주(韓配周)28)나 이사상(李師尙)29)보다 못하네. 사대부는 마땅히 성심으로 사람을 대하여 친한 이를 친히 대하고 소원한 이는 소원하게 대하여 각기 그 도를 달리해야 하는데, 지금 저 두 선비를 보면 모두 생면부지의 사람인데도 서로 격의 없이 대하는 것이 나와 다르지 않으니 매우 옳지 않네."라고 했다. 노천이 웃으면서 말하기를 "뒤의 말은 맞으니, 삼가 그대의 가르침을 받들겠네. 그러나 앞에 한 말은 따를 수 없네. 내 선친께서 '시비를 가리는 논의에 끼어들지 말라.'고 가르치셨고, 돌아가실 때에도 거듭 당부하였네. 나는 공조 참의면 만족하네. 다시 무엇을 바라고서 반평생 하지 않은 일을 하겠는가."라고 하였다. 내가 말하기를 "이조 참의나 대사간이 되어도 한결같이 이 뜻을 지킬 것인가?"라고 하니, 대답하기를 "그렇다네."라고 하였다. 그래서 내가 말하기를 "그렇다면 좋네."라고 하였다. 훗날 그는 정세가 급변하는 시기에 이조에 들어가자마자 무능한 자들을 자주 등용하고 패악한 무리를 끌어들여, 지난날 했던 말과는 전혀 달랐으니, 늘그막까지 절개를 지키는 것이 어렵다는 것을 알게 되었다. 그러나 듣건대 "그가 죽음을 앞두고 한 말은 착했다."라고 하니 또 어찌 굳이 이러쿵저러쿵하겠는가.

與莘老往觀子平迎壻之禮 余少休於李相老泉之寓 倚枕而睡 時泉爲工曹參議 見與鄕儒二人 歡洽如素要 余於客去後 起坐曰 有可言者 二事矣 士大夫心事 當使人人知之 吾以竹馬之舊 尙不知心事 反不如韓配周李師尙之狼藉摽榜矣 士大夫當以誠心待人 親親疎疎 各異其道 今觀彼二儒 皆是生面 而待對款曲 不異於我 大不可矣 泉笑曰 後言然矣 謹奉敎矣 前言不可從矣 先人有訓 使勿干於論議是非 臨命又復申申 工曹參議 足矣 更何所希 而作半生不作之態耶 余曰 爲吏曹參議大司諫 亦欲一守是志否 曰然矣 余曰 然則好好 後於蒼黃與奪之際 入初頭銓部 數用麤力 汲引悖流 大與前日之言不同 誠知晩節之難矣 然聞有將死之言善 又何必云云

---

28) 한배주(韓配周;1657~1712): 조선 후기 문신으로, 자는 문경(文卿)이며, 윤증(尹拯)으로부터 수학하였음.

29) 이사상(李師尙;1656~1725): 조선 후기 문신으로, 자는 성망(聖望). 소론 중에서도 준소(峻少) 계열로 활약하였고, 1725년 신임사화의 주동 인물에 대한 처벌이 진행되자 사형되었음.

9 내가 긴급한 일이 있으면 이재(李縡)30) 대감과 의논했는데, 새문안에서 앞뒤로 가다가 길 위에서 자(字)를 부르면 말을 멈추고서 이야기를 하였다. 그와 이야기를 하면서 생각해 보니 그의 벼슬이 옥당(玉堂)31)이었다. 의정(議政)32)인 외삼촌 댁에 있을 때, 이조의 낭관(郎官) 조명택(趙明澤)33)이 퇴청하여 집 밖에서 내 동생을 부르고는 오랫동안 내 앞에 서 있었다. 그가 나와 절친한 사람의 아들이라 앉히고, 그의 선친과 나의 관계를 들먹이며 이야기하였으나 조명택이 대충 대답하고 도탑게 굴지 않아서 더 이야기하지 않았다. 황강(黃江) 동회(洞會)의 모임에 참여했을 때, 경차관(敬差官)34) 김한철(金漢喆)이 지나갔다. 앞서 그가 아전을 통해 우리 집에 들르고 싶다는 말을 전한 적이 있어서 내가 있는 자리로 오게 하였다. 그런데 나중에 들를 마음이 없었다는 말을 들었다. 나는 출세에 뜻을 둔 사람이 아니어서 본디 꺼리는 것이 없는데, 그가 이름난 관리에게 무언가 구하려는 마음을 가지고 있는 사람이라는 것을 살펴 알지 못하였으니 이는 평안하고 고요한 마음을 유지하는 도리가 아니다. 일생 동안 마음이 다른 데로 달려가고 새어나가는 것을 깊이 경계하였으나, 이 세 가지 일은 후회하지 않을 수 없기에 글을 써서 스스로 경계한다.

余有緊 問答於李台縡 先後行於新門內 路上字呼 而駐馬語之 語次思之 其官是玉堂 在議政舅氏之宅 趙吏郎明澤退出 戶外呼喚我弟而久立我前 以其親切人之子 故使之坐 語以先故 趙乃漫應而不款曲 余不更與言 在黃江洞會之座 金敬差官漢喆過去 先有下吏言將歷入吾家 故使之來見於坐處 後聞無歷入之意 余非進取之人 固無嫌也 而不審知其心先干於名官 不是安靖之道 一生深有戒於走作滲漏 而此三事乃不免有悔也 書以自悛

---

30) 이재(李縡;1680~1746): 조선 후기의 문신으로, 자(字)는 희경(熙卿), 호는 도암(陶菴)·한천(寒泉). 예학에 밝아 많은 저술을 남겼음.
31) 옥당(玉堂): 홍문관의 부제학·교리·부교리·수찬·부수찬을 통틀어 일컫는 말.
32) 의정(議政): 의정부의 영의정, 좌의정, 우의정을 통틀어 이르는 말.
33) 조명택(趙明澤;1690~?): 조선 후기 문신으로, 자는 숙함(叔涵).
34) 경차관(敬差官): 조선 시대에, 필요에 따라 여러 가지 특정한 임무를 띠고 지방에 파견된 중앙 관원의 하나. 임명과 파견에 대해 특별히 선발 관청이나 관직에 관한 법제적 규정은 없었고, 대개 관련 사무에 밝은 관원 가운데 골라 정했음.

10 내가 정사숙(鄭師叔)의 집에 들렀다가 대나무 베개를 보고서 그중에 하나를 빌려서 가질까 말까 고민하니, 사숙이 이상하게 생각하였다. 내가 말하기를 "제가 잘못했습니다. 견물생심이 어찌 한정이 있겠습니까. '자신을 이롭게 하려 하면 반드시 남을 해치게 된다.'라는 구절을 벽 위에 써 두고 늘 경계하고 살피며 살아왔는데, 지금 쉽게 후회할 일을 범하였습니다."라고 하였다. 곧이어 묻기를 "작은 것을 사양하는 것과 큰 것을 사양하는 것 중에 어느 것이 쉬울까요?"라고 하니, 사숙이 말하기를 "큰 것을 사양하는 것이 쉽습니다."라고 하였다. 내가 말하기를 "그렇겠습니다. 작은 것은 진실로 쉽게 넘겨버릴 수 있지만 큰 것은 대체로 이익이 달려 있으니 스스로 자제하는 것이 어렵습니다. 따라서 큰 것을 사양하는 것이 작은 것을 사양하는 것보다 어렵습니다."라고 하였다.

지금 경상도 관찰사 이기진(李箕鎭)35)이 임기가 끝나 돌아가면서 겉보리를 넉넉하게 보내왔는데, 나는 그가 부형의 문인이니 수중의 식량을 나누어 주는 것도 미덕을 이루는 것이라고 여겨 받았으니, 아마도 큰 이익은 사양하기 어렵다는 것에서 벗어나기 어려운 것이 아니겠는가. 어찌 크거나 작은 것으로 말할 수 있겠는가. 오직 의리의 관점에서 볼 뿐이다. 의로움과 이익의 사이에서는 오직 정밀하기가 어려우니, 사마광(司馬光)한테서도 물건을 받지 않았던 도원(道原)에게 부끄럽구나.36)

사숙의 죽침을 보고 견물생심했던 것을 후회한다. 끝내 사숙이 억지로 주어서 받아 왔지만 사숙이 죽은 뒤에 돌려받기를 바라는 상주의 마음을 미리 알지 못하고, 돌려달라는 요구를 받은 뒤에야 돌려주었으니 부끄럽구나. 나의 작은 행동 중 하나지만 또한 마음이 흐트러진 일이다.

余往鄭師叔家 見竹枕 借其一將取不取 師叔異之 余曰 吾過矣 見物生心 豈有限節乎 壁上以欲利己必害人 摽牓而警省 今乃容易犯之有悔 仍問曰 辭小辭大孰易

---

35) 이기진(李箕鎭;1687~1755): 조선 후기 문신으로, 자(字)는 군범(君範), 호는 목곡(牧谷)이며, 이당(李簹)의 아들.

36) 사마광에게~부끄럽구나: 도원(道原)은 송나라 때의 학자 유서(劉恕)를 가리킴. 유서는 사학(史學)을 매우 좋아하였는데, 사마광이 『자치통감』을 저술하다가 복잡하여 처리하기 어려운 곳을 만나면 그에게 맡겨 처리하였다고 함. 집이 매우 가난하여 겨울에도 추위를 막을 의복이 없었는데, 그가 하직하고 남쪽으로 갈 때 사마광이 옷 몇 벌을 주었더니 받지 않으려고 하였고, 사마광이 굳이 건네주자 받아가지고는 영주(潁州)에 이르러서 돌려보냈음. 유서가 자기를 알아주던 사마광에게서도 받지 않았으니 다른 사람에게 어떻게 처신했는지 이로 미루어 알 수 있다는 의미임.

師叔曰 辭大易 余曰 然矣 故小者固易放過 大則夫利所存 尤難自制 辭大難於辭小 今嶺伯李箕鎭遞歸時 遺以牟租優多 彼以父兄門人 分饋手中之食 亦可成其美 乃受之 無或不免於大利之難制否 何言小大 惟義之視 而義利之際 惟精爲難 於光不受 有愧道原 師叔之竹枕 以見物生心 爲悔 終爲師叔强與而取來 師叔亡後 不能逆知其 喪人之心 待還索而還送 可愧 我之小處 亦滲淚也

11 전에 호남의 산천을 유람할 때, 친구 이경윤(李景尹)37)은 공주 부사였고, 조정이(趙定而)38) 어른은 능주 목사였다. 이 둘은 나의 전처와 후처의 손위 처남들인데 오고갈 때 각각 쌀 한 포씩 보내 주어서 유람 도중에 식량이 모자라는 근심이 없었다. 친구 이자수(李子壽)와 신자고(申子固)가 식량을 보태 주려고 하였으나 모두 사양하고, 대신 광주와 전주에서 『계곡집(谿谷集)』과 『사전춘추(四傳春秋)』39)를 얻어서 돌아왔다.

숙중(叔仲) 김시(金施)가 호남 관찰사로 있을 때이다. 내가 전에 그의 부모님 상에 조문하러 가지 않았는데, 내가 상을 당하였을 때 그의 여러 형제가 모두 찾아와 조문하니 부끄럽기 그지없었다. 그 뒤에 내가 감영 앞을 지날 때 꺼려져서 알리지 않았는데, 관찰사가 내 행차에 대해 듣고 직접 나와 맞이하였다. 또 그가 주는 식량을 사양하며 장난삼아 광주와 전주에서 대신 책을 받았다는 이야기를 하니, 『강목(綱目)』40)한 질을 주었다.

曾遊湖南山川 李友景尹爲公州 趙丈定而爲綾州 是我前後室之兄 去來各載一包米 道間無乏粮之患 李友子壽申友子固助粮 而皆辭之 代得谿谷集四傳春秋於光州全州而歸 金叔仲施 時爲湖南方伯 余曾不問親喪 而及余之遭喪 其諸兄弟 皆來問 爲慊愧不已 余過其門 嫌未相聞 方伯聞吾行 而出見之 又辭其助粮 戲語光全代受之例 得綱目一大帙

---

37) 이경윤(李景尹): 조선 후기 문신인 이형좌(李衡佐;1668~?)로, 자는 경윤(景尹), 호는 초천(椒泉)이며, 이항복의 현손(玄孫)이고 옥소의 처남임.
38) 조정이(趙定而): 조선 후기 문신이자 학자인 조정만(趙正萬;1656~1739)으로, 자는 정이(定而), 호는 오재(寤齋).
39) 사전춘추(四傳春秋): 원래의 제목은 『춘추사전(春秋四傳)』. 공자가 지은 『춘추』의 해설서인 『좌전』·『공양전』·『곡량전』·『호전』을 아울러 일컫는 말.
40) 강목(綱目): 중국 송나라 주희가 찬술한 책인 『통감강목』을 줄여서 일컫는 말. 주희가 그 문인 조사연(趙師淵)과 함께 사마광(司馬光)의 『자치통감』·『거요력(擧要歷)』, 호안국(胡安國)의 『거요보유(擧要補遺)』 등을 유가의 도덕관념인 삼강오륜과 명교를 바탕으로 간략화하였음.

12 젊었을 때는 부형의 권세에 의지하여 굶주림과 추위를 모르고, 단지 내가 명성이 있다고 하여 스스로 대단하게 여겼다. 그러나 늙어 갈수록 자연히 먹고사는 것과 목숨에 얽매여 남들에게 업신여김을 당하니, 늘 그막까지 절개를 지키기 어렵다는 것이 참으로 지당한 말이다. 나는 본래 나의 신명(身命)에 관심을 두지 않았으나 자손들에 대한 걱정은 나의 마음을 어지럽히니, 이러한 것은 무관심하기 어려웠다. 문경의 외삼촌과 이런 이야기를 하니 나도 모르게 저절로 마음이 불편해졌다.

少時則倚父兄之勢 不知飢飽寒煖 故只以聲名自高 老去自然爲口腹身命之牽制 見人人之慢侮 保晩節難 誠至言 余故置身命於度外 而兒孫之惱 矇矇攪我心 此則 難置度外 與聞慶舅氏語此事 自不覺心氣不平

13 무신란(戊申亂)41) 중에 고을 안에 있는 좌랑 신익(申釴)의 곡식 6곡(六斛)을 가져와서 굶주리는 이웃 고을의 백성들에게 나누어 주었고, 교리 정익하(鄭益河)42)의 곡식 70석을 배에 싣고 강을 건너가 정박한 채 풀지 않고 있다가 난이 평정되고 나서 돌려보냈다. 정익하가 이 소식을 듣고 성을 내어 말하기를 "난리를 틈타 남의 것을 강제로 빼앗아 강도짓을 하려고 하였구나."라고 하였다. 신익은 "난리 중에 어려운 백성을 구하는 데 사용하였으니 어찌 보상을 바라리오."라고 하면서 사양하고 받지 않았다.

신축년(1721)년과 임인년(1722)년 두 해에 걸쳐 흉년이 들어서 고을의 부자 김귀동(金貴同)의 곡식 여섯 석과 송소동(宋小同)의 화소조(火燒租) 일곱 석을 풀어서, 굶주려 죽어가는 이웃 사람들을 불러 모아서 식구가 많고 적음에 따라 세 부류로 나누어 구휼하고, 동임(洞任)으로 하여금 종이에 기록하여 보관하고 있다가 풍년이 들면 갚도록 하려고 하였다. 그런데 송소동과 김귀동의 무리가 관아에 들어가 고소하여 말하기를 "어떤 양반이 백성들을 구휼한다는 명목으로 절반 이상을 빼돌려 사리사욕을

---

41) 무신란(戊申亂): 1728년(영조 4)에 소론 과격파들과 남인이 영조와 노론을 제거하고 밀풍군(密豊君) 탄(坦)을 왕으로 추대하기 위해 일으킨 난으로, 이인좌가 중심이 되었기 때문에 이인좌의 난이라고도 함.

42) 정익하(鄭益河;1688년~?): 조선 후기 문신으로, 자는 자겸(子謙), 호는 회와(晦窩).

채웠습니다."라고 하였다. 부사 정수기(鄭壽期)43)가 꾸짖어 말하기를 "그 양반은 빼돌려 사리사욕을 채울 사람이 아니다. 하물며 또 이웃에 거주하는 양반을 관가에 고발해서야 되겠는가."라고 하면서 곤장을 쳐서 내쫓았다. 내가 이 소식을 듣고 동임을 불러 말하기를 "잘사는 백성의 남아도는 재물을 빼앗아서 빈사 상태의 백성을 살리는 것은 당연한 이치인데, 지금 거짓으로 꾸며 이와 같이 관청에 고발하니 착하기만 한 정사를 해서는 안 되겠소. 보관했던 종이를 찢어버리고 풍년이 되어도 갚지 말도록 하시오."라고 하였으니, 이것은 과연 도심(道心)인가, 인심(人心)인가? 내 마음은 여유로운 듯도 하고 아쉬운 듯도 하였다.

　　戊申亂中 取來村中所在申佐郞鈙租六斛 分饋隣里飢民 鄭校理盍河之穀七十石 舡載過江 留泊而不放 亂卽定而送之 鄭聞之而怒曰 欲乘亂劫掠 行盜賊之事 申則曰 亂中救民之用 何可償 辭而不受 辛壬荒年 發村中富人金貴同六石租 宋小同火燒租七石 呼聚村隣餓欲死之民 計口多少 分三等而賑救 使洞任籍于紙而藏之 以爲待年備償之計 宋金輩入官府 而訴之曰 某兩班托以賑民 過半入己 府使鄭候壽期 叱之曰 某兩班非入己之人 況又訴隣居兩班於官府 可乎 杖而出之 余聞之 招洞任而言之曰 奪富民之餘財 活濱死之命 事理當然 今其誣訴如此 又不可爲徒善之政 扯去藏紙 遇豊年亦令勿償 此果道心乎 人心乎 我心裕如亦似欲然

14　상주 기생이 모시고 살겠다고 하였으나 허락하지 않았다. 그녀가 말하기를 "점쟁이가 말하기를 '31세에 죽는다.'라고 하였으니 그때까지만 모시고 싶습니다."라고 하였는데, 31세에 죽었다. 전주 기생이 모시고 살겠다고 하였으나 또한 허락하지 않았다. 길을 가다가 급한 병에 걸려 청심원(淸心元)을 구하는 사람을 만났는데, 청심원이 자루 속에 있었는데도 주지 않았더니 얼마 되지 않아서 죽었다. 말을 타고 남한산으로 가는 길에 황 만호(黃萬戶)의 딸에 대한 이상한 꿈을 꾸었는데, 그 어미의 꿈과 서로 일치하였지만 말하지 않았다. 돌아오는 길에 그녀가 죽은 지 이미 며칠이 되었다는 소식을 들었다. 내 평생 이 세 가지 일이 매우 후회스럽다.

　　尙州妓有願從 而不許則曰 卜者云 三十一當入 待此期而已 三十一死 全州妓有

---

43) 정수기(鄭壽期;1664~1752): 조선 후기 문신으로, 자는 순년(舜年), 호는 곡구(谷口).

願從 而又不許 過路見乞淸心元於急病 丸在囊而不給 未移時死 南漢路馬上 有異夢
於黃萬戶女 與其母之夢相符而不言 歸路聞其死已數日 余平生多悔恨於此三事

15 나는 어려서부터 벼슬에 나가 명예를 얻을 뜻이 전혀 없었다. 백부와 백모께서는 내가 좋아하는 것을 하는 것을 흔쾌히 허락하셨고, 외조부께서는 "선비가 어찌 과거에 응시하지 않을 수 있겠느냐."라고 말씀하였지만 심하게 독촉하지는 않았다. 오직 계부만이 엄하게 꾸짖어 32세에 계부의 명으로 어쩔 수 없이 감시(監試)44)를 보러 들어갔다. 그러자 과거장에 가득 모인 사람들이 손가락질하고 비웃으며 말하기를 "은사(隱士)가 오셨네.", "고사(高士)가 오셨네.", "신선이 오셨네."라고 하였다. 나는 좌우로 응대하며 들어가 김신보(金新甫)의 곁에 가서 앉았다. 시험장에 글제가 내걸렸는데 문제가 어려워 답지 작성이 힘들었다. 내가 박도정(朴都正)의 천장(遷葬) 제문(祭文)으로 장단구(長短句) 한 편을 지어 제출하니, 금란관(禁亂官)45) 김완(金浣)이 꾸짖었다. 내가 말하기를 "저는 정말 과거에는 뜻이 없는 사람입니다."라고 하니, 김완이 웃으면서 말하기를 "시종꾼이 조흘첩자(照訖帖子)46)를 내보이지 않았네."라고 하였다. 내가 말하기를 "열한 살에 서학(西學)에 들어가 『소학』의 '순희(淳熙) 정미년(丁未年) 3월 초하루 아침에 회암(晦菴)은 적는다.'까지 막힘없이 낭독하여 순통(純通)47)을 받아 조흘첩자를 받아서 배접하여 집에 잘 두었는데 잊고서 가져오지 않았습니다."라고 하였다. 호패를 내보이며 말하기를 "이것으로도 증명할 수 있겠지요?"라고 하니, 응판관(應辦官)48) 한숙(韓塾)이 말하기를 "나와 가까운 친척이오."라고 하였다. 내가 말하기를 "그러면 한 상 잘 차려 주십시오."라고 하여, 친구들을 불러서 실컷 맛있게 먹었다. 집에 돌아

---

44) 감시(監試): 생원과 진사를 뽑던 과거로, 국자감시(國子監試)의 준말.
45) 금란관(禁亂官): 과거를 보는 장소의 혼란을 막기 위해 임시로 둔 벼슬이나 관원을 이르던 말.
46) 조흘첩자(照訖帖子): 조흘은 대조를 마쳤다는 뜻. 과거를 보려는 유생에게 시험 보기 전에 성균관에서 먼저 호적을 대조하고, 『소학』을 외우게 한 다음 합격한 사람에게 성명·날짜 등을 기록해서 발급하던 문서를 말함.
47) 순통(純通): 세 명의 시험관이 모두 '통(通)' 자가 적힌 찌를 냄. 시험관은 응시자가 강(講)을 끝낼 때마다 '통(通)·약(略)·조(粗)·불(不)' 중 한 글자씩 써넣은 찌 중에서 하나를 내어 점수를 주는데 세 사람 모두에게서 같은 글자의 찌를 받는 것을 '순(純)'이라고 함.
48) 응판관(應辦官): 과거 시험장에 차출된 관리로, 과거장의 여러 가지 일을 처리하는 관원.

와 백지 답안지를 제출하였다고 아뢰니, 계부께서 꾸짖으시며 매질을 하시려다가 그만두셨다. 또 과거 시험 보는 마지막 날 과거장에 들어가니, 모두 어제처럼 조롱하고 비웃기에 좌우로 응대하며 들어가 구석진 곳에 앉았다. 치열하게 재주를 겨루는 시험장에서 글짓기 초짜가 어찌 함께 시험 준비를 한 사람들에게 미칠 수 있겠는가. 돌아앉아서 혼자서 이심(李藩)의 붓을 얻어 최창대(崔昌大)49)의 글씨체로 답을 쓰고, 자문지(咨文紙)50)의 뒷면에 멋있게 제목을 적었다. 이천(利川)의 학식이 뛰어난 늙은 선비가 큰소리로 읽더니 손뼉을 치면서 말하기를 "시원시원하고 분명하구나."라고 하였다. 집에 돌아오니, 이국언(李國彦)51)이 말하기를 "반드시 장원할 것이네."라고 하였고, 계부는 말씀하기를 "좋은 성적으로 합격하는 것은 의심의 여지가 없다."라고 하였다. 외조부와 외삼촌이 말씀하기를 "좋은 작품이다."라고 하였고, 중온(仲蘊)이 말하기를 "당연히 일등 합격이 기대됩니다."라고 하였지만, 나는 잘 지었는지 잘못 지었는지 알 수 없었다. 그러나 방이 나붙었는데 내 이름은 없었다. 내가 웃으면서 말하기를 "애송이들에게 당했구나."라고 하였다. 낙방한 답지를 얻어 봤더니, 중간에 두 글자가 뭉개져 있었고, 두 곳은 반듯한 글씨로 글자가 고쳐 써져 있었다. 분명 내 답안지는 고중(高中)52)에 해당하는데 서리(書吏)가 사사로운 정에 얽매여 공평하게 처리하지 못하여 떨어진 것이다.

○ 내가 성소(聖韶)·신로(莘老)·일원(一源)·자평(子平)과 황감제(黃柑製)53)에 응시하게 되었다. 친구들이 말하기를 "조원(調元)이 비록 문장을 잘한다고 하지만 내일은 우리에게 도움을 받지 않을 수 없을 것이네."라고 하였으나 나는 웃으면서 아무 말도 하지 않았다. 다음 날 새벽에 신로의 집에서 모여 나를 재촉하기에 앞장서 성균관에 들어갔더니 친구들이 나를 따라왔다. 내가 우연히 신문(神門) 밖을 지나는데 친구들이 계단 위에 앉아 있다가 나를 보고 뛰어와서 나를 잡았다. 내가 문에 들어서서 소매를

---

49) 최창대(崔昌大;1669~1720): 조선 후기 문신으로, 자는 효백(孝伯), 호는 곤륜(昆侖).
50) 자문지(咨文紙): 중국에 보내는 문서를 적는 데 쓰던 두껍고 단단한 종이.
51) 이국언(李國彦): 조선 후기 문신인 이태좌(李台佐;1660~1739)로, 자는 국언(國彦), 호는 아곡(鵝谷)이며, 이항복(李恒福)의 현손(玄孫).
52) 고중(高中): 화살이 보기 좋게 명중하였다는 뜻으로, 좋은 성적으로 합격하는 것을 말함.
53) 황감제(黃柑製): 제주도에서 진상한 귤이 올라온 뒤에 성균관 유생들에게 귤을 나눠 주며 보인 특별 제술 시험을 말함. 시험 문제를 내건 뒤에 귤을 나눠주었으며, 귤이 없을 때는 유자나 황대구(黃大口; 배를 갈라서 소금을 치지 않고 말린 대구)를 나눠주기도 했음.

떨치고 옆으로 가자 서로 헤어지게 되었다. 나는 홀로 서쪽 회나무 뿌리 위에 앉아서 서쪽을 바라보고, 친구들은 동쪽 회나무 아래에서 동쪽을 향하여 앉아 있었다. 친구들이 번갈아 일어나 나의 자(字)를 부르고 과장을 돌면서 나를 불렀으며, 글제가 내걸린 뒤에도 사수(寫手)54)로 하여금 내 이름을 부르게 하였지만, 나는 끝내 대답하지 않았다. 내 앞에는 심제현(沈齊賢)의 무리·박태승(朴泰升)의 무리·김유경(金有慶)의 무리·홍계적(洪啓迪)의 무리·여광주(呂光周)의 무리·조정만(趙正萬)의 무리 등 시험생 여러 무리가 늘어서서 문제를 베끼기도 하고, 문제를 해석하면서 베끼기도 하였다. 의론이 일제히 일어나는 모습을 앉아서 바라보니, 각각 우열이 있어서 입제(入題)55)에서 나보다 나은 자의 것을 취하고 포서(鋪敍)56)에서 나보다 나은 자의 것을 취하니, 일은 다른 때의 반을 하고서 공은 두 배가 되어 바람같이 완성하여 빨리 써서 직접 바쳤다. 일어나 친구들에게 가서 살펴보니 일원(一源)은 한창 초안을 점검하고, 신로(莘老)는 직접 답지에 적고, 자평(子平)은 초안을 점검하고, 성소(聖韶)는 직접 답지에 적느라고 내가 그 앞에 서 있는 것도 알지 못했다. 내가 신로의 답지를 보니 중간에 평측이 어긋난 부분이 있어서 칼을 꺼내 살짝 긁어내고 단구(短句) 하나를 더 써 넣었으나 알지 못하였다. 신문(神門)을 나서자 친구들이 한곳에 모여 앉아 있다가 깜짝 놀라 나에게 "그대는 어디에 갔었는가?"라고 묻기에, 내가 장난삼아 옛 속담을 들먹이며 말하기를 "중이 여기에 있는데, 절이 어디로 가겠는가."57)라고 하였다. 각자 초안 잡은 것을 내어 살펴보니 친구들의 글이 나의 글보다 많이 뛰어난 것은 없었다. 서로 마주보고 한바탕 웃었다.

    ○ 시험장에서 항동옹(巷東翁)58)을 만났는데, 〈황주죽루기(黃州竹樓記)〉59)·〈풍락정기(豊樂亭記)〉60)·〈취옹정기(醉翁亭記)〉61)를 외우게 하시고, 또

---

54) 사수(寫手): 과거 시험장에서 원래의 글을 베껴서 답안지에 옮겨 쓰는 사람.
55) 입제(入題): 과시(科詩)의 첫째 구 또는 부(賦)의 넷째 구를 이름.
56) 포서(鋪敍): 과시(科詩)의 다섯째 구 또는 부(賦)의 여섯째 구를 이름.
57) 중이~가겠는가: 원문의 '吾'를 '저'라는 의미로 사용하였다.
58) 항동옹(巷東翁): 조선 후기 여항시인인 김부현(金富賢;?~1714)으로, 자(字)는 예경(禮卿), 호는 항동자.
59) 황주죽루기(黃州竹樓記): 중국 송나라 왕우칭(王禹偁;954~1001)이 황주 태수로 있을 때, 황주의 명물인 큰 대나무를 베어다가 기와 대신 그것으로 지붕을 덮어 누각을 짓고, 직접 〈황주죽루기〉를 지어 그 사실을 자세히 설명하였음.

『영규율수(瀛奎律髓)』[62] 10여 편을 읊조리셨는데 특별한 광경이라 할 만했다. 읊기를 마치니 시간이 이미 오시(午時)가 되어 가기에 답안지에 곧바로 "문장에 점 하나 보탤 것이 없다."라고 쓰니, 옆의 사람들이 비웃었다. 내가 말하기를 "모두 떨어진 답지이지만 그대들이 힘들게 읊조린 것이 어찌 내가 단숨에 완성한 것보다 낫다고 할 수 있겠는가."라고 하며, 바로 장난삼아 율시 한 수와 절구 한 수를 지어 주고 나왔다.

  余絶進取之念 自少久矣 伯父慈闈 快許從吾所好 外王考則曰 士何可不應擧 而不甚督迫 唯季父之敎甚嚴 三十二歲以季父命 取便而入監試一所 滿場中指笑曰 隱士來矣 高士來矣 神仙來矣 余左酬右應 而入坐於金新甫 接中題出而題難 難作 朴都正遷葬祭文長短句賦一篇而出 禁亂官金浣迫詰之 余曰 我果是閑雜人 金笑曰 隨從則非現出照訖 余曰 十一歲入西學 朗讀小學之淳熙丁未三月朔旦 晦菴題 得純通而出照訖 後褙而藏之家 忘未持來矣 出示戶牌曰 此亦可准耶 應辦官韓塾曰 與我爲近戚 余曰 然則出一床好饌 招朋引類而啖之 還家 以曳白告之 季父叱責 欲笞而止 又入終場 則滿場嘲笑如昨日 又左酬右應 而入坐於深處 一大接 生文初手 何能企及於同接 回坐而獨書 逢李蕡筆 以崔昌大體 爛題於呇文後簾之紙 利川巨擘老儒高聲大讀 抵掌而曰 疎明疎明 還家 李國彦曰 壯元必矣 季父曰 高中無疑 外王考內舅氏曰 佳作 仲蘊曰 當待榜於一等 吾則不自知其佳不佳 出榜 畢而無我名 余笑曰 坐於生手也 得見落幅 則中間有二字之打 二處正書更字 明是高中 而爲書吏用情而拔之矣 ○ 余將與聖韶莘老一源子平 入黃柑之製 諸君曰 調元雖自日善作文 明日則不免資賴於我輩 余笑而不辨 明曉會於莘老 而促我則先已入泮矣 諸君乃追余而去 余偶過神門外 諸君坐階上而見之 拔來執之 及入門 拂袖橫步而相失 余獨坐於西槐根上西向 諸君則東槐下東向坐 諸君迭起而呼字 回場中而喚之 題出後 使寫手呼名而喚之 終不應 吾之前沈齊賢諸人 朴泰升諸人 金有慶諸人 洪啟迪諸人 呂光周諸人 趙正萬諸人 衆接列焉 題出謄之 解題出謄之 坐看議論之齊起 各有優劣 頭取其尤 鋪敍取其尤 事半而功倍 走成而疾書 手自呈之 起往而視諸君 則方一源檢草 而莘老自書其券 子平檢草 而聖韶自書其券 不知吾之立其前 余見莘老 中間有違簾 手拔刀而擦之 添書一短句 亦不知 及出門 而會坐一處驚 問我曰 君往何處 余戱擧古

---

60) 풍락정기(豊樂亭記): 중국 송나라 때의 문호 구양수(歐陽脩)가 저주(滁州)의 수령으로 부임한 다음 해에 풍락정을 세우고 〈풍락정기(豊樂亭記)〉를 지었음.

61) 취옹정기(醉翁亭記): 중국 북송의 구양수가 저주(滁州) 지사(知事)로 있을 때, 저주가 강호를 끼고 있는 절경인 데다 정사가 한가로웠으므로 취옹정이라는 정자를 지어 놓고 백성과 함께 즐기며 〈취옹정기(醉翁亭記)〉를 지었음.

62) 영규율수(瀛奎律髓): 원나라 방회(方回)가 편찬한 시선집으로, 당송(唐宋) 시대의 5언과 7언 율시들을 49개 유형으로 분류하여 수록하였음.

諺而日 僧則在此 吾則何之 各出草而視之 諸君之作 不甚勝於吾作 又相對一笑 ○ 場中逢巷東翁 使誦黃州竹樓記 豊樂亭記 醉翁亭記 又詠瀛奎津髓十餘篇 可是別景色 詠罷 日已向午 臨卷直書 文不加點 傍人笑之 余日 同是不合選之券 君輩之苦吟 何勝我之一氣呵成 仍戯作一律一絶而出

16 장암(丈岩) 정 공63)께서 말을 보내 나와 이성휘(李聖輝)를 부르셨다. 앉혀 놓고 말씀하시기를, "진사 신규(辛逵)를 마땅히 장의(掌議)의 후보로 천거해야 하는데, 듣자 하니 그대들이 말이 많다고 하던데 정말 그러한가?"라고 하셨다. 내가 말하기를 "성균관의 장의를 추천하는 데에 사학(四學)의 유생이 어찌 간여하겠습니까. 다만 이 사람이 어떤 사람인지 모르겠습니다."라고 하자, 정공께서 말씀하시기를 "수촌(睡村)64)의 오촌 조카인데 언론이 엄하고 바르네."라고 하셨다. 성휘가 말하기를 "수촌의 친척이라는 것 외에 칭찬할 만한 것이 더 없습니까?"라고 하였고, 내가 말하기를 "언론이 날카롭고 바르다는 것이 장의로서 성균관에서 생색나는 일일까요?"라고 하였다. 정공께서 말씀하시기를 "그대들의 말에 대해서는 아무 말도 할 수 없지만 내 아우가 천거하고자 하는데 그대들이 막는 것은 불가하니 모름지기 좋게 처리하세."라고 하셨다. 내가 말하기를 "전에 윤세수65) 어른댁에 갔다가 그 아우인 장의 윤세위와 앉아서 이야기를 나누었는데, 윤세위가 말하기를 '신 진사는 아름다운 선비이니 이런 친구는 얻기 어렵습니다. 그가 항상 말하기를 '내가 성균관의 언론을 잡으면 한배주가 어찌 버텨내겠는가. 운운.'이라고 하데요.'라고 하였습니다. 제가 미간을 찌푸리고 손을 저으며 '아닙니다, 아닙니다. 세상에 어찌 꾀꼬리66) 장의가 있을 수 있겠습니까.'라고 하자 윤 어른께서 옆방을 가리키며 '그 친구가 여기 있네. 말을 함부로 하지 말게.'라고 하셨습니다. 내가 말하기를 '장의가 선생 댁의 입막지빈(入幕之賓)67)이니 빨리 가는

---

63) 장암(丈岩) 정공(鄭公): 조선 후기 문신인 정호(鄭澔;1648~1736)로, 자는 중순(仲淳), 호는 장암(丈巖)이며, 정철(鄭澈)의 현손.
64) 수촌(睡村): 조선 후기 문신인 이여(李畬;1645~1718)로, 자는 자삼(子三) 또는 치보(治甫), 호는 포음(浦陰)·수곡(睡谷).
65) 윤세수(尹世綏;1658~1714): 조선 중기 영의정을 지낸 윤두수(尹斗壽)의 현손이며, 윤계(尹堦)의 아들.
66) 꾀꼬리: 권력자의 비위를 맞추며 아부하는 소인배를 비유하는 말.

게 좋겠습니다. 이성휘가 올까 봐 걱정됩니다.'"라고 하자 정공께서 다 듣지도 않고 웃으며 말하기를 "그대는 이러쿵저러쿵 말하지 말게. 군자가 할 말이 아니네."라고 하였다. 내가 "하교가 진실로 옳습니다. 진실로 옳습니다."라고 하자, 성휘가 말하기를 "하교가 옳지 않고 그대의 말이 옳네."라고 하였습니다."라고 하였다. 마침내 한바탕 크게 웃었다. 그 후에 신규가 도봉서원의 장의가 되자 색장68) 김영행을 처벌하는 방을 붙이며 말하기를 "문벌이 낮다."라고 하였다. 내가 말하기를 "어찌 다른 말은 없는가? 원장의 지친(至親)을 문벌이 낮다고 하다니 이렇게 하면 안 될 듯하네."라고 하였다. 내가 다시 신임 장의를 논박하려고 했으나 내 말이 채택되지 않았고, 김영행은 처벌을 받았다.

○ 이천기를 도봉서원의 장의로 추천하는 문건이 회람되려고 할 때, 내가 말하기를 "어찌 합당하지 않겠습니까만 절차를 뛰어넘어 추천되는 것이 아쉽습니다. 명망이 널리 드러나지 않았다고 사람들이 시비를 건다면 어찌하겠습니까?"라고 하자 마침내 추천 문건이 회람되지 않고 끝났다. 내가 도봉서원을 떠난 후 이천기가 다시 장의에 추천되었다. 나의 이모부인 김 공이 그때 장의였는데 경고직(京庫直) 정두익에게 "이 사람이 누구인가?"라고 물으니, 두익이 말하기를 "소인이 어떻게 알겠습니까."라고 하였다. 김 공이 말하기를 "그대도 모르고 나도 모르는데 어떻게 장의를 삼겠는가."라고 하였다. 그래서 이천기가 또 장의가 되지 못하였다.

○ 정형익이 도봉서원의 장의가 되었을 때 일을 공정하게 처리하지 않고, 분아필69) 50자루를 혼자서 차지하였다. 내가 그를 영원히 제명해야 한다는 방을 붙여 말하기를 "거취에 근거가 없고 행동거지가 마땅함을 잃었다."라고 하였다. 그에게 가서 말하니 정형익이 웃으며 말하기를 "그대는 다시 붙여야겠네. 황방70)을 붙인다고 해도 붓을 내줄 수 없네."라고 하였다. 그런데 갑자기 황감(黃柑)이 들어왔다. 그러자 정형익이 한밤중에

---

67) 입막지빈(入幕之賓): 장막 뒤에 숨어서 남의 말을 엿듣는 역할을 하는 참모라는 뜻.
68) 색장(色掌): '빗장'을 이두식으로 쓴 말로, 성균관 유생의 자치 임원을 일컫는데 동재·서재에 모두 상색장(上色掌)과 하색장 1인씩 두었는데 색장 위에는 유생들의 대표인 장의(掌議)가 있고 그 아래에는 조사(曹司)가 있음.
69) 분아필(分兒筆): 관리들에게 나누어 주는 붓. 관리들에게 연례(年例)에 따라 물품을 나누어 주는 것을 분하(分下) 또는 분아(分兒)라고 함.
70) 황방(黃榜): 임금의 고시문(告示文) 또는 전시(殿試;조선 시대, 복시에 합격한 사람이 임금 앞에서 보던 과거) 급제자를 알리는 방문(榜文).

말을 타고 달려와 나에게 그 말을 타고 가서 방을 떼라고 하였다. 내가 꼼짝 않고 누워 일어나지 않고 말하기를 "벌로 과거를 한 번 빠지면 용서해 주겠네. 새벽에 40리나 떨어진 곳까지 가는 게 쉬운 일이겠는가."라고 하였다. 내가 또 묻기를 "붓은 내주지 않을 셈인가?"라고 하니, 그가 웃으며 말하기를 "벌을 용서받지도 못하고, 과거도 응시하지 못하니, 붓은 내줄 수 없네."라고 하였다. 제학(提學)71)에게 일이 있어 황감제가 연기되자 마침내 나가서 벌을 풀어 주었다.

    丈岩鄭公送騎招我與李聖輝而坐日 辛進士逵當參掌議薦 聞君輩大有言 然否 余曰 太學齋薦 四學儒生何干 但未知此是何人也 鄭公曰 睡村之五寸姪 言論峻正矣 聖輝曰 睡村之外 更無可稱否 余曰 峻論掌議 可生色於太學乎 鄭公曰 君輩之言 不可說也 吾弟欲薦望而君輩阻之 不可 須善爲之 余曰 昨往尹丈世綏宅 與弟掌議世緯坐曰 辛進士佳士 難得此友 常曰吾執齋論則韓配周 何以支當云云矣 余顰眉椊手曰 非矣非矣 世豈有黃驌掌議乎 尹丈指夾室曰 此友在此 勿肆言 余曰 掌議 先生宅入幕之賓 可速去 恐李聖輝來矣 鄭公聽未了 笑而曰 君勿云云 非君子之言也 余曰 下敎誠然誠然 聖輝曰 下敎不然 君言然 遂一場大笑 後辛爲道峰掌議 則色掌金令行付罰榜曰 門地卑微 余曰 豈無他語乎 院長至親以門地卑微爲目 人事何如 余更以駁論新任語不擇發 罰金令行 ○ 李天耆爲道峰掌議薦紙之回 余曰 豈不合當 可恨徑先聲말未及著 人若議之則奈何 薦紙遂不回而止 余遞後 李復爲之 我姨叔金公 時爲掌議 問于京庫直鄭斗盆曰 此是誰也 斗盆曰 小人何知 金公曰 汝不知 吾不知 何以爲之 李又不得行 ○ 鄭亨盆爲道峰掌議 不行公而受分兒筆五十柄 余付永削榜曰 去就無據 擧措失宜 歸而言之 鄭笑曰 君更付 付黃榜 筆則不可出矣 忽然黃柑入來 鄭中夜馳來 要我騎其馬出去去其榜 余堅臥不起曰 罰當過一科場而解 曉出四十里地 又可易乎 問曰 筆不可出乎 笑曰 罰不解 科不觀 筆不可出 以提學有故 柑製退日 遂出去解罰

17 금성위72)의 관례에 임금께서 재상 김흥경73)에게 빈객이 되기를 명하셨다. 김 재상이 말하기를 "나는 대신이라 절을 할 수 없으니 대신

---

71) 제학(提學): 예문관·홍문관의 종2품 또는 규장각의 종1품 또는 종2품 벼슬.
72) 금성위(錦城尉): 영조의 딸인 화평옹주의 남편인 박명원(朴明源; 1725~1790). 연암 박지원의 8촌형이며 건륭제의 칠순연 때 사행단을 총지휘하여 열하를 다녀왔음.
73) 김흥경(金興慶; 1677~1750): 조선 후기 문신으로, 자는 자유(子有)·숙기(叔起), 호는 급류정(急流亭).

절하게 해도 괜찮겠습니까?"라고 하였다. 박사정74) 대감이 우리 외삼촌께 달려와 예에 대해 물으니 외삼촌께서 말씀하시기를 "저는 예관도 아니고 유학에 조예가 깊은 신하도 아닌데 어떻게 예를 알겠습니까. 하지만 존귀한 대신의 몸으로 절을 하는 것은 불가할 듯합니다. 그러나 또한 빈객과 주인이 서로 절하지 않는 것도 어떤지 모르겠습니다."라고 하였다. 박사정 대감이 돌아가 이야기하니 김흥경 대감이 외삼촌께서 자기를 조롱하는 것을 알고 마침내 절하였다. 김덕유(金德裕)75) 대감이 얼마 전에 도승지로서 임금을 모시고 가다가 명을 받들어 이광좌 집에 관례를 행하러 갔는데, 관을 벗고서 길에 엎드려 절한 것 때문에 세상을 어지럽힌다는 비방을 들었다. 내가 장난삼아 "대감은 관례에 익숙하신데, 김흥경 대감이 절을 하려고 하지 않은 것에 대해 어떻게 생각하십니까?"라고 물으니, 김덕유 대감이 말하기를 "내가 빈객 노릇을 잘하지 못한 걸 가지고 뭇사람의 입방아가 나를 죽이려고 하는군요."라고 하였다. 함께 한바탕 웃었다.

　　錦城尉之冠 上命金相興慶爲賓 金曰 吾是大臣 不可拜揖 以代拜可乎 朴台師正 走來我舅氏問禮 舅氏曰 我非禮官 我非儒臣 何以知禮 大臣之尊 似不可拜 且未知賓主不相拜如何 朴歸言之 金知舅氏之譏嘲 遂拜 金台德裕 頃以都承旨扈駕 承上命 而往冠于李光佐 露髮伏路之首 爲澆世之訛謗 余戲問曰 台則習於冠禮矣 金相之不欲拜如何 金台曰 以我之不善爲賓 方衆口殺我矣 與之胡盧

18　　판서 윤양래76) 형제는 소년 때부터 친하게 지냈던 친구인데, 그가 신임년의 일77)에 처신을 잘못했다는 말을 듣고 마침내 그를 멀리하였다. 하루는 내가 덕유 대감을 만나러 갔는데 대명소78)에 당시 경기도 관

---

74) 박사정(朴師正;1683~1739): 조선 후기 문인으로, 노론에 속하는 인물인데 신임사화로 소론이 정권을 잡자 향리에서 은거하다가 영조 때 다시 등용되어 예조 참판까지 올랐음.
75) 김덕유(金德裕): 조선 후기 문신인 김유경(金有慶;1669~1748)으로, 자는 덕유(德裕), 호는 용주(龍洲)·용곡(龍谷).
76) 윤양래(尹陽來;1673~1751): 조선 후기의 문신으로, 자는 계형(季亨), 호는 회와(晦窩).
77) 신임년(辛壬年)의 일: 노론과 소론의 대립이 격화되어 신축년(辛丑年;1721)과 임인년(壬寅年;1722)에 걸쳐 일어난 노론 축출 정변을 가리킴.
78) 대명소(待命所): 임금의 부름을 받은 벼슬아치가 명령이 내릴 때까지 기다리는 곳.

찰사였던 윤양래가 먼저 와서 앉아 있었다. 내가 덕유 대감과 한참 동안 이야기를 나누었는데, 윤양래는 다리를 꼬고 두건을 젖혀 쓰고는 웃음을 머금고 앉아 있었다. 내가 말하기를 "대감께서 보시기에 저 사람이 내가 먼저 말을 걸어 주기를 바라는 것 같지요?"라고 하니, 덕유 대감이 말하기를 "그대는 어찌 점잖게 처신하지 않고 성급하게 그와 이야기하려고 하시오?"라고 하였다. 내가 말하기를 "일찍이 저 사람의 형과 먼저 평교(平交)를 맺었지요."라고 하였다. 내가 장난삼아 말하기를 "어찌 남은 이[79]를 아끼지 않는가?"라고 하였더니, 윤양래가 "이가 다 빠져 없어지더라도 그 일은 그만둘 수 없네."라고 하였다. 인하여 그와 더불어 한가롭게 이야기를 나누었다. 윤양래가 말하기를 "그대가 나를 보지 않으려 하니 어쩔 수 없이 그대가 여기에 올 때마다 내가 매번 여기에 앉아 있어야겠네."라고 하였다. 그가 일어나서 가려고 하자 내가 말하기를 "이미 함께 이야기를 나누었으니 서로 절을 해도 될 듯하네."라고 하자 윤양래가 벌떡 일어나 절을 하였다. 내가 그대로 서서 답배하지 않자 덕유 대감이 크게 웃으며 말하기를 "이와 같은 도리와 예절이 어디 있는가?"라고 하였다. 내가 말하기를 "사죄하는 절이니 답배를 하지 않는 것이 마땅하지요."라고 하였다. 그 후에 윤양래가 우리 외삼촌을 뵈러 와서 외삼촌에게 절하고 물러나 앉아서 벽에 나의 초상화 초본이 걸려 있는 것을 보고 "좋습니다. 좋습니다."라고 하였다. 외삼촌이 "비슷한가?"라고 묻자, 윤양래가 "비슷하고 비슷하지 않고를 떠나 좋습니다, 좋습니다."라고 하였다. 외삼촌이 "무슨 말인가?"라고 하니 윤양래가 "말 없는 조원이라서 좋습니다."라고 하였다. 외삼촌이 웃었다.

尹判書陽來兄弟 少年淋漓之交也 聞其失身於辛壬 遂疎之 一日 余往德裕台 待命之所 尹以圻伯先已來坐 余與裕台語久 尹加足岸巾 含笑而坐 余曰 台見彼也 欲我之先語 裕台曰 君何不老蒼 亟可與語 余曰 旣與其兄先平之矣 戲語曰 何不愛護餘齒 尹曰 齒齦雖盡弊 其事則不可已 仍與之閒語 尹曰 君欲不見 我無可奈何 君每到此 我每坐此矣 起將去 余曰 旣相語矣 可相拜 尹遽起而拜 余立而不答 裕台大笑曰 安有如此道理禮節 余曰 謝罪之拜也 不答宜矣 後來拜我舅氏 退坐 見壁上有我畫像草本曰 好矣好矣 舅氏曰 似乎 尹曰 勿論似不似 好矣好矣 舅氏曰 何謂 尹曰 口是不言之調元矣 舅氏笑

---

79) 남은 이: 치아는 나이를 뜻하는 말로, '남은 이'는 '남은 생애'임.

19 화지촌에서 지낼 때 경상도 관찰사가 된 친구의 아들들을 보았는데, 나를 대하는 법도가 각각 달랐다. 유척기(俞拓基)80)와 심성희(沈聖希)81)는 시생(侍生)이라고 칭하였고, 이기진(李箕鎭)은 세하(世下)라고 칭하였으며, 조명겸(趙明謙)82)과 정익하(鄭益河)는 성명을 갖추어 말할 뿐이었다. 시생이라고 칭하는 자 또한 억지로 그렇게 할 뿐이었다. 나는 나이가 배가 넘는 연장자에게는 아버지의 벗인지 아닌지를 따지지 않고 모두 시생이라고 칭한다.

○ 이경장83)이 정자(正字)84)인 아들 이규채와 함께 앉아 있는데 내가 정자에게 묻기를 "나는 그대 선친과 절친한 친구인가 아닌가?"라고 하니 그가 "그게 무슨 말씀이십니까?"라고 하였다. 내가 말하기를 "명사와 재상들이 명성과 지위가 없는 아버지의 벗에게 존장이라고 부르는 것을 부끄럽게 여기니 아버지가 돌아가신 뒤에는 반드시 그들과 맞서려고 할 것이네. 자네에게 아버지가 살아계실 때 자세하게 가르치고자 하네."라고 하였다. 이경장이 웃으며 말하기를 "과격한 말이네. 세상의 도의(道義)가 이미 이와 같으나 우리 아이는 그렇지 않네."라고 하였다. 내가 웃으며 말하기를 "이 말을 기록하여 내가 마땅히 관가에 고하여 따져보려 하네."라고 하였다. 한바탕 크게 웃었다.

○ 친구의 아들 중에 홍진유, 김감, 이완 같은 이는 나를 길 가는 사람처럼 소원하게 대한다. 처음에는 이를 심히 괴이하게 여겨 "인정이 아니다."라고 하였는데 지내보니 이 사람 외에도 그렇지 않은 사람이 없어서 당대의 풍습이 똑같음을 알 수 있다. 간간이 그렇지 않은 자가 있는데, 그들은 부모에게 깊은 사랑을 받은 자들이다. 하지만 이런 사람을 어찌 많이 볼 수 있겠는가. 사람들은 내가 다른 사람들에게 가혹한 것을 책망하고 또한 내가 세상일에 오활한 것을 비웃는다. 내가 이런 까닭에 지금은 그대로 두고 이렇다 저렇다 말하지 않는다.

---

80) 유척기(俞拓基;1691~1767): 조선 후기 문신으로, 자는 전보(展甫), 호는 지수재(知守齋). 아버지는 유명악(俞命岳).
81) 심성희(沈聖希;1684~1747): 조선 후기 문신으로, 아버지는 심봉휘(沈鳳輝).
82) 조명겸(趙明謙;1687년~?): 조선 후기 문신으로, 자는 백익(伯益).
83) 이경장(李敬長): 조선 후기 문신인 이사제(李思悌;?~?)로, 자는 경장(敬長).
84) 정자(正字): 조선 시대 홍문관·승문원·교서관에 두었던 정9품직으로 전적(典籍)이나 문장의 교정을 맡아보았음.

僑居花枝村 見友之子爲慶尙監司者 各異其規 俞拓基沈聖希稱侍生 李箕鎭稱世下 趙明謙鄭盆河具姓名而已 其稱侍生者 亦勉强耳 吾則於年長以倍 勿論先執非先執 皆稱侍生 ○ 李敬長與子正字奎彩坐 余問正字曰 吾與尊翁爲親切友乎非乎 曰是何言 曰 名士宰相輩於父友之無名位者 羞稱尊丈 父死之後則必欲與之相抗 君則欲於尊翁在時詳講之耳 其翁笑曰 知是有激之言也 世道已如此而吾兒則不然 余笑曰 此是明文 吾當告官卞正 一場大哄 ○ 親朋之子 如洪晉猷金鑑李埦 視我落落如路人 初甚怪之曰 非人情 閱歷之 此外多人無不然 是知一世風習之所同 間間有不然者 則有深愛於父母之人也 豈易多得 人亦責我之苟於人 亦笑我之迂於世 吾故今則一任之 不云云

20 외조부 충정공(忠正公)[85])께서 항상 말씀하시기를 "민치구(閔稚久)[86])이름은 진장(鎭長)이다. 그가 조회에서 종일 똑바로 서서 몸을 움직이지 않았는데, 이는 어려운 일이다. 내가 문묘의 석전제에서 오이주(吳履周)[87]) 계직(季直)을 보았는데 그 또한 그러하였다. 내가 그들은 장수하고 현달할 것이라고 생각했는데 어찌하여 명성을 이루지 못하고 요절하였는지 모르겠다."라고 하셨다.

○ 충정공(忠正公)이 항상 백응(伯凝)[88])을 칭찬해 마지않으며 말하기를 "백응(伯凝) 이숙(李叔) 정명(鼎命)은 늙어서 부모의 상을 치르게 되었는데, 내가 갑자기 방문할 때마다 최질(衰絰)[89])을 벗지 않고 자리를 지키고 있었으며, 무더운 여름에도 그러하였으니 이 또한 어려운 일이다."라고 하셨다. 내가 마음속으로 "이는 상인에게서 흔히 볼 수 있는 일인데 어찌하여 매번 크게 떠드시는가."라고 하였다. 그런데 근래에 세상 사람들이 자기 부모의 상을 치르는 것을 보니 최질을 입은 자가 한 사람도 없으며 사가(私家)로 돌아가지 않는 자가 한 사람도 없었다. 비로소 충정공께서 그 사람을 귀하게 여기는 까닭을 알았다.

---

85) 충정공(忠正公): 조선 후기 문신인 이세백(李世白;1635~1703)으로, 자는 중경(仲庚), 호는 우사(雩沙)·북계(北溪).
86) 민치구(閔稚久): 조선 후기 문신인 민진장(閔鎭長;1649~1700)으로, 자는 치구(稚久).
87) 오이주(吳履周;1684~1709): 자는 계직(季直). 부모에 대한 효성과 형제간의 우애가 깊었다고 하는데 일찍 죽었음.
88) 백응(伯凝): 조선 후기 문신인 이정명(李鼎命;1642~1700)으로, 자는 백응(伯凝).
89) 최질(衰絰): 상중에 입는 삼베옷. 상복과 수질(首絰) 및 요질(腰絰)이 있음.

外王考忠正公常言 閔稚久名鎭長見於朝會 終日植立不動身 難矣 余於文廟釋菜
見吳履周季直 亦然 意謂其享年而大達 何其未成名而夭也 ○ 忠正公常稱之不已曰
伯凝李叔鼎命老喪人也 不意而往 每不脫衰絰而坐 盛炎亦然 余心曰 此喪人例事
何每嘖嘖 近見世人之居喪 着衰絰者無一人 不歸私家者無一人 始知忠正公之貴其
人也

21 경장(敬長) 이사제(李思悌)[90]가 의흥 수령이 되었을 때 정랑(正郎)[91] 박태휘[92] 형제에게 크게 격노하여 감영에 보고하여 엄하게 다스리려고 하였다. 내가 유람 길에 들렀다가, "그대는 우리 백부의 문인이라 자칭하고, 박 정랑 또한 백부의 문인이네. 동문끼리 서로 해치는 것은 의리가 아니네. 이 사람이 뭇사람의 비난 속에 처해 있으니 이는 마치 만산(萬山) 속의 푸른 잎 하나와 같은 상황이네. 이런 사람을 도와서 키워주지 않는 것은 인(仁)이 아니네."라고 여러 번 말하였다. 박태휘가 상을 당했다는 소식을 듣고 내가 관용마(官用馬)를 빌려 타고 가서 조문하고 돌아와서 또 거듭 이야기하였더니 경장이 흔쾌히 미워하는 마음을 버리고 온전히 내 말을 따랐다. 곧바로 단자를 만들어 아전을 보내 부조를 하고, 장례 때에는 군정을 많이 보내주었으며, 자신도 직접 나가 조문하였다. 무릇 한창 화가 나 있는데도 친구의 말을 듣고 흔쾌히 마음을 돌이키는 사람은 경장 외에 없을 것이다. 매우 기뻐서 글로 적어 사람들에게 보인다.

李敬長思悌爲義興時 大激怒於朴正郎泰彙兄弟 將報營重治 余遊山行過之而曰
君稱門人於我伯父 朴正郎伯父之門人也 同門相戹 非義也 此君在衆咻之中 爲萬山
之一靑葉 不爲扶植之道 非仁也 反復言之 聞朴之新遭喪 借官上騎而往弔之還 又反
復言之 敬長快棄其嫌 一從吾言 卽修單送吏而賻助 多給葬時軍丁 身又出弔 凡人方
盛氣忿怒而聽一友人言而快回頭 敬長外似無人 喜甚 書之示人

---

90) 이사제(李思悌;?~?): 조선 후기 문신으로, 자는 경장(敬長).
91) 정랑(正郎): 조선 시대 육조의 정5품 관직. 이·호·예·병·형·공조의 중견 실무 책임자이며, 정원은 각 조(曹) 3인이었음.
92) 박태휘(朴泰彙;1689~?): 조선 후기 문신으로, 자는 명언(明彦), 호는 삼성당(三省堂).

22 젊었을 때 달밤에 대손(大孫)93)이광좌(李光佐)의 어릴 때 이름이다.과 청심루94)에 올라 조정의 인물에 대해 논하였다. 대손이 말하기를 "지금 제일 뛰어난 인물은 선배 중에는 최 참판95)곧 석정(錫鼎)이다.이 있고, 후배 중에는 효백(孝伯)96)석정(錫鼎)의 아들 창대(昌大)이 있네."라고 하였다. 내가 말하기를 "자네 말도 맞네. 그러나 내 생각은 좀 다르네. 공자께서 천지의 두텁고 맑은 기운을 다 받고 태어나셨는데, 안자(顏子)께서 그 나머지 기운을 받고 태어나 공자와 같은 시대를 살았기 때문에 요절하였네. 지금 두 사람이 한집안에서 아버지와 아들로 태어났으니 기이하네."라고 하였다. 대손이 웃으며 말하기를 "이것은 나를 비웃는 말임을 잘 아네."라고 하였다. 나중에 대손이 과거를 보아 병조의 낭관97)이 되었는데, 지나는 길에 나의 저호(楮湖)98) 강가의 집에서 묵었다. 그가 말하기를 "오랫동안 마주 앉아 있으면서도 축하를 하지 않는 것은 무슨 까닭인가?"라고 하였다. 내가 말하기를 "청심루에서 달밤에 나눈 이야기가 생각나지 않는가? 그대는 최 참판을 제일 인물로 쳤고, 자네 부친께서 임종하실 때 자네를 최 참판에게 부탁하셨으니 그대는 틀림없이 최 참판과 남 정승99)의 정론(政論)을 이어받을 것이네. 내가 자네의 소년등과를 불행하게 여기기 때문에 축하하지 않는 것이네."라고 하였다. 대손이 말하기를 "내가 백 가지 일을 모두 최 참판한테서 배웠으나 남 정승의 일은 마음속으로 옳지 않다고 여기네."라고 하였다. 그러나 나중에 그가 정언100)이 되었을 때 일 처리하는 것을 보니

---

93) 대손(大孫): 조선 후기 문신인 이광좌(李光佐;1674~1740)로, 자는 상보(尙輔), 호는 운곡(雲谷)이며, 이항복(李恒福)의 현손.
94) 청심루(淸心樓): 조선 시대 여주 관아 앞에 있던 누각으로, 현재는 없어졌음.
95) 최참판(崔參判): 조선 후기 문신이자 학자인 최석정(崔錫鼎;1646~1715)으로, 자는 여시(汝時)·여화(汝和), 호는 존와(存窩)·명곡(明谷)임.
96) 효백(孝伯): 조선 후기 문신인 최창대(崔昌大;1669~1720)로, 자는 효백(孝伯), 호는 곤륜(昆侖).
97) 낭관(郎官): 조선 시대 6조의 정랑과 좌랑을 합쳐 부르던 말로, 6조에 설치한 각 사의 실무를 맡았음.
98) 저호(楮湖): 저자도(楮子島) 주변을 일컫는 말. 고산자(古山子) 김정호(金正浩)의 「경조오부도(京兆五部圖)」에 의하면, 저자도는 현재 성수대교 아래에서부터 자양동 앞까지 이를 정도의 크고 긴 섬임.
99) 남정승(南政丞): 조선 후기 문신인 남구만(南九萬;1629~1711)으로, 자는 운로(雲路). 호는 약천(藥泉)·미재(美齋).
100) 정언(正言): 조선 시대 사간원(司諫院)의 정6품 벼슬.

그쪽으로 기운 것이 분명하여 말은 나누었으나 더 이상 친근하게 대하지는 않았다. 또 그가 시첩에서 내가 지은 글을 뺐지만 나는 노하지 않았다.

少時 月夜 與大孫李光佐兒名登淸心樓 論國朝人物 大孫曰 當今第一人物先輩有一人崔參判卽錫鼎 後輩有一人孝伯氏聘子昌大 余曰 君言是矣 然吾心異之矣 孔子盡稟天地渾厚精淑之氣 顔子稟餘氣而生 竝一世故夫 今乃一家之內 生父子奇矣 大孫笑曰 此知笑我之言也 後大孫決科而爲兵郞 過宿我楮湖江舍曰 對坐良久而不致賀 何也 余曰 淸樓月夜之話 不思乎 君以崔參判爲第一人物 先丈臨終 托君於崔參判 崔參判南相之論 君必襲之 不幸君之少年登科 吾故不賀 大孫曰 吾百事皆學崔參判 而南相事則心以爲不是 後於正言時 處置事明 言之而不復款洽 又去我帖中題文 不怒

23 박량한101)과 그의 사촌 동생인 영춘(永春) 수령이 나를 만나러 와서 말하기를 "노론들은 여전히 내가 무신년 사건102)에 연루되어 있다고 생각하고 있습니다. 내가 그대의 마음을 알지 못하는 까닭에 바로 오지 않고 먼저 하인을 보내 답이 오기를 기다렸다가 왔습니다."라고 하였다. 이어서 묻기를 "그대의 마음은 어떠합니까?"라고 하였다. 내가 말하기를 "친한 벗이 대역죄를 범하면 지극히 원통하고, 벗어나면 기쁜 것이 인정이지요. 나라에서 이미 용서하였으니 나는 반드시 '역도가 아니다.'라고 할 것입니다. 저는 '천천히 살펴본 다음 절교해도 무엇이 늦겠는가.'라고 생각합니다."라고 하였다. 량한이 말하기를 "유익(有翼)103)은 내 사위인데 그가 자기 처를 박대하여 나와 소원해진 지 오래되었고, 유현(惟賢)은 내 종질(從姪)인데 그의 인척이 궁에서 금하는 일에 연루되었기 때문에 왕래를 끊은 지 오래되었습니다. 유현이 잔치 때 말을 보냈는데도 제가 가지 않은 것은 세상 사람들이 모두 다 아는 일입니다."라고 하였다. 내가 웃으며 영춘 수령을 향해 말하기를 "역적질을 한 자는 그것을 절개와 의리라고 생각하는데 지금 이처럼 자세하게 밝히는 것을 보니 그대는 반역자가 아닌 것이 분명합니다."라고 하였다. 영춘 수령이 말하기를 "그렇습니다, 그렇습니다."라고 하였다.

---

101) 박량한(朴亮漢;1677~1746): 조선 후기 문신으로, 자는 사룡(士龍), 호는 매옹(梅翁). 이유익(李有翼)의 장인.
102) 무신년 사건: 1728년(영조 4)에 일어난 이인좌의 난.
103) 유익(有翼): 이인좌의 난의 중심인물인 이유익(李有翼)으로, 난이 실패하여 처형당했음.

○ 아내의 종형(從兄)인 이덕운(李德運)의 어머니가 돌아가셔서 상여배가 강을 거슬러 가야 하는데, 상인(喪人) 대신 성(惺)이라는 사람이 와서 배를 끌어 줄 사람을 요청하였다. 내가 "무신년의 일에 전혀 연루되지 않았다는 것을 잘 알고 있으니 도와 드리겠습니다."라고 하니, 그가 "족속과 인척 중에 다행히 거기에 참여한 자가 한 사람도 없습니다."라고 하기에 내가 하인 열한 명을 내어 주어 배를 끌게 하였다. 배가 내 집 앞에 이르자 내가 나가서 조문하고 이야기를 나누었는데, 이야기하는 중에 상인(喪人)인 이가운(李嘉運)104)이 피식 웃으며 말하기를 "제 조카가 그대를 속였군요. 언보(彥輔)가 바로 제 종질입니다. 그대는 어찌 착하기만 하고 융통성이 없으며, 어찌 그리 쓸데없는 일을 따지십니까. 당사자가 역모를 범하지 않았으면 된 것이지, 어찌 남인 중에 그 족속과 인척 중 한 사람이라도 그 모의에 참여하지 않은 자가 있겠습니까."라고 하였다.

朴亮漢與從弟永春守來見我曰 老輩持我以戊申編網 不知君心 故不徑到 先送伻見答來而來 仍問曰 君心則如何 余曰 凡於親朋 犯逆則切痛之 免出則喜 是人情 國已原之而我必曰逆非 吾之心 徐觀而絶之 亦何晚也 亮漢曰 有翼塏而薄其妻而疏於我已久 惟賢從姪而以戚聯宮禁之故 絶往來已久 宴時送騎而亦不去 此皆人人之共知也 余笑向永春守曰 非逆分明 爲逆賊者 自以爲節義 而今其發明如是縷縷 永春守曰 然矣然矣 ○ 妻從兄李德運母死 喪舟溯江 代喪人 惺來乞曳舡軍 余曰 明知戊申中淸快 可助 曰 族屬姻婭中 幸無一人參之者 余乃出十一奴曳之 舟到家前 出弔之以問答語 語之仲 喪人嘉運哂曰 吾姪瞞之矣 彥輔是從姪也 君何徒善 君何多事 其身之無犯足矣 豈有南人而族屬姻婭中 無一人參其謀者

24 기사년(1689) 궁위의 변105) 때 유생들이 혜민서에 모여 상소에 대해 대토론을 하였는데, 소두인 이기좌(李箕佐)가 도망쳤다. 내가 소두를 맡으려고 했으나 아직 스물도 안 된 유생이라 하여 허락하지 않았다. 성규헌(成揆憲)이라는 자가 밖에서 들어와서 스스로 맡고자 하였는데, 당파가 소북(小北)이라고 해서 허락하지 않았다. 내가 말하기를 "사람이 취할 만하다면 당파가 무슨 문제가 되겠습니까."라고 하니, 사람들이 그제서야

---

104) 이가운(李嘉運;1676~?): 조선 후기 문신으로, 자는 자형(子亨).
105) 궁위(宮闈)의 변(變): 기사년(1689)에 인현왕후를 폐위시킨 사건을 가리킴.

허락하였다. 소청(疏廳)을 돈녕부 직방106)에 옮겨서 설치하고 나서 성규헌이 돌아가서 그의 모친에게 고하니 모친이 이르기를 "임금에게 이러한 잘못이 있고, 모후가 죄 없이 폐위를 당하고 쫓겨났으니 어찌 신하가 물러나 앉아 있을 때이겠는가. 빨리 가거라, 빨리 가거라."라고 하였다. 성규헌이 절하고 나왔는데, 그를 뒤쫓아 온 아내에게 숭례문 밖 저잣거리 앞에서 붙들렸다. 성규헌이 옷자락을 자르고 달려가서 소청에 모여 앉아 있는데, 얼마 후에 형벌을 당한 세 신하107)가 들것에 실려 나왔다. 선비들이 모두 나와서 들 것을 어루만지며 마음을 전하였다. 오 공(吳公)과 이 공(李公) 두 분은 정신이 혼미하여 응대하지 못하였고, 박 공(朴公)은 이불 밖으로 손을 내밀어 응답하였다. 내가 상소문을 지어 주실 것을 청하자 박 공이 손을 들어 허락하기에, 몇몇 유생과 함께 의금부 문밖까지 따라갔다. 다음날 아침 군사가 와서 전해 준 상소문을 가지고 소청으로 돌아와서 방문을 꼭 잠근 뒤 한 사람은 먹을 갈고 두 사람은 상소문을 쓸 종이를 펼치고 두 사람은 상소문 종이의 양 끝을 잡았다. 내가 불러 주고 박창서(朴昌瑞)는 받아쓰고 있는데, 갑자기 어떤 사람이 밖에서 들이닥쳐서 상소문 초고의 한가운데를 움켜쥐고 찢어서 달아났다. 나와 몇 사람이 파리교 근처까지 뒤쫓아가서 빼앗아 돌아왔는데, 그 사람은 박태원(朴泰遠)이었다. 베껴 쓰기를 마친 다음 상소를 바치려고 해도 받아가지 않고, 간쟁하려고 해도 기회를 얻지 못해 궐문 밖에 모여 앉아 있었다. 얼마 뒤 흰 가마108)가 나오기에 다 함께 통곡하며 서궁까지 배송하였다.

○ 네 조정의 원광대신(元光大臣)인 문정공 송 선생이 사약을 받은 후에 문인 이만형(李萬亨)109)의 상소와 유생을 대표한 박세휘(朴世輝)의 상소가 승정원이 닫혀 있던 관계로 전달되지 못하자 서로 통곡하고 돌아왔다. 상소에 대한 논의를 맨 처음 시작한 자를 찾아내어 벌하라는 명이 있었으나 찾지 못하고 소두를 벌하려고 하자 상소에 참여한 수백 명이 형조로 달려가서 다투어 자수하였다. 나와 서문택(徐文澤)110), 한영휘(韓永

---

106) 직방(直房): 조방(朝房). 조정의 신하들이 조회 때를 기다리느라고 모여 있던 방으로, 대궐 문 밖에 있었음.
107) 세 신하: 박태보(朴泰輔), 이세화(李世華), 오두인(吳斗寅)으로, 1689년에 숙종이 왕비 인현왕후 민씨를 폐출하려고 할 때 가장 먼저 상소를 올려 극렬하게 반대하였음.
108) 흰 가마: 인현왕후 민씨가 왕비에서 폐출되고 서인(庶人)으로 강등되어 궁에서 타고 나온 가마.
109) 이만형(李萬亨;1628~1708): 조선 후기 문신으로, 자는 자하(子夏), 호는 삼우재(三友齋).

徽)111)가 차례로 앞으로 나가 말하기를 "우두머리가 어찌 이렇게 많겠습니까. 모두 물러나십시오."라고 하였다. 이에 두 소두가 벌을 받았는데, 판의금부사 민암(閔黯)112)이 잔혹하게 곤장을 쳐서 이만형은 다리가 다 부서졌고, 형조 판서 윤이제(尹以濟)는 위엄만 떨쳐서 박세휘는 무릎을 상하지 않았다. 그들은 여러 달 감옥에 갇혀 있다가 각각 유배지로 갔고, 상소에 참여한 수백 명은 날마다 청포전113)에 모였는데 할 일 없는 떠돌이처럼 몇 달간 천막에서 거처하였다.

己巳宮闈之變 儒疏方大議事於惠民署 疏頭李箕佐逃走 余自當之 以未弱冠幼學不許 有成挨憲者 自外入來而自當 又以本地小北不許 余曰 人若可取則本地何言 衆乃許之 移設疏廳於敦寧府直房 成歸告於母親則曰 君父有此過擧 母后無罪廢黜 此豈臣子退坐之時 亟往亟往 成拜辭而出 其妻趕之 被執於崇禮門外市街前 成決裾而走 會坐於疏廳 已而被刑三臣擔舁而出 多士齊出 各撫舁杠而致意 吳李兩公昏昏不應 朴出手衾外而應之 余請作疏文 朴手應而許之 余與數三儒隨往禁府門外 翌朝軍士來傳疏文 持還於疏廳 牢閉一室 一人磨墨 二人展疏紙 二人執疏草兩端 余呼之朴昌瑞寫之 忽有人自外突入 攫裂疏草 中腰而走 余與數人趕之 追及於笆籬橋邊奪之而還 其人朴泰遠也 寫畢 呈之不捧 爭之不得 會坐於闕門外 已而素轎出 遂齊聲痛哭而拜送至西宮 ○ 四朝元光大臣宋文正先生後命之下 門人李萬亨疏 諸生朴世輝疏 闕政院而未呈 相率痛哭而歸 有摘罪首倡人之命而摘未得 將罪疏頭 疏下數百人 走入刑曹 爭先自首 余與徐文澤韓永徽次第出班則曰 首倡何其多也 一倂麾出 兩疏頭乃受刑 判義禁閔黯檢杖殘酷 李脚盡碎 刑曹判書尹以濟施威而已 朴膝無傷 囚獄數月 各發配所 疏下數百人 日日聚會於靑布廛 依幕數月 如偸閑遊子

25 내가 겨울에 청람대(靑嵐臺)114)에 갔다가 곡운공(谷雲公)115)께서

---

110) 서문택(徐文澤;1657~1706): 조선 후기 문신으로, 자는 윤장(潤章). 송시열의 문인이며, 1687년 사마시에 합격하여 광흥창 주부를 지냈고, 33세 때인 1639년 우암에 대한 논박과 무고가 가해지자 스승을 변론하는 변무(辨誣)와 반박의 상소를 올렸으며, 1705년 금강산과 영춘·단양·제천·청풍 4군을 유람하고 지은 기행문 「금강산·사군유산기」가 전함.
111) 한영휘(韓永徽;1661~?): 조선 후기 문신으로, 자는 신보(愼甫).
112) 민암(閔黯;1636~1693): 조선 후기 문신으로, 자는 장유(長孺), 호는 차호(叉湖).
113) 청포전(靑布廛): 조선 시대 서울에 있던 육의전의 하나로, 우리나라·중국 및 외국의 여러 가지 옷감과 담요·담모자 등을 팔았음.
114) 청람대(靑嵐臺): 현재 서울 북악산 아래에 있던 누대.
115) 곡운공(谷雲公): 조선 후기 문신이자 성리학자인 김수증(金壽增;1624~1701)으로, 자는 연지

동파건(東坡巾)116) 하나만 쓰고서 화단의 눈 속에 앉아 계시는 것을 보았다. 나는 갓 아래 털가죽을 네 겹이나 쓰고 있다가 놀라서 모두 벗어 버리고 작은 휘항117)만 쓰고 들어가 절하였다. 공이 말하기를 "자네는 그것을 쓰면 머리가 덥지 않은가?"라고 하였다. 나는 대답할 말이 없었다.

○ 사암(思庵)118)의 화상찬(畫像讚)을 다시 옮겨 쓰기 위해 곡운공을 도봉서원에 모시고 왔다. 새벽달이 떠 있는데 침류당의 주무시는 곳을 찾아가니 잠자리에 공이 누워 계시는 게 보이지 않아, 모시는 아이에게 물었으나 알지 못하였다. 이에 사방을 돌아다니다가 영귀문을 나와 시내를 따라 올라가니 공이 물 가운데 작은 돌 위에 우두커니 앉아 계셨다. 날이 밝기를 기다려 모시고 돌아왔다. 난간에 기대앉아 계시기에 슬쩍 미간을 봤더니 글씨를 쓰시려는 뜻이 있는 듯하여 여쭈어보자 손으로 위쪽의 벽처럼 서 있는 돌을 가리키며 말씀하시기를 "저 돌이면 글씨를 쓸 만하구나."라고 하셨다. 내가 꿇어앉아 여러 폭 되는 종이를 바치며 말하기를 "고산앙지(高山仰止)119) 네 글자를 크게 써서 새기면 좋겠습니다."라고 하니 공이 기쁘게 쓰셨는데 글자 크기가 돗자리만 해서 계곡과 산이 깜짝 놀랄 만했다. 서원의 재임(齋任)에게 맡겨 새기도록 했는데, 어느 해 홍수에 그 돌이 떠내려가 뒤집혀 버렸다. 그 글씨는 서원의 상자 속에 보관했는데 어떤 재임이 가지고 가버렸다. 내가 당시에 베껴 써서 남겨 두고 진본을 소매 안에 넣어 와서 상자 안의 보물로 삼지 못한 것이 후회스럽다.

余於冬日進往靑嵐臺 見谷雲公單着東坡巾 坐於花階雪中 余着毛物於笠下者四重 瞿然而盡脫去 只着小揮項而入拜 公曰 爾着此 頭不熱乎 余無以答 ○ 爲改寫思庵

(延之), 호는 곡운(谷雲).

116) 동파건(東坡巾): 송나라 때 소동파가 썼던 관이라 하여 동파관이라고도 하는데 명나라 때 우리나라에 전래된 것으로 보이며 문인·선비들이 한가히 지낼 때 쓰던 관임. 당건(唐巾)이나 사방건(四方巾)의 옆에 위로 올라가는 수(收:관모의 뒷부분에 붙인 헝겊)가 덧달린 형태이고, 망건 위에 탕건을 쓰고 그 위에 쓰는 것으로, 말총으로 만들고 외관(外冠)으로 착용하였음.
117) 휘항(揮項): 담비 가죽이나 족제비 가죽으로 만든 방한모의 일종으로, 목덜미까지 덮어 보호한다고 하여 지어진 이름. 정수리 부분은 트여 있으며 뒤는 긴데, 작은 것은 뒤통수와 목을 두르고 큰 것은 어깨와 등도 덮을 수 있으며, 앞쪽에 끈을 달아 앞가슴에서 여미도록 되어 있음.
118) 사암(思庵): 조선 전기 문신인 박순(朴淳;1523~1589)으로, 자는 화숙(和叔), 호는 사암(思菴).
119) 고산앙지(高山仰止): 『시경』에 "높은 산을 우러르고 큰길을 따라가네[高山仰止 景行行止]."라고 한 데서 온 말로, 성인을 존경하고 사모하여 배우고 따른다는 의미임.

畫像贊 奉來谷雲公於道峰書院 初曉月中 問寢於枕流堂 枕席上不見公臥 問侍童不知 乃彷徨四步 出咏旽門 泝溪而上 公兀然獨坐於水中央小石矣 待明奉還 倚欄而坐 竊看眉宇間 有筆意 仰問之則手指上面壁立之石曰 彼石可書 余跪進數幅紙曰 可書高山仰止 四大字刻之 公喜寫之 字大如席 溪山動色 付之齋任而刻之 某年大水 其石漂倒 其書藏之齋檟中 爲何齋任持去 悔我當時不得摸而留之 袖來眞本 作篋中之寶玩也

26 홍정(洪正) 어른이 말씀하시기를 "내가 자네 백부와 홍숙범(洪叔範), 이계이(李啟以), 조자직(趙子直)120)과 함께 동춘당(同春堂)께 인사드리러 갔을 때 각자 종이를 내어 동춘당께 글씨를 청하였는데, 선생께서도 종이를 꺼내 놓으라고 명하시더니 '나도 자네들의 글씨를 받고자 하네.'라고 하시더군. 세 사람이 대청으로 나가 앉아 여러 번 연습하여 글씨를 써서 바치니 선생께서 합쳐서 둘둘 말아 옆에 두셨네. 자네 백부는 자리에 나가자마자 능숙하게 붓을 휘둘러 썼는데 선생께서 칭찬하시고 송병문(宋炳文)121)을 불러 상자에 넣어 보관하게 하셨네. 이에 세 사람은 부끄러워서 등에 땀이 배었다네. 나는 글씨를 잘 쓰지 못하기 때문에 애당초 선생께서 글씨를 쓰라고 명하시지 않아서 땀도 나지 않고 마음도 편하여 즐거웠네."라고 하셨다. 내가 말씀드리기를 "일찍이 현석(玄石)122)을 모시고 앉아 있을 때 현석이 제자들과 성리(性理)와 예학(禮學)에 대해 이야기 하셨는데, 이태수(李泰壽)는 한두 마디도 대답하지 못하고 서너 가지 일에도 응대하지 못하여 얼굴이 벌게지고 의기소침해졌습니다. 저는 성리와 예학도 모르는 까닭에 애당초 저한테는 질문을 하지 않으셨기 때문에 얼굴이 붉어지지도 않고 의기소침해지지도 않아 마음이 편안하여 유쾌하였습니다."라고 하자 좌중이 모두 박장대소하였다.

洪正丈曰 吾與爾伯父及洪叔範李啟以趙子直往拜同春堂 各出紙請書 先生亦命出置紙幅曰 吾亦欲受君輩筆 三人者出坐廳事 屢習而書納則合而卷之 置之傍 爾伯

---

120) 조자직(趙子直): 조선 후기 문신인 조상우(趙相愚;1640~1718)로, 자는 자직(子直), 호는 동강(東岡).
121) 송병문(宋炳文;1640~1682): 조선 후기 문신으로, 자는 문재(文哉)이며, 송준길의 손자.
122) 현석(玄石): 조선 후기 문신이자 학자인 박세채(朴世采;1631~1695)로, 자는 화숙(和叔), 호는 현석(玄石)·남계(南溪).

父卽座而信手揮洒 先生稱賞 呼炳文 藏之篋笥 三人者 愧汗沾背 我則不善書 故初無命 汗不出而心泰然 我卽快矣 余日 嘗侍坐玄石 玄石與羣弟子談理講禮 李泰壽一語二語不能對 三事四事不能對 顔赤而氣低 愚生則不知理不知禮 故初無問 顔不赤氣不低而心泰然 我卽快矣 侍坐一軒渠

27 문천(文川) 군수 이덕운(李德運)이 나에게 묻기를 "그대들은 타우(打愚)123)를 어떻게 대우합니까?"라고 물었다. 내가 말하기를 "존경하고 추앙하면서 선생이라고 칭합니다."라고 하였다. 그가 또 묻기를 "그대 집안과 우암 선생은 어떠합니까?"라고 하였다. 내가 말하기를 "어찌 다르겠습니까."라고 하였다. 그가 웃으며 말하기를 "그대는 나를 속이지 마십시오. 우리 집안과 남악 선생(南岳先生)124)은 그렇지 않습니다."라고 하였다. 내가 말하기를 "그대들은 남악 선생을 존경하고 추앙하지 않습니까?"라고 하였다. 그가 말하기를 "이현일이 어찌 존경하고 추앙할 만하겠습니까. 진실로 가소로운 사람입니다. 남인에게만 유자(儒者)가 없을 수 없기 때문에 사람마다 '남악 선생'이라고 칭하는 것입니다."라고 하였다.

李文川德運問我 君輩待所謂打愚何如 曰尊仰而稱先生 問與君家尤菴先生何如 曰何不同 笑曰 君勿可瞞我 與我家南岳先生將無同 曰君輩不尊仰乎 曰李玄逸何可尊仰 誠是可笑人也 南人獨不可無儒者 故人人口稱之曰南岳先生

28 제천으로 이장한 선친의 산소에 들렀다가 성안에 들어가 성주(城主) 정중조(鄭重朝)125)를 만나고 나오는데, 정중조가 내 처소까지 따라와 이야기를 나누었다. 그가 말하기를 "이제야 편론(偏論)126)을 주고받을 수

---

123) 타우(打愚): 조선 후기 문신인 이상(李翔;1620~1690)으로, 자는 운거(雲擧)·숙우(叔羽), 호는 타우(打愚).
124) 남악 선생(南岳先生): 조선 후기 문신이자 학자인 이현일(李玄逸;1627~1704)로, 자는 익승(翼昇), 호는 갈암(葛庵). 영남학파의 거두로, 이황의 학통을 계승하였으며, 1666년(현종 7)에는 영남 유생을 대표해 송시열의 예설을 비판하였음.
125) 정중조(鄭重朝): 태종·세종 때의 이름난 재상인 정역(鄭易)의 9대손으로, 정익(鄭棆;1617~1683)의 아들.
126) 편론(偏論): 남이나 다른 당파를 논하여 비난함.

있게 되었군요."라고 하였다. 내가 웃으며 말하기를 "성주께서 먼저 물으시면 제가 대답을 하지요."라고 하였다. 정중조가 말하기를 "편론을 없애는 것은 쉽습니다."라고 하였다. 내가 말하기를 "심의겸(沈義謙)과 김효원(金孝元)의 일127)이 아주 미미한 시기에 율곡 같은 대인(大人)도 조정하지 못하였는데, 살육이 난무하는 오늘날 누가 그 책무를 감당할 수 있겠습니까."라고 하였다. 정중조가 말하기를 "그대가 도와주면 할 수 있습니다. 나라에서 엄한 명령을 내려 각 당파의 큰 집안은 같은 당파의 큰 집안과 혼인하지 못하게 하면 어쩔 수 없이 김수항(金壽恒)128)과 권대운(權大運)129)의 집안이 혼인하고, 목래선(睦來善)130)과 민정중(閔鼎重)131)의 집안이 혼인하여 자식과 손자를 낳아 형제가 되고 숙질이 되면 일이 해결될 것입니다."라고 하였다. 내가 말하기를 "그렇지 않습니다. 그렇지 않습니다. 문곡의 죄를 다스리길 청하는 계(啓)에 그의 6촌 동생인 윤이제(尹以濟)132)가 참여하였고, 그의 생질인 판서 홍만조(洪萬朝)133)는 알면서도 알리지 않았으니 이를 통해 이미 알 수 있습니다."라고 하였다. 정중조가 내 말에 변론하지 않고 다시 묻기를 "지금 우리 두 사람의 정이 남다른데 그대 또한 나를 죽일 것입니까?"라고 물었다. 내가 웃으며 말하기를 "우리 집안의 큰일을 모두 성주께서 마음과 힘을 다해 도와주셨는데 어찌 저

---

127) 심의겸(沈義謙)과 김효원(金孝元)의 일: 선조 때 동서붕당의 계기가 된 심의겸(沈義謙;1535~1590)과 김효원(金孝元;1542~1590)의 갈등을 말함. 심의겸이 조정 관원의 추천권을 가진 이조 전랑으로 있을 때 김효원이 차기 이조 전랑으로 천거되자, 심의겸은 "윤원형과 가까이 지낸 소인배"라며 반대했으나 김효원은 전랑으로 임명되었다. 그리고 김효원이 이조 전랑을 마칠 즈음, 이번에는 심의겸의 동생 심충겸이 천거되자, 김효원은 "왕의 외척이 인사권을 장악하는 것은 부당하다."라고 비난했다. 이런 일련의 과정을 거치면서 심의겸과 김효원의 대립은 사림 전반으로 확대되었고, 심의겸을 중심으로 한 서인과 김효원을 따르는 동인으로 나뉘어졌다. 심의겸은 도성의 서쪽인 정동에 살고, 김효원은 도성의 동쪽인 건천동에 산다고 해서 붙인 이름인데, 동인에는 영남학파, 서인에는 기호학파가 참여하여 지역간의 대립으로까지 확대되었음.
128) 김수항(金壽恒;1629~1689): 조선 후기 문신으로, 자는 구지(久之), 호는 문곡(文谷).
129) 권대운(權大運;1612~1699): 조선 후기 문신으로, 자는 시회(時會), 호는 석담(石潭). 남인 중에서 과격한 성향을 가지고 있었음.
130) 목래선(睦來善;1617~1704): 조선 후기 문신으로, 자는 내지(來之), 호는 수옹(睡翁)·수헌(睡軒). 남인의 주요 인물로, 기사환국에서 서인을 제거하는 데 앞장섰음.
131) 민정중(閔鼎重;1628~1692): 조선 후기 문신으로, 자는 대수(大受), 호는 노봉(老峯).
132) 윤이제(尹以濟;1628~1701): 조선 후기 문신으로, 자는 여즙(汝楫). 청렴결백하고 몸가짐을 조심하여 남인으로서 숙종 대 환국의 소용돌이 속에서도 큰 화를 당하지 않았음.
133) 홍만조(洪萬朝;1645~1725): 조선 후기 문신으로, 자는 종지(宗之), 호는 만퇴(晩退).

버릴 수 있겠습니까. 다른 사람 중에 성주를 논박하는 자가 있으면 제가 마땅히 마음과 힘을 다해 구해야지요. 하지만 성주께서 용서받기 힘든 죄를 범하셨는데 그것이 재난으로 인한 것이 아니라면, 제가 사헌부나 사간원에 있다고 해도 사사로운 의리 때문에 나라의 법을 어기기 어렵겠지요."라고 하였다. 정중조가 크게 웃고 손으로 나를 가리키며 말하기를 "좋지 않네, 좋지 않아. 이 사람과 편론하기 힘들구나."라고 하였다. 내가 웃으며 말하기를 "스스로 원해서 편론을 하고서 이런 박절한 말을 들었으니 이것이 누구의 허물이겠습니까."라고 하였다.

> 過先君子遷厝於堤川 入見城主鄭侯重朝而出 鄭踵至坐處而語 語曰 今可作偏論酬酢 余笑曰 城主先問則我當對 鄭曰 去偏論易矣 余曰 沈金事 甚微之時 栗谷何許大人而不能調劑 到今殺戮狼藉之日 誰能任其責者 鄭曰 君與相爲之則爲之 國有禁令 使各其一邊大家不得嫁娶於同色大家 則勢不得不金壽恒與權大運結婚 睦來善與閔鼎重結婚 生子生孫 爲兄弟爲叔姪則事可救矣 余曰 不然不然 文谷按律之啓 其再從弟尹以濟參之 其甥洪判書萬朝知而不告 已事可見矣 鄭不辯我言而更問曰 今則吾兩人情誼自別 君亦殺吾否 余笑曰 吾家大事 專荷城主之盡心力 何可負也 他人有論城主者 吾當盡心力而救之 然城主犯難赦之故 非眚災而吾在臺閣則難以私義廢公法矣 鄭大笑而手指吾曰 不良哉 不良哉 難與此人爲偏論 余笑曰 自願爲偏論而聞此迫切之言 是誰之咎也

29 연지동 이 참판 어른이 황해도 관찰사가 되었을 때, 나와 계부가 각기 처족(妻族)의 일로 편지를 보내 수행할 대솔막비(帶率幕裨)134)를 요청하였다. 그 답장에 이르기를 "이틀 사이에 연달아 숙질에게서 처족에 관한 일로 부탁을 받았으니 그들이 안사람을 중하게 여기는 마음을 알 수 있습니다."라고 하기에 마침내 모두 거느리고 갔다. 친척 할아버지인 전석동(磚石洞)의 이 영상(李領相)께서 평안도 관찰사가 되었을 때, 내가 편지를 보내 내 꿈을 그린 그림의 밑그림을 조세걸135)에게 맡겨 모사해 주기를 부탁드렸는데, 곧 진채136)로 비단 여섯 폭에 옮겨 그려서 보내셨다.

---

134) 대솔막비(帶率幕裨): 감사(監司)·유수(留守)·병사(兵使)·수사(水使)·사신(使臣)을 따라다니며 일을 돕던 무관 벼슬.
135) 조세걸(曺世傑;1636~?): 조선 후기 산수화에 능한 화가로, 호는 패천(浿川).

그때 내 나이가 스물 남짓이었는데, 그분이 나이가 어리다고 해서 상대를 가볍게 대하지 않는 것에 감동하였다. 요즘 많은 사람들을 겪어 보니 또 선배로서의 남다른 풍모와 고요한 말, 세심한 생각을 알 수 있어 기록해 둔다.

蓮池洞李參判丈爲海伯時 余與季父 各以妻族 書懇其帶率幕裨 答來曰 兩日之內 連見內族之請於叔姪間 其重內之意 可知 遂皆率去 磚石洞李領相戚祖爲箕伯時 書 托畵夢草本 要得曺世傑手摹 卽以眞彩絹本 移畵六幅而送之 余之時年二十餘 其不以少輩輕歇可感 閱過今時多人事 又知先輩之風自別 静言思到 錄以存之

30 낙동(駱洞) 윤 판서(尹判書) 어른이 대부인의 환갑잔치에서 취하여 기생에게 기대어 노래를 불렀는데, 죽천(竹泉) 김 판서(金判書)137)가 정색을 하고 엄하게 꾸짖고 일어났다. 다음날 죽천이 말하기를 "어제 윤 대감의 일은 어떻게 생각하는가?"라고 하기에, 내가 말하기를 "대감이 하신 일은 사람마다 할 수 있지만 윤 씨 어른의 일은 사람마다 할 수 있는 것이 아니니, 윤 씨 어른이 대감보다 낫습니다."라고 하였다. 죽천이 웃으며 말하기를 "궤변일세."라고 하였다. 죽천이 또 "선비들이 나에 대해 무어라고 하는가?"라고 묻기에, 내가 말하기를 "'없으면 안 된다.'라고 하기도 하고, 또 '있으면 안 된다.'라고 하기도 합니다."라고 하였다. 죽천이 "무슨 뜻인가?"라고 묻기에, 내가 말하기를 "맑고 강직한 것은 없을 수 없는 일이지만, 과거 시험에서 노론들의 글을 모두 빼 버린 것은 있으면 안 되는 일이라는 뜻입니다."라고 하였다. 죽천이 "그대의 생각은 어떠한가?"라고 묻기에, 내가 말하기를 "한쪽 사람만 뽑고 한쪽의 글만 선발하는 것은 모두 사사로운 정에 의한 것입니다. 하지만 소북이 같은 당의 문인을 모두 뽑은 것은 인정 안의 일이고, 대감이 같은 무리의 글을 모두 빼 버린 것은 인정 밖의 일이니 소북이 대감보다 어집니다."라고 하였다. 죽천이 웃으면서 "궤변일세."라고 하였다.

---

136) 진채(眞彩): 아주 진하게 쓰는 불투명한 채색(彩色), 또는 그것으로 그린 그림. 단청에 많이 씀.
137) 김 판서(金判書): 조선 후기 문신인 김진규(金鎭圭;1658~1716)로, 자는 달보(達甫), 호는 죽천(竹泉).

駱洞尹判書丈 於大夫人壽席 醉後倚娼而歌之 竹泉金判書 正色峻責而起 翌日竹
泉曰 昨日尹台事如何 余曰 台監事人人可爲 尹丈事非人人之所可爲 尹丈勝於台監
竹泉笑曰 詭論 竹泉又問曰 士子輩謂吾如何 余曰 皆曰不可無 又曰不可有 問何謂
余曰 淸貞峭硬 不可無 盡拔老輩文於科場 不可有 問君心則如何 余曰 偏選偏拔 皆
是私情 小北之盡選同類文 人情之內 台監之盡拔同類文 人情之外 小北賢於台監 竹
泉笑曰 詭論

31 안국빈(安國賓)과 채희범(蔡希範)138)이 나의 시문에 대해 심하게
헐뜯었다. 나도 안국빈과 채희범을 헐뜯지만 안국빈이 전고에 해박한 것
은 두려워할 만하다. 신유한(申維翰)139)이 나의 글에 대해 논하기를 "글
재주는 있으나 본받은 글이 없다."라고 하였고, 홍백형(洪伯亨)이 말하기
를 "재치는 당하기 어려우나 독서를 많이 하지 않은 것이 안타깝다."라고
하였다. 이는 깊이 수긍할 만하다.

　외삼촌이 일찍이 남유상(南有常)140)의 묘표를 지었는데 그의 아버지 남
한기(南漢紀)141)가 한 구절의 글자를 고쳐 주기를 청하였다. 외삼촌이 웃
으며 "이것은 오원(吳瑗)142)과 유숙기(兪肅基)143)의 견해입니까?"라고 하
니, 그가 "그렇습니다."라고 하였다. 외삼촌이 "이 한 구절을 고치면 문장
이 되지 않습니다."라고 하였다. 굳이 고쳐 주기를 청하자 "오원과 유숙기
에게 글을 다시 짓게 하는 것이 좋겠습니다."라고 하면서 기어이 고쳐 주
지 않았다. 대저 사람마다 각각 견해가 있으니 어찌 하나하나 그 마음에
들게 할 수 있겠는가. 단지 당연히 비난을 감수해야 한다.

　　安國賓蔡希範大疵我詩文 我則疵安蔡 而安之該博典故則可畏 申維翰論我文曰
有文才而無原文 洪伯亨曰 才致難當而恨不多讀書 此則深服 舅氏嘗作南有常墓表
其父漢紀請改一句文字 舅氏笑曰 是吳瑗兪肅基之見乎 曰然矣 舅氏曰 改此一句則

---

138) 채희범(蔡希範;1704~?): 조선 후기 문신으로, 자는 경홍(景洪),
139) 신유한(申維翰;1681~1752): 조선 후기 문신이자 문장가로, 자는 주백(周伯), 호는 청천(靑泉).
140) 남유상(南有常;1696~1728): 조선 후기 문신으로, 자는 길재(吉哉), 호는 태화자(泰華子)이며,
　　 남용익(南龍翼)의 증손.
141) 남한기(南漢紀;1675~1748): 조선 후기 문신으로, 자는 국보(國寶), 호는 기옹(寄翁).
142) 오원(吳瑗;1700~1740): 조선 후기 문신으로, 자는 백옥(伯玉), 호는 월곡(月谷).
143) 유숙기(兪肅基;1696~1752): 조선 후기 학자로, 자는 자공(子恭), 호는 겸산(兼山).

不成文矣 堅請則曰 使吳兪更作 可也 堅不改 大抵人各有見 何可――副其心乎 只
當任其嘈嘈

32 이일원(李一源)144)이 단양 수령을 전송하며 지은 시에 "강산은 새로운 태수요, 누각은 대부인이네."라는 구절이 있었는데, 사람들이 서로 전하면서 웃었다. 내가 "그대가 최근에 명작을 지었더군."이라고 하니, 이일원이 웃으며 말하기를 "누각대부인(樓閣大夫人) 말인가? 그대라면 무어라고 하겠는가?"라고 하였다. 내가 말하기를 "나는 그것을 좋다고 생각하지만 그대에게는 다른 사람들이 명작이라고 일컬을 만한 구절이 없기 때문에 그대를 폄하하는 사람들이 있는 것이네. 한 경차관(敬差官)145)이 객사의 벽에 쓰기를 '경차관이 도착했는데 주인은 백발의 노인이네. 중당에서 노래하고 춤추니 대청의 흥겨움 끝이 없네.'라고 하였다네."라고 하였다. 이일원이 킥킥대며 말하기를 "그대 또한 다른 사람들처럼 나를 조롱하는군."이라고 하였다.

○ 청풍 부사 정수기(鄭壽期)가 초면에 자신의 첩이 죽은 일을 말하면서 슬프고 괴롭다는 말을 많이 하였다. 내가 말하기를 "그만하십시오, 그만하십시오. 나도 눈물이 나려고 합니다. 전에 낙동 윤 대감 어른과 심유(沈攸)146) 대감 어른이 각각 상처한 심정에 대해 이야기하면서 때때로 눈물을 훔쳤는데, 옆에 앉아 있던 이윤기 어른 또한 눈물을 훔쳤습니다. 윤 대감이 말하기를 '그대는 또 왜 우는가?'라고 하자 이윤기 어른이 '그대들의 이야기를 듣고 나중에 내가 이런 상황에 처할 것을 생각해 보니 분명 그대들처럼 슬플 것 같아서 우네.'라고 하자 두 어른이 크게 웃었습니다. 지금 성주의 말을 들으니 내 마음이 슬픕니다."라고 하고는 그와 함께 크게 웃었다.

○ 엄택주(嚴澤周)가 영월 부사 조명택(趙明澤)에게 시를 지어 보냈는데, 조명택이 시 한 구절을 읊으며 말하기를 "'명구오협(名區奧峽)에 장강출(長江出), 권객이참(倦客羸驂)은 천리래(千里來)'147)라 하니 훌륭하다."

---

144) 이일원(李一源): 조선 후기 문신이자 시인인 이병연(李秉淵;1671~1751)으로, 자는 일원(一源). 호는 사천(槎川)·백악하(白嶽下).
145) 경차관(敬差官): 지방에 임시로 보내던 벼슬.
146) 심유(沈攸;1620~1688): 조선 후기 문신으로, 자는 중미(仲美), 호는 오탄(梧灘).

라고 하였다. 엄택주가 말하기를 "잘못 읽었습니다. '명구(名區)와 권객(倦客)'은 모두 은(𠂆) 자 토를 붙이고, 오협은 애(厓) 자 토를 붙이고, 이참(贏驂)은 이(伊) 자 토를 붙여야 합니다."148)라고 하였다. 조명택이 "무엇이 다릅니까?"라고 하였다. 엄택주 말하기를 "의미가 크게 다릅니다. 영감께서는 책을 많이 읽는 게 좋겠습니다."라고 하자, 조명택의 기색이 어두워졌다. 이는 시를 대충 보았기 때문이니 내가 보기에는 원래 좋은 구절은 아니며, 엄택주가 스스로 뛰어나다고 여겨 다른 사람에게 오만하게 구는 것도 망령되다.

○ 내가 변순(邊栒)149)에게 〈삼회려기(三會廬記)〉를 지어 주면서 끝에 풍우삼고(風雨三顧)150)의 일을 썼는데, 진사 강주우(姜柱宇)151)가 말하기를 "우(雨) 자가 빠졌습니다."라고 하였다. 내가 "처음부터 끝까지 모두 우(雨) 자입니다."라고 하니, 강 진사가 말하기를 "마지막 부분에 빠졌다는 말입니다."라고 하였다. 내가 말하기를 "기문을 다 짓고 끝에 가서 함축적인 의미로 고사를 끌어온 것이니 어찌 '우(雨)' 자가 없다고 해서 문제가 되겠습니까."라고 하였다. 얼마 후에 강 진사가 〈낙요당기(樂堯堂記)〉를 청하면서 말하기를 "이것은 밭도랑에서 요순의 도를 즐긴다는 것에서 나왔습니다."라고 하였다. 내가 말하기를 "순(舜) 자가 빠졌군요."라고 하고, 이어서 웃으면서 "순(舜) 자가 없는 것이나 우(雨) 자가 없는 것이나 없는 것은 똑같습니다."라고 하였다. 강 진사 또한 억지로 피식 웃었다.

○ 신사보(申思輔)152)가 시를 조금 알고, 그림도 조금 볼 줄 아는데 일원(一源)의 시를 보면 반드시 비판하였고, 원백(元伯)153)의 그림을 보면

---

147) 명구오협(名區奧峽)~천리래(千里來): 빼어난 곳 깊은 골짜기에 긴 강이 흘러나오는데 피곤한 나그네는 파리한 말을 타고 천 리를 왔네.
148) 명구(名區)와~합니다: 명구(名區)는 깊은 골짜기에 긴 강이 흐르는 것이요 피곤한 나그네는 파리한 말을 타고 천 리를 왔네.
149) 변순(邊栒;1699~?): 조선 후기 문신으로, 자는 숙건(叔建).
150) 풍우삼고(風雨三顧): 중국 삼국 시대에 촉나라의 유현덕(劉玄德)이, 비바람을 무릅쓰고 제갈공명이 은거하고 있는 초가집을 세 번이나 찾아가서 겨우 만나 군사(軍師)로 삼았다는 고사를 가리키는 말.
151) 강주우(姜柱宇;1685~1756): 조선 후기 문신으로, 자는 대휴(大庥)이고, 1723년 증광시 문과에 급제하였음.
152) 신사보(申思輔;1713~?): 조선 후기 문신으로, 자는 자익(子翊)이고, 1744년 식년 문과에 급제하였음.

반드시 비판하였다. 내가 웃으며 말하기를 "이렇게 남의 글과 그림을 폄하하는 것은 근세의 풍습입니다. 일원의 시를 비판한다고 해서 그대의 시가 반드시 더 나아지는 것이 아니며, 원백의 그림을 비판한다고 해서 그대의 그림이 반드시 더 나아지는 것이 아닙니다. 이는 조금 공부한 사람이 팔대가의 글을 보고 부족하다고 여기는 것과 같으니 사람들 또한 그 견해가 높다고 인정하지도 않습니다."라고 하였다.

李一源送丹陽守詩曰 江山新太守 樓閣大夫人 人皆傳笑 余曰 君有近來名作矣 源笑曰 樓閣大夫人乎 君則謂何 余曰 吾則佳之矣 然君無自多人之名作 亦有揖君者矣 有一敬差官 題于客舍壁曰 敬差官行到 主人白髮翁 中堂歌舞起 大廳興無窮 源局局曰 是亦嘲我者流也 ○ 淸風鄭侯壽期 初面出見 說其喪妾事 多發悲辭苦語 余曰 休矣休矣 吾亦欲涕 昔駱洞尹台丈與沈令丈攸各說喪妻之懷 時時扠淚 李丈允基 亦傍坐而扠淚 尹丈曰 爾又何泣 李丈曰 聽爾輩之言 想起他日吾遭此境則必同爾輩之戚戚 是以泣 二丈大笑 今聽城主之言 吾心有戚 與之大笑 ○ 嚴澤周贈詩寧越府使趙明澤 趙咏其一句曰 名區奧峽彡 長江出 倦客羸驂卩 千里來 佳矣 嚴曰 誤讀矣 名區倦客 皆作卩 吐 奧峽吐彡 羸驂吐伊 趙曰 何不同 屢曰 意趣懸絶矣 令可多多讀書 趙色低 是由於耳 視其詩矣 以吾見之 元非佳句 嚴之自聖傲人亦妄 ○ 余作邊梅三會廬記 末端使風雨三顧事 姜進士柱宇曰 雨落矣 余曰 自初至終 皆是雨矣 姜曰 末段落矣 余曰 記已了矣 末以餘意引古 何嫌無雨 俄而姜請樂堯堂記曰 此出於樂堯舜於畎畝之間 余曰 舜落矣 仍戲笑曰 舜落雨落將無同 姜亦勉强而一嚬 ○ 申思輔粗解吟咏粗解繪素 見一源詩必疵 見元伯畵必疵 余笑曰 此近世風習也 疵源詩 君詩未必勝 疵元畵 君畵未必勝 此有一上舍生 見八大家文亦少之 人亦不許其見高矣

33 아흔이 된 부모를 모시고 있는 한 친구가 있었는데 늘 술에 취해 있었다. 내가 편지를 보내 경계하기를 "어버이를 모실 수 있는 날은 적고, 술을 마실 수 있는 날은 많네."라고 하였다. 사람들이 말하기를 "군자의 말은 야박해서는 안 된다."라고 하였다. 내가 말하기를 "벗의 도가 그러한 것이다."라고 하였다. 사람들의 말이 잘못된 것인지 내 일이 잘못된 것인지 모르겠다.

---

153) 원백(元伯): 조선 후기 화가인 정선(鄭敾;1676~1759)의 자로, 호는 겸재(謙齋).

一友人奉九十老親而長醉不醒 移書戒之日 事親之日少 飮酒之日多 人多曰 君子
之口辭 不可迫切 余曰 朋友之道然 不知人言非耶 吾事非耶

34 남유용(南有容)154)이 영월 부사 엄창희(嚴昌禧)에 대해 평하기를 "말과 행동거지, 지식과 일 처리는 산중의 호걸이라고 이를 만하다. 다만 그가 매번 옥소를 '조원 노형(調元老兄)'이라고 부르는데, 내가 그 사람과 마주 앉아보니 굳이 노형이라고 불러야 할 것도 없고, 그 사람은 분수도 잘 모르니 탄식할 만하다."라고 하였다. 내가 듣고 말하기를 "벗은 도(道)를 벗하는 것인데, 도의(道義)가 없는 나에게 그가 형이라 칭하는 것은 과분한 일이다. 그런데 혼인을 의논할 것이 아니라면 문벌과 지위를 따져 무엇 하겠는가."라고 하였다.

南有容議寧越嚴昌禧曰 言論動止知識事行 可謂峽中豪傑 但每言曰調元老兄 想
對坐其人 必不敢然 不知分 可歎 余聞之曰 友者 友其道也 我無道義 彼之稱兄於我
於我侈矣 如非議婚則門地何論

35 연행(燕行) 가는 외삼촌을 배웅하러 고양에 나갔다가 서장관 한치규(韓稚圭)155)의 방에 갔는데, 마침 역관 한 사람을 잡아들여 그 역관이 자기 아우 한인부(韓仁夫)와 말을 나란히 해서 간 것을 꾸짖으며 명을 내려 곤장을 치려고 하였다. 내가 말리며 말하기를 "그러지 마십시오. 그러지 마십시오. 사람이 비록 귀천이 있으나 만 리를 동행하며 생사를 함께 할 사이인데 출발부터 시끄러운 것은 좋지 않습니다. 정사(正使)가 데리고 가는 사람을 아뢰지도 않고 마음대로 곤장을 치는 것은 옳지 않으며, 그대의 아우가 벽제 소리도 나지 않았는데 달려 나가는 바람에 역관이 뒤따라 가다가 미처 말에서 내리지 못한데다가 또 일부러 그대 아우에게 무례하게 굴고 노하게 한 것도 아닌데 그대가 직접 죄를 다스리는 것도 옳지 않습니다. 인부(仁夫) 때문에 일어난 일인데도 제지하지 않고 오히려 혼내

---

154) 남유용(南有容;1698~1773): 조선 후기 문신으로, 자는 덕재(德哉), 호는 뇌연(雷淵)·소화(小華)이며, 동지돈녕부사 남한기(南漢紀)의 아들이자 이재(李縡)의 문인임.
155) 한치규(韓稚圭): 조선 후기 문신인 한덕후(韓德厚;1680~?)로 자는 치규(稚圭).

도록 부추기는 것은 더욱 옳지 않습니다."라고 하니 마침내 그만두었다. 외삼촌께서 듣고 말씀하시기를 "네가 나의 조카로서 내가 거느리는 아랫사람이 곤장을 맞는 것을 막는 것은 옳지 않다."라고 하셨다.

○ 산수 유람을 갔는데, 강원도 관찰사 어경우(魚景雨)156)가 나를 만나러 나왔기에 저녁때에 사례하러 들어갔다. 그때 마침 그가 감영의 병방(兵房)을 끌어다 놓고 꾸짖으며 말하기를 "심약157)이 역마를 타고 가는데도 너는 금하지 않았으니 벌을 받아 마땅하다."라고 하고, 심약도 잡아 오라고 명하였다. 내가 말하기를 "벌을 받을 만한 일이 아닌데 벌을 주는 것 같습니다."라고 하였다. 또 말하기를 "심약을 잡아들여 벌하지 마십시오. 본디 그는 조정에서 파견한 사람으로, 관복을 갖추어 입고서 조정의 평가를 받으려고 기다리고 있습니다. 그가 비록 지금 임시로 전령패158)를 갖고 있어서 감사의 관리를 받는 하관(下官)이기는 하나, 잡아들여 벌하는 것은 조정을 욕보이는 것이니 분명 잡아 와서는 안 됩니다. 또 그가 감사의 명을 받들어 양구 관리의 병을 살펴보러 갔다면 당연히 타고 가야 할 역마를 타고 간 것이니 병방을 벌하는 것도 잘못입니다."라고 하였다. 어경우가 웃으며 "그런가? 안 그런가? 그렇겠구나."라고 말하고, 아전도 벌하지 않고 심약도 잡아 오지 않았다. 내가 또 웃었다.

拜送舅氏燕行出高陽 往書狀韓稚圭之房 方捉入一譯官 數其等馬於其弟仁夫 令而杖之 余止之日 勿爾勿爾 人雖有貴賤 萬里同行 死生與之 而初路鬧撓不祥 上使帶去之人 不稟而擅杖 不可 季令非有道喝而奔馳 從行之際 未及下馬 又非故犯怒無禮於吾弟 吾自治之 不可 仁夫之坐而不止之 從而勸之 尤不可 遂止之 舅氏聞之日 汝以吾之甥而禁吾率下之被杖 不可 ○ 遊山之行 以東伯魚景雨之出見 乘夕入謝 則時曳入兵房營吏 數之日 審藥騎傳而汝不知禁 宜受刑 又命捽下審藥 余日 可謂非刑之刑 又日 審藥勿下庭 自是自朝廷差送 身具帽帶而待殿最 鮮今權帶傳令牌 是爲監司管下官 下庭則辱國 不得捽下明矣 旣承監司命 往視揚口官病 則是騎當騎之騎 兵房之治 誤矣 景雨笑而日 然乎不 然乎 吏則略刑 審藥則不捽下 余又笑

---

156) 어경우(魚景雨): 조선 후기 문신인 어유룡(魚有龍;1678-1764)으로, 자는 경우(景雨).
157) 심약(審藥): 궁중에 바치는 약재를 감시하기 위하여 팔도에 파견하던 종9품 벼슬.
158) 전령패(傳令牌): 조선 시대 좌우 포도대장이 명령을 전달할 때 쓰던 패. 모양은 직사각형으로 한면에는 '좌변포도대장(左邊捕盜大將)' 또는 '우변포도대장(右邊捕盜大將)'이라 낙인(烙印)하고 뒷면에는 '전령(傳令)'이라고 썼음.

36 정행지(鄭行之) 어른의 환갑잔치에 채군범(蔡君範)159)이 왔다. 내가 말하기를 "그대의 학문 수준을 내일이면 알 수 있을 것이네. 내일 기악(妓樂)이 올 것이네."라고 하였다. 다음 날 많은 사람이 모였는데, 채군범은 시골집에 나가서 아직 들어오지 않았다. 내가 사람을 보내 전갈하기를 "학문의 수준을 마침내 알 수 있으니, 빨리 나를 만나러 오게."라고 하였다. 군범이 들어와서 말석의 구석진 자리에 담담하게 앉아 있는데, 동지중추부사 이세환(李世煥)160)이 잇달아 와서 앉았다. 내가 말하기를 "공은 이런 모임에 오는 것이 재미 없을 것 같소. 원래 술을 마시지 못하는 병통이 있는 데다 이는 고기를 씹을 수 없으며, 음란한 음악과 사특한 미색도 접하지 못할 것 아니오."라고 하였다. 그가 말하기를 "나는 그런 것들에 크게 집착하지 않네."라고 하였다. 얼마 후에 한 젊고 예쁜 여자가 앞에 앉자 그가 갑자기 "너는 어느 기생의 딸이냐?"라고 물었다. 내가 웃으며 말하기를 "풍정이 아주 호탕하십니다."라고 하자 앉아 있던 모든 사람이 웃었다. 나는 눈으로는 춤추는 소매를 보고, 귀로는 노랫소리를 들으며, 입으로는 기생 어미의 이름을 묻지 않았다.

鄭行之丈壽席 蔡君範來至 余曰 君之學力 明日可知 妓樂來矣 明日 大席之坐 君範出在村舍不入 余送人致語曰 學力果知之 亟來見我 軍範入來 坐於末席深處 淡然自居 李同知世煥繼又來坐 余因其言而曰 公則赴此會無味 病未飮酒 齒妨嚼肉 淫聲邪色 又不可接應之 曰 吾則不太執矣 俄而一少娥坐前 遽問曰 汝是何妓之女 余笑曰 風情太浩蕩矣 同坐皆笑 吾則目視舞袖 耳聽歌喉 口不問妓母之名矣

37 강상(江上)161)의 대상(大祥) 날에, 내가 이가구(李可久)162), 채군범(蔡君範), 윤서응(尹瑞膺)163), 한덕소(韓德昭)164)와 함께 초당에 앉아 있었

---

159) 채군범(蔡君範): 조선 후기 권상하의 제자들인 강문팔학사 중 한 사람인 채지홍(蔡之洪;1683~1741)으로, 자는 군범(君範), 호는 봉암(鳳巖)·삼환재(三患齋)·봉계·사장와(舍藏窩).
160) 이세환(李世煥): 조선 후기 문신으로, 자는 계장(季暲), 호는 과재(果齋).
161) 강상(江上): 수암(遂庵) 권상하(權尙夏;1641~1721)를 가리킴. 그의 서재인 한수재(寒水齋)가 황강(黃江) 가에 있었음.
162) 이가구(李可久): 조선 후기 권상하의 제자들인 강문팔학사 중 한 사람인 이이근(李頤根;1668~1730)으로, 자는 가구(可久), 호는 화암(華巖).
163) 윤서응(尹瑞膺): 조선 후기 권상하의 제자들인 강문팔학사 중 한 사람인 윤봉구(尹鳳九;1683

다. 내가 말하기를 "사람들이 모두 군범은 영리한 학자이고, 서응은 경화(京華)의 학자이며, 가구는 성실한 학자이며, 덕소는 책임감 있는 학자라고 말하는데 이 말을 어떻게 생각하십니까?"라고 하였다. 또 말하기를 "학문을 하여 유학(儒學)의 영수까지는 되었으나 영의정이 되지 못한 것은 팔자소관입니다. 이공거165)의 준수한 외모는 여러분께서 모두 미치지 못할 듯하니 영수는 마땅히 공거에게 양보해야겠습니다."라고 하고 함께 한바탕 웃었다. 이 말은 농담이고 가구가 일찍 죽은 것이 애석하다.

江上祥日 余與李可久·蔡君範·尹瑞膺·韓德昭坐於草堂中 余日 人皆言 君範伶俐學者 瑞膺京華學者 可久原謹學者 德昭擔當學者 此言如何 又日 爲學而至作斯文領袖 非領議政 八字所及 李公擧之相表 諸公似皆不及 領袖則當讓於公擧耶 與之一戲笑 斯言戲耳 惜乎可久之早世

38 강상(江上)에게 시호를 내리는 의식이 행해진 날을 맞아 내가 말하기를 "임금님의 명을 받들고 왕의 사신을 접대하는 일이 작은 일이 아닌데 조촐한 잔치를 베푸는 데 그치는 것은 영광을 자랑스럽게 여기는 것이 아니다. 고금에 교묘제사(郊廟祭祀)166)에 음악이 쓰인 까닭을 미루어 알 수 있으니, 음악을 사용하지 않을 수 없다. 그러나 오직 여악은 사용할 수 없다."라고 하자, 아우가 "사계 선생, 우암 선생, 농암 선생 등 여러 선생의 집에서 모두 음악을 사용하지 않았으니 지금 또한 쓸 수 없을 듯합니다. 또 시골 음악은 시끄럽기만 해서 올바른 음악도 아닙니다."라고 하였다. 내가 그 말을 옳다고 여겨 마침내 음악을 사용하지 않았다.

○ '종손이 관직이 없으니 사모관대를 갖추어 명을 받들 수 없다.'라는 견해와 '이전의 직함을 받들어 사모관대를 갖추어도 불가하지 않다. 어찌 백의(白衣)로 임금의 명을 받들 수 있겠는가.'라는 두 가지 의견이 맞서 결정이 나지 않았다. 우리 외삼촌과 신 판서(申判書)께서 모두 "비록 이전

~1767).
164) 한덕소(韓德昭): 조선 후기 권상하의 제자들인 강문팔학사 중 한 사람인 한원진(韓元震:1682~1751)으로, 호는 남당(南塘).
165) 이공거(李公擧): 조선 후기 권상하의 제자들인 강문팔학사 중의 한 사람인 이간(李柬;1677~1727)으로, 호는 외암.
166) 교묘제사(郊廟祭祀): 천자나 왕이 지내는 제사로, 교(郊)는 천지의 신령에게 지내는 제사를 의미하고 묘(廟)는 조상 신령에게 지내는 제사를 의미함.

의 직함이라도 관직에 있었던 몸이니 마땅히 사모관대를 갖추어야 한다."
라고 하셨다. 내가 "대신들의 말씀이 이러하니 반드시 관리들 사이의 예
절을 아실 것이다."라고 하고 사모관대를 사용하기로 결정하였다. 하루
전에 사옹원(司饔院) 주부(主簿)가 교지를 가지고 왔을 때 흔쾌히 사모관
대를 착용하였다.

○ 내가 문중의 어른으로서 이조 정랑 가까이에 마주 보고 앉았다. 이
조 정랑은 홍계유(洪啓裕)167)였는데, 겉으로는 인사를 차렸으나 매우 오
만했다. 내가 대충 응대하고는 바로 몸을 일으켜 떨어져 앉았다.

○ 충주 부사 홍진유(洪晉猷)가 모여 있는 선비들 사이로 남여를 타고
와서 내리지도 않고 자리가 비좁다고 하며 아랫사람들을 시켜 선비들을
멀리 쫓아내는 바람에 태반이 넘는 선비들이 뿔뿔이 흩어졌다. 우리 형제
와 숙질이 여러 번 사람을 보내 돌아오라고 하면서 "그대들이 여기에 온
것은 중요한 일이 있어서인데 충주 부사에게 노엽고 분하다고 해서 일어
나 가는 것은 옳지 않습니다. 그대들은 어찌 모여 앉지도 않으시고, 또 수
행한 아전들을 붙잡아다 혼내지도 않으십니까?"라고 말하니, 선비들이 말
하기를 "우리가 어찌 이것을 모르겠습니까. 우리는 큰일에 참석하러 왔지
만 우리로 인해 시끄러워진다면 우리의 잘못이기 때문입니다."라고 하였
다. 내가 말하기를 "저들이 사납게 구는데 내가 사람의 도리로 대하는 것
은 독서의 공효가 아님이 없습니다."라고 하고서 함께 한바탕 웃었다.

  江上延諡日 余則日 承迎恩諡 接待王人 非小事 只設草草杯盤 非所以侈大光榮
之意 古今郊廟之樂 可推知也 不可不用樂 唯女樂不可用 弟則日 沙尤農諸先生家
皆不用樂 今亦不可用 下里啁啾 又非雅音也 余然其言 遂不用 ○ 宗孫無見帶之官
不可具帽帶迎諡 前啣具帽帶 無所不可 豈可以白衣迎諡 兩言未決 我舅氏與申判書
皆言 雖前啣 旣是有官之身 則宜具帽帶 余日 大官之言如此 必知體例矣 欲決意用
之 前一日 司饔主簿 敎旨來到 故快用帽帶 ○ 余以門長 座相近於吏郞 吏郞洪啓裕
也 與有皮毛人事而頗有傲志 余略應之 卽起身間席而坐 ○ 忠原守洪晉猷 乘藍輿於
千百多士之中 不下 以其座挾 使下輩 驅出多士而遠之 多士太半散去 吾兄弟叔姪
屢送人邀還曰 公輩此來 所重有在 激忠守而起無義 諸公何不會坐 而捉入隨吏杖之
多士曰 吾何不知此 吾輩爲參大事而來 自我作閙 我卽非耳 余日 彼以暴戾 我以人
義 無非讀書之功也 與之一笑

---

167) 홍계유(洪啓裕;1695~1742): 조선 후기 문신으로, 자는 문요(文饒). 이조 좌랑, 부교리, 사간
  (司諫) 등을 지냈음.

39 해산정(海山亭)에 앉아 있는데 좌랑(佐郞) 정석구(鄭錫耈)168)와 설서(說書)169) 정순검(鄭純儉)170)이 곧바로 정자로 올라왔다. 내가 관아에 머물고 있는 사람임을 알면서도 보고도 못 본 척하였고, 나와 손자 진응(震應)171)이 일어났는데도 응대를 해주지 않았다. 나이 어린 정극검(鄭克儉)172)이 거리낌 없이 걸어와 죽 걸려 있는 현판들을 읽고는 "우암 선생, 우암 선생, 우암 선생이 가련하구나."라고 하였다. 얼마 후 좌랑과 대충 인사하고 앉아서 이야기를 나누었는데 설서는 등을 지고 앉아 돌아보지도 않았다. 좌랑이 "본 고을 수령보다 항렬이 높으십니까?"라고 묻기에 "항렬이 높으니 높은 곳에 앉았지요."라고 말했다. 또 말하기를 "우리가 대대로 사귀어 온 정분이 있는 것을 아시지요?"라고 하기에, 내가 "대대로 사귀어 온 정분이 있으니 공이 지금 들어와서 앉았겠지요."라고 하였다. 내가 "저기 앉아있는 사람은 누구입니까?"하고 물으니 "설서입니다."라고 했다. 내가 "재상감입니다."라고 하였다. 내가 또 "우암 선생이 가련하다고 한 자는 누구입니까?"라고 물으니, 좌랑이 말하기를 "나이가 어려 아무것도 모르는 먼 족친입니다."라고 하였다. 내가 말하기를 "비록 나이 많은 친족인들 무슨 상관이 있겠습니까."라고 하였다. 십여 일 후에 고산 찰방 정이검(鄭履儉)173)이 왔기에 내가 설서의 일을 달해 주자 찰방이 말하기를 "그 아우가 본래 털털해서 매번 이와 같습니다."라고 하였고, 내가 극검의 일을 말해 주자 찰방이 말하길 "나이가 어리고 세상일을 몰라서 그런 것입니다. 제가 반드시 우암이라고 칭하고 관명을 부르지 않아서 그랬을 것입니다."라고 하였다. 내가 말하기를 "그대 정씨들이 편론(偏論)을 하지 않는 가풍은 그대가 공부할 때부터 시작되었지."라고 하고, 또 웃으며 말하기를 "정씨들의 이번 산수 유람에서는 가풍을 추락시켰네."라고 하였다.

---

168) 정석구(鄭錫耈;1696~1755): 조선 후기 문신으로, 자는 덕용(德用).
169) 설서(說書): 조선 시대 세자시강원(世子侍講院)의 정7품 벼슬.
170) 정순검(鄭純儉;1710~1767): 조선 후기 문신으로, 자는 성종(聖從).
171) 진응(震應;1711~1775): 조선 후기 문신으로, 자는 형숙(亨叔), 호는 산수헌(山水軒)이며, 권상하(權尙夏)의 증손자이자 권섭의 종종손(從從孫).
172) 정극검(鄭克儉): 조선 후기 문신인 정순검(1710~1767)의 동생.
173) 정이검(鄭履儉;1695~1754): 조선 후기 문신으로 자는 원례(元禮).

坐海山亭上 鄭佐郎錫耉 說書純儉 直上亭中 知我爲衙中人而視而不見 我與震
孫起立而亦不應 少年克儉 周步而咏列板 曰尤菴先生尤菴先生 尤菴先生可悶 少間
佐郎略略坐與語 說書則背坐不回顧 佐郎問曰 於主守尊行乎 曰尊行故坐於高處矣
又曰吾輩有世分 知之乎 曰有世分故 公今入坐矣 余問彼坐者誰 曰說書 余曰宰相器
余又問尤菴先生可悶者誰 曰年少不知事之疎族 余曰雖年老親族 亦何妨 後十餘日
高山察訪鄭履儉來 余說說書事 曰此弟本習疎脫 每如此 余說克儉事 則曰年少而不
知人事 吾則必稱尤菴而不以官名呼 余曰君鄭氏 自古無偏論 盖自君學士始 又笑曰
鄭氏之爲遊山行 已是墜落家風

40 외삼촌께서 내 시에 대해 평하실 때 조금이라도 평온하지 않은 곳이 있으면 모두 비판하였는데, '소장(疏狀)의 격렬한 말은 천추에 빛나리[名疎激烈千秋照].' 같은 구절에 이르러서는 "조(照) 자가 좋지 않다."라고 하셨고, '다리 아래로 작은 배 지나가네[橋用小舠過].'에서는 "용(用) 자가 좋지 않다."라고 하셨다. 중온(中蘊)이 말하기를 "문장에서는 '희(噫)' 자를 즐겨 쓰는 것이 병통이 되고, 시에서는 '타(他)' 자를 즐겨 쓰는 것이 그러합니다."라고 하였다. 나는 모두 받아들일 수 없다. 승산 외삼촌께서 말씀하시기를 "요즘 시는 두보가 기주(夔州)에 살던 이후의 작품과 너무 똑같아서 지나치게 난삽하다."라고 하셨다. 내가 말하기를 "뜻이 활달하게 통하면 좋은 것이니 구와 글자가 약간 난삽한들 무슨 문제가 되겠습니까?"라고 하였다. 국빈(國賓)174)이 그에 대해 곧바로 말하기를 "좋지 않습니다. 반드시 자신이 지은 것과 같아야만 좋은 것이겠습니까. 나는 그런 것을 배우지 않으려고 합니다."라고 했다. 일원(一源)이 말하기를 "나의 시는 예스러운 것을 숭상하고, 그대의 시는 기상을 숭상한다."라고 하기에 내가 말하기를 "그대의 시는 괴이함을 숭상하고 나의 시는 기이함을 숭상한다."라고 하고는 그와 함께 한바탕 웃었다. 경우(景雨)가 말하기를 "매번 자평(子平)이 말이 되는 듯하나 말이 되지 않는 시를 짓고는 '이것이 진짜 시다.'라고 말하는데 그대의 시 또한 그러하니 마땅히 자평의 시와 짝이 될 만하다."라고 하였다. 내가 이에 웃고는 다른 말을 하지 않았다.

---

174) 국빈(國賓): 조선 후기 문신인 안중관(安重觀;1683~1752)으로, 호는 회와(悔窩)·가주(可洲).

舅氏議我詩 於其稍未平穩處 皆疵之 至如名疎激烈千秋照 必曰 照字不好 橋用
小舠過 必曰 用字不好 中蘊曰 文之喜用噫字爲病 詩之喜用他字亦然 吾皆不受之
勝山舅氏曰 近來之詩 便同老杜夔州後作 過於艱晦 吾則曰 意暢則好 句字之少似艱
晦何妨 國賓直謂之曰 不好 必如自家之作然後好耶 吾不願學 一源曰 吾詩尙古 君
詩尙氣 吾曰 君詩尙怪 吾詩尙奇 與之一笑 景雨曰 每子平爲似成語 不成語之詩 云
此眞詩也 君作亦然 宜其爲子平之詩伴 吾乃笑而不辯

41 유학의 도통을 따져 보면, 우리나라 다섯 현인175)이 천 년 동안 끊어진 맥을 계승하였다. 그런데 퇴계 후에는 율곡, 사계, 우암, 한수재를 일컫기도 하고, 또 한 갈래는 사계, 동춘을 일컫기도 하고, 또 한 갈래는 우암, 농암을 일컫기도 하고, 또 한 갈래는 퇴계, 우계, 현석을 일컫기도 하고, 또 한 갈래는 퇴계와 한강을 일컫기도 한다. 이처럼 사문(師門)을 쪼개고 나누어 끼리끼리 갈래를 만드니, 백세 후에 율곡 같은 분이 나와야만 공안(公案)176)을 만들 것이다. 최근에는 도암(陶菴)177) 선생이 나와 퇴계를 계승하여 홀로 스승의 도를 높이고자 하였고, 남당 선생은 성전과 구운을 누르고 앉아 세교를 맡고자 하는데 결국에는 어떻게 될지 모르겠다.

斯文道統 我國五賢接千載之墜緖 有退溪以後 曰栗谷, 沙溪, 尤庵, 寒水 又一條
曰沙溪, 同春 又一條曰尤庵, 農岩 又一條曰退溪, 牛溪, 玄石 又一條曰退溪, 寒岡
分門割戶 私立名號 俟百世有如栗谷者出 乃作公案 近有陶菴先生出 欲繼退溪而立
獨尊師道 南塘先生壓星田九雲而坐 欲任世敎 未知其畢竟如何成立

42 작년에 어떤 사람의 반혼(返魂)178)을 구경하려고 서대문 밖에 나

---

175) 다섯 현인: 유학의 계통에서 동방오현으로 불리는 다섯 학자들로, 한훤당(寒暄堂) 김굉필(金宏弼), 일두(一蠹) 정여창(鄭汝昌), 정암(靜庵) 조광조(趙光祖), 회재(晦齋) 이언적(李彦迪), 퇴계(退溪) 이황(李滉) 등임.
176) 공안(公案): 공론에 의해 결정된 안건.
177) 도암(陶菴): 조선 후기 문신인 이재(李縡;1680~1746)로, 자(字)는 희경(熙卿), 호는 도암(陶菴)·한천(寒泉). 예학(禮學)에 밝아 많은 저술을 남겼음.
178) 반혼(返魂): 장사를 지낸 뒤에 혼백이 깃든 신주를 다시 집으로 모시고 오는 일로, 주상(主喪)과 복인(服人)들이 신주와 혼백 또는 영정을 모시고 집으로 돌아오는 일을 말함.

갔다가 학사 홍중웅(洪仲熊)179)의 집에 들렀다. 창에 각각 기대어 앉아 있는데 반송지(蟠松池)180) 가에 서 있는 나무에 벼락이 쳤다. 그러자 홍 학사가 내 앞으로 뛰어왔다. 홍 학사는 명망 있는 선비였기에 그의 정신이 심하게 불안한 것을 괴이하게 여겼는데 오래되지 않아 죽었다.

昔年看人返魂 出西郊 歷入洪學士仲熊 分倚窓櫳而坐 雷震蟠松池邊之樹 洪已躍赴而在我前矣 洪自是名士 余怪其神精之太未定 未久死

43 재상 이국언(李國彦)181)이 돌아가시고 해가 지났다. 처남의 정의가 있어 마땅히 곡을 해야 하는데 그때까지 곡을 하지 못했다. 하루는 그 집 앞을 지나는데 문밖에 안장을 얹은 말이 있었다. 하인을 불러 "상주가 시골의 여막에서 돌아오셨는가?"라고 묻고는, 상주에게 알리게 하고 궤연(几筵)182) 앞에서 통곡하였다. 상주가 절하고 꿇어앉았을 때 보고서야 그 사람이 이종성(李宗城)183)이 아님을 알았다. 물어보니 "저는 이종백(李宗白)184)의 아우인데 출계했습니다."라고 하였다. 내가 말하기를 "여기가 공주 봉조하(奉朝賀)185)의 상가인가? 내가 잘못 들어왔군. 그렇다면 그대가 마땅히 누구인지 물어봤어야지."라고 했다. 후에 경윤(景尹)을 만나 말하기를 "그대의 아들에게 조문객의 명단에 내 이름을 쓰지 말라고 하게. 노론들이 괴이하게 여길 뿐만 아니라 그대 무리들도 반드시 의심할 것일

---

179) 홍중웅(洪仲熊): 조선 후기 문신인 홍우서(洪禹瑞;1662~1716)로, 호는 서암(西巖).
180) 반송지(蟠松池): 서대문 밖 반송방에 있던 큰 연못으로, 반지(盤池), 서지(西池)라고도 하며 이 연못에 핀 연꽃을 구경하며 시를 짓는 것이 국도팔영(國都八詠)에 속할 만큼 유명한 명승지였음.
181) 이국언(李國彦): 이항복의 현손이자 이세필의 아들인 이태좌(李台佐;1660~1739)로, 자가 국언(國彦)이고 옥소의 처남임.
182) 궤연(几筵): 죽은 이의 혼령을 위해 차려 놓은 영궤(靈几)와 영궤에 딸린 모든 물건.
183) 이종성(李宗城;1692~1759): 조선 후기 문신으로, 자는 자고(子固), 호는 오천(梧川)이며, 이태좌(李台佐)의 아들.
184) 이종백(李宗白;1699~1759): 조선 후기 문신으로, 자는 태소(太素), 호는 목천(牧川)이며, 국언(國彦) 이태좌(李台佐)의 동생인 경윤(景尹) 이형좌(李衡佐)의 아들. 이종백의 동생 이종익(李宗翼) 즉 이형좌의 셋째 아들은 이형좌의 10촌 형제인 이광좌(李光佐;1674~1740)의 후사로 나갔는데 이광좌는 1733년에 봉조하가 되었음.
185) 봉조하(奉朝賀): 조선 시대, 전직 관원을 예우하여 종2품의 관원이 퇴직한 뒤에 특별히 내린 벼슬.

세."라고 하니, 경윤이 웃으며 말하기를 "이미 써 버렸네."라고 했다. 내가 평생 모든 행동을 조심했는데 지금 문득 이런 실수를 한 것은 무엇 때문인가?

> 李國彦相國之喪 經年 以妻兄之有情義 宜哭而未哭 一日過其門 門外有鞍馬 呼問喪奴曰 喪人自鄕廬入來乎 使通之 痛哭几筵之前 及覿喪人拜跪之時 知其非李宗城 問之則曰 我李宗白之弟而出繼矣 余曰 此是公州奉朝賀之喪耶 吾果誤到矣 然君則宜問矣 後逢景尹而曰 語君之子 使勿書我名於弔客冊中 不但老論怪駭 君之儕輩 亦必疑之矣 景尹笑曰 已猛書之矣 余於平生 每謹愼於一動靜 而今忽有此紕漏 何也

44 조형기(趙亨期)[186] 어른의 사람됨은 도량이 넓고 말을 잘했다. 그가 여주 목사가 되어 아직 부임도 하지 않았을 때, 내가 갓 상처를 하여 신은천(新隱川)에 묘터를 정했는데 날짜에 맞게 상여 배로 운구하기가 어려웠다. 내가 찾아뵙고 아뢰기를 "객지에서 장례를 치르려니 자력으로는 안 되겠습니다. 생면부지이나 정으로써 고하니 어른께서 어떻게 좀 도와주십시오."라고 하였다. 조 씨 어른이 말하기를 "자네 백부와 자네 외조부가 모두 내 오래된 친구이고, 자네 장인도 내 친구네. 생면부지라는 게 무슨 말인가. 내가 있으니 자네는 모든 일을 염려하지 말게."라고 하였다. 상여를 실은 배가 도착하니 수레와 말이 벌써 강 언덕에서 기다리고 있었고, 일꾼들이 산 아래에서 무리를 이루고 있었으며, 아전과 종들이 일을 맡아 이미 이리저리 바쁘게 뛰어다니고 있었고, 쌀과 음식, 얼음, 숯이 계속 이어졌고, 작은 배로 심부름꾼이 와서 하루도 빠짐없이 안부를 물었다. 이에 뜻대로 산역(山役)을 마치고 돌아올 수 있었다. 돌아오는 배가 출발하려는데 앞에 검은 덮개를 펄럭이는 배 한 척이 있었다. 물어보니 여주 목사의 부임 행차였다. 이에 배를 잠시 멈추고 감사하다고 아뢰었다. 아! 그 호방함이 미산에 은거했던 소동파와 비교해서 어떠한가.

> 趙丈亨期爲人 不齦齦而善流辯 爲驪州牧使 未及赴時 余新喪妻 卜山於新隱川 不日泝喪舟 余往謁之曰 客地營葬 無以自力 生面而告以情 丈何以圖之 趙曰 爾伯父 爾外祖 皆我知舊 爾婦翁 我之友 生面是何言 百事千事 惟我在 爾勿疑也 喪舟

---

[186] 조형기(趙亨期;1641~1699): 조선 후기 문신으로, 자는 장경(長卿), 호는 신재(新齋).

去則轝馬已待江岸矣 役夫已成羣於山下矣 吏僕任將 已奔走於左右矣 米饌氷炭又
絡繽 小舟訊伻問札 又無虛日 得以從心完役而歸 歸舟之發 一舡在前 皁盖翩翩 問
是使君投紱之行 乃停橈謝謁 嗚乎 其豪與坡翁之眉山隱者 何如

45 정유헌(丁游軒)187)의 묘비문을 우리 외삼촌이 지었는데, 그 자손이 모 정승한테 수학하고자 하여 나한테 와서 묻기에 내가 말하기를 "이 사람은 법도에서 벗어난 사람이며 유학의 도를 귀하게 여길 줄 모르니 수학하면 안 될 것이네."라고 하였다. 그가 다시 모 영감에게 수학하고자 하기에 내가 말하기를 "이 사람은 문학하는 사람인데, 이 사람이 추천될 때에 당시의 재상에게 아부했다는 비난이 있으니 수학하지 않는 것이 좋겠네. 학사 홍봉조(洪鳳祚)188) 같은 우아하고 고상한 선비라면 수학할 만하네."라고 하였다. 그 손자가 홍봉조를 찾아가 뵈었더니 유헌의 비문을 얻어 보면 좋겠다고 하여 그 비문을 베껴서 주었다.

丁游軒墓碑 我舅氏作之 其孫欲受業於某台某 來問於我 我曰此人是矩律外人而
不知貴儒術 不可受 欲更受於某令某 我曰此人是文學之人 而薦人時 有承望時相之
誚 不可受 洪學士鳳祚儒雅士類 可受 往謁焉 則曰得寫游軒碑幸矣 寫給之

46 내가 26세였을 때에 사재감(司宰監)189) 촌에 잠시 머물렀다. 그때 마침 주자의 책을 읽고 있었는데, 삼연옹(三淵翁)이 오셔서 "그대의 문리는 막기 어려울 정도로 호방하니 주자의 책은 반드시 해가 될 것이네. 『제자휘함(諸子彙函)』190)을 읽는 것이 좋겠네."라고 하셨다. 저녁에 다시 오셔서 말씀하시기를 "다시 생각해 보니 제자(諸子)의 문장은 각기 달라 일정한 규칙을 세우기 어려우니 팔대가 중에 마음에 드는 문장을 택하여 읽는 것이 좋겠네. 오직 한유(韓愈)의 문장은 성대하고 넓고 커서 경계를

---

187) 정유헌(丁游軒): 조선 전기 문신인 정황(丁熿;1512~1560)으로, 자는 계회(季晦), 호는 유헌(遊軒).
188) 홍봉조(洪鳳祚;1680~1760): 조선 후기 문신으로, 자는 우서(虞瑞), 호는 간산(盂山).
189) 사재감(司宰監): 궁중에서 쓰는 생선·고기·소금 등의 조달 사무를 맡아보던 관아.
190) 제자휘함(諸子彙函): 중국 명나라 학자 귀유광(歸有光;1507~1571)이 편집한 책. 중국 주나라 때부터 명나라 초기까지의 대표적 사상가들과 그들의 저술을 정리하였음.

추측하기 어려우니 먼저 읽기에 마땅하지 않네."라고 신신당부하고 가셨다. 그러나 나는 한유 문장을 먼저 읽고 싶은 마음이 강해서 먼저 읽었더니 한유 문장에서 효과를 보았다.

○ 〈화식전(貨殖傳)〉을 천 번이나 읽었지만 삼연옹을 대하면 여전히 통하지 않는 곳이 많았다. 그 후에 서생 남혁관(南赫寬)이 와서 〈화식전〉을 배우고자 하였다. 내가 웃으면서 말하기를 "삼연옹 앞에서 막히는 것도 부끄러운데 또다시 후배에게 추함을 보일 수 있겠는가."라고 했다. 이에 그를 가르쳤는데, 여전히 명백하지 않은 곳이 두서너 군데 있었다.

○ 서생 김봉채(金鳳彩)가 『중용』을 배우고자 하였다. 내가 『중용』에는 정통하지 않지만 수암(遂菴) 선생의 조카로서 중용을 모른다고 사양하는 것도 부끄러워 두세 번 사양하다가 마주 앉았다. '천명지위성(天命之謂性)'부터 '무성무취(無聲無臭)'[191]까지 여러 번 생각하고 말하였는데 명확하지 않은 부분을 깨닫게 되는 경우가 많았으며, 다시 읽으니 더 나아졌다. 하루는 금명집(琴命集) 군이 와서 함께 이야기를 나누었는데, 그가 『중용』의 '도불원인(道不遠人)' 장의 '벌가(伐柯)'가 비유한 것이 무엇인지를 물었다. 내가 입에서 나오는 대로 대답하기를 "사람의 도리로 사람을 다스리는 것이 도끼 자루를 쥐고 도끼 자루로 사용할 나무를 베는 것처럼 쉽다는 말이다."라고 하였다. 금군이 말하기를 "그렇습니까? 저는 사람을 다스리는 것이 도끼 자루로 사용할 나무를 베는 것보다 쉽다는 의미로 읽었습니다."라고 하였다. 이에 다시 그 문장을 보고, 그 주(註)를 다시 찾아보니 그 말이 맞았다. 흘낏 보고서 그 같고 다름을 헤아리고도 오히려 멀다고 여기는 것은 (손에 쥔 자루와 자르려는 나무의) 길고 짧은 차이가 있어서이지만, 사람을 다스리는 것은 곧 그 사람이 지닌 것을 바탕으로 다시 그 사람을 다스리는 것이니 애초에 피차간의 차이가 없다. 나의 독서가 치밀하지 못함을 스스로 부끄러워하며 다시 옷깃을 여미고 금 군(琴君)을 대하였다.

余年十六時 寓在司宰監村 方讀朱書 三淵翁來曰 "君之文理告浩浩難禦 朱書必有害 可讀諸子彙函 夕又來曰 更思之 諸子文各異 難作一定之規 擇於八大家中 心好之文而讀之 唯韓文不宜先讀 浩汗博大 難測涯岸矣 申申而去 然韓文甚欲先讀 先讀韓文 乃收效於韓文 ○ 貨殖傳讀滿千數 而對淵翁猶多不通處 其後南生赫寬來願學

---

191) 천명지위성(天命之謂性)~무성무취(無聲無臭): 『중용』의 시작 부분과 끝부분.

余笑而曰 "見窘於淵翁 猶可愧 又可再露醜於後生乎 乃敎之 又有數三未瑩處 ○ 金生鳳彩請學中庸 中庸吾所未熟 而以遂菴先生從子 辭以不知中庸爲恥 故再三謝而對坐 自天命之謂性至無聲無臭 而反復思而言之 亦多自發其蒙 再讀益勝 一日 琴君命集來與語 問道不遠人章 伐柯之喩 何謂 余率口而對曰 以人治人 如執柯伐柯之易也 琴君曰 然乎 吾則以治人易於伐柯 讀之矣 乃更視其文 更尋其註 其言然矣 睨而視之 量度其同不同也 猶以爲遠 猶有長短之別也 而治人則卽以其人之道 還治其人 初無彼此之異也 自愧讀書之鹵率 更攝襟而對琴君

47

김신로(金莘老)가 나이 칠십에 이인(利仁)의 역승(驛丞)192)이 되었다. 내가 그에게 늙어서도 멈출 줄 모른다고 만류하자 그가 말하기를 "식구들이 모두 굶주리고 있는데 어떻게 하겠나."라고 하였다. 내가 말하기를 "늙어서 벼슬을 그만둘 나이에 무엇 때문에 식구에 연연하는가?"라고 하였다. 매번 편지를 보내 벼슬을 그만두고 돌아오기를 권하고, 매번 희롱하여 말하기를 "돈을 포기할 수 없으면 끝내 재물을 탐하다가 법을 어겨 암행어사에게 파직을 당할 것이다."라고 하였다. 이 사람은 나의 어릴 적 글동무이니 나는 그가 이런 구설에 연루되는 것을 아주 부끄러워한다.

金莘老七十 做利仁丞 余以老不知止規之 則曰 家屬全飢奈何 余曰 老傅之年 眷戀家屬 何爲 每書勸棄歸 每戱曰 錢不可舍 畢竟貪婪不法 見罷於御史 此是余少日文墨之朋 吾甚恥於橫罹此名

48

집안에는 숙(塾)이 있고, 작은 고을에는 상(庠)이 있고, 큰 고을에는 서(序)가 있고, 나라에는 태학(太學)이 있다. 예부터 이를 숭상한 까닭에 관원을 파견할 때 반드시 승정원에서 칠사(七事)193)를 읽도록 하여 학교를 일으키는 것을 우선으로 삼았다. 그런데 지금 갑자기 사당과 서원을 철폐하라는 명령이 있어서 온 나라가 소란스러운 가운데 내 아우 자장(子

---

192) 역승(驛丞): 찰방(察訪). 각 도의 역마(驛馬)에 관계되는 일을 맡아보던 외직 문관 벼슬.
193) 칠사(七事): 조선 시대 수령이 지방을 통치할 때 힘써야 하는 일곱 가지 사항으로, 농상을 발전시키고[農桑盛], 호구를 늘리고[戶口增], 학교를 일으키고[學校興], 군정을 잘 다스리고[軍政修], 부역을 고르게 하고[賦役均], 사송을 간략하게 하고[詞訟簡], 간사한 자를 없애는[姦猾息] 일곱 가지 일을 말함.

章)194)은 관찰사의 직분을 잘 알기에 벼슬을 그만둘 각오를 하고 시행하지 않았으니, 유학자 집안의 자제로서 다른 사람들과 다르다고 할 만하니 매우 기쁘다.

> 家有塾 黨有庠 術有序 國有學 自古敦尙 故差送守宰 必講乙事於政院 以學校興爲先 今忽有撤毁祠院之令 一國搔撓 我弟子章 能知方伯之職 決去就而不當 可謂儒門子弟 異別於人 喜不自勝

49 차유철(車有轍)이 말하기를 "높은 언덕 꼭대기에 서 있는 것이 태극이 되고, 좌우의 지맥으로 나뉜 것은 음양이 되는데, 음양은 각각 사상(四象)과 팔괘(八卦)를 낳아 혈(穴)195)이 된다. 좌우의 지맥 위에 서 있는 것이 또 태극이 되고, 태극은 또 각각 음양과 사상, 팔괘를 낳는다. 왼쪽으로 가는 것은 좌선룡(左旋龍)196)이 되고, 오른쪽으로 가는 것은 우선룡(右旋龍)197)이 되는데, 좌선과 우선은 용으로 보고 혈로 보지 않는다. 오행을 선천수(先天數)198)로 따져 보면 하늘이 1이라는 임수(壬水)를 낳음에, 땅이 6이라는 계수(癸水)를 이루는 것이 정(正)이 된다.199) 이는 배워서 알 수 있는 것이 아니다.

조말생(趙末生)200)의 무덤은 천연의 우선룡을 버리고 아래로 내려간 좌

---

194) 자장(子章): 권섭의 사촌 동생인 권혁(權爀;1694~1759)으로, 권섭의 계부 권상유(權尙遊; 1671~1759)의 둘째 아들.
195) 혈(穴): 풍수학에서, 지맥의 흐름이 멈추어 내부의 생기를 모아 놓은 곳을 일컫는 말로, 무덤의 경우 시신을 매장하는 장소를, 주택의 경우 주 건물이 들어서는 곳을 일컫는데 혈지(穴地), 혈판(穴坂), 당판(堂坂)이라고도 함.
196) 좌선룡(左旋龍): 풍수설에서, 오른쪽에서 시작하여 왼쪽으로 돌아 내려간 산의 줄기.
197) 우선룡(右旋龍): 풍수설에서, 왼쪽으로부터 오른쪽으로 돌아 내려간 산의 줄기.
198) 선천수(先天數): 천간(天干)과 지지(地支)에 각각 배정한 수. 갑(甲)·기(己)·자(子)·오(午)는 각각 9, 을(乙)·경(庚)·축(丑)·미(未)는 8, 병(丙)·신(辛)은 7, 정(丁)·임(壬)·묘(卯)·유(酉)는 6, 무(戊)·계(癸)·진(辰)·술(戌)은 5, 사(巳)·해(亥)는 4임.
199) 하늘이~된다: 『주역』의 하도(河圖) 오행 천간 생성법에 따르면, '하늘이 1이라는 임수를 낳음에 땅이 6이라는 계수를 이루고, 땅이 2라는 정화를 낳음에 하늘이 7이라는 병화를 이루고, 하늘이 3이라는 갑목을 낳음에 땅이 8이라는 을목을 이루고, 땅이 4라는 신금을 낳음에 하늘이 9라는 경금을 이루고, 하늘이 5라는 무토를 낳음에 땅이 10이라는 기토를 이룬다[天一生壬水 地六癸成之 地二生丁火 天七丙成之 天三生甲木 地八乙戌之 地四生辛金 天九庚成之 天五生戊土 地十己成之].'라고 하였음.

맥을 취하여 혈로 삼았는데, 당시 지관들이 보통 사용하는 법으로 따져보면 모두 어긋나지만 이 법으로 따져보면 합당하다. 옛사람들의 명당이 모두 그러하니 차유철이 천한 사람이라 하여 소홀히 할 수 없다.

> 車有轍日 立高岡上爲太極 分左右支爲兩儀 各生四象八卦而爲穴 立左右支上又爲太極 而又各生兩儀四象八卦 以左邊去者爲左旋 右邊去者爲右旋 左右旋以龍看而不以穴看 五行以先天數 天一生壬水 癸六成之爲正 當無學所作 趙末生墓 舍天然右旋之阡 而取低下左脈爲穴 時師恒用之法皆違 而求之此法乃合 古人名葬 皆然 車不可以賤隷而易之

50 내가 조원장(趙元章)에게 삼연옹의 〈십취(十趣)〉201)를 그림으로 그려 달라고 부탁하여 병풍을 꾸며 펼쳐 놓았더니 하루는 삼연옹이 와서 그것을 보고 "병풍 속의 그림이 매우 좋다."고 말씀하셨다. 내가 말하기를 "김상리(金相履)에게 들으니, '안중관(安重觀)202)이 말하기를 '옛날에 자익이라는 사람이 있어 이 글을 지었는데 세상 사람들이 지금의 삼연이라고 오인하여 〈삼연십취〉라고 부르니 우습습니다.'라고 하기에, '어느 책에 나와 있던가요?'라고 물으니 안중관이 '『사문유취』에 실려 있지요.'라고 하였습니다.'라고 하는데 이 말이 사실입니까?"라고 물었다. 삼연옹이 빙그레 웃으며 "내가 젊었을 때 부질없이 흥이 생겨 그것을 썼기 때문에 처음에 압운을 하지 않았다. 안군의 학식이 지나치게 넓구나."라고 하셔서 그 자리에 있던 사람들이 한바탕 웃었다. 국빈(國賓)은 젊은이들 가운데 드물게 전고에 밝은 자이다. 만약 그가 이러한 말을 하지 않았더라면 과연 국빈이 학식이 넓다고 할 텐데 나는 국빈이 이러한 말을 한 것이 안타깝다.

> 余以三淵十趣 倩趙元章作畵 屛粧而張之 一日淵翁來而視之日入之畵儘好 余日 聞於金相履 安重觀日 古有子益人作此文 世認爲今三淵 仍以日三淵十趣 可笑 問出於何書 安日在於事文類聚 此言然否 淵翁微哂日吾於少時 漫興而書之 故初不押韻

---

200) 조말생(趙末生;1370~1447): 조선 전기 문신으로, 자는 근초(謹初)·평중(平仲), 호는 평중(平仲)·사곡(社谷)·화산(華山).
201) 삼연옹의 십취(十趣): 김창흡이 지은 〈예원십취(藝園十趣)〉를 말함.
202) 안중관(安重觀;1683~1752): 조선 후기 문신으로, 자는 국빈(國賓), 호는 회와(悔窩)·가주(可洲).

矣 安君太過於博雅 一場爲之胡盧 國賓之熟於典故 少輩中所罕有 使無此言 果是國賓眞博雅 吾恨國賓有此言也

51 나는 외삼촌과 몇 년 차이로 태어나서 옷을 굴려 입고 책을 이어 받으며 노년에 이르렀다. 소년 시절의 일을 생각해 보면 어제 같다. 둘 다 총명하여 일찍 문리를 깨우쳤는데, 밤낮으로 책을 멀리하지 않았을 뿐 아니라 한가할 때에도 초장(初場)203)과 중장(中場)204)에서처럼 다투어 집구205) 읽는 것으로 승부를 겨루었다. 학당206)에 들어갈 때마다 고풍(古風)207) 십여 구를 지었는데, 반드시 시편마다 붉은 점이 가득해서 '상의 상' 또는 '상의 중'에 들었다. 틈이 생기면 작은 종이에 여러 가지를 기록했는데, 『호패록』이라 하는 데에는 대소 관리가 올 때마다 그 호패를 베껴 썼으며, 『하물록(下物錄)』이라고 하는 데에는 남녀가 사용하는 물건을 보는 대로 모두 적었으며, 『정사록』이라고 하는 데에는 정사가 있으면 반드시 그것을 베껴 썼고, 『고담록』이라고 하는 데에는 옛사람과 지금 사람들의 재미있는 일에 대해 들은 것을 모두 적었다. 기록한 것의 많고 적음으로써 승부를 가렸는데, 지면 벌칙으로 고시문(古詩文) 열 편을 외워야 했고, 외우지 못하면 또 별로 시 열 구와 문 10행을 지어야 했다. 외삼촌은 문밖으로 한 걸음도 나가지 않았지만 나는 때때로 큰길을 뛰어다니고, 연날리기, 공차기, 그네뛰기, 씨름 등을 하였다. 또 상점과 공방을 침범하여 장난을 치기도 하고, 일부러 재상의 앞길을 범하기도 하였다. 들어와서는 장기, 바둑, 투전, 쌍육 등의 놀이를 하였으나 시를 읊는 소리가 입에서 떠나지는 않았다.

일찍이 남산 아래를 지날 때 낭랑한 소리로 시를 읊조렸는데, 남구만(南九萬) 재상이 불러들여 복숭아를 주셨다. 재상께서 던져 주시기에 내가

---

203) 초장(初場): 과거 시험을 볼 때 첫날의 시험장.
204) 중장(中場): 사흘에 나누어 보던 과거의 둘째 날 시험장.
205) 집구(集句): 자기가 직접 시를 짓지 않고 옛 사람의 시구를 적당하게 모아 현재의 정경에 맞는 한 편의 시를 만드는 것.
206) 학당(學堂): 조선 시대 한양의 동·서·남·중의 사부(四部)에 설치된 관립교육기관으로, 사학(四學) 또는 사부학당(四部學堂)이라고도 함.
207) 고풍(古風): 한시에서, 평측의 규칙을 따르지 않고 짓는 고체시.

눈을 부릅뜨고 소리를 질러 말하기를 "어떤 노인이시기에 저를 무례하게 대하십니까?"라고 하였다. 남 정승께서 앞으로 나와 내 손을 잡고 웃으며 사과하고 붓과 먹 각각 열 개씩을 주시며 말씀하시기를 "지금은 예의가 있느냐?"라고 하셨다. 내가 일어나 절하고 말하기를 "예로써 대하시니 예로써 답합니다."라고 하였다. 남 정승께서 뉘 집 아이냐고 물으시기에 내가 답하기를 "여기에서 십여 집을 지나 서쪽으로 머리를 돌려 보면 문 안에 아름다운 동산이 있고 동산 위에 큰 은행나무가 있는데 거기가 저의 집입니다."라고 하였다. 남 정승께서 말씀하시기를 "내가 늙을 때까지 이 동네에서 살았는데, 아직 내가 누군지 모르느냐?"라고 하셨다. 내가 말하기를 "노인장의 호패가 이미 제 장부에 적혀 있습니다."라고 하였다. 남 정승께서 웃으면서 말씀하시기를 "호패를 기록하는 아이가 너로구나!"라고 하시고는 더 묻지 않으셨다.

與舅氏差齒而生 傳衣連書而至老 追理少年時事 如昨日 各有聰明 文理夙解 日夜所爲 不離文字之外 游閑之時 亦以初中場 競讀集句角勝 每入學 製作古風十餘句 必珠點滿篇 爲上之上中 暇時籍小紙 日戶牌錄 大小官來 謄書戶牌 日下物錄 見男女之具 皆籍之 日政事錄 有政必謄之 日古談錄 聞古今人可笑事 皆書之 以記籍多少爲勝負 負則罰誦古詩文十篇 不能則又罰作詩十句文十行 舅氏不出門外一步地 吾則時時遊走大街 爲飛鳶蹴踘跳角觚戲 又侵虐商市工匠 又故犯宰相前導 入則爲博奕投牋雙陸等戲 而吟哦之聲則不離於口 嘗過南山下 誦詩聲淸朗 南相九萬引入而饋桃 投而與之 瞋目而大叫曰 何物老漢 待我無禮 南相前執手而笑謝之 更給筆墨各十日 今則有禮乎 吾起拜曰 以禮待之 以禮答之 問誰家兒 曰此過十餘家 西回頭而顧 門內有好園 園上有大杏木 是吾家 至老居此洞 尙不知我爲誰乎 君之戶牌已謄在吾紙矣 南相笑曰 戶牌錄者汝乎 更不問

52 일찍이 일원(一源) 등 여러 사람과 죽리(竹里)에 모여 앉아 운을 따서 시를 지었는데, '흰 술 가지고 이웃집을 방문하니[白酒問隣家].'라는 구절을 얻기는 했으나 대구를 잇지 못하였다. 그리고는 말을 얻어 타고 신로(莘老)와 함께 이의수(李宜遂)의 집에 가서 조문하였다. 곡을 마치고 주인을 기다릴 때 문득 생각이 나서 슬그머니 신로에게 말하기를 "'푸성귀는 질박한 맛이 있네[靑蔬有野味].'가 어떤가?"라고 하자, 신로가 웃으며

만류하였다. 돌아와 여러 사람과 껄껄대며 웃었다. 늙어서 생각해 보니, 젊은 시절에 가졌던 버릇을 마치 일종의 시인의 호탕함인 것처럼 여겼던 것이 후회스럽다.

> 嘗與一源諸人會坐竹里 拈韻賦詩 得白酒問隣家之句 未及屬對偶 得馬與莘老往 弔於李宜遂 哭止 俟主人之時 忽有思 潛謂莘老日 靑蔬有野味 何如 莘老笑而止之 歸來與諸人胡盧 到老思之 自悔少年習氣 一似一種詩人之疏宕

53 성진령(成震齡)[208]이 정선 군수가 되었을 때 선생안(先生案)[209]에 김인후(金麟厚)[210]라는 글자가 있는 것을 보고는 반드시 김하서(金河西)라고 생각하였다. 그래서 선비들에게 사당을 세우기를 권하고 판윤(判尹) 이재(李縡)에게 원장이 되기를 청하니 그가 말하기를 "하서는 본래 정선 군수가 아니었습니다. 선생안에 있는 사람은 하서와 이름이 같은 사람임을 알 수 있습니다. 마땅히 그 서원과 사당을 헐어야 합니다."라고 하였다. 내가 듣고 말하기를 "그렇지 않습니다. 기왕에 하서를 존경하는 정성으로 사당을 세웠으니 글을 지어 그 연유를 알리고 그대로 두어도 무방할 것입니다. 이곳이 비록 선생의 은택을 입은 곳은 아니지만 많은 선비들이 존경하는 선생을 우러러보고 본받고자 한 것이니 어디에 있은들 문제가 되겠습니까. 만약 이 사당을 '읍 선생사(邑先生祠; 이 고을을 다스린 선생의 사당)'라고 했다면 헐어도 될 것입니다."라고 하였다. 그러나 나는 인(仁)을 잘 알고 의(義)에 정밀한 사람이 아니니 그 말이 도리에 어긋나지 않다고 어찌 자신할 수 있겠는가.

> 成震齡爲旌善時 見先生案有金麟厚字 意必是金河西 勸士子立祠 請院長於李判尹縡 則日河西本非旌善郡守 先生是知爲同姓名之人 宜毁其院祠矣 余聞之日 不然 旣以尊仰河西之誠立祠 則措辭告厥由而仍存無妨 此地雖非惠澤之遺 多士之瞻依式

---

208) 성진령(成震齡;1682~1739): 조선 후기 문신이자 학자로, 자는 자장(子長), 호는 시은(市隱)·나옹(懶翁).
209) 선생안(先生案): 각 관아에서 전임 관원의 성명, 직명, 생년월일, 본적 따위를 기록한 책.
210) 김인후(金麟厚;1510~1560년): 조선 전기 문신이자 학자로, 자는 후지(厚之), 호는 하서(河西)·담재(湛齋). 을사사화가 일어나자 병을 이유로 고향인 장성에 들어가 성리학 연구에 전념하였음.

刑於所尊之先生長者 何所不可 若此祠名之曰邑先生祠 則毁之乃可云云矣 然吾非
仁熟義精之人 其言之不悖 何可自信

54 옛사람의 글은 눈에 생소하면 의심스럽고, 입으로 읽어 걸리면 막히는 것이 예사이므로 괴이하지 않다. 일찍이 일원(一源)과 자평(子平)이 그들의 부친을 모시고 앉아 『자경편(自警編)』211)을 보다가 범충선(范忠宣)212)이 재상 윤락(尹洛)을 파직하는 부분에 이르러 '읍을 함으로 말미암아 말에 올라 바라보고'라고 읽었는데, 이리저리 읽어도 해석이 되지 않았다. 내가 오는 것을 보고 급하게 불러 읽어 보게 하였다. 내가 "인하여, 읍하고 말에 올라 바라보니"라고 읽었다. 그런데 모두 "그가 읍하고 말 위에 오르는 것을 보고서"라고 하였다. 마침내 마주 보고 크게 웃었다.

내가 일찍이 시를 지을 때 '사송주(使松舟;소나무 배로 하여금)'라는 말을 썼더니 일원이 말하기를 "'송주'는 좋지 않으니, '사객습(使客習)'이라고 해야 하네."라고 하였다. 성등(聖登)이 말하기를 "어찌 '객습'이라고 하는가? '사아어(俟我於)'라고 해야 하네."라고 하였다. 선성(善性)이 말하기를 "출처가 있습니까?"라고 하기에, 내가 말하기를 "『시경』에서 '회즙송주(檜楫松舟;회나무 노에 소나무 배로다.)'213), '사아어저호이(俟我於著乎而;나를 문간에서 기다리네.)'214)라고 하지 않았느냐? 〈범수전〉에 '자네에게 어찌 재상과 가까운 사람이 있겠는가[孺子豈有客習於相君者哉].'215)

---

211) 자경편(自警編): 중국 송나라 조선료(趙善璙)가 편찬한 책으로, 송나라 현인들의 언행 중에 모범이 될 만한 것을 뽑은 것임.
212) 범충선(范忠宣): 중국 북송 때 중서시랑(中書侍郞), 참지정사(參知政事)를 역임한 범순인(范純仁;1027~1101)으로, 자는 요부(堯夫), 충선은 그의 시호이며, 북송의 명재상이었던 범중엄(范仲淹)의 아들. 성품이 겸손하고 온화했으며 정직하고 너그러웠으나 강직하여 조금도 불의에 굽히지 않아서 왕안석의 신법의 불편을 거리낌 없이 상소하여 그의 미움을 사기도 했다. 왕안석이 실권한 뒤에는 신법의 합리적인 내용은 유지하려고 할 정도로 견해 차이나 사사로운 원망에 얽매이지 않고 전체적으로 큰 국면을 중시했음.
213) 회즙송주(檜楫松舟): 『시경』 「위풍(衛風)」 〈죽간(竹竿)〉 편에 있는 구절.
214) 사아어저호이(俟我於著乎而): 『시경』 「제풍(齊風)」 〈저시(著詩)〉 편에 있는 구절.
215) 자네에게~있는가: 사마천(司馬遷)의 『사기』 〈범수전(范雎傳)〉에, "수가(須賈)가 묻기를, '천하의 일이 모두 재상에게 달려 있네. 자네가 아는 사람 가운데 어찌 재상과 가까운 사람이 있겠는가.'라고 하였다[須賈問曰 天下之事 皆決於相君 孺子豈有客習於相君者哉]."라는 구절이 있음.

라고 말하지 않았느냐?"라고 하였다. 또 함께 크게 웃었다.

  古人文字 眼生則疑 口錯則窒 例無怪也 嘗一源子平侍坐其尊大人丈 看自警編 到范忠宣罷相尹洛 讀曰 因揖〃也 上馬見之〃ㅎ 橫視竪視而不得解釋 見我來而忙呼 使讀之 讀曰 因、揖上馬、見之 盖曰 因其揖上馬而見之也 遂相對大笑 余嘗作詩 使松舟 一源曰 松舟不好 使客習 聖登曰 客習何謂 使俟我於 善性曰 有出處乎 余曰 詩不曰檜楓松舟乎 俟我於著乎而乎 范睢傳不曰 孺子豈有客習於相君者乎 又與之大笑

55 삼연옹께서 〈화식전〉을 풀이하였는데, 열네 개의 단락이 모두 좋았다. 그런데 "하곡상종(下穀上種)의 곡(穀)과 종(種)의 의미는 다르니, '팔고 사는 데 사용할 것은 너무 꼼꼼하게 고르지 않고, 파종하기 위해 저장하려는 것은 반드시 좋은 품질을 구한다.'라는 의미인 듯하다."라고 하신 부분은 옳지 않다. 곡(穀)와 종(種)의 의미는 같으니, 값이 오르게 하려면 많이 모으는 데 힘써 하품의 곡물을 사들여야 하고, 수확하는 곡식의 양을 늘리려면 정밀하게 선택하는 데에 힘써 상품의 종자를 사들여야 한다. 또 "'추매거취(推埋去就)'는 마땅히 '추리(推理)'라고 써야 하니, 일찍이 계곡(谿谷)도 이같이 풀이했다고 들었다. 아마 윗 문장의 '공표추매(攻剽推埋)'로 인하여 혼돈이 일어난 듯하다."라고 하신 부분도 옳지 않다. '추(推)'는 내어서 파는 것이오, '매(埋)'는 저장하고 기다리는 것이니, 이것이 재물을 모으는 편법이다. 글자는 같아도 해석이 다르다.

  三淵翁論解貨殖傳 有十四段皆好 而其曰 下穀上種 穀與種字別 似是謂糶糴之用 不甚精擇 而播種之貯 必求上品也 此不然 穀與種同 欲長錢則務多聚而取下品 欲長石斗則務精擇而取上品也 其曰 推埋去就 當作推理 嘗聞谿谷亦如此解 盖因上文攻剽推埋而爲混錯也 此不然 推者 出而售之也 埋者 藏而待之也 是爲積著之變 文字同而解異也

56 열한 살 때 명동(明洞)의 집에 살았는데 열세 살 된 정대(精大)최창대(崔昌大)의 어릴 때 이름와 이웃하여 함께 공부하였다. 정대는 매일 아침 『좌전』을 끼고 그의 아버지께 나아가 한차례 읽는데 한 번도 뜻을 묻지 않고 혼

자서 마쳤다. 나는 『맹자』 책을 끼고 손과 눈으로 한 줄 한 줄 따라가며 읽어 내려갔는데, 몇 단을 짚어 내려가다 뜻을 물었다. 때때로 시문을 지었는데, 혹은 내가 낫고 혹은 내가 정대보다 못했다. 자란 후에 정대는 문장으로 이름이 났지만 나는 변변치 못했다. 그는 재주를 닦아 성취하였고, 나는 재주를 믿다가 더욱 못해졌다. 27세 때에 장동(壯洞) 집에 살았는데, 삼연옹께서 오셔서 말씀하시기를 "내가 먼 곳으로 길을 떠나려고 하니 우리 아이에게 글을 좀 가르쳐라."라고 하셨다. 이튿날 춘상(春祥)김후겸(金厚謙)의 어릴 때 이름이 책을 끼고 왔는데 『좌전』이었으므로 내가 매우 걱정하였다. 춘상이 책을 펴고 꿇어앉아 소리 내어 읽는데 막힘이 없었다. 그 뜻을 아는지 묻고 시험 삼아 이야기해 보게 했더니 대답하는 말에 막힘이 없었다. 날짜별로 물어봐도 그러했고, 권별로 물어봐도 그러했다. 그때 나이가 열한 살로 재주가 뛰어났지만 결국은 평범한 사람으로 살다 죽었다.

> 十一歲時在明洞舍 與十三歲精大崔昌大小字接鄰同學 精大每朝挾左傳而進於大人 口自讀一通 不問一義而自了 吾則挾孟子書而以手目逐行俱下 指摘數段義而問之 時時作詩文 或上而或下 及長精大以文名 而吾則蔑蔑 彼則因才而成就 吾則恃才而悠泛也 卄七歲時 在壯洞舍 三淵翁來曰 吾將遠出 須敎我兒書 明日春祥金厚謙小字挾冊而來 是左傳也 吾甚憂之 開卷 乃跪坐朗讀無碍 問知其義乎 試言之 言之無碍 逐日而然 逐卷而然 時年十一 盖奇才 畢竟爲平平人而死

57 함창 태수 이종원(李宗元)은 몇 번 본 적 있는 사람인데 문경의 상가(喪家)에서 만났다. 태수가 묻기를 "화지동의 새 별장이 이 판서의 봉암동학(蜂岩洞壑)과 비교하여 어떻습니까?"라고 하기에 내가 말하기를 "나은 것도 있고, 못한 것도 있지요."라고 하였다. 태수가 말하기를 "그곳은 이 판서가 취하지 않은 곳입니다."라고 하기에, 내가 말하기를 "산천이 어찌 판서가 취하고 취하지 않음에 따라 더 낫거나 못하겠습니까."라고 하였다. 태수가 또 묻기를 "곤궁하실 텐데 어떻게 생활하십니까?"라고 하기에, 내가 말하기를 "한 말의 곡식216)을 얻지 못했다고 굶주려 죽지는 않습니다."라고 하였다. 태수가 말하기를 "죽는다고 해서 또한 무엇이 애석

---

216) 한 말의 곡식: 여기서는 환곡(還穀)을 말함.

하겠습니까. 백성들이 비록 미천한 신분이지만 모두 창을 메고 활시위를 당겨 싸울 사람들이니 마땅히 돌보아 구원해 주어야겠지요. 하지만 선비를 장차 어디에 쓰겠습니까. 염려해 줄 가치가 전혀 없습니다. 제 생각은 본디 이와 같습니다."라고 하기에 내가 말하기를 "그렇습니다."라고 하였다. 태수가 말하기를 "비록 통정대부, 승정원 좌승지라도 또한 통덕랑보다는 낫지요. 참의 권영이 죽으면 세상 사람들이 다 알지만 그 형이 죽으면 누가 다시 기억하겠습니까."라고 하였다. 내가 말하기를 "맞습니다."라고 하였다. 태수가 말하기를 "내 말이 어떻습니까?"라고 하기에 내가 말하기를 "틀리지 않습니다."라고 하였다. 태수가 또 비스듬히 누워 거만하게 보면서 일곱 여덟 차례 다그치며 말하기를 "내 말이 어떻습니까?"라고 하였다. 내가 말하기를 "그렇습니다. 옳습니다. 하지만 다만 자기 생각을 지켜나갈 뿐이니 어찌 이렇게 많은 말이 필요하겠습니까. 운운"이라고 하였다.

　물러나 앉아 생각해 보니 사람마다 모두 이러한 마음을 갖고 있으면서도 모두 말로 표현하지 않는데, 이 함창 태수는 속마음을 드러내어 숨기지 않으니 진솔한 사람이라 이를 만하다. 내가 이미 그가 이러한 사람이라는 것을 알고서도 계속 이야기를 하면 내가 쓸데없는 일에 신경을 쓰는 사람이 되므로 그만두었다. 또 생각해 보니 무신년217)에 이인좌의 무리가 김덕유(金德裕)218)로 하여금 여덟 개의 큰 가문을 도륙하여 모두 없애고자 할 때, 우리 가문도 그 안에 포함되었으니 내가 곡식을 얻지 못한 것이 당연하고 당연하였다. 그러나 선비라고 하여 어찌 모두 쓸모가 없겠는가. 붓을 휘둘러 그 일을 기록하여 스스로 공부자의 공언(空言)219)에 비기려고 한다. 어떤 사람이 말하기를 "창을 메고 활을 당겨 도적질하는데 이용당하는 것보다 낫습니다."라고 하였다. 또 생각하기를 '금서(金書)220)와 금현(金現)221)이 죽임을 당하지 않았기 때문에 오성부원군(鰲城

---

217) 무신년: 영조 4년인 1728년으로, 이인좌의 난이 일어난 해.
218) 김덕유(金德裕): 1728년(무신년)에 일어난 이인좌의 난이 실패하면서 처형을 당함.
219) 공언(空言): 지위가 없는 상태에서 포폄(褒貶)하거나 시비(是非)를 논한 말이 세상에 받아들여지지 않음을 말함.
220) 금서(金書): 이항복의 선조인 이금서(李金書;?~?)로, 이금현(李金現;?~?)의 아들이며, 신라가 망하기 직전 중원태수(中原太守) 호부랑중(戶部郎中)을 맡고 있었으나 경순왕이 왕건에게 항복할 때 따라가서 고려 왕건 때 광록대부(光祿大夫)에 봉해지고 삼한공신(三韓功臣)이 되었음.
221) 금현(金現): 이항복의 선조인 이금현(李金現;?~?)으로, 신라 때 병부령(兵部令)을 지냄.

府院君)이 출생할 수 있었다. 그러니 선비들도 우선은 살아갈 수 있게 해 주는 것도 무방하다.'라고 하였다.

> 咸昌太守李宗元是數面人 逢見於聞慶喪次 太守問 花枝新庄 何如李判書之蜂岩洞壑 我曰有勝負 太守曰李判書之所不取也 我曰山川豈以判書之取不取而勝不勝 太守又問 窮何以生 我曰不得一斗糶而飢 亦不死 太守曰死亦何惜 小人雖賤 皆是荷戈彎弓之民 宜顧恤而救活之 黑笠之人則將何處用之 都不可相念 吾見本如此矣 我曰然 太守曰雖政大夫 承政院左承旨 亦勝於通德郎矣 權瑩參議死則人皆知之 其兄之死 誰復記之 我曰然 太守曰吾言何如 我曰不非矣 太守又橫臥傲視而七八迫曰吾言何如 我曰然矣 是矣 然只守己見而已 何多言如是 云云 退坐而思之 人人皆有此心事 而皆不形於言 此太守露出肝膈而不隱 可謂眞率之人 吾已知如此之人 而收收與之言 則我卽多事之人 故止之矣 又念戊申年 使金德裕作屠戮 將欲盡殺八大家 吾家亦在其中 此身之不給糶食 當然當然 然黑笠之人 豈盡無用乎 奮筆而書其事 以自附於孔夫子之空言 或曰勝於荷戈彎弓之爲賊用者矣 又念金書金現不殺 故鰲城府院君乃生出 黑笠之人 第爲生活而存之不妨矣

58 내 나이 12세 때인 임술년(1682) 대보름날 밤에 답교하면서 광통교에 이르렀는데, 몽와(夢窩), 농암(農巖), 삼연(三淵), 노가재(老稼齋), 포음(浦陰) 5형제와 임창계(林滄溪), 최석정(崔錫鼎), 오도일(吳道一) 무리가 성대한 모임을 벌이고 있었다. 붓과 벼루가 여기저기 흩어져 있고, 술상이 차려져 있고, 거문고와 피리 소리가 들렸다. 내가 들어가 참여하여 최창대(崔昌大)와 함께 시 몇 장을 지었다. 다시 한가롭게 걸어서 수표교에 이르렀더니 조태흥(趙泰興)과 홍만종(洪萬宗)의 무리가 크게 모임을 하고 있었다. 성안의 모든 기생과 악사들이 다 모여 있었고, 무인과 액예(掖隸)222)들이 섞여 앉아 있었는데 악기 소리가 시끄럽고 술과 고기가 낭자했다. 내가 들어가서 앉아 마음대로 실컷 먹었다. 다시 이교(二橋)에 이르니 종친 한 무리가 성대한 모임을 하고 있었다. 돌아서 파리교(笆籬橋)에 이르니 여항인 한 무리가 성대한 모임을 하고 있었다. 내가 모두 들어가 참여했다. 십여 년 후에 이일원(李一源), 이자평(李子平), 심성소(沈聖韶), 김신로(金莘老), 김과회(金寡悔)와 더불어 달밤에 산보를 하였는데, 대충

---

222) 액예(掖隸): 조선 시대 왕명 전달 및 안내, 궁궐 관리 등을 맡아보던 액정서(掖庭署)에 딸린 서리 또는 노비.

몇 개의 다리만 걷고 그만두었다. 기상이 쓸쓸하고 적막하니 조태흥과 홍만종 무리의 풍류조차 다시 볼 수 없었다.

余年十二壬戌歲上元 步月至廣通橋 夢窩農岩三淵稼齋浦陰五兄弟 林滄溪崔錫鼎吳道一一隊大會 筆硯淋漓間以杯盤琴笛 余入參 與崔昌大賦詩數章 復閑步到水標橋 趙泰興洪萬宗一隊大會 滿城娼伎畢集 武夫掖隸雜坐 鼓樂喧轟 酒肉狼藉 余入坐縱意大嚼 復到二橋 宗戚一隊大會 回到笆籬橋 閭巷一隊大會 余皆入參 後十餘年 與李一源李子平沈聖韶金莘老金寡悔步月 略踏數橋而止 氣像蕭條寂莫 雖趙洪輩風流 亦不復得見矣

59 내가 전라 감영에서 『인자수지(人子須知)』223)의 표지를 장정(裝幀)하였는데, 자장(子章)이 말하기를 "제가 장정한 책입니다."라고 하였다. 내가 말하기를 "내가 장정한 책이네."라고 하며 다투었다. 중온(中蘊)이 말하기를 "『가례원류』224)와 같군요."라고 하였다. 자장이 말하기를 "형님은 저를 유시남(兪市南)225)으로 여기십니까?"라고 하였다. 며칠 후 내가 감영의 창고에서 남초인죽(南草引竹)226)을 찾으며 말하기를 "차라리 하인을 보내어 통판227)에게 빌려야겠네."라고 하였다. 중온이 말하기를 "자장이 가지고 있습니다."라고 하였다. 내가 말하기를 "없을 것이다."라고 하였다. 중온이 강변하기를 "자장이 가지고 있습니다. 자장이 대사성(大司成)이 되었을 때 편파적으로 노론의 책을 채택하지 않자, 많은 선비들이 말하기를 '이 사람은 죽천(竹泉)228) 김 판서와 똑같습니다. 하지만 죽천은

---

223) 인자수지(人子須知): 중국 명나라 세종 43년(1564)에 서선술(徐善述), 서선계(徐善繼) 형제가 지은 풍수지리서.
224) 가례원류(家禮源流): 가례의 연원과 발달을 비교하여 가례의 본질과 전개 과정을 이해하기 위해 엮은 책으로, 서인(西人) 윤선거(尹宣擧)와 유계(兪棨)가 같이 편찬하고 윤증(尹拯)이 증보한 것인데, 1711년(숙종37)에 노론인 유계의 손자 유상기(兪相基)가 본 책자를 간행하면서 유계의 단독 편술(編述)로 주장하자 윤증이 속해 있던 소론 측에서 크게 반발하였고, 『가례원류』의 발간을 둘러싸고 1715년 노론과 소론 사이에 분쟁이 일어났음.
225) 유시남(兪市南): 조선 후기 문신이자 학자인 유계(兪棨, 1607~1664)로, 자는 무중(武仲), 호는 시남(市南). 김장생(金長生)의 문인으로, 예학과 사학에 정통하였으며 송시열·송준길·윤선거·이유태 등과 더불어 충청도 유림의 오현으로 일컬어졌음.
226) 남초인죽(南草引竹): 대나무로 만든 담뱃대.
227) 통판(通判): 감영(監營)과 유수영(留守營)이 있는 고을의 수령을 이르는 말로, 판관과 같은 말로 쓰임.

글을 아는데 이 사람은 글을 모르니 이 사람은 맹죽(盲竹)229)입니다. 남초인죽은 맹죽만 한 게 없습니다.'라고 하였습니다."라고 하였다. 또 한바탕 크게 웃었다.

余粧續人子須知於完營 子章曰此吾書 余曰吾書 爭之爭之 仲蘊曰此同於家禮源流 子章曰兄以我爲兪市南乎 後數日 余索南草引竹於營庫曰 無乃伻借於通判 仲蘊曰 子章有之 余曰無矣 仲蘊强辯曰子章有之 子章爲大司成時 偏不選老論之卷 多士曰是人同於竹泉金判書 竹泉知文而是人不知文 是人是盲竹 南草引竹無如盲竹 又一場大胡盧

60 용안(龍安)230) 득성산(得城山)에 열 말 정도의 씨를 파종할 만한 밭이 있는데 이웃의 김 씨 성을 가진 사람이 그 땅은 자기 땅이라고 하면서 달라고 하였다. 이에 내가 아무 말도 하지 않고 허락하였다. 5년 후에 김 씨 성을 가진 사람이 와서 내게 사죄하고 굽신거리며 말하기를 "제가 제 땅을 잃었는데 사람들이 이 땅을 가리켜 제 땅이 맞다 하고, 제가 농장을 지키는 종에게 말했더니 흔쾌히 허락하셨다기에 저 또한 의심 없이 그것을 취했습니다. 지금 진짜 제 땅을 찾았으니 심히 부끄럽고 부끄럽습니다. 마땅히 5년 동안의 세를 모두 바쳐야 할 것이나 곤궁하여 갖추기가 어려워 다만 올해의 세만 가지고 왔습니다. 몹시 부끄럽고 부끄럽습니다."라고 하였다. 내가 말하기를 "내가 흔쾌히 허락한 것은 송사를 벌이고 싶지 않았기 때문입니다. 오늘 돌려주는 것을 보니 공의 마음을 알겠습니다. 만약 사과하고자 한다면 지금부터 해마다 나를 위하여 세를 거두어 보내주십시오."라고 하였다. 김 씨 성을 가진 사람이 여러 번 절하고 칭송하고 감탄하며 돌아갔다.

龍安之得城山 有吾田十斗種地 其傍金姓人 謂是渠地而推之 吾乃無一辭許之 後五年 金姓人來謝 僕僕曰 吾失吾田 人指是田爲是 吾有言於守庄奴而乃見快許 故吾

---

228) 죽천(竹泉): 조선 후기 문신인 김진규(金鎭圭;1658~1716), 자는 달보(達甫), 호는 죽천(竹泉).
229) 맹죽(盲竹): 대나무의 한 종류.
230) 용안(龍安): 전라북도 익산 지역의 옛 지명.

亦不疑而取之 今得眞吾田矣 愧甚愧甚 事當盡納五年稅而窮不能辦 只持今年稅而來 愧甚愧甚 吾曰 吾之快許 盖不喜其爭訟也 今日見還 可見公心 如欲謝過 自今年年 爲我收稅而送之 金姓人拜拜稱感而歸

61 내가 삼척 태수 이일원(李一源), 강릉 태수 이여장(李汝章)과 우계(羽溪)231)에서 만나 함께 일출을 보았다. 나와 일원이 각각 시 한 수를 지었는데, 이 수령[이여장]은 짓지 않아서 내가 억지로 짓게 하였다. 일원이 종이와 붓을 가지고 와서 먼저 자기가 지은 시를 적고 이어서 내가 지은 시를 적은 다음 또 간이(簡易)232)의 시를 적었다. 내가 말하기를 "간이의 시는 왜 적는가?"라고 하니, 일원이 말하기를 "우리들 시보다 나은지 보기 위해서라네."라고 했다. 내가 강릉 태수를 가리키며 말하기를 "이 수령의 시는 왜 적지 않는가?"라고 하니, 일원이 말하기를 "사대부가 어찌 수령의 시를 적을 수 있겠는가."라고 하였다. 이 수령이 말하기를 "그래서 내가 시를 짓지 않았는데, 그대가 윽박질러 이런 욕을 당하네."라고 하였다. 또 웃으면서 묻기를 "내 시는 누구의 시와 같은가?"라고 하였다. 내가 말하기를 "어 관찰사233)와 같네."라고 하니, 이 수령이 말하기를 "내 시가 비록 보잘것없으나 어찌 관찰사와 비교하는가."라고 하였다. 후에 관찰사에게 이 일을 이야기하니, 관찰사가 말하기를 "내 시가 비록 보잘것없으나 어찌 강릉 태수에게 비교하는가."라고 하여 한바탕 웃었다.

吾與三陟守李一源江陵守李汝章 相値於羽溪 同觀日出 吾與一源 各成一詩 李令不作 爲吾强迫而有題 一源取紙筆 先書己作 繼書吾作 又書簡易之詩 吾曰 簡易詩何書之 一源曰 欲觀勝負於吾輩耳 吾指江陵守而曰 此令之詩 何不書 一源曰 士大夫何可書此令之詩 李令曰 然故吾不作 以君之强迫而見此辱矣 笑問曰 吾詩同於何人詩 吾曰 同於魚方伯 李令曰 吾詩雖瘦 何曾比於方伯 後以此事語方伯 方伯曰 吾詩雖瘦 何曾比於江陵守 一場胡盧

---

231) 우계(羽溪): 강원도 강릉 지역에 있던 옛 지명.
232) 간이(簡易): 조선 중기 문신인 최립(崔岦;1539~1612)으로, 자는 입지(立之), 호는 간이(簡易)·동고(東皐).
233) 어 관찰사(魚觀察使): 조선 후기 문신인 어유룡(魚有龍;1678-1764)으로, 자는 경우.

62　이일원이 배천[白川]234) 현감이 되고, 김신로가 영유(永柔)235) 현감이 되었다. 일원이 말하기를 "금천(金川)236)에서 신로를 만나 영수병(映水屛)237) 아래에서 일산을 나란히 기울여 썼는데 기분이 좋더군. 그대가 함께 벼슬길에 나가 일산 셋을 나란히 기울여 쓰지 못하는 것이 아쉬웠네."라고 하였다. 내가 말하기를 "패랭이에 거친 베옷 차림이라 진실로 그대들에게 부끄럽네."라고 하였다. 집에 돌아와 혼자 앉아 혼잣말하기를 "10년 동안 함께 시를 지었는데도 내 마음을 알아주지 못함이 이와 같으니, 헛된 영화가 사람의 마음을 쉽게 어지럽힘을 알겠다."라고 하였다.

　　李一源爲白川 金莘老爲永柔 一源曰 逢莘老於金川 倚双盖於映水屛下 可喜 恨
　　君之不同出於仕路 並倚三盖 余曰 平涼短褐 誠有愧於君輩矣 歸家而獨坐 獨語曰
　　十年同筆硏而不知心如此 可知浮榮之易撓人心

63　어느 해인가 연풍(延豊)238)에서의 일이다. 태수 조유수(趙裕壽)는 시재는 뛰어났으나 됨됨이는 부족하였다. 내가 수옥정(漱玉亭)239)에 가서 앉아보니 기세가 아주 빼어나 보기에 매우 좋았으나 조그마한 골짜기에 불과했다. 올려다보니 암벽 사이에 그의 시 한 수를 새겨 놓았는데 시에 이르기를 "적선240)으로 하여금 이 폭포를 보게 한다면, 조령이 여산보다 낫다고 하리라[若使謫仙看此瀑 先題鳥嶺後廬山]."라고 하였다. 됨됨이만 그런 것이 아니라 시 또한 좋지 않았다. 내가 이에 장난삼아 고쳐 이르기를 "소동파241)로 하여금 이 폭포에 오게 한다면 응당 나쁜 시를 씻어 버리고

---

234) 배천[白川]: 지금의 황해도 배천.
235) 영유(永柔): 평안도의 영유현(永柔縣)을 말함.
236) 금천(金川): 황해도 개성(開城) 근처에 있었던 지명.
237) 영수병(映水屛): 황해북도 금천군 금천읍 남천(南川)에 병풍처럼 솟아 있는 석벽. 병풍처럼 펼쳐진 암벽이 시냇물에 비친다고 하여 '영수병(映水屛)'이라 부름.
238) 연풍(延豊): 충청북도 괴산 지역의 옛 지명.
239) 수옥정(漱玉亭): 충북 괴산군 연풍면에 있는 정자로, 1711년 연풍 현감으로 있던 조유수가 지었다고 함.
240) 적선(謫仙): 천상에서 지상으로 죄를 짓고 내려온 신선이라는 의미로, 중국 당나라 시인인 이백(李白;701~762)을 일컫는 말. 그의 자는 태백(太白). 청련거사(靑蓮居士)라고도 하며, 두보(杜甫)와 함께 중국 최고의 고전 시인으로 꼽힘.

서응242)이 지은 시라 하리라[若使坡仙來此瀑 應然洗惡又徐凝]."243)라고 하였다.

> 延豐某年 太守趙裕壽詩才有餘 人事不足 去坐漱玉亭而看之 絶好氣勢 殺喜眼目 而只是小小一壑 仰瞻岩壁間 鐫有一詩曰 若使謫仙看此瀑 先題鳥嶺後廬山 不但人事卽然 詩亦不好 吾乃戲改之曰 若使坡仙來此瀑 應然洗惡又徐凝

64 진사 최창억(崔昌億)이 와서 말하기를 "그대는 왜 이 고을에 와서 살면서 사론(士論)을 모아 영수가 되지 않습니까? 안타깝고 안타깝습니다."라고 하기에 내가 말하기를 "여든을 바라보는 나이에 여기 있는 이들과 옳고 그름을 논의할 것이라면 어찌 젊었을 때 과거에 응시해 벼슬을 하지 않았겠습니까."라고 하였다. 최 진사가 말하기를 "지금 서인과 남인의 유생들을 나누어 기록하는 일로 문묘에 들어가게 되었는데 존귀한 이름을 빌려주시면 좋겠습니다."라고 하였다. 내가 말하기를 "제가 이미 사람의 도리를 지키며 사는 것 외에는 모두 버렸으니 다시 말씀하시지 마십시오. 제가 패랭이에 거친 베옷 차림으로 산신령과 어울렸는데, 노쇠한 뒤에 산신령도 나를 버리면 어찌하겠습니까. 또 도암 선생(陶菴先生)께서 이미 영수가 되셨다고 들었는데 또 어찌 영수가 되기를 바라겠습니까."라

---

241) 소동파(蘇東坡;1036~1101): 중국 송나라 때의 문인이자 학자로, 본명은 소식(蘇軾), 자는 자첨(子瞻), 동파는 그의 호로 동파거사(東坡居士)에서 따온 별칭. 아버지 소순, 동생 소철과 함께 '3소'(三蘇)라고 일컬어지며, 이들은 모두 당송8대가에 속함. 그의 시는 모든 사람에 대한 폭넓은 애정을 기저에 깔고 있으며, 인간의 욕망을 긍정했고 인간의 선의(善意)를 신봉했음. 그의 산문은 그 무엇에도 구속받지 않는 자유분방함을 특징으로 하는데 작가의 마음이 자연스럽게 묻어 나와야만 훌륭한 문장이 된다는 생각을 일관했음.
242) 서응(徐凝): 중국 당나라 때 시인. 항주 자사 백거이의 추천을 받았지만 과거에 급제하지는 못하였고, 만년에 고향에서 은거하며 시와 술에 마음을 두었음. 그는 시에 공을 들여 절구에 뛰어났으며, 그의 시는 비교적 평이하며 선명하고 운치가 있으나 때로 거친 면이 나타나기도 함.
243) 소동파로~하리라: 서응은 당나라 사람으로, 그의 〈폭포(瀑布)〉 시에 "한 줄기 폭포가 푸른 산을 둘로 갈랐네[一條界破靑山色]."라고 한 구절이 있는데, 소식이 일찍이 이 시를 나쁜 시로 간주하여 장난삼아 지은 시에서, "상제께서 한줄기 은하수를 드리워 보내나니, 예로부터 오지 이태백의 시가 있을 뿐이네. 폭포의 흩날리는 물보라 아무리 많다고, 서응에게 주어 나쁜 시를 씻을 일 없게 하리[帝遣銀河一派垂 古來惟有謫仙詞 飛流濺沫知多少 不與徐凝洗惡詩]." 라고 하였음.

고 하고, 그와 더불어 웃고 농담하며 사양하였다.

    崔進士昌億來曰 君何來居此鄕 不收拾士論而作領袖乎 慨惜慨惜 余曰 望八之年 與此中人上下論議 則何不於少時 應擧而從宦乎 崔曰 今方以西南儒分錄事 入校宮 矣 幸無慳一借尊名 余曰 吾已作名敎外等棄之物 勿復云云 平涼短褐 己與山靈有 素 而尫老以來 山靈亦且舍之矣 奈何奈何 且聞陶菴先生已作領袖 又安用預差領袖 與之笑謔而謝之

65 어떤 사람이 말하기를 "청송 부사 정석범(鄭錫範)과 동래 부사 정이검(鄭履儉), 대구 판관 정신검(鄭愼儉)이 동래의 선산에서 성묘를 하는데, 한 도(道)의 세 숙질이 양산을 펼치고 시조의 산소에 올라가는 모습이 매우 영화롭다고 할 만했습니다."라고 하였다. 내가 말하기를 "충청 감사 이종성(李宗城)과 그의 숙부 이형좌(李衡佐)244), 이형좌의 아들 여주 목사 이종백(李宗白)이 충주의 장호원에 모였는데, 한 도(道)의 관찰사 삼부자가 본도의 경내에 모여 앉은 일이 더욱 드문 일입니다."라고 하였다.

    人言 靑松府使鄭錫範與東萊府使履儉大丘判官愼儉 掃墳於東萊之山 一道三叔姪 張盖而上始祖之墓 可謂侈榮 余曰 忠淸監司李宗城與其叔父衡佐衡佐子驪州牧使宗 白 會於忠州之長湖院 一道方伯三父子會坐於本道境上 尤是稀事

66 비안 현감 박성립(朴聖立)이 와서 말하기를 "일찍이 '관리를 추천하거나 심사하는 일이 있을 때 그대가 반드시 전관(銓官)245)을 욕했다.'라는 말을 들었는데 정말 그렇습니까?"라고 하였다. 내가 말하기를 "과장된 것입니다. 하지만 그것이 돈이나 연줄로 벼슬자리를 얻으려고 애쓰는 것보다는 낫지요."라고 하였다. 또 웃으면서 말하기를 "내가 젊었을 때 벼슬을 하지 않은 것을 매우 후회합니다. 만약 벼슬을 했다면 오늘날 힘들게 환곡을 얻는 일은 틀림없이 없을 것이며, 또한 오늘날 이렇게 위협을 당하는 일도 없었을 것입니다."라고 하였다. 성립이 말하기를 "분명 대부가

---

244) 이형좌(李衡佐;1668~?): 조선 후기 문신으로, 자는 경윤(景尹), 호는 초천(椒泉)이며, 이항복의 현손(玄孫)이고 옥소의 처남임.
245) 전관(銓官): 문무관(文武官)의 인재를 뽑는 일을 맡아보던 이조와 병조의 관원을 이르던 말.

선비보다는 환곡을 더 많이 얻을 수는 있지요."라고 하였다. 내가 말하기를 "분명 그대는 이광세(李匡世)246)의 방자함을 보지 못했을 것입니다."라고 하였다. 그와 이런저런 이야기를 하며 웃었다.

> 朴比安聖立來言 曾聞有擧擬政注間事 必以辱說加於銓官 然乎 余曰過矣 然猶勝於奔競圖占也 又笑曰 吾甚悔少時之不做官也 必無今日之艱得糶穀 必無今日之易遭威喝也 聖立曰 分明大夫加得糶於儒士矣 余曰 分明聖立不見李匡世之肆氣也 對云云而一笑

67 한낮에 덕주사(德周寺)247)에 들어가서 밥을 지어 먹기로 했다. 밥이 됐을 시간을 기다려 물으니 막 쌀을 씻었다고 하였다. 또 밥이 됐을 시간을 기다려 물으니 막 밥을 앉혔다고 하였다. 밥이 다 되기를 기다려 출발하면 분명 해가 저물어 호랑이와 표범의 해를 입을 것 같아 어쩔 수 없이 일어나 길을 나서며 더 책망하지 않았다. 만약 참을성이 없는 사람이 이런 일을 당했다면 반드시 절 안에서 요란스럽게 매질을 했을 것이다. 내가 이렇게 했기 때문에 내가 하는 일은 마침내 평안하고 폐단이 없었다.

○ 신창(新昌)248)을 지나가다가 길청249)에 들어가 앉았더니 한 아전이 눈을 부라리며 "이곳은 행인이 들어와 앉을 곳이 아닙니다."라고 하고는, 사람을 불러 말하기를 "어서 길청을 물로 씻어라."라고 하였다. 내가 마땅히 옮겨갈 곳이 없어서 웃으며 아무 말도 하지 않았다. 그리고 거기서 잤는데, 동반한 사람이 말하기를 "태수와 관찰사가 모두 절친한 사람들인데 어찌 벌을 주지 않으십니까?"라고 하였다. 내가 말하기를 "어리석은 백성과 어찌 다투겠습니까."라고 하였다. 이 세 가지 일을 기록하여 아이들의 본보기로 삼고자 한다.

> 日午而入德周寺炊飯 待一炊之頃而問之 則云方淅米 又待一炊之頃而問之 則又云方入鼎 待食熟而行 則日必暮犯虎豹 不得已而起而前行 不復作致責語 若使有血

---

246) 이광세(李匡世[1679~?]): 조선 후기 문신으로, 자는 제이(濟而)·제경(濟卿), 호는 우헌(愚軒).
247) 덕주사(德周寺): 충청북도 제천시 한수면 월악산 남쪽 능선에 있는 절.
248) 신창(新昌): 충청남도 아산에 속한 고을.
249) 길청: 고을 아전들이 일을 보던 청사.

氣者當之 必鬧擾鞭扑於一寺之中矣 乃吾事終是安閑無弊 ○ 行過新昌入坐椽房 一
吏瞪目而視之日 此非行人坐處 呼人日 急急水洗去廳 吾實無移去處 笑而不辯 仍
宿其室 同伴日 太守方伯 皆切親人 何不徵治 日 愚氓何足與較 此三事書之 爲兒輩
視效

68 농암공(農岩公)의 초상 때에 지촌공(芝村公)250)이 부르셔서 들어가 앉아서 이야기를 나누었다. 한참 후에 김우항(金宇杭)251) 상공께서 "그대는 누구인가?"라고 물으시기에 내가 대답하기를 "제생동(濟生洞)에 삽니다."라고 하였다. 다시 물으시기를 "이름이 무엇인가?"라고 하시기에 내가 말하기를 "대문 앞에 오래된 박달나무가 우뚝 솟아 있고, 큰 소나무 가지가 늘어져 있으며, 갈대가 우거져 무너진 담장을 가린 집이 저의 집입니다."라고 하였다. 말씀하시기를 "속히 이름을 아뢰어라."라고 하시기에 내가 말하기를 "저는 원동(院洞) 상공에게 이름을 아뢸 만한 사람이 아닙니다. 저는 제집에서 한가롭게 사는 사람이며, 온갖 취미를 가진 은사입니다."라고 하니, 상공께서 말씀하시기를 "무슨 유생이 이같이 거만한가."라고 하였다. 내가 말하기를 "원동 상공 같은 사람에게 거만합니다."라고 하였다. 지촌공이 웃으며 말하기를 "이 사람은 권조원(權調元)입니다."라고 하였다. 상공이 말하기를 "이름을 들은 지 오래되었네. 어찌 늙은이를 놀리는가."라고 하시기에 사죄하고 말하기를 "상공께서 저를 반가워하지 않으시기에 소생이 길게 읍만 하던 고사252)를 따랐습니다."라고 하였다. 나중에 상공이 신임년의 명재상이 되었으니 내 눈에 사람을 알아보는 눈동자가 없음을 스스로 부끄러워한다.

農岩公初喪時 爲芝村公呼入坐語 久金相公宇杭問 君是何人 日 在濟生洞 問誰
某 日 初入門 老檀昻藏 大松落穆 蘆葦成林而蔽壞墻 是吾家 日 須速納名 日 吾非

---

250) 지촌(芝村): 조선 후기 문신인 이희조(李喜朝;1655~1724)로, 자는 동보(同甫), 호는 지촌(芝村).
251) 김우항(金宇杭;1649~1723): 조선 후기 문신으로, 자는 제중(濟仲), 호는 갑봉(甲峰)·좌은(坐隱).
252) 길게 읍만 하던 고사: 원문의 장읍(長揖)은 장읍불배(長揖不拜)의 줄임말로, 무릎 꿇고 절을 하는 예를 행하지 않고 길게 읍만 한다는 의미임. 중국 초한 시대에 역이기(酈食其)가 유방(劉邦)을 보러 갔을 때 유방이 두 여자에게 발을 씻게 하면서 거만하게 대하자 역이기가 길게 읍하고 절을 하지 않았다는 고사가 있음.

院洞相公前納名之人 我是吾所居士百趣逋人 曰 何物儒生若是倨傲 曰 倨傲於院洞
相公之人 芝村公笑曰 此是權調元矣 相公曰 聞名則舊矣 何侮弄老夫也 乃謝曰 相
公無吐握之意 故小生蹈長揖之風矣 畢竟相公爲名相於辛壬之年 則自愧我目裡無珠

69 그 사람을 욕보이고서도 그 사람과 사귀는 것은 어떠한가? 사귀어야 하니, 이는 내가 남한기(南漢紀)253)를 대하는 경우이다. 그 형을 욕보였는데도 그 아우와 사귀는 것은 어떠한가? 절교해야 하니, 이는 내 아우가 남한기를 대하는 경우이다. 그런데 그 아들과 함께 조정에 벼슬하면서 아낄 만한 점이 있다면, 어찌 그 아버지와 절교한 채 그 아들과 관계를 맺을 수 있겠는가. 나는 그 아버지를 피하지 말라고 하겠다. 그 아들과 절교했는데 그 아버지와 사귀는 것은 어떠한가? 내색하지 않고 그와 사귀어야 하니 이는 내가 박사걸(朴師傑)을 대하는 경우이다. 그 스승을 욕보였는데 그 임금을 위해 죽은 자는 어떠한가? 그 충성은 인정하고 그 사람은 원수로 삼아야 한다. 이는 우리 백부 선생이 박태보(朴泰輔)를 대하는 경우이다. 임금을 시해할 것을 모의했으나 그 아버지를 살려 준 사람에 대해서는 어떠한가? 그 은혜에 감사하나 사사로운 의를 펼 수는 없다. 이는 내 장인 구천공(龜川公)254)이 허적(許積)255)을 대한 경우이니, 공이 손수 허적의 시신을 염하였다. 자기의 부형을 모략하여 죽인 사람의 아들과 사귀는 것은 어떠한가? 그 얼굴을 차마 대할 수 없으니, 이는 민지재256)가 유헌장257)을 대한 경우이다. 민지재는 유헌장을 사사로이 가까이하지 않고 공적인 예로써만 대했다. 자기 조부를 모략하여 죽인 사람과 사귀는 것은 어떠한가? 절교해야 한다. 이는 내가 최석정258) 부자를 대하는 경우

---

253) 남한기(南漢紀;1675~1748): 조선 후기 문신으로, 자는 국보(國寶), 호는 기옹(寄翁). 남용익의 손자이고, 남정중의 아들임.
254) 구천공(龜川公): 조선 후기 문신이자 학자인 이세필(李世弼;1642~1718)로, 자는 군보(君輔), 호는 구천(龜川).
255) 허적(許積;1610~1680): 조선 후기 문신으로, 자는 여차(汝車), 호는 묵재(默齋)·휴옹(休翁). 남인의 영수.
256) 민지재(閔趾齋): 조선 후기 문신인 민진후(閔鎭厚;1659~1720)로, 자는 정순(靜純), 호는 지재(趾齋).
257) 유헌장(柳憲章;1658~1721): 조선 후기 문신으로, 자는 자유(子維).
258) 최석정(崔錫鼎;1646~1715): 조선 후기 문신으로, 자는 여시(汝時)·여화(汝和), 호는 존와(存窩)·명곡(明谷).

이다. 부형을 욕보였으나 자기 아우를 살려 준 사람에 대해서는 어떠한가? 그 경중을 살펴서 대해야 하니, 이는 내가 황정(黃晸)259)을 대하는 경우이다. 처신하고 사람을 대함에 중도(中道)를 얻는 것은 어렵다. 나는 사리를 아는 자에게 물어보고 싶다.

辱其人而交其人則如何 日交之 此我之於南漢紀也 辱其兄而交其弟則如何 日絶之 此我弟之南漢紀也 然與其子同朝而有可愛 豈可絶其父而對其子乎 吾使之勿避其父 絶其子而交其父則如何 日不見於色而交之 此我之於朴師傑也 辱其師而死其君則如何 日許其忠而讐其人 此我伯父先生之於朴泰輔也 謀弑君而活其父則如何 日感其惠而不得伸私義 此我婦翁龜川公之於許積也 公則手殮其屍 謀殺父兄而交其子則如何 日不忍對其面目 此閔趾齋之於柳憲章也 閔則不私接而待以公禮 謀殺祖而交其人則如何 日絶之 此我之於崔錫鼎父子也 辱父兄而活其弟則如何 日觀其輕重而待之 此我之於黃晸也 其自處應人之道 得其中難矣 我欲問於知事理者

70 지금은 이름을 사경(士敬)으로 고친 임사강(任士强)이 순흥 수령이 되었을 때 우연히 만나 송림사에서 함께 잤다. 사경이 말하기를 "나는 사람들이 유산하는 것을 좋아하지 않습니다. 금강산, 태백산 같은 곳을 구경하는 것이 어찌 좋지 않겠습니까마는 산골짜기를 다니다 보면 신세 지는 데에 익숙해지기 마련입니다. 삼연(三淵)은 구걸하는 사람이 아닌데도 산골짜기를 다니다 보니 자연히 그곳 사람들의 은혜를 입게 되었습니다. 이름난 사람이 있으면 사람들이 모두 접대하니, 접대를 받으면서 다니는 것은 좋지 않습니다. 좋지 않습니다. 그대가 지나가는 군과 읍의 수령이 비록 스스로 친한 사이라고 말을 해도 절대로 그들이 주는 음식을 먹지 말고 그들이 주는 물건을 받지 마십시오. 반드시 뒷말이 있을 것입니다."라고 하였다. 이같이 마음속에서 ■■■■ 어디에서 들을 수 있겠는가. 나는 헛된 사귐을 하지 않았다고 말할 수 있을 것이다.

任士强今改士敬爲順興守時 偶然相値 聯枕於松林寺 士敬日 吾則不喜人之遊山 至如金太白之遊山豈不好 而行壑漸潤 三淵非求乞之人而行壑則自然而潤 有聲名者 人皆接待 接待之行 不好不好矣 君則所經郡邑 雖自謂親厚者 切勿啖其饌而受其饋也 必有後言矣 如此中心■■■■ 何得聞 吾可謂不妄交矣

---

259) 황정(黃晸;1689~1752): 조선 후기 문신으로, 자는 양보(陽甫).

71　장암(丈巖)의 장례 때에 채구운(蔡九雲)이 묻기를 "제가 지은 제문은 어떻습니까?"라고 하였다. 내가 말하기를 "사람들이 장암 선생을 칭송하여 '하해와 같은 도량', '산악과 같은 기세'라고 하는데, '산악'이라고 하는 것은 괜찮지만 '하해'라고 하는 것은 어찌 제대로 나타낸 것이라 하겠는가. 다른 사람들이 우리 백부 선생을 애도한 뇌사 가운데 '용행호보(龍行虎步;용이 날고, 호랑이가 걸어감)', '견배송직(肩背竦直;어깨와 등이 우뚝하고 곧음)'이라는 표현이 있는데, '용행호보'는 흥동(興洞)의 민 상공에 대해 칭할 수 있고, '견배송직'은 농암(農巖)과 장암(丈巖), 직재(直齋)에 대해 칭할 수 있으니 모두 우리 백부에게 해당하는 것이 아닙니다. 이같이 아름다운 어구의 경우는 어울리고 어울리지 않음을 따지지 않고 모두 그렇게 쓰니 이것이 요즘 사람들의 문장에 대한 폐단입니다. 그대가 지은 선생의 제문은 말이 아주 바르고 분명하여 좋습니다."라고 하였다. 상주가 슬퍼하며 곡하다가 한 번 머리를 들어 쳐다보았다. 물러나 앉아 또 생각하니 우옹(尤翁)을 찬양한 말 중에 '높은 산', '큰 바다'라고 한 것이 많은데, '높은 산'이라는 말은 우옹이 아니라면 누가 감당할 수 있겠는가마는 '큰 바다'라는 말은 우리 백부가 그에 가깝다. 우옹은 포용력[260]에 약간 부족함이 있다. 어떠한가? 어떠한가?

　　丈巖葬時 蔡九雲問曰 吾之祭文何如 余曰 人多稱比先生曰 河海之量 山岳之氣 山岳則可 河海則豈■■■[261] 他人之誄我伯父文中 或有曰龍行虎步 曰肩背竦直 龍行虎步 可稱之於興洞閔相公 肩背竦直 可稱之於農巖丈巖直齋 皆非我伯父也 若是好題目 則勿論當與不當而皆用之 此是近世人之文弊也 君之此先生祭文 言甚端的可喜 喪人於哀號之中 一擧頭而視之 退坐而又思之 贊尤翁亦多曰喬岳洪海 喬岳非尤翁 孰能當之 洪海則我伯父似之 尤翁少有慊於納汚涵腥之量矣 如何如何

72　내가 남한산 개원사(開元寺)에 묵고 있을 때 옆방에 머물고 있던 판서 이기진(李箕鎭)[262]과 판서 민응수(閔應洙)[263]가 나를 보러 왔다. 내

---

260) 포용력: 원문의 '납오함성(納汚涵腥)'은 더러운 것을 받아들이고 비린내를 참는다는 뜻으로 포용력을 의미함.
261) 이 구절은 석인본 『옥소집(玉所集)』에 '豈是善形容也'라고 되어 있다.
262) 이기진(李箕鎭;1687~1755): 조선 후기 문신으로, 자(字)는 군범(君範), 호는 목곡(牧谷)이며, 이당(李簹)의 아들.

가 말하기를 "내가 처음 여기 도착했을 때는 승려들이 온갖 방법으로 못 들어오게 막더니 대감들이 올라온다는 소리를 듣고는 승려들이 모두 낯빛을 바꾸어 공손하게 대접하더군요."라고 하였다. 이 판서가 말하기를 "어찌 일찍이 직접 다스리지 않으셨습니까?"라고 하였다. 내가 웃으며 말하기를 "승려들이 날 업신여기는 것을 나는 개의치 않습니다. 내가 일찍이 어린 손자로 하여금 장난삼아 작은 종이에 그림을 그리게 하였는데, 한 장에는 소나무 위에 서서 하늘을 향해 우는 학을, 한 장에는 목을 빼고서 물고기를 노리는 백로를, 또 한 장에는 나무 덩굴에 매달려 열매를 맛있게 먹고 있는 두더지를, 한 장에는 그 아래 앉아서 두더지를 엿보는 고양이를, 또 한 장에는 아리따운 여인을 마주하여 여인을 유혹하는 교만한 나그네를, 한 장에는 노승을 만나 이야기를 나누는 도롱이 입은 노인을, 또 한 장에는 깊숙한 나무 그늘에 앉아 있는 정숙한 선비를, 한 장에는 검은 일산을 펼치고 벽제(辟除)하는 오만한 관리를 그리게 하였습니다. 한 장 한 장 펼쳐보니 내 마음을 잘 표현했더군요."라고 하고 함께 한바탕 웃었다.

余宿南漢之開元寺 李判書箕鎭閔判書應洙在傍室而來見之 余曰 我之初到 僧輩百般防塞 聞台輩之上來 僧皆改容而敬待矣 李台曰 何不早自爲也 余笑曰 僧輩之慢我 我自不歉矣 我嘗使小孫揮戲筆於小牋 一畫鶴立松上而叫空 一畫鷺延頸而窺魚 又一畫鼷鼠據樹蔓而酣饞山實 一畫猫坐其下而伺之 又一畫驕客對嬌娥而挑志 一畫簑笠翁逢老僧而對語 又一畫靜士坐樹陰之深處 一畫傲官張皂盖而導喝 每每披見 已自了於吾心矣 與之胡盧

73 또 내가 이 대감에게 말하기를 "그대의 공부는 서원에 배향할 만합니다. 그대는 대대로 유학을 공부한 집안의 자손으로서 경학(經學)을 공부한데다가 우리 백부의 문하에서 공부했으니, 스스로 반드시 서원에 배향될 것이라고 생각하는 것은 옳지 않지만 선비들의 으뜸이 된 것만으로도 서원에 배향되는 것이 어렵지 않을 것입니다. 그대가 어찌 외재264)만 못하겠습니까."라고 하였다. 이 대감이 말하기를 "어르신 또한 후생이시

---

263) 민응수(閔應洙;1684~1750): 조선 후기 문신으로, 자는 성보(聲甫), 호는 오헌(梧軒).
264) 외재(畏齋): 조선 후기 문신이자 학자인 이단하(李端夏;1625~1689)로, 자는 계주(季周), 호는 외재(畏齋)·송간(松磵)임.

라 외재를 잘 모르시겠습니다만 제가 어찌 외재와 비교할 만하겠습니까."
라고 하였다. 내가 말하기를 "진실로 외재와 비교되지 못한다고 하시는
것을 보니 외재와 같을 뿐 아니라 오히려 외재를 능가한 것입니다."라고
하였다. 민 대감이 말하기를 "저는 서원에 배향될 수 없겠습니까?"라고
하였다. 내가 말하기를 "대감은 투구를 잘 쓰시니 ■■■■■를 잘 살피
실 수 있을 것입니다."라고 하였다. 함께 껄껄 웃었다.

> 又謂李台曰 君可作書院工夫 君以世代儒家子 又有經學 又游我伯父之門 勿必以
> 書院爲心 但爲士流主人 則書院不難入矣 豈不如畏齋乎 李台曰 丈亦後生 不知畏齋
> 畏齋何可當 余曰 畏齋固何可當爲 則如畏齋而又過畏齋矣 閔台曰 吾則不可入書院
> 耶 余曰 台則善着兜鍪矣 善照■■■■■矣 與之胡盧

74 임수촌(任水村)[265] 대감의 아들이 순흥 부사가 되어 내 집에 와서 묵었는데, 나이 차가 많이 나지 않는데도 반드시 나에게 존칭을 썼다. 그가 말하기를 "나는 그대가 어렸을 때부터 잘 알고 있습니다. 그대가 스무 살 무렵에 제 선친께서 반드시 그대를 자(字)로 불렀으며, 평상시에도 이름을 부르지 않았습니다. 그런 까닭에 내가 그대에게 공손히 대하는 것입니다."라고 하였다. 또 말하기를 "제 선친께서 단양 부사로 계실 때에 〈조황후전(趙皇后傳)[266]〉을 펼쳐 놓았는데, 우리 형 첨정공(僉正公)[267]과 그대의 형 선산공(善山公)[268]은 때때로 자구가 막히는 데가 있었지만 그대는 막힘없이 시원스럽게 읽었습니다."라고 하였다. 그때 내 나이가 25세였는데 나는 전혀 기억나지 않았다. 시험 삼아 다시 꺼내어 보니 이해되지 않는 부분이 많았다. 이것이 어찌 또한 77세의 흐릿한 기억력이 젊을 때의 총명함만 못해서가 아니겠는가. 나도 모르게 킥킥대며 웃었다.

> 水村任台丈子爲順興府使而來宿 年不大相懸而必尊稱之 曰知君夙成 君之弱冠歲
> 先人必字呼君 於宴居時而不名 吾故敬待矣 曰先人在丹丘時 披展趙皇后傳 吾之兄

---

265) 임수촌(任水村): 조선 후기 문신인 임방(任埅;1640~1724)으로, 자는 대중(大仲), 호는 수촌(水村)·우졸옹(愚拙翁).
266) 조황후전(趙皇后傳): 『한서(漢書)』 권97 하 〈외척 효성 조황후전(外戚孝成趙皇后傳)〉을 말함.
267) 첨정공(僉正公): 임방의 큰아들인 임정원(任鼎遠).
268) 선산공(善山公): 권상하의 큰아들인 권욱(權煜;1658~1717).

僉正公 君之兄善山公 時有窒碍字句 而君則快讀無滯 時年卄五 余則全然不記矣 試復取而看之 多有未解處 豈亦七十七歲之老昏 反不如少年精明之時耶 不覺局局失笑

75 아들이 홍역을 앓았을 때 의원이 말하기를 "지금 우황고(牛黃膏)를 쓰지 않으면 죽을 것입니다."라고 하였다. 어영대장 댁에 우황고가 있다는 말을 듣고 말을 달려가서 젊은 사람의 방이라고 생각하고 곧바로 들어갔더니 금관자에 모관(毛冠)을 쓴 재상이 앉아있었다. 그 재상이 묻기를 "어디서 온 손님이시기에 어찌 큰비가 내리는데 오셨는가?"라고 하셨다. 내가 병이 위급함을 알리니 일어나서 손수 고약 그릇을 내려서 대나무 상자에 반이나 채워 주면서 말하기를 "나는 곧 다시 만들 것이니 종종 가져가도 괜찮네."라고 하셨다. 이어서 "그대의 이름이 무엇인가?"라고 물었다. 성명을 말하니 웃으며 말하기를 "평소에는 나를 길가는 사람처럼 보더니 급한 변고가 있으니 친족을 찾는가? 병에 차도가 있으면 와서 인사해도 괜찮네."라고 하였다. 내가 이에 사과하고 돌아왔다. 날마다 내 집안 물건처럼 가져다 사용하여 병이 차도가 있자 가서 인사를 하였다. 이로 인하여 왕래가 끊어지지 않았다. 공이 벽제(辟除)를 하며 동네에 들어오시면 반드시 들어가서 뵈어 마침내 친척의 정의를 돈독히 하였으니 이 사람이 니동(泥洞)의 판서 김석연(金錫衍)269)이다. 지금 그 손자가 성주가 되어 왔으면서도 나를 보러 오지도 않고, 사람을 시켜 안부를 묻지도 않으며, 많은 식구가 굶주려 죽을 지경이 되어 여섯 번이나 소장을 올렸는데도 이미 세 석의 환곡을 주었다는 이유로 한 되도 지급하지 않았다. 죽고 사는 경계에 놓였는데도 꿈적도 하지 않으니 어찌 옛날 사람과 지금 사람이 이처럼 크게 다른가. 인간사에 알 수 없는 일이 많다.

兒子紅疫時 醫言 今日不用牛黃膏死矣 聞膏在御將宅 馳馬而去 謂是少年之室而直入 金圈毛冠之宰相坐矣 問曰 何許客 胡爲乎大雨中 以病急告 卽起身而手下膏盤 半盛簡匣而與之 曰吾方續製 種種持去可也 仍問爾是誰耶 對以姓名 笑而曰

---

269) 김석연(金錫衍;1648~1723): 조선 후기 문신으로, 자는 여백(汝伯)이며, 현종비 명성왕후(明聖王后)의 동생. 옥소는 외조모의 친정 올케인 숙휘공주를 따라 어렸을 때 궁궐에 자주 출입하면서 숙휘공주의 올케이자 현종비인 명성황후로부터 많은 사랑을 받았다고 『산록』에 기술하였음.

平日視我如路人 而急故時則知族耶 病差可來謝 吾乃謝過而還 日日取用如家中物 病差即進拜 仍而往來不絶 軒喝入洞時 必入見 遂篤親戚情誼 此是泥洞金判書錫衍也 今其孫來作城主 而不入見不伻問 許多人口飢倒欲死 而以既給三石糴 六呈狀而不給一升 恬然不動於死生之際 何古今人之不同 若是懸絶 人間事多有不可知者也

76 기사년(1689)에 우암 선생께서 정읍에서 왕명을 받으실 때270)에 좌수 임한일(任翰一)이 방편을 마련하여 주선하였는데, 그는 그 지방 아전 이후진(李厚眞)과 그 질녀 초선(楚仙)을 지휘하여 정성을 다해 바쁘게 움직였고, 선생께서 왕명을 받고 돌아가신 후에는 한수 선생과 김만증(金萬增)271) 공의 명을 받들어 상을 치를 때에 산역(山役)을 맡아 조금도 게을리하지 않았다.

우암의 현손 송능상(宋能相)272), 동춘273)의 현손 송명흠(宋明欽)274), 현석(玄石)의 손자 박필부(朴弼溥)275), 수암276)의 증손 권진응(權震應)277), 노봉(老峯)278)의 종손(從孫) 민우수(閔遇洙)279)가 있었는데, 대부분 유학자에 어울리는 직책을 받았으며, 어떤 자는 조정에 불러들이라는 사람의 상소가 올라간 뒤 조정에 들어가기도 하였으며, 어떤 자는 그 선조로 인하여 음직(蔭職)을 받는 것을 마음에 썩 달가워하지 않기도 하였다. 그들의 성취가 어디까지 이르렀는지는 모르겠지만 모두 유학자 집안의 명성

---

270) 기사년에~때: 우암 송시열은 숙종 15년(1689) 2월에 제주도로 유배되었다가 다시 서울로 압송되던 중에 정읍에서 사약을 받고 83세의 나이로 죽었음.
271) 김만증(金萬增;1635~1720): 조선 후기 문신이자 학자로, 자는 경능(景能), 호는 돈촌(遯村).
272) 송능상(宋能相;1709~1758): 조선 후기 문신이자 학자로, 자는 사룡(士龍), 호는 운평(雲坪)·동해자(東海子).
273) 동춘(同春): 조선 후기 문신이자 학자인 송준길(宋浚吉;1606~1672)로, 자는 명보(明甫), 호는 동춘당(同春堂).
274) 송명흠(宋明欽;1705~1768): 조선 후기 문신이자 학자로, 자는 호가(晦可), 호는 늑천.
275) 박필부(朴弼溥;1687~1752): 조선 후기 문신으로, 자는 경뢰(景賚).
276) 수암(遂菴): 조선 후기 우암 송시열의 학통을 계승한 노론의 성리학자인 권상하(權尙夏;1641~1721)로, 자는 치도(致道), 호는 수암(遂菴)·한수재(寒水齋).
277) 권진응(權震應;1711~1775): 조선 후기 문신으로, 자는 형숙(亨叔), 호는 산수헌(山水軒)이며, 권상하(權尙夏)의 증손자이자 권섭의 종종손(從從孫).
278) 노봉(老峯): 조선 후기 문신인 민정중(閔鼎重;1628~1692)으로, 자는 대수(大受), 호는 노봉(老峯).
279) 민우수(閔遇洙;1694~1756): 조선 후기 문신이자 학자로, 자는 사원(士元), 호는 정암(貞庵).

을 추락시키지 않은 것은 가상하다. 장암(丈岩)의 아들 정희하(鄭羲河)280)가 이어서 원장이 되었는데 사문(斯文)의 명성을 쇠퇴시키지 않았고, 추담(秋潭)281)의 아들 성이홍(成爾鴻)282)이 이어서 세자시강원에 들어가 임금의 명을 받들며 유학에 조예가 깊은 신하라는 칭찬을 들었으니 또한 기뻐할 만하다. 이 외에는 보잘것없어 알려진 자가 없다.

> 己巳 尤翁先生井邑受命時 座首任翰一方便周旋 指揮其方下吏李厚眞與其姪女楚仙 曲盡其心 奔走其事 受命之後 聽受於寒水先生及金公萬增 治喪之時 執其役而不懈 尤庵玄孫有宋能相 同春玄孫有宋明欽 玄石孫有朴弼溥 遂菴曾孫有權震應 老峰從孫有閔遇洙 多加以儒職 或有士林之召還疏入 或歎其先界例蔭職 不知畢竟成就之如何 而不墜儒門聲名則甚嘉 丈岩子鄭義河繼爲院長 而不替斯文之名 秋潭子成爾鴻繼入桂坊 承召而受儒臣之稱 亦可喜也 此外則寥寥無聞

77 수령 한인부(韓仁夫)가 죽었을 때 내가 애도시를 지었다. 그가 우리 백부의 옛 문하생이라서 매번 나와 마주 앉았기 때문에 '옛날에는 아버지의 집에서 만났는데 지금은 상을 사이에 두고 마주 앉아 있네[我父門屛舊 斯翁對案今].'라고 하였더니, 그의 아우와 그의 조카 두 진사가 웃으며 말하기를 "아버지의 형제를 우리 아버지라고 하니 괴이합니다. '지금은 상을 사이에 두고 마주 앉아 있네[對案今].'라는 말도 좋지 않습니다."라고 하였다. 그와 원주(原州)에서 만나기도 하였고 황강(黃江)의 서원에서 노닐었기 때문에 '원성(原城)에서 웃던 것이 언제였던가. 지난봄 물가 서원에서 흉금을 터놓았네.'라고 하였더니 또 헐뜯어 말하기를, "'흉금을 열고[開襟].'라고 말하지 않고 그냥 '물가 서원의 흉금[水院襟]'이라고 하였으니, 그것이 말이 됩니까."라고 하였다. 서로 만나면 반드시 서책에 대해 토론했기 때문에 '수북히 쌓인 책에 대해 편안하게 이야기했네.'라고 하였더니, 또 한탄하며 말하기를 "'퇴질(堆帙)'은 '두루마리가 어지럽게 널려 있어 가지런하지 않음'을 이르니 이는 헐뜯는 뜻이 있습니다."라고 하

---

280) 정희하(鄭羲河;1681~1747): 조선 후기 문신으로, 자는 성서(聖瑞), 호는 취석당(醉石堂). 송강 정철(鄭澈)의 6세손이자, 장암 정호(鄭澔)의 아들.
281) 추담(秋潭): 조선 후기 학자인 성만징(成晚徵;1659~1711)으로, 자는 달경(達卿), 호는 추담(秋潭)·환성당(喚醒堂).
282) 성이홍(成爾鴻;1691~1749): 조선 후기 문신으로, 자는 중거(仲擧), 호는 취음(翠陰).

였다. 한여름에 공부하러 가다가 도중에 죽어 주막의 지붕 위에 올라가 고복(皐復)283)하였기 때문에 '공부하려고 여름 더위에 말을 타고 가더니 도중에 지붕에 올라 고복하였다는 소식 들었네.'라고 하였더니, 또 괴이하게 여기며 말하기를 "'공부하러 간다[逮理].'라는 것은 '심문받으러 가는 것'을 가리키는 듯하며284), '여름 더위에 말을 탄다[炎天騎].'라는 것은 무슨 말인지 모르겠습니다. '올라가 부른다[升呼].'라는 것도 무엇을 일컫는지 모르겠습니다."라고 하였다. 그리고 나서도 헐뜯는 말이 끝이 없었다. 내가 듣고서 웃으며 말하기를 "이런 자들도 진사가 될 수 있었단 말인가. 시관(試官)이 만약 이런 자들을 제대로 가려냈다면 저들은 분명 방목(榜目)285)에 이름을 올릴 수 없었을 것이다."라고 하였다. 후에 성서(聖瑞) 정희하(鄭羲河)가 죽었을 때는 다시 만시(挽詩)를 지어 사람들의 입방에 오르고 싶지 않았다.

韓令仁夫之死 余作悼詩 以我伯父舊門生 而每與我對坐故曰 我父門屛舊案今 其弟其從子兩進士 笑之曰 以三寸爲我父怪矣 對案今亦不好 以相會於原州 而又從游於黃江院齋 故曰 幾日原城笑 前春水院襟 又訛之曰 不云開襟而只云水院襟 其可成說乎 以相逢必對講於書冊 故曰 從容堆帙事 又恨之曰 堆帙是亂軸不整齊之謂 是有短之之意也 以當炎作就理之行而死於中路 升店屋而皐復 故曰 逮理炎天騎 升呼客路音 又疑之曰 逮理似指就理事 而炎天騎 未知是何語 升呼又不知其何謂 乃啾嘈不已 余聞而笑之曰 如此而亦能作進士乎 試官若苛摘如此 則渠輩亦必不得參於榜目矣 後有鄭聖瑞之喪 不欲復作挽詩以資多少人之游吻

78 판서 조정이(趙定而)가 열세 살 때 〈백마강〉 시를 지었는데, 시에 이르기를 "푸른 봄날 백마강에서 배 탔던 일 생각나니 꽃이 만발한 강가 성에 비단 물결 흘렀네[靑春憶上馬江舟 花爛江城錦作流]"라고 하였다. 내 종형(從兄)이 동춘(同春)의 글씨체로 이 시를 청선(靑扇)286)에 적었는데

---

283) 고복(皐復): 사람이 죽었을 때, 그 사람이 생시에 입던 옷을 왼손으로 잡고 오른손은 허리에 댄 후, 지붕이나 마당에 서서 북쪽을 향하여 '아무 동네 아무개 돌ㆍ오게[復].'라고 세 번 부르는 일.
284) 공부하러~듯하며: 원문의 체리(逮理)는, 죄를 지은 벼슬아치가 의금부에 나아가 조사받는 일을 이르던'취리(就理)'로 잘못 읽힐 수 있음을 지적한 것임.
285) 방목(榜目): 조선 시대, 문과 급제자를 연대, 시험의 종류, 성적의 순서로 적은 명부.
286) 청선(靑扇): 푸른 빛깔의 부채.

그때 종형의 나이가 열한 살이었다. 동춘옹에게 보여 드렸더니 동춘옹이 감탄하여 칭찬하기를 "어떤 사람이 이런 아이를 낳았는고?"라고 하셨다.

> 趙判書定而 十三歲作白馬江詩 曰 靑春憶上馬江舟 花爛江城錦作流 我從兄以同春體 書此詩於靑扇 時年十一 進拜於春翁 春翁歎賞曰 何許人生得如此兒也

79 종형이 단양 군수로 있을 때, 경내 30리 되는 곳에 살던 송세제(宋世濟)라는 사람이 죽었는데, 그의 시신을 거두어 줄 사람이 없었다. 그러자 종형이 아들을 시켜 향소287)의 아전과 기녀들을 데리고 가서 그 옆집에 머물면서 지휘하고 분부하여 정성을 다해 염을 해서 관에 넣어 배에 실어 도성으로 보내도록 하였다. 이것이 바로 얼굴을 본 적이 없는 친구라는 것이다. 요즘 세상에 누가 또 이런 일을 할 수 있겠는가.

> 從伯氏守丹陽時 有宋世濟者 寓居境內三十里地 而死無以斂屍 伯氏使子率鄉所吏妓輩 出坐其傍舍 指揮分付 盡心而殮之 納之棺而載於舟 送于京中 是親舊而不見面者也 今世何人能更有此事否

80 옛날 선비들의 의론은 의리의 올바름에 대한 것이었는데, 지금 선비들의 의론은 모두 협잡과 사사로운 마음에서 나온 것이다. 사사로운 마음 중에서도 괴이하고 놀라워 분통터지는 것이 있으니, 돈암서원의 통문288)의 경우는 망국의 조짐이 되었다. 도내의 선비들로 하여금 약속한 날짜에 모이도록 하였는데 약속한 그날 맨 먼저 발의한 유생이 평소 아무런 병이 없었는데 갑자기 죽어 의론이 중단되었다. 사화가 일어남에 어찌 사람의 계략이 하늘의 뜻을 이길 수 있겠는가.

○ 백부 한수 선생의 행장에 "율곡과 우암에 이르러 가장 번성하였다.289)"라는 구절이 있는데, 사계(沙溪)290)를 뺀 것은 한덕소의 잘못이라

---

287) 향소(鄕所): 유향소(留鄕所). 향리의 비행을 규찰하고, 풍속을 바로잡으며 수령을 보좌하는 등의 임무를 맡은 지방 자치 기관.
288) 돈암서원의 통문: 권상하가 죽은 뒤 그 행장을 제자인 한원진이 썼는데 권상하의 학문을 서술하면서 율곡 이이와 우암 송시열을 언급하고 사계 김장생을 언급하지 않은 데 대하여 돈암서원의 유생들이 한원진을 성토하는 통문을 돌렸음.

는 죄안(罪案)을 만들어 통문을 발송하고 죄를 성토하였다. 그렇다면 맹자에 이르러 가장 번성했다고 한다면 자사(子思)가 그 가운데 포함되지 않는가. 정자(程子)에 이르러 가장 번성하였다고 한다면 염계(濂溪)가 그 안에 포함되지 않는가. 주자(朱子)에 이르러 가장 번성했다고 말한다면 연평 선생(延平先生)291)이 그 안에 포함되지 않는가. 사계 선생은 그 자체로 우리 도에서 으뜸으로 삼아 우러러야 할 분인데 저 무리들이 사사로이 독차지하려고 하였으니 사계를 몹시 왜소하게 만든 것이 아니겠는가. 그들의 말과 그들의 견해가 심히 우습고 비통하다. 대개 그 핵심이 잘 숨겨져 드러나지 않는 상황에 우옹의 손자 또한 어리석게도 거기에 가담했으니 슬퍼할 만하다.

> 古之士論是義理之正 而今之士論專出於挾雜私意 而私意亦有怪駭而憤痛者 至於遯岩通文而爲亡國之兆也 使道內之士約日聚會 而及其約日 首發之儒 無病暴死 其議遂沮 士禍之作 豈以人謀而勝天耶 ○ 以伯父寒水先生行狀每日 至栗谷尤菴最著 而拔沙溪爲韓德昭之罪案 發通而聲罪 然則 至孟子最著云 則子思不在其中乎 至程子最著云 則濂溪不在其中乎 至朱子最著云則 延平不在其中乎 沙溪自是吾道之所宗仰 而渠輩欲私之 豈非少沙溪之甚乎 其言其見可笑而其心則悚矣 盖其關振暗暗有在 而尤翁之孫亦曚然而投入 可哀哀

81 내가 두류산에 유람 갔을 때 산 아래에 처사 두 명이 있다는 말을 듣고 방문하였다. 화개(花開)에 사는 소응천(蘇凝天)은 사람됨이 유달리

---

289) 백부~번성하였다: 한수재의 행장을 제자인 한원진이 지었는데, 행장 중에 "대개 주자가 돌아간 뒤에 오도(吾道)가 우리나라로 왔으나, 그 전도(傳道)의 책임을 진 분으로는 오직 율곡·우암 두 선생만이 가장 드러났다. 율곡 선생은 스승에게 가르침을 받지 않았으되 도체(道體)를 밝게 보셨으니, 자질이 생지(生知)에 가까웠고 학문이 지극한 경지에 이르렀으며, 우암 선생은 학문은 주자의 학문을 종주(宗主)로 삼고 의리는 춘추의 의리를 지켜 공자의 도를 보호하고 이단의 설을 막아 천지를 위하여 도를 세웠으니 사업의 성대함을 또 누구와도 비견할 수 없다. 그리고 우암의 뒤를 이어 일어나서 정전(正傳)을 이어 더욱 그 정심(精深)한 이치를 연구하고 성법(成法)을 지켜 쇠퇴한 세상의 우뚝한 지주(砥柱)가 되어 두 선생의 도가 땅에 떨어지지 않게 한 분은 오직 선생[한수재] 한 분뿐이다."라는 내용이 있음.

290) 사계(沙溪): 조선 시대 문신이자 예학의 태두인 김장생(金長生;1548~1631)으로, 자는 희원(希元), 호는 사계(沙溪).

291) 연평 선생(延平先生): 중국 송나라 성리학자인 주자(朱子)의 스승 이통(李侗;1093~1163)을 가리키는 말로, 연평 지방 사람이므로 연평 선생이라고 부름.

총명하였다. 늘 의관을 갖춰 입고 있었지만 행동거지는 다른 사람들과 별로 다르지 않았으며, 경학을 공부했다는 이야기를 들었지만 스스로 아무 말도 하지 않아 한두 가지도 알 수 없었다. 오직 그가 지은 시 몇 편만을 보았는데 특별히 뛰어난지는 알 수 없었다. 수송대(愁送臺)에 사는 신수이(慎守彛)는 사람됨이 공손하였으며 의관은 소박하고 행동거지는 다른 사람들보다 나았다. 그에게 경학의 뜻을 따져 묻지는 않았지만 그가 도암(陶庵)292) 이 대감과 나누는 이야기를 들어보니, 두서가 있고 맥락이 분명하였으며 말투가 온화하면서도 분명하였다. 똑같이 처사라고 불리는데 각기 능한 것이 있었다.

신수이는 그 후에 다시 보지 못했는데, 소응천은 지금 산에서 나와 내가 있는 곳에 들렀다. 내가 소응천에게 "그대는 경학을 공부하였는데 처사로 이름을 얻었으니 세상을 잊으려는 마음이 큰 것 같습니다. 그런데 무슨 까닭에 천조(天曹)293)의 종이 쪼가리에 이름을 올리려고 하십니까?"라고 물었다. 그를 보낸 후에 앉아서 생각해 보니, 처와 첩이 있는데도 아이를 하나도 낳지 못했다면 비록 두 번 세 번 첩을 얻더라도 어찌 반드시 아들을 낳는다고 할 수 있으랴. 이는 자기의 운명을 모르는 것이 아니겠는가. 첩을 얻기로 한 지 열흘도 남지 않아 말하기를 "곧 돌아가려고 합니다."라고 하였다. 그렇다면 무슨 까닭에 추위를 무릅쓰고 천릿길을 왔단 말인가. 이런 일은 세속 사람들의 악착스러움과 비슷한데 그는 작은 혐의조차 피하고 싶었나 보다. 또 그가 더불어 교유하는 사람을 보니 백이(伯夷)가 아니라 전금(展禽)294)이었다. 그 사람이 훌륭한지 그렇지 않은지는 쉽게 알 수가 없다.

余之遊頭流山 聞山下有二處士 往訪之 花開之蘇凝天 爲人便慧 衣冠平常 動止混於人 聞其有經學 而口自無言 故不能知其一二 獨見其詩數篇 不知其爲絶等 愁送臺之愼守彛 爲人原謹 衣冠朴素 動止勝於人 不與之辨質經旨 而槩聽其與陶庵李台

---

292) 도암(陶菴): 조선 후기 문신인 이재(李縡;1680~1746)로, 자(字)는 희경(熙卿), 호는 도암(陶菴)·한천(寒泉). 예학에 밝아 많은 저술을 남겼음.
293) 천조(天曹): 이조(吏曹)의 별칭.
294) 전금(展禽): 중국 춘추시대 노나라 대부(大夫)인 유하혜(柳下惠)로, 자기의 올바름만 견지할 뿐 주변의 상황을 따지지 않고 형편에 따라 대응하였는데, 이와 관련하여 『맹자』에 "그래서 말하기를 '그대는 그대이고 나는 나이니 비록 그대가 내 옆에서 소매를 걷어 올리거나 옷을 다 벗는다고 해도 그대가 어찌 나를 더럽게 만들 수 있겠는가[故曰 爾爲爾 我爲我 雖袒裼裸裎於我側 爾焉能浼我哉].'"라는 말이 있음.

之言 頭顧脈絡 雍容而明晰 同一名稱 各有所能 愼則其後不更見 蘇則今出山而過
我 我問 君有經學而以處士得名 無乃果於忘世之心勝耶 然則何故掛名於天曹之紙
耶 送後 坐而思之 有妻妾而不産一兒 則妾雖再得三得 何可幾其必生男子 是不知命
耶 卜姓之佳期 隔未一旬而言欲徑還 然則何故凌寒千里程而來 是有似於俗中人之
齷齪 而避小嫌者耶 又見其所與遊 則非伯夷而展禽耶 其人之高下 有未易窺見

82 우리 외삼촌이 경상도 관찰사가 되었을 때, 성주 풍헌인 박씨 성을 가진 사람이 송사가 접수되기도 전에 말하기를 "틀림없이 서로 척을 지고 있는 두 사람을 주변에서 부추겨 관아에 소장을 올리게 한 것입니다."라고 하였는데, 그 후 똑같이 혹독한 형벌을 받아 죽게 되었다.

문경 태수 이복해가 관찰사를 만나서 신 씨의 묘자리 송사에 대하여 편안하게 이야기를 나눈 뒤에 돌아와서 들으니 "신 씨가 억지를 부려 말하기를 '태수가 관찰사를 부추겨 나를 엄하게 다스리게 하였다.'라고 하면서 태수를 비방합니다."라고 하였다. 그러자 태수가 그 일을 보고하여 벌을 주려고 하다가 이리저리 생각해 보고는 그만두었다.

이에 사람들이 묻기를 "두 사람의 일이 누가 잘했고 누가 잘못했습니까?"라고 하였다. 내가 말하기를 "외삼촌의 일은 법률에 따라 정당하게 처리한 것이고, 이 태수의 일은 마음이 관대한 것입니다."라고 하였다.

我舅氏爲之嶺伯時 星州風憲朴姓者 不待接訟而謂必與彼此隻 左右之呈狀于官
故一猛刑而致斃 今聞慶官守李福海見巡使 而有方便言於申之山訟 還而聞之 申有
勒詰曰 勸巡使以猛治其罪 謗訕官守 官守欲論報而治之 左右思量而止之 人問 兩
人事 誰是得失 余曰 舅氏之事 法理之當然也 李之事 心志之寬弘也

83 문경 태수의 아버지가 관아에 나와 앉아 말하기를, "감사의 형과 태수의 아버지가 서로 왕래하면 무엇이 나쁘겠습니까."라고 하였다. 그 말이 옳다고 여겨서 때때로 들어가서 만났다. 내 아우가 감사에서 체직된 후에는 지나갈 때 읍내에 앉아서 그가 나오기를 기다리고 관아에 들어가지 않았다. 그가 통신사가 되어 지나갈 때도 큰 바다를 건너 이역으로 가는 길을 전송하고 싶었으나 객사에는 들어갈 수가 없어 읍촌에 앉아서 그

가 나오기를 기다리고 들어가지 않았다. 아이들은 반드시 이 뜻을 알아 함부로 분수에 넘는 일은 하지 않아야 할 것이다.

> 聞慶太守之父 來坐衙中而日 監司之兄與太守之父相來往 何嫌 其言然 故時時入見 監司遞後則過去時 下坐邑村 待其出來而不入去 通信使過去時 欲就別滄溟異域之行 而客舍不可入 故亦坐於邑村 待其出來而不入去 兒輩必知此義而勿放過也

84 신축년(1721)[295]의 세 간신(諫臣) 중 박치원(朴致遠)[296]이 가장 태평스럽고 한가로우면서도 두려워하지 않아 기뻐할 만하였다. 그런데 그가 충주 목사가 되었을 때 패악하고 불순한 무관(武官)에게 무고를 당해 역적 권첨(權詹)[297]에게 처벌을 받아 북쪽 변방에서 풍상을 겪고 돌아온 뒤에는 시골구석에서 굶주려 죽게 되어 영원히 버려진 사람이 되었으니 매우 탄식할 만하다.

○ 신축년의 사대신[298] 중 충문공[이이명]은 사약을 받을 때 평상심을 잃고 슬퍼하였으며, 충헌공[김창집]은 일을 처리함에 최선을 다하지 못한 바가 있는 듯하였으며, 충민공[이건명]은 지극히 여유로워 죽음 보기를 즐거운 것처럼 여겼다. 충익공[조태채]은 약사발을 들고 평소처럼 웃으며 이야기를 나누고 농담을 하면서도 마음의 동요를 면하지 못한 듯하였으나 이 또한 쉬운 일이 아니다. 대개 충익공은 살 만하면 살지만 스스로 사지에 들어가는 것도 즐거워했으니 곰 발바닥과 물고기에 대해 취하고 버릴 줄 아는 것이다.[299] 그러한 식견과 굳은 마음가짐이 있으니 경학을

---

295) 신축년(辛丑年): 소론에 의해 노론의 4대신이 축출되고 소론이 실권을 장악한 신축옥사가 일어난 1721년(경종 2년).

296) 박치원(朴致遠;1680~1767): 1721년(경종 1) 노론의 대신 어유룡(魚有龍), 이중협(李重協)과 함께 왕세제[영조]의 대리청정을 주장하다 소론의 반대로 실패하고, 신임사화로 노론이 실각하자 고성(固城)에 유배되었음.

297) 권첨(權詹;1664~1730): 조선 후기 문신으로, 자는 숙량(叔良). 1727년(영조 3) 충청도 관찰사가 되었는데, 이인좌(李麟佐)의 난 때 사태를 관망하며 출병하지 않아 청주성이 함락되자 역적과 내통하였다는 혐의를 받아 투옥되어 여러 차례 친국을 받다가 옥사하였음.

298) 신축년(辛丑年)의 사대신(四大臣): 1721년(경종 2년) 신축옥사로 죽음을 당한 노론의 네 대신으로, 이이명·이건명·김창집·조태채 등임.

299) 곰~것이다: 취하고 버릴 것에 대해 판단할 줄 안다는 의미로, 주로 의리를 택하는 것을 가리킴. 『맹자』에, "생선도 내가 먹고 싶어 하는 것이며 곰 발바닥도 내가 먹고 싶어 하는 것이지만, 이 두 가지를 겸하여 얻을 수 없다면 곰 발바닥을 취하겠다. 삶도 내가 원하는 것이며 의

하지 않았다고 하여 그 사람을 가볍게 여길 수 없다.

○ 신사년(1701)에 희빈 장 씨가 사사될 때에 온 조정의 대소 신하들이 모두 은혜를 온전히 해야 한다300)는 상소를 올릴 때 나의 외조부 충정공[이세백]301)께서 홀로 의연히 대신의 절개를 지켜 김 상공을 뵙고 아뢰기를 "저는 임금님의 명령을 따를 뿐 다른 도리가 없습니다."라고 하였다. 충정공은 평소에 현명한 사람이라고 칭송을 받았으니 공의 행동을 비웃을 수 없을 것이다.

○ 무신년(1728)302)의 청주의 세 충신303) 중 한 사람인 충민공[이봉상]이 기미를 볼 줄 모르고 위기에 처해서는 용기가 없어 대나무 숲에 숨어 있었지만 오직 해를 당할 때 두려워하지 않은 것은 봐줄 만하다. 충장공[남연년]이 도적을 꾸짖으며 굴복하지 않은 것과 춘렬공[홍림]이 밖에서 뛰어 들어와 그 의(義)를 다한 것은 용기가 더욱 열렬하니 칭찬할 만하다.

○ 윤선거(尹宣擧)304)가 난적(亂賊)305) 윤휴(尹鑴)306)와 절교하지 않은 것에 대한 내 생각은 악하다고 미워했던 우옹과 다르다.307) 사귀는 정과 의리가 아주 가깝기 때문에 차마 떨쳐 버릴 수 없는 것은 또한 보통 사람

리도 내가 원하는 것이지만, 이 두 가지를 겸하여 얻을 수 없다면 삶을 버리고 의리를 취하겠다[孟子曰 魚 我所欲也 熊掌 亦我所欲也 二者 不可得兼 舍魚而取熊掌者也 生亦我所欲也 義亦我所欲也 二者 不可得兼 舍生而取義者也]."라고 한 구절이 있음.

300) 은혜를 온전히 해야 한다: 왕의 혈육이 지은 죄에 대해서는 법대로 다스리지 않고 용서하여 은혜와 정을 온전히 하는 것을 말함.

301) 충정공(忠正公): 조선 후기 문신인 이세백(李世白;1635~1703)으로, 자는 중경(仲庚), 호는 우사(雩沙)·북계(北溪).

302) 무신년(戊申年): 영조 4년인 1728년으로, 이인좌의 난이 일어난 해임.

303) 세 충신[三忠臣]: 이인좌의 난 때 순절한 충청도 병마절도사 이봉상(李鳳祥;1676~1728), 청주 영장 남연년(南延年;1653~1728), 비장 홍림(洪霖;1685~1728)을 말함.

304) 윤선거(尹宣擧;1610~1669): 조선 후기 학자로, 자는 길보(吉甫), 호는 미촌(美村)·노서(魯西)·산천재(山泉齋).

305) 난적(亂賊): 사문난적(斯文亂賊)을 줄여서 일컫는 말로, 유고의 교리에 어긋나는 언동으로 유교를 어지럽히는 사람을 이르는 말인데 주자의 학설과 다른 주장을 하는 사람들을 지칭하는 용어로 사용되는 경우가 많음.

306) 윤휴(尹鑴;1617~1680): 조선 후기 주자의 학설과 사상을 비판한 문인으로, 자는 희중(希仲), 호는 백호(白湖).

307) 윤선거~다르다: 윤휴는 학문에 있어서 당시에 금과옥조로 신봉되던 주자의 해석 방법을 배격하고 『중용장구』 등의 경전에 독자적인 해석을 가하여 장구(章句)와 주(註)를 수정하였는데 이 때문에 송시열은 그를 사문의 난적(亂賊)이라고 비판하였고, 자신의 만류에도 불구하고 윤휴와 계속 교유하던 윤선거도 비난하였음.

의 일이며, 그 어짊만 보고 그 흉악함을 보지 않는 것은 무식한 사람의 일이다. 어찌 상등인(上等人)의 기준으로 윤선거를 책망할 수 있겠는가. 윤증에 대해 나는 말하기를 "그는 스승을 배반한 것이 아니다. 윤증의 일을 보면 그가 우옹에게 배운 게 없음을 알 수 있다. 배운 게 없었다면 우옹은 그의 스승이 아니다. 윤증이 우옹과 절교한 것은 사람이 사람을 끊은 것이라고 할 수 있으니 어찌 사제의 의리로써 이 사람을 비난할 수 있겠는가."라고 하였다.

○ 율곡, 사계, 우암은 도로써 계통을 전하였으며 수암(遂菴)이 그것을 잇고, 남당(南塘) 한원진(韓元震)이 그것을 이었다. 사제 간의 즐거움은 살았을 때나 죽었을 때나 똑같아야 하는데, 여러 후손들이 다투어 말하기를 "우리 할아버지는 훌륭하고 너의 할아버지는 훌륭하지 않다. 우리 할아버지는 계통을 이어받았는데 너의 할아버지는 계통을 이어받지 못했다."라고 하며 스스로 풍랑을 일으켜 사화를 일으키려 하니 하늘에 계신 여러 선생의 혼령이 또한 껄껄 웃지 않겠으며, 근심하며 슬퍼하지 않겠는가. 이러한 때 나라 또한 어찌 지탱할 수 있겠는가.

○ 퇴계와 율곡이 사우(師友)가 되었는데 그 문인들이 서로 원수가 되어 미워했다는 말을 듣지 못했으며, 율곡과 우계가 도의로 사귀었는데 그 문인들이 위아래를 따졌다는 말을 듣지 못했다. 그런데 우암과 동춘은 함께 공부한 즐거움이 매우 컸는데도 문인과 자제의 분쟁이 어찌 이러한가. 이 또한 세상이 얼마나 크게 변했는지를 잘 알 수 있게 해준다. 우리 백부는 우암에게 배웠으니 농암(農岩), 직재(直齋), 지촌(芝村), 장암(丈岩) 공이 모두 동문이다. 곡운(谷雲), 문곡(文谷), 노봉(老峰), 외재(畏齋) 공은 모두 우암의 문하에 출입한 사람들로, 더불어 강론하고 토론하며 서로를 거스르지 않았다. 백부께서 살아계실 때에도 "학자와 유자로는 정제두(鄭齊斗)308), 민이승(閔以升)309), 김간(金榦)310) 공이 있는데, 각자 스스로 공

---

308) 정제두(鄭齊斗;1649~1736): 조선 후기 문신이자 학자로, 자는 사앙(士仰), 호는 하곡(霞谷)·추곡(楸谷). 주자학의 권위주의적 학풍을 비판하면서 양명학을 연구하고 발전시켜 사상적 체계를 세우고, 이를 바탕으로 경세론을 전개하였음.

309) 민이승(閔以升;1649~1698): 조선 후기 문신이자 학자로, 자는 언휘(彦暉), 호는 성재(誠齋). 어려서부터 과거 시험에는 뜻을 두지 않고 사서와 육경을 통독하면서 문장에 뛰어난 재질을 보였으며, 제자백가(諸子百家)의 학문 연구로 여생을 보냈음.

310) 김간(金榦;1646~1732): 조선 후기 문신으로, 자는 직경(直卿), 호는 후재(厚齋). 학행으로 천거되어 청양 현감을 거쳐 사헌부 지평과 집의 등을 지냈고, 많은 저술을 남겼으며, 특히 예

부하면서 서로 왕래하지 않으니 또한 우암 때의 현석(玄石)과 같지 않다." 라는 이야기가 있었다. 백부 때는 또 이재(李縡), 박필주(朴弼周)311)가 백부보다 늦게 태어났으면서도 어른을 스승으로 섬기지도 않고, 동류들과 학문으로 벗하지도 않은 채 세상천지에 홀로 서서 스스로 스승의 도를 높임으로써 후배들도 그같이 하는 폐단이 있게 되었다. 우리 백부의 문인들은 모두 일찍 죽고, 오직 남당(南塘) 한원진(韓元震)과 병계(屏溪) 윤봉구(尹鳳九)312)가 서로 어울려 강학하는 것을 좋아하였는데, 그 문인들 사이에 사사로이 우리 선생님과 너희 선생님의 우열을 따지는 말들이 있다는 것을 듣고는 앞날에 대한 근심이 또한 적지 않았다. 예로부터 학문하는 자에게 도통이 없는 것을 근심으로 여겼는데, 지금은 오히려 학문하는 폐해가 이 같으니 하늘이 하는 일을 어찌하겠는가.

○ 세상에는 제자에게 미치지 못하는 스승과 스승보다 나은 제자가 얼마나 많은가. 그런데 후학들이 공공연하게 이러쿵저러쿵 말하면 각각 사사로운 생각을 가지고 무리 지어 일어나 화를 내니 이는 마치 '목에 큰 칼을 쓴 자가 거문고 멘 자를 본받아 춤을 추는 격'313)이다. 만약 장상(將相) 이하 여러 직책에 사람의 됨됨이를 따져 천거한다면 사사로운 관계에 있는 사람들이 모두 한꺼번에 일어나 천거로 등용된 사람을 원수 보듯이 할 것이다. 그렇게 되면 세상이 모두 어지러워져 안정되지 않을 것이니 장차 어떻게 할 것인가. 이와 같은 것은 국가의 복이 아니다.

○ 사천(槎川) 이일원(李一源)이 나에게 말하기를 "그대의 시문과 잡저(雜著)는 모두 나의 시에 미치지 못하는 듯하네."라고 하였다. 내가 말하기를 "이규채(李奎采)314)가 내게 말하기를 '어르신의 사자체(四字體)가 제일 좋고 문이 그다음이며, 시가 또 그다음입니다. 그런데 그 시도 사천보다는 낫습니다.'라고 하였네."라고 하자 사천이 웃으며 말하기를 "규채 군은 안목이 없군."이라고 하였다. 또 말하기를 "내가 이미 늙어서 시 짓기

설(禮說)에 조예가 깊었음.
311) 박필주(朴弼周;1680~1748): 조선 후기 문신이자 학자로, 자는 상보(尙甫), 호는 여호(黎湖).
312) 윤봉구(尹鳳九;1683~1767): 조선 후기 문신이자 학자로, 자는 서응(瑞膺), 호는 병계(屏溪) 또는 구암(久菴)이며, 권상하의 제자들인 강문팔학사 중 한 사람.
313) 목에~격: "거문고 인 놈이 춤을 추면 칼 쓴 놈도 춤을 춘다."라는 속담으로, 자기는 도저히 할 만한 처지가 아닌데도 남이 하는 짓을 덩달아 흉내 내다가 웃음거리가 됨을 비유적으로 이르는 말.
314) 이규채(李奎采;1703~?): 조선 후기 문신.

를 그만둘까 하였는데 두 가지 때문에 그만두기 어렵네. 내가 시 짓기를 그만두면 세상에 다시 시가 없을 것이고, 내가 시 짓기를 그만두면 다시는 그대를 굴복시킬 사람이 없을 것이네."라고 하였다. 또 함께 마주 보고 웃었다.

辛丑三諫臣中 朴致遠最安閑不憪 可喜 及爲忠州牧使 爲悖武所構誣 爲逆儓所處置 閱歷北塞風霜而歸 飢餒欲死於鄕曲之中 永爲棄人 絶可歎慨 ○ 辛丑四大臣中 忠文公之臨命 失措哀憐 忠憲公則有處事不盡善者 忠愍公極從容視死如樂地 忠翼公擧藥椀而談笑戲謔如平日 似不免於動心而亦自不易 蓋是公則可生則生 而自樂於投入死地 是知熊魚之取舍矣 其見識與定力 不可以無經學少其人也 ○ 辛巳 張氏之賜死也 擧朝大小之臣 皆上全恩之箚 獨我外王考忠正公毅然守大臣之節 而觀復金相公曰 吾則承順之外 無他道 忠正公常稱之以英明之人 不可侮矣 ○ 戊申 淸州之三忠 忠愍公無智於見幾 無勇於臨危 而竄伏竹林之中 唯其受害時不懼可觀 忠壯公之罵賊不屈 忠烈公之自外躍入以盡其義 勇尤烈烈可稱 ○ 尹宣擧之不絶賊鑴 吾心則異於尤翁之疾惡矣 情義親切 故不忍揮却 亦常人之事也 見其賢而不見其凶 無識人之事也 豈可以上等人責於宣乎 尹拯 吾則曰 非背師也 觀於尹拯之事則知其己無學矣 無學於身則尤翁已非師也 尹之絶尤翁 是可曰人絶人矣 豈可以師弟之義責是人乎 ○ 栗翁也 沙翁也 尤翁也 以道傳統而遂翁承之 南塘承之 師弟之樂 生死一也 而紛紛諸孫 嘵嘵多言而曰 我祖賢也 爾祖不賢也 我祖接統也 爾祖未接統也 自作風浪 欲起士禍 諸先生在天之靈 亦不啞啞而笑 悒悒而悲乎 如是之際 國亦何以支也 ○ 退溪栗谷爲師友 而未聞門人之相讐惡 栗谷牛溪爲道義交 而未聞門人之爲高下言 尤庵同春相學之樂如何 而門人子弟之紛爭如此 亦足以觀世變也 我伯父學於尤庵 而農岩直齋芝村丈岩諸公 皆是同門之人 谷雲文谷老峰畏齋諸公 皆是出入尤門之人 而相與之講質而無忤 伯父同時有曰 學者儒者有鄭公齊斗閔公以升金公榦 別自爲學 不相來往 亦不同於尤庵時之玄石也 伯父時 又有李縡朴弼周生於晩後而不師於長老 不友於儕流 獨立乾坤 自尊師道而有後輩之弊端 我伯父門人皆早歿 獨南塘韓元震 屛溪尹鳳九相與講好 而竊聞其門人輩私自有吾師爾師優劣之言 前頭之憂 亦不少矣 自古以學者無道統隆爲憂 今則爲學之害如此 天也奈何 ○ 世有師不及弟子 弟子勝於師者何限 而後學有公言云云 則各以私意羣起而怒之 着枷者亦效荷瑟者而蹲蹲 若將相以下各色職任 以人高下而薦用 則各其人一幷起立而讐視薦用之人 則一世皆擾亂而靡定 其將奈何 如此如此 非國家之福也 ○ 槎川李一源謂余曰 君之詩文幷雜著 似將都不及於吾之詩 余曰 李奎采云 丈者之四字體最好 文次之 詩又次之 然詩亦勝於槎川 槎川笑曰 采君無眼矣 又曰 吾已老矣 欲休哦詩而有二事難休 吾休吟則世更無詩 吾休吟則更無制伏君之人 又與之對笑

85 　내가 지례 현감 성이홍(成爾鴻)에게 묻기를 "그대가 계방관315)으로 있을 때 임금님께서 그대를 현감에 제수할 뜻이 있어 부르시자 그대는 곧바로 달려가 취재(取才)316)에 응하여 수령으로 나갔네. 그대는 뭇 관직을 하지 않더니 어찌하여 거취를 그토록 가볍게 하였는가?"라고 하니 성이홍이 말하기를 "부모님의 명을 받은 것입니다."라고 하였다. 또 묻기를 "임금님께서 말씀하시기를 '그대와 한원진은 모두 우암의 문인인데 어찌 이렇게 다른가? 한원진은 말씨가 인정이 없고 쌀쌀한데 그대는 사리에 밝고 차분하도다.'라고 하시매 그대가 답하기를 '사람이 각자 재능이 따로 있으니 바로 이 점이 한원진이 저보다 나은 점입니다.'라고 하였다는데, 어찌하여 한원진은 정직하기 때문에 임금을 섬기는 도를 얻었다고 강하게 아뢰지 않았는가? 또 그대는 '직(直)' 자의 뜻을 펼쳐서 자신의 견해를 세웠는데 어찌하여 '선대의 어진 신하 송 모[송시열]가 죽음에 임해 저의 스승[권상하]에게 말했고, 제가 이런 까닭에 또한 듣게 되었습니다.'라고 말하지 않았는가?"라고 하였다. 그가 말하기를 "실수로 빠트렸습니다."라고 하였다. 성이홍이 신출내기 학자로 처음 경연에 들어간 까닭에 이같이 소략했던 것인가.

　　余問于成知禮爾鴻曰　君爲桂坊官時　自上有除縣之意而招之　則卽赴爲取才而進　凡官亦不爲　君如何輕去就　曰　承親命也　又問　自上曰　儒臣與韓元震同是先正門人　而何太不同也　韓則辭氣多迫切　而儒臣則理勝而從容矣　對曰　各在其人　此所以韓勝於臣云　何不極言韓之正直而得事君之道乎　君陳直字之義而作爲己見　何不曰　先正臣宋某臨命而詔於先師　臣某如此　故臣亦聞之云云乎　曰偶失之矣　成是新學而初入筵中　故疏略如此耶

86 　이렇게 불꽃이 하늘을 덮는 듯한 흉흉한 상황에도 근심하지 않고

---

315) 계방관(桂坊官): 세자익위사(世子翊衛司)의 관원.
316) 취재(取才): 조선 시대 하급 관리를 채용하기 위해 실시한 과거로, 수령(守令)·외교관(外敎官)·역승(驛丞)·도승(渡丞)·서제(書題)·음자제(蔭子弟)·녹사(錄事)·도류(道流)·서리(書吏)를 선발하는 이조취재(吏曹取才)와 의학(醫學)·한학(漢學)·몽학(蒙學)·왜학(倭學)·여진학(女眞學)·천문학·지리학·명과학(命課學)·율학(律學)·산학(算學)을 전공한 기술관(技術官) 및 화원(畫員)·도류·악생(樂生)·악공(樂工)을 선발하는 예조 취재(禮曹取才)가 있었음.

두려워하지 않는 자는 진실로 영월의 엄흥도(嚴興道)317) 같은 사람이니 책만 읽은 수많은 유생들이 모두 부끄러워할 만하다.

當此火色之滔天 不慴而不畏 誠如寧越之嚴興道 千百讀書之儒 皆可愧死

87 맏조카가 인제를 다스릴 때 합강정에 내 시를 새겨서 걸어 두었는데, 뒤에 부임한 수령 조진세(趙鎭世)318)가 사적인 감정으로 농암, 삼연 두 공의 시와 함께 치워 버렸다. 화양서원(華陽書院)319)의 원임320)이 운한각(雲漢閣)에 내 글을 새겨 걸었는데, 후임이 '이 건물을 세운 공이 구운(九雲) 숙질에게 있다.'라는 표현이 있다고 하여 치워 버렸다. 문경 향교의 교임(校任)321)이 문경 현감 신길원(申吉元)322)의 충렬비각(忠烈碑閣)에 내가 쓴 명(銘)을 새겨서 걸었는데 두 번이나 누군가가 치워 버렸다. 이는 누구의 소행인지 알 수 없지만 내가 고을 사람들에게 미움받을 만한 일을 한 적이 없었으니 분명 어떤 마을 누군가가 시기한 것이다.

伯姪爲獜蹄時 刊揭吾詩於合江亭 後守趙鎭世以私好惡 並與農岩三淵二公詩而拔去之 華陽院任刊揭吾文於雲漢閣 後任以有此閣之歸功於九雲叔姪之語 拔去之 聞慶校任刊揭吾銘於申聞慶吉元忠烈碑閣 而再度拔去之 此則不知誰所爲 而吾無見忤鄕中之事 必然某村人之忌疾也

---

317) 엄흥도(嚴興道;?~?): 강원도 영월 호장(戶長)으로 있을 때, 세조에 의해 죽임을 당한 단종의 장례를 정중하게 치른 후 벼슬을 내놓고 숨어 살았던 인물.
318) 조진세(趙鎭世;1689~?): 조선 후기 문신으로, 자는 안석(安石).
319) 화양서원(華陽書院): 충청북도 괴산군 청천면 화양리에 있던 서원. 1695년(숙종21)에 송시열을 제향하기 위해 설립된 서원으로, 그 이듬해 사액을 받았는데, 1716년에 숙종이 편액을 친히 써서 다시 내리는 등 전국의 사액서원 중에서도 가장 이름 있고 위세가 당당한 서원이었으나 제수전(祭需錢)의 봉납을 강요하는 폐해가 극심하여 흥선대원군에 의해 철폐되었음.
320) 원임(院任): 서원을 대표하고 운영하는 사람들을 일컫는 말로, 서원의 대표인 원장과 실무 책임을 맡은 유사(有司), 유사의 하위 직급인 개별 유사들로 구성되며, 서원의 운영을 위해 자체적으로 선출하였는데, 주로 지방의 유림이 담당하였음.
321) 교임(校任): 조선 시대 향교를 운영하고 교생들을 교육하는 향교의 직원을 이르던 말.
322) 신길원(申吉元;1548~1592): 임진왜란 당시 문경 현감으로 있었는데, 20여 명의 부하와 함께 최후까지 항전하여, 온몸에 상처를 입어 유혈이 낭자한 모습인데도 굽히지 않고 적을 꾸짖다가 마침내 사지를 절단당하여 죽었음.

88 권력을 탐하고 세도를 누리는 집안에서 태어났는데도 뛰어난 글재주를 가지고서 과거를 포기하고 벼슬을 마다하는 자가 있으며, 재물을 탐하고 이익을 좇는 집안에서 태어났는데도 곳간을 열어 가난한 사람을 구휼하기 좋아하는 자가 있으며, 식견이 없고 어리석은 집안에서 태어났는데도 독서를 좋아하는 자가 있으며, 욕심이 많고 행실이 바르지 못한 집안에서 태어났는데도 자신을 고결하게 지킬 줄 아는 자가 있으며, 풍류와 도박을 즐기는 집안에서 태어났는데도 스승을 찾아가서 공부하는 자가 있으며, 당론이 확고한 집안에서 태어났는데도 선(善)을 향하고 의(義)를 좋아하는 자가 있다. 또 가풍에 일일이 상반되게 행동하는 자도 많다. 나는 이런 사람들과 다르다. 사람들 중에는 특출한 자질과 빼어난 기질을 갖고 있으면서도 가난하게 늙어 죽을 때까지 높은 벼슬을 하지 못하는 사람도 있고, 어리석고 무능하고, 욕심이 많은 무리로서 높은 자리에 올라 방자한 자가 있으니 나 또한 하늘의 뜻이 매우 의심스럽다.

○ 작년에 지재(趾齋) 민공(閔公)323)이 대궐 밖의 큰길가에 버드나무를 심어 숲을 이루었다. 그리고 길을 높이 돋우고 양쪽 가를 낮추어서 물이 쉽게 빠지게 하였는데, 동요에 이르기를 "중로(中路)는 높아지고, 양반(兩畔)은 낮아졌네."라고 하였다. 근래에 양반 자제는 모두 학문을 좋아하지 않는 데 비해 여항인 중에 시구를 읊조리는 자들이 많아졌고, 또한 과거 공부와 경학 공부를 하는 자들도 많아졌으니 당시의 참요가 거짓이 아님을 알겠다. 대저 중인과 서민 중에 많은 인재가 태어났으나 신분에 구속되어 썩은 흙보다 못하게 버려지니 심히 애석하다.

坐在貪權樂勢之家 而以瀾漫之文筆才能 乃廢科而辭官 坐在牟財射利之家 而喜發庾而賑窮 坐在貿貿蠢蠢之家而好讀書 坐在貪墨之家而得潔其身 坐在琴歌博奕之家而尋師講學 坐在黨論忮克之家而向善好義 又有一一相反於家亂者亦多 吾窃異於人 人以絶等之姿出羣之氣 而終窮老而不顯 以闒茸之流惡慾之輩 而乃饕騰而自恣 吾亦窃疑於天 ○ 昔年 趾齋閔公植柳成林於闕外大道之傍 而培高其路而低兩傍 使水易洩之 則有童謠曰 中路高兩畔低 近年以來 兩班子弟全不好學 而閭巷之人多吟詠詩句 亦多有科文經學之徒 可見時識之不誣矣 大抵中庶之間 生出許多人才 而局於地而棄之 不如糞土 甚可惜也

---

323) 지재(趾齋) 민공(閔公): 조선 후기 문신인 민진후(閔鎭厚;1659~1720)로, 자는 정순(靜純), 호는 지재(趾齋).

89 사당 제사를 받들러 가지 않는 것은 차남이 관직에 있는 경우의 예법이다. 계부(季父)께서 수원, 전라감영, 송도에 계실 때에 모두 사당의 제사를 받들러 가지 않았으며, 막내 조카가 남평(南平), 비안(比安), 고성(高城)에 있을 때 모두 제사를 받들러 가지 않았다. 내 동생이 경주, 이천의 수령이 되었을 때는 관직을 버릴 각오로 고집을 꺾지 않아 어쩔 수 없이 제사를 받들러 가는 것을 허락하였다. 그렇지만 어찌 굳이 스스로 직분을 어기면서까지 제사를 받들러 가겠는가. 사당 제사는 당연히 종가에서 받들어 모셔야 하니 제수를 성대하게 갖추어 보낸다면 어찌 정성스러운 마음에 부족함이 있겠는가. 오직 기일에 차남이 제사에 참여하지 못하면 간단하게 제수를 차려 곡하는 것을 예법에서도 허락한다.

○ 아이들이 말하기를 "성인의 일 가운데 인정 밖의 것이 많습니다."라고 하기에 내가 웃으며 말하기를 "성인은 본래 바른 도리를 갖고 있지만 사람들이 오로지 사사로운 정을 적용한 것이다. 어찌 뭇사람의 마음으로 성인을 의심하여 가벼이 논할 수 있겠는가. 결코 한수 선생의 자제가 할 말이 아니다."라고 하였다.

> 祠堂之不奉往 次子官禮也 季父水原完營松都時 皆不奉往 季姪南平比安高城時 皆不奉往 家弟慶州利川時 則固執不回以去就爲言 故不得已許奉往矣 何必身自犯分而奉往 奉在當然之宗家 而盛備奠需而送之 何自慊於誠心乎 唯忌日次子未進參 則設位畧奠而哭之 禮亦許之 ○ 兒輩曰 聖人之事 多是人情之外耳 我笑曰 聖人自有正道 衆人專用私情矣 何可以衆人之心疑聖人而輕論乎 決非寒水先生子弟之言也

90 내 장손 조응(祚應)이 장인을 만나러 갔다가 홍주(洪州)에 잠시 머물고 있었는데, 시신을 수습할 사람도 없이 온 집안 식구가 다 죽어 오랫동안 짚 구덩이에서 지내던 처가 집안의 고아가 있었다. 조응이 시신을 운구해 와서 우리 집안의 산 근처에 장사지내 주고, 그 아이를 데리고 와서 가까운 마을에 두고 보살펴서 생활할 수 있게 해 주려고 하였다. 내가 그 착한 성품을 아주 사랑하여 흔쾌히 허락하고 아끼지 않았다. 그런데 지금 내 조카 정성(定性)이 긴요하지 않은 쓸데없는 일을 한다고 여겨 말하기를 "우리 자신도 돌보지 못하는데 하물며 다른 사람을 구휼할 수 있

겠습니까."라고 하자, 그 말에 동조하여 그 말이 옳다고 하는 자들이 많았다. 그 말이 옳다면 내가 한 일은 잘못된 것이다. 어찌 양주(楊朱)와 묵적(墨翟)324)은 모두 바른 도리가 아니라고 하겠는가. 도르겠구나. 홀로 앉아 껄껄 웃었다.

> 吾長孫祚應見其婦翁 客寓於洪州 而沒死無人收瘞 以妻兒之孤子 久在藁坎之中 欲運來其屍 葬於近吾家之山 搬來其妻兒 置之旁村 資有無而活之 吾甚喜其心德 快許之不悋 今我姪定性 大以爲多事不緊 而曰我躬不閱 況恤他人 和而然其言者多 其言是則吾事非矣 豈楊朱墨翟 俱非正道 未可知也 獨坐胡盧

91 홍상조(洪相朝)325)가 유배지에서 돌아와 나를 방문하였다. 내가 말하기를 "그대가 역적의 무리를 대접해 준 것은 잘못이네. 그래도 나는 그대가 시인의 습성에 이끌렸기 때문에 그랬던 것을 아네. 그 사람의 시만 보고 그 사람의 됨됨이는 생각지 않았던 것을 두고 '역적의 무리를 옹호했다.'라고 한 모 현감을 원망해야 할 듯하네. 내가 모 현감, 모 목사, 모 감사와는 아무도 절교하지 않았는데, 어찌 그대하고만 절교한단 말인가."라고 하였다. 비록 내가 의리를 지키는 것이 엄격하지는 않으나 이 또한 의리를 지키는 한 가지 방법이다. 아마도 지금의 내 혈기가 젊은 시절보다 약해지고, 늙어서 포용력이 젊은 시절보다 나아졌기 때문인 듯하다. 사람들이 말하기를 "말세에 처했을 때는 그렇게 하는 것도 괜찮다."라고 하는데, 이 말은 이해를 따져서 하는 말이다.

> 洪相朝謫歸訪我 我曰接待逆流非矣 然知其爲詩人習氣所使 但見其詩 卽忘其人 謂護逆則似寃某縣監 某縣監某牧使某監司皆不絶 則何必獨絶君 雖我之處義不嚴 亦是處義之一道 豈亦血氣之剛有愧於少時耶 老成容物之量勝於少時耶 人曰處末世 不妨其然矣 此則利害之言也

---

324) 양주(楊朱)와 묵적(墨翟): 양주와 묵적은 둘 다 중국 전국시대의 사상가인데 양주는 자기 몸의 털 하나를 뽑아내어 세상 사람을 구제할 수 있다고 해도 남을 위해서는 어떤 일도 하지 않아야 한다는 주장을 하였고, 묵적은 자기의 신체 일부를 훼손하여 남을 구할 수 있다면 흔쾌히 자신을 희생해야 한다는 주장을 하여, 양주는 극단적으로 이기적인 사상가로, 묵적은 극단적으로 이타적인 사상가로 간주함.

325) 홍상조(洪相朝;1690~?): 조선 후기 문신으로, 자는 서일(敍一·瑞一), 호는 만송(晩松).

92 버릇에는 좋은 것도 있고 좋지 않은 것도 있다. 소동파가 이기(李琪)에게 준 해당화 시326)는 기이하다. 이일원327)의 매화 시는 버릇에 이끌린 것으로 곧바로 사람들의 입방아를 불러왔으며, 박천(博川) 군수 홍상조(洪相朝)는 유배객을 칭찬했는데 이는 대단히 잘못된 경우로, 역적을 옹호했다는 기롱을 받았다. 나는 그가 빌미를 제공한 것을 안타깝게 여긴다. 내가 지은 '막걸리로 이웃과 함께하네[白酒同鄰家]'라는 구절은 시인의 자유분방함에 어긋난 듯하고, '해가 지도록 승부를 겨루네[日沒與勝負]'라는 표현은 소동파의 습성에 견주어도 무방한 듯하다.

> 習氣有好有不好 東坡海棠詩之贈李琪奇矣 一源之梅花詩爲習氣所使 而速人人之啾嘈 洪博川之獎流人 大段不善用而被護逆之譏 吾則寃其眚矣 如我之白酒同鄰家 則或犯詩人之放曠 日沒與勝負 則不妨同於坡翁之習氣耶

93 나에 대해 말하기를 지사(知事)328) 이하원(李夏源)329)은 "무릉동에 한 신선이 나왔다."라고 하였고, 성주(城主)인 이재(李在)330)는 "함부로 말하는 사람이다."라고 하였다. 양산 군수 권만(權萬)331)은 "근래에 시로는 이 사람보다 나은 사람이 없다."라고 하였고, 부학 김진상(金鎭商)332)

---

326) 소동파가 이기에게 준 해당화 시: 소동파가 황주에 귀양 가 있다가 떠날 때가 되자 벗들이 그를 위해 송별연을 열었는데, 기생 이기(李琪)가 수건을 풀어 시를 청하자 "내가 황주에 머문 4년간 어찌하여 이기에 대해 말한 적이 없을까[東坡四年黃州住 何事無言及李琪]."라고 첫 구절을 쓰고는 다시 주변 사람들과 술판을 즐기자 이기가 다가와 뒤 구절을 이어 달라고 청하니 "서천에 살던 두공부가 해당화 아름다웠지만 읊지 않음과 같다네[却似西川杜工部 海棠雖好不吟詩]."라고 하였는데, 그 의미는 말을 하지 않았을 뿐이지 그대의 아름다움이야 말해 무엇하겠느냐는 뜻임.
327) 이일원(李一源): 조선 후기 문신이자 시인인 이병연(李秉淵;1671~1751)으로, 자는 일원(一源). 호는 사천(槎川)·백악하(白嶽下).
328) 지사(知事): 조선 시대 지중추부사를 줄여서 일컫는 말. 중추부는 특정한 관장 사항이 없이 문무의 당상관으로서 소임이 없는 자들을 소속시켜 대우하던 기관으로, 지중추부사(知中樞府事)는 정2품 관직임.
329) 이하원(李夏源;1664~1747): 조선 후기 문신으로, 자는 원례(元禮), 호는 예남(藝南)·정졸재(貞拙齋).
330) 이재(李在;?~?): 조선 후기의 문신. 영천 군수(榮川郡守), 한성부 서윤(漢城府庶尹)을 지냄.
331) 권만(權萬;?~ ?): 조선 후기 문신으로, 양산 군수를 지냈음.
332) 김진상(金鎭商;1684~1755): 조선 후기 문신.

은 "문장이 사마천의 법을 얻었다."라고 하였고, 홍천 군수 안중관(安重觀)은 "시도 좋지 않고 문장도 잘 짓지 못한다."라고 하였다. 이재와 안중관은 나보다 낫지 않고, 이하원·권만·김진상은 나에게 미치지 못하는 자들이 아닌데도 나를 추켜세우거나 무시하는 것이 이같이 크게 다르다. 그 나머지 사람들이 나에 대해 논하는 것이 대부분 이와 같으니 매우 우습다.

> 李知事夏源曰武陵洞一神仙出 李城主在則曰險客 權梁山滿曰近來詩無勝於此 金副學鎭商曰文章得馬遷法 安洪川重觀則曰非詩不文 李安非勝於我 李權金非不及於我 而躋之擠之如是之大相反 其餘人人之議我者 不同多如此 極可胡盧

94 종제가 욕가(浴暇)를 얻어 출발하기 전에 또 부제학을 제수받자, 온천에 가서 상소를 올리려고 하였다. 내가 말하기를 "교지가 연풍(延豐)에 내려왔는데 몸은 교외에 가 있으면서 교외에서 실상을 갖추어 아뢰어 사직 상소를 올리는 것은 옳지 않다. 다시 상소를 올린 다음에 가는 것이 임금을 섬기는 성실한 도이다. 비록 유사한 전례가 있어도 결코 그리해서는 안 된다."라고 하였다. 그런데 끝내 듣지 않고 갔다. 그의 일과 내 말 중에 어느 것이 옳고 어느 것이 잘못된 것인지 모르겠다.

> 從弟得浴暇而未發 又有副學之除 欲往溫泉而上疏 我曰 有旨下於延豐 而身在江郊 不可自江郊從實上辭疏 再上疏而前進 是事君誠實之道 雖有近例 決不可爲 乃不聽而前進 未知渠事吾言孰是孰非

95 전에 사동(社洞)333)에 사는 친구를 찾아가 한가롭게 이야기를 나누었는데, 친구가 말하기를 "젊었을 때는 이름난 기생들이 모두 잠깐이라도 곁에서 모시는 것을 영화롭게 여기더니 늙은 뒤에는 못생긴 여종들도 모두 가까이에서 심부름하는 것을 싫어하고 괴롭게 여기니 우습네."라고 하였다. 내가 말하기를 "명성이 높던 시절에는 천백의 인사(人士)들이 달려오더니 늙어서 시골에서 살게 되자 풍헌334)과 감관(監官)335)들조차 업

---

333) 사동(社洞): 사직단(社稷壇) 부근의 동네.

신여겨 헐뜯지 않는 자가 없더군. 인정과 만물의 이치가 그러하니 괴이할 것이 없네."라고 하고 함께 웃었다.

頃往社洞友人閑話 友日 少年時 許多名姝 皆以一時侍側爲榮 老來則 矗惡婢 皆 厭苦於近身使喚 可笑 余日 見有人自高聲名之日 千百人士奔趨 到老鄕居 風憲監官 輩 無不慢易而詬嗷 人情物理 自不怪耳 與之胡盧

96 상주를 다스리는 김성로(金省魯)336)가 유람하러 간 나를 만나러 나왔을 때, 내가 말하기를 "자네 조부337)와 우리 조부는 내외가 왕래하는 교분이 있었는데, 자네 조부의 손자가 이 고을의 수령으로 있으면서 우리 조부의 자손인 순성(順性)을 한 번도 찾아오지 않은 것은 또한 인정이 아니네."라고 하였다. 김성로가 말하기를 "저만 책망하시고 우리 조부는 거론하지 마십시오."라고 하였다. 내가 말하기를 "자네 조부뿐만 아니라 우리 조부도 거론하였네. 이것이 선대를 욕하는 것인가?"라고 하였다.

후에 또 상주를 지나갔는데, 김성로가 또 나를 보러 나와서 길양식을 주었다. 내가 말하기를 "그대가 우리 참판 숙부를 만나서 말하기를 '제가 모 어른에게 잘못을 했는데 쌀 열 말을 보내 드렸더니 풀어졌습니다.'라고 하였으니 지금 내가 어찌 그대가 주는 쌀을 받겠는가."하고서 받지 않았다.

후에 외삼촌의 장례를 치를 때에 김성로가 양주 목사가 되어 있었다. 내가 별공작(別工作)338)에게 엄광창(掩壙窓)339)을 만들도록 하였는데, 색리(色吏)340)가 수령에게 보고하면서 엄광창에 바를 종이를 요청하자 그

---

334) 풍헌(風憲): 조선 시대, 면이나 리의 일을 맡아보던 지방의 낮은 직급으로, 도덕이나 규범 따위를 문란하게 하는 사람을 단속하였음.
335) 감관(監官): 관아(官衙)와 관방(官房)에서 돈이나 곡식을 간수하고 출납을 맡아보는 관리.
336) 김성로(金省魯): 숙종 때 이조 참판을 지낸 김유(金楺;1653~1719)의 3남.
337) 자네 조부: 조선 후기 문신인 김징(金澄;1623~1676)으로, 자는 원회(元會), 호는 감지당(坎止堂).
338) 별공작(別工作): 조선 시대 각 관청 소속의 장인에게 주었던 종9품 잡직으로, 기능 종목에는 제한을 두지 않았고, 여러 가지 기술자들을 필요에 따라 채용하였음.
339) 엄광창(掩壙窓): 관을 묻기 전에 구덩이를 덮는 창짝.
340) 색리(色吏): 조선 시대 감영이나 고을의 관아에서 집무를 맡아보는 아전을 일반적으로 이르던 말.

제사(題辭)341)에 이르기를 "등록된 것 외의 일을 어찌 거행할 수 있겠는가. 지극히 해괴하다."라고 하였다. 내가 말하기를 "관가에서 내려온 판결이 이와 같다. 엄광창은 관아에서 지급되었으나 종이는 상가에서 스스로 마련해야겠다."라고 하였다. 그는 모임에서 만났을 때도 나를 피하고 보지 않았다. 지금 그의 아들 치온(致溫)이 청풍의 성주가 되었는데 지나는 길에 들어와 행랑방에서 내 아들 덕성을 만나보고는 나에게는 인사도 하지 않은 채 그 자리에서 곧바로 돌아갔다. 삼대에 걸친 친분이 마침내 원수와 같이 되었으니 심히 탄식할 만하다.

　金省魯爲尙州 出見我遊行時 我曰爾祖我祖通內外之交 而爾祖之孫坐此邑 不一問我祖之孫順性 亦異常情 金曰只責吾身 勿擧我祖 我曰非但爾祖 亦擧我祖矣 此是辱及先世乎 後又過去 又出見 又資以行粮 我曰君對參判叔曰 我見過於某丈 然而送一斛米則可解 今何受君之米也 不受 後於內舅葬時 金爲楊州牧使 我使別工作 作掩壙窓 色吏報請塗紙則 題辭曰謄錄外事 何可擧行 極可駭然 我曰官題如此 掩壙窓當給償 紙則自喪家出用 及其來會時 回避不見我矣 今其子致溫爲淸風城主 過路 入見我兒德性於廊底 坐處而不見我而去 三代世交 遂如仇讐 甚可歎也

97　경기도 관찰사 이익정(李益炡)342)을 숙부 김 참판의 집에서 만났는데, 이익정이 말하기를 "어르신께서는 저를 모르십니까?"라고 하였다. 내가 말하기를 "일손이 누구인가?"라고 하였다. 이익정이 말하기를 "접니다. 그런데 재상의 어릴 적 이름을 어찌 그렇게 함부로 부르십니까?"라고 하였다. 내가 말하기를 "자네가 황해도 관찰사가 되었는데도 먹을 보내지 않은 것은 괜찮은가?"라고 하였다. 이익정이 말하기를 "집안이 흥성해서 식구가 많은 탓이지요. 저는 이미 보냈습니다."라고 하였다.

　영의정 김재로(金在魯)343)가 나를 만나러 왔을 때 내가 시 한 수를 지어 주었는데, 그 시에 이르기를 "날포344)와 오모345)가 하늘에 걸렸으니

---

341) 제사(題辭): 백성의 소장(訴狀)이나 원서(願書) 따위에 쓰는 관부의 판결이나 지령을 이르던 말.
342) 이익정(李益炡;1699~1782): 조선 후기 문신으로, 자는 명숙(明叔).
343) 김재로(金在魯;1682~1759): 조선 후기 문신으로, 자는 중례(仲禮) 호는 청사(淸沙)·허주자(虛舟子).
344) 날포(捏袍): 잘 꾸민 도포. 화려한 관복.

크게 망녕된 영상은 아마도 그대인듯하네. 그대는 그대인가 나는 나라네. 온 성의 가을빛 예전과 다름없구나."라고 하였다. 김재로가 돌아가서 그 조카에게 말하기를 "시가 좋다."라고 하였다. 여러 사람이 말하기를 "재상 상국께 크게 실례한 것입니다."라고 하였다. 내가 웃으며 말하기를 "산속에 사는 사람의 촌스러운 시이며, 팔십 노인의 노망이니 공들께서 용서하십시오."라고 하였다. 나의 자품(資品)346)이 올라가자 사람들이 말하기를 "이제는 공의 오만함으로도 마땅히 상공에게 소인이라고 칭해야 할 것입니다."라고 하였다. 내가 말하기를 "나아가 사은숙배(謝恩肅拜)하고 공무를 수행하지 않는다면 여전히 산인(山人)입니다."라고 하였다.

 逢圻伯李盆炡於金參判叔家 李曰丈不知我乎 我曰一孫誰耶 曰我也 宰相小字何快呼耶 我曰一孫爲海伯而不送墨 可乎 曰歸責門興 我已送矣 領相金在魯來見 我題給一詩 曰捏袍烏帽掛天瀬 領相狂乎爾可疑 爾是君耶吾是我 一城秋色似前時 金歸言于其從子曰詩好矣 人多曰待宰相相國 大失禮矣 我笑應曰山人鄕音 八耋老妄 公輩可恕 及我陞資 人曰今則以公之傲 亦當稱小人於相公 我曰不出肅行公則依舊山人矣

98 김윤겸(金允謙)347)은 성이 다른 칠촌 친척이다. 편지에 이름만 써도 안 될 것 없지만 반드시 서척(庶戚)이라고 칭한다. 나는 이렇게 한다고 해서 더 천시하지도 않는다. 우리 집안 모든 겨레붙이는 모두 그렇게 여겨야 한다.

 金允謙是異姓七寸親也 只書姓名於書札 無不可 而必稱庶戚 吾不以此尤賤視也 吾家諸族 皆可視之也

---

345) 오모(烏帽): 관복을 입을 때 쓰는 검은 빛깔의 벼슬아치 모자. 오사모(烏紗帽).
346) 자품(資品): 자급(資級). 조선 시대에 관리의 위계를 이르던 말로, 정(正)·종(從)의 각 품(品)마다 상(上)·하(下)의 두 자급이 있었으므로 총 36개의 자급이 있었는데 권섭은 80세가 지나서 종2품의 품계인 가의대부(嘉義大夫)의 자급을 받았음.
347) 김윤겸(金允謙;1711~1775): 조선 후기 진경산수 화가로, 자는 극양(克讓), 호는 진재(眞宰)·산초(山樵)·묵초(默樵).

99 내가 중년에 교유한 사람이 다섯 사람인데, 같은 시대에 우리 같은 이들이 없었다. 매번 서로 추천하고 인정해 주었는데, 일원(一源)이 더욱 심하여, 서발(序跋)을 지을 일이 있으면 반드시 나와 자평(子平)에게 부탁하였다. 그런데 시집이 간행된 뒤, 책 뒤에 붙인 글들 가운데 내 글만 빠져 있기에, 처음에는 그가 추천하고 인정한 것이 진심이 아니었다고 생각하였다. 일원이 죽을 때에 남긴 글에 이르기를, "팔십 늙은이가 설사하는 것은 얼마 후에 죽을 징조이다. 내가 죽으면 옥소옹이 분명 글을 지을 것이니 근심하지 말라."라고 하였다. 그래서 내가 행장(行狀)처럼 뇌문(誄文)을 지었고 만사(挽詞)도 길게 여러 편 지었다. 그런데 그의 삼년상이 끝났는데도 그의 아들에게서 소식이 없었다. 나중에 "그의 아들이 '다른 사람이 지은 만사 중에 마음에 들지 않는 것은 뺐다.'고 말하더라."라는 소문을 들었다. 김시신(金時愼)의 만사는 그를 삼연옹과 나란히 비교했기 때문에 제외하고 사용하지 않은 듯한데 나도 그렇지 지었다. 내가 지은 만사에 "그대는 삼연옹과 한평생을 함께하면서도 백두산의 연하(煙霞)를 반만 들이마셨네."라고 하였으니, 다 마시지 못했다고 한 것이 마음에 들지 않아서 사용하지 않았던 듯하다. 나중에 정말로 "뇌사 중에 '경서 공부에 힘쓰라.'라는 말과 '시를 읊는 것을 절제하지 못하는 것을 경계한다.'라는 구절들이 있어서 아쉽다."라고 했다는 말을 들었다. 어찌 일원이 살아 있을 때의 정의가 평소에 비해 조금이라도 변했겠는가. 그렇게 본다면 앞서 일원의 원고가 만들어졌을 때 내 글이 사용되지 않았던 까닭을 이해할 수 있다.

余中年交游五人 一世無我輩 每以相推許 一源尤甚 有序跋之作則必屬我及子平 詩稿之出 獨無我文之題卷末 始知其推許非眞語 一源死時 有書曰 八十翁泄痢是消息後死者 玉所翁必贊文字 毋草草也 我故作誄文如行狀 挽詞亦長作屢篇 其孤終三年而無答 聞其孤 考打人挽語之不槪於心者 金時愼挽則以其比並於三淵翁 棄之不用 吾亦以爲 吾亦曰 淵翁揚吃與一生 白山烟霞君半吸 以不盡吸爲未安而不用耶 後聞 果以誄文中 有勖以經書之工 戒其不節吟詩等語 故憾之云 豈一源生時情誼 亦少變於平日耶 然則前頭一源稿出 必不以我文幷卷矣 且看之

100 종질녀의 아들 이규회(李奎悔), 황인검(黃仁儉)348) 등이 말하기를

"저를 만나면 꼭 '너는 그렇게 하지 말라.'라고 하시는 까닭에 제가 꾸중을 듣지 않으려고 뵈러 가지 않는 것입니다."라고 하였다. 내가 기력이 좋을 때 때때로 배를 타고서 아이들을 보러 가면 많은 사람이 말하기를 "무슨 할 일이 있어 이렇게 자주 도성에 들어가십니까?"라고 하는데 이는 자주 도성에 들어갈 때이다. 간혹 아주 친한 집을 방문하면 많은 사람이 말하기를 "노인인데도 변함없으시군요."라고 하였다.

지나다가 사인암(舍人巖)에 새로 지은 정자를 보고 기이하게 여겨 짧게 읊조렸는데, 이는 본래의 풍취를 이기지 못하여 지은 것이다. 주인 이윤영(李胤永)349)에게 부쳐서 보여주니 말하기를 "청하지도 않았는데 시를 지어 보내시니 우습군요. 이런 솜씨로 어떻게 시와 문장을 잘한다는 명성을 얻었는지 또한 우습군요."라고 하였다.

시생(侍生)들 중 일원의 아들, 성소의 손자, 신로의 아들, 성칙의 아들과 조카 외에는 모두 '너'라고 부르지 않고, 성징의 아들 황익(黃檍)은 매번 '자네(君)'라고 부르는데 일찍이 한두 번 '너'라고 부른 것은 장난으로 부른 것이다. 그런데 이로 인해 자못 원망하는 말이 있으니 내 신명이 무척 괴롭다.

대저 세상이 쇠퇴하여 인심이 점점 해괴해졌는데, 내가 영리하지 못하여 옛사람의 마음으로 요즘 사람들을 대하니 이르는 곳마다 공격을 받는다. 다시 태어나도 돌이킬 수 없으니 혼자서 킥킥대며 웃는다. 이제부터는 나의 행동 하나하나를 반드시 소홀히 지나치지 않을 것이니 이를 옥성(玉成)350)이라고 이를 만하다. 시 한 수를 지어 스스로 경계하기를 "개돼지라 불리는 것을 달게 여기면 가는 곳마다 하찮은 금수가 된다네. 쉬지 않고 거울을 천 번이나 갈아야 백련금(百鍊金)351)을 알 수 있다네."라고 하였다.

종제가 여주 목사가 되었다는 말을 듣고 배를 타고 가려다가 청심루

---

348) 황인검(黃仁儉;1711~1765): 조선 후기 문신으로, 자는 경득(敬得). 권섭의 사촌 동생인 권욱(權煜)의 외손자임.
349) 이윤영(李胤永;1714~1759): 조선 후기 문인화가로, 자는 윤지(胤之), 호는 단릉(丹陵)·담화재(澹華齋).
350) 옥성(玉成): 도와서 성취하게 만드는 것 또는 무엇을 완전하게 만드는 것을 의미하는데, 중국 송나라 장재(張載)의 〈서명(西銘)〉에 "궁한 상황 속에서 근심에 잠기게 하는 것은 그대를 옥으로 만들어 주려는 것이다[貧賤憂戚 庸玉汝於成也]."라고 한 데서 온 말임.
351) 백련금(百鍊金): 거듭거듭 단련한 쇠로, 정금(精金)이라고도 함.

(淸心樓)와 신륵사(神勒寺)에서 한가롭게 지내다가 흥이 다하여 돌아왔다. 반드시 또 사람들이 무어라 할 것이기에 그 정도에서 멈추려고 했던 것이다.

○ 다시 생각해 보니, 내가 밖으로 나가기만 하면 사람들이 손바닥 위의 장난감으로 삼아 한가할 때의 소일거리로 삼았다. 그래도 내 몸은 구속받지 않고 자유롭게 지내며, 내 마음대로 행동하며, 내 일은 평소와 같이하여 고치지 않으면 좋겠다. 내가 벽에 쓰기를 "다른 사람이 미치지 못하면 인정으로 그를 용서하고 상대의 본의가 아닌데 나와 부딪히게 되면 이치를 따져 이해한다."라고 하였다. 또 쓰기를 "일이 없어도 일이 있는 듯하고, 일이 있어도 일이 없는 듯하네."라고 하였다.

從姪女之子李奎悔黃仁儉輩曰 逢我必曰汝毋毋 吾不欲見辱 故不往見 以神氣之康健 時時乘舟而去見兒少則人多日 有何營爲入京城 此數數入城時 或往來切索家則人多日 此是常老 過見新小亭於舍人岩而奇之 有小吟述 是不勝於本色風情 旣有題矣 寄示主人李胤永則日 不待請而送之 可笑 如此之手 何故以詩文得名 又可笑 侍生中一源子聖韶孫莘老子聖則子姪外 皆不稱汝 聖徵子黃檣則每稱君而嘗一二呼汝者 因戲謔而發也 以此頗有慍語 我之身名 何太苦惱也 大抵世之衰末 人心漸駭怪 而吾以古人心待今人身 太不伶俐 到處受鋒鏑 轉身不得還 自局局 從今一動一靜 皆必不放過 是可謂玉成也 題一詩而自戒之曰 甘心呼豕狗 隨處作夷禽 不息千磨鏡 方知百鍊金 聞從弟作呂牧 欲乘舟而去 閑臥淸心神勒之間 興盡而還 必又有人人之云云 故欲停之耳 ○ 更思之 身則出以付之作人人之掌上弄瓦 爲閑中消日之資 吾則自在 吾心自行 吾事如平日而無改 可也 吾已書之壁曰人有不及 可以情恕 非意相干 可以理遣 又書曰無事如有事 有事如無事

101 옥소산에 머물 때 옥순봉 아래에 작은 정자를 지었다. 하루는 공사에 드는 양식이 부족하여 단양 군수 이기중(李箕重)352)에게 쌀과 좁쌀 각각 다섯 되와 콩과 간장 각각 석 되씩을 빌렸다. 나중에 들으니 단양 군수가 말하기를 "이 어른이 구걸하는 것은 많은 양이 아니니 주는 것이 어렵지 않다."라고 했다고 하였다. 훗날 또 들으니 단양 군수가 "이 어른의 이번 일은 매우 한심하여 구걸까지 하시더군요."라고 했다고 한다. 단

---

352) 이기중(李箕重;1697~1761): 조선 후기 사헌부 감찰·형조 좌랑·단양 군수·담양군수 등을 역임한 문신으로, 자는 자유(子由).

양 군수의 뒷말이 충직하지도 못하고 인정이 두텁지도 못함이 애석할 뿐 아니라 나도 망령되게 다른 사람에게 도움을 구한 것이 후회스럽다.

> 在玉所山次 作小亭於玉笋峰下 一日役糧不足 乞大小米各五升 豆醬各三升於丹
> 陽守李箕重矣 後聞丹守日 此丈求乞不多 應之亦不難 後又聞則日 此丈此事甚閑 留
> 於求乞 惜乎 丹守之後言 不忠厚 吾亦甚悔求人之妄也

102 아내가 죽었을 때 마을 사람들을 불러 장례를 치르는데 청풍 부사 김성재(金聖梓)가 장례 일에 익숙한 하인을 잡아갔다. 내가 임시 거처에 머물고 있다가 가마를 빌려 타고 고개를 넘어갔더니 문경 현감 심빈(沈鑌)이 와서 해당 향임(鄕任)353)을 책망하였다. 이것이 이른바 시세(時勢)를 따르는 관리의 밝은 정사이며 젊은이들의 망령된 행동이라 할 수 있다. 이는 가난하고 어려운 처지에서 겪는 괴로운 일이며 늘그막의 액운일 뿐이다.

> 遭妻喪得村人而營葬 淸風府使金聖梓捉去事知奴子 居僑莊 借輿夫而踰嶺 聞慶
> 縣監沈鑌責來當該鄕任 此所謂時吏之明政 少輩之妄擧 此只是窮塗之苦業 暮境之
> 厄運

103 화천(花川) 선조354)의 대가 끊어졌는데 종부(宗婦)가 진응의 아들 중립(中立)을 어질다고 여겨 양자로 세웠다. 내가 문중의 어른으로서 이 일을 주관하였는데, 전적으로 종부의 의견을 따라서 어기지 않았다. 참판 황재(黃梓)355)가 말하기를 "어른 된 도리로 진응(震應), 태응(台應)356)과

---

353) 향임(鄕任): 조선 시대 지방 수령의 자문·보좌를 담당하면서 향리의 악폐를 막기 위해 향반들이 조직한 향청의 직임으로, 그들 중 우두머리를 좌수, 그 다음을 별감이라 불렀으며, 그 밑에는 풍헌·약정 등이 있었음.
354) 화천(花川) 선조: 조선 전기 문신인 권감(權瑊;1423~1487)으로, 자는 차옥(次玉).
355) 황재(黃梓;1689~?): 조선 후기 문신으로, 자는 자직(子直).
356) 태응(台應): 권진응(權震應)과 14촌 관계의 같은 항렬로, 권진응의 둘째 아들 권중립(權中立)을 양자로 받아들인 권규응의 동생. 화천군 권감(權瑊)의 증손인 권대성(權大成)의 큰아들인 권제(權霽)의 6대손인 권규응(權奎應)이 아들을 얻지 못하자 권대성의 둘째 아들인 권주(權霔)의 6대손인 권진응의 둘째 아들 권중립을 양자로 들였음.

의 정을 보지 말고 오직 화천에 도움이 되는지만 생각하십시오."라고 하였다. 그의 아들 정언(正言) 황인검(黃仁儉)이 말하기를 "틀림없이 진응이 우리 부자와 절교할 텐데 그것은 이상할 것이 없겠습니다만 종손(從孫)이 부형과 절교하는 것이 어찌 사람의 도리이겠습니까."라고 하였다. 중립의 장인 이사정(李思正)357)은 진응이 자기의 딸을 생각해 주지 않음을 노여워하여 진응과 나와 절교하려고 하였는데 진응은 사돈인 까닭에 절교하지 못하고 나하고만 절교하였다. 남의 집안일에 어찌 이러쿵저러쿵하며, 자기 딸만 불쌍하게 여겨 자기 아버지의 친한 벗과 절교하게 하였으니 이는 무슨 도리인가. 인심이 이같이 해괴해진 것은 세도의 변화와 관련되어 있으니 또한 어찌 하겠는가.

花川先祖絶嗣 宗婦擇賢於震應子中立 我以門長主此事 一依宗婦言無違 黃參判梓曰 在丈之道 勿看震應台應顔情 一以有益於花川爲心 其子正言仁儉則曰 震應當絶我父子之見 何其別異也 從孫之絶父兄 是何人理 中立之妻父李思正則怒其不恤其女 欲絶震應與我 而震應則以査頓之故未絶而獨絶我矣 他人家事 渠何云云 而愍其女而絶其父之親朋 是何道理 人心之駭怪如此 此係世道之變 亦奈何

104 향촌에 한 노인이 있었는데, 그의 손자가 뜰에 마주 서서 눈을 부라리고 화가 난 소리로 종을 꾸짖듯이 말하였다. 심지어는 "아들과 손자가 얼마나 많기에 나를 이렇게까지 심하게 대하는 거야? 아들과 손자가 무엇이 다르기에 이렇게 차별하는 거야? 나는 마땅히 숙부와 절교할 것이야."라고 하였다. 언사가 점점 무례해지고 기색이 점점 괴이해지는데 노인은 자기 손자가 큰 병을 앓고 난 후 실성한 것을 알고 있기에 낯빛을 온화하게 하고 평소처럼 대하였다. 우리 집 어린아이들이 이를 보고 경계로 삼아서 이런 사람이 되지 말았으면 한다.

鄕村有一老人 其孫對立于庭 督目厲聲 叱呵如奴僕 至曰 有子孫幾多而何如是已甚耶 子與孫何異 何其左右之也 吾當絶叔矣 言辭漸悖 氣色漸怪 老人知其大病後失其性 乃和顔而待之如常 吾家兒小視此爲戒 勿似是人也

---

357) 이사정(李思正;1709~?): 자는 군시(君始).

105 몸이 재상의 지위에 있으면서 다른 사람의 아내를 뺏고 그 남편을 죽이는 것은 세상의 큰 변고이다. 몇몇 수령의 아들이 다른 사람한테 백전(百錢)의 뇌물을 받고 상놈의 아들을 재상가의 딸에게 중매해 장가들게 하는 것도 세상의 큰 변고이다. 한 수령이 타향에 살고 있는 사대부에게 칼을 씌워 옥에 가두고 돈과 곡식을 마음대로 빼앗거나 거두어들인 후 그를 불러들여 관아의 뜰에 세워놓고 달래고 위로해 다른 고을로 내보내는 것, 한 수령이 사대부 집안의 장례에 관군을 빌려주지 않으면서 사사로이 인부를 빌려주는 것도 금하고서 일에 익숙한 종을 잡아다가 다스리는 것, 또 한 수령이 세 선현(先賢)의 후손을 군정(軍丁)에 충원하고 엄하게 벌하는 것 등 모두가 세상의 변고이다. 조정에서 단오부채 진봉하는 것을 금하고, 책력을 향촌에 널리 배포하는 것을 금하는 것도 세상의 변고이다. 수절하여 정려(旌閭)를 받은 과부가 절개를 지키다가 죽었는데, 아객(衙客)358)이 과부를 겁탈하도록 방조한 수령은 유배 보내고 아객은 절부(節婦)의 무덤 앞에서 죽였다. 어찌하여 아객을 유배 보내고 수령을 죽이지 않은 것인가. 이것은 조정의 법 적용이 잘못된 것이다. 한 선비는 성이 다른 6촌 대부가 자기 어머니를 가리켜 '네 어머니'라고 하였다고 노하여 절교하였다. 한 이름난 선비는 성이 다른 6촌 대부가 자기를 '너'라고 부른 것 때문에 여러 말이 있었다. 이 또한 세상의 변고인가. 세상의 변고가 아닌가. 알 수 없는 일이다.

> 身居相位 奪人妻而殺其夫 一大世變 數守令之子 受人百錢賂而以常漢子媒娶宰相家女 一大世變 一守令之枷囚寓公而橫斂錢穀 又招入立庭喩慰而出送之 一守令不借官軍於士大夫家葬時 而又禁私借人丁 捉治事知奴子 一守令充軍丁於三先賢後孫而嚴罪之 亦一世變 朝家之禁節扇之進封 禁曆書之廣布鄕村 亦一世變 旌寡婦之守節死者 而竄守令之爲衙客㥘娶者 殺衙客於節婦墓前 何不竄衙客而殺守令 此則朝家之失刑也 一士人以異姓六寸大父之稱其母曰汝母而怒絶之 一名士以異姓六寸大父之呼爾汝 多有言 此亦世變乎 非世變乎 不可知也

106 정세검(鄭世儉)이 말하기를 "우암을 문묘에 배향하자는 요청은 이루어질 수 없다는 것을 그대들은 어찌 모르십니까?"라고 하였다. 내가 웃

---

358) 아객(衙客): 관아에 묵고 있는 손님.

으면서 말하기를 "나는 우옹의 지위에 있지 않아서 도덕의 깊고 얕음을 알지 못하는데 어찌 배향이 가능한지 불가능한지를 알겠는가."라고 하였다. 이어서 마음속으로 후회하며 말하기를 "우옹은 우리 아버지의 스승인데 그가 어찌 감히 내 앞에서 이러한 말을 하는가? 어른을 대하는 태도가 지나치게 방자하구나. 내가 하찮게 처신했기 때문에 이처럼 스스로 수모를 초래했으니 우습다."라고 하였다.

> 鄭世儉曰 尤庵之請從祀 渠輩何不知其不可乎 我笑曰 吾不在尤翁地位 不知道德深淺 何以知其合祀與否乎 仍心中自悔曰 尤翁我父之師也 渠何敢吾前發此言乎 待長老之道 太放肆 往來太屑屑而自取侮如此 可笑

107 남인 중에 "일이 올바른 데로 돌아갔다.359)"라고 말하는 자들이 권 정승, 목 정승, 남악 선생360), 김 수찬, 조 승지를 언급할 때마다 내가 비웃으면 모두가 '당론을 나쁘다고 여기지 않는다.'라는 내 생각을 헛된 명분이라고 의심하니 가소롭다. 나는 당론에 대해서는 잘 모르지만 명분과 의(義)를 분별하는 데는 엄격하다.

> 南人之自謂歸正者 皆口稱權相睦相南岳先生金修撰趙承旨 吾皆笑之則皆疑我之不病黨論爲虛名 可笑 此翁不知黨論而辨名義則嚴矣

108 작년에 여행에 필요한 물건을 도와주는 이들이 있었다. 월성(月城) 부윤 정홍숙(鄭弘潚)이 보낸 종이와 붓, 양식과 반찬은 받고 돈 열 꿰미는 거절하였다. 중화(中和) 수령 이동욱(李東郁)이 보낸 슬과 안주는 받고 혼수로 보낸 명주 다섯 필은 거절하였다. 통제사 김중구(金重九)가 보낸 편

---

359) 일이~돌아갔다: 1689년(숙종 15) 남인이 장 씨의 아들을 원자로 삼고 장 씨를 희빈으로 봉한 뒤 중전 민 씨를 폐한 다음 6월에 원자를 세자로 책봉하고 10월에 장 씨를 왕비로 책립함으로써 서인 정권이 남인에게 옮겨간 기사환국을 가리킴. 이 기사환국으로 인하여 서인의 영수인 송시열은 사사되고 김수흥·김수항 등은 파직되었으며, 권대운·김덕원·목래선 등의 남인이 정치적 실세로 등용되었음.

360) 남악 선생(南岳先生): 조선 후기 문신이자 학자인 이현일(李玄逸;1627~1704)로, 자는 익승(翼昇), 호는 갈암(葛庵). 영남학파의 거두로, 이황의 학통을 계승하였으며, 1666년(현종 7)에는 영남 유생을 대표해 송시열의 예설을 비판하였음.

지지는 받고 은장도 두 자루와 쌀 세 섬은 거절하였다. 나의 종제와 외삼촌, 외조부가 그때 막 감사가 되었기 때문이다. 광주 수령 이자봉(李子封)이 아전을 보내어 공주까지 나를 보호하며 따라가게 하고, 여러 가지 잡다한 물건과 두꺼운 명주 저고리 등 많은 것을 보냈으며, 무주(茂朱) 수령 박계량(朴季良)이 관노를 보내어 영동까지 나를 보호하며 따라가게 하고, 꿀 넉 되와 돈 일곱 냥을 보냈다. 작별하고 돌아올 때 거절하지 않고 받았는데, 옛 친구의 지극한 정임을 알았기 때문이다. 충청 병사 오중주(吳重周)361)가 보낸 돈 열 냥을 받지 않은 것은 우리 부형이 재상의 반열에 있었기 때문이며, 상주 수령 김성로(金省魯)가 보낸 양식 열 말을 받지 않은 것은 그가 "모 어른에게 쌀을 보냈더니 노여움을 풀었습니다."라는 말을 했기 때문이다. 관복(觀復)362) 김 상공이 호조 판서가 되었을 때 우리 백부에게 붓 100자루를 보냈고, 영공363) 김봉년(金逢年)이 경시관(京試官)364)이 되었을 때 나에게 낙폭365) 열 축을 보냈는데, 이것은 옛날부터 친구 간에 보기 드문 일이다.

재상 김중례(金仲禮)366), 판서 황성징(黃聖徵)이 나를 만나러 왔는데 나를 고사(高士)라고 칭찬해 마지않았다. 내가 말하기를 "내 뜻이 고상한지는 잘 모르겠지만, 양식을 구걸하면 반드시 요리조리 핑계를 대며 들어주지 않는데도 또 애걸하니 어찌 나 같은 사람을 고사라고 하겠는가."라고 하였다. 김중례가 황성징을 가리키며 말하기를 "분명 이 사람은 그럴 것이네."라고 하였다. 내가 웃으며 말하기를 "그럴 것 같네. 자네라면 분명 그렇지 않을 텐데."라고 하였다. 그런데 그 후에 보니 황성징은 지극한 마음으로 나를 대하는데 김중례는 그렇지 않았으니 내가 친구를 온전히 몰랐던 것이다.

전주를 지나갈 때 호남 관찰사 홍량신(洪良臣)367)이 선물을 많이 보냈

---

361) 오중주(吳重周;1654~735): 조선 후기 무신으로, 자는 자후(子厚), 호는 야은(野隱).
362) 관복(觀復): 조선 후기 문신인 김구(金構;1694~1704)로, 자는 사긍(士肯), 호는 관복재(觀復齋).
363) 영공(令公): 영감(令監). 정삼품과 종이품의 관원을 일컫던 말.
364) 경시관(京試官): 3년마다 지방에서 과거를 치를 때, 서울에서 지방에 파견하는 시험관.
365) 낙폭(落幅): 과거에 불합격한 답안지.
366) 김중례(金仲禮): 조선 후기 문신인 김재로(金在魯;1682~1759)로, 자는 중례(仲禮), 호는 청사(淸沙)·허주자(虛舟子).
367) 홍량신(洪良臣): 조선 후기 문신인 홍석보(洪錫輔;1672~1729)로, 자는 양신(良臣), 호는 수

는데 사양하고 받지 않았다. 평소에 백 리나 떨어진 곳에 살면서 서로 안부도 묻지 않다가 지금 이를 주고받으면 걸객(乞客)368)의 혐의가 없지 않기 때문이다.

조령촌에 있을 때에 친구들이 전후로 감사가 되었는데, 내가 곤궁하게 사는 것을 안타깝게 여겨 적잖이 걱정하였다. 근래에는 이 감영에 앉아 있는 젊은이들이 냉담하게 가까이하지도 않고 정도 없으니 옛사람과 지금 사람의 마음 씀이 크게 다름을 알겠다. 한가롭게 일없이 지내다가 우연히 그 일이 기억나서 종이에 쓰고 껄껄 웃었다.

> 昔年有助行之物 受月城尹鄭弘漵之紙筆糧饌而辭十貫之錢 受中和守李東郁之酒饌而辭昏需五疋之紬 受統制使金重九之紙簡而辭二柄之銀粧刀三石之米 以我從弟內舅外王父之方爲監司也 光州守李子封送一吏護行至公州而多致雜種與厚紬衣 茂朱守朴季良送一官奴護行至永同而致四升生淸七兩錢 於辭歸時則受之不辭 知故人之至情也 不受忠淸兵使吳重周之十兩錢則以我父兄之在宰列也 不受尙州守金省魯之十斗粮則知其有以米解慍之言也 見觀復金相公爲戶判時 送筆百枝於我伯父 金逢年令公爲京試官時 送落幅十軸於我 此則非古今朋友間之事也 金相仲禮黃台聖徵來見而稱我高士不已 我日 不知高尙其志而哀乞糴米則必操縱而不許 又復哀乞 安有如許高士 金指黃日 必此令然矣 我笑日 然矣 令則必不然矣 其後見之 黃則至心待我而金則不然 是我全不知朋友也 過去全州時 湖南伯洪良臣有滿帖之饋 辭而不受 以平日不問於百里之居 而今有此與受則不無乞客之嫌也 在嶺村時 見朋友之前後爲監司者 憨念我窮居 不些而優 近來侍生之坐斯營則落落無親無情誼 是知古今人用心之大不同也 閑居無事 偶記起玆事 書于紙而胡盧

109 김신로(金莘老)의 〈백련봉(白蓮峯)〉 시에 이르기를 "백련봉이 한밤중에 비스듬히 서서 말없이 바라보네[倚立中宵且嘿看]."라고 하였고, 홍군칙369)의 〈효행(曉行)〉 시에 이르기를 "새벽에 동쪽 문으로 길을 나서니 세 사람이 안개 속에서 이야기하네[曉出東門道 三人霧中語]."라고 하였고, 김백춘370)의 〈신축후(辛丑後)〉 시에 이르기를 "이리와 호랑이가 모두 조

은(睡隱).
368) 걸객(乞客): 몰락한 양반으로서 의관을 갖추고 다니며 얻어먹던 사람을 일컫는 말.
369) 홍군칙(洪君則): 조선 후기 문신인 홍중성(洪重聖;1668~1735)으로, 자는 군칙(君則), 호는 운와(芸窩).

용히 눈물 흘리고는 빈 강을 바라보다 돌아와 문 앞에 서 있네[豺狼虎豹渾閑涕 瞪視空江廻立門]"라고 하였다. 이들은 모두 귀신과 관련된 말이지만 특별히 상서롭지 못한 일은 없었다. 남구만371)이 어릴 때 지은 시에 이르기를 "오래된 석류나무가 문을 향해 곡을 하니 우리 집에 반드시 재앙이 있겠네[古榴當門哭 吾家必有殃]."라고 하였는데, 사람을 잘 알아보는 자가 말하기를 "저 아이는 반드시 재상이 될 것입니다."라고 하였는데 과연 재상이 되었다. 이희지372)와 김춘택373)이 서로 다투어 일몰 시를 지었는데 모두 매우 뛰어났다. 김춘택은 해가 침몰하는 광경을 더할 나위 없이 곡진하게 표현하였고, 이희지는 바야흐로 내뿜는 기상이 있었는데, 결국에는 김춘택은 여덟 번이나 역모로 붙잡히고도 풀려났지만 이희지는 끝내 흉사하였으니 모두 알 수 없다.

    金莘老 白蓮峯詩曰 倚立中宵且嘿看 洪君則曉行詩曰 曉出東門道 三人霧中語 金伯春 辛丑後詩曰 豺狼虎豹渾閑涕 瞪視空江廻立門 皆鬼語而別無不祥事 南九萬 兒時詩曰 古榴當門哭 吾家必有殃 有藻鑑者曰 必作相 畢竟果作相 李喜之金春澤競作日沒詩 皆絶偉 而金則曲盡沈沒景色而無餘蘊 李則有方出之氣像 而畢竟金入八逆披而免出 李終凶死 皆不可知也

110 정축년(1757) 중궁전의 국상374) 때에 청풍부에 들어갔는데 성주(城主)인 이명곤(李命坤)375)은 관문(關文)376)에 아침저녁의 곡[朝夕哭]을 하라는 말이 없다고 해서 아침저녁의 곡을 행하지 않았다. 내가 종손(從孫) 진응에게 말하기를 "여염집에서도 중복(重服)377)에 3일 동안 자리를

---

370) 김백춘(金伯春): 조선 후기 문신이자 학자인 김원행(金元行;1702~1772)으로, 자는 백춘(伯春), 호는 미호(渼湖)·운루(雲樓).
371) 남구만(南九萬;1629~1711): 조선 후기 문신으로, 자는 운로(雲路). 호는 약천(藥泉)·미재(美齋).
372) 이희지(李喜之;1681~1722): 조선 후기 학자로, 자는 사복(士復), 호는 응재(凝齋).
373) 김춘택(金春澤;1670~1717): 조선 후기 문신으로, 자는 백우(伯雨), 호는 북헌(北軒).
374) 중궁전의 국상: 영조의 왕비 서씨가 1757년 2월에 죽었음.
375) 이명곤(李命坤;1701~1758). 조선 후기 문신으로, 자는 국빈(國賓).
376) 관문(關文): 조선 시대 상관이나 상급 관청이 하관이나 하급 관청에 내려 보내는 공문서.
377) 중복(重服): 상례(喪禮) 복제(服制)에서 대공(大功) 이상의 상복(喪服).

설치하고 아침저녁의 곡을 하는데 어찌 자최복(齊衰服)을 입어야 하는 국상에 아침저녁의 곡을 폐하는 도(道)가 있겠는가. 이웃 고을에서는 모두 행하니 다른 고을의 예를 따라서 행하는 게 옳다. 초상을 치르는 데에는 곡(哭)이 주가 되니 슬퍼하는 데서 예를 잃는 것은 오히려 괜찮다. 경자년(1720) 대행대왕378)의 국상 때에는 관문에 거론하지 않았어도 아침저녁의 곡을 행하였는데 이렇게 하는 것이 당연한 일이기 때문에 의례적으로 관문에 적지 않은 것이다. 이에 의거하여 아침저녁의 곡을 행하는 것이 옳다. 이렇게 거듭 말하는 것이 어떠하냐?"라고 하였다. 진응이 말하기를 "성주가 고집하여 분명 들으려고 하지 않을 것입니다. 말해도 소용이 없을 것입니다."라고 하였다. 내가 말하기를 "사람들이 분명 '황강의 권 모가 들어왔는데 어찌 그것을 바로잡지 않는가.'라고 말할 것이니, 성주에게 그런 말을 하는 것은 당연하다."라고 하였다. 내가 여러 차례 왕복하였으나 성주가 끝내 듣지 않았다. 내가 말하기를 "내 책무는 다했다."라고 하고 그만두었다. 그러나 고을 수령이 아침저녁의 곡을 행하지 않는다고 해서 우리도 덩달아 매일 하릴없이 가만히 앉아 있는 것도 매우 괴이하고 마음 또한 불안하였다. 정규(鄭槼)는 제천 관아로 달려가 곡하였다.

○ 나도 품계가 2품인 까닭에 마땅히 제복을 입어야 할 것이나 포가 없어 제복을 짓지 못하였기 때문에 제복 없이 내정에 들어가는 것이 미안하여 굳이 사양하였다. 성주가 말하기를 "비록 실제 맡은 직분은 없지만 몸이 군함379)의 재상 반열에 있으니 반드시 내정에 들어가야 합니다."라고 하기에 강하게 거절할 수 없어 들어갔다. 의리에 맞게 제대로 처신했는지 모르겠다.

丁丑 中宮殿國恤時 入去淸風府內 城主李公命坤以關文所無 不行朝夕哭 余謂從孫震應曰 私家重服 三日設位朝夕哭 則豈有國恤齊衰喪廢朝夕哭之道乎 四隣官皆行之 從他例爲之可也 喪事哭爲主則寧失於戚可也 庚子 大行大王喪時 關文不擧論

---

378) 대행대왕(大行大王): 임금이 죽은 뒤 시호를 올리기 이전의 칭호로, 여기서는 1720년에 죽은 숙종을 가리킴.
379) 군함(軍啣): 조선 시대, 문관·음관·무관·삼사(三司)·춘방(春坊)의 관원이 현직에서 물러날 때, 이들의 생활 안정을 위하여 중추원이나 오위의 군직에 소속시켜 실무가 없이 녹봉을 받도록 한 제도를 군함체아(軍銜遞兒)라고 하는데 조선 중기 이후로 군직치아의 숫자가 급격히 증가하자, 군직의 성격은 약화되고 양반층의 미관자(未官者)나 한산인(閑散人)을 임명하는 성격으로 변질되기도 하였음.

而亦行朝夕哭 則此是當然之事 故不言於關文中例也 依此爲之 可也 以此反復言之
如何 震應日 城主固執必不聽矣 言之無益 余日 人必日黃江之權入來 何不正之云云
言之當然 數三次往復而終不聽 余日 吾之責盡矣 乃止 然以官長不行之故 吾輩亦
每日無事安坐 事甚怪異 心亦不安矣 鄭槩則走去堤川官而哭之 ○ 吾以二品 當有
祭服 而無布未製 以無祭服而入內庭爲未安 固辭 城主日 雖無實職 身是有軍啣之
宰列 必令入內庭 不得强拂而乃入去 未知處義之得失如何

111 김치온(金致溫)380)이 청풍 수령으로 있을 때 소원하기가 길 가다 만난 사람 같았다. 김치온이 상을 당했는데, 진응이 말하기를 "다른 사람이 저를 저버려도 저는 다른 사람을 저버리지 않습니다."라고 하고는 곧바로 문상하러 들어갔다. 나는 들어가지 않고 집안에서 상여 배가 지나가길 기다렸다. 정규(鄭槩)가 지난 일을 조사하러 와서 앞 강에서 하루를 머물면서도 나를 보러 오지 않은 까닭에 그의 딸이 물에 빠져 죽었을 때, 내가 말하기를 "어찌 굳이 나만 친구의 일에 문상 가야 하는가."라고 하고는 가지 않았지만, 진응은 작은 배를 타고 가서 문상하였다. 정륜(鄭棆)이 전후의 우리 집의 크고 작은 초상에 문상하지 않았기 때문에 그가 상을 당했을 때 진응은 문상 가고 나는 문상 가지 않았다. 진응은 백부의 넓은 도량을 닮았고, 나는 백부의 엄하고 바른 면을 배우고자 하였다. 그러나 앉아서 생각해 보니 진응이 나보다 나았다. 진응에게 들으니 정륜은 진응과 평소에 친분이 있었다고 하였다. 나는 나중에 만나면 돌아가신 분의 나이나 물어봐도 무방할 것이다.

金致溫在淸風時 落落如路人 及遭大故 震應日 寧人負我毋我負人 卽爲入去 吾
則不入去而坐待喪舟之過 鄭槩查事往事而留前江一日 亦不入見 故其女之溺水死
吾日 何必獨行親舊事乎 不去問 而震則乘小舟而往見 鄭棆前後不問吾家大小喪 故
當其在喪時 震則去而吾則不去 震則同於伯父之寬洪處 吾則欲學嚴正處 然坐而思
之 震勝於我矣 聞棆於震 有平日情誼云 吾則前頭過壽問之 亦無妨

---

380) 김치온(金致溫;1709~?): 조선 후기 문신으로, 자(字) 여옥(汝玉)이며, 김성로(金省魯)의 아들.

112 '다른 사람에게 부족한 점이 있으면 온정으로 그를 용서한다.'라는 말은 어떤 사람에게 미치지 못하는 점이 있으면 상황을 살펴서 빠진 것이 있으면 그 사람의 마음으로 헤아려서 실수를 용서해야 한다는 뜻이다. '뜻하지 않았는데 나와 부딪히게 되면 이치를 따져 처리한다.'라는 말은 사람들이 나에게 의외의 비방을 하면 그들이 날 잘 알지 못하기 때문에 가볍게 화를 낸 것이니 이치에 비추어 처리해야 한다는 뜻이다. 예를 들어 길에서 수레 양쪽에 덧댄 나무가 망가져서 목수를 불렀는데, 내가 무슨 말을 하면 이것은 수레를 만든 목수를 꾸짖는 것이다. 이런 일 또한 목수가 미칠 수 있는 것이 아니기에 정황을 살펴 용서해야 하며, 이것은 또한 목수가 의도한 것이 아니므로 이치로써 용서해야 한다. '내버려 두고 내버려 두고 다투지 말자.' 이것은 내가 벽에 써 놓은 공부이다.

  人有不及 可以情恕 言如有不及 察於人事而有所闕略 則以其心思之 偶失恕之 非意相干 可以理遣 言人以意外之謗加我 則以其不知我而輕發恚 理遣之 今思輔之 中路奪入木手 我有言則詬之 是亦不及也 可情恕 是亦非意也 可理遣 舍旃舍旃而不相爭 此吾壁書之工也

113 문집을 출간할 때, 삼연(三淵)께서 나에게 주신 단률(短律) 두 편과 장암(丈岩)께서 나에게 주신 장률(長律) 한 편은 모두 훌륭한 작품인데도 다 빼버렸으니 이일원(李一源)과 정공화(鄭公華)의 뜻을 알지 못하겠다. 장암께서 나의 〈서원아집도(西園雅集圖)〉 머리에 '서천아집(西川雅集)'이라고 써 주셨고, 〈아집〉 두루마리에는 "외조부가 지니고 있던 것을 외손자에게 준다."라고 썼으며, 문집에는 "지니고 있던 것을 아들에게 주어 간행하게 한다."라고 써 주셨다. 이것은 매우 잘못된 일이기 때문에 아쉬운 마음으로 기록한다.

  文集之出 三淵贈我之二短律 丈岩贈我之一長律 皆善作而皆拔之 李一源鄭公華之意 未可知 丈岩之題我西園雅集圖 書以西川雅集 雅集軸中則以外王考之持與外孫書之 文集則以持與胤子刊之 又是大誤也 玆慨然而記之

114 작년에 이일원이 나의 도움으로 김 정승에게 묘문(墓文)을 받은 것에 고마움을 표하기 위해 학창의를 보내면서 말하기를 "글이 좋으니 그대 또한 학창의를 받을 만하네."라고 하였다. 내가 말하기를 "나는 조 대감과 윤 대감에게 글을 청하려고 남당(南塘)과 병계(屛溪)에게 옷을 보내고자 하네. 영의정은 너무 존엄하니 어찌 감히 곤궁한 선비의 신분으로 서제(書題)381)를 구할 수 있겠는가. 꼭 필요하다면 내가 직접 쓰려고 하네. 전에 영상이 나를 만나러 왔을 때 내가 시를 지어 보여 주었는데, 그 시에 이르기를 '날포와 오모가 하늘에 걸렸으니 크게 망녕된 영상은 아마도 그대인 듯하네. 그대는 그대인가 나는 나라네. 온 성의 가을빛 예전과 다름없구나.'라고 하였으니, 분명 영상이 그대가 예모를 아는 것을 기뻐하고 나의 오만함을 싫어할 것이네."라고 하였다. 그 후에 영상이 일원을 방문하면서도 나는 다시 만나러 오지 않았다. 지금 그때 주고받은 말을 기록하여 아이들에게 보인다.

> 昔年 李一源納鶴氅爲幇得墓文於金上相曰 文卽好矣 君亦可受 我曰 吾欲請文於趙台尹台 欲納衣於南塘屛溪 領議政則太尊嚴 何敢以寒士蹤跡 有所干於書題之所乎 無已則吾欲自爲之 頃日領相來見我 我題詩示之曰 捏袍烏帽掛天瀨 領相狂乎爾可疑 爾是君耶吾是我 一城秋色似前時 必領相喜君之知禮貌 而嫌婕我之太傲妄也 其後辱訪一源而不更來於我矣 今書此酬酌 示之兒輩

115 신축옥사382) 때 지조와 목숨을 모두 온전하게 지킨 사람은 오직 부학 윤경평(尹景平), 판서 김덕유(金德裕)383), 판서 이여오(李汝五), 내 외삼촌 도산공(陶山公), 나의 아우 청은(淸隱)384)과 재상 민성유(閔聖猷)뿐이다. 참판 윤명숙(尹鳴叔), 참의 윤이장(尹以章)의 경우는 형세에 따라 쫓겨

---

381) 서제(書題): 책의 내용과 취지를 써서 책의 앞이나 뒤에 붙인 글.
382) 신축옥사(辛丑獄事): 노론의 주장으로 연잉군이 왕세제로 책봉되고 세제에 의한 대리청정이 대두되자, 이에 반발한 소론 급진파들의 끈질긴 요구로 대리청정이 취소되고 노론사대신이라 불리는 이이명(李頤命), 김창집(金昌集), 이건명(李健命), 조태채(趙泰采) 등이 축출됨과 동시에 노론 세력이 조정에서 제거된 일.
383) 김덕유(金德裕): 조선 후기 문신인 김유경(金有慶;1669~1748)으로, 자는 덕유(德裕), 호는 용주(龍洲)·용곡(龍谷).
384) 청은(淸隱): 권섭의 동생 권영(權瑩)의 호.

나기도 하고 조정에 들어가기도 했지만 대체로 지조와 목숨을 모두 온전하게 지킨 사람이라고 할 수 있다. 하지만 애석하게도 판서 이자삼(李子三), 참판 황자직(黃子直), 판서 조국보(趙國甫), 나의 사촌 동생 자장(子章), 상공 유전보(兪展甫)는 끝내 공의(公議)에 약간의 흠을 남기는 것을 면치 못하였다. 그 외의 사람들이야 또 어찌 다 말하겠는가. 만약 내가 다른 사람들을 따라 벼슬길에 나갔다면 어떤 부류의 사람이 되었을지 모르겠다. 평생 제멋대로 살며 다행스럽게 신명을 보존하였으니 새옹지마라고 이를 만하다. 때때로 혼자 껄껄 웃는다.

辛丑完人只有尹副學景平 金判書德裕 李判書汝五 我舅陶ㄴ公 吾弟淸隱翁 閔相公聖猷 如尹參判鳴叔 尹參議以章 因事勢廢入而亦可謂完人 可惜李判書子三 黃參判子直 趙判書國甫 我從弟子章 兪相公展甫 終不免於公議之少疵 其外汜汜 又何云云 若此翁一身隨人出世 則不知在於何等人中 其一生漫浪 身名幸莫甚焉 可謂塞翁失馬之爲福 時自呵呵

부 록

- 항목별 개요
  - 散錄內篇一
  - 散錄內篇三
  - 散錄外篇一
  - 散錄外篇二
- 인명록(人名錄)
- 주요 사건

옥소산록 항목별 개요

散錄內篇 一

항목 번호	소재	내용	페이지
0	서문	산록 집필 이유	32
1	부형을 대하는 태도〔禮〕	옛날에는 어른이나 형을 대할 때 예의가 엄격하였는데, 근래에는 그렇지 않다.	32
2	윗사람을 대하는 태도〔禮〕	내가 형, 조카, 종손(宗孫)을 대하는 태도.	33
3	호칭〔禮〕	호칭이 문란하면 집안의 질서가 무너진다.	34
4	부형과 벗을 대하는 태도〔禮〕	나는 벗과 부형을 공경하는데 후배들은 버릇없이 행동한다.	34
5	자신의 행동〔성찰〕	평생 속이는 말을 한 적이 없었느냐는 사촌동생의 질문을 받고 돌이켜보니 실수가 없지는 않았다.	35
6	자신의 성품〔성찰〕	젊을 때의 성급하고 날카로운 성질이 수양을 통해 많이 차분해졌지만 여전히 후회하는 경우가 있다.	35
7	사람들의 비방〔성찰〕	사람들의 헐뜯음을 피하지 않고 원래 내게 있었던 것처럼 여기니 마음이 편해졌다.	35
8	사람들의 비방〔성찰〕	사람들이 내가 집짓기를 좋아한다고 비난하는 것에 대한 생각	36
9	사람들의 태도〔개탄〕	사람들이 상황을 제대로 살피지 않고 헐뜯는 것에 대한 탄식	37
10	벗을 대하는 태도〔禮〕	동춘(同春)과 한수재(寒水齋)의 서로 존중하는 태도	37

부록 ··· 443

항목번호	소재	내용	페이지
11	선조들의 청렴[교훈]	우리 선조들은 큰 이익이 걸려 있어도 쟁송하지 않았으며, 관직에 있을 때도 청렴했다.	38
12	제사[교훈]	봉사조(奉祀條), 묘전민(墓田民)을 집안 규례에 따라 하고 시비를 다투지 말라.	38
13	선행[성찰]	물이 말라가는 도랑에서 물고기를 살려 준 행위에 대한 자기성찰	39
14	선비들의 행태[개탄]	선비들이 물질을 탐하고 승진을 도모하는 세태를 비판함.	39
15	선비의 출사(出仕)[개탄]	선비들이 자신의 재주를 헤아리지 않고 다투어 관직에 나가 가문과 나라를 망치는 것을 비판함.	40
16	선비의 유형[개탄]	여러 가지 부정적인 선비상 제시	40
17	묘도문자(墓道文字)[견해]	묘도문자는 고인의 삶과 부합해야지 부풀려 찬양하는 데 힘써서는 안 된다.	41
18	부녀자들의 언어와 예절[禮]	사족(士族) 부녀자들이 언어와 행동에 예의가 없음을 비판함.	42
19	자신의 삶[성찰]	평생 재물과 이익에 부림을 받지 않고 살아온 자신의 삶 회상	43
20	부형을 태하는 태도[禮]	어른과 의견 차이가 있을 때는 자신의 뜻을 굽혀 따라야 한다.	43
21	대작(代作)한 글[견해]	다른 사람을 대신하여 지은 글은 양쪽 문집에 다 싣는 것이 좋다.	44
22	자신의 성격[성찰]	자신의 성격을 말해 주는 사례	44
23	자손들이 선조를 대하는 태도[개탄]	자손들이 조상을 섬기는 데도 지위와 명망을 따지는 세태 한탄	44
24	성균관의 읍례(揖禮)[禮]	계부가 성균관 명륜당에서 유생들의 읍례를 받을 때의 일	45
25	남관왕묘 배례[禮]	남관왕묘에 배례하는 것은 예에 어긋나지 않는다.	46
26	정려(旌閭)와 묘소 배례[禮]	정려(旌閭)와 선현의 묘소에 대한 배례에 관한 예	46

항목 번호	소재	내용	페이지
27	상례(喪禮)〔禮〕	집안사람들이 잘못된 상례를 행하는 것을 개탄함.	47
28	제사〔禮〕	사당제사에 대한 백부의 가르침	48
29	첩을 들이는 풍속〔개탄〕	예를 갖추어 첩을 맞이하는 풍속을 비판함.	49
30	친척 간 호칭〔개탄〕	윗사람에 대한 적절치 못한 호칭과 태도 비판.	50
31	대보단(大報壇) 공사 〔견해〕	대보단 축조 시 궁중에서 우연히 왕을 만난 일화와 대보단 축조에 대한 생각	50
32	인현왕후 폐출 사건 〔견해〕	기사사화에 대한 자신의 견해	51
33	조상들의 덕행〔교훈〕	조상들의 덕행으로 명당을 얻어 후손들이 복을 누렸다.	52
34	서얼의 관례〔禮〕	관례는 성인으로서의 책임을 지우는 것이므로 서얼에게도 관례를 행해야 한다.	52
35	풍수(風水)〔일화〕	풍수의 폐단에 대한 백부의 이야기	53
36	독서〔성찰〕	독서에 대한 삼연(三淵)과 농암(農巖)의 가르침과 자신의 독서에 대한 반성	55
37	지관(地官)의 서원 참배〔견해〕	학문에 뜻을 둔 자뿐만 아니라 누구나 서원에 출입할 수 있다.	56
38	복제(服制)〔禮〕	복제, 제사, 산소 등에 대한 백부의 가르침	57
39	백부와의 대화〔일화〕	과거, 관상, 난삼에 대한 백부와의 대화	59
40	자신의 사회 활동 〔일화〕	자신의 사회 활동에 대한 백부와 숙부의 상반된 태도	60
41	신분질서〔개탄〕	신분질서와 세교(世敎)가 무너진 세태 묘사	61
42	산송(山訟)〔교훈〕	산송은 부끄러운 일이니 산송을 하지 말라.	62
43	재산 관리〔성찰〕	계부의 만류를 뿌리치고 땅을 팔아 손해 본 일화	62
44	재산 분배〔교훈〕	형제, 남매간에 다투지 않고 토지를 분배한 일화	63
45	미신 타파〔교훈〕	자신을 비롯한 집안사람들이 미신을 멀리한 일화	64

항목 번호	소재	내용	페이지
46	생일상〔개탄〕	생일은 부모가 수고한 날이므로 부모를 위해 상을 차리거나 제사를 지내야 한다.	66
47	출사(出仕)〔성찰〕	자신은 평생 벼슬에 뜻이 없고 처사로서의 삶에 만족한다.	67
48	서원의 규약〔일화〕	백부가 충렬서원의 이원장(貳院長)을 맡고, 자신이 유사를 맡았지만 친혐(親嫌)이 적용되지 않았다.	68
49	가묘(家廟) 출입 시 복장〔禮〕	백부가 관건(冠巾) 차림으로 가묘에 출입한 것과 우옹 댁의 절사(節祀) 풍속에 대한 이야기	69
50	장모 숙인 이 씨 〔교훈〕	장모 숙인 이 씨의 인품	69
51	집안의 규례〔禮〕	나의 대에 이르러 집안 법도가 더욱 나빠져서 집안 법도를 정리한 책을 지었다.	70
52	귀신〔견해〕	귀신에 대한 생각	71
53	풍류〔일화〕	정재문, 이일원, 이계통과 시를 짓고 풍류를 즐긴 일에 대한 회고	71
54	사회제도〔견해〕	세금, 공물, 왕족의 제수 비용 등 사회제도에 대한 비판과 해결 방안 제시	72
55	평생 하지 않은 일 〔교훈〕	소 도축, 돈놀이, 옳지 않은 청탁을 하지 말라.	74
56	노비 처벌〔성찰〕	노복을 매질한 경험을 통해 자신의 성정을 반성함.	75
57	제사〔禮〕	재계(齋戒) 시의 소식(素食)과 제상 차리는 법	75
58	관례〔禮〕	집안에 우환이 있는데 장손의 관례를 행한 것과 서자의 관례를 행한 것에 대한 논란	76
59	사람들의 비방〔성찰〕	평생 사람들의 비난 속에 살아왔지만 백부와 정재문이 알아주었으니 여한이 없다.	77
60	제상(祭床)〔禮〕	제사는 마음이 중요하므로 제상을 풍성하게 차릴 필요는 없다.	77

항목 번호	소재	내용	페이지
61	기이한 일〔일화〕	황강 선산의 소나무 두 그루가 중간에서 맞닿은 것과 귀호(龜湖)의 물이 줄어들면 과거 급제가가 나오는 기이한 일	78
62	초상화〔견해〕	초상화는 얼마나 닮았는지가 중요하지 않고, 누구의 초상화인지 알 수 있으면 된다.	79
63	삶의 태도〔견해〕	근심거리가 생기거나 급박한 일을 당했을 때의 태도, 득실과 사생에 대한 생각 피력	80
64	삶의 태도〔교훈〕	충분히 생각하여 한번 결정하면 흔들리지 않아야 한다.	81
65	자신의 성품〔성찰〕	나는 수석(水石)과 연하(煙霞)를 지나치게 좋아한다.	81
66	장기(將棋)〔교훈〕	여러 가지 잡기 중 장기가 가장 뛰어나지만 이에 빠져서는 안 된다.	82
67	이장(移葬)〔禮〕	이장 후 주과포해(酒果脯醢)를 갖추어 간단히 재를 지내는 것도 무방하다.	83
68	문장과 시〔견해〕	문장과 시에 숙달하는 방법을 서술하고, 한 부분만 이해한 학자가 남을 업신여기는 풍조를 비판함.	83
69	국방과 인재〔견해〕	지형을 이용하지 않는 국방과 벌족만 등용하는 인재 등용 제도 비판	85
70	집 매매〔일화〕	주택 매매 과정에서 보여 준 김정이의 정직한 인품	86
71	문장〔견해〕	시 구절과 글귀의 잘못된 해석에 대한 풀이	87
72	문장〔일화〕	손자 신응과 성몽의 문장 해석에 관한 일화	88
73	아들 낳는 것〔견해〕	아들은 늦게 낳는 것이 낫고, 적게 낳는 것이 낫다.	90
74	삶에 대한 생각〔성찰〕	자신의 복장, 언어, 빈부와 귀천에 대한 생각을 서술함.	90
75	본받을 만한 인물〔교훈〕	훌륭한 조상과 주변 인물의 일화 소개	91
76	학문하는 태도〔성찰〕	당시 사람들과 자신의 학문에 대한 태도와 생각	93

항목 번호	소재	내용	페이지
77	소인(小人)과 금수(禽獸)〔견해〕	소인과 금수라도 함부로 대해서는 안 된다.	94
78	첩을 들이는 일〔성찰〕	첩을 구하는 일을 통해 깨달은 삶의 이치	96
79	글쓰기〔성찰〕	백부의 연보 작성과 관련된 일화를 통해 연보 작성에 대한 견해 서술	96
80	자신에 대한 평가〔성찰〕	나에 대한 사람들의 평가가 상반되는 것은 나에게 원인이 있는 것이 아니라 관점이 다르기 때문이다.	97
81	지리(地理)〔견해〕	지리를 하찮게 여기는 풍조를 비판하고 지리의 중요성에 대해 역설함.	97
82	정치·사회제도〔견해〕	소나무 벌목, 소 잡는 것, 추노, 담군, 환곡을 너무 심하게 제한하면 문제가 발생한다.	98
83	심의(深衣)〔禮〕	심의의 유래와 심의를 수의(壽衣)로 사용하는 것에 대한 견해를 서술함.	99
84	상례(喪禮)〔禮〕	관곽(棺槨), 수의(壽衣), 침구에 대한 의견	100
85	수행(修行)〔견해〕	취령암의 스님과 수행에 대해 토론한 일화	101
86	혼인〔견해〕	모습이나 성품이 비슷한 사람이 부부가 되어야 한다.	102
87	친구〔견해〕	현달한 친구를 대하는 태도에 관한 아우와의 대화	103
88	명분(名分)〔견해〕	군자는 오랑캐와 중국, 군신, 상하, 소인과 군자, 이단과 정학(正學)의 구분을 엄격하게 해야 한다.	104
89	견해, 안목 차이〔견해〕	견해나 안목이 다른 사람과의 갈등	104
90	섣달그믐의 제석(除夕) 행사〔서술〕	산소를 관리하는 암자에서 섣달그믐 밤에 구경한 제석 행사	105
91	노년의 처지〔성찰〕	젊은 날 부형의 뒷배를 믿고 자만하였지만, 늙어서는 사람들의 무시를 당하게 된 자신의 처지를 한탄함.	105

항목 번호	소재	내용	페이지
92	음악[견해]	제악(祭樂), 군악(軍樂), 선악(禪樂), 여악(女樂), 무악(巫樂)에 대한 비평	107
93	대인(待人)[성찰]	인색하고 시기하는 무리들과는 어울릴 필요 없이 거슬리지 않도록 한다.	107
94	대인(待人)[성찰]	상대를 존중하고 마음을 다해야만 진정한 관계를 유지할 수 있다.	108
95	숙휘공주[일화]	효종의 4녀인 숙휘공주의 인품과 관련된 일화	108
96	자신의 생애[성찰]	집안 배경 덕에 관직에 뜻을 두지 않고 자유롭게 살 수 있었던 자신의 삶 회고	109
97	자신의 성품[성찰]	큰 사건을 겪은 일화를 통해 자신의 침착하고 대범한 성격 소개	111
98	자신의 성품[성찰]	다른 사람들에게 속임을 당하고도 재산을 다투지 않았던 세 가지 일화 소개	112
99	글짓기[견해]	지금 사람들의 작문(作文)과 작시(作詩)는 진실하지 않고 맛이 없다.	114
100	시 창작[견해]	여러 시인의 시에 대한 평가	115
101	사물에 대한 인식 [견해]	모든 사물은 천지조화의 오묘함을 얻었으므로 굳이 어떤 것을 좋아하고 싫어할 필요가 없다.	117
102	사물명(事物名)[서술]	사물의 이칭(異稱) 소개	117
103	서원[개탄]	서원을 여러 곳에 세우지 못하게 한 법에 대한 비판	121
104	아우와 자신의 성품 [교훈]	자신과 아우 중온의 성품을 비교하고 후손들이 중도를 택하여 배우기를 권함.	121
105	대인(待人)[성찰]	자신을 알아준 종형(宗兄)에 대한 기억	122
106	관아 방문[견해]	인정 밖의 일만 하지 않으면 친지의 관아에 찾아가 머물러도 된다.	123
107	대인(對人)[견해]	상식에 벗어난 일을 하는 자, 잘 알지 못하면서 말이 많고 과장이 심한 자는 조심해야 한다.	124

항목 번호	소재	내용	페이지
108	잡초〔견해〕	이해관계에 맞닥뜨려 지킬 바를 잃은 사람들은 잡초와 같다.	124
109	자신의 성품〔성찰〕	어린 노비가 남은 음식을 제 어미에게 주려고 싸가는 것을 금하지 않자 사람들이 기롱했지만 개의치 않았다.	125
110	관례〔禮〕	손흥군 댁 종손의 가례에서 주인과 빈객의 자리 배치에 대해 실랑이한 일화.	125
111	후손들의 학문〔견해〕	한 집안의 성쇠는 하늘의 뜻이니 후손들에게 엄격하게 학업을 독려하지 않을 것이다.	126
112	선산의 벌목, 조천(祧遷)〔견해〕	선산에서 나무를 베어 황강서원을 수리하는 일과 신주 조천에 대한 집안사람들과의 의견 대립	127
113	대인(待人)〔견해〕	행동이 이치에 맞지 않는 경우 상대방과의 관계에 따라 대하는 방법에 차이가 있다.	128
114	경(敬) 공부〔성찰〕	경(敬) 공부를 게을리 하지 않아야 한다.	128
115	좌우명〔성찰〕	간절한 일에 진심을 다하면 성정에 보탬이 되고, 벼슬하는 것을 등한시하면 자신과 명예를 지킬 수 있다.	129
116	좌우명〔성찰〕	몸가짐과 마음가짐을 조심해야 한다.	129
117	그림, 글씨〔일화〕	자신이 소유하고 있는 그림, 글씨에 얽힌 일화	129
118	동물의 행동〔성찰〕	동물의 행동을 인간의 도리와 품성에 빗대어 설명함.	132
119	삶의 태도〔일화〕	자신의 삶의 방식에 대한 어떤 이의 질문과 그에 대한 답변	133
120	손님 접대〔교훈〕	음식 대접에 지위와 정분에 따라 차이를 두면 안 된다.	134
121	어른에 대한 응대〔禮〕	어른이 누구냐고 물으면 반드시 이름을 밝혀 대답해야 한다.	135
122	호칭〔교훈〕	당시의 잘못된 호칭과 세태 비판	135
123	꿈〔성찰〕	상소문을 지어 바치는 꿈을 꾼 뒤의 생각	136

항목 번호	소재	내용	페이지
124	집짓기[성찰]	경치 좋은 여러 곳에 집을 짓고 살았던 즐거움	136
125	관아 출입[성찰]	관아 출입을 하지 않겠다고 하고서 자주 관아에 드나들며 대접을 받는 자신의 행동 반성	137
126	사물과 행위의 양면성[개탄]	사람들이 태수의 위세를 싫어하면서도 달려가 아첨하는 것을 비판함.	138
127	친척[견해]	친척은 가장 사랑스러우면서도 두려운 존재이다.	138
128	자신에 대한 사람들의 인식[성찰]	사람들이 송사, 벼슬, 농사 등은 다른 사람에게 묻고 자신에게는 도살에 대해 묻는 것을 의아하게 여김.	139
129	위급한 상황[일화]	풍랑과 사나운 개를 만났을 때의 대처법을 통해 순리대로 세상사를 처리해야 함을 말함.	139
130	서원의 추향(秋享)[교훈]	서원의 추향 지내는 날짜에 관한 논의를 설명하고 후손들에게 지시함.	140
131	자신을 대하는 사람들의 태도[성찰]	중년 이전과 이후 자신을 대하는 사람들의 태도가 달라진 것에 대한 감회	140
132	여행 중의 도움[성찰]	여행 중 고을 수령의 도움을 받는 것에 대해 경계함.	141
133	독서, 작문[일화]	젊은 시절의 독서와 글짓기 공부에 대한 일화	142
134	무당[견해]	팔이 아팠을 때의 무당과의 일화 및 귀신에 대한 생각	143
135	다복(多福)[견해]	후손이 많고 적음과 부귀한 것 중 어떤 것이 다복한지에 대한 생각	143
136	신선[견해]	이치상 신선은 있다고 할 수 있다.	144
137	고조(高祖)의 삶[교훈]	고조께서 빈곤하게 지내면서도 괴로운 줄 모르고 태연하게 지냈던 미담을 통해 식구들을 경계함.	145
138	글쓰기[성찰]	다른 사람들이 자신의 글을 잘못 해석하는 예를 제시하고 자신의 글쓰기 습관에 대해 반성함.	145

항목 번호	소재	내용	페이지
139	천신(薦新)[견해]	시절 음식을 조상께 천신할 때에 직접 산소에 가서 바치지 못할 때는 망배(望拜)하는 것도 괜찮다.	146
140	재산 관리[성찰]	상민들에게 속아 논을 관리하게 했던 일을 통해 세상 물정에 어두운 자신을 돌아봄.	147
141	자신의 처지[성찰]	젊었을 때의 명성이 사라지고 다른 사람들의 탄식과 비웃음을 받게 된 현재의 처지	148
142	상황에 따른 예 적용 [견해]	불탄 신주 다시 쓰기, 재사(齋舍)를 지을 때 선산의 나무 사용하기, 홀몸이 된 처제와 같이 살기 등 상황에 따른 예의 적용에 대해 이야기함.	149
143	손가락 병 치료 [일화]	효자 주득천의 전(傳)을 짓고 그의 정려(旌閭)를 청하는 글을 지어 벽에 걸어 두었는데, 글 속에서 봉액을 얻어 손가락의 병을 치료한 일화를 통해 감응(感應)에 대해 이야기함.	150
144	자학(字學)[견해]	사람들이 잘못 읽는 한자 소개 및 의견	150
145	퇴계와 율곡의 관계 [견해]	율곡이 퇴계의 학문을 확충하였다.	155
146	사람들의 태도[개탄]	입에 발린 소리를 하지 않고, 이익을 좇지 않고, 옳은 말에 싫증내지 않는 사람이 없다.	156
147	비둘기와 매[견해]	비둘기가 매에게 쫓기는 광경에 비유해 문장 짓는 법을 설명함.	157
148	복장[성찰]	법제를 따르지 않는 자신의 복장	157
149	시 창작[견해]	시인의 삶과 작품 내용이 일치하지 않는 것은 내면의 부족한 부분을 시로 드러내기 때문이다.	158
150	자신의 성향[성찰]	사람의 본바탕은 억지로 만들거나 바꿀 수 없다.	158
151	처지에 따른 사람들의 태도[견해]	임금, 고을 수령, 경화사족 등 자신이 처한 위치에 따라 사람을 대하는 태도가 달라진다.	159
152	신길원(申吉元)의 비명 (碑銘)[성찰]	임란 때 충절을 지킨 문경 현감 신길원의 비명을 지은 것에 대한 생각	160

항목 번호	소재	내용	페이지
153	율곡과 사계(沙溪)에 대한 평가〔견해〕	율곡과 사계에 이르러 유교의 디치가 분명해지고 예가 갖추어졌다.	160
154	금강산, 변산〔견해〕	산수에 대한 견해: 변산이 금강산보다 낫다.	162
155	해산정〔성찰〕	해산정 유람 후 산수 유람에 대한 생각을 정리함.	163
156	해산정 판각〔견해〕	해산정에 판각된 최립의 시 구절 해석에 대한 논란	164
157	유람〔성찰〕	여든을 바라보는 나이에 유람을 다니는 것에 대한 사람들의 비판과 자신의 생각	166
158	승려 매질〔성찰〕	남장사 중들에게 매질을 하고 혈기를 이기지 못했음을 후회함.	166
159	수령이 된 친지와의 관계〔성찰〕	친지가 수령이 된 고을의 관아 출입을 하지 않고, 청탁을 하지 않았다.	167
160	별호(別號)〔견해〕	말안장과 안장 갑의 비유를 통해 호(號)의 의미를 설명함.	168
161	휘(諱)〔견해〕	휘(諱)를 숭상하는 것의 폐단	169
162	자신의 문체〔견해〕	사람들이 자신의 문체를 유별나다고 하는 것에 대한 해명	170
163	성격〔일화〕	승산 외삼촌, 도산 외삼촌, 김신로의 성격에 대한 일화.	171
164	문장가〔견해〕	자신이 좋아하는 문장가와 자신의 문장에 대한 평가	171
165	자신의 문장〔견해〕	자신의 시문 창작 능력이 어느 정도인지 다른 문인들과 비교함.	172
166	호칭〔성찰〕	사람들이 자신을 부르는 호칭에 대한 생각	172
167	화지장(花枝莊)〔견해〕	문경 화지장의 경관에 대한 생각	174
168	그림자〔성찰〕	달빛에 따라 변하는 그림자를 보고 몸가짐을 똑바로 해야 한다는 깨달음을 얻음.	174

항목 번호	소재	내용	페이지
169	석죽화[성찰]	집 뒤에 피어 있는 석죽화를 주렴계의 연꽃이나 도연명의 국화와 비교함.	175
170	복식[견해]	자신이 즐겨 입는 학창의와 유건에 대한 견해	175
171	자신의 문장과 글씨[성찰]	자신의 문장과 글씨에 대한 자평(自評)	175
172	좌우명[성찰]	좌우명을 제시한 다음 상황에 맞게 처신해야 하며 마음 내키는 대로 해서는 안 된다는 것을 강조함.	176
173	관직에 있는 사람과의 관계[교훈]	관직에 있는 사람이 베풀어 준 호의에 대한 처신	176
174	명마(名馬)[일화]	명마에 대한 일화	177
175	기생[성찰]	16세 때 평안도 감영으로 외조부를 뵈러 갔다가 기녀를 데리고 놀면서도 범하지 않았던 일을 술회함.	177
176	건강[성찰]	70세까지 자신이 건강한 비결	178
177	대인(對人)[성찰]	이인좌의 난 이후 사람과의 관계에 신중했다.	179
178	자신의 성품[성찰]	일절 청탁을 하지 않다가 손해만 본 일화	179
179	행장(行狀)[일화]	친구들의 행장을 지을 때의 일화	179
180	가옥 매매[성찰]	조상의 재산을 지키지 못하고 늙어 궁색하게 된 자신의 처지를 탄식함.	181
181	처신[성찰]	자신이 남의 잘못을 지적하는 것, 집안의 은밀한 일을 공개적으로 말하는 것에 대한 생각	182
182	당색(黨色)[견해]	사람을 그 자체로 판단하지 않고 당색으로 판단하는 것에 대한 비판	182
183	이인좌의 난[견해]	이인좌의 난에 참여했던 사람들을 형벌로만 다스리는 것은 사건 해결에 도움이 되지 않는다.	184
184	당색(黨色)[개탄]	선비들이 당색이나 형세를 따져 행동하는 것을 비판함.	185
185	자신의 취향[성찰]	자신과 취향이 다른 벗들에 대한 아쉬움 토로	185

散錄內篇 三

항목번호	소재	내용	페이지
1	그림[서술]	소장한 그림에 대한 분재기	189
2	자손 교육[교훈]	1. 자손들의 인품이 제각기 다르니 그 사람의 기질에 맞게 대하는 것이 좋다. 2. 아이들이 잘못을 고치고 뉘우쳐서 좋은 사람이 되길 바란다.	190
3	옥소 문집[견해]	『옥소고』 편집에 대한 당부	190
4	석비(石碑), 독활(獨活)[견해]	광물인 석비와 약초인 독활의 성질에 대한 자신의 생각	191
5	인물평[견해]	욕심을 억지로 절제하는 것보다 물건을 가져다가 필요한 사람들에게 나누어 주는 것이 옳다.	192
6	처신[성찰]	86세 된 자신의 처신에 대한 자성	192
7	문장[개탄]	아무런 병통이 없는 글에 대해 굳이 견해를 보태어 논쟁을 하고자 하는 세태 비판	193
8	꽃과 나무 가꾸기[성찰]	꽃과 나무를 가꾸듯이 마음을 가꾸어야 한다.	194
9	관운장의 칭호[견해]	관운장의 칭호 '수정후(壽亭侯)'에 관한 논의	194
10	말[馬][견해]	말과 관련된 일화를 통해 뜻이 있으면 일을 이룰 수 있음을 이야기함.	195
11	대인(對人)[교훈]	사람을 대하는 태도: 다른 사람이 나와 똑같아지기를 바라지 말며, 원망을 오래 갖지 말아야 한다.	195
12	가난[성찰]	가난해도 뜻을 지켜야 한다.	196
13	독서[성찰]	어린 시절 독서를 성실하게 하지 않은 것에 대한 후회	197
14	性과 理[견해]	性과 理에 대한 설명	197
15	80세 이후 자신의 처신[교훈]	늙어서 이상한 행동을 하더라도 자손들이 이해하고 순종해 주기를 당부함.	198
16	자급(資級)[성찰]	자급만 있고 직위가 없다가 동지가 된 후의 생각	198

항목 번호	소재	내용	페이지
17	부각(浮閣)〔성찰〕	자신이 풍류를 즐기는 것에 대한 생각	199
18	늙음〔성찰〕	자신을 돌봐 주던 이들은 다 죽고 늙고 곤궁하게 살고 있는 자신의 처지 한탄	199
19	호칭〔견해〕	잘못된 호칭 사용에 대한 비판	200
20	자손과 조상〔교훈〕	자손과 조상을 대하는 도리	201
21	풍수〔견해〕	산의 형세를 통찰할 수 있어야 바른 혈 자리를 정할 수 있다.	201
22	부형의 명(命)〔개탄〕	자제들이 부형의 견해를 받아들이지 않는 세태 비판	201
23	상례(喪禮)〔禮〕	광중(壙中) 안쪽에 종이를 바를 필요가 없다.	202
24	욕심〔성찰〕	모든 일에 중용의 태도를 유지해야 한다.	202
25	신주(神主) 쓰는 법 〔교훈〕	신주 쓰는 법에 대한 설명과 집안일은 어른의 생각을 따라야 한다는 가르침	203
26	제례(祭禮)〔견해〕	제사에 신주와 지방을 사용하는 것에 대한 생각	203
27	詩와 운명〔일화〕	자신이 지은 시의 내용대로 삶이 전개되었다는 일화	204
28	과거〔성찰〕	자신이 평생 벼슬길에 나가지 않은 이유에 대해 술회	205
29	자신의 처신〔성찰〕	늙어서 지조를 지키지 못하는 자신의 태도를 한탄함	206
30	벽서(壁書)〔성찰〕	다른 사람의 잘못을 드러내는 자신의 태도에 대한 반성	206
31	미신〔견해〕	재앙은 금기를 어기는 데에 달려 있는 것이 아니라 마음이 안정되고 안정되지 않음에 달려 있다.	207
32	꿈〔성찰〕	꿈을 소개하고 그 꿈에 대한 자신의 심리를 분석함.	208
33	신응(信應)의 효성 〔견해〕	신응이 아버지를 위해 단지(斷指)했는데도 정려(旌閭)를 받지 않은 일에 대한 생각	209

항목 번호	소재	내용	페이지
34	처신〔성찰〕	자신에 대한 사람들의 말을 전해 들으면 듣지 못한 것처럼 처신한다.	210
35	노후의 처신〔교훈〕	늙어 기쁨과 분노를 쉽게 드러내는 자신에게 후손들이 순종해 주기를 바람.	211
36	친지간의 구휼〔견해〕	종질 순성이 친족들을 보살피는 것에 대한 칭찬과 아쉬운 점	211
37	문장·시〔성찰〕	자신의 문장과 시에 대한 당대 문인들의 비평과 재주를 믿고 공부에 전념하지 않은 것을 후회함.	212
38	자신을 대하는 주변 사람들의 태도〔성찰〕	자신을 대하는 주변사람들의 태도에 대한 섭섭함	213
39	손자의 편지〔견해〕	문법은 훌륭한 글 솜씨를 지닌 사람이 만든 것이 아니라 자연스럽게 그렇게 된 것이다.	214
40	부형과 자제 사이의 의견 대립〔개탄〕	부형의 명을 따르지 않는 세태 비판	214
41	국상(國喪) 시 거애 (擧哀)〔견해〕	국상에 거애하는 절차에 대한 일화와 견해	214
42	조문(弔問)〔성찰〕	자신에게 예를 지키지 않은 사람들에게 조문을 가는 일에 대한 생각	216
43	우임금·염제 고사 〔견해〕	우임금·염제 고사에 대한 자신의 옛날 생각 수정	216
44	詩〔견해〕	다른 사람의 시 구절에 대한 평가	217
45	다리(髢)〔견해〕	다리(髢) 금지령을 지켜야 한다.	218
46	기생〔일화〕	안음 군수인 외삼촌을 찾아갔을 때 자신에게 거만하게 굴었던 기생 섬월에 대한 일화	218
47	제사〔견해〕	부부 합사(合祀)에 대한 생각	219
48	장암집(丈巖集)〔견해〕	장암집에 수록된 글에 대한 평가	220
49	글〔성찰〕	남의 부탁을 받고 글을 써 주는 것에 대한 생각	221

항목 번호	소재	내용	페이지
50	글〔견해〕	남에게 부탁하여 받은 글을 사용하지 않는 것에 대한 생각	221
51	금강산〔서술〕	실제 유람과 꿈을 통해 금강산을 10번이나 보게 된 인연	222
52	시구(詩句)〔견해〕	당대 시인들의 시구에 대한 비평	223
53	시구〔견해〕	〈대부송부(大夫松賦)〉라는 작품에 대한 비평	224
54	시	〈해봉군만사(海蓬君挽)〉	225

散錄外篇 一

항목 번호	소재	내용	페이지
0	서문	자손들이 그들의 조상이 어떤 사람인가를 분명히 알도록 산록을 만든다.	231
1	나라의 기와 공출 〔일화〕	대궐 수리를 위해 기와를 공출하려는 관리에게 맞선 일화를 통해 자신의 성품을 드러냄.	231
2	대인(待人)〔서술〕	친척인 최창대, 송징은과 절교한 이유에 대해 설명	233
3	왕실과의 관계 〔일화〕	왕실과 거리를 두고 가까이 하지 않는 일화를 통해 자신의 결백한 성품 드러냄.	234
4	접대하는 의리 〔일화〕	예의를 갖추지 않은 접대 선물을 거절한 이야기	236
5	입방아〔교훈〕	확실하지 않은 내용으로 헐뜯는 말에 동조하는 것에 대한 경계	238
6	백부와의 마지막 대화 〔일화〕	백부가 돌아가시기 전에 권상하의 제자에 대해 나눈 대화, 백취정 기문을 받은 이야기	238
7	정적(政敵)과의 관계 〔서술〕	정적을 대하는 태도에 대한 백부의 견해	240
8	본성과 오상(五常) 〔견해〕	송무관(宋務觀)과 본성과 오상에 대해 토론한 내용	241
9	시구〔성찰〕	채군범과 시구에 대해 토론한 내용	242
10	조천(祧遷)〔견해〕	조천 문제와 산소 아래에 사당을 세우는 것에 대한 집안의 논의와 자신의 견해	243
11	백부 권상하의 행적 〔일화〕	1. 대인관계의 엄격함. 2. 율곡의 〈고산구곡가〉 한역 과정	246
12	친척들과의 관계 〔개탄〕	임인옥사와 이인좌의 난으로 인해 친척들 간의 사이가 멀어짐	249
13	곤액을 당할 뻔한 일 〔성찰〕	지방관이 부정한 짓을 하다가 곤경에 빠졌는데 자신이 사주했다는 의심을 받았던 일화	250

항목 번호	소재	내용	페이지
14	혼인[일화]	자신의 재혼, 누이의 혼인, 아들의 혼인, 딸의 혼인 때 있었던 일화를 들어 혼인은 하늘이 정한 것임을 말함.	250
15	인물 추천[성찰]	인물 추천과 관련된 백부, 계부, 외삼촌과의 일화	253
16	인물평[일화]	권상하의 이간(李柬)에 대한 평.	255
17	정치에 대한 의론[성찰]	정치적 문제에 정론(正論)을 펼치다가 제재를 당한 일화	255
18	책에 대한 토론[일화]	박세채의 〈남계예설(南溪禮說)〉에 대해 사천(沙川) 김 어른과 토론한 내용	256
19	국방정책[견해]	북관의 내노비, 각 지역 산성 방비에 대한 정책 피력	258
20	인재[일화]	어려움에 처한 인재(이태해, 유회지, 홍세태)에 관한 일화	259
21	성묘[일화]	이성좌가 박권이 하인을 시켜 성묘한 것을 비난한 것과 관련된 일화	262
22	미신[교훈]	귀신을 믿지 않도록 집안을 단속함.	263
23	현달한 친구[성찰]	현달한 친구들이 거만하고 스스로 뽐내며 자신의 어려움을 알아주지 않음.	264
24	처신[성찰]	외삼촌의 임지를 방문했다가 다른 사람을 위해 호의를 베푼 일화	265
25	안동 사람들[일화]	1. 안동에서 일가들의 환대를 받은 경험 2. 삼태사묘에서 호장의 규범 있는 예절에 감탄함.	267
26	비상한 인물[일화]	당대의 뛰어난 예인과 인재 소개	268
27	사람간의 정과 의리[개탄]	사람들 사이의 인정과 의리가 쇠퇴함을 한탄함.	272
28	대인(待人)[견해]	선하지 않은 사람을 대하는 법	274
29	세상인심[개탄]	청풍에서 상을 치를 때 고을 관장들의 대우가 전과 달라졌음을 한탄함.	275

항목 번호	소재	내용	페이지
30	세상인심[견해]	죄를 지은 친족을 숨겨주는 일에 대한 생각	275
31	풍속[개탄]	접대, 모임, 혼인 등과 관련된 폐단에 대한 비판	276
32	인물평[견해]	종백씨, 한덕소, 권정성, 이군범 등에 대한 평가	278
33	강호에서의 삶[성찰]	강호에서 풍류를 즐기며 사는 자신의 삶은 벼슬아치들의 삶에 대적할 만하다.	278
34	이인좌의 난[서술]	이인좌 난 당시의 청풍부의 상황 및 자신의 활약, 일화, 자신의 견해 등을 기록함.	279
35	제례[견해]	기제사에 곡을 하는 것에 대한 논의 및 제수(祭需)와 제기에 대한 논의	289
36	계모에 대한 의리[견해]	유회지(兪晦之)의 아버지 유정기(兪正基)가 계모를 쫓아내고 의금부에 잡혀간 사건과 유회지가 계모의 상에 상복을 입지 않은 것에 대한 당대의 논란	291
37	제복(祭服)[서술]	제사 지낼 때의 주인과 주부의 복색	294
38	대인(對人)[견해]	마을의 노인들을 대하는 태도	294
39	공자 사당 건립[견해]	공자의 사당 춘추사(春秋祠) 건립과 관련된 논란과 사건	295
40	구업(口業)[성찰]	이 정승과의 대화를 통해 자신의 구업(口業)을 돌이켜봄.	297
41	친지간의 정[일화]	자신에게 베풀어주지 않는 친지들을 상대로 한 농담	297
42	친구[서술]	조부, 백부, 아버지, 계부, 자신의 친구 등 총 319명의 명단 소개	298
43	집안의 우애[개탄]	집안의 우애가 야박해짐을 탄식함.	304
44	남을 돕는 일[견해]	남을 돕는 것에 대한 안여익(安汝益)과의 의견 대립	305
45	이성휘(李聖輝)[성찰]	젊은 시절 이성휘와 함께 서원에서 득의했던 기억, 이성휘가 죄인이 되고 나서 사람을 보는 식견이 없었음을 후회함.	307
46	이성휘(李聖輝)[성찰]	이성휘의 과거 부정 사건 후 이성휘에 대해 선견지명이 없었음을 탄식함.	308

항목 번호	소재	내용	페이지
47	상소(上疏)〔서술〕	병자년(1696, 숙종 22) 중학의 장의 자격으로 상소를 올린 때의 일을 기록함.	308
48	노비(奴婢)의 상(喪) 〔일화〕	노비의 상에 상주 노릇을 한 이야기	311
49	전별(餞別) 선물〔성찰〕	여행 중 다른 사람이 주는 선물을 받는 것에 대한 생각	311
50	동물의 신이한 행적 〔교훈〕	동물들의 신이한 행적을 통해 어리석은 인간은 짐승보다 못하다는 교훈을 찾음.	312
51	산앙사(山仰祠) 별당의 편액〔서술〕	백부 선생이 지은 산앙사(山仰祠) 동주당(東周堂) 찬(讚)의 의미	313
52	학문과 출세〔개탄〕	효행과 경학을 출세의 바탕으로 삼는 세태 비판	313
53	괴이한 물건〔성찰〕	괴이한 물건은 심신 수양에 도움이 되지 않는다.	314
54	자신에 대한 평가 〔성찰〕	자신에 대한 사람들의 다양한 평가	314
55	종손(從孫) 혜응〔일화〕	15세에 과거장에서 문장과 글씨로 칭찬을 받은 종손 혜응에 대한 이야기	315
56	시구(詩句)〔개탄〕	간이(簡易) 최립의 일출시를 해석하며 젊은이들이 배움이 없는 것을 탄식함.	315
57	세금〔일화〕	백성들을 위해 은진 수령에게 직언하여 세금을 감해 주도록 한 일화	316
58	시구〔견해〕	사촌 동생과 시구에 대해 토론함	317
59	친족 간의 정〔개탄〕	친족 간에 조문도 하지 않고 하인도 빌려주지 않는 세태를 탄식함.	317
60	거문고〔일화〕	자신이 산 거문고를 원래 주인에게 흔쾌히 돌려준 일화	319
61	이 모(李某) 수령〔견해〕	이 모 수령의 사람됨에 대한 평가	319
62	호칭〔일화〕	친구 사이의 호칭에 관한 일화	320

散錄外篇 二

항목 번호	소재	내용	페이지
1	외삼촌의 도량과 식견 [서술]	사람들의 비난에 대한 외삼촌의 대응을 통해 외삼촌의 됨됨이를 이야기함.	325
2	함경도 출신 관인 이동(李同)[견해]	함경도 출신 관인 이동의 사람됨을 칭찬함.	326
3	조선의 명문(名門) [서술]	조선의 유명한 다섯 문벌의 내력과 인물 소개	327
4	김창집[일화]	신축옥사와 관련된 김창집에 대한 평가	328
5	벗 사귐[성찰]	함께 어울리던 친구가 관찰사가 된 후 작은 부탁을 거절한 것을 통해 벗 사귐에 대해 생각함.	329
6	대화의 소재[일화]	벼슬에 나간 사람들과 대화를 하면서 지위와 신분에 따라 관심사가 다름을 확인함.	329
7	한산도 유람[일화]	한산도에서 수군 조련 관람, 통영의 병사, 진주목사와 촉석루와 영남루의 우열을 논한 일화 기록	330
8	이노천(李老泉)의 교유 [개탄]	이노천이 이조에 들어간 뒤 지난날의 말과 달리 무능하고 패악한 자들을 등용한 것을 비판함.	332
9	대인(待人)[성찰]	벼슬이 높은 자들을 무람없이 대했던 태도를 후회함.	334
10	죽침(竹枕)[성찰]	다른 사람의 호의를 거절하지 못하고 의로움과 이익 사이에서 갈등하는 어려움 토로	335
11	유람 양식[성찰]	지인들에게 유람 경비 대신 책을 받아온 일화 소개	336
12	자신의 처지[성찰]	늙어 먹고사는 것에 얽매여 남들에게 업신여김을 당하게 된 자신의 처지를 한탄함.	337
13	백성 구휼[성찰]	부자들의 곡식을 취해 백성들을 구휼했다가 곤경에 처한 일화를 소개하고 자신의 내면을 되짚어 봄.	337
14	평생 후회스러운 일 [성찰]	평생에 후회스러운 일 3가지 서술	338
15	과거[서술]	과거 시험 부정, 황감제 때의 일화, 자신의 문장에 대한 자부심 서술	339

항목 번호	소재	내용	페이지
16	장의(掌議)〔서술〕	성균관과 서원의 장의 선출 및 장의의 악행에 관한 일화	343
17	관례〔일화〕	관례 시 주인과 빈객의 예와 관련된 일화	345
18	윤양래(尹陽來)〔일화〕	사이가 멀어진 윤양래와 화해하게 된 과정	346
19	친구 아들〔개탄〕	친구의 아들들이 자신을 대하는 태도를 통해 세태를 한탄함.	348
20	인물〔서술〕	민치구(閔稚久), 오이주, 이정명(李鼎命)에 대한 외조부의 칭찬	349
21	인물〔서술〕	친구의 잘못을 용서한 경장(敬長) 이사제(李思悌)의 사람됨.	350
22	인물〔서술〕	이광좌(李光佐)와 멀어지게 된 사연	351
23	대인〔견해〕	역모에 연루된 자와의 교류에 대한 생각	352
24	유생들의 상소〔서술〕	인현왕후 폐위와 관련된 상소를 올릴 때의 일에 대한 기록	353
25	김수증, 박순〔서술〕	곡운(谷雲) 김수증(金壽增), 사암(思庵) 박순(朴淳)과의 추억	355
26	한담(閑談)〔서술〕	권상하, 이계이, 조자직, 송준길에 관한 일화	357
27	노론과 남인의 대표적인 인물〔서술〕	남인 이덕운과 타우(打愚) 이상(李翔), 남악(南岳) 이현일(李玄逸)에 대해 나눈 이야기	358
28	편론(偏論)〔서술〕	제천 성주(城主) 정중조와 당파에 대해 논의한 내용	358
29	인물〔서술〕	이 참판, 이 영상(領相)의 됨됨이	360
30	인물〔서술〕	죽천(竹泉) 김진규(金鎭圭)의 행동에 대한 생각	361
31	시문에 대한 평가〔견해〕	글에 대한 사람들의 견해가 각각 다르므로 비난을 감내해야 한다.	362
32	시구〔서술〕	이일원, 조명택, 변순, 신사보의 시와 문장에 대한 평가 및 일화	363
33	벗에 대한 경계〔성찰〕	벗을 경계하는 말이 야박하다는 사람들의 비판	365

항목 번호	소재	내용	페이지
34	자신에 대한 평가 〔성찰〕	자신에 대한 남유용의 평가에 대한 생각	366
35	아랫사람에 대한 징치 〔일화〕	아랫사람을 심하게 징치하는 것을 말린 두 가지 일화	366
36	여색〔성찰〕	여색에 대한 사람들의 태도	368
37	권상하의 제자〔견해〕	권상하의 제자인 강문팔학사에 대한 평가	368
38	권상하〔서술〕	권상하에게 시호를 내리는 날의 경과와 일화 기록	369
39	해산정 유람〔서술〕	해산정에서 만난 정 씨 일가의 오만한 태도	371
40	시문〔서술〕	자신의 시문에 대한 주변인들의 비판	372
41	도통(道統)〔개탄〕	자기의 스승을 높이기 위해 도통을 새로 세우는 세태를 탄식함.	373
42	기이한 일〔서술〕	학사 홍중웅(洪仲熊)의 죽음에 대한 일화	374
43	문상〔성찰〕	실수로 다른 집에 문상한 일화를 소개하고 자신의 실수에 대해 성찰함.	374
44	인물〔서술〕	아내의 장례식을 도와 준 조형기(趙亨期)의 사람 됨	375
45	인물〔서술〕	모 정승, 모 수령, 홍봉조에 대한 평	376
46	독서〔성찰〕	자신의 독서 경험과 독서가 깊지 못함에 대해 탄식함.	377
47	관직〔서술〕	70세에 벼슬길에 오른 친구 김신로에게 벼슬을 그만두길 권함.	378
48	서원 철폐〔견해〕	벼슬을 걸고 서원 철폐령에 맞선 아우를 칭찬함.	379
49	풍수〔서술〕	풍수에 대한 이론 설명	379
50	인물〔서술〕	전고에 밝은 안중관에 관한 일화와 평가	380
51	어린 시절 추억 〔서술〕	어린 시절 외삼촌과의 추억, 정승 남구만과의 일화	381
52	시작(詩作)〔성찰〕	젊은 시절 시작(詩作)의 습성에 대한 후회	383

항목 번호	소재	내용	페이지
53	하서(河西) 사당〔서술〕	정선의 하서(河西) 사당 철폐에 관한 논란	383
54	문장〔서술〕	문장과 시구 해석에 대한 논의	384
55	화식전(貨殖傳)〔견해〕	삼연(三淵)의 〈화식전〉 풀이에 대한 생각	385
56	글재주〔서술〕	어릴 적 글재주가 뛰어났지만 평범한 삶을 살게 된 자신의 삶 회고	386
57	선비의 효용〔견해〕	선비의 효용에 대한 함창 태수와의 대화: 선비도 쓸모가 있다.	386
58	대보름 풍속〔서술〕	어린 시절 대보름날 밤 청계천에서 답교(踏橋)했던 기억	388
59	동생들과의 추억〔일화〕	서로의 주장을 우겼던 동생 권영, 사촌동생 권혁과의 일화	389
60	토지 점유〔일화〕	자신의 땅을 부당하게 취했다가 돌려 준 사람을 용서한 일화	390
61	시회(詩會)〔일화〕	시회에서 시의 우열을 논한 추억을 이야기함.	391
62	자신의 처지〔성찰〕	벼슬길에 나간 친구들이 처사(處士) 신분인 자신의 삶을 인정해 주지 않음을 씁쓸해 함.	392
63	시평〔서술〕	연풍 태수 조유수가 수옥정(漱玉亭)에 대해 읊은 시에 대한 평가	392
64	처신〔서술〕	영수(領袖)가 되어 주기를 바라는 유생들의 청을 거절함	393
65	현달한 집안〔서술〕	부자(父子), 숙질(叔姪)이 같은 도(道)의 관리가 된 현달한 집안에 대한 일화	394
66	자신의 처지〔서술〕	자신에 대한 소문, 선비에 대한 푸대접 등에 대해 비안 현감 박성립과 나눈 이야기	395
67	대인(待人)〔교훈〕	유람 중 승려와 아전의 무례함을 용서한 이야기	395
68	처신〔성찰〕	재상 김우항에게 굽히지 않고 무례하게 굴었던 일화	396
69	대인(待人)〔견해〕	정적(政敵) 등 여러 상황으로 얽혀 있는 상대와의 교유를 어떻게 해야 하는지에 관한 생각	397

항목 번호	소재	내용	페이지
70	친구의 조언[성찰]	접대를 받으면서 유람을 다니지 말라는 임사경의 조언	398
71	제문[견해]	실상에서 벗어난 제문에 대한 비판	399
72	승려들의 푸대접 [개탄]	권력에 따라 움직이는 승려들의 터도 비판	400
73	서원 배향[서술]	서원 배향에 관한 이기진과의 한담(閑談)	401
74	총명했던 젊은 시절 [일화]	임방의 아들이 들려 준 자신의 젊은 시절 일화	401
75	친족 간의 정[개탄]	아들이 홍역을 앓을 때 도움을 준 판서 김석연과 굶주려 죽게 되었는데도 환곡을 내주지 않는 그의 손자를 비교함.	402
76	인물[서술]	우암의 장례를 도운 인물 및 우암(尤庵), 동춘(同春), 현석(玄石), 수암(遂菴), 노봉(老峯), 장암(丈岩), 추담(秋潭) 후손들의 행적	403
77	시구[서술]	한인부를 위해 지은 자신의 만시(輓詩)에 대한 사람들의 비판	404
78	인물[서술]	판서 조정이(趙定而)의 뛰어난 시재(詩才)	406
79	인물[서술]	사촌형이 연고가 없는 이의 장례를 치러 준 일화	406
80	선비들의 의논[개탄]	선비들이 사사로운 마음에서 의논을 벌이고, 사사로이 자신의 스승을 높이고자 하는 세태 비판	407
81	인물[견해]	지리산 유람 시 만난 두 처사 소응천(蘇凝天)과 신수이(愼守彛)에 대한 평	408
82	송사 처리[견해]	외삼촌 이의현의 송사 처리와 문경 군수 이복해의 송사 처리에 대한 자신의 견해	409
83	처신[교훈]	친지가 체직(遞職)된 뒤에는 관아에 들어가지 않아야 한다.	410
84	인물[서술]	박치원, 신축년 노론 4대신, 외할아버지 이세백, 이인좌 난 때 순절한 3충신, 윤선거와 윤증, 이일원 등에 대한 일화와 평가	410

항목 번호	소재	내용	페이지
85	인물〔서술〕	성이명이 경연에서 우암의 문인으로서 제대로 처신하지 못함을 비판함.	415
86	인물〔교훈〕	단종의 장례를 치른 엄흥도에 대한 칭송	416
87	자신의 글〔서술〕	자신을 시기한 사람들이 합강정, 운한각, 신길원의 비각에 새겨 놓은 자신의 글을 치워버린 일에 대한 생각	416
88	인재〔개탄〕	자질이 빼어난데도 현달하지 못하는 사람, 무능한데도 현달하는 사람, 신분에 구속되어 버려지는 사람이 있는 세태를 한탄함.	417
89	사당제사〔견해〕	아우가 관직에 있으면서 굳이 사당제사에 참여한 것에 대한 생각	418
90	구휼〔견해〕	장손 조응(祚應)이 부모를 잃은 아이의 부모상을 치러 주고 고아를 데리고 와서 돌봐 준 일에 대한 가족들의 논란	419
91	의리〔서술〕	역모 사건에 연루되었던 홍상조와 계속 교유하며 의리를 지킴.	419
92	시인의 습기(習氣)〔견해〕	소동파, 이일원, 홍상조, 자신의 습기(習氣)에 대한 생각	420
93	자신에 대한 사람들의 평〔개탄〕	사람들이 자신에 대해 마음대로 평하는 것에 대한 안타까움 토로	421
94	관리의 처신〔견해〕	사촌동생의 욕가(浴暇)와 관련된 이야기	421
95	노후의 심정〔서술〕	늙고 세력이 없게 된 후의 세상인심에 대해 친구와 나눈 이야기	422
96	교유(交遊)〔개탄〕	삼대에 걸친 김성로 가문과의 친분이 무너진 것을 탄식함.	422
97	자신의 성품〔서술〕	경기도 관찰사 이익정, 영의정 김상로에게 오만하게 굴었던 일화	424
98	친족을 대하는 태도〔교훈〕	서척(庶戚)을 비롯하여 모든 집안 친족은 대우해야 한다.	425

항목 번호	소재	내용	페이지
99	이일원의 뇌문(誄文)〔성찰〕	자신이 지은 이일원의 뇌문이 사용되지 않은 것에 대한 생각	425
100	자신을 향한 사람들의 비난〔성찰〕	사람들의 입방아에 오르내린 일화와 그에 개의치 않고 자신의 뜻대로 자유롭게 지내겠다는 의지 피력	426
101	사람들의 비난〔성찰〕	단양 군수에게 정자 공사 비용을 칠렸다가 뒷말을 듣게 된 것을 후회함.	428
102	지방관의 푸대접〔성찰〕	늙고 가난하여 지방관의 푸대접을 받게 된 자신의 처지	428
103	세상인심〔개탄〕	종부(宗婦)의 양자 입적과 관련된 이야기	428
104	어른에 대한 태도〔교훈〕	실성한 아이가 노인에게 무례하게 구는 장면을 보고 자손들을 경계함.	429
105	세상의 변고(變故)〔개탄〕	당시 지배층의 여러 가지 변고에 대해 이야기함.	430
106	우옹(尤翁)의 문묘 배향〔성찰〕	우옹의 문묘 배향을 반대하는 정세검의 방자한 태도	431
107	당론(黨論)〔성찰〕	당론을 중시하지 않는 자신에 대한 사람들의 비판	431
108	여행 선물〔성찰〕	여행 중 선물을 받고, 받지 않는 의리에 대해 서술함.	432
109	시와 시인의 운명〔견해〕	시의 내용과 작가의 운명과의 관계	434
110	국상에 곡을 하는 예〔견해〕	정축년 중궁전 국상 때의 조석 곡을 행하는 예에 관한 논란	434
111	문상〔성찰〕	대인 관계에 있어 자신의 엄정함과 진응의 너그러움 비교	436
112	대인(待人)〔성찰〕	어떤 사람에게 잘못이 있으면 정황을 살펴서 용서해야 한다.	437

항목 번호	소재	내용	페이지
113	문집 기록〔서술〕	삼연(三淵)의 문집 출간 시 삼연이 자신에게 준 글이 빠진 것과 잘못된 기록에 대한 언급	437
114	시구〔교훈〕	영의정을 상대로 오만한 시를 지었던 일화를 들려주고 후손을 경계함.	438
115	신축옥사 때의 인물〔성찰〕	신축옥사에 연루되었던 사람들의 삶과 평생 제멋대로 살며 신명을 보존한 자신의 삶을 회고함.	438

인명록(人名錄)

가구(可久): ☞ 이이근(李頤根;1668~1730).
간이(簡易): ☞ 최립(崔岦;1539~1612).
강규환(姜奎煥;1697~1731): 조선 후기 종사관, 장릉참봉 등을 역임한 문신으로, 자는 장문(長文), 호는 존재(存齋)·비수재(賁需齋)이며, 권상하(權尙夏)·한원진(韓元震)의 문인. 이인좌의 난이 일어났을 때 안동에서 백성들을 모아 군대를 편성, 군사의 조련을 담당하는 등의 활동을 하였음.
강주우(姜柱宇;1685~1756): 1723년 증광시 문과에 급제함. 자는 대휴(大庥).
경윤(景尹): ☞ 이형좌(李衡佐;1668~?).
경은공(慶恩公): ☞ 김주신(金柱臣;1661~1721)
곡운(谷雲): ☞ 김수증(金壽增;1624~1701).
공거(公擧): ☞ 이간(李柬;1677~1727).
관복(觀復): ☞ 김구(金構;1694~1704).
구봉(龜峯): ☞ 송익필(宋翼弼;1534~1599).
구완(九畹): ☞ 이춘원(李春元;1571~1634).
구천공(龜川公): ☞ 이세필(李世弼;1642~1718).
국빈(國賓): ☞ 안중관(安重觀;1683~1752).
군범(君範): ☞ 채지홍(蔡之洪;1683~1741).
권감(權瑊;1423~1487): 조선 전기 도승지, 의정부 좌참찬, 병조 판서 등을 역임한 문신으로, 자는 차옥(次玉). 1455년 세조가 즉위하자 좌익원종공신(佐翼原從功臣)에 책봉되었고, 세조가 간경도감을 설치하자 도감사(都監使)에 제수되었으며, 예종의 즉위를 도운 공으로 추충정난익대공신(推忠定難翊戴功臣)에 책봉되어 화천군(花川君)에 봉해졌음. 1478년 의정부 좌참찬이 되었고, 1482년 경기도 진휼사를 거쳐 숭정대부에 오르고 1483년 병조 판서가 되었으며, 문과 출신이 아니면서 도승지가 된 인물로 거론됨.

권격(權格;1620~1671): 병조 정랑, 강릉 부사 등을 역임했으며 영의정에 추증되었음.

권대운(權大運;1612~1699): 조선 후기 예조 판서, 병조 판서, 영의정 등을 역임한 문신으로, 자는 시회(時會), 호는 석담(石潭). 남인 중에서 과격한 성향을 가지고 있어서, 기사환국으로 영의정에 등용되자 제주도에 위리안치된 서인의 영수인 송시열을 사사(賜死)하도록 했으며, 서인 정권으로 교체되자 외딴 섬으로 위리안치되었다가 풀려나기도 하였음. 검소하고 청렴한 것으로 명망이 높았음.

권만(權萬;1688~?): 조선 후기 양산 군수를 지낸 인물로, 이인좌의 난이 일어났을 때 안동 지역 의병장 류승현(柳升鉉)을 도와 난을 진압하는 데 공을 세웠음.

권상유(權尙游;1656~1724): 조선 후기 대사간, 도승지, 이조 판서 등을 역임한 문신이자 학자로, 자는 계문(季文)·유도(有道), 호는 구계(癯溪). 맏형인 권상하에게서 글을 배우다가 뒤에 송시열의 문하에서 수학하였고, 주자학을 비판하고 배격한 윤휴와 박세당을 공박하였으며, 호족의 폐해와 군제(軍制)의 개혁을 주장하였고, 1704년 대사간이 되고, 이조 참의·예조 참의·공조 참의 등을 거쳐 전라도 관찰사 대사성으로 옮긴 뒤 도승지가 되었음. 1721년(경종 1) 신임사화 때 탄핵을 받아 한성부 사대문 밖으로 추방하는 형을 당했다가 이듬해 풀려난 뒤 향리로 돌아가 여생을 마쳤는데, 성리설에 밝았으며, 특히 『논어』와 『주역』에 관통하였음. 권섭의 작은아버지.

권상하(權尙夏;1641~1721): 조선 후기 우암 송시열의 학통을 계승한 노론의 성리학자로, 자는 치도(致道), 호는 수암(遂菴)·한수재(寒水齋). 1689년 기사환국으로 스승인 송시열이 사약을 받게 되자 배소로 달려가 스승의 임종을 지키고 의복과 서적 등의 유품을 가지고 돌아왔으며, 그 후 송시열의 유언에 따라 괴산 화양동(華陽洞)에 만동묘(萬東廟)와 대보단(大報壇)을 세워 임진왜란 때 군대를 파견했던 명나라 신종(神宗)과 명나라 마지막 황제인 의종(毅宗)을 제향하였음. 당쟁에 초연한 태도로 학문과 교육에만 전념하여 많은 벼슬이 제수되었는데도 사직소를 올리고 나가지 않았음. 1715년『가례원류』의 저작권을 둘러싸고 윤선거(尹宣擧)와 유계(兪棨)의 후손 사이에 분쟁이 일어나자 그 서문에서 유계의 저술임을 밝혀 소론의 영수 윤증으로부터 비판을 받기도 하였음.

권서응(權瑞應): 권섭의 손자로, 권섭의 큰아들인 권초성(權初性)의 둘째 아들.

권선성(權善性): 권섭의 3남으로, 도성(道性)이라고도 함.

권성원(權聖源;1602~1663): 자는 호연(浩然). 율곡 이이와 우계 성혼을 문묘에 종사하도록 건의하여 성사시켰으며, 선산 부사를 지냈고 죽은 뒤 좌찬성으로 추증되었음.

권순성(權順性): 권섭의 5촌 조카로, 권상하의 큰아들인 권욱(權煜)의 3남.

권영(權瑩;1678~1745): 조선 후기 승지, 사직 등을 역임한 문신으로, 자는 중온(仲蘊), 호는 청은(淸隱). 1733년(영조 8) 지평이 되었을 때 왕의 실정을 상소하여 제주도 대정현으로 유배되었다가 1734년 귀양에서 풀려나 재기용되어 1739년에 부교리·교리·수찬을 역임하였고, 대사간, 승지를 거쳐 사직(司直)을 역임하였음. 체격이 장대하고 문장이 뛰어났음. 권섭의 동생.

권욱(權煜;1658~1717): 권상하의 큰아들로, 자는 유회(幼晦), 호는 초당(草堂). 영릉 참봉, 보은 현감, 단양 군수, 선산 부사를 역임함. 성리학 외에도 천문, 지리, 의약, 복서(卜筮) 등에 통달하였음.

권위(權煒;1699~1730): 권섭의 사촌 동생으로, 권섭의 작은아버지인 권상유(權尙遊;1671~1759)의 셋째 아들임.

권정성(權定性;1677~1751): 권상하의 손자이자 권욱(權煜)의 아들로, 권섭의 5촌 조카.

권제응(權濟應;1724~1792): 권상하의 증손자로, 권섭의 종종손(從從孫)에 해당함.

권진응(權震應;1711~1775): 조선 후기 세자시강원 자의를 역임한 문신으로, 자는 형숙(亨叔), 호는 산수헌(山水軒). 권상하의 증손자이자 권섭의 종종손(從從孫)으로, 어려서부터 한원진의 문하에서 독서에 전념하여 과거 시험을 보지 않았으나 의정부 대신들과 이조의 당상관들이 모여 인재를 추천하는 초선(抄選)으로 시강원의 정7품 자의(諮議)에 임명되었는데, 1771년(영조 47) 영조가 산림 세력을 당론의 온상으로 배척하자 상소를 올려 이를 논하면서 증조부 권상하를 변호한 것으로 인해 제주도 대정현으로 유배되었다가 1772년(영조 48)에 연로하여 특별 사면을 받아 해배된 뒤 1775년 병으로 사망하였음.

권첨(權詹;1664~1730): 조선 후기의 문신으로, 자는 숙량(叔良). 1727년(영조 3) 충청도 관찰사가 되었는데, 이듬해 이인좌가 반란을 일으켜 청주를 공격해 왔을 때, 사태를 관망하며 출병하지 않아 성이 함락되자 역적과 내통하였다는 혐의를 받아 투옥되어 여러 차례 친국을 받다가 옥사하였음.

권태응(權台應): 권진응과 14촌 관계의 같은 항렬로, 권진응(權震應)의 둘째 아들 권중립(權中立)을 양자로 받아들인 권규응(權奎應)의 동생. 화천군 권감(權瑊)의 증손인 권대성(權大成)의 큰아들인 권제(權霽)의 6대손인 권규응이 아들을 얻지 못하자 권대성의 둘째 아들인 권주(權霔)의 6대손인 권진응의 둘째 아들 권중립을 양자로 들였음.

권혁(權爀;1694~1759): 권섭의 사촌 동생으로, 권섭의 작은아버지인 권상유(權尙遊;1671~1759)의 아들임.

권혜응(權惠應): 권섭의 동생인 권영(權瑩;1678~?)의 손자.

권황(權熀;1673~1721): 조선 후기 좌승지, 상주 목사, 경주 부윤 등을 역임한 문신으로, 자는 명중(明仲)·명숙(明叔), 호는 연주(蓮洲)·하의자(荷衣子)이며, 화천군파의 대종손인 권상우(權尙友;1638~1682)의 셋째 아들임. 그의 맏형은 진천 현감을 지낸 권경(權炅;1667~1727)인데 권섭과는 10촌에 해당함.

금성위(錦城尉): ☞ 박명원(朴明源;1725~1790).

김간(金榦;1646~1732): 조선 후기 찬선, 대사헌, 우참찬 등을 역임한 문신으로, 자는 직경(直卿), 호는 후재(厚齋). 학행으로 천거되어 청양 현감을 거쳐 사헌부 지평과 집의 등을 지냈고, 1720년 호조 참의, 1726년(영조 2) 찬선·대사헌·우참찬에 이르렀는데 70세 이후에는 관직을 사양하고 『논어(論語)』·『맹자(孟子)』·『중용(中庸)』·『소학(小學)』 등의 차기(箚記)를 저술해 올리는 등 많은 저술을 남겼으며, 특히 예설(禮說)에 조예가 깊었음.

김구(金構;1694~1704): 조선 후기 형조 판서, 우의정 등을 역임한 문신으로, 자는 사긍(士肯), 호는 관복재(觀復齋). 사헌부와 사간원에 있을 때 노론·소론의 격렬한 대립을 완화하기 위해 만언(萬言)에 가까운 시무소(時務疏)를 올려 양파의 대립을 조정하는 데 힘썼고, 판결사(判決事)로 있으면서 노산군(魯山君: 단종)의 복위를 적극적으로 주장하여 관철시켰으며, 1703년에 우의정이 되었음. 임금의 위엄에 굽히지 않았고, 의리에 따라 처신했으므로 임금의 총애와 모든 사람의 존경을 받았으며, 병서(兵書)와 도가류(道家類)에 정통했고, 문장이 뛰어나고 글씨가 힘찼음.

김덕유(金德裕): ☞ 김유경(金有慶;1669~1748).

김류(金瑬;1571~1648): 조선 후기 형조 좌랑, 전주 판관, 병조 판서 등을 역임한 문신으로, 자는 관옥(冠玉), 호는 북저(北渚). 인조반정 때 정사 1등 공신에 책록되어 승평부원군(昇平府院君)에 봉해졌고, 이후 병자호란 때 강화도가 함락되자 주화파의 뜻을 좇아 삼전도에서 맹약을 맺는 데 주도적 구실을 하였음. 소현세자가 죽자 봉림대군을 왕세자로 책봉할 것을 주장하고 스스로 세자사(世子師)가 되었음. 학문은 이이·성혼의 계열을 이었으며, 서인들이 노서(老西)·소서(少西)로 갈리자 노서를 주도했으나 서인과 남인을 같이 쓰려고 노력하였음. 문장은 기력(氣力)을 숭상하고 법도가 엄격했으며 시·율도 세련되고 맑으면서 건실하였음.

김만증(金萬增;1635~1720): 조선 후기의 문신이자 학자로, 자는 경능(景能), 호는 돈촌(遯村). 1683년 임피 현령으로 재직할 때 사소한 일로 어사의 탄핵을 받아 임천(林川)으로 귀양갔다가 이듬해에 풀려난 뒤 벼슬을 사양하고 학문 연구에 몰두하였는데 특히, 역사에 조예가 깊어 역대의 흥패와 인물의 잘되고 못된 것, 전장법도(典章法度)의 변혁, 산천의 험하고 평탄함, 관작제도 등을 소상하게 알았음. 유학의 경전은 송시열에게 수학하여 견해가 명쾌하고 관찰력이 투철하며, 일의 성패와 사람의 됨됨이를 많이 맞추었고, 김석주(金錫胄)와 김만기(金萬基)의 신임을 얻어 조정의 큰일이나 기밀에 속하는 자문을 많이 하였음.

김백춘(金伯春): ☞ 김원행(金元行;1702~1772).

김부현(金富賢, ?~1714): 조선 후기 인조 때의 여항시인으로, 자(字)는 예경(禮卿), 호는 항동자이며, 경아전(京衙前) 출신임.

김상관(金尙寬;1566~1621): 김상용(金尙容)의 아우이자 김상헌(金尙憲)의 형으로, 장단 부사(長湍府使)를 지냈음. 둘째 아들인 김광찬(金光燦)을 김상헌의 양자로 보냈음.

김상리(金相履;?~?): 조선 후기 이인 찰방(利仁察訪)을 지낸 문신으로, 자는 신로(莘老)임.

김상헌(金尙憲;1570~1652): 조선 시대 부제학, 대사헌, 예조 판서 등을 역임한 문신으로 자는 숙도(叔度), 호는 청음(淸陰)·석실산인(石室山人)·서간노인(西磵老人). 1623년 인조반정 이후 이조 참의에 발탁되자 공신 세력의 보합(保合) 위주 정치에 반대하고 시비와 선악의 엄격한 구별을 주장해 서인 청서파(淸西派)의 영수가 되었으며, 이어 대사간·이조 참의·도승지·부제학을 거쳐, 1635년 대사헌으로 기용되자 군비의 확보와 북방 군사 시설의 확충을 주장하였음. 이듬해 병자호란이 일어나자 예조 판서로 주화론(主和論)을 배척하고 끝까지 주전론(主戰論)을 펴다가 인조가 항복하자 안동으로 은퇴하였음. 효종이 북벌을 추진할 때 그 이념적 상징으로 '대로(大老)'라고 존경하였으며, 김집(金集) 등 서인계 산림의 등용을 권고하였음.

김석연(金錫衍;1648~1723): 조선 후기 강화 유수, 어영대장, 형조 판서 등을 역임한 문신으로, 자는 여백(汝伯)이며, 현종비 명성왕후(明聖王后)의 동생. 1689년 기사환국으로 관직에서 추방당하였다가 1694년 갑술옥사로 다시 기용되어 공조 참판, 어영대장, 형조 판서 등을 역임하였고, 숭록대부에 추증되었음.

김석주(金錫胄;1634~1684): 조선 후기 이조 좌랑, 우의정 등을 역임한 문신으로, 자는 사백(斯百), 호는 식암(息庵). 당색은 서인이지만 한당(漢黨)에 가담하여 당시 집권당인 산당(山黨)에게 중용(重用)되지 못하다가 1674년 제2차 예송이 일어나자, 남인 허적 등과 결탁해 송시열·김수항 등 산당을 숙청하였고, 또 남인의 정권이 강화되자 다시 서인들과 제휴해 남인들의 책동을 꺾었으며, 남인의 잔여 세력을 몰아낸 공으로 보사공신(保社功臣)이 되어 청성부원군(淸城府院君)에 봉해졌음.

김성로(金省魯): 김유(金楺;1653~1719)의 3남으로, 박세채, 송시열의 문인.

김성최(金盛最;1645~1713): 조선 후기 의금부 도사, 원주 목사를 역임한 문신으로, 호는 일로당(逸老堂). 관직에 있으면서도 끊임없이 사직소를 올려 사직과 복직을 반복했는데 이는 몇 차례의 환국(換局)이 거듭되는 정치의 격변 속에서 은거 생활을 택한 것으로 보이며, 당시 일족인 김창흡, 김창업 형제와 친밀한 관계를 유지하였다고 함.

김수증(金壽增;1624~1701): 조선 후기의 문신이자 성리학자로, 자는 연지(延之), 호는 곡운(谷雲). 1675년(숙종 1)에 성천 부사로 있던 중에 동생 김수항이 송시열과 함께 유배되자 벼슬을 그만두고 현재 강원도 화천군 사내면에 마련해둔 농수정사(籠水精舍)로 들어가서 학문에 전념하였으며, 한성부 좌윤, 공조 참판 등에 제수되었으나 모두 사퇴하였음. 특히 성리학에 심취하여 북송의 성리학자들과 주자의 성리서를 탐독하였음.

김수항(金壽恒;1629~1689): 조선 후기 예조 판서, 좌의정, 영의정 등을 역임한 문신으로, 자는 구지(久之), 호는 문곡(文谷). 이조 판서로 있으면서 명사들을 조정에 선임하는 데 힘썼고, 송시열이 가장 아끼던 후배로서 한때 사림의 종주로 추대되기도 하였는데 서인이 노론과 소론으로 나뉠 때 송시열을 옹호하고 노론의 영수가 되자, 소론에게 배척을 받았음. 시문에 뛰어났고, 변려문에서는 당대의 제일인자로 손꼽혔으며, 필법이 단아해 전서와 해서·초서에 모두 능하였음.

김수흥(金壽興;1626~1690): 조선 후기 도승지, 호조 판서, 영의정 등을 역임한 문신이자 학자인로, 자는 기지(起之), 호는 퇴우당(退憂堂)·동곽산인(東郭散人). 1674년(현종 15) 영의정으로 있을 때 자의대비의 복제 문제에서 남인의 기년설(朞年說)에 대해 대공설(大功說)을 주장하다가 벼슬에서 쫓겨났다가 1680년(숙종 6) 경신대출척으로 서인이 다시 집권한 뒤

1688년 다시 영의정이 되었음. 1689년 숙종이 소의 장 씨(昭儀張氏)가 낳은 왕자 윤(昀)을 세자에 책봉하려 하자 송시열과 함께 시기상조라고 반대했다가 장기(長鬐)에 유배되어 이듬해 그곳에서 죽었음.

김우항(金宇杭;1649~1723): 조선 후기 이조 참판, 대사성, 이조 판서 등을 역임한 문신으로, 자는 제중(濟仲), 호는 갑봉(甲峰)·좌은(坐隱). 1721년(경종 1) 신임사화로 노론 4대신이 폐출되자 이의 부당함을 적극 주장하고, 김일경의 사친추존론(私親追尊論)을 적극 반대하다가 화를 입기도 하였으며, 당색은 소론이었으나 비교적 자기 당의 사람들을 두둔하지 않고 엄정하게 사실을 규명해 소론으로부터 배척을 받기도 하였음. 회양 부사와 전라도 관찰사 등을 역임하며 진휼 정책을 잘해 칭송을 받았고, 평생 청빈하게 살았으며 장자(長子) 또는 완인(完人)이라 불렸음.

김원행(金元行;1702~1772): 조선 후기 공조 참의, 성균관 사성 등을 역임한 문신이자 학자로, 자는 백춘(伯春), 호는 미호(渼湖)·운루(雲樓). 1722년(경종 2) 신임사화 때 할아버지 창집(昌集), 생부 제겸, 친형인 성행(省行)·탄행(坦行)이 죽임을 당하자 벼슬을 포기하고 학문에 전념했음. 산림으로 있으면서 박윤원(朴胤源)·오윤상(吳允常)·홍대용(洪大容) 등 많은 학자를 길러냈고, 호락논쟁(湖洛論爭)에서는 낙론을 지지하는 대표적인 학자로 활동하였음.

김유경(金有慶;1669~1748): 조선 후기 대사헌, 형조 참판, 좌참찬 등을 역임한 문신으로, 자는 덕유(德裕), 호는 용주(龍洲)·용곡(龍谷). 1722년(경종 2) 신임사화로 평안도의 숙천에 유배되었다가 1725년(영조 1) 노론이 집권하자 풀려나 도승지·대사헌을 거쳐 이조 참판이 되었고, 1727년 정미환국 때 소론의 탄핵으로 제주도의 대정에 유배되었다가 곧 영광으로 옮겨졌고 1729년 소론이 물러나자 석방되었으며, 1744년 대사헌이 되어 탕평책을 반대하는 노론 계열의 소장 세력을 옹호하다가 파직되었다가 1746년 좌참찬으로 관직에서 물러난 뒤 1748년 숭록대부에 특진되었음. 성품이 강직하고 바른말을 잘했음.

김윤겸(金允謙;1711~1775): 조선 후기 진주 동쪽의 소촌역(召村驛) 찰방을 지낸 관리이자 화가로, 자는 극양(克讓), 호는 진재(眞宰)·산초(山樵)·묵초(默樵). 김상헌의 현손이며, 김창업의 서자로 태어났으며, 정선이 이룬 진경산수화풍을 이어받아 강희언, 김응환 등과 함께 정선파(鄭敾派)를 형성하였으나 정선이나 정선파 화가들의 경향에서 벗어나 자신의 화풍을 갖춘 화가로 평가됨. 명승을 여행하면서 진경산수 제작에 몰두하였는데 주로 바다, 바위와 물이 흐르는 계곡을 소재로 선택하였으며, 실경을 대담하게 생략한 근대적 화면을 구성하였음.

김인후(金麟厚;1510~1560년): 조선 전기 세자시강원 설서, 홍문관 부수찬, 제술관 등을 역임한 문신이자 학자로, 자는 후지(厚之), 호는 하서(河西)·담재(湛齋). 을사사화가 일어나자 병을 이유로 고향인 장성에 돌아가 성리학 연구에 전념하였으며, 성균관 전적·공조 정랑·홍문관 교리·성균관 직강 등에 제수되었으나 사직하고 나아가지 않았음. 수양론에 있어서는 성경(誠敬)을 주된 목표로 삼았으며, 천문·지리·의약·산수·율력(律曆)에도 정통하였음.

김장생(金長生;1548~1631): 조선 시대 익산 군수, 공조 참의, 형조 참판 등을 역임하고 『상례비요』, 『가례집람』 등을 저술한 문신이자 학자로, 자는 희원(希元), 호는 사계(沙溪). 20세 무렵에 이이의 문하에 들어갔고 1578년(선조 11) 학행(學行)으로 천거되어 창릉 참봉이 되었으며, 1602년 조정에서 청백리로 올렸으나 북인이 득세하는 것을 보고 1605년 관직을 버리고 연산으로 내려갔다가 1610년(광해군 2) 회양·철원 부사를 역임하였음. 1626년에 낙향한 뒤 조정에 나가지 않고 줄곧 향리에 머물면서 학문과 교육에 전념하였으며, 과거를 거치지 않아 요직이 거의 없지만 인조반정 이후로는 서인의 영수격으로 영향력이 매우 컸음. 학문적으로 송익필·이이·성혼 등의 영향을 함께 받았는데 예학 분야는 송익필의 영향을 많이 받았고, 예학을 깊이 연구해 아들 김집에게 계승시켜 조선 예학의 태두로 예학파의 한 주류를 형성하였음. 이이와 성혼을 위해 서원을 세우고 18,000여 자에 달하는 이이의 행장을 짓기도 하였으며, 스승 이이가 시작한 『소학집주』를 1601년에 완성시켜 발문을 붙였고, 1688년 문묘에 배향되었음.

김재로(金在魯;1682~1759): 조선 후기 병조 판서, 판중추부사, 영의정 등을 역임한 문신으로, 자는 중례(仲禮), 호는 청사(淸沙)·허주자(虛舟子). 김상로, 김양로 등 노론 벽파에 가담한 친척들과 달리 노론 내 청명파에 가담하여 노론 청명파의 지도자가 되었음.

김제겸(金濟謙;1680~1722): 김수항의 손자이자 영의정 김창집의 아들로, 자는 필형(必亨), 호는 죽취(竹醉). 김창집이 사사될 때 같이 사형을 당하였는데, 영조 등극 후에 복권되어 좌찬성에 추증되었음.

김주신(金柱臣;1661~1721): 조선 후기 영돈녕부사, 호위대장 등을 역임한 문신으로, 자는 하경(夏卿) 호는 수곡(壽谷). 1720년에 딸이 숙종의 계비인 인원왕후가 되자 경은부원군(慶恩府院君)에 봉해졌음. 효성이 지극하고 지조가 굳었고, 문장은 깊고 무게가 있었으며, 당대의 문사인 최석정·김창협·서종태 등과 교유하였음. 권섭의 동서임.

김중원(金重元;?~1716): 조선 후기 삼도통제사를 역임한 무신으로, 자는 선경(善卿). 영남에 있을 때 큰 가뭄이 들자 백성들의 구휼에 전력을 다하였으며, 함경도 길주에 있을 때도 가뭄의 피해로 백성들이 곤경에 처하자, 이들의 기아를 척결하는 데 공을 세웠음. 1711년 통제사로 있을 당시 병기를 수리하고 군사 기강을 바로잡는 일에 힘쓰는 한편 현의 창고를 열어 서민들을 도와주는 데 힘을 많이 기울였으며, 글씨에도 뛰어나 초서·예서를 잘 썼음.

김진규(金鎭圭;1658~1716): 조선 후기 대사성, 예조 판서, 좌참찬 등을 역임한 문신으로, 자는 달보(達甫), 호는 죽천(竹泉). 누이동생이 숙종비 인경왕후이고, 송시열의 문인임. 1689년 기사환국으로 남인이 집권하자 거제도로 유배되었다가 1694년 갑술환국으로 서인이 재집권하자 다시 기용되었으며, 1699년에는 스승을 배반했다는 명목으로 윤증을 공박하였고, 1701년 대사성을 거쳐 대제학·예조 판서 등을 역임하였음. 문장에 뛰어나 반교문(頒敎文)·교서를 많이 작성하였음. 전서·예서 및 산수화·인물화에 능해 신사임당의 그림이나 송시열의 글씨에 대한 해설을 남기기도 하였음.

김진상(金鎭商;1684~1755): 신임옥사로 무산에 유배당하였으나 영조가 즉위하자 풀려나 이조 정랑으로 등용된 후 부제학, 대사성, 대사헌, 좌참찬 등을 역임하였음. 1716년 병신처분(丙申處分) 뒤 윤선거의 서원과 문집 목판을 훼철할 것을 청하였으며 1719년에는 희빈 장 씨의 묘를 이장할 때 동궁이 망곡(望哭)하려는 것을 막는 등 과격한 노론의 입장을 고수하였음.

김집(金集;1574~1656): 조선 중기 임피 현령, 공조 참판, 대사헌, 이조 판서, 좌참찬 등을 역임한 문신이자 학자로, 자는 사강(士剛), 호는 신독재(愼獨齋). 1610년(광해군 2) 헌릉 참봉에 제수되었으나, 광해군의 정치에 반대하여 은퇴하였다가 인조반정 이후 예조 참판·대사헌 이조 판서를 거쳐 좌참찬에 올랐음. 관직에 머물면서도 늘 초야에 묻혀 도를 즐기고 아버지 김장생의 학문을 이어받으려는 뜻을 가지고 경전 연구와 수양에 전념함으로써 기호학파가 형성되는 데 중요한 역할을 하였고, 동춘당 송준길, 우암 송시열 등 조선 후기 정국에 영향력 있는 제자들을 다수 배출하였음.

김징(金澄;1623~1676): 조선 후기 동부승지, 전라도 관찰사 등을 역임한 문신으로, 자는 원회(元會), 호는 감지당(坎止堂). 이식(李植)에게 글을 배웠고, 송준길의 문인이 되었음. 언론을 과감하게 행사하여 높은 관리들에게 미움을 받았고, 1667년 헌납에 있으면서 영의정 정태화(鄭太和)와 좌의정 홍명하(洪命夏)의 죄를 논핵하여 왕의 노여움을 사서 벽동(碧潼)에 유배되었다가 1670년 전라도 관찰사가 되었는데 이때 어머니의 회갑잔치를 검소하게 하였는데도 수령들로부터 많은 뇌물을 받았다는 탄핵을 받고 의금부에 투옥, 배천에 유배되었다가 2년 뒤에 풀려나 광주(廣州)에서 여생을 보냈음.

김창업(金昌業;1658~1721): 조선 후기의 문인으로, 자는 대유(大有), 호는 가재(稼齋)·노가재(老稼齋). 일체의 벼슬에 나가지 않고 한양에서 은거했고, 1712년(숙종 38) 형 김창집이 청나라에 갈 때 함께 다녀온 뒤 〈연행일기(燕行日記)〉를 썼음. 시에 뛰어나 김만중에게 칭찬을 받았으며 그림에도 뛰어난 재주를 보였는데 1721년(경종 1) 신임사화로 형 김창집 등 노론 4대신이 섬에 유배되자 울분을 못 이겨 병으로 죽었음.

김창즙(金昌緝;1662~1713): 조선 후기 왕자사부, 예빈시 주부 등을 역임한 문신이자 학자로, 자는 경명(敬明), 호는 포음(圃陰). 1682년(숙종 8) 20세에 『징회록(澄懷錄)』을 편집하였고, 1689년 기사환국으로 아버지 김수항이 사사되자 벼슬을 그만두고 학문에 전념하다가 1710년 왕자사부(王子師傅)를 거쳐 예빈시 주부를 지냈음. 문장과 훈고(訓詁)에 능하고 성리학에도 조예가 깊었음.

김창협(金昌協;1651~1708): 조선 후기 예조 참의, 대사성, 대사간 등을 역임한 문신이자 학자로, 자는 중화(仲和), 호는 농암(農巖)·삼주(三洲). 청풍 부사로 있을 때 기사환국으로 아버지가 진도에서 사사되자 벼슬을 버리고 영평에 숨어 살았는데 갑술옥사 후 아버지의 누명이 벗겨져 대제학에 임명되었으나 나아가지 않고 학문에만 전념했음. 송시열을 찾아가 소학에 대해 토론했고 이이의 학통을 이었으며, 전아하고 순정한 문체를 추구한 고문가로 평가됨.

김창흡(金昌翕;1653~1722): 조선 후기의 문신이자 학자로, 자는 자익(子益), 호는 삼연(三淵). 기사환국 때 아버지인 김수항이 사약을 받고 죽자 관직에 대한 뜻을 접고 은거했음. 『장자』와 사마천의 『사기』를 좋아하였고, 불경을 탐독하기도 하였으며, 도(道)를 행하는 데 힘썼음.

김춘택(金春澤;1670~1717): 조선 후기의 문신으로, 자(字)는 백우(伯雨), 호는 북헌(北軒). 집안이 서인·노론의 중심 가문에 속하였으므로 항상 정쟁의 와중에 있었으며, 1689년 기사환국 이후로 남인이 정권을 담당하였을 때에는 여러 차례 투옥, 유배되었음. 시를 짓는 재주가 뛰어나며 문장이 유창하였고, 종조부(從祖父) 김만중의 소설 『구운몽』과 『사씨남정기』를 한문으로 번역하였음.

김치겸(金致謙; ?~?): 곡운 김수증의 손자이고 삼연 김창흡의 아들인데, 출계(出繼)하여 김수증의 아들인 김창국의 후사가 되었음. 장악원 주부, 의금부 도사, 돈녕 도정(敦寧都正), 문의 현령(文義縣令), 강화 경력(江華經歷) 등을 역임하였음.

김치온(金致溫;1709~?): 조선 후기 청풍 군수를 역임한 문신으로, 자(字)는 여옥(汝玉)이며, 김성로(金省魯)의 아들.

김흥경(金興慶;1677~1750): 조선 후기 이조 판서, 우의정, 영의정 등을 역임한 문신으로, 자는 자유(子有)·숙기(叔起), 호는 급류정(急流亭). 1699년(숙종 25) 정시 문과에 급제하여 정언·부교리·대사간 등을 두루 역임하였고, 경종 때 신임사화에 관련되어 파직되었다가 1724년 영조의 즉위로 도승지가 되었고, 1727년(영조 3) 정미환국으로 한성부 판윤에서 쫓겨났다가 이듬해 우참찬으로 복직되었으나 영조의 탕평책에 반대하여 다시 파직되었다가 1730년 좌참찬에 복직되고 이조 판서를 거쳐 영의정에 이르러 기로소에 들어갔음.

김희로(金希魯;1673~1753): 조선 후기 호조 참판, 동지중추부사 등을 역임한 문신으로, 자는 성득(聖得)이며, 할아버지는 관찰사 김징(金澄), 아버지는 우의정 김구(金構), 동생은 김재로(金在魯)임. 1704년 빙고별검(氷庫別檢)·경력(經歷) 등을 지냈고, 경종 재임 때 왕의 다병무자(多病無子)함을 들어 왕세제의 대리청정을 주장하다 1721년(경종 1) 신임사화로 동생 김재로와 함께 파직당하여 위원(渭原)에 유배되었으며, 1724년 영조가 즉위하고 노론이 세력을 얻게 되자 공조 참판으로 기용되어, 호조 참판·동지중추부사 등을 역임하였음.

남구만(南九萬;1629~1711): 조선 후기 함경도 관찰사, 형조 판서, 영의정 등을 역임한 문신으로, 자는 운로(雲路). 호는 약천(藥泉)·미재(美齋). 처음엔 서인으로 남인인 윤휴(尹鑴)·허견(許堅) 등을 탄핵하다가 남해로 유배되기도 했으나 서인이 노론과 소론으로 분리될 때 소장파를 주도해 소론의 영수로 지목되었음. 숙종 연간 정치 운영의 중심인물로 정치·경제·형정·군정·인재 등용·의례 등 국정 전반에 걸쳐 경륜을 폈을 뿐 아니라 문장과 서화에도 뛰어났음.

남악 선생(南岳先生): ☞ 이현일(李玄逸;1627~1704).

남연년(南延年;1653~1728): 조선 후기의 무인으로, 자는 수백(壽伯). 1676년 (숙종 2)에 무과에 급제하고 선전관을 거쳐 1727에 청주 영장(淸州營將)이 되어 토포사를 겸하였는데, 이듬해 이인좌의 난이 일어나자 난을 진압하던 중, 청주성이 함락되면서 절도사 이봉상과 함께 붙잡혔으나, 반란군에게 굴하지 않고 꾸짖다가 죽었음.

남용익(南龍翼;1628~1692): 조선 후기 좌참찬, 예문관 제학 등을 역임한 문신이자 학자로, 자는 운경(雲卿), 호는 호곡(壺谷). 병조 좌랑·홍문관 부수찬 등의 요직을 역임하고, 당상관으로 진급하여 1680년(숙종 6)부터 좌참찬·예문관 제학을 지냈는데, 1689년 소의 장 씨(昭儀張氏)가 왕자를 낳아 숙종이 그를 원자로 삼으려 하자, 여기에 극언으로 반대하다가 명천으로 유배되어 3년 뒤 그곳에서 죽었음. 문장에 능하고 글씨에도 뛰어났으며, 효종·현종·숙종 3대에 걸쳐 청화요직을 두루 역임하고 문명을 날렸으나 즐거워하는 기색이 없었고, 늘 근신하고 근면하였음.

남운로(南雲路): ☞ 남구만(南九萬;1629~1711).

남유상(南有常;1696~1728): 조선 후기 실록랑, 수찬, 이조 정랑 등을 역임한 문신으로, 자는 길재(吉哉), 호는 태화자(泰華子). 남용익(南龍翼)의 증손이며, 효장세자의 사부였음. 1728년 소론의 영수인 이광좌(李光佐)를 배척하다가 당론을 일으켰다 하여 동료 신만(申晚) 등과 함께 영암에 유배되었다가 곧 풀려나와, 그해 병으로 일찍 죽었음.

남중옥(南仲玉): 조선 후기 은일지사(隱逸之士)인 남도진(南道振;1674~1735)으로, 자는 중옥(仲玉), 호는 농환재(弄丸齋). 평생을 저술에 힘써『농환재집(弄丸齋集)』,『주역차기(周易箚記)』,『고람역(考覽易)』과 가사 〈낙은별곡(樂隱別曲)〉 등을 남겼음.

남한기(南漢紀;1675~1748): 조선 후기 장례원 판결사, 오위도총부 부총관 등을 역임한 문신으로, 자는 국보(國寶), 호는 기옹(寄翁). 1710년 진사가 되고 왕자의 사부 등을 지내다가 형조 좌랑·의금부 도사·호조 좌랑·형조 정랑·군자감 판관·호조 정랑, 영평 현령·청풍 부사·정선 군수 등을 역임하였으며, 나이 70이 넘어서는 아들 남유용(南有容)이 시종(侍從)인 덕에 추은으로 기로사에 들어갔음. 인품이 단정하고 청렴하였으며 평소에 글을 좋아하였음.

노가재(老稼齋): ☞ 김창업(金昌業;1658~1721).

노봉(老峯): ☞ 민정중(閔鼎重;1628~1692).

노서(魯西): ☞ 윤선거(尹宣擧;1610~1669).
농암(農巖): ☞ 김창협(金昌協;1651~1708).
대손(大孫): ☞ 이광좌(李光佐;1674~1740).
덕소(德昭): ☞ 한원진(韓元震;1682~1751).
도산(陶山): ☞ 이의현(李宜顯;1669~1745).
도암(陶菴): ☞ 이재(李縡;1680~1746).
동고(東皐): ☞ 최립(崔岦;1539~1612).
동춘(同春): ☞ 송준길(宋浚吉;1606~1672).
동평위(東平尉): ☞ 정재륜(鄭在崙;1648~1723).
만포공(晩圃公): ☞ 권상유(權尙游;1656~1724).
명성왕후(明聖王后;1642~1683): 현종의 정비(正妃)이자 숙종의 어머니로, 영돈녕부사 김우명의 딸. 아들 숙종이 즉위하자 대비가 되면서 명성의 존호를 받았고, 사촌 김석주와 손잡고 적극적으로 국사에 간여하여 인평대군의 세 아들을 제거하고 나중에 희빈이 되는 나인 장옥정을 쫓아내기도 하였음.
명중(明仲): ☞ 권황(權熀;1673~1721).
목내선(睦來善;1617~1704): 조선 후기 동지부사, 좌의정 등을 역임한 문신으로, 자는 내지(來之), 호는 수옹(睡翁)·수헌(睡軒). 남인의 주요 인물로, 기사환국에서 서인을 제거하는 데 앞장서 좌의정에 올랐다가 1694년 남인이 몰락하는 갑술옥사가 일어나 절도에 위리안치되었고, 1699년에 풀려나 고향으로 돌아왔음. 글씨에 뛰어났는데, 특히 해서와 초서를 잘 썼음.
문곡(文谷): ☞ 김수항(金壽恒;1629~1689).
미암(眉巖): ☞ 유희춘(柳希春;1513~1577).
민우수(閔遇洙;1694~1756): 조선 후기 성균관 좨주, 세자 찬선, 원손 보양관(元孫輔養官) 등을 역임한 문신이자 학자로, 자는 사원(士元), 호는 정암(貞庵). 20세도 되기 전에 장원급제하고 21세 때 성균관에 들어가 학문을 닦았으며, 권상하를 사사(師事)했음.
민유중(閔維重;1630~1687): 자는 지숙(持叔)이며, 호는 둔촌(屯村). 숙종 비 인현왕후의 아버지로 여양부원군(驪陽府院君)에 봉해졌고, 공조 판서·호조 판서 겸 선혜청 당상·병조 판서 등을 역임하며 서인 정권을 주도하였으며, 금위영의 창설을 주도하여 병권과 재정권을 모두 관장하였다가 외척으로서 정권을 오로지한다는 비난이 일어 관직에서 물러나 두문불출하다가 죽었음.
민응수(閔應洙;1684~1750): 조선 후기 부제학, 대사간, 형조 참판 등을 역임한 문신으로, 자는 성보(聲甫), 호는 오헌(梧軒). 1727년 교리로 있을 때 정미환국으로 파직되었다가, 1728년(영조 4) 이인좌의 난 때 호서 안무사(湖西安撫使) 김재로(金在魯)의 종사관으로 군기를 엄정히 하는 등 공을 세워 동래 부사가 된 뒤 충청도·전라도 관찰사를 거쳐 부제학·대사간·형조 참판 등을 차례로 지냈음. 1737년 병조 판서로 있으면서 노론의 당론을 제기한다는 이유로 파직되기도 했지만 재등용되어 예조 판서·판의금부사·형조 판서를 거쳐 우의정에 이르렀다가 뒤에 이광좌(李光佐)·조태억(趙泰億)의 관작 추탈(追奪)을 상소하다 면직된 채 죽었음.

민이승(閔以升;1649~1698): 조선 후기 효릉 참봉을 역임한 문신이자 학자로, 자는 언휘(彦暉), 호는 성재(誠齊). 어려서부터 과거 시험에는 뜻을 두지 않고 사서(四書)와 육경(六經)을 통독하면서 문장에 뛰어난 재질을 보였는데 당대의 석학이던 김창협과 학문에 관한 토론을 벌이면서 명성을 얻었음. 1682년(숙종 8) 대신들의 천거로 창릉(昌陵)과 영릉(英陵)의 참봉에 임명되었으나 모두 사퇴하였음. 뒤에 효릉(孝陵) 참봉에 제수되어 잠시 부임하였으나, 종부시 주부(宗簿寺主簿)에 승진되자 다시 사양하고는 제자백가의 학문 연구로 여생을 보냈음.

민정중(閔鼎重;1628~1692): 조선 후기 공조 판서, 한성 부윤, 좌의정 등을 역임한 문신으로, 자는 대수(大受), 호는 노봉(老峯). 승정원과 사헌부에 재직할 때는 청의(淸議)를 힘써 잡았고, 대사성에 있을 때는 성균관의 증수(增修)와 강과(講課)에 마음을 다해 선비 양성에 큰 효과를 보았으며, 함경도 관찰사로 나갔을 때는 그곳의 유풍(儒風)을 크게 일으켰음. 1675년(숙종 1) 이조 판서가 되었으나 남인이 집권하자 서인으로 배척을 받아 관직이 삭탈되고, 1679년 장흥(長興)으로 귀양 갔다가 이듬해 경신환국으로 송시열 등과 함께 귀양에서 풀려 우의정이 되고, 다시 좌의정에 올라 4년을 지냈음.

민지재(閔趾齋): ☞ 민진후(閔鎭厚;1659~1720).

민진장(閔鎭長, 1649~1700): 숙종 때의 명재상으로, 자는 치구(稚久). 좌의정 민정중(閔鼎重)의 외아들이며 송준길의 외손이자 송시열의 문인임. 할아버지 민광훈(閔光勳)과 아버지에 이어 3대가 계속 장원하였으므로 세상에서는 삼세문장(三世文壯)이라 일컬었고, 장원하자 당상관으로 승진되어 승정원 승지에 임명되었으며, 이어 예조 참판·승정원 도승지를 거쳐 1696년(숙종 22) 병조 판서가 되었다가 의정부 우참찬·사헌부 대사헌 등을 역임하며 나라의 중요한 책무를 맡았고, 1700년 의정부 우의정에 오른 뒤 죽었음. 성품이 화후(和厚)하여 사림과의 마찰이 없었고, 효행이 뛰어나서 정문(旌門)이 세워졌음.

민진후(閔鎭厚;1659~1720): 조선 후기 사간원 정언, 홍문관 부교리, 부응교 등을 역임한 문신으로, 자는 정순(靜純), 호는 지저(趾齋). 여양부원군 민유중(閔維重)의 아들이며, 숙종비 인현왕후의 오빠임. 어머니는 송준길의 딸임. 승문원 정자(承文院正字)가 되었을 때 기사환국이 일어나 아버지를 비롯한 일가친척들과 함께 관작을 삭탈당하고 귀양살이를 했는데, 1694년 갑술옥사로 인현왕후가 복위되자 다시 기용되었고, 1719년 의정부 우참찬에 올랐으나 병으로 사양하고, 그 뒤 개성 유수로 재직 중 죽었음. 인품은 선비의 기운을 돋우고 사문(斯文)을 지키는 데 힘쓰며, 외척의 호화로운 습속이 전혀 없었으며, 글씨에 능했음.

민치구(閔致久): ☞ 민진장(閔鎭長;1649~1700).

박권(朴權;1658~1715): 조선 후기 경기 감사, 강화 유수, 병조 참판 등을 역임한 문신으로, 자는 형성(衡聖), 호는 귀암(歸庵). 1694년 갑술옥사 이후 정언(正言)이 되어 장희재(張希載)를 법대로 처리할 것을 상소했다가 체직되었으나 곧 서용되어 삼사의 여러 직을 역임하였음. 황해도와 경상도 관찰사를 거쳤고, 대사간 등의 여러 벼슬을 제수받았으나 모두 나가지 않다가 경기 감사·강화 유수 등에 나갔다가 곧 돌아왔으며, 그의 재임 시 조·청 두 나라의 국경을 확정하고 그 증거로서 정계비(定界碑)를 세웠음. 사람됨이 굳세고 과감해 별로 친히 지내는 사람이 없기 사람들로부터 외경(畏敬)의 대상이 되었으나 나라에 큰일이 있을 때는 항상 부름을 받았고 또 일을 잘 처리하였음.

박량한(朴亮漢;1677~1746): 조선 후기 고산 현감, 평양 서윤, 통훈대부 등을 역임한 문신. 자는 사룡(士龍), 호는 매옹(梅翁)이며, 소론의 명문 출신임.

박명원(朴明源;1725~1790): 영조의 3녀인 화평옹주의 남편으로, 금성위(錦城尉)에 봉해졌음. 자는 회보(晦甫), 호는 만보정(晚葆亭), 연암 박지원의 8촌형이며 건륭제의 칠순연 때 사행단을 총지휘하여 열하에 다녀왔음. 박명원이 죽자 정조가 직접 그의 신도비문을 지었음.

박사정(朴師正;1683~1739): 노론에 속하는 인물로 신임사화로 소론이 정권을 잡자 향리에서 은거하다가 영조 때 다시 등용되어 예조 참판까지 올랐음.

박세채(朴世采;1631~1695): 조선 후기 대사헌, 이조 판서, 우참찬 등을 역임한 문신이자 학자로, 자는 화숙(和叔), 호는 현석(玄石)·남계(南溪). 1651년 김상헌과 김집의 문하에서 수학하였으며, 효종이 승하하자 자의대비의 복상 문제가 대두되었을 때 송시열·송준길의 기년설(朞年說)을 지지하며 서인 측의 이론가로서 활약하였음. 1684년 노론과 소론이 나뉠 때 양편의 파당적 대립을 막으려 했으나, 노·소 분열 이후에는 윤증을 두둔하고, 소론계 학자들과 학문적으로 교류하였으며, 1694년 갑술옥사 이후 송시열이 세상을 떠난 뒤에는 우의정·좌의정을 두루 거치며 소론의 영도자가 되었음. 이이·성혼에 대한 문묘 종사를 확정시키는 데 크게 기여하였으며, 대동법의 실시를 적극 주장하였음.

박순(朴淳;1523~1589): 조선 전기 예조 판서, 우의정, 좌의정 등을 역임한 문신으로, 자는 화숙(和叔), 호는 사암(思菴). 1561년 홍문관 응교로 있을 때 윤원형(尹元衡)의 미움을 받고 파면되었다가 이듬해 기용되어 승정원 동부승지·이조 참의 등을 지냈고, 1565년 대사간이 되어 대사헌 이탁(李鐸)과 함께 윤원형을 탄핵해 포악한 척신 일당의 횡포를 제거한 주역이 되었으며, 이조 판서·예조 판서를 역임한 뒤 1579년에는 영의정에 임용되어 약 15년간 재직하였음. 이이가 탄핵되었을 때 옹호하다가 도리어 사헌부와 사간원의 탄핵을 받고 스스로 관직에서 물러나 영평 백운산에 암자를 짓고 은거하였음. 이황을 사사(師事)했고, 이이·성혼과도 깊이 사귀었으며, 동향의 기대승과도 교분이 두터웠음. 문장이 뛰어나고 시에 더욱 능했으며, 글씨도 잘 썼음.

박은(朴誾;1479~1504): 조선 중기의 시인으로 자는 중열(仲說), 호는 읍취헌(挹翠軒). 1498년(연산군 4)에 유자광(柳子光)과 성준(成俊)을 탄핵하였다가 오히려 파직되어 옥에 갇혔고, 1504년(연산군 10) 갑자사화 때에 동래로 유배되었다가 사형을 당했음. 그의 시는 현실 세계에서 벗어나 온갖 고뇌로부터 정신적으로 평화로울 수 있는 현실초극에의 노력과 주변인물의 죽음을 통한 인생무상을 노래하였음.

박중열: ☞ 박은(朴誾;1479~1504).

박치원(朴致遠;1680~1767): 1721년(경종 1) 노론의 대신 어유룡, 이중협과 함께 왕세제[영조]의 대리청정을 주장하다 소론의 반대로 실패하고, 신임사화로 노론이 실각하자 고성(固城)에 유배되었음.

박태회(朴泰晦;?~?): 박세채(朴世采)의 4남. 박태회와 그의 장남인 박필위(朴弼渭)가 과거 시험에서의 부정 사건으로 1703년에 진도로 유배되었다가 다시 제주도로 옮겨졌음.

박태휘(朴泰彙;1689~?): 조선 후기 병조 좌랑, 위원 군수, 예조 정랑을 역임한 문인. 자는 명언(明彦), 호는 삼성당(三省堂).

박필부(朴弼溥;1687~1752): 조선 후기 단양 군수, 사헌부 지평, 개녕 현감 등을 역임한 문신으로, 자는 경뢰(景賚).

박필주(朴弼周;1680~1748): 조선 후기 세자 찬선, 이조 판서, 우찬성 등을 역임한 문신이자 학자로, 자는 상보(尙甫), 호는 여호(黎湖). 1717년(숙종 43) 재상 송상기의 추천으로 시강원 자의(侍講院諮議)가 된 뒤 사헌부 지평과 집의 등을 거쳐 이조 판서·우찬성 등을 역임하였으며, 영조 때 서원을 철폐한다는 사실이 알려지자 상소를 올려 기자(箕子)·공자(孔子)·주자(朱子) 등 삼성인(三聖人)의 서원은 훼철하지 말 것을 청하였음.

백응(伯凝): ☞ 이정명(李鼎命;1642~1700).

변순(邊栒;1699~?): 조선 후기 광흥창 봉사(廣興倉奉事) 한성부 참군(漢城府參軍) 장예원 사의(掌隷院司議) 등을 역임한 문신으로, 자는 숙건(叔建).

사계(沙溪): ☞ 김장생(金長生;1548~1631).

사암(思庵): ☞ 박순(朴淳;1523~1589).

삼연(三淵): ☞ 김창흡(金昌翕;1653~1722).

서명균(徐命均;1680~1745): 조선 후기 판돈녕부사, 우의정, 좌의정 등을 역임한 문신으로, 자는 평보(平甫), 호는 소고(嘯皐)·재간(在澗)·보졸재(保拙齋)·송현(松峴)이며, 할아버지는 병조 참의 서문상(徐文尙), 아버지는 영의정 서종태(徐宗泰), 어머니는 이헌(李藼)의 딸임. 아버지로부터 아들 서지수(徐志修)까지 3대가 대신을 지냈으며, 부인 또한 3대가 대신을 지낸 김구(金構)의 딸임. 1721년(경종 1) 이조 참의가 되었을 때, 경종의 생모 희빈 장씨를 공격한 윤지술을 구하려 하는 등 완소(緩少)의 입장을 취함으로 인하여 김일경 등 급소(急少)의 탄핵을 받고 안악 군수에 좌천되었다가 1725년 동지중추부사가 되었음. 영조 연간 탕평파 형성의 핵심 세력으로 성장하였음.

성만징(成晩徵;1659~1711): 조선 후기 학자로, 자는 달경(達卿), 호는 추담(秋潭)·환성당(喚醒堂). 1703년(숙종 29)에 학행으로 천거되어 내시교관(內侍教官)과 왕자사부(王子師傅)가 제수되었으나 나아가지 않았으며, 죽기 바로 전에 부솔(副率)이 다시 제수되었으나 미처 사직서를 올리지 못하고 죽었음. 존왕양이(尊王壤夷)의 친명배청사상(親明排淸思想)이 남달리 강하였으며, 특히 예설(禮說)에 밝아 권상하·이세필 등과는 상당히 깊이 있는 이론적 문답을 주고받았고, 「학성도(學聖圖)」를 만들어 후학들에게 학문하는 방법을 가르치기도 하였음.

성이홍(成爾鴻;1691~1749): 조선 후기 세자익위사 사어(世子翊衛司司禦), 지례 현감(知禮縣監)을 역임한 문신으로, 자는 중거(仲擧), 호는 취음(翠陰).

성진령(成震齡;1682~1739): 조선 후기 성균관 전적(成均館典籍), 예조 좌랑, 춘천 부사, 길주 목사, 정선 군수 등을 역임한 문신이자 유학자로, 자는 자장(子長), 호는 시은(市隱)·나옹(懶翁). 어려서부터 총명함이 남달랐고 종일토록 책 읽기를 즐겨 하여, 18~19세에 이미 천여 권의 책을 읽었다고 함. 충청도에 갔을 때, 이간(李柬)과 윤혼(尹焜)을 찾아가 태극(太極)과 인물성미발성(人物性未發性) 등에 대한 설을 토론하였음.

성징(聖徵): ☞ 황구하(黃龜河;1672~1728).

송강석(宋康錫;1663~1721): 송시열의 문인이자 종손(從孫)으로, 자는 진숙(晉叔), 호는 운곡(雲谷). 박식하고 행실이 뛰어나 우암 송시열이 매우 총애했다고 함. 영소전 참봉(永昭殿參奉)에 제수되었음.

송규렴(宋奎濂;1630~1709): 조선 후기 이조 참의, 부제학, 대사성 등을 역임한 문신으로, 자는 도원(道源), 호는 제월당(霽月堂). 1674년에 일어난 2차 예송으로 귀양 간 송시열·송준길의 신원을 주장하다 파면당했다가 1680년(숙종 6) 경신대출척으로 다시 서인이 집권하자 재기용되어 공조 참의·대사간·대사헌 등을 역임했고, 1699년 기로소에 들어갔음. 서인의 중심 인물로 정치적 변동에 따라 부침이 많았으나, 계속 내외의 요직을 지냈는데, 정치에 있어서는 임금의 마음이 모든 것의 근본임을 강조하여 성학(聖學)이 베풀어지고 인심이 유행하는 사회를 이상으로 여겼으며, 송시열·송준길과 함께 삼송(三宋)으로 불렸음.

송능상(宋能相;1709~1758): 조선 후기 문신이자 학자로, 자는 사룡(士龍), 호는 운평(雲坪)·동해자(東海子). 1739년(영조 15) 5월 송인명(宋寅明)이 왕세자를 가르칠 적합한 인물로 다섯 명을 천거하였는데 그 중 한 명에 들어 시강원 자의가 되었다가 이듬해 3월 춘추의리를 강조하여 원수를 갚고 치욕을 씻는 의리를 논하였으며, 1758년 묘향산에 들어가서『대학』을 강론하다가 객사하였음. 인품이 고매하고 경학·예학 등에 밝았음.

송덕보(宋德普): ☞ 송순석(宋淳錫).

송명흠(宋明欽;1705~1768): 조선 후기 문신이자 학자로, 자는 회가(晦可), 호는 늑천. 학행으로 추천되어 충청도 도사·지평·장령 등이 제수되었으나 나아가지 않았으며, 1754년(영조 30) 특별히 서연관(書筵官)을 제수하여 별유(別諭)를 내리기까지 하였으나 역시 글을 올려 사양하였고, 만년에 정국이 다소 안정되면서 1764년 부호군에 임명되고 찬선(贊善)으로 경연관이 되어 정치 문제를 논의하는 가운데 영조의 비위에 거슬리는 발언을 하여 파직되었음.

송병문(宋炳文;1640~1682): 조선 중기 문신으로, 자는 문재(文哉)이며, 송준길의 손자. 이상진(李尙眞) 등 대신들이 청하여 보사원훈(保社元勳)으로 관직에 올랐고, 선공감 감역·장악원 주부 등을 거쳐 이인 찰방(利仁察訪)

이 되어 나아갔는데 역마에 대한 일들을 여러 역관 중에서 가장 잘 다스렸다고 함.

송상기(宋相琦;1657~1723): 조선 후기 홍문관 저작, 충청도 관찰사, 이조 판서 등을 역임한 문신으로, 자는 옥여(玉汝), 호는 옥오재(玉吾齋). 문장에 능하고 학식이 풍부하여 홍문관에서 상주하는 글은 대개 그가 지었음. 희빈 장 씨의 어머니가 가마를 탄 채 대궐에 출입하므로 가마를 불태워야 한다고 청했다가 파면되기도 했으며, 1689년 기사환국이 일어나 남인이 집권하자 벼슬을 버리고 낙향하였다가 1694년 갑술옥사로 다시 등용되어 예조·이조의 참의가 되고 승문원 부제조를 겸하였으며, 이조 판서일 때 경종이 병이 있으므로 세제에게 대리청정을 시키자고 대신들과 상소하였다가 강진으로 유배된 뒤 배소에서 죽었음.

송상현(宋象賢;1551~1592): 조선 전기 사헌부 지평, 배천 군수, 동래 부사 등을 역임한 문신으로, 자는 덕구(德求), 호는 천곡(泉谷). 1591년 동래 부사가 되어 방비를 굳게 하고 선정을 베풀었는데 1592년 임진왜란이 일어나 왜군이 동래성으로 밀어닥쳤을 때 결사 항전하다가 15일에 중과부적으로 성이 함락 당하자 조복(朝服)을 덮어 입고 앉은 채 순사하였으며, 왜장 요시토시[宗義智] 등이 송상현의 충렬을 기려 동문 밖에 장사지내주었다고 함.

송순석(宋淳錫): 송시열의 손자이자 박세채의 사위. 송순석의 딸이 권섭의 맏며느리가 되었으니 권섭의 맏며느리는 송시열의 증손녀이자 박세채의 외손녀임. 현종 14년(1673) 윤증이 자신의 아버지 윤선거의 묘갈명을 송시열에게 부탁했는데, 송시열이 박세채가 지은 행장을 그대로 인용하고 야유하는 뜻을 내비치자 이에 불만을 품게 되었음. 그러던 중 숙종 7년(1681)에 윤증이 송시열의 학문과 덕행의 결함을 지적하면서 송시열에 대한 불만과 의문을 담은 편지를 써 놓고 보내지 않았다가 그다음 해 겨울에 윤증이 박세채에게 보낸 답장에서 그 편지에 대해 논의하였는데, 이후에 답장의 사본(寫本)이 송순석을 통해 송시열에게 전해짐으로써 스승 송시열과 관계가 끊어졌음. 숙종 10년(1684) 5월에 송시열의 문인인 최신(崔愼)이, 써 놓고 보내지 않았던 윤증의 편지 내용을 근거로 윤증이 스승을 배반했다는 배사론(背師論)을 제기하고 윤선거의 일도 언급하여 이후 각종 상소가 올라오는 등 조정에 큰 논란을 일으켰다. 이에 송시열을 옹호하는 부류는 노론으로 윤증을 편드는 부류는 소론으로 갈려 논란을 벌이게 되었음.

송시열(宋時烈;1607~1689): 조선 후기 이조 판서, 좌의정 등을 역임한 문신이자 학자로, 아명은 송성뢰(宋聖賚), 자는 영보(英甫), 호는 우암(尤菴)·우재(尤齋). 김장생에게서 성리학과 예학을 배웠고, 김장생이 죽은 뒤에는 김장생의 아들 김집 문하에서 학업을 마쳤음. 1635년에는 봉림대군의 사부(師傅)로 임명되어 깊은 유대를 맺게 되었으나 병자호란 이후 낙향하여 10여 년간 일체의 벼슬을 사양하고 학문에만 몰두하다가 1649년 효종이 즉위하여 척화파와 학자들을 대거 기용하면서, 비로소 벼슬에 나아가 효종의 절대적 신임 속에 북벌 계획의 중심인물로 활약하였음. 효종이 승하한 뒤, 현종 15년간 조정의 융숭한 예우와 부단한 초빙에도 계속 재야에 머물러 있었는데, 선왕의 위광과 사림의 중망 때문에 정치적 영향력이 매우 커서 조정의 대신들은 매사를 송시열에게 물어 결정할 정도로 당시의 여론을 좌우하였음. 1689년 1월 숙의 장 씨가 아들(후일의 경종)을 낳자 원자(元子)의 호칭을 부여하는 문제로 기사환국이 일어나 서인이 축출되면서 정읍에서 사약을 받고 죽었음.

송요경(宋堯卿;1668~1748): 조선 후기 문신으로, 송준길의 증손임.

송요좌(宋堯佐;1678~1723): 송준길의 증손으로, 군수를 지냈음.

송익필(宋翼弼;1534~1599): 조선 전기의 서얼 출신 유학자이자 문인으로, 자(字)는 운장(雲長). 일찌감치 관직을 단념하고 고향에서 학문 연구와 후학 교육에 일생을 바쳤으며, 율곡 이이와 우계 성혼, 송강 정철 등의 절친한 벗으로, 서인의 이론가이자 예학, 성리학, 경학에 능한 인물이었음.

송주석(宋疇錫;1650~1692): 조선 후기 예문관 검열, 홍문관 수찬 등을 역임한 문신으로, 자는 서구(敍九), 호는 봉곡(鳳谷). 1683년(숙종 9) 문과에 급제하여 예문관·홍문관 등의 청요직에 주로 임명되었으며, 벼슬은 홍문관 교리에 이르렀고, 송시열이 박세채(朴世采)·이단하(李端夏) 등과 문답한 당시의 여러 일을 정리하여 『향동문답(香洞問答)』을 완성하였고, 송시열이 죽음에 임해서 왕에게 올리는 상소문을 직접 받았음.

송준길(宋浚吉;1606~1672): 조선 후기 대사헌, 병조 판서, 이조 판서 등을 역임한 문신이자 학자로, 자는 명보(明甫), 호는 동춘당(同春堂). 어려서부터 이이를 사숙(私淑)했고, 20세 때 김장생의 문하생이 되었으며, 1624년(인조 2) 진사가 된 뒤 학행으로 천거되어 1630년 세마(洗馬)에 제수되었음. 이후 우참찬·대사헌·좌참찬 겸 좨주·찬선 등에 여러 차례 임명되었으나 계속 사퇴하였고, 1673년 1월 영의정에 추증되었는데 다음해 일어난 복상 문제로 삭탈되었다가 1680년 경신환국으로 서인이 재집권하면서 관작이 복구되었음. 송시열과 같은 집안으로서 학문 경향을 같이한 성리학자로 이이의 학설을 지지하였고, 특히 예학에 밝았으며, 문장과 글씨에도 능하였음.

송징은(宋徵殷;1652~1720): 조선 후기의 문신이자 학자. 박세채에게 배웠으며, 그 아들 정명과 성명은 후에 윤증을 소환하고 송시열을 비난하는 내용의 상소를 올렸음.

수암(遂菴): ☞ 권상하(權尙夏;1641~1721).

수촌(睡村): ☞ 이여(李畲;1645~1718).

숙휘공주(淑徽公主;1642~1696): 효종과 인선왕후 장 씨의 4녀.

순서(舜瑞): ☞ 어유봉(魚有鳳, 1672~1744).

승평공(昇平公): ☞ 김류(金瑬;1571~1648).

신길원(申吉元;?~?): 임진왜란 당시 문경 현감으로 있었는데, 20여 명의 부하와 함께 최후까지 항전하여, 온몸에 상처를 입어 유혈이 낭자한 모습인데도 굽히지 않고 적을 꾸짖다가 마침내 사지를 절단당하여 죽었음.

신독재(愼獨齋): ☞ 김집(金集;1574~1656).

신로(莘老): ☞ 김상리(金相履;?~?).

신사보(申思輔;1713~?): 자는 자익(子翊). 1744년 식년 문과에 급제함.

신유한(申維翰;1681~1752): 조선 후기 제술관, 봉상시 첨정 등을 역임한 문신이자 문장가로, 자는 주백(周伯), 호는 청천(靑泉). 1713년 증광문과에 병과로 급제하였고, 1719년 제술관으로서 통신사 홍치중(洪致中)을 따라 일본에 다녀왔음. 문장을 잘 짓는 것으로 이름났는데 특히 시에 걸작이 많고 사(詞)에도 능하였음.

신치운(申致雲;1700~1755): 조선 후기의 문신. 소론의 신예로서 노론의 거두였던 권상하·이희조 등을 축출하는 데 앞장섰음.

심권(沈權;1643~1697): 조선 후기의 문신으로 자(字)는 성가(聖可). 1682년 증광시 문과에 합격한 뒤 홍문관 사헌부 등의 관직을 거쳤으며, 후에 전라 감사에 임명되어 순행을 나갔다가 임지에서 병사하였음.

심성희(沈聖希;1684~1747): 약관의 나이에 진사가 되어 성균관에 들어가 장의(掌議)를 지냈으며, 1715년 유계(兪棨)의 『가례원류(家禮源流)』 간행 때 윤증이 스승인 유계를 배반했다 하여 심히 배척하는 등 노론의 입장을 견지하다가 소론의 득세로 축출되기도 하였음. 후에 대사간 및 충청·경상도의 관찰사를 거쳐 이조 판서·대사헌을 역임함. 아버지는 심봉휘(沈鳳輝).

심유(沈攸;1620~1688): 조선 후기 이조 참의, 예조 참의, 호조 참의 등을 역

부록 … 491

임한 문신으로, 자는 중미(仲美), 호는 오탄(梧灘). 1674년(현종 15) 효종의 비인 인선왕후가 죽자 자의대비(인조의 계비인 장렬왕후)의 복상 문제가 논의되어 대공설(大功說)을 주장하였던 서인이 실각하고 송시열이 유배당하게 되었을 때, 사간으로서 송시열을 변호하는 주장을 편 이유로 광주(廣州)에 유배되었다가 1680년(숙종 6) 경신대출척으로 서인이 집권하자 다시 등용되어 우승지·병조 참지·예조 참의 등을 거쳐 황해도 관찰사로 나갔고, 이후 대사간을 거쳐 대사성·예조·호조·형조의 참의를 두루 역임하였음. 서인이 노론과 소론으로 나누어진 뒤에 간관들이 소론인 윤증을 구원하려 하자 이에 반대하였고, 김수항·이단하 등 노론을 변호하는 입장을 취하였음. 서인이 노론과 소론으로 나누어진 뒤에 소론보다 노론을 변호하는 입장을 취하였음.

안중관(安重觀;1683~1752): 조선 후기 세자익위사 위솔(世子翊衛司衛率), 공조 좌랑, 제천 현감 등을 역임한 문신으로, 자는 국빈(國賓), 호는 회와(悔窩)·가주(可洲). 유일(遺逸:학문과 명망이 높아 과거를 거치지 않고 높은 벼슬에 등용되는 선비)로 천거받아 관직에 진출하였으나 벼슬보다는 성리학에 침잠하여 많은 저술을 남겼으며, 유학을 비롯하여 문학·경세학(經世學) 등에도 조예가 깊었음.

양봉래(楊蓬萊;1517~1584): ☞ 양사언(楊士彦).

양사언(楊士彦;1517~1584): 조선의 문신·서예가로, 자는 응빙(應聘), 호는 봉래(蓬萊)·해용(海容). 안평대군, 김구, 한호와 함께 조선 전기 4대 명필 중 하나로 초서체 제일이었음. 회양 군수로 있을 때 금강산에 자주 들어가 대자연을 즐겼고 금강산 만폭동(萬瀑洞)의 바위에는 지금도 그가 새긴 '봉래풍악 원화동천(蓬萊楓嶽元化洞天)'이라는 글귀가 남아 있으며, 악기 중에서는 특히 거문고를 좋아하였음.

어경우(魚景雨): ☞ 어유룡(魚有龍;1678~1764).

어유룡(魚有龍;1678~1764): 조선 후기 대사간, 한성부판윤, 판돈녕부사 등을 역임한 문신으로, 자는 경우(景雨). 대간으로 있으면서 왕세제 책봉을 반대하는 소론파의 처벌을 주장하였고, 또한 세제대리청정을 반대하는 조태구(趙泰耉) 등을 탄핵하여 박치원(朴致遠)·이중협(李重協)과 함께 노론의 3대 대간으로 불렸는데 이 때문에 1722년 임인옥사 때에 의금부에 잡혀 국문을 받고, 영암에 유배되었음. 영조 즉위 후 복직되어 대사간에 이르렀고, 1754년 지중추부사로 기로소(耆老所)에 들어갔다가 판돈녕 부사에 올랐음.

어유봉(魚有鳳, 1672~1744): 조선 후기 호조 참의, 승지, 세자시강원 찬선 등을 역임한 문신으로, 자는 순서(舜瑞), 호는 기원(杞園). 1706년 우의정 김창집(金昌集)의 천거를 받아 천안 군수에 임명돼었고, 1722년(경종 2) 신임사화로 스승 김창협이 화를 당하자 유생들과 함께 스승을 변호하다가 파직되었다가 영조가 즉위하자 관직에 다시 복귀해 1734년(영조 10) 호조 참의가 됨. 1738년 세자시강원 찬선이 된 뒤 영조로부터 지극한 대우를 받으면서 세자의 스승으로 불렸으나 1742년 자신이 맡고 있는 직분을 감당할 수 없다고 하며 사퇴하였음. 당대의 학자로 명망이 높았으며 학문적으로는 이른바 낙론(洛論)으로서, 권상하의 문인 이간(李柬)의 인물성동론(人物性同論)을 지지하였음.

언명(彦明): ☞ 현상벽(玄尙璧, ?~?).

엄흥도(嚴興道;?~?): 강원도 영월(寧越) 호장(戶長)으로 있을 때, 단종이 세조에 의해 죽음을 당하자 사람들은 화가 미칠 것을 두려워하여 단종의 시신을 돌보지 않았지만 엄흥도는 홀로 단종의 장례를 정중하게 치른 후 벼슬을 내놓고 숨어 살았음.

여필관(呂必寬;?~?): 조선 후기 금산 군수를 지낸 문신으로, 자(字)는 율경(栗卿).

연양부원군(延陽府院君): ☞ 이시백(李時白;1581~1660).

오도일(吳道一;1645~1703): 조선 후기 부제학, 이조 참판, 병조 판서 등을 역임한 문신으로, 자는 관지(貫之), 호는 서파(西坡). 1687년 승지가 되어 자파(自派)를 옹호하다가 파직되었고, 1694년 개성 유수를 거쳐 주청부사(奏請副使)로 청나라에 다녀와 대사간·강원도 관찰사를 거쳐 1696년 대사헌을 지냈으며, 1700년 대제학·한성부 판윤 등을 역임하고 병조 판서에 이르렀음. 문장에 뛰어나 세칭 동인삼학사(東人三學士)라 하였으며, 술을 좋아하여 숙종으로부터 과음을 하지 말라는 경계를 받기도 하였음.

오리(梧里): ☞ 이원익(李元翼;1547~1634).

오원(吳瑗;1700~1740): 조선 후기 이조 좌랑, 부제학, 공조 참판 등을 역임한 문신으로, 자는 백옥(伯玉), 호는 월곡(月谷). 1728년(영조 4) 정시 문과에 장원하여 문명(文名)이 높았고, 사서(司書)로 있을 때 영조에게 학문과 덕을 닦는 요령을 진언하여 받아들이게 하였고, 직언을 잘하기로 이름이 났는데 1729년 정언으로 있으면서 탕평책을 적극 반대하다가 한때 삭직되었음. 성품은 정직하고 성실하였고, 온후하였으며 총명함이 남보다 훨씬 뛰어나고, 문장 또한 깨끗한 절개를 지녔다 하여 진정한 유신(儒臣)이라는 평을 들었음.

오이주(吳履周;1684~1709): 자는 계직(季直). 6세에 부친인 오두인(吳斗寅)이 인현왕후 민 씨의 폐위를 반대하는 상소를 올린 일로 국문을 받고 경기도 파주로 귀양 갔다가 그곳에서 세상을 떠났는데, 장성해서 부친이 처했던 상황을 알고는 늘 상복(喪服)을 입고 다녔으며, 여러 형들을 부친처럼 공경하였음. 문장이 순수하고 우아하였으나, 26세의 젊은 나이로 생을 마감하였음.

오중주(吳重周;1654~735): 조선 후기 평안도 병마절도사, 춘천 부사, 삼도수군통제사 등을 역임한 무신으로, 자는 자후(子厚), 호는 야은(野隱). 1722년 신임사화가 일어나자 이에 연루되어 호군직(護軍職)이 삭탈되고, 이듬해 남원에 유배되었다가 복직되어 포도대장·금군별장 등에 기용되었으나 사퇴하였음. 1728년 이인좌의 난이 일어나자, 영남 안무사 박사수(朴師洙)의 요청으로 통제사가 되어 난의 평정에 공을 세웠고, 그 뒤 한성부좌윤·동지중추부사·훈련원 도정 등에 임명되었으나 모두 사퇴하고 독서와 승마로 여생을 보냈음.

옥오공(玉吾公): ☞ 송상기(宋相琦;1657~1723).

외재(畏齋): ☞ 이단하(李端夏;1625~1689).

우사공(雩沙公): ☞ 이세백(李世白;1635~1703).

우암(尤庵): ☞ 송시열(宋時烈;1607~1689).

운곡(谷雲): ☞ 송강석(宋康錫;1663~1721).

원백(元伯): ☞ 정선(鄭敾;1676~1759).

유계(兪棨;1607~1664): 조선 후기 예문관 제학, 대사헌, 이조 참판 등을 역임한 문신이자 학자로, 자는 무중(武仲), 호는 시남(市南). 병자호란 때 척화를 주장하다가 화의가 성립되자 척화죄로 임천에 유배된 뒤 벼슬을 단념하고 금산에 은거하여 학문에 전념하다가 1659년 대사간·대사성 등을 지냈고, 효종이 죽은 뒤 복상문제가 일어나자 서인으로서 기년설(朞年說)을 지지하였으며, 3년설을 주장한 윤휴·윤선도 등을 논박하여 유배 또는 좌천시켰고, 1662년(현종 3) 예문관 제학을 거쳐 1663년 대사헌·이조 참판에 올랐다가 병으로 사직하였음. 김장생의 문인으로, 예학과 사학에 정통하였으며 송시열·송준길·윤선거·이유태 등과 더불어 충청도 유림의 오현(五賢)으로 일컬어졌음.

유군사(兪君四): ☞ 유명악(兪命岳;1667~1718).

유명건(兪命建;1664~1724): 조선 후기 나주 목사를 지냈고, 좌찬성에 추증된 문신으로, 자는 중강(仲强)이며 유명악의 둘째 형임.

유명악(兪命岳;1667~1718): 조선 후기 의금부도사와 청주 목사를 역임한 문신으로, 자는 군사(君四). 일찍이 부모를 여의었으나, 김창흡에게서 배워 문명(文名)을 떨쳤음.

유상운(柳尚運;1636~1707): 조선 후기의 문신이자 서예가. 소론계 인물로 영의정을 지냈음.

유숙기(兪肅基;1696~1752): 조선 후기『태극도설차의』,『중용차의』,『겸산집』등을 저술한 학자로, 자는 자공(子恭), 호는 겸산(兼山). 어려서부터 성품이 단정하여 헛되이 말을 하지 아니하고 행동을 엄격히 자제하여 어른을 잘 섬겼으며, 1733년 명릉 참봉으로 벼슬길에 들어가 상의원 직장·종부시 주부를 거쳐 금구 현감으로 부임하여 선정을 베풀었음.『소학』과 경서를 매일 정독하며 이론과 실천의 부합에 힘썼고,『태극도설차의(太極圖說箚疑)』·『중용차의(中庸箚疑)』·『서경차의(書經箚疑)』등 많은 저술을 남겼음.

유시남(兪市南): ☞ 유계(兪棨;1607~1664).

유언명(俞彦明;1666~?): 유정기(兪正基;1645~1712)의 아들. 자는 용회(用晦), 회지(晦之). 1703년 지평으로 있을 때에 북한산성 쌓는 일을 중지하고 기민을 구하라는 상소를 올려 왕의 신임을 얻었음. 소론계 소장 인물로 노론 측에서 박세당이 주자(朱子)의『사서집주(四書集註)』를 훼손한 일로 문제를 제기하였을 때 박세당을 옹호하였으며, 그 뒤 아버지가 후처의 행실을 이유로 나라의 허락 없이 이혼하여 논란이 일자 관직에서 물러났음. 문장이 뛰어나 재상 윤지완(尹趾完)도 칭송하였음.

유정기(兪正基;1645~1712): 조선 후기 문신으로, 자는 정보이며, 종부시 주부(宗簿寺主簿)·좌수운판관(左水運判官) 등을 역임했음. 유명익(兪命益)의 아들이며, 유언명(兪彦明)·유언성(兪彦成)·유언형(兪彦亨)임의 아버지임. 1704년(숙종 30)에 후처인 신태영(申泰英)의 성정이 괴려(乖戾)하고 언행이 패악(悖惡)하여 이혼을 청하였으나 예조에서 허락하지 않자 신 씨를 쫓아냈는데 이로 인해 장(杖) 80대의 처벌을 받았고, 신 씨는 유배되었음.

유중강(兪仲强): ☞ 유명건(兪命建;1664~1724).

유척기(兪拓基;1691~1767): 조선 후기의 문신으로, 자는 전보(展甫), 호는 지수재(知守齋). 당색은 노론이었으나 사도세자의 보호에 앞장서 소론의 이종성과도 손을 잡았음. 아버지는 유명악(兪命岳).

유최기(兪最基;1689~1768): 조선 후기 대사헌, 판의금부사, 우참찬 등을 역임한 문신으로, 자는 양보(良甫), 호는 자락헌(自樂軒). 유명건(兪命建)의 아들.

유헌장(柳憲章;1658~1721): 조선 후기 사헌부 지평, 홍문관 교리, 형조 참의 등을 역임한 문신으로, 자는 자유(子維). 강릉대도호부사(江陵大都護府使)

로 있을 때 기근이 들자 곡식 400석을 마련해 사람들에게 나누어 주었으며, 각종 정문(旌門)과 정려(旌閭)를 세워 주민들의 덕행을 권장하였고, 시와 술을 즐겨 '풍류태수'라고 불렸음.

유회지(兪晦之): ☞ 유언명(兪彦明;1666~?).

유희춘(柳希春;1513~1577): 조선 전기 전라도 관찰사, 이조 참판 등을 역임한 문신으로, 자는 인중(仁仲), 호는 미암(眉巖). 경학에 몰두하여 선조 초에는 경연관으로 경사 강론에 주력했고, 율곡 이이와 함께 경서의 구결과 언해를 심사하고 결정하여 유교 문화 발전에 공헌했음. 1546년 을사사화가 일어나자 파직되어 귀향했다가 1547년 양재역 벽서사건에 연루되어 제주도로 유배되었다가 함경북도 종성으로 이배되어 19년 동안 유배생활을 하면서 이황과의 서신 교환을 통하여 주자학에 대한 토론을 계속했으며, 지방 유생들을 가르쳤음. 그의 일기인 『미암일기(眉巖日記)』는 1567년(선조 즉위) 10월 1일에서 1577년(선조 10) 5월 13일까지 약 10년 동안 조정의 크고 작은 사건, 중앙·지방의 각 아문의 기능, 관리들의 일상생활, 저자가 홍문관원·전라도 감사·사헌부 관원 등을 역임하면서 겪은 내용 등 자신의 일상생활에서 보고 들은 바를 자세하게 기록한 것으로, 조선 시대 개인 일기로서는 가장 방대함.

윤계(尹堦;1622~1692): 조선 후기 한성 판윤, 좌참찬, 공조 판서 등을 역임한 문신으로, 자는 태승(泰升), 호는 하곡(霞谷)이며, 영의정 윤두수(尹斗壽)의 증손임. 1665년 전적·예조 좌랑을 역임했고, 1670년 사헌부 지평(持平)을 지냈으며, 1671년 홍문관 정언(正言)이 되어 재상의 권한 비대로 야기된 시폐(時弊)를 논했음. 1689년 기사환국으로 남인이 정권을 장악하자, 송시열의 당으로 몰려 강진에 귀양 갔다가 죽었는데, 1694년 신원(伸寃)되었음. 나랏일에 직언을 아끼지 않았으며, 문장과 글씨에도 뛰어났음.

윤봉구(尹鳳九;1683~1767): 조선 후기 문신이자 학자로, 자는 서응(瑞膺), 호는 병계(屛溪) 또는 구암(久菴)이며, 권상하의 제자들인 강문팔학사 중 한 사람. 1741년 부호군이 되었을 때 주자(朱子)를 본 춘추사(春秋祠)의 송시열 영당에 추봉할 것을 주장하다가 삭직되었다가 이듬해 다시 기용되어 군자감 정이 되었고, 1755년 찬선을 거쳐 1760년 대사헌에 특별 임명되었으며, 1763년 지돈녕(知敦寧)에 이어 공조 판서가 되었음. 호락논쟁(湖洛論爭)에서 인성과 물성은 서로 다르다는 '호론(湖論)'을 지지하였고, 사회적·현실적 활동보다 심성론을 주로 한 성리학자로서의 입론(立論)에 치중했음.

윤상익(尹商翊;?~1694 이후): 조선 중기에 활동한 도화서의 화원으로, 초상화에 능했으며 태조의 어진을 모사한 공으로 가자(加資)되었다가 당상관 품계에까지 오르는 영예를 얻었음.

윤서응(尹瑞膺): ☞ 윤봉구(尹鳳九;1683~1767).

윤선거(尹宣擧;1610~1669): 조선 후기 학자로, 자는 길보(吉甫), 호는 미촌(美村)·노서(魯西)·산천재(山泉齋). 1636년 청나라의 사신이 입국하자 성균관의 유생들을 규합, 사신의 목을 베어 대의를 밝힐 것을 주청하였고, 병자호란이 일어나자 가족과 함께 강화도로 피신하였다가 강화도가 함락되자 처 이 씨는 자결하였으나 자신은 평민의 복장으로 탈출하였는데 1651년(효종 2) 이래 사헌부 지평·장령 등이 제수되었으나, 강화도에서 대의를 지켜 죽지 못한 것을 자책하고 끝내 취임하지 않았음. 김집의 문하에 출입하면서 성리학과 예학(禮學) 연구에 몰두하였음. 송시열이 경전 주해 문제로 윤휴와 사이가 나빠지자, 평소 윤휴와 친교가 깊었던 데다 윤휴의 재질을 아끼는 마음에서 변호하였다가 교분이 두터웠던 송시열로부터 배척을 당하게 되었음.

윤세수(尹世綬;1658~1714): 영의정 윤두수(尹斗壽)의 현손이며, 윤계(尹垍)의 아들로, 조선 후기 숙종 때 사헌부 지평, 황해도 관찰사를 지냈음.

윤양래(尹陽來;1673~1751): 조선 후기의 문신. 함경도 관찰사, 경상도 관찰사, 한성부 판윤, 형조 판서, 대사헌 등을 지냈으며 경사에 밝고 글씨를 잘 썼음.

윤이제(尹以濟;1628~1701): 조선 후기 비변사 제조, 형조 판서, 어영대장 등을 역임한 문신으로, 자는 여즙(汝楫). 기사환국(1689)이 일어나자 남인으로 어영대장에 임명되었고, 갑술옥사(1694)가 일어나자 문외출송(門外出送)되었다가 바로 사면을 받고 향리인 포천으로 내려가 은거하였으며, 청렴결백하고 몸가짐을 조심하여 남인으로서 숙종 대 환국의 소용돌이 속에서도 큰 화를 당하지 않았음.

윤휴(尹鑴;1617~1680): 조선 후기 주자의 학설과 사상을 비판한 문인으로, 자는 희중(希仲), 호는 백호(白湖). 학문적인 자유주의를 표방하여, 주자를 존경은 하되 맹신하지는 않았기 때문에 주자의 학설에 의문이 생기면 솔직하게 표현했고, 이로 인하여 송시열로부터 '사문난적(斯文亂賊)'이라는 지적을 받았음. 예송논쟁 때 남인으로 활동하며 송시열 등 서인 세력과 맞서 승리한 뒤 평소의 소신이던 북벌을 강력히 주장했고, 외척들의 폐단을 경계하는 한편 대비의 정치적인 간섭을 적극적으로 차단했으며, 호포제와 오가작통법 등을 바로 실시했으나 지나치게 커진 남인의 권력을 견제하려던 숙종과 서인 세력에 의해 실각하고 사사되었음.
의숙(猗叔): ☞ 이당(李簹;1661~1712).
의정공(議政公): ☞ 권격(權格;1620~1671).
의정공(議政公): ☞ 이세백(李世白;1635~1703).
의정공(議政公): ☞ 이의현(李宜顯;1669~1745).
이가운(李嘉運;1676~?): 조선 후기 평안 도사(都事), 충청 도사(都事), 무장(茂長) 현감을 역임하였고, 자는 자형(子亨).
이간(李柬;1677~1727): 조선 후기 권상하의 제자들인 강문팔학사 중의 한 사람으로, 호는 외암. 강문팔학사 사이에 벌어진 인성과 물성의 같고 다름에 대한 논쟁이 벌어졌을 때 인성과 물성은 같다는 낙론(洛論)을 주장하였음.
이경억(李慶億;1620~1673): 조선 후기의 문신으로, 자는 석이(錫爾), 호는 화곡(華谷). 1672년에 우의정과 좌의정을 지냈는데 천성이 밖으로는 엄격했고 안으로는 따스한 인정이 넘쳤으며, 일 처리가 명백해 다른 사람들의 사사로운 뜻이 간여하지 못하였다고 함.
이경윤(李景尹): ☞ 이형좌(李衡佐;1668~?).
이경장(李敬長): ☞ 이사제(李思悌;?~?).
이계이(李啓以): ☞ 이광하(李光夏;1643~1701).
이공거(李公擧): ☞ 이간(李柬;1677~1727).
이광세(李匡世[1679~?): 조선 후기 청풍 부사, 한성부 판윤, 공조 참판을 역임한 문신으로, 자는 제이(濟而)·제경(濟卿), 호는 우헌(愚軒). 호조 참판, 안악 군수 등을 역임한 뒤 벼슬을 버리고 낙향하였음.
이광좌(李光佐:1674~1740): 조선 후기 전라도 관찰사, 병조 판서, 우의정, 영의정 등을 역임한 문신으로, 이항복의 현손이며, 자는 상보(尙輔), 호는 운곡(雲谷). 경종 때 연잉군의 대리청정을 적극 반대하여 경종을 보호하는 데에 적극적이었으며, 소론의 거두로서 영조에게 탕평책을 건의하여 당쟁의 폐습을 막도록 하였는데, 이때 노론 민진원과 제휴하여 노론과 소론의 연립 정권을 세움으로써 비교적 격심한 당쟁이 없도록 하는 데 힘썼음. 글씨와 그림에 조예가 깊었음.
이광하(李光夏;1643~1701). 조선 후기 좌승지, 좌승지, 함경도 관찰사, 한성부판윤 등을 지낸 문신으로, 자는 계이(啓以), 대사간 합(柙)의 아들. 1694년 함경도 관찰사가 되었을 때 대흉년이 들자 병영 창고에 비축된 곡식을 풀어 기민(飢民)을 구제하는 한편, 함경도에서 많이 생산되던 생선과 소금을 남쪽 지역에 보내 곡식과 쌀로 바꾸어 굶주린 백성들에게 배급하였다. 1700년 동지사의 정사로 임명되어 연경(燕京)에 갔다가 사신들의 숙소였던 옥하관(玉河館)에서 죽었음.

이국언(李國彦): ☞ 이태좌(李台佐;1660~1739).

이규채(李奎采;1703~?): 영조 13년(1737)에 문과에 급제하여, 사헌부 대사헌, 홍문관의 관직을 역임한 문신으로, 자는 여량(汝亮). 아버지는 이사제(李思悌), 할아버지는 이수준(李秀儁), 외할아버지는 김우항(金宇杭)임.

이금서(李金書;?~?): 이항복의 선조로, 이금현(李金現;?~?)의 아들이며, 신라가 망하기 직전 중원 태수(中原太守) 호부 낭중(戶部郎中)을 맡고 있었으나 경순왕이 왕건에게 항복할 때 따라가서 고려 왕건 때 광록대부(光祿大夫)에 봉해지고 삼한공신(三韓功臣)이 되었음.

이금현(李金現;?~?): 이항복의 선조로, 신라 때 병부령(兵部令)을 지냄.

이기익(李箕翊;1654~1739): 조선 후기 승지, 강원도 관찰사, 공조 판서 등을 역임한 문신으로, 자는 국필(國弼), 호는 시은(市隱). 갑술환국 때 성균관 유생을 이끌고 송시열의 신원을 풀어줄 것을 요청하였고, 1721년 신축옥사 때 삭탈관직되었다가 영조 즉위 후에 복원되어 기로소에 들어갔음.

이기중(李箕重;1697~1761): 조선 후기 익위사 사어, 공조 정랑, 사헌부 감찰 등을 역임한 문신으로, 자는 자유(子由). 이이명(李頤命)이 찬(撰)한 〈명릉지문(明陵志文)〉 중에 경종의 생모인 희빈 장 씨에 대한 사사(賜死) 사건이 잘못 쓰였다 하여 태학 장의(太學掌議) 윤지술(尹志述)이 지문의 개찬(改撰)을 상소하였다가 사형 당하자, 윤지술에 대한 처벌이 부당함을 강력히 주장하였음. 사복시 주부·형조 좌랑·공조 정랑 등을 거쳐 군자감 정을 지낸 뒤 담양 부사로 재직 중 죽었음.

이기진(李箕鎭;1687~1755): 조선 후기 홍주 목사, 평안도 관찰사, 판돈녕부사 등을 역임한 문신으로, 자는 군범(君範), 호는 목곡(牧谷). 1725년 영조가 즉위하고, 홍문관 교리가 되었는데 징토(懲討)를 엄히 하여 의리를 밝힐 것을 극진히 간했다가 영조의 노여움을 사기도 하였고, 1728년(영조 4) 이인좌의 난 때 고향에서 서울로 달려가 대사성에 임명되었으나, 난이 끝난 후 고향으로 물러났다가 이조 판서, 경기도·평안도·경상도 관찰사를 지냈음. 아버지는 이당(李簹).

이단상(李端相;1628~1669): 조선 후기 『대학집람』, 『사례비요』 등을 저술한 학자이자 문신으로, 자는 유능(幼能), 호는 정관재(靜觀齋)·서호(西湖). 효종이 죽고 정국이 변하자 두문불출하고 학문에만 전념하다가 잠시 청풍

부사를 지냈고, 1664년(현종 5) 스스로 관직을 떠나 다시는 벼슬에 오르지 않았음. 그의 문하에서 아들인 이희조와 김창협·김창흡 등의 학자가 배출되었음.

이단하(李端夏;1625~1689): 조선 후기의 문신이자 학자로, 자는 계주(季周), 호는 외재(畏齋)·송간(松磵)임. 송시열의 제자로, 숙종 때 대제학에 오른 뒤 우의정을 거쳐 좌의정까지 지냈으며, 재직할 때에는 청렴하기로 이름이 났고 죽은 뒤에는 그의 학문과 충성심을 높이 평가받았음.

이당(李簹;1661~1712): 조선 후기 의금부도사, 양구 현감 등을 역임한 문신으로, 자는 의숙(猗叔). 할아버지는 실학자 이식(李植), 아버지는 예빈시정 이신하(李紳夏), 아들은 이기진(李箕鎭)이며, 이단하(李端夏)의 문인임. 일찍이 금강산에 들어갔다가 김창흡과 설악에서 만나, 시문을 논하다가 막역한 친구가 되었으며, 시를 잘 지었음.

이만형(李萬亨;1628~1708): 조선 후기 건원릉 참봉, 세자익위사 세마(世子翊衛司洗馬), 함열 현감, 연풍 현감 등을 역임한 문신으로, 자는 자하(子夏), 호는 삼우재(三友齋). 향리인 김포에 은거하며 과거에 응하지 않았으나, 송시열의 문하에서 학문을 닦아 학행이 세상에 널리 알려졌고, 1675년(숙종 1) 송시열이 유배당하자 조정의 대신들을 비난하는 소를 올려 부령으로 유배되었다가 바로 향리로 방환(放還)되었으며, 1689년 기사환국으로 남인이 집권하여 스승인 송시열이 사사되자, 유생들을 이끌고 돈화문 밖에서 울며 항변하다 고성(固城)으로 유배되었음. 1694년 갑술옥사로 노론이 다시 정권을 장악하자 풀려나 1701년 장악원 주부를 지낸 뒤, 연풍 현감으로 재임하던 중 죽었음.

이만형(李萬亨;1646~1702): 조선 후기 함열 현감, 충주·해주 목사를 역임한 문신으로, 호는 어은(漁隱).

이명곤(李命坤;1701~1758). 조선 후기 도승지, 경기도 관찰사, 대사헌, 대사간, 함경도 관찰사 등 내외 요직을 두루 역임한 문신으로, 자는 국빈(國賓).

이병성(李秉成;1675~1735): 조선 후기 군수, 공조 정랑, 부사 등을 역임한 문신으로, 자는 자평(子平), 호는 순암(順庵). 김창흡의 문인으로, 1702년(숙종 28) 진사시에 합격하였으나 대과에 급제하지 못하여 청요직(淸要職)을 역임하지 못하였음. 시문에 능하고 글씨를 잘 썼음.

이병연(李秉淵;1671~1751): 조선 후기 현감, 부사를 역임한 문신이자 시인으로, 자는 일원(一源). 호는 사천(槎川)·백악하(白嶽下). 김창흡의 문인으로,

시에 뛰어나 영조 시대 최고의 시인으로 일컬어졌으며, 그의 시를 뽑은 책이 청나라에 전해졌을 때 강남의 문사들이 "명나라 이후의 시는 이 시에 비교가 안 된다."라고 극찬하였다고 함. 그의 시는 대부분 산수·영물시로, 서정적이며 은일적인 색채로 생에 대한 깊은 애정을 은연중에 표현하고 있다고 하며, 백악산 기슭에 그의 집인 취록헌(翠麓軒)이 있었는데 그가 병에 걸려 위중해지자 정선이 취록헌을 방문하여 〈인왕제색도〉를 그려주었다고 함.

이보문(李普文;1715~1740). 조선 후기의 유학자로. 자는 지중(止仲)이며, 이의현(李宜顯)의 아들임. 어려서부터 총명하고 행동이 의젓하였으며 세속의 명리에 집착하지 않았고, 시문에 뛰어났으며, 문자학에도 조예가 깊었는데 요절하였음.

이사명(李師命;1647~1689): 조선 후기 도승지, 전라도 관찰사, 병조 판서 등을 역임한 문신으로, 자는 백길(伯吉), 호는 포암(蒲菴). 글재주가 뛰어나 세자시강원 문학(文學)에 임명되어 과거에 급제하여 바로 경연에 참가했으며, 수찬으로 있을 때 윤선도의 관작 및 시호를 박탈할 것을 주장하여 관철시켰고, 경신대출척에 연루된 남인의 처벌을 적극 주장하였으며, 전라도 관찰사를 지낼 때에는 기민을 구제하는 등 선정을 베풀었음. 1689년 기사환국으로 남인이 집권한 뒤 탄핵을 받아 죽임을 당했고 가산마저 몰수당했는데 후에 신원되었음.

이사상(李師尙;1656~1725): 조선 후기 예조 참판, 이조 참판, 대사헌 등을 역임한 문신으로, 자는 성망(聖望). 1704년 소론으로서의 활동이 두드러지자 노론의 대간으로부터 논핵을 받았고, 1722(경종 2) 신임사화에 큰 역할을 하였는데 소론 중에서도 준소(峻少) 계열로 활약하면서 대사성·동지의금부사·도승지 등을 지내다가 1725년 신임사화의 주동 인물에 대한 처벌이 진행되면서 절도에 안치된 뒤 김일경·목호룡과 함께 사형되었음.

이사정(李思正;1709~?): 자는 군시(君始)이고, 1744년 과거에 급제하였음.

이사제(李思悌;?~?): 사옹원 직장, 현풍 현감, 인천 부사, 지돈녕부사를 지낸 문신으로, 자는 경장(敬長).

이상(李翔;1620~1690): 조선 후기 형조 참의, 대사헌, 이조 참판 등을 역임한 문신으로, 자는 운거(雲擧)·숙우(叔羽), 호는 타우(打愚). 송시열을 통하여 김집(金集)의 학통을 이어받았고, 효종 9년(1658) 박세채·윤증과 함께 유일(遺逸)로 천거되어 세자시강원 자의(諮議)에 임명된 뒤 현종 말년의 예송에서 남인인 허적을 탄핵하다가 실세하였으나, 숙종 6년 경신환국으로 서인이 집권하자 김수항의 천거로 다시 등용되어 형조 참의·대사헌 등을 역임하였으며, 노론과 소론이 나뉜 뒤에는 노론의 편에 섰음.

이선(李選;1632~1692): 조선 후기 함경도 관찰사, 성균관 대사성, 이조 참판 등을 역임한 문신으로, 자는 택지(擇之). 호는 지호(芝湖)·소백산인(小白山人). 강화 유수로 재직할 때 백골징포(白骨徵布)와 아약충군(兒弱充軍)의 폐해 및 사육신·황보인·김종서의 억울함을 풀어주려고 노력하였음. 1689년 기사환국으로 정권을 장악한 남인들에 의해 탄핵을 받고 기장에 유배되었다가 그곳에서 죽었음.

이성좌(李聖佐;1664~1747): 조선 후기 찰방, 광주 목사(光州牧使) 등을 역임한 문신.

이세백(李世白;1635~1703): 조선 후기 이조 판서, 우의정, 좌의정 등을 역임한 문신으로, 자는 중경(仲庚), 호는 우사(雩沙)·북계(北溪). 송준길의 가르침을 받았음. 황해도 관찰사와 평안도 관찰사로 나갔을 때 선정을 베풀었고, 1689년 기사환국 때에 도승지로 있으면서 송시열의 유배에 반대하다가 파직되었다가 1694년 갑술환국으로 서인이 집권하자 복관되어 이조 판서를 거쳐 1698년 우의정에 올랐으며, 1700년에는 좌의정이 되어 세자부(世子傅)를 겸했으며 인현왕후의 국상을 총괄하였음. 아들 이의현과 연달아 정승이 된 것으로 유명하고, 예학에 밝아 국가의 중요 예론에 깊이 참여하였으며, 노론의 중심인물로서 소론·남인과의 정치적 대립에서 중요한 역할을 하였음.

이세필(李世弼;1642~1718): 조선 후기 김제 군수, 사복시정, 장악원 정 등을 역임한 문신이자 학자로, 자는 군보(君輔), 호는 구천(龜川). 이항복의 증손이며, 송시열·박세채의 문인임. 1674년(현종 15) 제2차 복상 문제로 송시열이 삭직당하자 송시열을 적극 옹호하였고, 1684년 형조 좌랑을 거쳐 용안 현감이 되었다가 삭녕 군수로 부임하였으며, 1689년 기사환국으로 이이·성혼을 문묘로부터 출향(黜享)하려 하자 관직을 버리고 진위(振威)로 돌아왔다가 1694년 갑술옥사가 일어나자 다시 김제 군수가 된 뒤 사복시 정·장악원 정을 지낸 뒤 한성부 우윤·형조 참판을 제수 받았으나 모두 나아가지 않고 고향에 돌아와 성리학에 전심했는데 그중에서도 『대학』을 가장 깊이 연구하였고, 만년에는 예학에 힘을 쏟아 중국과 우리나라의 고금 예설을 두루 연구하였음.

이세환(李世煥): 조선 후기 지돈녕 부사를 지낸 문신으로, 자는 계장(季暲), 호는 과재(果齋). 박세채와 윤증의 문인. 1721년(경종 1) 학행(學行)으로 천거 받아 연잉군(延礽君;영조)의 사부가 되었으며, 주로 세자익위사에서 부솔(副率), 시직(侍直) 등으로 근무하면서 왕위에 오르기 전의 영조를 모셨음.

이시백(李時白;1581~1660): 조선 시대 이조 판서, 우의정, 영의정 등을 역임한 문신으로, 자는 돈시(敦詩), 호는 조암(釣巖). 1623년 유생으로 인조반정에 공을 세워 가선대부(嘉善大夫)에 오르고 연양군(延陽君)에 봉해졌으며, 다음 해 이괄(李适)의 난이 일어나자 안현(鞍峴)에서 정충신(鄭忠信) 등과 함께 반란군을 격파하였음. 1638년 병조 판서 때 척화신(斥和臣)으로서 청의 강압에 못 이겨 심양에 아들 이유(李愉) 대신 서자를 볼모로 보냈다가 2년 뒤 탄로나 여산(礪山)에 중도부처(中途付處)되었다가 효종이 즉위하자 이조 판서·좌참찬이 되었고, 1652년(효종 1) 좌의정에 이어 연양부원군(延陽府院君)에 봉해졌음. 일곱 번이나 판서를 역임했고 영의정에까지 올랐으나, 청빈해서 빈한한 선비의 집과 같았다고 함.

이여(李畬;1645~1718): 조선 후기 이조 판서, 좌의정, 영의정 등을 역임한 문신으로, 자는 자삼(子三) 또는 치보(治甫), 호는 포음(浦陰)·수곡(睡谷). 부제학·대사성·이조 참의·대사간 등의 청요직을 두루 역임하였고, 1694년 인현왕후 민 씨의 중궁 복위 및 갑술환국에 적극 참여해 형조 참판에 발탁되었고, 재해로 피폐된 농촌에 대한 수습책을 상소하였으며, 1702년 좌의정이 되었다가 곧 영의정에 올랐고, 1707년 판중추부사에 임명되자 여주에 은거하였음. 약관 때부터 문명이 높았으며, 재직 중에는 농사와 백성 구휼에 대한 상소문을 자주 올렸고, 평소 당론(黨論)의 화를 걱정하여 과격하지 않았으며, 재상의 지위에 올랐어도 몸가짐을 조심해 거처가 누추했다고 함.

이영보(李永甫): ☞ 이현록(李顯祿;1684~1730).

이원익(李元翼;1547~1634): 조선시대 이조 판서, 우의정, 좌의정, 영의정 등을 역임한 문신으로, 자는 공려(公勵), 호는 오리(梧里), 시호는 문충(文忠). 임진왜란 때 평양이 함락된 뒤 군졸을 모집하고, 관찰사 겸 순찰사가 되어 1593년 이여송(李如松)과 합세해 평양을 탈환한 공로로 숭정대부(崇政大夫)에 올랐고, 선조가 환도한 뒤에도 평양에 남아서 군병을 관리하였음. 광해군 즉위 후 영의정이 되었을 때 전쟁 복구와 민생 안정책으로 대동법(大同法)을 경기도 지방에 한해 실시하였으며, 대비 폐위론이 대두하자 극렬하게 반대하여 홍천으로 유배되었다가 여주로 이배되었음. 성품이 소박하고 단조로워 과장이나 과시할 줄을 모르고, 소임에 충실하고 정의감이 투철하였으며, 다섯 차례나 영의정을 지냈으나 집은 두어 칸짜리 오막살이 초가였고, 퇴관 후에는 조석거리조차 없을 정도로 청빈했다고 함.

이유(李維;1704~1738): 조선 후기의 선비로, 조부는 우의정을 지낸 이숙(李翩)이고, 아버지는 강원 감사 이만견(李晚堅)이며, 저명한 철학자인 이재(李縡)는 그의 종형으로 그의 문인이 되었음.

이윤영(李胤永;1714~1759): 조선 후기 문인화가로, 자는 윤지(胤之), 호는 단릉(丹陵)·담화재(澹華齋). 과거에 뜻을 두지 않고 산수와 더불어 평생을 보냈는데, 평소 단양의 산수를 좋아하여 즐겨 찾았는데, 부친이 담양 부사로 재직한 일을 계기로 구담(龜潭)에 정자를 짓고 그곳에서 지냈기 때문에 단릉산인(丹陵散人)이라고 함.

이의현(李宜顯;1669~1745): 조선 후기 형조 판서, 우의정, 영의정 등을 역임한 문신으로, 자는 덕재(德哉), 호는 도곡(陶谷). 김창협의 문인으로 문학에 뛰어나, 숙종 때 대제학 송상기에 의해 당대 명문장가로 천거되었고, 경종이 즉위한 뒤 이조 판서를 거쳐 예조 판서에 재임하던 중 왕세제(뒤의 영조)의 대리청정문제로 소론 김일경 등의 공격을 받아 벼슬에서 물러났다가 복직되었으며, 1735년 영의정에 임명되었음. 신임옥사 때나 정미환국 등의 비상시 때마다 청의(淸議)를 지켜 의론을 굽히지 않았으며, 영조 초 이조 판서로 있을 때 사사로운 보복에 급급했던 민진원 등의 전횡을 견제하고 청론(淸論)을 심으려 노력해 사림의 신망을 크게 얻었고, 민진원이 죽은 뒤 노론의 영수로 추대되었으며, 노론 4대신(김창집·이이명·이건명·조태채)의 신원과 신임옥사가 무옥(誣獄)임을 밝히는 데 진력하였음. 성품이 공정하고, 청렴과 검소를 실천하여 청백리로 이름났음. 권섭의 외삼촌.

이이근(李頤根;1668~1730): 조선 후기 권상하의 제자들인 강문팔학사 중 한 사람으로, 자는 가구(可久), 호는 화암(華巖). 1706년(숙종 32) 학문이 뛰어나다는 명목으로 영의정 최석정의 천거를 받은 바 있으며, 1717년 스승인 찬선(贊善) 권상하의 천거로 세자시강원 자의에 제수되었으나 나아가지 않았고, 그 뒤 산림으로서 중망이 있어 누차 왕의 부름을 받았으나 끝내 관직에 나아가지 않은 채 학문과 제자 양성에 전념하였음.

이익정(李益炡;1699~1782): 조선 후기 문신으로, 자는 명숙(明叔). 1736년(영조 12) 정시문과에 급제하여 정언이 되었다가 1740년 경기도 관찰사가 되었고, 이듬해 병조 참판에 이어 1743년 한 해에 한성 우윤·강화 유수·대사헌·대사간을 역임하였으며, 1744년 청나라에 사신으로 가서 국위를 손상시켰다는 탄핵을 받고 파직되었으나 곧 복관되었고, 1754년 예조 판서에 올랐음.

이일원(李一源): ☞ 이병연(李秉淵;1671-1751).

이재(李在;?~?): 조선 후기의 문신. 영천 군수, 한성부 서윤을 지냄.

이재(李縡;1680~1746): 조선 후기의 문신으로, 자는 희경(熙卿), 호는 도암(陶菴)·한천(寒泉). 1727년 정미환국으로 소론 중심의 정국이 되자 용인의 한천(寒泉)에 거주하면서 학자들을 양성하였고, 공조 판서, 좌참찬 겸 예문관 제학 등에 임명되었으나 모두 사직하였음. 의리론(義理論)을 들어 영조의 탕평책을 부정한 대표적 인물로, 당시의 정국에 많은 영향을 미쳤으며, 예학에도 밝아 많은 저술을 편찬하였음.

이정명(李鼎命;1642~1700): 조선 후기 홍문관 수찬, 응교 등을 역임한 문신으로, 자는 백응(伯凝)이며, 할아버지는 영의정 이경여(李敬輿), 아버지는 이민장(李敏章)임. 1691년(숙종 17) 홍문록에 이름이 올랐고, 1696년(숙종 22)에는 응교로서 당쟁의 폐단과 관련된 소를 올렸으며, 홍문관 관원으로서 인현왕후 민 씨를 보호할 것 등을 주장하던 오두인·박태보의 처자식들에게 종신토록 급료를 지급해줄 것을 청하여 윤허를 받았음.

이정좌(李鼎佐;1663~1726): 조선 후기 의금부 도사, 양근 군수(楊根郡守), 선공감 부정(繕工監副正) 등을 역임한 문신으로, 자는 중수(仲受), 호는 성재(醒齋)이며, 이항복의 현손.

이종백(李宗白;1699~1759): 조선 후기 함경도 관찰사, 호조 참판, 이조 판서 등을 역임한 문신으로, 자는 태소(太素), 호는 목천(牧川)이며, 이태좌(李台佐)의 동생인 이형좌(李衡佐)의 아들. 이종백의 동생 이종익(李宗翼) 즉 이형좌의 셋째 아들은 이형좌의 10촌 형제인 이광좌(李光佐)의 후사로 나갔는데 이광좌는 1733년에 봉조하가 되었음.

이종성(李宗城;1692~1759): 조선 후기 예조 판서, 좌의정, 영의정 등을 역임한 문신으로, 자는 자고(子固), 호는 오천(梧川)이며, 이태좌(李台佐)의 아들.

이집(李㙫;1664~1733): 동악(東岳) 이안눌(李安訥)의 증손. 1710년 최석정이 삭탈관직이 되었을 때 그를 위해 적극 변호하였고, 그 후 좌의정에 올랐음.

이징(李澄;1581~?): 조선 중기의 화가. 16세기의 대표적 문인화가인 이경윤(李慶胤)의 서자.

이춘원(李春元;1571~1634): 조선 후기 광양 현감, 좌승지, 병조 참의 등을 역임한 문신으로, 초명은 신원(信元)·입지(立之), 자는 원길(元吉), 호는 구완(九畹).

이태좌(李台佐;1660~1739): 조선 후기 이조 판서, 우의정, 판중추부사 등을 역임한 문신으로, 자는 국언(國彦), 호는 아곡(鵝谷)이며, 이항복의 현손. 1701년 세자를 위해 장희빈을 죽이지 말라고 요청하다 진천현에 부처(付處)된 최석정 등을 구하려다 선산에 유배되었고, 경종이 즉위한 후에 강화 유수·예조 판서·호조 판서 등을 지냈으나, 1725년(영조 1) 신임사화와 관련되었다는 노론의 탄핵으로 삭탈관직 당했다가 병조 판서·이조 판서·우의정을 거쳐 1729년 좌의정에 올랐는데 군역의 도피를 막기 위해 오가작통(五家作統)과 이정법(里定法)의 실시를 주장하였음.

이하원(李夏源;1664~1747): 조선 후기 한성부 판윤, 대사헌, 공조 판서 등을 역임한 문신으로, 자는 원례(元禮), 호는 예남(藝南)·정졸재(貞拙齋). 1696년 통덕랑으로 정시문과에 급제하여 1706년에 집의·사간·경연관 등을 거쳐 성천 부사·순흥 부사 등으로 나가 학문과 정치 및 근검에 힘썼고, 1712년 다시 사간·남학 교수(南學敎授) 등을 역임하고 판결사·공조 참판 겸 도총부 도총관을 거쳐, 1727년(영조 3) 예조 참판·형조 참판·대사헌 겸 비변사당상을 지냈음. 1743년 지중추부사에 이르러 기로소에 들어갔고, 청백리에 뽑혔음.

이합(李柙;1624~1680): 조선 후기 형조 참의, 호조 참의, 대사간 등을 역임한 문신으로 자는 윤적(允迪), 호는 대산(臺山). 이광하(李光夏)의 아버지. 윤선도의 오만함을 탄핵하기도 하였으며, 윤휴의 무리인 이유의 옥사를 형조가 관대하게 처리하는 것에 대해 논하였다. 1674년(숙종 즉위년)에는 송시열의 편에 서서 예론을 전개하기도 하였는데, 이때 임금의 뜻에 거슬려 외직 또는 산직에 임명되었고, 그 뒤로 조정에 올라오지 못하였음.

이항(李杭;?~1701): 조선 후기의 종실로, 할아버지는 인조(仁祖), 아버지는 숭선군(崇善君) 이징(李澂)이고, 본인은 동평군(東平君)에 봉해짐. 숙종의 총애를 받았으며, 희빈 장 씨와 친하여 1689년 왕비 민 씨가 폐위되고 장 씨가 왕비가 된 뒤 주청사로 청나라에 가서 폐비 사건을 설명하기도 하였음. 1701년 신사(辛巳)의 옥이 일어났을 때 먼 섬에 유배되었다가 사사(賜死)되었음.

이해(李瀣;1691~?): 세종의 다섯째 아들 광평대군(廣平大君) 여(璵)의 후손으로, 창휘(昌輝)의 아들. 처음에는 이건명에게 배웠고 26세 때인 1716년 권상하의 문하에서 수학하였음.

이현록(李顯祿;1684~1730): 조선 후기 형조 참판, 대사간, 대사헌 등을 역임한 문신으로, 자는 영보(李永甫). 1722년(경종 2) 예조 좌랑에 있을 때 신임사화로 노론이 추방당하자 소론의 음모를 규탄하다가 순흥부에 유배되었다가 1724년에 영조가 즉위하면서 노론이 다시 집권하자 풀려나왔으며, 홍주 목사와 전라도 관찰사로 나가서는 백성들의 진휼과 교화 등에 힘썼고, 1728년 이인좌의 난 때 공을 세워 완릉군(完陵君)에 봉해졌음. 인품이 소탈하고 노론의 일원으로 활동하였음.

이현일(李玄逸;1627~1704): 조선 후기 사헌부 장령, 이조 참판, 대사헌 등을 역임한 문신이자 학자로, 자는 익승(翼昇), 호는 갈암(葛庵). 1666년(현종 7)에는 영남 유생을 대표해 송시열의 기년설(朞年說)을 비판하는 소를 올렸고, 1689년 산림에게만 제수되는 사업(司業)에 임명되었으며, 예조 참판 겸 좨주·원자보양관(元子輔養官)에 제수되었다가 다시 대사헌·이조 참판에 거듭 임명되었으나 사직 상소를 내고 1700년에는 안동에 옮겨갔다가 금양(錦陽)으로 옮겨 집을 짓고 강학하면서 여생을 보냈음. 영남학파의 거두로, 이황의 학통을 계승해 이황의 이기호발설(理氣互發說)을 지지하고 이이의 학설을 반대하였음.

이형좌(李衡佐;1668~?): 조선 후기 공주 목사, 경기도·강원도 관찰사 등을 역임하면서 선정을 베푼 문신으로, 자는 경윤(景尹), 호는 초천(椒泉)이며, 이항복의 현손임. 권섭의 첫 부인의 남동생임.

이홍술(李弘述;1646~1722): 조선 후기인 무인으로, 자는 사선(士善). 29세인 1675년에 무과에 급제한 뒤 중앙과 지방의 여러 직책을 역임하였으며, 숙종 말기에 총융사와 어영대장을 지내고 병조 판서를 역임하였는데, 경종 2년에 임인옥사로 죽었음.

이희조(李喜朝;1655~1724): 조선 후기 대사헌, 이조 참판 등을 역임한 문신으로, 자는 동보(同甫), 호는 지촌(芝村). 1680년(숙종 6) 경신환국 뒤 유일(遺逸)로 천거되어 의금부 도사·공조 좌랑을 지냈으며, 진천 현감과 천안 군수가 되었을 때 선정을 베풀었음. 해주 목사가 되어서는 석담(石潭)에 있는 이이의 유적을 찾아 요금정(搖琴亭)을 세웠고, 이제묘(夷齊廟)에 찾아가 송시열의 글씨로 편액을 달고 기(記)를 지어 걸었으며, 나라를 위하여 죽은 사람들의 사당을 세워 민심을 격려하였음. 1721년(경종 1) 신임사화로 김창집 등 노론 4대신이 유배당할 때 영암으로 유배되었고, 평안도 철산으로 옮기던 도중 죽었음.

이희지(李喜之;1681~1722): 조선 후기의 학자로, 자는 사복(士復), 호는 응재

(凝齋). 김창집·이이명·이건명·조태채 등 노론 4대신이 연잉군을 세제로 책봉하여 대리청정하게 하자 소론의 유봉휘가 왕세제 책봉의 불가함을 상소하고, 김일경 등은 목호룡으로 하여금 고변하게 하였는데, 이희지 등이 경종에게 약물을 먹여 시해할 목적으로 궁녀에게 금전을 주었으며 왕을 비방하는 노래를 지었다고 무고하여 투옥된 뒤 매를 맞고 그 자리에서 죽었음.

인경왕후(仁敬王后;1661~1680): 숙종의 정비로, 광성부원군(光城府院君) 김만기(金萬基)의 딸. 천연두에 걸린 지 8일 만에 죽었으며, 왕자는 얻지 못하였고 공주 두 명을 얻었으나 둘 다 일찍 죽었음.

인평위(寅平尉): 효종의 넷째 딸인 숙휘공주(淑徽公主)의 부군 정제현(鄭齊賢)으로, 자는 사숙(思叔)이며, 공조 정랑, 고양 군수를 지낸 정창징(鄭昌徵)의 아들. 정창징의 딸은 권섭의 외조모(이세백의 부인)임.

일경(日卿): ☞ 윤승래(尹升來).

일원(一源): ☞ 이병연(李秉淵;1671-1751).

임방(任埅;1640~1724): 조선 후기 장령, 승지, 공조 판서 등을 역임한 문신으로, 자는 대중(大仲), 호는 수촌(水村)·우졸옹(愚拙翁). 송시열과 송준길의 문인이며, 1689년 기사환국으로 송시열이 유배될 적에 사직하였다가 복직된 뒤 연잉군의 세제 책봉에 앞장섰는데 신임사화로 함종에 유배되었다가 금천(金川)으로 옮겨져 그곳에서 죽었음. 만년에『주역』·『논어』를 직접 베껴 써가면서 그 뜻을 깊이 연구하였고, 시에 있어서는 특히 당시를 좋아하여『가행육선(歌行六選)』·『당절회최(唐絶薈㝡)』·『당률집선(唐律輯選)』·『당아(唐雅)』등의 시가집을 엮었음.

임부(林溥): 조선 후기 소론계의 유생. 1706(숙종32) 임부 등 충청도 유생 22명이 연명 상소를 올려 윤증을 조정에 부를 것과 동궁(후에 경종)을 모해한 무리를 조사하여 제거할 것 등을 청하였는데 임부는 국청(鞫廳)에서 형벌을 받고 죽었음.

임상원(任相元;1638~1697): 조선 후기 우참찬, 한성부 판윤 등을 역임한 문신으로, 자는 공보(公輔), 호는 염헌(恬軒). 문명이 있었으며, 서인으로 활동하였으나 관료로서의 태도가 강하여 붕당적 색채는 강하지 않아서 소북인(小北人)과도 잘 어울렸고, 후에는 소론으로 활동하였으며, 송시열을 유배시킬 때에 방면할 것을 주장하기도 하였음.

임수촌(任水村): ☞ 임방(任埅;1640~1724).

자의대비(慈懿大妃;1624~1688): 인조의 계비인 장렬왕후(莊烈王后)로, 영돈녕부사 조창원의 딸. 효종이 죽은 뒤 자의대비가 어떤 상복을 입을지에 대한 복상 문제가 정치적 쟁점이 되어 서인과 남인의 대립이 치열하였는데, 효종이 죽었을 때에는 자의대비가 입어야 할 상복이 서인의 주장인 기년복으로, 효종의 비인 인선대비가 죽었을 때에는 남인의 주장인 기년설이 채택되었음.

자장(子章): ☞ 권혁(權爀;1694~1759).

자직(子直): ☞ 조상우(趙相愚;1640~1718).

자평(子平): ☞ 이병성(李秉成;1675~1735).

장단부군(長湍府君): ☞ 김상관(金尙寬;1566~1621).

장문(長文): ☞ 강규환(姜奎煥;1697~1731).

장암(丈岩) 정공(鄭公): ☞ 정호(鄭澔;1648~1736).

정관(靜觀): ☞ 이단상(李端相;1628~1669).

정서하(鄭瑞河): 송강 정철의 증손자로, 자는 성응(聖應), 호는 송월당(松月堂). 1710년 과거에 급제하여 호조 좌랑을 지냈음.

정석구(鄭錫耉;1696~1755): 조선 후기 의금부 도사, 호조 정랑, 금천 군수 등을 역임한 문신으로, 자는 덕용(德用). 음보(蔭補)로 관직 생활을 시작하였으며, 지방관으로 재임할 때 선정을 베풀었음.

정선(鄭敾;1676~1759): 조선 후기의 화가로, 자는 원백(元伯), 호는 겸재(謙齋), 겸초(兼艸), 난곡(蘭谷)임. 우리나라의 경물을 그림의 대상으로 삼는 진경(眞境) 또는 동국진경(東國眞景)의 화풍을 창안하여 높은 회화성과 함께 한국적인 화풍을 뚜렷하게 창출했음. 한성부 주부와 청하 현감을 역임하였음.

정수기(鄭壽期;1664~1752): 조선 후기 지돈녕부사, 우참찬, 예조 판서 등을 역임한 문신으로, 자는 순년(舜年), 호는 곡구(谷口). 1722년(경종 2) 사간원 정언으로서 경종이 병약하고 후사가 없음을 이유로 왕세제의 대리청정을 주청한 김춘택 등을 탄핵하였다가 1725년 영조가 즉위한 뒤 왕세제의 대리청정문제로 야기된 신임사화의 주동 인물로 탄핵받아 삭탈관작이 되고 문외출송(門外黜送)되었음. 1727년 대사간으로 복직된 이후 성균관 대사성·사헌부 대사헌을 역임한 뒤 기로당상(耆老堂上)이 되었음.

정순검(鄭純儉;1710~1767): 조선 후기 대사간, 집의, 장령 등을 역임한 문신으로, 자는 성종(聖從). 1735년 증광문과에 급제하여, 1738년에 설서(說書)로 활동하다가 1748년 부교리일 때 어면 만호(魚面萬戶)로 좌천되기도 하였음.

정양파(鄭陽坡): ☞ 정태화(鄭太和;1602~1673).

정용하(鄭龍河;1671~1702). 송강 정철의 4대손인 정비(鄭泌)의 아들이자 장암

(丈岩) 정호(鄭澔)의 조카로, 자는 재문(載文). 숙부인 장암 정호와 삼연(三淵) 김창흡(金昌翕)의 문하에서 수학하면서 성리학에 힘썼으며 문장에도 뛰어났는데, 일찍 세상을 떠났음.

정우주(鄭宇柱;1666~1740): 조선 후기 남양 부사, 승정원 승지, 여주 목사 등을 역임한 문신으로, 자는 대경(大卿), 호는 삼구당(三苟堂).

정유헌(丁游軒): ☞ 정황(丁熿;1512~1560).

정이검(鄭履儉;1695~1754): 조선 후기 동래 부사, 호조 참의, 대사간 등을 역임한 문신으로 자은 원례(元禮). 사관(史官)을 지내다가 천거 과정에서의 논란으로 삭직되고, 그가 기록한 사초도 불태워졌으며, 이의현을 위해 적극 옹호하다 소론의 탄압을 받아 관직에서 물러났지만 곧 다시 등용되었음. 고산 찰방으로 나갔다가 돌아와 경연에서 검토관이 되어서는 재이(災異)의 해결을 위한 국왕의 수성(修省) 강조와 북쪽 지방의 흉년 상황 및 인재 수용 등을 언급하였음.

정익하(鄭益河;1688년~?): 조선 후기 문신으로, 자는 자겸(子謙), 호는 회와(晦窩). 1729년 별겸춘추(別兼春秋)로 활동하면서 상신(相臣)들이 배척받은 자를 제외하고는 등용하게 되어 있는 관례를 무시하고 천거자 모두를 등용하지 않은 것을 비판하였고, 1745년 도승지·대사헌, 형조 참판 등을 역임하고, 1748년 함경도 관찰사로 재직하면서 영남 지역의 곡식을 수송해 와 기근을 타개하려고 하였으며, 1755년 형조 판서를 역임하였음.

정재륜(鄭在崙;1648~1723): 효종의 다섯째 딸인 숙정공주(淑靜公主)와 혼인하여 동평위(東平尉)가 되었음. 자는 수원(秀遠), 호는 죽헌(竹軒). 생부는 영의정을 지낸 정태화(鄭太和;1602~1673)인데 정태화의 동생 정치화(鄭致和;1609~1677)에게 후사가 없자 양자로 들어갔음.

정재문(鄭載文): ☞ 정용하(鄭龍河;1671~1702).

정제두(鄭齊斗;1649~1736): 조선 후기 공조 좌랑, 사헌부 집의, 사헌부 대사헌, 의정부 우참찬 등을 역임한 문신이자 학자로, 자는 사앙(士仰), 호는 하곡(霞谷)·추곡(楸谷). 주자학의 권위주의적 학풍에 대해 학문적 진실성이라는 관점에서 비판하면서 양명학을 연구하고 발전시켜 사상적 체계를 세우고, 이를 바탕으로 경세론을 전개한 양명학자임. 송시열과 서신을 통해 경전의 뜻과 처신의 의리 문제에 관해 논의하였고, 스승 박세채가 양명학을 버리도록 종용하였으나 결연한 자세를 바꾸지 않았음.

정중조(鄭重朝): 태종·세종 때의 이름난 재상인 정역(鄭易;?~1425)의 9대손으로, 정익(鄭楌;1617~1683)의 아들.

정태화(鄭太和;1602~1673): 조선 후기 좌의정, 영의정 등을 역임한 문신으로, 자는 유춘(囿春), 호는 양파(陽坡). 1636년 청나라 침입에 대비해 설치된 원수부의 종사관에 임명되어 군무(軍務)에 힘쓰다가 병자호란을 맞자 황해도 여러 산성에서 패잔병을 모아 항전하기도 하였고, 소현세자를 따라 심양에 갔다가 1637년 돌아온 뒤에는 육조의 참의·참판, 평안도·경상도의 관찰사 등을 두루 지내다가 1644년 말부터 육조의 판서와 대사헌을 되풀이 역임하였음. 성품이 온화하고 대인 관계가 원만하여 적대 세력을 두지 않았고, 당색을 띠지 않아 연이은 예송논쟁에서 선비들의 희생을 예방하는 데 결정적 역할을 수행하였으며, 외교적으로 청나라의 고위 관원들과도 적절히 교유했기 때문에 청나라와의 어려운 관계를 해결하는 데에도 크게 기여하였음.

정형익(鄭亨益;1664~1737): 조선 후기 문신으로, 자는 시해(時偕). 호는 화암(花巖). 1704년 송시열의 뜻을 받들어 명나라 신종의 사우(祠宇)를 금원(禁苑)에 건립하게 하였고, 경종이 즉위하자 벼슬을 그만두고 향리에 있다가 신임사화 때 노론 4대신과 함께 파직되어 김해로 유배되었으며, 영조가 즉위한 뒤에는 도승지·대사성·대사헌 등 청요직을 역임하다가 우참찬으로 재직할 때 죽었음.

정호(鄭澔;1648~1736): 조선 후기 우의정, 좌의정, 영의정 등을 역임한 문신으로, 자는 중순(仲淳), 호는 장암(丈巖)이며, 송강 정철의 현손임. 송시열의 문하에서 매우 촉망받았으며, 1704년 함경도 관찰사에 이어 1710년 대사간·대사헌을 지냈는데, 당론을 일삼는다 하여 흥해·갑산 등지에 유배되었다가 복직되기도 하였으며, 그 뒤 신임사화로 노론 4대신과 함께 파직되어 강진으로 유배되었다가 풀려 나온 뒤 좌의정을 거쳐 영의정이 되었음. 시와 문장, 글씨에 능했음.

정황(丁熿;1512~1560): 조선 전기 지평, 병조 정랑, 사인 등을 역임한 문신으로, 자는 계회(季晦), 호는 유헌(遊軒). 조광조의 문인으로, 1545년(인종 1) 문정왕후가 인종의 장례를 서둘러 치르려고 하자 이를 극력 반대하여 의례대로 장사를 거행하게 하였으며, 을사사화가 일어나 윤원형(尹元衡) 등의 외척이 권세를 잡자 파직당하고 남원으로 돌아갔다가 1547년 양재역 벽서사건에 연루되어 유배된 뒤 유배지에서 죽었음.

정희하(鄭羲河;1681~1747): 조선 후기 한성부 판관, 평안 도사, 연풍 현감 등을 역임한 문신으로, 자는 성서(聖瑞), 호는 취석당(醉石堂). 송강 정철의 6세손이자, 장암 정호(鄭澔)의 아들.

제월(霽月): ☞ 송규렴(宋奎濂;1630~1709).

조량(趙湸;?~?): 조선 후기의 풍수가. 지관(地官).

조말생(趙末生;1370~1447): 조선 전기 병조 판서, 대제학, 영중추원사 등을 역임한 문신으로, 자는 근초(謹初)·평중(平仲), 호는 평중(平仲)·사곡(社谷)·화산(華山) 등임.

조명겸(趙明謙;1687년~?): 조선 후기 대사간, 병조참판, 지의금부사 등을 역임한 문신으로, 자는 백익(伯益). 1733년 홍문관 교리로 재직 중에 조광조와 송시열을 향사(享祀)하는 도봉서원의 지원에 힘썼음.

조명택(趙明澤;1690~?): 조선 후기 승지, 대사간, 대사헌 등을 역임한 문신으로, 자는 숙함(叔涵). 1727년 홍문관 부교리로 재직하다 정미환국의 여파로 삭탈관작 되었고, 1729년 재등용 되었으며, 이후 부안 현감으로 재직 중 참혹한 흉년의 상황과 곤궁한 백성들의 황급한 형세를 잘 극복하여 명망을 얻었음. 1739년에 대사간에 올랐고, 1744년 형조 참판을 거쳐 이듬해에 대사헌이 되었음.

조상우(趙相愚;1640~1718): 조선 후기 예조 판서, 우의정 등을 역임한 문신으로, 자는 자직(子直), 호는 동강(東岡). 숙종 때 이조 참판이 되어서는 서북 지방의 인재등용책을 건의하였고, 후궁 장 씨를 사사할 때 반대하는 소를 올렸음. 1709년 기로소에 들어갔고, 1711년 예조 판서를 거쳐 우의정이 되어서는 사대부에 대한 군포 징수를 반대하기도 하였음. 정승으로 있을 때 당론의 폐단을 없애려고 노력했으며, 1717년 세자 대리청정의 명령이 내렸을 때에는 판중추부사로 있으면서 반대하는 소를 올리는 등 남구만·최석정 등과 함께 온건한 소론으로서 정치 활동을 하였으며, 오랜 기간 관직에 있으면서 부세제도·형사제도·예론을 비롯한 국정 전반에 대한 건의를 많이 하였음.

조세걸(曺世傑;1635~?): 조선 중기의 화가로, 호는 패천(浿川). 김명국의 제자이며, 산수화에 능하였고, 벼슬은 첨절제사를 지냈음. 김명국의 화법을 후세에 전하였으며, 독자적인 수법의 단채(丹彩)를 개척하였음.

조자직(趙子直) ☞ 조상우(趙相愚;1640~1718).

조정만(趙正萬;1656~1739): 조선 후기 한성부 판윤, 형조 판서, 지중추부사 등을 역임한 문신 학자로, 자는 정이(定而), 호는 오재(寤齋), 시호는 효정(孝貞). 송준길·송시열의 문인으로, 김창협·김창흡·이희조 등과 친교가 깊었고, 효성이 지극하였으며, 경(經)·사(史)·백가서(百家書)에 두루 통하였고, 시와 서예에도 뛰어났음. 1682(숙종 8) 성균관 유생들의 소두가 되어 윤증이 송시열을 배반한 사실을 비난하는 상소를 올림.

조정이(趙定而) ☞ 조정만(趙正萬;1656~1739).

조형기(趙亨期;1641~1699): 조선 후기 승지, 경기도 관찰사, 호조 참판 등을 역임한 문신으로, 자는 장경(長卿), 호는 신재(新齋). 1687년 경상도 관찰사가 되었고, 이어 충청도·경기도의 관찰사를 역임하였으며, 1698년 호조 참판에 올라 청나라 사신을 맞이하는 접반사(接伴使)로 나갔다가 접반의 일을 그르쳤다는 탄핵이 있어 파직되었음. 평생 재미있는 이야기 하기를 좋아하였으며, 일을 맡아 처리하는 재주가 있었음.

죽천(竹泉): ☞ 김진규(金鎭圭;1658~1716).
중수(仲受): ☞ 이정좌(李鼎佐;1663~1726).
중온(仲蘊): ☞ 권영(權瑩;1678~1745).
중휘(仲輝): ☞ 권위(權煒;1699~1730).
지재(趾齋): ☞ 민진후(閔鎭厚;1659~1720).
지촌(芝村): ☞ 이희조(李喜朝;1655~1724).
지호공(芝湖公): ☞ 이선(李選;1632~1692).
진재해(秦再奚;1691~1769): 조선 중기의 화원 화가로, 자는 정백(井白), 호는 벽은(僻隱)이며, 벼슬은 첨절제사(僉節制使)와 충익장(忠翊將)을 지냈음. 이인좌의 난 때 평정의 공이 있었으나 그 상훈을 사퇴하였고, 신임사화를 일으키게 한 고변으로 공신의 칭호를 받게 된 목호룡 초상을 소론의 영수였던 김일경의 강요와 협박에도 불구하고 그리지 않았으며, 초상을 특히 잘 그려 숙종 어진을 그리기도 했음.
찬성공(贊成公): ☞ 권성원(權聖源;1602~1663).
채구운(蔡九雲): ☞ 채지홍(蔡之洪;1683~1741).
채지홍(蔡之洪;1683~1741): 조선 후기 권상하의 제자들인 강문팔학사 중 한 사람으로, 자는 군범(君範), 호는 봉암(鳳巖)·삼환재(三患齋)·봉계(鳳溪)·사장와(舍藏窩). 인물성이론(人物性異論)을 주장한 호론(湖論)을 대표하는 성리학자로, 일찍부터 학문에 뜻을 두어 오직 경전의 연구와 의리학(義理學)에 평생을 바쳤음. 1718년(숙종 44) 학행으로 천거되어 왕자사부(王子師傅)로 임명되었으나 사퇴하고, 1721년(경종 1) 세자시강원 자의가 되었으나 역시 취임하지 않았으며, 신임사화로 노론이 실각하자 김일경 등의 죄를 조목조목 논하여 배척하는 상소를 올려 소론을 공박한 후, 구운산(九雲山)에 들어가 은거하며 학문 연구와 강학에 힘썼는데, 스승인 권상하, 동료인 한원진과 마찬가지로 이기심성(理氣心性)의 문제를 집중적으로 연구했음.
채희범(蔡希範;1704~?): 조선 후기 영조 때 봉상시 주부, 단성 현감을 지낸 문신으로, 자는 경홍(景洪),
청성(淸城): ☞ 김석주(金錫胄).

청음(淸陰): ☞ 김상헌(金尙憲;1570~1652).

최립(崔岦;1539~1612): 조선 중기 동지중추부사, 강릉 부사, 형조 참판 등을 역임한 문신. 자는 입지(立之), 호는 간이(簡易)·동고(東皐). 율곡 이이의 문인으로, 빈한한 가문에서 태어났으나 굴하지 않고 타고난 재질을 발휘했고, 1606년 동지중추부사가 되었으며, 이듬해에 강릉 부사를 지내고 형조 참판에 이르러 사직한 뒤 평양에 은거했음. 당대 일류의 문장가로 인정을 받아 중국과의 외교 문서를 많이 작성했고, 중국에 사신으로 갔을 때에 왕세정(王世貞)을 만나 문장을 논했으며, 그곳의 학자들로부터 명문장가라는 격찬을 받았음. 그의 글과 차천로(車天輅)의 시와 한호(韓濩)의 글씨를 송도삼절(松都三絶)이라고 일컬을 정도로 뛰어났으며, 글씨에도 뛰어나 송설체(宋雪體)에 일가를 이루었음.

최미백(崔美伯): ☞ 최방언(崔邦彦;1634~1724).

최방언(崔邦彦;1634~1724): 조선 후기 사복시 첨정을 지낸 문신으로, 자는 미백(美伯), 호는 양정당(養正堂)이며, 송시열의 문인임.

최석정(崔錫鼎;1646~1715): 자는 여시(汝時)·여화(汝和), 호는 존와(存窩)·명곡(明谷). 유가 경전에 해박하고 행실이 바른 선비들을 선발하려고 노력하였으며, 1694년 갑술환국 이후 한성 판윤·사헌부 대사헌으로 있으면서 장희재를 사형시킬 것을 주장하기도 하였고, 이조 판서에 임명된 뒤에는 서얼 출신을 삼조(三曹)에 소통하자는 건의를 올리기도 하였음. 붕당의 폐단을 논하면서 남인들의 일부 서용을 주장하여 노론의 강한 반발을 받기도 하였고, 단종 복위를 성사시키는 데 힘을 기울였음. 성격이 겉으로는 화평하나 안으로는 굳건했으며, 의리·명분론에 집착하지 않고 백성의 어려움과 정치적 폐단을 변통하려 했던 행정가였음.

최주악(崔柱岳;1651)~1735): 조선 후기 개천 군수를 거쳐 부사와 돈녕부 도정을 역임한 문신으로, 자는 경천(敬天). 이인좌의 난 때 한성부 서윤으로 공을 세워 일등으로 녹훈(錄勳)되었음.

최창대(崔昌大;1669~1720): 조선 후기 대사성, 이조 참의, 부제학 등을 역임한 문신으로, 자는 효백(孝伯), 호는 곤륜(昆侖). 문장에 뛰어나 박세채·김창협에 비교되었고, 제자백가와 경서에 밝아 당시 사림에게 추앙을 받았으며, 글씨에도 능하였음.

추담(秋潭): ☞ 성만징(成晩徵;1659~1711).

충정공(忠正公): ☞ 이세백(李世白;1635~1703).

치구(稚久): ☞ 민진장(閔鎭長, 1649~1700).

타우(打愚): ☞ 이상(李翔;1620~1690).
퇴우(退憂): ☞ 김수흥(金壽興;1626~1690).
포음공(圃陰公): ☞ 김창즙(金昌緝;1662~1713).
하곡(霞谷): ☞ 윤계(尹堦;1622~1692).
한덕소(韓德昭): ☞ 한원진(韓元震:1682~1751).
한덕후(韓德厚;1680~?): 조선 후기 집의, 의주 부윤, 승지 등을 역임한 문신으로, 자는 치규(稚圭). 1725년 사헌부 지평이 되자 소론 유봉휘의 처벌을 요구하였고, 이듬해 사헌부 장령이 되어서는 소론의 주장을 펴는 지평 이세진의 처벌을 주장하였으며, 사간원 정언일 때에는 숙의(淑儀) 책봉의 부당함과 궁궐 중수로 인한 재정 소비 및 궁가절수(宮家折受)의 폐단을 논하는 등 쫓겨난 언관의 구원, 이인좌의 난의 연루자 처벌, 부정을 저지른 수령의 탄핵 등 강경한 언론을 행사하였음.
한배주(韓配周;1657~1712): 조선 후기 금부도사, 감찰, 충청도 관찰사 등을 역임한 문신으로, 자는 문경(文卿). 윤증(尹拯)으로부터 수학하였으며, 1694년 사림의 추대로 태학 장의(太學掌議)가 되었고, 1697년 처음 벼슬길에 올라 금부도사를 거쳐 감찰에 이르렀다가 정언, 사간, 집의, 승지를 역임하고, 1712년에 충청도 관찰사가 되었음.
한수재(寒水齋): ☞ 권상하(權尙夏;1641~1721).
한원진(韓元震:1682~1751): 조선 후기 권상하의 제자들인 강문팔학사 중 한 사람으로, 호는 남당(南塘). 인성과 물성의 같고 다름에 대한 논쟁이 벌어졌을 때 인성과 물성은 같다는 호론(湖論)을 주장하였음.
한치규(韓稚圭): ☞ 한덕후(韓德厚;1680~?).
항동옹(巷東翁): ☞ 김부현(金富賢, ?~1714).
해숭옹주(海崇翁主): 선조와 인빈 김 씨의 소생인 정혜옹주(貞惠翁主). 윤두수의 아들인 해숭위(海嵩尉) 윤신지(尹新之;1582~1657)에게 출가하였음.
허적(許積;1610~1680): 조선 후기 우의정, 좌의정, 영의정 등을 역임한 문신으로, 자는 여차(汝車), 호는 묵재(默齋)·휴옹(休翁). 1659년 효종이 승하하면서 자의대비의 복상 문제가 일어나자, 남인으로서 서인의 기년설에 맞서 3년설을 주장했으나 채택되지 않았다가 1674년(숙종 즉위년) 인선대비가 죽어 자의대비의 복상 문제가 다시 일어나자, 서인의 대공설(大功說)에 맞서 기년설을 주장하여 수용되었고 이로 인해 남인이 집권하였음. 송시열의 처벌 문제로 남인이 청남(淸南)·탁남(濁南)으로 분열되자, 온건론을 유지한 탁남의 영수가 되었음. 이후 서자 허견(許堅)의 역모 사건에 휘말려 들어 사사(賜死)되었음. 식견이 넓고 총명한 재질로서 충성을 다하였으며, 재상이 되어 자기에게 내리는 왕의 은혜는 친구들에게 돌리고 녹봉으로 친구들을 구제하였음.

현상벽(玄尙璧, ?~?): 권상하의 문인. 이간(李柬)과 함께 낙론(洛論)에 속하여 인성과 물성은 동일하다고 주장하였음.

현석(玄石): ☞ 박세채(朴世采;1631~1695).

호곡(壺谷): ☞ 남용익(南龍翼;1628~1692).

홍계유(洪啓裕;1695~1742): 조선 후기 이조 좌랑, 홍문관 정언, 교리, 의주 부윤 등을 역임한 문신으로, 자는 문요(文饒). 중종의 첫 번째 왕비였다가 폐출된 단경왕후가 1739년에 복위되자 중종반정공신 박원종·성희안·유순정 등을 중묘정향(中廟庭享)에 제외시킬 것을 주장하다 하옥되었다가 이내 석방되어 교리로 복귀하였으며, 1742년 의주 부윤으로 파견되었다가 죽었음.

홍군칙(洪君則): ☞ 홍중성(洪重聖;1668~1735).

홍득복(洪得福;1684~1732): 조선 후기 공조 좌랑, 과천 현감, 용담 현령, 사복시 주부 등을 역임한 문신으로, 자는 중오(仲五). 영의정 홍명하(洪命夏)의 손자이자 통덕랑 홍덕보(洪德普)의 아들이며, 모친은 이세백의 딸인 용인 이 씨임.

홍량신(洪良臣): ☞ 홍석보(洪錫輔;1672~1729)

홍만조(洪萬朝;1645~1725): 조선 후기 형조 참판, 한성부 판윤, 좌참찬 등을 역임한 문신으로, 자는 종지(宗之), 호는 만퇴(晩退). 황해도를 제외한 7도의 관찰사를 두루 역임하였으며, 대사간·좌참찬·우참찬을 지낸 뒤 기로소(耆老所)에 들어갔음.

홍명하(洪命夏;1607~1667): 조선 후기 우의정, 좌의정, 영의정 등을 역임한 문신. 자(字)는 대이(大而), 호는 기천(沂川). 현종 연간에 청나라 사신이 들어와 현종을 책망하자 이에 엄정하게 논박하였으며, 성리학에 조예가 깊었고, 특히 효종의 신임이 두터워 효종을 도와 북벌계획을 적극 추진하였고, 글씨에도 뛰어났음.

홍봉조(洪鳳祚;1680~1760): 조선 후기 강원도 관찰사, 대사성, 지중추부사 등을 역임한 문신으로, 자는 우서(虞瑞), 호는 간산(艮山). 1722년(경종 2) 왕위 계승을 둘러싸고 노론과 소론 사이에서 일어난 신임사화 때 온성에 유배되었다가 1724년 영조 즉위 후 풀려나왔고, 1750년 대사성을 거쳐, 지중추부사에 이르렀으며, 글씨를 잘 썼음.

홍상조(洪相朝;1690~?): 조선 후기 병조 정랑, 고부 군수, 박천 군수를 역임한 문신으로, 자는 서일(敍一·瑞一), 호는 만송(晩松). 박천 군수로 있을 때의 행적이 역모에 연루되어 1745년에 무안(務安)으로 유배되었다가 1748년 2월에 풀려났으며, 말년에 벼슬을 그만두고 고향인 상주로 낙향하여 학문에 몰두하다가 전염병에 걸려 세상을 떠났음.

홍석보(洪錫輔;1672~1729): 조선 후기 대사헌, 도승지, 평안도 관찰사 등을 역임한 문신으로, 자는 양신(良臣), 호는 수은(睡隱). 1718년 전라도 관찰사로 있을 때 국가에서 논밭의 측량하였는데 옛날보다 짧은 자[尺]로 실시하려 하자 이를 강력히 반대하다가 파직당하였음. 1720년(경종 즉위년) 병조참의·승지·대사간 등을 역임했고, 1721년 노론 4대신과 함께 세제 책봉을 주장했다가 신임사화로 영암군에 유배되었다가 풀려나와 대사성·대사헌·평안도 관찰사 등을 역임하였으며, 『가례원류(家禮源流)』사건으로 조정이 시비에 휘말렸을 때 윤증을 강력히 비난해 한때 조정에서 쫓겨나기도 하였음.

홍세태(洪世泰;1653~1725): 조선 후기의 대표적인 여항시인으로, 자는 도장(道長), 호는 창랑(滄浪)·유하(柳下). 시로 이름이 나서 김창협·김창흡·이규명 등의 사대부들과 절친하게 지냈음. 뛰어난 재주를 타고났으나 신분이 중인층이라 제약이 많았으며, 임준원·최승태·유찬홍·김충렬·김부현·최대립 등의 중인들과 시회를 함께 하며 교류하였음. 평생 가난하게 살았고, 10여 명의 자녀가 모두 앞서 죽은 데에서 오는 궁핍과 불행으로 그의 시풍은 암울한 분위기가 강함.

홍수헌(洪受瀗;1640~1711): 조선 후기 대사헌, 공조 판서, 판의금부사 등을 역임한 문신으로, 자는 군택(君澤), 호는 담포(淡圃). 1688년 헌납으로 있을 때 남구만과 여성제 등을 구하려고 여러 차례 계(啓)를 올렸다가 북청 판관으로 좌천되었다가 이듬해 풀려났으나 1689년 기사환국으로 남인이 정권을 잡자 무안으로 유배되었고, 1694년 갑술옥사로 서인이 집권하자 유배에서 풀려나 인현왕후의 복위도청(復位都廳)에 기용된 뒤 집의를 거쳐, 승지·대사간·대사성 등을 여러 차례에 걸쳐 역임하였고, 이조 참판·대사헌 등을 거쳐, 이조 판서·호조 판서·좌참찬 등을 역임하였음.

홍숙(洪璹;1654~1714): 조선 후기 호조 참판, 의금부 도사, 강원도 관찰사 등을 역임한 문신으로, 자는 옥여(玉汝). 7세에 이미 산법(算法)에 통하고, 독서를 좋아하여 특히 『주자강목(朱子綱目)』에 조예가 깊었으며, 고금의 치란(治亂), 인물의 출처(出處)에서 산천(山川)의 험요(險要), 화이(華夷)의 성쇠(盛衰)에 이르기까지 모르는 것이 없는 재사(才士)였음. 1704년 승지, 1705년 경기도 수사를 지낸 뒤 남계군(南溪君)에 녹봉되고, 한성부 우윤, 호조·병조의 참판, 1712년 강원도 관찰사에 이르러 신병으로 사직하고 강호에서 여생을 보냈음.

홍순연(洪舜衍;1653~?): 자는 명구(命九), 호는 경호(鏡湖). 어린 나이에 문명을 날렸고 필치가 매우 정묘하였음. 흥덕 군수를 지냈으며, 중국 청나라로 가는 사신 일행의 제술관으로 갔다가 돌아오지 못하였음. 그의 첩 안원(安媛)은 문장과 시에 능하였음.

홍우서(洪禹瑞;1662~1716): 조선 후기 이조 좌랑, 대사간, 우승지 등을 역임한 문신으로, 자는 중웅(仲熊), 호는 서암(西巖). 주로 홍문관의 관직을 맡으면서 여러 가지 잘못들에 대한 시정을 구하는 상소를 올렸으며, 사헌부 장령이 되어서는 돈화문 개폐(開閉)에 관한 조례를 세울 것과 옥사 처리에 엄정할 것으로 상소하였고, 이후 1714년 대사간에 승진한 뒤, 이듬해 우승지가 되었는데 1715년 윤증을 비난한 정호를 변호하다가, 소론의 탄핵을 받고 서주 현감(西州縣監)으로 좌천되었다가 죽었음. 시문에 능했으며, 당대 명필로서 특히 예서에 능하였음.

홍중성(洪重聖;1668~1735): 조선 후기 세자익위사 세마, 호조 정랑, 예천 군수, 단양 군수, 강화 경력 등을 역임한 문신으로, 자는 군칙(君則), 호는 운와(芸窩). 문장에 능하였고, 특히 시에 뛰어났으며, 당시 시명(詩名)을 날렸던 조유수·이병연·홍세태 등과 시사(詩社)를 만들어 활동했음.

홍중웅(洪仲熊): ☞ 홍우서(洪禹瑞;1662~1716).

화천(花川) 선조(先祖): ☞ 권감(權瑊;1423~1487).

황구하(黃龜河;1672~1728): 자는 성징(聖徵)이고, 1705년(숙종 31)에 알성시에 급제하여 호조 판서, 동지경연사, 한성부 판윤 등을 역임한 문신임.

황인검(黃仁儉;1711~1765): 조선 후기 이조 판서, 평안도 관찰사, 홍문관 제학 등을 역임한 문신. 자는 경득(敬得). 이조 판서 황흠(黃欽)의 증손으로, 할아버지는 황서하(黃瑞河)이고, 아버지는 호조 참판 황재(黃梓)임. 청렴결백한 관료 생활로 가정이 몹시 빈한하였으므로 그가 죽자 영조는 애석하게 여기고 부의를 후히 내렸음. 권섭의 사촌 동생인 권욱(權煜)의 외손자임.

황재(黃梓;1689~?): 조선 후기 부제학, 이조 참의, 대사헌 등을 역임한 문신으로, 자는 자직(子直). 1721년 설서가 되었다가 소론의 탄핵을 받아 유배되었으나 1725년 민진원 등의 주청으로 다시 서용되어 수찬·지평·부교리 등을 거쳐, 1727년 겸사서·겸문학·이조좌랑을 역임하면서 언론의 개방과 주강(晝講)에 대신들을 참여시킬 것을 상소하기도 하였음.

황정(黃晸;1689~1752): 조선 후기 예조참의, 대사간, 호조 참판 등을 역임한 문신으로, 자는 양보(陽甫). 의주 부윤으로 부임하여 변방의 병영을 정비하여 방비를 굳건히 하였고, 안동 부사로 부임하여 유학을 크게 진흥시켰으며, 1750년 해서기보균세사(海西畿輔均稅使)가 되어 몸소 배를 타고 다니며 어염(魚鹽)과 배를 살피면서 세금을 고르게 부과하여 백성의 원망을 없앴음. 1751년 함경도에 큰 흉년이 들자 함경도의 관찰사가 되어 경상도의 곡식을 실어다 빈민을 구제하고, 농기구와 소를 나누어 주며 농경을 장려하여 북방의 백성들이 떠도는 것을 막고, 관리들의 폐습을 쇄신하다가 임지에서 죽었음.

황흠(黃欽;1639~1730): 황수하(黃受河)의 부친으로 자는 경지(敬之)이며, 참봉으로 1680년(숙종6) 별시 문과에 급제한 이후 좌·우참찬과 육조의 판서를 두루 역임하였음. 91세로 장수하여 숙종·경종·영조의 3대를 모셨는데, 매사에 신중하고 엄정 화목하였으며 정사도 공정하고 예의를 준수하는 청렴결백한 신하라는 평을 받았고, 이조 판서를 지내고 기로소에 들어갔음.

주요 사건

갑술환국(甲戌換局): 1694년(숙종20)인 갑술년에 김춘택(金春澤)·한중혁(韓重爀) 등 서인들이 폐위되었던 인현왕후의 복위 운동을 일으키자, 당시 집권 세력이었던 민암(閔黯)·이의징(李義徵) 등 남인들이 이를 빌미로 서인들을 완전히 제거하려다가 오히려 자신들이 화를 당한 사건. 이 당시 숙종은 장 희빈(張禧嬪)에 대한 감정이 점차 악화되어 폐비 사건을 후회하고 있었는데, 남인들이 무모한 옥사를 벌이려 하자 분노하여 민암과 이의징 등을 유배 보내고, 송시열·민정중(閔鼎重)·김익훈(金益勳) 등 기사사화 때 축출된 서인들의 관작을 복구시키고 서인을 등용하여 정국 전환을 꾀하였다.

경신환국(庚申換局): 1680년(숙종 6)에 일어난 옥사. 남인의 영수인 영의정 허적(許積)이 그의 조부 허잠(許潛)의 연시연(延諡宴) 때 임금의 명도 없이 궐내에서 사용하는 유악(油幄:기름 먹인 장막)을 가져다 쓴 일이 들통나면서 시작된 것으로 허적의 서자인 허견(許堅)이 종실인 복창군(福昌君), 복선군(福善君), 복평군(福平君) 3형제와 함께 역모를 꾀하고 있다고 김석주(金錫胄), 김익훈(金益勳) 등이 무고한 것으로 사건이 확대되어 허견과 복선군은 죽음을 당하고, 복창군은 사사되었으며, 복평군은 유배되었다. 이에 남인은 실각하고, 서인이 정국 주도권을 쥐게 되었는데, 경신대출척(庚申大黜陟)이라고도 한다.

기사환국(己巳換局): 1689년(숙종 15) 남인(南人)이 희빈 장 씨의 소생인 원자(元子) 정호(定號) 및 세자 책봉 문제로 서인을 몰아내고 재집권한 일. 숙종의 왕비인 인현왕후 민 씨가 왕자를 낳지 못한 가운데 1688년 소의 장 씨가 아들 균을 낳자, 1689년(숙종 15) 남인이 희빈 장 씨의 소생을 원자로 삼아 명호를 정하고, 소의 장 씨를 희빈으로 봉한 뒤 다음 해 6월에 원자를 세자로 책봉하고 10월에 희빈 장씨를 왕비로 책립했는데 이로써 서인이 집권한 지 10년 만에 남인에게 정권이 넘어갔다. 이 기사환국으로 인하여 서인의 영수인 송시열은 제주도에서 정읍으로 유배지를 옮기던 중 사약을 받았고, 이이명(李頤命)·김만중(金萬重)·김수흥(金壽興)·김수항(金壽恒) 등이 형벌을 받아 죽거나 유배당했다.

무신란(戊申亂): ☞ 이인좌(李麟佐)의 난.

이인좌(李麟佐)의 난: 1728년(영조 4) 3월 정권에서 배제된 소론과 남인의 과격파가 연합해 무력으로 정권 탈취를 기도한 사건으로, 이인좌가 중심이 되었기 때문에 이인좌의 난이라고 하며, 무신년에 일어났기 때문에 무신란이라고도 함. 경종이 재위 4년 만에 갑자기 죽고 세제(世弟)인 영조가 왕위를 계승하자, 소론측은 경종의 죽음 원인에 대한 의혹과 영조는 숙종의 친아들이 아니라는 것을 명분으로 내세우고, 갑술환국 이후 정권에서 배제된 남인들을 포섭해 영조를 폐하고 소현세자의 증손인 밀풍군 탄(密豊君坦)을 왕으로 추대하고자 하였다. 이 난은 3월 15일 이인좌가 청주성을 함락시킴으로써 시작되었는데 반군은 병영을 급습해 충청 병사 이봉상(李鳳祥), 영장 남연년(南延年), 군관 홍림(洪霖)을 살해한 뒤 북상하다가 안성과 죽산에서 관군에게 격파되었고, 주모자인 이인좌는 생포됨으로써 실패하였다. 정치적으로는 난의 평정에 소론 정권이 앞장섰으나 주모자의 대부분이 소론이었기 때문에 이후의 정국 추이에 있어서 소론의 처지가 급격히 약화되었다.

병신처분(丙申處分): 1716년(숙종 42) 신유의서(辛酉擬書)와 윤선거(尹宣擧)의 묘갈명(墓碣銘)을 두고 윤선거·윤증(尹拯) 부자와 송시열 간에 벌어진 오랜 시비 논쟁에 대해, 숙종이 윤선거 문집의 목판을 헐어 버리라고 명함으로써 시비를 종결하고 노론을 지지한 일을 말함. 숙종은 신유의서에 대해서는 "의서에는 윤증이 송시열을 비난한 글이 많다."라고 하고, 윤선거의 묘갈명에 대해서는 "묘갈명에는 송시열이 윤선거를 욕한 내용이 없다."라고 하여 노론의 처지를 지지하는 뜻을 보였다. 신유의서는 1681년(숙종7)에 윤증이 송시열에게 보내려고 썼던 서찰로, 송시열의 처신을 비판하는 내용이었다. 윤증은 박세채(朴世采)의 만류로 편지를 부치지 않았지만, 송시열의 손자이며 박세채의 사위인 송순석(宋淳錫)이 몰래 베껴서 송시열에게 전하였다. 이것을 본 송시열은 크게 노하였고 송시열과 윤증 간의 사제 관계가 완전히 끊어졌다. 묘갈명은 윤증이 박세채가 지은 윤선거의 행장(行狀)을 가지고 송시열에게 가서 청하여 받은 것인데, 송시열은 박세채가 윤선거의 덕을 행장에서 모두 나타냈으므로 특별히 할 말이 없다고 하면서 윤선거의 행적만 간단히 정리했고, 윤증은 미진하다고 생각하여 4, 5년간 묘갈명을 수정하고 개찬하기를 청했으나 송시열은 자구(字句)만 몇 군데 손질할 뿐 윤증의 부탁을 들어주지 않았다. 이를 계기로 이 둘의 관계가 더욱 소원해졌다.

신임사화(辛壬士禍): 노론과 소론의 대립이 격화되어 신축년(辛丑年;1721)과 임인년(壬寅年;1722)에 걸쳐 일어난 노론 축출 정변을 가리킴. 1720년에 숙종이 죽고 소론의 지지를 받은 경종이 즉위했는데, 경종이 후사도 없고 병이 많자, 당시 노론 사대신(老論四大臣)인 영의정 김창집(金昌集), 좌의정 이건명(李健命), 영중추부사 이이명(李頤命), 판중추부사 조태채(趙泰采)의 건의를 받아들여 경종은 신축년인 1721에 동생인 연잉군(延礽君;뒤의 영조)을 왕세제로 책봉하였다. 노론은 더 나아가 왕세제의 대리청정을 주장하였고, 경종은 대리청정을 명했다가 취소하는 일을 거듭하다가 마침내 소론 강경파의 주청을 따라 노론4대신을 사사(賜死)하고 수백 명의 노론 인물들을 제거하였다.

임인년(壬寅年) 사건: ☞ 신임사화(辛壬士禍).

심의겸(沈義謙)과 김효원(金孝元)의 일: 선조 때 동서붕당(東西朋黨)의 계기가 된 심의겸(沈義謙;1535~1590)과 김효원(金孝元;1542~1590)의 갈등을 말함. 심의겸이 조정 관원의 추천권을 가진 이조 전랑(吏曹銓郎)으로 있을 때 김효원이 차기 이조 전랑으로 천거되자, 심의겸은 "윤원형과 가까이 지낸 소인배"라며 반대했으나 김효원은 전랑으로 임명되었다. 그리고 김효원이 이조 전랑을 마칠 즈음, 이번에는 심의겸의 동생 심충겸이 천거되자, 김효원은 "왕의 외척이 인사권을 장악하는 것은 부당하다."라고 비난했다. 이런 일련의 과정을 거치면서 심의겸과 김효원의 대립은 사림 전반으로 확대되었고, 심의겸을 중심으로 한 서인과 김효원을 따르는 동인으로 나뉘어졌다. 심의겸은 도성의 서쪽인 정동에 살고, 김효원은 도성의 동쪽인 건천동에 산다고 해서 붙인 이름인데, 동인에는 영남학파, 서인에는 기호학파가 참여하여 지역간의 대립으로까지 확대되었다.

임부(林溥)의 옥사: 숙종 32년인 병술년(1706)에 호서 지방의 선비 임부가 노론을 비방하면서 "소론인 윤증을 조정 대신으로 초치해야 한다."는 내용의 상소를 올렸는데, 상소 말미에서, 신사년(1701)의 옥사(獄事) 때 "동궁이 처음 탄생할 때부터 일종의 음흉하고 사악한 무리들이 은연중 동궁을 불리하게 할 마음을 가지고 있다가 신사년에 이르러서 동궁을 모해하였다[粵自誕生之初 一種陰邪之輩 隱有不利之心 及至辛巳 謀害東宮]."라는 윤순명(尹順命)의 공초(供招)가 있었는데 당시의 추안(推案)에 이 말이 빠졌으므로 사실을 조사하여 연루된 자를 처벌할 것을 청하였다. 이는 사실상 김춘택(金春澤)을 비롯한 노론들이 당시의 동궁을 달갑게 여기지 않을 뿐만 아니라, 기회가 되면 동궁을 제거하려는 생각을 품고 있다는 의미로서, 당시에 많은 파장을 일으켰다. 이후 3개월에 걸쳐 국문이 이어졌으나 윤순명이 죽고 없는 상태에서 사실을 명확히 밝히지 못하고, 잘못 들은 소문을 거론하여 조정 관료들에게 화를 끼치려고 하였다는 임부의 자백을 억지로 받아 낸 뒤에 그를 흑산도에 유배하는 것으로 마무리하였다. 임부의 일이 마무리된 지 얼마 후에 이잠(李潛)이 상소하여 임부의 상소 내용이 정당하다고 두둔하였다. 이잠은 상소에서 노론의 인물들이 세자의 입지를 흔들려고 한 것을 지적하고 김춘택과 이이명(李頤命) 등의 처벌을 청하였다. 그런데 그의 상소 중 "전후좌우에서 모두 춘궁에게 칼을 들이댄다[左右前後 莫不向刃於春宮]."라고 한 내용이 특히 문제가 되어 국문을 받다가 사망하였다. 임부를 국문하는 과정에서 노론의 인물들이 언급되면서 결국 이이명, 김창집, 조태채 등 노론의 여러 대신들이 화를 당하는 데까지 이르렀다. 이 국문을 주관한 사람이 당시 영의정이었던 최석정이었고, 옥소의 외할아버지 이세백은 이때 탄핵을 받아 죽었다.

역자약력

- **이창희(李昌熙)**

  고려대학교 국어교육과를 졸업한 뒤 동 대학원 국어국문학과에서 석사와 박사학위를 받았다. 한문학과 고전 시가를 중심으로 공부하고 있으며, 현재 고려대학교 국어교육과에서 옛사람의 삶과 글을 가르치고 있다.
  논문으로 「문학의 의미와 문학작품의 교육적 활용에 관한 시론」, 「중등학교 국어과와 한문과의 연계 교육 방안」, 「옥소 권섭의 한시 비평 고찰」 등이 있고, 옮긴 책으로 『내 사는 곳이 마치 그림 같은데』, 『조선대세시기』 Ⅰ·Ⅱ 등이 있다.

- **장정수(張貞守)**

  경북대학교 국어국문학과를 졸업한 뒤 고려대학교 대학원 국어국문학과에서 석사와 박사학위를 받았다. 가사 문학을 중심으로 공부하고 있으며, 한문 기행문으로 연구 영역을 확장하고 있다. 현재 가천대와 강원대에서 강의하고 있으며, 고려대학교 한국어문교육연구소 선임연구원으로 재직하고 있다.
  논문으로 「영삼별곡 연구」, 「20세기 기행가사의 창작 배경과 작품 세계」, 「기행가사와 산수유기 비교 고찰」, 「옥소산록의 특성과 자료적 가치」 등이 있고, 주해서로 『송강가사』(공저), 『조선 후기 사대부가사』가 있다.

옥소산록 玉所散錄

2022년 4월 21일 초판 인쇄
2022년 4월 30일 초판 발행

지은이 | 권섭(權燮)
옮긴이 | 이창희 · 장정수
펴낸이 | 김영환
펴낸곳 | 도서출판 다운샘

05661 서울특별시 송파구 중대로27길 1
전화 (02)449-9172 팩스 (02)431-4151
E-mail : dusbook@naver.com
등록 제1993-000028호

ISBN 978-89-5817-511-7 93810
값 32,000원